长治统计年鉴 2017

CHANGZHI STATISTICAL YEARBOOK

总第33期

中国统计出版社
China Statistics Press

图书在版编目（C I P）数据

长治统计年鉴. 2017 / 长治市统计局, 国家统计局长治调查队编. -- 北京 : 中国统计出版社, 2017.8
ISBN978-7-5037-8164-3

Ⅰ. ①长… Ⅱ. ①长… ②国… Ⅲ. ①统计资料 – 长治 – 2017 – 年鉴 Ⅳ. ①C832.253-54
中国版本图书馆CIP数据核字（2017）第153921号

长治统计年鉴-2017

作　者/ 长治市统计局　国家统计局长治调查队
责任编辑/ 陈越月
责任校对/ 程淑娟　游海文
装帧设计/ 长治市恒信盛印业有限公司
出版发行/ 中国统计出版社
地　址/ 北京市丰台区西三环南路甲6号　邮政编码/100073
电　话/ 邮购（010）63376909　书店（010）68783171
网　址/ http://csp.stats.gov.cn
印　刷/ 长治市恒信盛印业有限公司
经　销/ 新华书店
开　本/ 890mm × 1240mm　1/16
字　数/ 131.1万字
印　张/ 44.3
版　别/ 2017年8月第1版
版　次/ 2017年8月第1次印刷
定　价/ 395.00元

目　录

一、综　　合

二、人　　口

三、农业经济

四、工业、建筑业

五、交通运输、邮电通信业

六、批零、住餐、旅游和对外贸易

七、财政、金融和保险

八、市政建设环保事业

九、科技、教育、文化

十、卫生体育和社会福利事业

十一、固定资产投资

十二、职工人数和劳动工资

十三、能　源

十四、物　　价

十五、人民生活

长治市2016年国民经济和社会发展统计公报

长治市统计局
国家统计局长治调查队

（2017年3月15日）

2016年，面对错综复杂的经济形势和下行压力，全市上下在市委、市政府的正确领导下，深入贯彻落实党的十八大和十八届三中、四中、五中、六中全会精神，紧紧围绕省委“一个指引、两手硬”重大思路和要求，励精图治、奋发图强，坚定不移推进供给侧结构性改革，统筹做好稳增长、促转型、调结构、惠民生、防风险各项工作，全市经济社会各项事业都取得新成效，全面建成小康社会迈出坚实步伐。

一、综　合

初步核算，全年全市生产总值1269.2亿元，比上年增长4.6%。其中，第一产业增加值60.1亿元，增长3.4%，占生产总值的比重为4.7%；第二产业增加值646.9亿元，增长2.7%，占生产总值的比重为51.0%；第三产业增加值562.2亿元，增长6.8%，占生产总值的比重为44.3%。第三产业中，金融保险业增加值82.5亿元，增长7.9%；交通运输、仓储和邮政业增加值79.8亿元，增长8.6%；房地产业增加值82.0亿元，增长4.4%。

人均地区生产总值37027元，按2016年平均汇率计算为5574美元。

图1　2012-2016年全市地区生产总值及其增长速度

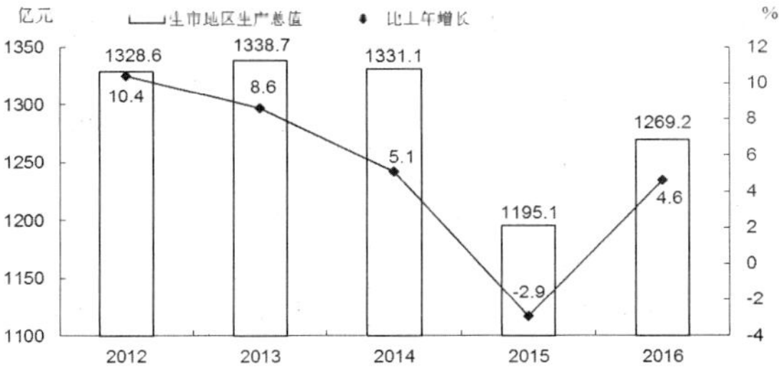

全年全市公共财政预算收入98.5亿元，增长2.2%。税收收入65.1亿元，增长6.7%，其中国内增值税、营业税、企业所得税、个人所得税、资源税和城建税共计完成税收52.4亿元，增长5.0%。公共财政预算支出233.9亿元，下降3.3%。其中农林水事务支出增长0.9%，社会保障和就业支出下降6.1%，医疗卫生支出下降1.4%，文化体育与传媒支出增长2.5%，节能环保支出下降3.6%。

图2　2012-2016年公共财政预算收入及其增长速度

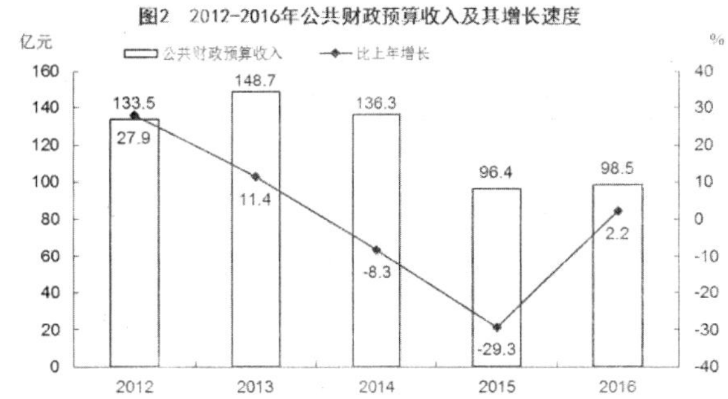

居民消费价格比上年上涨0.9%，其中，食品烟酒价格上涨2.5%。商品零售价格上涨0.3%。工业生产者出厂价格上涨3.3%；工业生产者购进价格上涨4.3%。

图3　2012-2016年价格比上年涨跌幅度

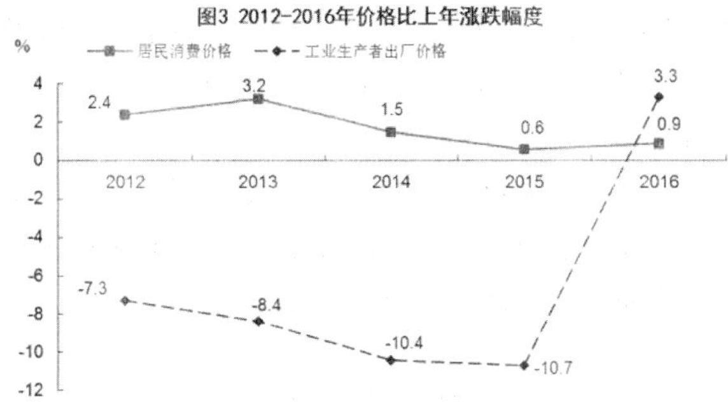

表1　2016年居民消费价格比上年涨幅

单位：%

指　　标	涨　　幅
居民消费价格	0.9
食品烟酒	2.5
衣　着	-1.2
居　住	-0.1
生活用品及服务	0.3
交通和通信	-2.2
教育文化和娱乐	3.3
医疗保健	2.7
其他用品和服务	1.1

全年全市城镇新增就业 4.06 万人。转移农村劳动力 3.71 万人。年末城镇登记失业率 1.96%。

二、农　业

全年全市粮食种植面积 242.8 千公顷，比上年减少 3.5 千公顷；油料种植面积 2.6 千公顷，比上年增加 0.6 千公顷；棉花种植面积 0.03 千公顷。在粮食种植面积中，玉米种植面积 205.5 千公顷，减少 1.9 千公顷；小麦种植面积 5.5 千公顷，减少 1.9 千公顷。

全年粮食产量 161.7 万吨，比上年增加 4.7 万吨，增产 3.0%。其中，夏粮 2.6 万吨，减产 22.7%；秋粮 159 万吨，增产 3.6%。

表 2　2016 年主要农林产品产量及其增长速度

单位：万吨

产品名称	产 量	比上年增长%
粮 食	161.7	3.0
其中：玉 米	149	3.6
小 麦	2.6	-22.7
谷 子	4.6	4.5
豆类	1.0	0
薯 类	3.2	-7.4

全年全市猪牛羊肉总产量 8.8 万吨，比上年增长 6.2%。其中，猪肉产量 7.7 万吨，增长 7.0%；牛肉产量 0.38 万吨，下降 3.5%；羊肉产量 0.72 万吨，增长 3.7%。年末生猪存栏 60.4 万头，生猪出栏 98.9 万头。牛奶产量 1.76 万吨，下降 3.8%。禽蛋产量 13.8 万吨，增长 8.1%。

全年全市机械耕地面积 237.6 千公顷，下降 1.6%；机械播种面积 223.6 千公顷，下降 0.3%；机械收获面积 123.5 千公顷，增长 4.8%。

三、工业和建筑业

年末全市规模以上工业企业 319 家。全年规模以上工业增加值 583.1 亿元，增长 2.5%。

图4　2012-2016年规模以上工业增加值及其增长速度

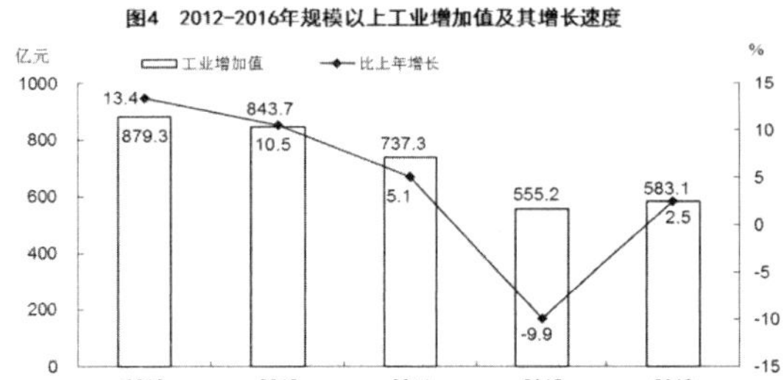

表 3　2016 年规模以上工业增加值及其增长速度

单位：亿元

指　　标	增加值	比上年增长%
规模以上工业	583.1	2.5
其中：轻工业	30.1	15.8
重工业	553.0	1.9
其中：国有及国有控股企业	262.0	-0.1
其中：集体企业	11.8	37.5
股份制企业	502.3	2.4
外商及港澳台投资企业	27.5	-3.8
其中：煤炭开采和洗选业	393.2	1.8
黑色金属冶炼及压延加工业	13.3	-23.6
石油加工和炼焦业	42.3	0.5
电力生产业	34.3	2.3
化学原料及化学制品制造业	17.3	2.1
有色金属冶炼及压延工业	0.7	42.3

规模以上工业企业原煤产量 1.1 亿吨，下降 8.6%；发电量 271.6 亿千瓦时，下降 2.4%；焦炭产量 1378.2 万吨，增长 0.4%；钢材产量 495.3 万吨，下降 14.1%。

表 4　2016 年规模以上工业主要工业产品产量及其增长速度

指　标	单 位	产　量	比上年增长%
原　煤	万 吨	10854.3	-8.6
洗　煤	万 吨	6202.0	13.2
发电量	亿千瓦小时	271.6	-2.4
粗　钢	万 吨	523.1	-7.2
钢　材	万 吨	495.3	-14.1
金属镁	万 吨	1.0	49.8
水　泥※	万 吨	385.9	-1.1
化　肥（折 100%）	万 吨	34.7	-6.3
焦　炭	万 吨	1378.2	0.4
生　铁	万 吨	339.3	-20.5

注：标注※为全社会产量

规模以上工业企业实现主营业务收入1264.0亿元,增长13.5%。其中,煤炭、焦炭、冶金和电力工业分别实现主营业务收入623亿元、145.1亿元、157.8亿元和73.5亿元,分别增长17.1%、20.6%、-2.3%和-7.4%;化学、建材、装备制造、医药和食品工业分别实现主营业务收入70.8亿元、27.6亿元、64亿元、34.9亿元、53.5亿元,分别增长0.4%、18.9%、35.6%、14.2%和54.2%。

规模以上工业实现利税154.6亿元,增长106%;实现利润64.1亿元,增长2561.6%。

表5 2016年规模以上工业企业实现利润及其增长速度

单位:亿元

指　标	利润总额	上年同期
规模以上工业	64.1	2.4
其中:国有及国有控股企业	38.0	-1.2
其中:集体企业	0.05	-0.01
股份制企业	58.9	3.35
外商及港澳台投资企业	3.8	-1.6

全年全市建筑业实现增加值50.4亿元,比上年增长5.3%。

四、固定资产投资

全年固定资产投资1514.4亿元,增长5.1%。其中,国有及国有控股投资416.3亿元,下降1.8%。

图5 2012-2016年固定资产投资及其增长速度

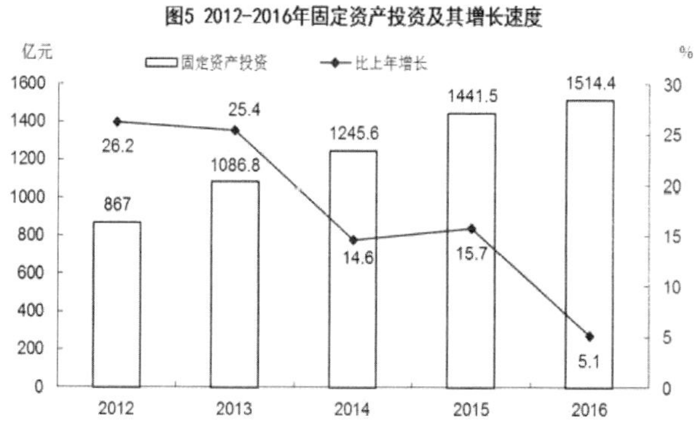

分产业看,第一产业投资253亿元,增长21.9%;第二产业投资598.3亿元,增长1.1%;第三产业投资663.1亿元,增长3.2%。在第二产业中,工业投资601亿元,增长1.1%。其中,煤炭工业投资109亿元,下降8%。

表6 2016年分行业固定资产投资及其增长速度

单位:亿元

行　业	投资额	比上年增长%
总　计	1514.4	5.1
农、林、牧、渔业	257.2	22.5
采矿业	123.5	-12.5
制造业	370	3.1
电力、燃气及水的生产和供应业	107.5	13.7
交通运输、仓储和邮政业	88.9	0.5
信息传输、计算机服务和软件业	2.2	-87.8
批发和零售业	40.2	-3.6
住宿和餐饮业	7.0	39.2
金融业	0.4	20.3
房地产业	290.5	-4.2
租赁和商务服务业	1.5	-24.3
科学研究、技术服务和地质勘查业	2.1	-11.8
水利、环境和公共设施管理业	198.3	48.2
居民服务和其他服务业	3.0	-52.1
教育	6.8	15.9
卫生、社会保障和社会福利业	8.0	-35.8
文化、体育和娱乐业	6.5	-59.7
公共管理和社会组织	0.7	-54.5

全年全市在建固定资产投资项目2369个。其中,5亿元以上项目87个,计划总投资1889.2亿元,完成投资430.9亿元。

全年房地产开发投资67.8亿元,下降22.5%。其中,住宅投资48.9亿元,下降21.1%;办公楼投资1.5亿元,下降40%;商业营业用房投资7.3亿元,下降29.8%。

表7 2016年房地产开发和销售情况

指　标	单位	绝对数	比上年增长%
投资完成额	亿元	67.8	-22.5
其中:住宅	亿元	48.9	-21.1
房屋施工面积	万平方米	1156.0	0.8
其中:住宅	万平方米	847.3	1.5
房屋新开工面积	万平方米	179.1	-43.5
其中:住宅	万平方米	136.2	-41.3
房屋竣工面积	万平方米	323.2	52.6
其中:住宅	万平方米	248.5	60.6
商品房销售面积	万平方米	219.0	2.7
其中:住宅	万平方米	197.9	11.0

五、国内贸易

全年全市社会消费品零售总额566.6亿元，增长8.0%。其中，城镇消费品零售额459.8亿元，增长8.0%；乡村消费品零售额106.8亿元，增长8.3%。

图6 2012-2016年社会消费品零售总额及其增长速度

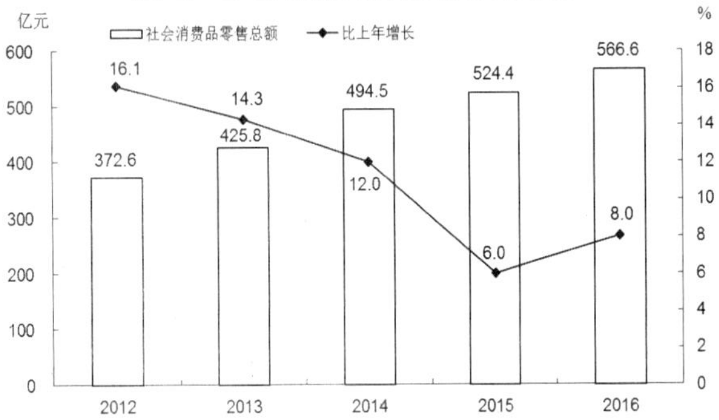

表8　2016年社会消费品零售总额及其增长速度

单位：亿元

指　　标	绝对数	比上年增长%
社会消费品零售总额	566.6	8.0
分地域：城 镇	459.8	8.0
其中：城 区	334.4	8.2
乡 村	106.8	8.3
分行业：批发业	32.6	10.3
零售业	479.9	7.9
住宿业	6.5	6.4
餐饮业	47.7	8.4

表9　2016年限额以上批发零售业零售额及其增长速度

单位：亿元

指　　标	绝对数	比上年增长%
汽车类	60.0	4.4
石油及制品类	21.7	-2.2
粮油、食品类	10.6	7.9
服装、鞋帽、针纺织品类	9.1	-0.2
家用电器和音像器材类	4.1	-0.9
书报杂志类	2.1	-6.5

六、对外经济

全年全市进出口总额7731万美元，下降50.9%。其中，进口额4886万美元，下降60.9%；出口额2845万美元，下降12.4%。

表10　2016年进出口总额及其增长速度

单位：万美元

指　　标	绝对数	比上年增长%
进出口总额	7731	-50.9
出口额	2845	-12.4
其中：一般贸易	2845	-12.4
其中：机电产品	1139	-35.8
高新技术产品	448	-34.7
其中：国有企业	1422	-2.5
外商投资企业	31	-92.2
进口额	4886	-60.9
其中：一般贸易	4886	-60.2
其中：机电产品	258	-69.3
高新技术产品	235	-29.4
其中：国有企业	4563	-60.5
外商投资企业	7	-87.3

表11　2016年与长治有贸易往来的主要国家和地区进出口情况

单位：万美元

国家和地区	出口额	比上年增长%	进口额	比上年增长%
美 国	232	-42.9	167	-16.5
欧 盟	248	25.3	19	-93.8
东 盟	531	59.9	0	-100
日 本	32	540	238	95.1
韩 国	23	-96.5	0	-100
非 洲	209	11.8	0	-100
中国香港	3	-	0	-
中国台湾	3	-75.0	0	-100

全年全市新设立外商直接投资企业1家；合同利用外商投资736.7万美元，下降97.3%；实际利用外商直接投资47501.6万美元，增长5.3%。

七、交通、邮电和旅游

年末全市公路线路里程11643.0公里，其中高速公路339.2公里。

年末全市民用汽车保有量44.7万辆（包括三轮汽车和低速货车0.67万辆），比上年末增长7.5%，其中私人汽车40.2万辆，增长9.4%。本年新注册汽车5.2万辆，增长4.7%。年末轿车保有量27.4万辆，比上年末增长10.0%，其中私人轿车25.7万辆，增长11.5%。

全年全市完成邮电业务总量59.64亿元。其中，邮政业务总量3.38亿元；电信业务总量56.26亿元。年末移动电话用户达到306.4万户，其中，3G移动电话用户达到27.7万户，4G移动电话用户达到172.6万户。全市互联网接入用户55.1万户，其中，新增互联网用户8.6万户。

图7 2012-2016年全市年末移动电话用户

全年全市商业住宿设施接待入境过夜游客2.5万人次，接待国内旅游者3751.0万人次，分别增长4.4%和15.0%；旅游外汇收入1560.8万美元，国内旅游收入368.2亿元，旅游总收入369.1亿元，分别增长4.7%、15.1%和15.0%。

八、金 融

年末全市金融机构本外币各项存款余额2122.2亿元，比年初增加78亿元，比年初增长3.8%。各项贷款余额1196.8亿元，增加64.8亿元，增长5.7%。

表12　2016年年末金融机构本外币存贷款及其增长速度

单位：亿元

指　　标	年末数	比上年增长%
各项存款余额	2122.2	3.8
其中：单位存款	642.1	-1.7
城乡居民储蓄存款	1420.3	6.9
各项贷款余额	1196.8	5.7
其中：短期贷款	603.8	0.6
中长期贷款	455.3	10.0

图8 2012-2016年全市城乡居民储蓄存款余额及其增长速度

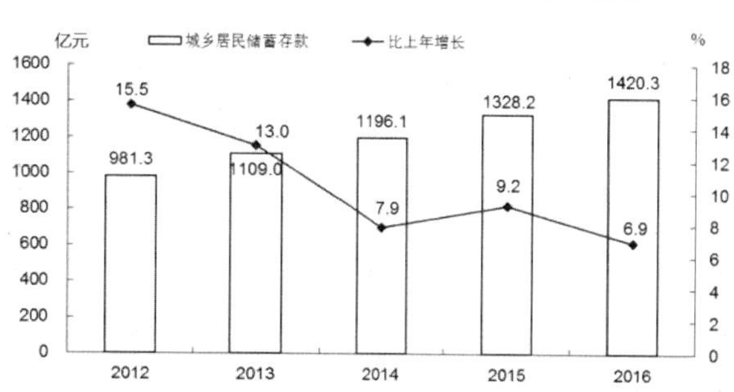

全年全市保费收入50.1亿元，增长8.7%。其中，寿险业务保费收入30.9亿元，增长8.3%；健康和意外险业务保费收入5.5亿元，增长23.5%；财产险业务保费收入2.1亿元，下降6.8%；车险业务保费收入11.5亿元，增长6.8%。全年支付各类赔款及给付18.2亿元，增长18.2%。其中，寿险业务保费赔付9.2亿元，增长34.5%；健康和意外险业务保费赔付0.8亿元，下降5.7%；财产险业务保费赔付0.8亿元，下降16.2%；车险业务保费赔付7.4亿元，增长9.6%。

九、教育和科学技术

年末全市普通高等学校5所；中等职业学校47所；普通高中49所；初中160所，小学643所。

表13　2016年各类教育发展情况

单位：人

指　标	招生	在校生	毕业生
研究生	35	89	20
普通高等教育	9393	33942	9461
中等职业教育	12040	34005	12135
普通高中	23466	71997	28930
初　中	36487	102687	39319
小　学	36392	207548	37159
学前教育	40792	100381	39090
特殊教育	211	742	90

全年专利申请量与授权量分别为972件和736件。全年全市共签订各类技术合同91项,技术合同成交总额3.1亿元。

年末全市共有产品质量检验机构1个。全年对71户企业实施了产品认证,对10种产品进行了监督抽查。全市共有法定计量技术机构19个,全年完成强制检定计量器具7.49万台件。

十、文化、卫生和体育

年末全市共有艺术表演团体20个,文化馆14个,公共图书馆14个,公共图书馆藏书量190.8万册,档案馆15个,已开放各类档案161703卷。全市广播电台13座,电视台18座,广播、电视综合人口覆盖率分别达到99.63%和99.57%,年末全市有线电视用户达到47.4万户,其中接收数字信号用户37.1万户。

年末全市共有医疗卫生机构5063个,其中医院、卫生院169个,妇幼保健机构15个,疾病预防控制中心15个,卫生监督机构15个。病床位16290张,其中医院、卫生院11585张。卫生技术人员18712人,其中医生8038人,注册护士7506人,药剂人员960人。乡镇卫生院132个,床位2808张,乡村医生和卫生技术人员6903人。全市新型农村合作医疗参合率98.6%。

全年全市运动员在各类体育比赛中获得世界冠军2个,全国冠军4个,全省冠军62个。

十一、人口、人民生活和社会保障

年末全市总人口为343.54万人,比上年末增加1.5万人。全年全市出生人口3.61万人,人口出生率为10.52‰;死亡人口2.11万人,死亡率为6.16‰;自然增长率为4.36‰。性别比(女=100)为104.12。

表14 2016年人口数及其构成

单位:万人

指 标	年末数	比重(%)
全市总人口	343.54	—
其中:城 镇	177.03	51.53
乡 村	166.51	48.47
其中:男 性	175.24	51.01
女 性	168.30	48.99

全年城镇常住居民人均可支配收入28094元,比上年增长6.4%;农村常住居民人均可支配收入11863元,比上年增长6.9%。城镇居民家庭恩格尔系数(即居民家庭食品消费支出占家庭消费支出的比重)25.6%,农村居民家庭恩格尔系数35.6%。

年末参加基本养老保险205.48万人,其中企业职工46.14万人,参加新型农村社会养老保险138.09万人;参加城镇基本医疗保险99.78万人。其中,参加城镇职工基本医疗保险61.60万人,参加城镇居民基本医疗保险38.18万人。参加失业保险41.32万人;参加工伤保险56.96万人,其中农民工24.31万人;参加生育保险43.85万人。

全年全市纳入城市最低生活保障的居民3.1万人,发放城市低保资金1.3亿元;纳入农村最低生活保障的居民9.9万人,发放农村低保资金2.0亿元。

年末全市各类福利院床位数6431张,收养3076人。城镇各种社区服务设施263个。全年销售社会福利彩票2.6亿元,接收社会捐赠款26万元。

十二、城市建设、资源、环境和安全生产

年末城市交通运营车辆753辆,其中市区公共汽车450辆。出租汽车3181辆,其中市区出租车1801辆。市区有公园4座,总面积127公顷。全年市区供水总量8313万吨,人均日生活用水量162.8升。全年液化气供气总量3650吨,天然气供应量6568.5万立方米,其中生活用天然气2119.1万立方米。燃气普及率93.7%,比上年增长0.7个百分点。市区集中供热面积3840万平方米,其中住宅供热面积3040万平方米。市区污水处理能力27.5万吨/日,全年污水处理量6964万吨。生活垃圾年清运量23.6万吨。

年末全市森林面积429.6千公顷,森林覆盖率30.9%。本年度检查验收合格造林面积20.3千公顷。全市有自然保护区2个,面积46.9千公顷,占全市总面积的3.4%。

年末全市大中型水库蓄水总量2.5亿立方米,比上年增长15.2%。全年总用水量4.93亿立方米。其中,生活用水1.08亿立方米。

全年全市空气质量Ⅱ级以上天数219天。全市达Ⅲ类水质标准的断面比例76.5%。城市集中式饮用水源地辛安泉水质达标率达到100%。

公报注释：

1.本公报部分数据为初步统计数据。

2.地区生产总值、各产业增加值绝对数按现价计算，增长速度按不变价格计算。

3.所有增长或下降速度均为同上年相比较。

4.部分数据因四舍五入的原因，存在与分项合计不等的情况。

5.图6中2014年社会消费品零售总额总量为三经普调整后数据。

1-1 统计用行政区划

单位:个

行政区划名称	行政区划代码	乡级单位小计	街道	镇	乡	类似乡级单位	村级单位小计	居委会	村委会	类似居委会	类似村委会
合　计		**155**	**14**	**68**	**64**	**9**	**3591**	**140**	**3446**	**5**	
城　区	140402	10	10				83	55	28		
郊　区	140411	8	2	5	1		142	20	122		
长治县	140421	13		6	5	2	259	4	254	1	
襄垣县	140423	13		8	3	2	331	8	323		
屯留县	140424	14		7	4	3	296	1	294	1	
平顺县	140425	12		5	7		265	3	262		
黎城县	140426	9		5	4		255	13	242		
壶关县	140427	13		5	7	1	393	3	390		
长子县	140428	12		7	5		401		399	2	
武乡县	140429	14		5	9		381	4	377		
沁　县	140430	13		6	7		312	6	306		
沁源县	140431	14		5	9		260	6	254		
山西长治高新技术产业园区	140471	1				1	9	4	4	1	
潞城市	140481	9	2	4	3		204	13	191		

1-2 土地总面积和人口密度

单位:平方公里

县市区	总面积		其中:平川、丘陵、山地比例(%)			人口密度(人/平方公里)
	计	占全市%	平川	丘陵	山地	
总　计	**13955.22**	**100.0**	**15.9**	**33.4**	**50.7**	**246**
#市区	344.26	2.5	73.6	9.9	55	2325
城　区	53.43	0.4	100			9563
建城区(主城区)	50.27	0.4	100			
郊　区	290.83	2.1	68.5	11.8	19.7	995
长治县	482.28	3.5	48.9	25.5	25.6	729
襄垣县	1177.97	8.4	10.5	57.6	31.9	236
屯留县	1190.38	8.5	37.8	26	36.2	229
平顺县	1510.33	10.8			100	100
黎城县	1113.32	8.0	11.1	30.9	58	145
壶关县	1007.71	7.2	8.9	18.1	73	296
长子县	1031.18	7.4	36.8	17	46.2	351
武乡县	1614.49	11.6	12	65.6	22.4	114
沁　县	1319.96	9.5	15	65.5	19.5	134
沁源县	2548.84	18.3		27	73	64
潞城市	614.44	4.4	35.2	37.5	27.3	382

注:土地总面积由国土局提供。

1-3 国民经济主要指标及增长速度

项目	单位	2013年	2014年	2015年	2016年	
					绝对额	比上年增长(%)
一、综合:						
国内生产总值	万元	13387345	13311415	11953423	12704767	4.6
第一产业	万元	547086	581833	581903	613589	3.3
第二产业	万元	8177018	7765112	6111205	6469377	2.7
第三产业	万元	4663241	4964470	5260315	5621801	6.8
人均国内生产总值	元	39623	39196	35029	37063	4.1
二、人口:						
总人口	人	3387753	3404434	3420437	3435380	0.44
市镇人口	人	1587847	1649796	1710910	1770295	3.47
乡村人口	人	1799906	1754638	1709527	1665085	-2.67
总人口中:市区总人口	人	787391	791537	796212	800358	0.52
三、农业:						
农业增加值	万元	566357.7	602967.7	603777.4	636707.8	3.40
粮食总产量	吨	1608205.3	1621917.2	1569960.6	1617127.6	3.00
油料总产量	吨	3043.6	2214.3	2009	2342.6	16.60
蔬菜总产量	吨	1021775.8	1065268.7	1049477.4	1062756.3	1.27
水果总产量	吨	15976.7	36161	38165	40187.3	5.30
肉类总产量	吨	86624	96734.88	103819.5	88837.48	-14.40
大牲畜年末出栏数	头	65774	68576	64647	65128	0.74
猪年末出栏数	头	635183	697008	627528	603767	-3.80
羊年末出栏数	头	588435	765157	790190	835220	5.70
农业机械总动力	千瓦	2087811	2170775	2220151	1243346	
四、工业和建筑业						
规模以上工业增加值	万元	8437066	7372478	5551834	5831463	2.50
#轻工业	万元	544524	337228	265538	301448	15.80
重工业	万元	7892542	7035250	5286296	5530014	1.90

注:1、根椐第三次经济普查结果,对2009年-2013年地区生产总值及三次产业增加值数据进行了修订。2、农业机械总动力指标统计范围进行了调整,与同期数不可比(2016年数据不含三轮汽车)。

1-3 续 1

项　　目	单位	2013 年	2014 年	2015 年	2016 年	
					绝对额	比上年增长(%)
主要工业产品产量:						
原煤	万吨	11270.0	11617	11785	10854	-8.57
发电量	亿千瓦时	341.5	336	276	271.59	-2.40
钢材	万吨	610.7	698.2	576.3	459.3	-14.10
粗钢	万吨	632.4	699.8	563.8	523.1	-7.20
水泥	万吨	458.1	489.9	390.3	385.9	-1.10
化肥(折 100%)	万吨	26.9	37.5	37	34.7	-6.30
工业产品销售收入	万元	17618262	15401799	11192487	12719582	13.60
产品销售税金及附加	万元	128286	114239	252910	343907	35.90
利税总额	万元	2225992	1225250	833005	1773232	112.90
建筑业总产值	万元	1452505	1450599.8	1411326.6	1476357.4	4.60
五、交通、邮电:						
公路客运量	万人	3487	3431	3536.5	3295.13	-6.83
公路货运量	万吨	7391	8085	7959.02	8712.98	9.47
邮电业务总量	万元	266767	315696.34	365546.47	449210.38	22.89
六、财　贸:						
社会消费品零售总额	万元	4258179.2	4945040.1	5244137.4	5666195.8	8.00
财政总收入	万元	2978562	2534213	2030149	1967344	-3.09
公共财政预算收入	万元	1486623	1363251	964350	985278	2.17
公共财政预算支出	万元	2458799	2440202	2418516	2339060	-3.29
银行各项存款余额	万元	18479804	19459399	20441683	21221771	3.82
#城乡居民储蓄	万元	11090310	11960718	13281726	14202977	6.94
人均储蓄	元	32736	35133	38830	41343	6.47
银行各项贷款余额	万元	9188359	10169261	11320114	11968158	5.72
保险费收入	万元	322097	373068.56	470246.4	487585	3.69
赔款支出	万元	127874	122132.92	148308.27	177620	19.76

1-3 续 2

项　　目	单位	2013 年	2014 年	2015 年	2016 年	
					绝对额	比上年增长(%)
七、教育卫生:						
各级各类学校在校生	人	597748	581386	573595	564243	-1.63
#高等学校	人	53063	51556	48828	46883	-3.98
高中阶段教育	人	117295	114339	111916	106002	-5.28
#高中	人	82736	80983	77134	71997	-6.66
义务阶段教育	人	337757	320325	313620	310235	-1.08
#初中	人	123482	115388	105229	102687	-2.42
小学	人	214275	204937	208391	207548	-0.40
卫生机构数	个	5093	5106	5054	5063	0.18
病床数	张	15289	15669	16240	16290	0.31
卫生技术人员	人	17513	18342	18622	18712	0.48
#医生	人	7716	7853	7977	8038	0.76
八、固定资产投资:						
固定资产总投资	万元	10868280	12456466	14415118	15144247	5.10
项目投资	万元	9926196	11704135	13539795	14466285	6.80
房地产开发投资	万元	942084	752331	875323	677962	-22.50
九、劳　资:						
非私营单位从业人员年末人数	人	450522	444742	427080	425665	-0.33
非私营单位在岗职工年末人数	人	440564	431863	412837	409061	-0.91
非私营单位全部从业人员年平均工资	元	43999	47181	48459	49670	2.50
非私营单位在岗职工年平均工资	元	44600	48064	49463	50739	2.58
#国有	元	41451	44128	47087	51473	9.31
集体	元	34743	42630	49844	50383	1.08
十、物　价						
居民消费价格总指数	以上年同期为 100	103.2	101.5	100.6	100.9	0.90
十一、人民生活:						
城镇居民人均可支配收入	元	22682	24565	26407	28094	6.40
城镇居民人均生活消费支出	元	12483	13319	14411	15724	9.10
农村居民人均可支配收入	元	9229	10311	11095	11863	6.9
农村居民人均生活消费支出	元	7323	7996	8524	9025	5.9

注:2012 年、2013 年城镇、农村常住居民人均可支配收入调整为新口径数据。

1-4 总　产　出

单位:万元

指标名称	按当年价格计算 绝对额		按不变价格计算 以上年为100的指数(%)	
	本年	上年	本年	上年
总产出	**29614964**	**27866964**	**105.2**	**97.9**
农、林、牧、渔业	1124347	1062051	104.0	101.0
农业	688013	651054	102.2	97.4
林业	46481	43522	105.2	101.1
畜牧业	339881	320451	107.0	108.9
渔业	5550	4964	108.8	103.0
农、林、牧、渔服务业	44422	42060	105.6	103.5
工业	15803160	15063706	103.7	93.7
采矿业	8476849	7977241	105.1	99.6
#开采辅助活动				
制造业	6452027	6177343	103.2	88.2
#金属制品、机械和设备修理业	102205	51683	104.3	88.5
电力、燃气及水的生产和供应业	874284	909122	95.1	94.3
建筑业	2682043	2522399	105.8	111.3
批发和零售业	1585802	1555245	101.7	106.6
批发业	708674	738786	95.5	100.1
零售业	877128	816459	107.3	114.4
交通运输、仓储和邮政业	1354499	1235919	109.0	100.7
交通运输及仓储业	1276699	1166834	108.8	100.0
邮政业	77800	69085	112.3	116.1
住宿和餐饮业	539918	488522	109.9	107.4
住宿业	349902	324654	107.6	105.5
餐饮业	190016	163868	114.5	112.8
信息传输、软件和信息技术服务业	523061	394775	131.0	106.9
电信、广播电视、卫星传输和互联网服务	505272	382410	130.6	106.8
软件和信息技术服务业	17789	12365	142.2	109.1
金融业	1714804	1585729	108.2	121.7
金融业	1319481	1217856	109.3	115.5
保险业	258046	241765	103.8	146.6
其他金融业	137277	126108	105.2	119.6
房地产业	1208269	1159175	104.7	106.5
房地产开发经营业	518662	500071	104.9	107.5
自有房地产经营活动	493749	467897	105.0	105.6
其他房地产业	195858	191207	103.6	106.4
租赁和商务服务业	437936	402332	108.2	102.6
科学研究和技术服务业	75671	68116	107.3	102.8
水利、环境和公共设施管理业	76178	71026	103.5	105.0
居民服务、修理和其他服务业	404013	386529	103.9	100.4
教育	625544	575489	104.8	109.0
卫生和社会工作	448196	392751	110.1	114.5
文化、体育和娱乐业	157588	143057	109.5	101.3
公共管理、社会保障和社会组织	853935	760142	108.4	105.8
第一产业	1079925	1019991	103.9	100.9
第二产业	18382998	17534422	104.0	95.1
第三产业	10152041	9312551	107.5	107.7

1-5 按当年价格计算的地区生产总值

指标名称	绝对额(万元)		构成(以地区生产总值为100,%)	
	本年	上年	本年	上年
地区生产总值	**12704767**	**11953423**	**100.0**	**100.0**
第一产业	613589	581903	4.8	4.9
第二产业	6469377	6111205	50.9	51.1
第三产业	5621801	5260315	44.3	44.0
地区外净要素收入	-30457	-30851		
地区收入总值	12674310	11922572		
人均地区生产总值(元)	37063	35029		

补充资料:

	2016年	2015年	2014年
1. 年末常住人口(万人)	343.54	342.04	340.44
2.年平均常住人口(万人)	342.79	341.24	
3.按常住人口平均的地区收入总值(元)	36974	34939	

1-6 按当年价格计算的地区生产总值构成项目

单位:万元

指标名称	增加值	劳动者报酬	生产税净额	补贴	固定资产折旧	营业盈余
地区生产总值	**12704767**	**4821488**	**2695857**	**20841**	**2167048**	**3020374**
农、林、牧、渔业	636708	619227	-20841	20841	38322	
农业	424308	414662	-15949	15949	25595	
林业	23212	26696	-4892	4892	1408	
畜牧业	163371	153598			9773	
渔业	2698	2535			163	
农、林、牧、渔服务业	23119	21736			1383	
工业	5991120	2060540	2017785		888242	1024553
采矿业	4242663	1402746	1393537		438366	1008014
#开采辅助活动						
制造业	1382669	573725	526223		280569	2152
#金属制品、机械和设备修理业	26001	10789	9896		5276	40
电力、燃气及水的生产和供应业	365788	84069.00	98025		169307	14387
建筑业	504258	280266	87632		56036	80324
批发和零售业	880938	162887	245207		69154	403690
批发业	284814	52663	79277		22358	130516
零售业	596124	110224	165930		46796	273174
交通运输、仓储和邮政业	798394	124913	159463		124311	389707
交通运输及仓储业	750649	90312	155573		116059	388705
邮政业	47745	34601	3890		8252	1002
住宿和餐饮业	236355	42354	13420		15151	165430
住宿业	46038	8249	2620		2950	32219
餐饮业	190317	34105	10800		12201	133211
信息传输、软件和信息技术服务业	265829	56244	16782		108506	84297
电信、广播电视、卫星传输和互联网服务	255817	54120	16142		104426	81129
软件和信息技术服务业	10012	2124	640		4080	3168
金融业	824709	313194	99238		42031	370246
金融业	719899	273418	86607		36679	323195
保险业	84124	31919	10143		4298	37764
其他金融业	20686	7857	2488		1054	9287
房地产业	819856	53708	54815		683740	27593
房地产开发经营业	316588	20362	20781		264984	10461
自有房地产经营活动	364244				364244	
其他房地产业	139024	33346	34034		54512	17132
租赁和商务服务业	155778	31160	9223		12461	102934
科学研究和技术服务业	36032	29187	1419		4324	1102
水利、环境和公共设施管理业	38585	29582	1464		7365	174
居民服务、修理和其他服务业	283906	15493	4502		14196	249715
教育	433049	370543	1338		38976	22192
卫生和社会工作	210444	148541	2266		2256	57381
文化、体育和娱乐业	82068	32925	713		7394	41036
公共管理、社会保障和社会组织	506738	450724	1431		54583	
第一产业	613589	597491	-20841	20841	36939	
第二产业	6469377	2330017	2095521		939002	1104837
第三产业	5621801	1893980	621177		1191107	1915537

1-7 按不变价格计算的地区生产总值

指标名称	以上年为 100 的指数(%)	
	本年	上年
地区生产总值	104.6	97.1
农、林、牧、渔业	103.4	101.0
农业	102.1	98.3
林业	105.1	101.1
畜牧业	106.0	107.5
渔业	107.5	103.5
农、林、牧、渔服务业	105.7	105.6
工业	102.5	91.7
采矿业	102.7	94.0
#开采辅助活动		
制造业	101.9	86.4
#金属制品、机械和设备修理业	101.3	81.8
电力、燃气及水的生产和供应业	103.3	89.9
建筑业	105.3	110.5
批发和零售业	101.4	104.6
批发业	93.7	97.7
零售业	105.6	112.3
交通运输、仓储和邮政业	108.6	100.4
交通运输及仓储业	108.3	99.8
邮政业	112.2	110.5
住宿和餐饮业	109.4	106.5
住宿业	105.8	100.4
餐饮业	110.4	108.5
信息传输、软件和信息技术服务业	130.4	107.5
电信、广播电视、卫星传输和互联网服务	130.0	107.2
软件和信息技术服务业	141.9	114.8
金融业	107.9	117.8
金融业	108.8	114.5
保险业	101.7	142.3
其他金融业	105.3	118.9
房地产业	104.4	105.6
房地产开发经营业	104.3	106.6
自有房地产经营活动	105.0	105.0
其他房地产业	103.1	105.2
租赁和商务服务业	107.6	102.0
科学研究和技术服务业	106.8	102.5
水利、环境和公共设施管理业	103.1	104.1
居民服务、修理和其他服务业	103.3	100.1
教育	104.5	108.1
卫生和社会工作	109.7	114.0
文化、体育和娱乐业	108.9	100.9
公共管理、社会保障和社会组织	108.0	104.6
第一产业	103.3	100.9
第二产业	102.7	92.6
第三产业	106.8	106.1
地区外净要素收入	98.7	95.9
人均地区生产总值(元)	104.1	96.6

1-8 按支出法计算的地区生产总值

单位：万元

指　标	按当年价格计算		按不变价格计算 以上年为100的指数(%)	
	2016年	2015年	2016年	2015年
支出法地区生产总值	12704767	11953423	104.6	97.1
一、最终消费支出	6740336	6288543	105.9	97.4
居民消费支出	5563883	5169077	106.3	103.6
农村居民	3904744	3610814	106.8	101.6
城镇居民	1659139	1558263	105.2	104.6
政府消费支出	1176453	1119466	103.8	79.6
二、资本形成总额	8051676	7769329	103.1	90.3
固定资本形成总额	7931002	7611124	103.7	90.1
存货增加	120674	158205	75.9	100.9
三、货物和服务净流出	-2087245	-2104449		55.7
流　出	1318744	1829329	67.3	97.6
流　入	3405989	3933778	86.5	79.1

说明：1. 货物和服务净流出 = 流出-流入。

2. 支出法地区生产总值 = 最终消费支出 + 资本形成总额 + 货物和服务净流出。

3. 统计误差等于1-5表（当年价格）、1-7表（可比价格）地区生产总值减去支出法当年价格和可比价格的地区生产总值。

1-9 按行业划分的资本形成总额

单位:万元

指　　标	2016年	2015年
资本形成总额	8051676	7769329
一、固定资本形成总额	7931002	7611124
1、住宅	1219393	1012379
2、非住宅建筑物	4970847	4973546
3、机器和设备	1316994	1211343
4、土地改良支出		
5、矿藏勘探费		
6、计算机软件		
7、其他	423768	413856
二、存货增加	120674	158205
1.农林牧渔业	1872	1783
2.工业	-39593	76495
3.建筑业	59271	5600
4.交通运输、仓储和邮政业	5667	6432
5.批发和零售业	7524	40497
6.住宿和餐饮业	-903	-2049
7.房地产业	86836	29447
8.其他服务业		

说明:本表按当年价格计算

1-10 最终消费支出

单位:万元

指　　标	2016年	2015年
最终消费支出	6740336	6288543
一、居民消费支出	5563883	5169077
（一）城镇居民	3904744	3610814
1.食品烟酒	701636	655075
2.衣着	294335	285762
3.居住(含自有住房服务)	588314	526912
4.生活用品及服务	166227	155768
5.交通和通信	647851	538216
6.教育文化娱乐	322881	282803
7.医疗保健	258305	229872
8.银行中介服务	483134	526694
9.保险服务	297412	260844
10.其他商品和服务	144649	148868
（二）农村居民	1659139	1558263
1.食品烟酒	453129	438573
2.衣着	124860	126463
3.居住(含自有住房服务)	351348	340116
4.生活用品及服务	91958	92728
5.交通和通信	213781	185144
6.教育文化娱乐	156750	143244
7.医疗保健	141058	115286
8.银行中介服务	53681	58523
9.保险服务	33046	28741
10.其他商品和服务	39528	29445
二、政府消费支出	1176453	1119466

说明:本表按当年价格计算

1-11 居民消费水平

指　　标	计量单位	按当年价格计算		按不变价格计算 以上年为100的指数(%)	
		2016年	2015年	2016	2015年
当年价格居民消费水平	元/人	16231	15148	105.8	103.1
城镇居民	元/人	22433	21489	103.1	104.2
农村居民	元/人	9833	8996	108.0	100.7
居民年平均人口	万人	342.79	341.24	100.5	100.5
城镇居民	万人	174.06	168.03	103.6	97.5
农村居民	万人	168.73	173.21	97.4	103.8

1-12 全市主要核算指标一览表

单位:万元

指标名称	绝对额		比上年增长(%)
	本　年	上　年	
一、总产出	29614964	27866964	5.2
第一产业	1079925	1019991	3.9
第二产业	18382998	17534422	4.0
工业	15803160	15063706	3.7
第三产业	10152041	9312551	7.5
交通运输、仓储和邮政业	1354499	1235919	9.0
批发和零售业	1585802	1555245	1.7
住宿和餐饮业	539918	488522	9.9
二、地区生产总值	12704767	11953423	4.6
第一产业	613589	581903	3.3
农业	424308	402227	2.1
林业	23212	21761	5.1
畜牧业	163371	155472	6.0
渔业	2698	2443	7.5
农、林、牧、渔服务业	23119	21874	5.7
第二产业	6469377	6111205	2.7
工业	5991120	5658405	2.5
第三产业	5621801	5260315	6.8
交通运输、仓储和邮政业	798394	731393	8.6
批发和零售业	880938	866429	1.4
住宿和餐饮业	236355	213404	9.4
三、人均地区生产总值(元/人)	37063	35029	4.1
四、支出法地区生产总值	12704767	11953423	4.6
五、最终消费	6740336	6288543	5.9
六、资本形成总额	8051676	7769329	3.1
七、居民总消费水平(元/人)	16231	15148	5.8
农村居民	9833	8996	8.0
城镇居民	22433	21489	3.1

1-13 城区主要核算指标一览表

单位:万元

指标名称	绝对额		比上年增长(%)
	本　年	上　年	
一、总产出	6345767	5676705	9.6
第一产业	11124	9904	-2.4
第二产业	3078040	2774513	8.1
工业	1240328	1076565	12.9
第三产业	3256603	2892288	11.0
交通运输、仓储和邮政业	154899	132897	13.1
批发和零售业	723110	654734	7.4
住宿和餐饮业	263456	236996	9.5
二、地区生产总值	2064141	1906635	7.3
第一产业	6100	5320	-2.7
农业	3413	2753	-0.2
林业	566	185	-4.5
畜牧业	2121	2382	-11.6
渔业			
农、林、牧、渔服务业	164	161	1.9
第二产业	432653	403732	9.8
工业	162973	155864	12.2
第三产业	1625388	1497583	6.7
交通运输、仓储和邮政业	96817	88515	8.8
批发和零售业	301721	287632	4.4
住宿和餐饮业	78961	73779	6.4
三、人均地区生产总值(元/人)	40561	37643	6.8
四、支出法地区生产总值	2064141	1906635	7.3
五、最终消费	1052710	972383	7.3
六、资本形成总额	1013232	935917	7.3
七、居民总消费水平(元/人)	15101	14105	6.8
农村居民			
城镇居民	15101	14105	6.8

1-14 郊区主要核算指标一览表

单位:万元

指标名称	绝对额		比上年增长(%)
	本　年	上　年	
一、总产出	6010096	6441249	5.2
第一产业	52990	52942	1.0
第二产业	4932281	5463989	3.9
工业	4861123	5393976	4.0
第三产业	1024825	924318	12.6
交通运输、仓储和邮政业	206333	196462	6.3
批发和零售业	108376	104958	6.3
住宿和餐饮业	13916	12242	15.2
二、地区生产总值	1655956	1655278	5.1
第一产业	30273	30213	1.2
农业	15488	14921	2.5
林业	736	603	22.7
畜牧业	13876	14497	-0.9
渔业	173	192	-4.2
农、林、牧、渔服务业	1517	1501	0.9
第二产业	1081281	1137487	3.0
工业	1058846	1115338	3.1
第三产业	544402	487578	10.3
交通运输、仓储和邮政业	141093	134348	4.2
批发和零售业	67569	65410	2.8
住宿和餐饮业	10432	9179	11.7
三、人均地区生产总值(元/人)	57408	57718	4.5
四、支出法地区生产总值	1655956	1655278	5.1
五、最终消费	646525	622205	2.8
六、资本形成总额	1235860	1150787	6.9
七、居民总消费水平(元/人)	20300	19653	2.2
农村居民	11916	11383	3.8
城镇居民	24116	23666	0.8

1-15 长治县主要核算指标一览表

单位:万元

指标名称	绝对额		比上年增长(%)
	本　年	上　年	
一、总产出	3119056	2808603	5.7
第一产业	123669	113212	11.3
第二产业	1895985	1749904	2.4
工业	1717444	1577560	3.7
第三产业	1099402	945487	11.0
交通运输、仓储和邮政业	262303	239951	4.1
批发和零售业	309370	267275	10.9
住宿和餐饮业	37059	29249	19.7
二、地区生产总值	1331694	1259328	3.4
第一产业	65111	58942	7.6
农业	31488	30860	4.2
林业	1827	954	36.5
畜牧业	31732	27068	9.9
渔业	64	60	8.3
农、林、牧、渔服务业	1617	1676	-4.5
第二产业	717711	696762	0.1
工业	707331	684703	0.3
第三产业	548872	503624	7.7
交通运输、仓储和邮政业	67082	66721	0.0
批发和零售业	118650	111384	6.0
住宿和餐饮业	43669	37544	14.3
三、人均地区生产总值(元/人)	37959	36060	3.0
四、支出法地区生产总值	1331694	1259328	3.4
五、最终消费	625647	587548	4.2
六、资本形成总额	695181	671780	1.2
七、居民总消费水平(元/人)	13584	12711	4.5
农村居民	13062	12268	3.7
城镇居民	14439	13469	5.5

1-16 襄垣县主要核算指标一览表

单位:万元

指标名称	绝对额		比上年增长(%)
	本　年	上　年	
一、总产出	3935083	3288921	8.8
第一产业	102451	102382	6.4
第二产业	3095636	2488611	10.0
工业	2690033	2276170	2.6
第三产业	736996	697928	4.6
交通运输、仓储和邮政业	101973	98421	3.0
批发和零售业	188970	190657	-1.4
住宿和餐饮业	47664	42627	10.5
二、地区生产总值	1473907	1383612	3.7
第一产业	59597	60197	5.5
农业	50232	52284	2.8
林业	1346	920	39.1
畜牧业	7777	6788	21.1
渔业	242	205	16.1
农、林、牧、渔服务业	4060	3705	9.6
第二产业	950120	877555	3.9
工业	925973	864980	2.6
第三产业	464190	445860	3.2
交通运输、仓储和邮政业	57390	55988	1.9
批发和零售业	161971	163984	-1.7
住宿和餐饮业	19568	17690	9.3
三、人均地区生产总值(元/人)	53129	50025	3.4
四、支出法地区生产总值	1473907	1383612	3.7
五、最终消费	639625	611239	3.8
六、资本形成总额	1008203	949260	2.5
七、居民总消费水平(元/人)	16474	15805	4.0
农村居民	10627	10140	4.8
城镇居民	22999	22564	1.5

1-17 屯留县主要核算指标一览表

单位:万元

指标名称	绝对额		比上年增长(%)
	本　年	上　年	
一、总产出	2171540	2073045	1.0
第一产业	115803	106174	1.6
第二产业	1700756	1629041	0.7
工业	1347265	1276989	0.7
第三产业	354982	337830	3.3
交通运输、仓储和邮政业	78520	79213	-0.9
批发和零售业	28191	25528	10.4
住宿和餐饮业	7916	7342	7.6
二、地区生产总值	866816	820198	0.2
第一产业	66508	60453	1.9
农业	49665	45152	-2.0
林业	1619	1546	5.0
畜牧业	14933	13456	13.0
渔业	291	299	106.0
农、林、牧、渔服务业	3798	3738	4.0
第二产业	576562	549674	-2.2
工业	518718	489925	-2.0
第三产业	223746	210071	6.1
交通运输、仓储和邮政业	39121	39481	-1.5
批发和零售业	19553	17706	9.9
住宿和餐饮业	4954	4599	7.6
三、人均地区生产总值(元/人)	31891	30324	-0.2
四、支出法地区生产总值	866816	820198	0.2
五、最终消费	246610	221589	5.3
六、资本形成总额	621223	589502	0.1
七、居民总消费水平(元/人)	7295	6826	5.8
农村居民	7551	6555	6.9
城镇居民	7633	7266	3.9

1-18 平顺县主要核算指标一览表

单位:万元

指标名称	绝对额		比上年增长(%)
	本　年	上　年	
一、总产出	711595	551608	7.4
第一产业	46455	42272	5.8
第二产业	503521	346358	7.7
工业	464628	308705	8.3
第三产业	161619	162978	7.0
交通运输、仓储和邮政业	28820	28260	5.6
批发和零售业	11808	9705	5.3
住宿和餐饮业	8537	6984	13.3
二、地区生产总值	211379	206045	5.0
第一产业	23691	21932	3.9
农业	15525	14546	1.2
林业	2120	1684	3.1
畜牧业	5915	5549	10.8
渔业	131	153	15.7
农、林、牧、渔服务业	3910	3699	5.5
第二产业	77848	80548	2.6
工业	70981	73852	2.6
第三产业	109840	103565	7.1
交通运输、仓储和邮政业	17380	16788	3.0
批发和零售业	5454	5191	4.6
住宿和餐饮业	5270	4711	11.0
三、人均地区生产总值(元/人)	13972	13654	4.7
四、支出法地区生产总值	211379	206045	5.0
五、最终消费	131835	113498	9.0
六、资本形成总额	93044	102347	1.8
七、居民总消费水平(元/人)	7165	5985	7.4
农村居民	4339	3577	7.6
城镇居民	13083	11535	2.5

1-19 黎城县主要核算指标一览表

单位:万元

指标名称	绝对额		比上年增长(%)
	本　年	上　年	
一、总产出	1392813	1473089	4.3
第一产业	52391	52455	12.5
第二产业	772743	1142619	3.0
工业	725780	894342	0.2
第三产业	567679	277985	9.9
交通运输、仓储和邮政业	106858	104302	6.5
批发和零售业	333916	48391	9.8
住宿和餐饮业	4933	3957	86.4
二、地区生产总值	317688	302299	3.6
第一产业	31937	31921	1.7
农业	18743	18412	4.2
林业	4496	4377	2.7
畜牧业	8578	9037	-4.1
渔业	120	95	26.3
农、林、牧、渔服务业	605	569	6.3
第二产业	106347	105332	1.7
工业	95775	96195	0.4
第三产业	179404	165046	5.2
交通运输、仓储和邮政业	48448	45449	6.0
批发和零售业	30505	28137	7.8
住宿和餐饮业	2491	2251	9.9
三、人均地区生产总值(元/人)	19630	18730	3.3
四、支出法地区生产总值	317688	302299	3.6
五、最终消费	181235	162745	9.8
六、资本形成总额	140453	139554	-1.4
七、居民总消费水平(元/人)	7049	6191	12.3
农村居民	6745	5961	11.6
城镇居民	7463	6525	12.8

1-20 壶关县主要核算指标一览表

单位:万元

指标名称	绝对额		比上年增长(%)
	本　年	上　年	
一、总产出	1132368	1472620	6.3
第一产业	92069	87923	2.6
第二产业	736632	1111486	5.7
工业	714918	1091384	5.7
第三产业	303667	273211	9.8
交通运输、仓储和邮政业	20969	19623	6.8
批发和零售业	25715	23820	7.9
住宿和餐饮业	9771	8736	11.2
二、地区生产总值	479004	491416	6.0
第一产业	52708	49763	3.3
农业	35345	333406	1.4
林业	1567	1398	9.0
畜牧业	15744	14912	6.9
渔业	52	47	9.6
农、林、牧、渔服务业	435	415	4.8
第二产业	206778	245124	4.1
工业	200177	239013	4.0
第三产业	219518	196529	9.0
交通运输、仓储和邮政业	14720	13775	6.3
批发和零售业	17820	16507	7.4
住宿和餐饮业	7676	6863	10.7
三、人均地区生产总值(元/人)	16065	16551	5.5
四、支出法地区生产总值	479004	491416	6.0
五、最终消费	284742	266487	6.6
六、资本形成总额	197886	224929	-12.4
七、居民总消费水平(元/人)	6359	6089	4.3
农村居民	4257	4069	4.5
城镇居民	10948	10933	0.0

1-21 长子县主要核算指标一览表

单位:万元

指标名称	绝对额		比上年增长(%)
	本　年	上　年	
一、总产出	2317167	2142294	8.0
第一产业	195123	184117	5.4
第二产业	1482501	1394920	6.2
工业	1468175	1383651	6.1
第三产业	639543	563257	13.2
交通运输、仓储和邮政业	153899	144617	6.3
批发和零售业	80892	74736	8.0
住宿和餐饮业	26500	22834	15.4
二、地区生产总值	1122551	960489	6.2
第一产业	119477	107580	4.1
农业	87158	67590	2.9
林业	1031	1130	-8.2
畜牧业	30710	30886	8.0
渔业	578	504	0.9
农、林、牧、渔服务业	1250	851	8.0
第二产业	688747	571665	4.5
工业	675207	560581	4.1
第三产业	314327	281244	10.5
交通运输、仓储和邮政业	64791	61767	4.3
批发和零售业	23805	22193	6.8
住宿和餐饮业	8177	7133	13.8
三、人均地区生产总值(元/人)	31047	26680	5.7
四、支出法地区生产总值	1122551	960489	6.2
五、最终消费	575157	486285	9.1
六、资本形成总额	547394	474204	3.1
七、居民总消费水平(元/人)	13364	11343	9.6
农村居民	13531	11165	12.3
城镇居民	13022	11741	3.9

1-22 武乡县主要核算指标一览表

单位:万元

指标名称	绝对额		比上年增长(%)
	本　年	上　年	
一、总产出	1056850	986308	7.1
第一产业	58916	55398	6.7
第二产业	553319	526760	5.6
工业	543733	517872	5.6
第三产业	444615	404150	9.0
交通运输、仓储和邮政业	117291	107419	8.3
批发和零售业	44543	42332	4.7
住宿和餐饮业	26162	23903	8.2
二、地区生产总值	517371	501188	5.7
第一产业	32542	31045	6.2
农业	25820	25016	5.4
林业	1026	867	4.6
畜牧业	5445	4957	9.6
渔业	251	205	18.5
农、林、牧、渔服务业	1125	1099	0.4
第二产业	238585	247975	2.6
工业	235590	245195	2.6
第三产业	246244	222168	9.1
交通运输、仓储和邮政业	53803	49421	8.3
批发和零售业	26192	24913	4.6
住宿和餐饮业	17267	15672	8.6
三、人均地区生产总值(元/人)	28074	27297	5.3
四、支出法地区生产总值	517371	501188	5.7
五、最终消费	242114	227953	5.1
六、资本形成总额	270438	312668	-13.2
七、居民总消费水平(元/人)	8660	8044	6.5
农村居民	5656	5269	6.2
城镇居民	14280	13691	3.2

1-23 沁县主要核算指标一览表

单位:万元

指标名称	绝对额		比上年增长(%)
	本　年	上　年	
一、总产出	544837	521110	6.5
第一产业	99065	92467	9.7
第二产业	209216	169618	6.3
工业	166090	120720	5.2
第三产业	236556	259025	5.5
交通运输、仓储和邮政业	16473	15630	10.0
批发和零售业	36811	38002	5.3
住宿和餐饮业	22264	25212	10.0
二、地区生产总值	234923	211207	5.9
第一产业	58790	54707	4.8
农业	44053	39901	6.6
林业	1826	1845	-1.0
畜牧业	12269	12378	-0.5
渔业	642	583	10.1
农、林、牧、渔服务业	940	858	9.6
第二产业	36124	26100	7.4
工业	25217	16051	7.1
第三产业	140009	130400	6.0
交通运输、仓储和邮政业	5362	4877	9.3
批发和零售业	14563	13757	5.4
住宿和餐饮业	9178	8068	12.0
三、人均地区生产总值(元/人)	13333	12056	5.3
四、支出法地区生产总值	234923	211207	5.9
五、最终消费	175702	155259	7.7
六、资本形成总额	227257	207020	4.5
七、居民总消费水平(元/人)	6070	5366	7.6
农村居民	4752	4121	9.7
城镇居民	7996	7323	3.9

1-24 沁源县主要核算指标一览表

单位:万元

指标名称	绝对额		比上年增长(%)
	本　年	上　年	
一、总产出	2623873	2543254	4.8
第一产业	32665	30358	7.6
第二产业	2116065	2089155	3.3
工业	2484656	2058026	3.3
第三产业	475143	423741	12.1
交通运输、仓储和邮政业	136731	111548	22.2
批发和零售业	115311	114170	1.0
住宿和餐饮业	47659	41015	16.2
二、地区生产总值	1027856	886781	4.5
第一产业	26482	25470	5.0
农业	20103	19564	4.9
林业	3851	3210	5.4
畜牧业	2462	2645	5.4
渔业	66	51	5.4
农、林、牧、渔服务业	2598	2325	9.4
第二产业	719925	605552	2.8
工业	708014	595416	2.5
第三产业	281449	255795	8.7
交通运输、仓储和邮政业	67623	63695	5.6
批发和零售业	61263	57785	7.9
住宿和餐饮业	21857	19741	9.4
三、人均地区生产总值(元/人)	63297	54903	4.0
四、支出法地区生产总值	1027856	886781	4.5
五、最终消费	147537	138924	6.2
六、资本形成总额	833472	702545	3.2
七、居民总消费水平(元/人)	1163	1090	5.0
农村居民	688	617	8.9
城镇居民	1757	1723	0.8

1-25 潞城市主要核算指标一览表

单位:万元

指标名称	绝对额		比上年增长(%)
	本　年	上　年	
一、总产出	3037118	2562255	6.1
第一产业	79884	69572	13.5
第二产业	2390852	2017035	10.5
工业	2367301	1997166	10.7
第三产业	566382	475648	-13.4
交通运输、仓储和邮政业	185576	155847	-11.9
批发和零售业	70214	58961	-14.0
住宿和餐饮业	11734	9854	-9.2
二、地区生产总值	905406	785005	3.9
第一产业	46547	44351	3.7
农业	30885	28467	3.2
林业	3765	4120	9.5
畜牧业	11717	11597	1.6
渔业	180	167	7.8
农、林、牧、渔服务业	1100	956	15.1
第二产业	561536	453694	2.6
工业	550714	443630	2.5
第三产业	297323	286960	6.0
交通运输、仓储和邮政业	62156	63255	2.0
批发和零售业	33019	28582	13.0
住宿和餐饮业	8398	7733	9.6
三、人均地区生产总值(元/人)	38718	33735	3.4
四、支出法地区生产总值	905406	785005	3.9
五、最终消费	417299	383562	3.5
六、资本形成总额	492024	392806	4.2
七、居民总消费水平(元/人)	13831	13135	3.5
农村居民	11553	10734	4.2
城镇居民	15520	15037	2.3

2-1　总户数及总人口构成

指标名称	单位	2016年	2015年	比上年增长%
一、抽样调查数据评估:				
总户数	户			
总人口	人	3435380	3420437	0.44
男	人	1752368	1750851	0.09
女	人	1683012	1669586	0.80
性别比(以女性为100)	%	104.12	104.87	-0.75
年平均人口	人	3427909	3412436	0.45
总人口中:城镇人口	人	1770295	1710910	3.47
乡村人口	人	1665085	1709527	-2.60
城镇人口占总人口	%	51.53	50.02	1.51
二、公安局全面统计数据				
总户数	户	1190620	1187407	0.27
总人口	人	3387716	3368546	0.57
男	人	1725186	1716561	0.50
女	人	1662530	1651985	0.64
性别比(以女性为100)	%	104	104	
年平均人口	人	3378131	3380161	-0.06
总人口中:城镇人口	人	1187247	1131420	4.93
乡村人口	人	2200469	2237126	-1.64
总人口中:常住户口人口	人	3387716	3368546	0.57
未落户口人口	人			

2-2　总户数及总人口(公安局数据)

单位:户、人

县市区	总户数	总人口				按农业非农业分		总人口中:未落常住户口人员
		合计	男性	女性	男与女比例(女为100)	农业	非农业	
总　计	**1190620**	**3387716**	**1725186**	**1662530**	**103.8**	**2200469**	**1187247**	
城　区	123126	419169	206841	212328	97.4		419169	
郊　区	100132	321101	163019	158082	103.1	113533	207568	
长治县	121509	347346	171954	175392	98.0	265628	81718	
襄垣县	88963	265778	136900	128878	106.2	202989	62789	
屯留县	101598	277953	141670	136283	104.0	208855	69098	
平顺县	57376	153790	78727	75063	104.9	130092	23698	
黎城县	67061	166460	85705	80755	106.1	135886	30574	
壶关县	113488	299225	150947	148278	101.8	257659	41566	
长子县	130400	364292	184915	179377	103.1	296327	67965	
武乡县	76409	211395	112604	98791	114.0	184919	26476	
沁　县	67362	174626	92542	82084	112.7	132152	42474	
沁源县	64282	159869	83825	76044	110.2	120337	39532	
潞城市	78914	226712	115537	111175	103.9	152092	74620	
北中环路所								

2-3 人口变动(公安局数据)

单位:户、人

县市区	机械变动				自然变动			
	迁入	#省外	迁出	#省外	出生人数	#女性	死亡人数	#女性
总计	**16049**	**2988**	**14395**	**6242**	**35542**	**17262**	**12667**	**4266**
城区	3471	962	1727	1581	4788	2285	1014	369
郊区	1439	341	1837	1053	3593	1727	1109	341
长治县	1134	185	922	335	3356	1649	2015	882
襄垣县	1033	177	1246	347	2952	1462	1431	576
屯留县	1752	216	1467	367	3300	1605	1228	354
平顺县	465	89	678	203	1257	622	712	229
黎城县	320	88	513	326	1430	708	597	166
壶关县	1097	171	955	364	3464	1660	1001	255
长子县	1380	236	1179	335	3691	1801	943	287
武乡县	728	131	760	356	1975	969	504	149
沁县	700	102	616	312	1823	865	618	185
沁源县	525	127	587	288	1591	755	669	218
潞城市	2005	163	1908	375	2322	1154	826	255
北中环路所								

2-4　总人口（人口抽样调查数据）

单位:人

县市区	总人口	总人口中:			年平均人口	总人口中:		
		男性	女性	性别比女为100		城镇人口	乡村人口	城镇人口占总人口%
总　　计	**3435380**	**1752368**	**1683012**	**104.12**	**3427908.5**	**1770295**	**1665085**	**51.53**
城　　区	510961	258228	252733	102.17	509833	510961		100.00
郊　　区	289397	147325	142072	103.70	288452	200877	88520	69.41
长 治 县	351613	175811	175802	100.01	350827	136564	215049	38.84
襄 垣 县	277945	141597	136348	103.85	277421	133611	144334	48.07
屯 留 县	272423	142343	130080	109.43	271804	108696	163727	39.90
平 顺 县	151539	76392	75147	101.66	151293	48982	102557	32.32
黎 城 县	161930	82803	79127	104.65	161839	68616	93314	42.37
壶 关 县	298591	152110	146481	103.84	298157	96734	201857	32.40
长 子 县	362286	182642	179644	101.67	361567	118973	243313	32.84
武 乡 县	184638	98348	86290	113.97	184290	65986	118652	35.74
沁　　县	176639	95148	81491	116.76	176191	73332	103307	41.52
沁 源 县	162864	84958	77906	109.05	162386	72303	90561	44.39
潞 城 市	234554	114663	119891	95.64	233849	134660	99894	57.41

2-5 计划生育一览表

单位:人

县市区	育龄妇女人数(15-49)周岁	已婚育龄妇女人数					领取独生子女证		
		合计	已婚未育	现有一孩	现有二孩	现有三孩及以上	人数	领证率(%)	户数
总计	908258	627920	30574	279976	292974	24396	195809	32.06	108953
城区	127641	87812	5701	65046	16374	691	41861	28.06	24389
郊区	80086	59647	2933	33941	21682	1091	34027	45.58	18501
长治县	93009	67597	2801	30020	34121	655	31895	48.09	16935
襄垣县	69761	50182	2684	22032	24302	1164	15889	35.12	8917
屯留县	75221	53446	2510	18898	29475	2563	10779	27.64	6198
平顺县	40497	26138	1030	9135	14234	1739	6568	32.46	3674
黎城县	40081	27834	1069	9546	16100	1119	4054	19.32	2226
壶关县	80810	53153	2171	14741	31858	4383	6038	20.06	3362
长子县	96798	67493	3115	23356	38419	2603	11606	24.21	6516
武乡县	52335	33064	1834	10799	17019	3412	3954	16.52	2196
沁县	44827	28869	1353	10395	15178	1943	3553	15.21	1939
沁源县	40643	26206	1349	10494	12590	1773	6222	27.80	3622
潞城市	66549	46479	2024	21573	21622	1260	19363	44.23	10478
开发区	4362	3195	209	1892	1063	31	1729	45.89	998

注:城区数据包含开发区。

3-1　农业生产条件

指标名称	计量单位	数 量
一、农村基层组织情况		
乡镇个数	个	144
1.镇	个	68
其中:城关镇	个	10
2.乡	个	64
3.涉农街道办事处	个	4
4.其他乡级单位	个	8
村委会个数	个	3443
二、农村基础设施	—	
自来水受益村数	个	3247
通有线电视村数	个	3164
通宽带村数	个	3209
通汽车村数	个	3439
通电话村数	个	3434
三、乡村人口与从业人员	—	
乡村户数	户	814006
乡村人口	人	2455272
男	人	1262457
女	人	1192815
乡村劳动力资源数	人	1347900
男	人	722807
女	人	625093
乡村从业人员	人	1187092
按性别分:	—	
1.男	人	642450
2.女	人	544642
按行业分:	—	
1.农业从业人员	人	665779
(1)男	人	350376
(2)女	人	315403
2.建筑业	人	167477
3.工业	人	114124
4.交运仓储和邮政业	人	62155
5.信息传输、计算机服务和软件业	人	15222
6.批发与零售业	人	57898
7.住宿和餐饮业	人	39769
8.其他行业	人	64668
四、农业主要能源及物质消耗	—	
1.乡、村办水电站	个	21
装机容量	千瓦	37410
发电量	万千瓦时	7397
2.农村用电量	万千瓦时	82114.40
3.农用化肥施用量(实物)	吨	339826.35
其中:(1)氮肥	吨	105467.40
(2)磷肥	吨	65774.88
(3)钾肥	吨	18356.90
(4)复合肥	吨	150227.17
4.农用化肥施用量(折纯)	吨	125374.52
其中:(1)氮肥	吨	27307.28
(2)磷肥	吨	11850.94
(3)钾肥	吨	9000.53
(4)复合肥	吨	77215.77
5.农用塑料薄膜使用量	吨	3146.08
其中:地膜使用量	吨	2124.64
地膜覆盖面积	公顷	33911.71
6.农用柴油使用量	吨	20947.16
7.农药使用量	吨	1302.95

3-2 农林牧渔业总产值

单位:万元

指标名称	按现行价格计算	按可比价格计算
农林牧渔业总产值	**1124347.4**	**1104241.2**
一、农业产值	688013.2	665665.5
(一)谷物及其他作物	371866.5	367384.4
1.谷物	334152.0	330651.5
其中:小 麦	5792.4	5529.1
稻 谷		
玉 米	300883.1	297904.1
2.薯 类	13726.8	12540.5
其中:马铃薯	11474.7	10757.5
3.油 料	1363.2	1432.7
其中:花 生	275.0	275.0
油菜籽	19.1	19.1
4.豆 类	4201.8	4169.6
其中:大 豆	3484.6	3484.6
5.棉 花	31.8	29.3
6.生 麻		
7.甜 菜		
8.烟 草	2534.8	2468.1
9.其他农作物	15856.0	16104.1
(二)蔬菜、食用菌及花卉盆景园艺产品	241977.8	227102.6
1.蔬菜(含菜用瓜)	219799.7	205233.6
2.食用菌	19337.2	19337.2
3.花 卉	259.6	233.9
4.盆景园艺	2581.3	2304.8
(三)水果、坚果、茶、饮料和香料作物	61441.0	58587.8
1.园林水果	20827.3	19624.1
其中:苹 果	7216.6	6495.0
梨	3440.2	3225.2
红 枣	488.8	488.8
2.食用坚 果	39636.2	37984.9
其中:核 桃	39629.8	37978.5
板 栗		
松 子	6.4	6.4

3-2 续

单位:万元

指标名称	按现行价格计算	按可比价格计算
3.茶及其他饮料		
其中:茶叶		
4.香料原料	977.6	977.6
其中:花椒	977.6	977.6
八　角		
(四)中草药材	12727.9	12590.7
二、林业产值	46481.3	45781.5
(一)林木的培育和种植	43024.4	42547.8
1.育种育苗	13188.4	13188.4
2.造　林	7386.4	6964.3
3.未成林、成林抚育管理面积	399.6	346.3
4.零星植树	22050.0	22050.0
(二)木材采运	2539.2	2355.5
其中:村及村以下	2124.6	1972.8
(三)林产品	917.8	878.2
三、牧业产值	339880.8	342970.2
(一)牲畜饲养	63767.1	64659.4
1.牛的饲养	15974.9	15974.9
2.羊的饲养	38523.2	39882.8
3.其他牲畜饲养	1093.1	936.9
4.奶产品	6209.3	6196.0
其中:生牛奶	6161.7	6161.7
5.毛绒产品	1966.7	1670.5
其中:羊　毛	1480.7	1184.5
山羊绒	486.0	486.0
6.其他牲畜副产品		
(二)猪的饲养	150297.0	148324.3
(三)家禽饲养	124208.0	128353.9
1.肉　禽	30318.1	30318.1
2.禽　蛋	93889.9	98032.1
(四)狩猎和捕捉动物		
(五)其他畜牧业	1608.7	1632.7
其中:蚕　茧	36.0	36.0
家　兔	1512.0	1527.1
四、渔业产值(淡水产品)	5550.0	5402.0
其中:养殖	5550.0	5402.0
1.鱼　类	5550.0	5402.0
2.虾蟹类		
3.贝　类		
4.其　他		
五、农林牧渔服务业	44422.0	44422.0

3-3 农林牧渔业中间消耗年报

单位:万元

指标名称	金　　额
农林牧渔业中间消耗总计	**487639.60**
一、农业中间消耗合计	263705.20
(一)物质消耗	260014.20
(1)用种量	90949.50
(2)役畜用饲料、饲草	10096.70
(3)肥　料	101133.40
(4)燃　料	17020.70
(5)农　药	3883.50
(6)农用塑料薄膜	7707.70
(7)用电量	27190.30
(8)用水量	44.50
(9)棚架材料费	382.20
(10)小农具购置	708.80
(11)办公用品购置	274.60
(12)其　他	622.30
(二)生产服务支出	3691.00
二、林业中间消耗合计	23269.80
(一)物质消耗	23022.30
1.用种量	18603.60
2.肥　料	1657.00
3.燃　料	925.00
4.农　药	586.10
5.用电量	743.80
6.小农机具购置	94.60
7.办公用品购置	131.00
8.其　他	281.20
(二)生产服务支出	247.50
三、牧业中间消耗合计	176509.70
(一)物质消耗	174087.70
1.用种量	1047.10
2.饲料、饲草	165997.80
3.燃　料	1713.00
4.用电量	2988.60
5.用水量	6.70
6.畜牧用药品	1146.00
7.办公用品购置	516.00
8.其　他	672.50
(二)生产服务支出	2422.00
四、渔业中间消耗合计	2852.20
(一)物质消耗	2456.10
1.饲　料	1666.70
2.燃　料	147.20
3.用电量	264.20
4.办公用品购置	175.00
5.其　他	203.00
(二)生产服务支出	396.10
五、农林牧渔服务业中间消耗合计	21302.70

3-4　主要农作物生产情况

指标名称	播种面积（公顷）	总产量（吨）	单产（公斤/亩）
农作物总播种面积	273443.4		
一、粮食作物合计	242852	1617127.9	444
夏收粮食	5529.7	26328.9	317
秋收粮食	237322.3	1590799	447
（一）谷物	228637.1	1574682	459
1.稻谷			
2.小麦	5529.7	26328.9	317
3.玉米	205519.7	1489520.3	483
4.谷子	14598.2	46617.5	213
5.高粱	1635.8	9226.6	376
6.其他谷物（秋杂谷物）	1353.7	2988.7	147
其中：燕麦	181.6	250.2	92
荞麦	105.2	115.3	73
（二）豆类	4560.8	10005.6	146
1.大豆	3743.2	8296.6	148
2.杂豆（秋杂豆）	817.6	1709	139
其中:绿　豆	45.8	87.2	127
红小豆	27.4	51.6	126
（三）薯类（折粮）	9654.1	162201.4	1120
1.马铃薯	8820.4	143433.6	1084
2.甘薯	833.7	18767.8	1501

3-5 经济作物生产情况

单位:公顷、吨、百支、盆、公斤/亩

指标名称	播种面积	产量	单产
经济作物	**30591.4**		
一、油料	2636.2	2342.6	59.2
1.花　生	138.5	423.0	203.6
2.油菜籽	26.5	31.8	80.0
3.芝　麻	9.5	9.8	68.8
4.胡麻籽	5.4	8.5	104.9
5.葵花籽	319.7	650.9	135.7
6.其他油料	2136.6	1218.6	38.0
二、棉花	27.2	16.3	40.0
三、烟叶(未加工烟草)	361.5	1334.1	246.0
其中:烤烟(未去梗烤烟叶)	361.5	1334.1	246.0
四、中草药材	7621.1	7481.1	65.4
五、蔬菜及食用菌	18894.4	1062756.3	3749.8
六、瓜果类	645.9	21267.8	2195.2
七、其他农作物	405.1		
其中:青饲料	142.4		
八、特种农作物			
花卉	18.5		
鲜切花		5.0	
盆栽观赏植物(包括盆景)		156850.0	
其中:盆栽花		64660.0	
花椒		279.3	

3-6　蔬菜及食用菌、瓜果、中草药材生产情况

单位:公顷、吨

指标名称	播种面积	产量
一、蔬菜及食用菌	18894.4	1062756.3
(一)叶菜类	218.6	7228.6
其中:芹　菜	38.8	1812.7
油　菜	48.1	1217.6
菠　菜	69.2	1353.2
香　菜	7.8	86.5
(二)白菜类	3491.8	208099.0
其中:大白菜	2904.4	185551.0
(三)甘蓝类	1262.9	75174.9
其中:茴子白	1189.7	70586.2
紫甘蓝	0.2	14.0
菜　花	2.8	173.6
西兰花	1.0	41.8
(四)根茎类	2829.4	138688.6
其中:白萝卜	1874.6	98041.4
胡萝卜	815.3	38060.8
生　姜		
(五)瓜菜类	3739.3	211615.8
其中:黄　瓜	1132.1	70066.8
南　瓜	159.3	4454.4
西葫芦	2192.1	124194.4
冬　瓜	0.1	2.0
(六)豆类(菜用)	761.2	20595.8
其中:豇　豆	65.5	1689.6
四季豆	395.3	8444.8
(七)茄果类	5322.0	295519.2
其中:茄子	640.9	32402.5
辣椒	1276.6	60669.8

3-6 续

单位:公顷、吨

指标名称	播种面积	产量
西红柿	3000.6	176750.2
(八)葱蒜类	850.3	65411.2
其中:大　葱	698.9	59416.3
蒜　头	2.5	26.3
葱　头	1.1	72.6
韭　菜	120.0	5069.5
(九)水生菜类	2.0	108.1
其中:莲　藕	2.0	108.1
(十)其他蔬菜	416.9	20015.9
其中:黄花菜	0.1	0.1
芦　笋		
(十一)食用菌(干鲜混合)		20299.2
1.干品		100.0
其中:香　菇		
黑木耳(干品)		
2.鲜品		20199.2
其中:蘑　菇		2720.0
二、瓜果类	645.9	21267.8
其中:西　瓜	541.7	19282.2
香　瓜(甜瓜)	16.5	441.3
草　莓	45.1	1055.1
三、中草药材	7621.1	7481.1
其中:人　参	0.2	
甘　草		
枸　杞		
黄　芪	79.1	215.0
党　参	713.5	2242.0
生　地	18.5	43.7

3-7　设施农业生产情况

指标名称	面积（公顷）	产量（吨）
一、蔬菜	4245.5	270592
其中：芹菜	23.1	1031.7
油菜	16.7	642.2
菠菜	10.7	203.2
黄瓜	558.9	38418.2
西红柿	1081.7	77860.9
生姜		
辣椒	371.4	19834.3
二、瓜果类	69.2	2095.9
其中：草莓	40.2	1017.7
三、花卉苗木	1.3	
四、食用菌	247	18876.7
1.干品	0.7	100
2.鲜品	246.3	18776.7
其中：蘑菇	90	2562.4
五、其他作物	21.2	

补充资料:

	设施数量（个）	占地面积（公顷）	设施实际使用面积（公顷）
合　计	**36947**	**3267.2**	**2524**
1.连栋温室	54	22.5	18.4
2.日光温室	13791	2076.7	1589.7
3.大棚	7027	880.5	693.6
4.中小棚	16075	287.5	222.3

3-8 水果及食用坚果生产情况

指标名称	果园面积（公顷）	产量（吨）
一、园林水果	3962.3	40187.3
1、苹果	1562.3	20618.9
其中:红富士苹果	853.7	10477.1
国光苹果	353.9	3689.4
2、梨	1042.5	10750.5
其中:雪花梨	214.9	2261.9
鸭梨	48.3	359.7
3、桃	113.4	1629.4
4、杏	766.5	2823.9
5、葡萄	54.0	619.1
6、红枣	138.9	752.0
7、柿子	132.8	1849.9
8、其他园林水果	151.9	1143.6
二、食用坚果		16514.0
1、核桃	13600.0	16512.4
2、松子		1.6

3-9　林业生产情况

指标名称	单位	数量
一、营造林面积	公顷	10552
1.人工造林面积	公顷	9886
#新造混交林面积	公顷	6267
#新造灌木林面积	公顷	1807
2.飞播造林面积	公顷	
3.当年新封山(沙)育林面积	公顷	666
#无林地和疏林地新封山育林面积	公顷	666
4.森林改培面积	公顷	
5.森林抚育面积	公顷	1332
6.人工更新面积	公顷	
二、年末实有封山(沙)育林面积	公顷	35234
三、四旁(零星)植树株	株	14700000
四、林木种苗	公顷	
1.林木种子采集	吨	1076
2.当年苗木产量	株	211996600
3.育苗面积	公顷	5383
#国有育苗面积	公顷	373
五、木材产量	立方米	36730

3-10 畜牧业生产情况

指标名称	计量单位	年末存栏数	当年出栏数	(肉、产品)产量(吨)
一、猪	头	603767	988796	76796.34
二、牛	头	52054	27543	3792.96
三、羊	只	835220	453214	7225.91
四、家禽	只	14160239	16843363	23371.68
五、活牲畜(除猪、牛、羊外)	头	13074	3123	326.705
1.马	匹	1122	149	16.74
2.驴	头	6826	1934	196.865
3.骡	头	5126	1040	113.1
六、兔	万只	24.7	50.4	699.46
七、肉类总产量	吨			88837.48
八、奶类产量	吨			17699.98
其中:其他奶产量	吨			95.20
九、山羊毛产量	吨			158.24
其中:山羊粗毛	吨			117.78
山羊绒	吨			40.46
十、绵羊毛产量	吨			869.3
其中:细羊毛	吨			419.54
半细羊毛	吨			234.25
十二、蜂蜜产量	吨			80.89
十三、禽蛋产量				138073.38
其中:其他禽蛋产量	吨			
十四、蚕茧产量	吨			12.00
其中:桑蚕茧	吨			12.00
柞蚕茧	吨			

3-11　主要农业机械年末拥有量

指标名称	计量单位	数 量
一、农业机械总动力合计	千瓦	1243346
柴油发动机	千瓦	952201
汽油发动机	千瓦	2401
电动机动力	千瓦	288744
二、耕作机械		
大中型拖拉机	台	13395
动　力	千瓦	492811
# 轮式拖拉机	台	12651
动　力	千瓦	466398
小型拖拉机	台	19957
动　力	千瓦	160776
手扶式拖拉机	台	13282
动　力	千瓦	123231
三、种植业机械		
1.耕整地机械		
机引犁	台	16188
旋耕机	台	16772
深松机	台	1832
机引耙	台	804
2.种植施肥机械		
播种机	台	14028
# 精少量播种机	台	5217
化肥深施机	台	3674
地膜覆盖机	台	1115
3.农用排灌机械		
排灌动力机械	台	12184
动　力	千瓦	83164
# 柴油机	台	1096
动　力	千瓦	9400
# 电动机	台	11088
动　力	千瓦	73764

3-11 续

指标名称	计量单位	数 量
4.田间管理机械		
机动喷雾(粉)机	台	1135
动 力	千瓦	2401
5.收获机械		
联合收割机	台	2317
动 力	千瓦	124613
# 稻麦联合收割机	台	300
动 力	千瓦	16088
# 玉米联合收割机	台	2017
动 力	千瓦	108525
其它收获机械	台	7852
秸杆粉碎还田机	台	
6.收获后处理机械		
机动脱粒机	台	
7.设施农业设备		
温室	万平方米	6896.0
四、农产品初加工机械		
1.农产品初加工动力机械	台	28997
动 力	千瓦	191598
2.农产品初加工作业机械	台	25006
粮食加工机械	台	23126

3-11 续

指标名称	计量单位	数 量
油料加工机械	台	1252
棉花加工机械	台	499
五、畜牧养殖机械合计	台	4802
动力合计	千瓦	23658
饲草料加工机械	台	4673
动 力	千瓦	23303
六、运输机械		
1.农用运输车	台	
动 力	千瓦	
# 三轮汽车	辆	
动 力	千瓦	
# 低速载货汽车	台	
动 力	千瓦	
2.手扶变型运输机	台	
动 力	千瓦	
3.农用挂车	台	8416
七、农田基本建设机械	台	1930
动 力	千瓦	126882
八、农业机械原值和净值		
1.农业机械原值	万元	150973
2.农业机械净值	万元	113810

3-12 分 县 区 农 业

指标名称	一、农村基层组织情况							二、农村基础设施				
	乡镇个数	1.镇	其中：城关镇	2.乡	3.涉农街道办事处	4.其他乡级单位	5.村委会个数	自来水受益村数	通有线电视村数	通宽带村数	通汽车村数	通电话村数
单位	个	个	个	个	个	个	个	个	个	个	个	个
全市	**144**	**68**	**10**	**64**	**4**	**8**	**3443**	**3247**	**3164**	**3209**	3439	3434
城区	2				2		28	28	28	28	28	28
郊区	6	5		1			122	121	121	122	122	122
长治县	13	6	1	5		2	254	254	254	254	254	254
襄垣县	13	8	1	3	0	2	323	316	322	315	323	323
屯留县	14	7	1	4	0	3	294	231	260	276	294	294
平顺县	12	5	1	7	0	0	262	193	160	194	262	259
黎城县	9	5	1	4	0	0	243	221	182	207	239	242
壶关县	13	5	1	7		1	390	364	354	352	390	385
长子县	12	7	1	5			399	399	399	396	399	399
武乡县	14	5	1	9			377	372	377	351	377	377
沁县	13	6	1	7			306	306	280	287	306	306
沁源县	14	5	1	9			254	254	236	236	254	254
潞城市	9	4		3	2		191	188	191	191	191	191

生　产　条　件

三、乡村人口与从业人员

乡村户数	乡村人口数	1.男	2.女	乡村劳动力资源数	1.男	2.女	乡村从业人员数	1.男	2.女
户	人	人	人	人	人	人	人	人	人
814006	**2455272**	**1262457**	**1192815**	**1347900**	**722807**	**625093**	**1187092**	**642450**	**544642**
18393	63031	29737	33294	36642	17984	18658	33110	16110	17000
50069	172154	86279	85875	90688	47135	43553	84404	43914	40490
93973	305838	155187	150651	170064	90547	79517	150093	80663	69430
63813	191182	97731	93451	103130	57050	46080	85198	46451	38747
79488	234917	122040	112877	127136	69171	57965	117119	63899	53220
46053	133114	69270	63844	74410	40082	34328	66123	36026	30097
45936	127179	66517	60662	69257	37389	31868	61844	34244	27600
93933	267747	137523	130224	157191	81840	75351	137955	72674	65281
106006	328647	164505	164142	192118	96130	95988	171545	87906	83639
62025	177452	95375	82077	92295	53043	39252	79143	45616	33527
47742	136805	73095	63710	68373	37460	30913	55306	31586	23720
49178	137401	73495	63906	67116	39070	28046	57806	34527	23279
57397	179805	91703	88102	99480	55906	43574	87446	48834	38612

3-12 续 1

指标名称	三、乡村人口与从业人员							
	1.农业从业人员	(1)男	(2)女	2.工业从业人员	3.建筑业从业人员	4.交运仓储和邮政业从业人员	5.信息传输、计算机服务和软件业	6.批发与零售业从业人员
单 位	人	人	人	人	人	人	人	人
全 市	**665779**	**350376**	**315403**	**167477**	**114124**	**62155**	**15222**	**57898**
城 区	4551	2149	2402	4525	1770	4407	1405	8699
郊 区	25604	12861	12743	25482	6952	9873	2117	5847
长治县	71326	34837	36489	29862	15718	8939	2347	7366
襄垣县	51998	28032	23966	12026	3163	5075	1095	5273
屯留县	73100	39728	33372	12552	13124	3344	1441	4610
平顺县	35468	19148	16320	5366	12381	2613	1180	3251
黎城县	35688	19155	16533	9378	5724	2867	480	2705
壶关县	76012	37431	38581	14683	22430	8549	977	4404
长子县	121508	61808	59700	12391	10514	5591	1926	6433
武乡县	54389	31858	22531	5839	6609	2676	408	1951
沁 县	36742	20993	15749	4080	4998	2050	319	2123
沁源县	32076	18701	13375	12674	2922	2067	588	2068
潞城市	47317	23675	23642	18619	7819	4104	939	3168

7.住宿和餐饮业从业人员	8.其他行业从业人员	四、农业主要能源及物耗 1.乡、村办水电站	装机容量	发电量	2.农村用电量	3.农用化肥施用量(实物量)	其中：(1)氮肥	(2)磷肥
人	人	个	千瓦	万千瓦时	万千瓦时	吨	吨	吨
39769	**64668**	**21**	**37410**	**7397**	**82114.40**	**339826.35**	**105467.40**	**65774.88**
4300	3453				3340.69	875.2	408.52	128.21
3542	4987	1	500	1000	14740.38	16972.53	7699	4764
4137	10398				14225	39467	14331	8698
4295	2273	1	500	140	7461.47	37007.27	15216.36	12536.28
3065	5883				7064.76	61258.37	15357.75	7721.5
2657	3207	11	5190	1523	2316.51	10974.05	3226.4	1458.44
1278	3724	2	30600	4570	2547.97	14339.79	2747.04	1509.14
4502	6398	6	620	164	6250.63	23985.76	8924.43	4414.32
4035	9147				8438.15	65942.4	20796.4	12897.1
1914	5357				3505.44	21935.77	6915.88	5021.43
2140	2854				2366.75	20263.25	5388.06	2005.31
1780	3631				3766.65	5832.53	1260.8	979.44
2124	3356				6090	20972.43	3195.76	3641.71

3-12续2

指标名称	四、农业主要能源及物耗					
	(3)钾肥	(4)复合肥	4.农用化肥施用量(折纯量)	其中:(1)氮肥	(2)磷肥	(3)钾肥
单位	吨	吨	吨	吨	吨	吨
全　市	**18356.90**	**150227.17**	**125374.52**	**27307.28**	**11850.94**	**9000.53**
城　区	78.65	259.82	290.59	102.13	19.23	39.32
郊　区	0	4509.53	5125.09	2155.72	714.6	0
长治县	2309	14129	15128	4299	2609	1155
襄垣县	1027.61	8227.02	10778.67	3651.93	2005.8	513.81
屯留县	2375.06	35804.06	26355	3839	1230	1236
平顺县	756.18	5533.03	4484.28	774.34	233.35	378.09
黎城县	327.26	9756.35	5427.99	764.4	371.37	208.62
壶关县	1039.46	9607.55	8881.49	2231.1	750.43	519.73
长子县	5990.6	26258.3	21849.4	5199.6	2063.5	2755.7
武乡县	1489.72	8508.74	7486.91	1733.38	753.32	745.38
沁　县	1216.21	11653.67	8145.31	1487.1	360.96	575.3
沁源县	414.3	3177.99	2236.52	302.59	156.71	207.15
潞城市	1332.85	12802.11	9185.27	766.99	582.67	666.43

四、农业主要能源及物耗					
(4)复合肥	5.农用塑料薄膜使用量	其中:地膜使用量	地膜覆盖面积	6.农用柴油使用量	7.农药使用量
吨	吨	吨	公顷	吨	吨
77215.77	**3146.08**	**2124.64**	**33911.71**	**20947.16**	**1302.95**
129.91	90.21	21.92	215.93	77.81	6.52
2254.77	326.96	133.25	1369.33	2416.67	52.44
7065	66	60	651	2209	155
4607.13	268.76	241.54	2555.09	1545.23	84.53
20050	144.64	125.84	2426	4643.55	104.79
3098.5	190.43	187.11	2821.13	795.06	140.54
4083.6	47.23	28.54	429.43	1386.31	108.98
5380.23	397.99	396.69	8948.5	617.2	149.12
11830.6	981.74	474.23	6275.1	2965.6	323.7
4254.83	81.73	73.09	1190.13	1231.73	53.12
5721.95	209.97	96.93	1363.6	1111.57	31.86
1570.07	175.74	174.31	4111	594.79	35.1
7169.18	164.68	111.19	1555.47	1352.64	57.25

3-13 分 县 区 农 林

（按现行

县市区	农林牧渔业总产值	一、农业产值	1. 谷					
			合计	(1)谷物	#小麦	#玉米	(2)薯类	(3)油料
总　计	**1124347.4**	**688013.2**	**371866.5**	**334152**	**5792.4**	**300883.1**	**13726.8**	**1363.2**
城　区	11479.7	5212.9	342.4	324.2		324.2		
郊　区	55787.6	28752.5	13373.2	12319.1	9.8	12216.6	70.4	
长治县	132638	57531.4	31941.5	30680.7	330	28993.3	542.8	12
襄垣县	111351.2	80723.6	37884.5	35759.4	114.8	31575	1541	364
屯留县	123202.4	81424.9	59903.8	56277.3	790.2	54583.8	686.8	0.3
平顺县	52854.7	27393.7	13540.6	10991.1	1486.1	8279.9	1657.3	43.4
黎城县	53591.4	29002.4	15227.6	13518.9	1268.8	11227.1	194.1	75.4
壶关县	92868.7	53778.9	28632.3	26440.3	1.8	25707.9	637.3	26.4
长子县	206736.2	137605.5	52582.7	44339.3	1146.9	42845.4	3006.5	
武乡县	61215.5	41818.6	30613.2	27789.1	150.9	18158.9	969.8	242.2
沁　县	101015.3	65522.5	47759.5	41591.5	43.5	33451.8	3133.1	55.2
沁源县	49331.6	31223.5	20313.5	13669.3		11779.2	4719	342.2
潞城市	82084.4	47026.1	27852	24560.2	667.4	23107.3	620.6	199.1

3-13 续 1

（按现行

县市区				3.水果、坚果、饮料及香料作物				4.中药材	二、林业产值	
	(2)食用菌	(3)花卉	(4)盆景园艺	合计	1.水果、坚果(含瓜果类)	#苹果	#梨			合计
总　计	**19337.2**	**259.6**	**2581.3**	**61441**	**20827.3**	**7216.6**	**3440.2**	**12727.9**	**46481.3**	**43024.4**
城　区		40.7		116.1	112.6	95.6			2029	2009
郊　区	685	5.6	2487.2	876.7	670.4	488.4	158	179.6	1627.8	1518.5
长治县	99.2			953.7	746.7	147.1	31.6	133.1	4114.8	4059.7
襄垣县	216	108		8722.2	3977.3	796.9	419.6	411.8	3410.7	3093.2
屯留县	2.5	5.6		2300.6	419	33.7	12.8	191	3538.8	3225.4
平顺县	616.2			5927.6	2620.2	1525.5	752.8	3318	5638.5	5406.9
黎城县	32.8			11103.7	1649.3	1034.3	123.3	613.7	7715.9	7422.2
壶关县	7313			3638	519.1	269.6	182	166.4	3525.6	3258.2
长子县	2145.8	60.1		3921	1466	516.7	497.7	1276.6	2288.6	2129.2
武乡县	423.5			4908.9	2225	271.8	321.6	194.5	2683.1	2502.6
沁　县				9872.1	1089.6	112.3	45.6	1077.9	3676.5	3452.4
沁源县	3919.3			1892.8	1595.6	19.7	19.4	1927.9	6006.1	5741.8
潞城市	100.2	109.4	1.1	3876.2	1434	1041.6	153.3	459.3	5937.2	5748

牧　渔　业　总　产　值

价格计算）

单位：万元

物　及　其　它　作　物							2.蔬菜、园艺作物	
#花生	#油菜籽	(4)豆类	#大豆	(5)棉花	(6)烟草	(7)其它农作物	合计	(1)蔬菜(含菜用瓜)
275	**19.1**	**4201.8**	**3484.6**	**31.8**	**2534.8**	**15856**	**241977.8**	**219799.7**
						18.2	4754.4	4713.8
		100.9	93.2			882.8	14323	11145.2
		200.1	128			505.8	24503.1	24403.9
20.5		220.2	155.1				33705	33381
		521.1	505.9			2418.3	19029.4	19021.3
9.1		196.5	184.9	10.5		641.8	4607.5	3991.3
7.2		737.2	735	3.6		698.4	2057.4	2024.6
		88	68.2			1440.4	21342.3	14029.3
		325.5	242.6		2534.8	2376.7	79825.2	77619.3
75.4		354.6	326.6			1257.5	6102	5678.5
54.3		435	380.6			2544.7	6812.9	6812.9
3.9		844.7	480.2			738.4	7089.3	3170
129	22.3	284.9	280.9	13.3		2174	14838.5	14627.9

价格计算）

单位：万元

1.林木的培育和种植				2.竹木采运		3.林产品	三、牧业产值	1.牲　畜　饲　养				
(1)育种育苗	(2)造林	(3)未成林、成林抚育管理面积	(4)零星植树	合计	#村及村以下			合计	(1)牛的饲养	(2)羊的饲养	(3)其它牲畜饲养	(4)奶产品
13188.4	**7386.4**	**399.6**	**22050**	**2539.2**	**2124.6**	**917.8**	**339880.8**	**63767.1**	**15974.9**	**38523.2**	**1093.1**	**6209.3**
44			1965	20	20		3882.8	1278.1	141.5	89.2	8	1025.9
656			862.5	109.3	109.3		22196.9	3635	475.3	980.2	10.1	2076.4
736	2.7		3321	55.1	55.1		67972.9	3505.6	362.4	1949.2	7.2	1064.7
614.9	263.6	10.6	2204	302.5	302.5	15	17889.4	5158.4	1927.4	3097.7	48.3	
1281.8	495.6	80	1368	313.4	313.4		30244.8	9158.6	2202	6761.7	1.8	11.9
1080	2307	39.9	1980	231.6			13102.6	2422.8	535.6	1664.6	190.1	
2678.5	1103.7		3640	217.2	217.2	76.5	15439.1	3164.2	534	2050.4	47.1	436.3
922	103.3	47.9	2185	137.5	137.5	130	34642	1528.9	102.5	1336.9	2.3	32.3
585.7	116.2		1427.24	159.5	159.5		63676	6201.4	2475.4	3555.6	16.5	60.9
605.4	649.2		1248	180.5	180.5		13848.2	4630	1216	2988.2	19.9	158.1
794.4	518	80	2060	224.1	179.5		28669.4	12825.4	9276.5	2498.7	570	151
1680	895.2	46.6	3120	216.3	216.3	48	6930.1	3654.2	212.4	2948.2	25.2	438.4
1992	216		3540	189.2			26561.1	4965.1	492.8	2795.8	406.4	1161.6

3-13 续 2

（按现行

县市区	1.牲畜饲养					2.猪的饲养	3.家禽饲养		
	#牛奶	(5)毛绒产品	#绵羊毛	#山羊绒	(6)其它牲畜副产品		合计	(1)肉禽	(2)禽蛋
总计	**6161.7**	**1966.7**	**1480.7**	**486**		**150297**	**124208**	**30318.1**	**93889.9**
城区	1012.8	13.4	12.3	1.2		1585	1000.7	124.1	876.6
郊区	2053.3	93	92.4	0.6		9819.9	8709.7	909.7	7800
长治县	1057.7	122.1	118.5	3.6		36709.7	27749.7	4516.7	23233
襄垣县		85	82.2	2.8		7466.4	5184	1811.3	3372.8
屯留县	11.9	181.3	147.7	33.6		13049	8021	1261.9	6759.1
平顺县		32.6	22.1	10.5		7831.4	2823.6	412.9	2410.7
黎城县	436.3	96.4	32.3	64.2		8601.2	3616.5	317.1	3299.4
壶关县	32.3	54.9	44.4	10.5		20435.8	12677.3	4135.7	8541.6
长子县	60.9	93	90.8	2.2		22723.5	34728.4	5706.9	29021.5
武乡县	158.1	247.9	104.9	143		2923.8	6279.3	4484	1795.3
沁县	151	329.2	311.2	18		4094.6	10712.5	5837.4	4875.1
沁源县	438.4	30	17.3	12.8		1114.8	2159.6	485.4	1674.3
潞城市	1161.6	108.6	84.6	24		16433.8	4569.8	804	3765.8

3-13 续 3

（按可比

县市区	农林牧渔业总产值	一、农业产值	1. 谷					
			合计	(1)谷物	#小麦	#玉米	(2)薯类	(3)油料
总计	**1104241.2**	**665665.5**	**367384.4**	**330651.5**	**5529.1**	**297904.1**	**12540.5**	**1432.7**
城区	9670.3	4109.7	358.2	342.1		342.1		
郊区	56245.3	28393.1	14255.6	13198.7	10.4	13089.2	66.4	
长治县	129513.6	54489.9	28506.4	27246	343.9	25544.7	542.8	10.6
襄垣县	117866.7	86401.8	40221.4	38325.4	114.8	33448.1	1311.6	363.4
屯留县	115440.3	72783.1	55466.5	50905.6	790.2	49087.1	708.2	0.3
平顺县	51029.9	25976.1	13132.2	10716.7	1424.2	8216.7	1553.3	35.9
黎城县	54414.1	29673	15677.6	13999.4	1268.8	11849.2	163.5	75.4
壶关县	90983.3	51548	27531.1	25235.9	1.7	24512.2	592.5	26.1
长子县	194606.6	126653.8	55531.4	47394.9	1099	45952.9	2932.2	
武乡县	61721.8	42725.1	30860.1	27995.9	151.5	18202.3	975.2	242.2
沁县	98903.1	63288.6	45528.6	39359.2	43.5	31219.5	3133.1	55.2
沁源县	49795.8	32504.4	21197.5	14559.1		12669	4719	342.2
潞城市	81130	44741.3	28342.3	25112	667.4	23720.6	560.1	199.1

价格计算）

单位：万元

5.其它畜牧业			四、渔业产值				五、农林牧渔服务业
合计	#蚕茧	#兔	合计	(一)养殖	#鱼类	#虾蟹类	
1608.7	**36**	**1512**	**5550**	**5550**	**5550**		**44422**
19.1		19.1					355
32.2		18.3	412.5	412.5	412.5		2798
8		8	120	120	120		2899
80.6			427.5	427.5	427.5		8900
16.2		16.2	594	594	594		7400
24.8		23.4	320	320	320		6400
57.2		43.4	234	234	234		1200
			122.2	122.2	122.2		800
22.8		12.8	966	966	966		2200
15.1		1.2	565.5	565.5	565.5		2300
1036.8	36	988.8	1197	1197	1197		1950
1.5			152	152	152		5020
592.4		180.2	360	360	360		2200

价格计算）

单位：万元

物　及　其　它　作　物							2.蔬菜、园艺作物	
#花生	#油菜籽	(4)豆类	#大豆	(5)棉花	(6)烟草	(7)其它农作物	合　计	(1)蔬菜(含菜用瓜)
275	**19.1**	**4169.6**	**3484.6**	**29.3**	**2468.1**	**16104.1**	**227102.6**	**205233.6**
						16.2	3638.2	3597.5
		100.9	93.2			888.9	13080.4	9654.4
		200.3	128			505.8	24886.3	24766.3
20.5		219.6	154.7				37462.5	37139.2
		439.4	427.2			2418.3	14866.8	14523
9.1		191.9	182.8	10.5		624.2	3758.1	3372.8
7.2		737.2	735	3.6		698.4	1864.6	1841.6
		86.1	66.5			1251.3	20287.3	12857.1
		339.3	254.7		2428.1	2434.1	65884.1	63724.7
75.4		354.8	326.6			1267.8	6457.1	5938.1
54.3		435	380.6			2544.7	6812.9	6812.9
3.9		844.8	480.2			738.3	7877	3227.1
129	22.3	284.9	280.9	13.3		2174	11859.4	11649.2

3–13 续 4

（按可比

县市区	2.花卉、园艺作物			3.水果、坚果、饮料及香料作物				4.中药材	二、林业产值	
	(2)食用菌	(3)花卉	(4)其它园艺作物	合计	1.水果、坚果(含瓜果类)	#苹果	#梨			合计
总　计	**19337.2**	**233.9**	**2304.8**	**58587.8**	**19624.1**	**6495**	**3225.2**	**12590.7**	**45781.5**	**42547.8**
城　区		40.7		113.3	109.8	92.7			1366	1350
郊　区	639.3	5.5	2303	876.5	670.4	488.4	158	180.6	1637.4	1528.1
长治县	119			964	746.7	147.1	31.6	133.1	3220.7	3166.2
襄垣县	216	108		8306.1	3926.5	777.5	406	411.8	3246.1	2928.6
屯留县	2.5	5.6		2288	406.5	32.2	12.8	161.9	3538.8	3225.4
平顺县	385.3			5767.8	2504.2	1483.1	707.8	3318	4620.7	4389.1
黎城县	23			11653.7	1649.3	1034.3	123.3	477.1	7715.9	7422.2
壶关县	7254			3566.7	502.1	259.2	176.4	163	3429.1	3163.3
长子县	2098.1	60.1		4036.8	1526.4	587.9	485.3	1201.4	2881.2	2716.1
武乡县	423.5			5213.4	2105.5	255.4	311.6	194.5	2372.3	2191.8
沁　县				9869.1	1086.6	112.3	42.6	1077.9	3676.5	3452.4
沁源县	6531.7			1704.9	1407.7	19.7	19.4	1725.1	5477.3	5221.7
潞城市	100.2	109.4	1.1	4080.3	1434	1041.6	153.3	459.3	7117	6927.8

3–13 续 5

（按可比

县市区	1.牲畜饲养					2.猪的饲养	3.家禽饲养		
	#牛奶	(5)毛绒产品	#羊毛	#羊绒	(6)其它牲畜副产品		合计	(1)肉禽	(2)禽蛋
总　计	**6161.7**	**1670.5**	**1184.5**	**486**		**148324.3**	**128353.9**	**30318.1**	**98032.1**
城　区	990.8	13.4	12.3	1.2		1604.8	956.1	126.9	829.2
郊　区	2103.4	93	92.4	0.6		9819.9	9439.4	931.8	8507.2
长治县	1057.7	122.1	118.5	3.6		36636.4	28414.6	4516.7	23896.8
襄垣县		84.6	81.8	2.8		7392.4	5409	1811.3	3597.6
屯留县	11.9	181.3	147.7	33.6		13075.1	8669.5	1261.9	7407.2
平顺县		58.3	25.8	32.5		7640.4	3616.8	412.9	3203.7
黎城县	436.3	96.4	32.3	64.2		8584	3785.7	317.1	3468.6
壶关县	32.3	54.9	44.4	10.5		20435.8	13152.1	4135.7	9016.1
长子县	60.9	93	90.8	2.3		20826.2	35300.3	5752.3	29549.2
武乡县	175.7	247.9	104.9	143		2603.3	6557.4	4562.5	1994.8
沁　县	113.3	329.2	311.2	18		4195.3	11370.9	5837.4	5533.9
沁源县	438.4	27.9	15.2	12.8		1082.3	2247.7	485.4	1762.4
潞城市	1161.6	108.6	84.6	24		16433.8	4720.3	804	3916.4

价格计算）

单位：万元

1.林木的培育和种植				2.竹木采运		3.林产品	三、牧业产值	1.牲畜饲养				
(1)育种育苗	(2)造林	(3).未成林、成林抚育管理面积	(4)零星植树	合计	#村及村以下			合计	(1)牛的饲养	(2)羊的饲养	(3)其它牲畜饲养	(4)奶产品
13188.4	**6964.3**	**346.3**	**22050.01**	**2355.5**	**1972.8**	**878.2**	**342970.2**	**64659.4**	**15974.9**	**39882.8**	**936.9**	**6196**
40			1310	16	16		3836	1256.1	141.5	89.2	8	1003.9
665.6			862.5	109.3	109.3		22984.9	3692.3	482.3	980.2	10.1	2126.5
704	2.3		2460	54.5	54.5		68812.7	3753.7	332.2	2227.6	7.2	1064.7
577.1	253.5	10.1	2088	302.5	302.5	15	18899.7	6019.8	1906.2	3982.8	46	0
1281.8	495.6	80	1368	313.4	313.4		30919.4	9158.6	2202	6761.7	1.8	11.9
1080	1784.1	39.9	1485	231.6			13613.8	2331.9	436.7	1664.6	172.3	
2678.5	1103.7		3640	217.2	217.2	76.5	15591.1	3164.2	534	2050.4	47.1	436.3
922	98.8	46.6	2070	136	136	129.9	35084.2	1496.3	102.5	1304.3	2.3	32.3
970.2	339.8		1406.16	165.1	165.1		61975.3	5826.2	2335.1	3323	13.9	60.9
567.6	584.3		1040	180.5	180.5		13823.4	4647.7	1216	2988.2	19.9	175.7
794.4	518	80	2060	224.1	179.5		28791	12188	8970.7	2204.7	570	113.3
1680	895.2	46.6	2600	207.6	207.7	48	6654.1	3322.6	210.4	2620.6	25.2	438.4
1992	216		4720	189.2			26711.6	4965.1	492.8	2795.8	406.4	1161.6

价格计算）

单位：万元

5.其它畜牧业			四、渔业产值				五、农林牧渔服务业
合计	#蚕茧	#兔	合计	(一)养殖	#鱼类	#虾蟹类	
1632.7	**36**	**1527.1**	**5402**	**5402**	**5402**		**44422**
19.1		19.1					358.6
33.3		19	437.5	437.5	437.5		2792.4
8		8	120	120	120		2870.3
78.4			419.1	419.1	413.3		8900
16.2		16.2	648	648	648		7551
24.8		23.4	432	432	432		6387.2
57.2		43.4	234	234	234		1200
			122	122	122		800
22.7		12.8	964.5	964.5	964.5		2131.8
15.1		1.2	546	546	546		2254.9
1036.8	36	988.8	1197	1197	1197		1950
1.5			140	140	140		5020
592.4		180.2	360	360	360		2200

3-14 分县区农林牧

县市区	农林牧渔业生产中间消耗总计	一、农业中间消耗	1.物质消耗	(1)用种量	(2)役畜用饲料量	(3)肥料	(4)燃料	(5)农药	(6)农用塑料薄膜
总　计	**487639.6**	**263705.2**	**260014.2**	**90949.5**	**10096.7**	**101133.4**	**17020.7**	**3883.5**	**7707.7**
城　区	5215.5	1799.9	1799.9	458.7	5.6	335.5	154.5	19.6	225.5
郊　区	23998	13264.1	12796.1	2588.3	21	5095.6	1794.5	200.6	752.1
长治县	65910.2	26043.9	26043.9	5192.5	38	13021.3	1877.7	476	118.8
襄垣县	47694	30492.1	30142.1	9390.2	739	13059.7	1282.5	283.1	537.6
屯留县	52896.9	31759.9	31759.9	10061.1	501.4	16462.3	3190.9	393.5	318.1
平顺县	25253.6	11869.3	11449.3	4573.2	890.8	3249.9	404.3	426.4	476
黎城县	21049.1	10259.1	9959.1	3346.4	995.4	2695.6	1260	365.4	113.3
壶关县	39725.8	18433.7	18433.7	6182.7	11.1	6226.9	518.6	456.4	975.1
长子县	86009.1	50447.9	50144.9	22433.4	378.8	19500	2350.6	1052.5	2218.6
武乡县	27548.3	15998.3	15998.3	6521.2	1223.2	5008.9	947.8	160.6	183.8
沁　县	41285.5	21468.9	21468.9	7592.3	4856	6255.2	876.5	83.2	504
沁源县	20251.2	11121	10071	5323.8	287.8	1605	372.2	86.4	281.1
潞城市	34437.6	16141.2	15141.2	5922.8	490.6	5934.8	1160	135.8	288.2

3-14 续 1

县市区	(6)林业小农具购置	(7)办公用品购置	(8)其他物质消耗	2.生产服务支出	三、牧业中间消耗	1.物质消耗	(1)用种量	(2)饲料饲草	(3)燃料	(4)用电量
总　计	94.6	131	281.2	247.5	176509.7	174087.7	1047.1	165997.8	1713	2988.6
城　区	10	15	40		1761.2	1761.2		1692	51.2	18
郊　区	5.1	5	3.2	41.5	8321.3	8041.3	249.4	6724.6	480.9	363.5
长治县	18		14	100	36240.5	36240.5	63.7	35968.1	65.2	143.5
襄垣县					10112.1	9972.1	200	9235.1	82	455
屯留县	10	10		15	15311.9	15043.9	18.2	14763.3	229.4	13
平顺县		13	9		7187.1	7183.1		6861.3	74.3	225
黎城县	25	3	10	30	6860.5	6710.5	30.2	6084	35.3	300
壶关县	6	2	10	10	18898.1	18898.1		18898.1		
长子县	4.5	25			32965.9	32105.9	343.8	30076.4	75.1	178.6
武乡县	16	20	15	26	8402.8	8402.8		7965.1	152.9	179.8
沁　县					16400.9	16400.9	1045.2	14978.3	37.2	340.2
沁源县					4467.7	4467.7	134	3660.2	79	539.5
潞城市	15	16	200	450	14843.9	14143.9	48.4	13373.3	252.2	227.5

渔业中间消耗

单位:万元

(7)用电量	(8)用水量	(9)棚架材料费	(10)小农具购置	(11)办公用品购置	(12)其他物质消耗	2.生产服务支出	二、林业中间消耗	1.物质消耗	(1)用种量	(2)肥料	(3)燃料	(4)农药	(5)用电量
27190.3	**44.5**	**382.2**	**708.8**	**274.6**	**622.3**	**3691**	**23269.8**	**23022.3**	**18603.6**	**1657**	**925**	**586.1**	**743.8**
571.5			4	11	14		1463.8	1463.8	1075.6	81.4	31.6	3.2	207
2089.6	94.8	5.8	51.8	76	26	468	892.2	850.7	747.9	44	1.6	10.1	33.8
5319.6							2287.7	2187.7	1957.8	64.8	34.9	66.5	31.7
4850						350	2065.2	2065.2	1787.2	160	41	38	39
817.7				12.6	2.3		1919.8	1904.8	1836.2	7.7	38.2	2.7	
1136.7			150	50	92	420	3518.2	3518.2	2366.9	573.5	126.6	109.2	320
1000	120	50	5	2	6	300	3220.2	3190.2	2903.7	126.2	78.6	16.1	27.6
4062.9							1958.4	1948.4	1550.3	182.8	91.3	89.9	16.1
1784.6		126.4	138	80	82	303	1257.7	1257.7	942.3	21.8	129.5	116.3	18.3
1787.8			130	35			1657.5	1631.5	1541.2		20		19.3
1301.7							1850.3	1850.3	1513.3	233.6	62.6	30	10.8
1854.7		80	130		50	1050	2154.8	2154.8	1690.8	198.6	129.5	3.3	132.6
625	6	120	100	8	350	1000	2172.5	1722.5	1374.5	71.1	30.9	7.5	7.5

单位:万元

(5)用水费	(6)畜牧用药量	(7)办公用品购置费	(8)其他物质消耗	2.生产服务支出	四、渔业中间消耗	1.物质消耗	(1)饲料	(2)燃料	(3)用电量	(4)办公用品购置	(5)其他物质消耗	2.生产服务支出	五、农林牧渔服务业中间消耗合计
6.7	**1146**	**516**	**672.5**	**2422**	**2852.2**	**2456.1**	**1666.7**	**147.2**	**264.2**	**175**	**203**	**396.1**	**21302.7**
													190.6
17.9	95	65	45	280	239.5	234.9	183.1	24.6	27.2			4.6	1280.9
					56.1	44.1	6	3.6	9.5	10	15	12	1282
				140	184.6	167.6	86.4	36.9	29.3		15	17	4840
	10	10		268	303.3	273.3	219.3	0	39	8	7	30	3602
		10	12.5	4	189	148	25.6	46.4	36	20	20	41	2490
6	200	10	45	150	114.3	99.3	76	4.8	0.5	8	10	15	595
					70.4	37.4	21.4				16	33	365.2
	606	376	450	860	387.6	275.6	187.2		3.1	40.3	45	112	950
	80	25			314.7	289.7	149.1		108.6	12	20	25	1175
					555.4	523.4	463.4			30	30	32	1010
	55				85.7	65.2	46.8	8.2	10.2			20.5	2422
2.5	100	20	120	700	180	166	139	9	10	3	5	14	1100

3-15　分县区主要

县市区	农作物总播种面积	粮食作物			夏收粮食		
		播种面积	产量	单产	播种面积	产量	单产
全　市	**273443.4**	**242852.0**	**1617127.9**	**443.9**	**5529.7**	**26328.9**	**317.4**
城　区	449.7	202.9	1554.8	510.9			
郊　区	9166.3	8095.9	54995.0	452.9	8.3	40.1	322.1
长治县	20562.9	18282.9	134883.2	491.8	293.1	1650.1	375.3
襄垣县	31835.0	28361.3	176925.6	415.9	161.8	510.2	210.2
屯留县	35622.8	33950.2	264230.2	518.9	594.8	3591.7	402.6
平顺县	11574.6	9981.0	53641.6	358.3	1139.2	6192.1	362.4
黎城县	15683.2	14725.9	68542.3	310.3	1348.5	5639.2	278.8
壶关县	17216.6	16080.5	123299.9	511.2	1.7	7.9	309.8
长子县	41402.6	30428.8	245081.5	537.0	847.0	5461.3	429.9
武乡县	28815.4	26838.6	111820.1	277.8	216.3	647.6	199.6
沁　县	26413.6	25518.3	186252.1	486.6	62.9	205.3	217.6
沁源县	16774.4	13940.1	75216.1	359.7			
潞城市	17926.3	16445.6	120685.5	489.2	856.1	2383.4	185.6

3-15 续 1

县市区	2、小麦			其中:冬小麦			3、玉米		
	播种面积	产量	单产	播种面积	产量	单产	播种面积	产量	单产
全　市	**5529.7**	**26328.9**	**317.4**	**5529.7**	**26328.9**	**317.4**	**205519.7**	**1489520.3**	**483.2**
城　区							202.9	1554.8	511
郊　区	8.3	40.1	322.1	8.3	40.1	322.1	7978.5	54538.4	456
长治县	293.1	1650.1	375.3	293.1	1650.1	375.3	16818.7	127723.6	506
襄垣县	161.8	510.2	210.2	161.8	510.2	210.2	25403.2	167240.4	439
屯留县	594.8	3591.7	402.6	594.8	3591.7	402.6	32061.3	255661.8	532
平顺县	1139.2	6192.1	362.4	1139.2	6192.1	362.4	6912.1	42137	406
黎城县	1348.5	5639.2	278.8	1348.5	5639.2	278.8	11640.4	59246	339
壶关县	1.7	7.9	309.8	1.7	7.9	309.8	15012.5	119571.5	531
长子县	847	5461.3	429.9	847	5461.3	429.9	28227	232855.5	550
武乡县	216.3	647.6	199.6	216.3	647.6	199.6	16884.6	86677.5	342
沁　县	62.9	205.3	217.6	62.9	205.3	217.6	21322.4	167678.2	524
沁源县							8145.4	58925.4	482
潞城市	856.1	2383.4	185.6	856.1	2383.4	185.6	14910.7	115710.2	517

农　产　品　生　产　情　况

单位:公顷、吨、公斤/亩

秋收粮食			(一)谷物			1、稻谷		
播种面积	产量	单产	播种面积	产量	单产	播种面积	产量	单产
237322.3	**1590799.0**	**446.9**	**228637.1**	**1574682.0**	**459.2**			
202.9	1554.8	510.9	202.9	1554.8	510.9			
8087.6	54954.9	453.0	8010.8	54705.5	455.3			
17989.8	133233.1	493.7	17750.6	132429.4	497.4			
28199.5	176415.4	417.1	27709.6	174688.4	420.3			
33355.4	260638.5	520.9	33034.7	260857.2	526.4			
8841.8	47449.5	357.8	8958.3	50894.3	378.7			
13377.4	62903.1	313.5	13599.3	66459.3	325.8			
16078.8	123292.0	511.2	15561.6	121305.3	519.7			
29581.8	239620.2	540.0	29335.6	239191.2	543.6			
26622.3	111172.5	278.4	23691.0	106854.7	300.7			
25455.4	186046.8	487.2	24553.5	182016.3	494.2			
13940.1	75216.1	359.7	10081.4	64117.6	424.0			
15589.5	118302.1	505.9	16147.8	119608.0	493.8			

单位:公顷、吨、公斤/亩

4、谷子			5、高粱			6、其他谷物		
播种面积	产量	单产	播种面积	产量	单产	播种面积	产量	单产
14598.2	**46617.5**	**212.9**	**1635.8**	**9226.6**	**376**	**1353.7**	**2988.7**	**147.2**
24	127	353						
515.9	2466.2	319				122.9	589.5	320
2060.9	6674	216	21.5	116.2	360	62.2	147.6	158
345.3	1368.1	264	33.3	235.6	472			
880.5	2486.9	188				26.5	78.3	197
580.4	1416	163	22	145.2	440	8	12.9	108
466.6	1592	227	2.7	8	198	78.1	125.9	107
221.6	649.4	195	40	225	375			
5551.1	16286.2	196	635.1	2373.1	249	403.9	870.3	144
2377.2	8501.1	238	791	5631.7	475			
1282.6	4027	209	2.5	5	133	650.9	1160.2	119
292.1	1023.6	234	87.7	486.8	370	1.2	4	222

3-15 续 2

县市区	其中:燕麦			荞麦			(二)豆类		
	播种面积	产量	单产	播种面积	产量	单产	播种面积	产量	单产
全　市	**181.6**	**250.2**	**91.9**	**105.2**	**115.3**	**73.1**	**4560.8**	**10005.6**	**146.3**
城　区									
郊　区							69.1	191.1	184
长治县							169.5	481.2	189
襄垣县							265.5	499.2	125
屯留县							290.5	1154.6	265
平顺县							172.1	446.2	173
黎城县							1055.7	1755.9	111
壶关县							82.3	225	182
长子县							257.1	864.2	224
武乡县	53.3	94	118	0.3	1.2	267	768.7	1144.2	99
沁　县							404.5	1087.6	179
沁源县	128.3	156.2	81	104.9	114.1	73	832.9	1683.2	135
潞城市							192.9	473.2	164

县市区	其中:绿豆			红小豆			(三)薯类		
	播种面积	产量	单产	播种面积	产量	单产	播种面积	产量	单产
全　市	**45.8**	**87.2**	**126.9**	**27.4**	**51.6**	**125.5**	**9654.1**	**162201.4**	**1120.1**
城　区									
郊　区							16	492	2050
长治县	6	7.4	82	10	15	100	362.8	9863	1812
襄垣县							386.2	8690.2	1500
屯留县							625	11091.8	1183
平顺县							850.6	11505.7	902
黎城县	1.4	2.6	124	0.7	1.4	133	70.9	1635.3	1538
壶关县				2.1	9.5	302	436.6	8847.9	1351
长子县							836.1	25130.4	2004
武乡县	5.5	16.6	201	0.2	0.9	300	2378.9	19106.1	535
沁　县							560.3	15741	1873
沁源县	30	59.6	132	12.5	23.6	126	3025.8	47076.5	1037
潞城市	2.9	1	23	1.9	1.2	42	104.9	3021.5	1920

单位:公顷、吨、公斤/亩

1、大豆			2、杂豆			秋杂豆		
播种面积	产量	单产	播种面积	产量	单产	播种面积	产量	单产
3743.2	**8296.6**	**147.8**	**817.6**	**1709.0**	**139.4**	**817.6**	**1709.0**	**139.4**
64	178.1	186	5.1	13	170	5.1	13	170
86.5	304.8	235	83	176.4	142	83	176.4	142
188.6	351.7	124	76.9	147.5	128	76.9	147.5	128
278.1	1124.3	270	12.4	30.3	163	12.4	30.3	163
150.7	425	188	21.4	21.2	66	21.4	21.2	66
1052.2	1750.1	111	3.5	5.8	110	3.5	5.8	110
65.1	170.5	175	17.2	54.5	211	17.2	54.5	211
203.5	646.1	212	53.6	218.1	271	53.6	218.1	271
687.1	1053.4	102	81.6	90.8	74	81.6	90.8	74
348.5	951.5	182	56	136.1	162	56	136.1	162
431.9	873	135	401	810.2	135	401	810.2	135
187	468.1	167	5.9	5.1	58	5.9	5.1	58

单位:公顷、吨、公斤/亩

1、马铃薯			2、甘薯		
播种面积	产量	单产	播种面积	产量	单产
8820.4	**143433.6**	**1084.1**	**833.7**	**18767.8**	**1500.8**
16	492	2050			
361.5	9838	1814	1.3	25	1282
204.1	3941.1	1287	182.1	4749.1	1739
563.7	10025.9	1186	61.3	1065.9	1159
807.1	10992.6	908	43.5	513.1	786
50.6	1024	1349	20.3	611.3	2008
429.3	8737.9	1357	7.3	110	1005
663.9	20532.3	2062	172.2	4598.1	1780
2269.5	17780.5	522	109.4	1325.6	808
401.2	11351.3	1886	159.1	4389.7	1839
2980.5	46509.1	1040	45.3	567.4	835
73	2208.9	2017	31.9	812.6	1698

3-16 分县区经济

县市区	经济作物播种面积	一、油料		1.花生		2.油菜籽	
		播种面积	产量	播种面积	产量	播种面积	产量
全　市	**30591.4**	**2636.2**	**2342.6**	**138.5**	**423**	**26.5**	**31.8**
城　区	246.8						
郊　区	1070.4						
长治县	2280	15	24				
襄垣县	3473.7	1139.4	253.6	17.7	39.4		
屯留县	1672.6	0.2	0.6				
平顺县	1593.6	35.6	69.2	4.7	14		
黎城县	957.3	71.6	134.9	3	11		
壶关县	1136.1	202.4	63.2				
长子县	10973.8						
武乡县	1976.8	537	640.6	74.5	166.4		
沁　县	895.3	8.3	69.3	7.7	67.9		
沁源县	2834.3	545	887.6	4	7		
潞城市	1480.7	81.7	199.6	26.9	117.3	26.5	31.8

3-16 续 1

县市区	三、烟叶		四、药材类		五、蔬菜及食用菌	
	播种面积	产量	播种面积	产量	播种面积	产量
全　市	**361.5**	**1334.1**	**7621.1**	**7481.1**	**18894.4**	**1062756.3**
城　区					246.8	21240.7
郊　区			275.2	1047.1	795.1	60248.4
长治县			66.7	78.3	2193.3	138940.5
襄垣县			297.3	171.6	1850.5	110480.6
屯留县			20.1	238.8	1611.2	98493.8
平顺县			948.5	1901.1	554.8	15073.4
黎城县			365.7	338.9	500.2	9770.9
壶关县			66.1	189	860	76049.6
长子县	361.5	1334.1	4030.4	1060.7	6577.6	389159.3
武乡县			96.7	162.1	1059.5	25300.3
沁　县			126.8	513.3	715.6	29585.8
沁源县			1240.2	1014.7	781	17923.9
潞城市			87.4	765.5	1148.8	70489.1

作 物 生 产 情 况 表

单位:公顷、吨、百支、盆

3.芝麻		4.胡麻籽		5.葵花籽		6.其他油料		二、棉花	
播种面积	产量	播种面积	产量	播种面积	产量	播种面积	产量	播种面积	产量
9.5	**9.8**	**5.4**	**8.5**	**319.7**	**650.9**	**2136.6**	**1218.6**	**27.2**	**16.3**
						15	24		
				38.6	55.5	1083.1	158.7		
				0.2	0.6				
0.3	0.6	0.7	1.5	8.4	14.9	21.5	38.2	4.3	4.2
0.9	0.8			67	122	0.7	1.1	6.8	3.8
				2.4	4	200	59.2		
				106.7	251	355.8	223.2		
				0.6	1.4				
		4.7	7	85.7	175	450.6	698.6		
8.3	8.4			10.1	26.5	9.9	15.6	16.1	8.3

单位:公顷、吨、百支、盆

六、瓜果类		七、其他农作物	其中:青饲料	八、特种作物				
播种面积	产量	播种面积	播种面积	其中:花卉种植面积	鲜切花	盆栽观赏植物(包括盆景)	其中:盆栽花	花椒
645.9	**21267.8**	**405.1**	**142.4**	**18.5**	**5**	**156850**	**64660**	**279.3**
				0.4		25500	25500	
0.1	1			0.4		97200	5080	
5	599.9							
186.5	8261.4			8				
41.1	2210.2			0.9		3000	3000	
9.1	53.1	41.3						217.4
13	439.9							59.8
7.6	153.8							
4.3	179.5			8		11000	11000	
265.9	6814.5	17.7	17.7					
44.6	1582.1							
66.5	905.7	201.6	124.7					
2.2	66.7	144.5		0.8	5	20150	20080	2.1

3-17 分县区蔬菜及食用

县市区	一、蔬菜及食用菌		(一)、叶菜类		其中:芹菜		油菜	
	种植面积	产量	种植面积	产量	种植面积	产量	种植面积	产量
全　市	**18894.4**	**1062756.3**	**218.6**	**7228.6**	**38.8**	**1812.7**	**48.1**	**1217.6**
城　区	246.8	21240.7	50	3700.4	11.7	1027.8	10.5	686.2
郊　区	795.1	60248.4	38.3	723	2.7	133.5	1.9	24.4
长治县	2193.3	138940.5	14.4	270.1	3.2	116	4.8	52.8
襄垣县	1850.5	110480.6	0.1	5	0.1	5		
屯留县	1611.2	98493.8	9	386.1	2.1	150.1		
平顺县	554.8	15073.4	4	93.6	0.3	14	0.3	14.1
黎城县	500.2	9770.9	1.5	85.4	0.6	42.4	0.1	4
壶关县	860	76049.6	7.1	39.1			0.3	3.6
长子县	6577.6	389159.3	25.6	1085	6.1	183		
武乡县	1059.5	25300.3	10	80.8	2.8	12	3.1	56.2
沁　县	715.6	29585.8	32.5	468.9	0.6	11.6	22.1	354.5
沁源县	781	17923.9	18.4	225.8	7.1	109.2	3.6	18.6
潞城市	1148.8	70489.1	7.7	65.4	1.5	8.1	1.4	3.2

3-17 续 1

县市区	(三)、甘蓝类		其中:茴子白		紫甘蓝		菜花	
	种植面积	产量	种植面积	产量	种植面积	产量	种植面积	产量
全　市	**1262.9**	**75174.9**	**1189.7**	**70586.2**	**0.2**	**14.0**	**2.8**	**173.6**
城　区	37.1	2975.8	33.4	2752.6	0.2	14	2.7	167.6
郊　区	5.5	296.8	5.5	296.8				
长治县	131.7	10279.1	131.7	10279.1				
襄垣县	0.1	13.4	0.1	13.4				
屯留县								
平顺县	0.1	1.7	0.1	1.7				
黎城县	12.6	517.8	12.6	517.8				
壶关县								
长子县	938	57734.3	870	53404.3				
武乡县	33.7	1286.8	33.7	1286.8				
沁　县	2.8	100.5	2.8	100.5				
沁源县	98.2	1857.2	96.7	1821.7			0.1	6
潞城市	3.1	111.5	3.1	111.5				

菌、瓜果、中草药材生产情况

单位:公顷、吨

菠菜		香菜		(二)、白菜类		其中:大白菜	
种植面积	产量	种植面积	产量	种植面积	产量	种植面积	产量
69.2	**1353.2**	**7.8**	**86.5**	**3491.8**	**208099.0**	**2904.4**	**185551.0**
9.7	516.2	0.8	26.5	64.6	7894.6	64.6	7894.6
31.9	507.3	0.8	12	331.5	32538.4	331.5	32533.3
6	99.3	0.4	2	495.5	35669	492.2	35494
				157.2	10327.5	93.7	6026.9
				463.6	21534	191.3	13270.2
1.6	27.1			76.7	4887.3	63.9	3535.3
0.1	5	0.1	5	25.9	728	25.7	724
6.7	30	0.1	5.5	8.3	209.9	7	129.9
				1544.1	87630.7	1377.1	80847.4
1.3	5.6	2.1	4.8	118.2	2253.6	98.1	2020.8
2.5	36.4	0.4	5.9	67.9	2162.4	41.8	1158.2
5.3	75.9	2.4	22.1	127.3	1630.7	106.7	1294.6
4.1	50.4	0.7	2.7	11	632.9	10.8	621.8

单位:公顷、吨

西兰花		(四)、根茎类		其中:白萝卜		胡萝卜	
种植面积	产量	种植面积	产量	种植面积	产量	种植面积	产量
1.0	**41.8**	**2829.4**	**138688.6**	**1874.6**	**98041.4**	**815.3**	**38060.8**
0.8	40.3	20.3	1467.3	15.5	1075.3	3	285.7
		161.7	10307.4	161.3	10293.9	0.4	13.5
		485.2	18174.8	380.1	15122.5	40	2729.3
		247.6	18344.2	208.7	16043.5	35.2	2057.2
		449.4	33931	322	24054.5	124	9626.5
		117.6	1874.2	34.5	931.3	71.7	740
		43.4	1113.9	30.2	762.9	12.6	331
		7.1	147.8	5.1	68.7	1.2	19.6
		929.1	46047	512	24796.8	370.2	19898.9
		98.8	2196.5	53.1	1425.8	45.6	767.8
		62.2	1601.1	41	1117.3	21.1	481.7
0.2	1.5	166.4	2003.1	76.7	941	84.1	1037.2
		40.6	1480.3	34.4	1407.9	6.2	72.4

3-17 续 2

县市区	生姜		(五)、瓜菜类		其中:黄瓜		南瓜	
	种植面积	产量	种植面积	产量	种植面积	产量	种植面积	产量
全　市			**3739.3**	**211615.8**	**1132.1**	**70066.8**	**159.3**	**4454.4**
城　区			30.2	2198.4	17.4	1260.6	0.1	5.5
郊　区			105.3	5905.6	36.7	2471.6	0.3	12
长治县			552.9	34448.8	239.6	18100.9	6.4	37.5
襄垣县			600.2	29237	83.3	4941.2	20.8	1102.7
屯留县			92.6	6955	13.8	2244.1		
平顺县			76.9	1458.1	25.9	565.1	24.2	347.2
黎城县			112.2	3254.1	60.6	1295.5	15.6	229
壶关县			125.6	17281.1	54.7	8328.6	0.9	12.9
长子县			1281.7	86248.7	398.9	25104.3	8.7	940
武乡县			184.9	4434.9	54.1	1335.5	40.8	1014.1
沁　县			339.7	13020.6	48.5	1467.8	7.5	168.8
沁源县			140.3	4019.9	56	1182.8	15.2	331.9
潞城市			96.8	3153.6	42.6	1768.8	18.8	252.8

3-17 续 3

县市区	四季豆		(七)、茄果类		其中:茄子		辣椒	
	种植面积	产量	种植面积	产量	种植面积	产量	种植面积	产量
全　市	**395.3**	**8444.8**	**5322.0**	**295519.2**	**640.9**	**32402.5**	**1276.6**	**60669.8**
城　区	2.8	135.7	32.5	2064.2	7.4	388.5	2.6	83
郊　区	18	1161.9	126	7507.8	20	1393.4	45.9	2410.9
长治县	9	41	498.7	39640.4	15.5	570.8	34.4	2848.2
襄垣县	14	581	623.5	43286	92.3	4872.9	77.6	3222
屯留县	0.5	14	399.7	22898.8	8	885.7	296.4	14014.8
平顺县	50.5	544.9	159.4	4491.4	25.8	630	13	367.8
黎城县	93.3	832.2	174.8	2713	77.1	1601.6	2.6	56.3
壶关县	70.1	2606.2	554.9	41782.7	2.4	89	4.3	108.6
长子县	25.2	386.8	1498.2	93927.6	276.6	18207.1	559	33681.2
武乡县	37.6	764.1	521	12368.9	49	1226.1	12.7	317.5
沁　县	21.4	449.9	155	6654.2	7.7	188	26.3	770.7
沁源县	18.7	124.2	123.2	3487	20	389.2	24.6	943.8
潞城市	34.2	802.9	455.1	14697.2	39.1	1960.2	177.2	1845

单位:公顷、吨

西葫芦		冬瓜		(六)、豆类(菜用)		其中:豇豆	
种植面积	产量	种植面积	产量	种植面积	产量	种植面积	产量
2192.1	**124194.4**	**0.1**	**2.0**	**761.2**	**20595.8**	**65.5**	**1689.6**
12.1	829.3			3.2	175.7		
64.9	3273.3			20.7	1217.6	2.7	55.7
306.9	14910.4			10.3	47	1.3	6
445	20596.9			162.1	6945.4	0.1	7.6
7.1	1946.9			21.4	1554		
21.2	448	0.1	2	84.4	1079.8	29.5	458.3
36	903.2			117.7	945.9		
70	8939.6			147.5	4739.7	17.9	723.5
844.6	59075.6			37.3	817.9	1.7	55.5
90	2081.2			48.4	916.1		
199.9	7665.5			28.5	643.7	7.1	193.8
59	2392.5			40.6	525.9	0.3	5
35.4	1132			39.1	987.1	4.9	184.2

单位:公顷、吨

西红柿		(八)、葱蒜类		其中:大葱		蒜头	
种植面积	产量	种植面积	产量	种植面积	产量	种植面积	产量
3000.6	**176750.2**	**850.3**	**65411.2**	**698.9**	**59416.3**	**2.5**	**26.3**
18.3	1241.2	3.4	259.3	1.3	105.9		
60	3703.5	4.1	121.5	2.2	74		
448.8	36221.4	4.6	163.3	3.5	158.2		
194.8	17280.3	45.7	1742.1	44.4	1734.1		
15.6	2840.3	3.5	80.2	3.5	80.2		
118.2	3443.8	21.4	699.7	18.1	633.9	0.1	0.6
94.9	1046	12.1	371.8	11.1	329.5		
548.2	41490.6	9.5	214.8	9.5	214.8		
616	40000.7	129.3	5314			1	10
458.8	10824.7	41.8	885.3	39.3	859.1	0.1	1
119.6	5681.3	27	4934.4	24.7	4722.4		
68.6	2084.4	54.8	1541.7	49.5	1428.4	1.3	14.7
238.8	10892	493.1	49083.1	491.8	49075.8		

3–17 续 4

县市区	葱头		韭菜		(九)、水生菜类		其中:莲藕	
	种植面积	产量	种植面积	产量	种植面积	产量	种植面积	产量
全　市	**1.1**	**72.6**	**120.0**	**5069.5**	**2.0**	**108.1**	**2.0**	**108.1**
城　区	0.9	71.9	1.1	76.1				
郊　区			1.9	47.5	2	108.1	2	108.1
长治县			1.1	5.1				
襄垣县			1.2	7.3				
屯留县								
平顺县								
黎城县			1	42.3				
壶关县								
长子县			106.1	4760				
武乡县	0.2	0.7	2	22.4				
沁　县			0.9	11.9				
沁源县			3.4	89.6				
潞城市			1.3	7.3				

3–17 续 5

县市区	1、干品		其中:香菇		黑木耳(干品)		2、鲜品	
	种植面积	产量	种植面积	产量	种植面积	产量	种植面积	产量
全　市		**100.0**						**20199.2**
城　区								
郊　区								1522.2
长治县								248
襄垣县								360
屯留县								4.5
平顺县								410.8
黎城县								41
壶关县								11634.5
长子县								2638
武乡县		100						633.9
沁　县								
沁源县								2613.3
潞城市								93

单位:公顷、吨

	(十)、其他蔬菜		其中:黄花菜		芦笋		(十一)、食用菌(干鲜混合)	
	种植面积	产量	种植面积	产量	种植面积	产量	种植面积	产量
	416.9	**20015.9**	**0.1**	**0.1**				**20299.2**
	5.5	505						
								1522.2
								248
	14	220						360
	172	11150.2						4.5
	14.3	76.8						410.8
								41
								11634.5
	194.3	7716.1						2638
	2.7	143.5						733.9
	11.8	19.3	0.1	0.1				2613.3
	2.3	185						93

单位:公顷、吨

	其中:蘑菇		二、瓜果类		其中:西瓜		香瓜(甜瓜)	
	种植面积	产量	种植面积	产量	种植面积	产量	种植面积	产量
		2720.0	**645.9**	**21267.8**	**541.7**	**19282.2**	**16.5**	**441.3**
		1522.2	0.1	1				
		248	5	599.9	1.6	360		
		360	186.5	8261.4	182	8086.1	4.3	175.1
		4.5	41.1	2210.2	41.1	2210.2		
			9.1	53.1	2	45		
		41	13	439.9	13	409.9		
		152.5	7.6	153.8				
		38	4.3	179.5				
		302.9	265.9	6814.5	250.5	6457.9	12.1	256.5
			44.6	1582.1	43.4	1545.4	0.1	9.7
		0.9	66.5	905.7	5.9	101		
		50	2.2	66.7	2.2	66.7		

3-17 续 6

县市区	草莓		三、中草药材		其中:人参		甘草	
	种植面积	产量	种植面积	产量	种植面积	产量	种植面积	产量
全　市	**45.1**	**1055.1**	**7621.1**	**7481.1**	**0.2**			
城　区								
郊　区	0.1	1	275.2	1047.1				
长治县	3.4	239.8	66.7	78.3				
襄垣县	0.2	0.2	297.3	171.6				
屯留县			20.1	238.8				
平顺县	0.3	3.6	948.5	1901.1				
黎城县			365.7	338.9	0.2			
壶关县	0.3	2	66.1	189				
长子县	3.3	155	4030.4	1060.7				
武乡县	0	0.1	96.7	162.1				
沁　县	1	27	126.8	513.3				
沁源县	36.5	626.4	1240.2	1014.7				
潞城市			87.4	765.5				

单位:公顷、吨

枸杞		黄芪		党参		生地	
种植面积	产量	种植面积	产量	种植面积	产量	种植面积	产量
		79.1	**215.0**	**713.5**	**2242.0**	**18.5**	**43.7**
				7.3	16.1		
		41.3	84	580.2	1386.3		
		6.7	10.5	11.5	9.9	18.5	43.7
		31.1	120.5	27.1	64.2		
				87.4	765.5		

3-18 分县区设施

县市区	一、蔬菜		其中:芹菜		油菜		菠菜	
	种植面积	产量	种植面积	产量	种植面积	产量	种植面积	产量
全　市	**4245.5**	**270592**	**23.1**	**1031.7**	**16.7**	**642.2**	**10.7**	**203.2**
城　区	42.8	3232	8.3	653.7	6.9	499.5	1.6	68.7
郊　区	78.2	7479.9	1.5	82.3	0.4	0.9	1.3	25
长治县	817.1	60692.4	3.2	116	4.8	52.8	5	96.3
襄垣县	354.1	21226						
屯留县	93.3	3930.5	2.1	100.1				
平顺县	21.4	619.7	0.3	14	0.3	5	1.3	3.2
黎城县	13.9	951.3	0.3	35				
壶关县	60.7	5756.8						
长子县	2412.4	150701.6	4	12				
武乡县	46.9	2088.3	0.1	0.7				
沁　县	145.7	5643.6			1.7	72	0.2	3.3
沁源县	60.8	1837.4	3.3	17.9	2.6	12	1.3	6.7
潞城市	98.2	6432.5						

3-18 续 1

县市区	瓜果类		其中:草莓		三、花卉苗木
	种植面积	产量	种植面积	产量	种植面积
全　市	**69.2**	**2095.9**	**40.2**	**1017.7**	**1.3**
城　区					0.2
郊　区					0.4
长治县	5	599.9	3.4	239.8	
襄垣县	0.2	0.2	0.2	0.2	
屯留县	0.5	9			0.7
平顺县					
黎城县	4	150			
壶关县	0.1	4.4			
长子县	3.3	155	3.3	155	
武乡县	3.4	119.1			
沁　县	8.8	343			
沁源县	43.9	637.2	33.3	622.7	
潞城市					

农业生产情况表

单位:公顷、吨、公斤/亩

黄瓜		西红柿		生姜		辣椒	
种植面积	产量	种植面积	产量	种植面积	产量	种植面积	产量
558.9	**38418.2**	**1081.7**	**77860.9**			**371.4**	**19834.3**
7.3	608.9	10.9	730.9			0.2	9
15.2	1571.6	28.3	2454.8			3.1	159.6
144.5	12516.5	295.8	26382			22.1	1693
1.2	50.6	28.6	1945.1			10.8	135.6
8.9	393	12.7	513.9			51.7	1901.5
4.3	126.5	10.3	426.7			1	16
2	104.3	2.5	225			0.5	24
4.9	411.5	51.3	5055.9				
334.3	21555.6	523	32812.9			272.9	15470.6
2.5	98.3	27.3	1159.2			1.7	77.4
3.2	119	6.7	154.1			1.1	37.5
10.3	247.1	18.4	716.5			6.1	294.1
20.3	615.3	65.9	5283.9			0.2	16

单位:公顷、吨、公斤/亩

食用菌		1、干品		2、鲜品		其中:蘑菇		五、其他作物:
种植面积	产量	种植面积	产量	种植面积	产量	种植面积	产量	种植面积
247	**18876.7**	**0.7**	**100**	**246.3**	**18776.7**	**90**	**2562.4**	**21.2**
								1
14.6	1522.2			14.6	1522.2	14.6	1522.2	
54.9	117.9			54.9	117.9	54.7	94.9	
3.6	360			3.6	360	3.6	360	0.3
								0.9
7.3	322.8			7.3	322.8			12
0.3	41			0.3	41	0.3	41	
68.8	11634.5			68.8	11634.5	1.6	152.5	
72.1	2638			72.1	2638	1.3	38	
17.2	733.9	0.7	100	16.5	633.9	12.6	302.9	1.7
6.9	1413.4			6.9	1413.4	1	0.9	2.1
1.3	93			1.3	93	0.3	50	3.2

3-18续 2

县市区	设施农业			1、连栋温室		
	数量	占地面积	使用面积	数量	占地面积	使用面积
全　市	**36947**	**3267.2**	**2524**	**54**	**22.5**	**18.4**
城　区	441	26.3	22.7			
郊　区	916	100.6	74.5	6	0.4	0.4
长治县	2135	351.8	323.2	7	2	1.9
襄垣县	2223	308.7	225.1			
屯留县	644	110.5	76.5			
平顺县	409	73	60.3			
黎城县	218	32.4	15.7	3	0.5	0.5
壶关县	776	80.1	64			
长子县	26388	1799.6	1413.1	36	16.8	14
武乡县	727	80.6	46	1	1	0.8
沁　县	669	121.5	72.8	1	1.8	0.8
沁源县	848	107.9	75.8			
潞城市	553	74.2	54.3			

3-19　分县区水果及食

县市区	一、园林水果		1.苹果		红富士苹果		国光苹果	
	果园面积	产量	果园面积	产量	果园面积	产量	果园面积	产量
全　市	**3962.3**	**40187.3**	**1562.3**	**20618.9**	**853.7**	**10477.1**	**353.9**	**3689.4**
城　区	101.9	346.5	93.4	289.8	54.6	179.4	17.3	59
郊　区	235.2	2476.4	160.3	1775.9	118.7	1258.3	41.6	517.6
长治县	105	883.8	86.8	588.3	72.2	525.3	14.6	63
襄垣县	423.3	4960.3	123.1	1943.7	96.5	1389.2	22.9	554.5
屯留县	23.4	214.1	13.8	146.3	13.3	129		
平顺县	185.9	8198.8	83	4237.4	24	1425.4	5.3	192.3
黎城县	303.8	5249.6	160	3447.5	119.2	2554.8	3.1	91.1
壶关县	372.1	2214.2	160.9	1036.9	104.8	729.6	34.8	175.3
长子县	515.8	5508.1	214.9	2555.4	57.4	413.7	73.7	536.2
武乡县	1131.9	3338.2	194.7	823.7	68.4	326.4	28.2	182.6
沁　县	182.5	2353.8	29.3	561.6	19	359.9	2	51
沁源县	43.5	192.7	4.4	56.2	3.1	36.6	1.3	19.6
潞城市	338	4250.8	237.7	3156.2	102.5	1149.5	109.1	1247.2

单位:公顷、吨、百支

2、日光温室			3、大棚			4、中小棚		
数量	占地面积	使用面积	数量	占地面积	使用面积	数量	占地面积	使用面积
13791	**2076.7**	**1589.7**	**7027**	**880.5**	**693.6**	**16075**	**287.5**	**222.3**
441	26.3	22.7						
908	100.1	74	2	0.1	0.1			
2128	349.8	321.3						
442	94.9	62.8	1781	213.8	162.3			
287	53.8	33.7	62	6.4	4.1	295	50.3	38.7
220	47.8	38.1	141	19.9	18.5	48	5.3	3.7
165	28.6	12.5	43	3	2.5	7	0.3	0.2
311	45.9	32.7	412	31.4	28.5	53	2.8	2.8
7680	1135	866.9	3158	429.6	363.9	15514	218.2	168.3
231	27.2	15.5	427	47.7	26.2	68	4.7	3.5
396	80.1	44.5	272	39.6	27.5			
142	24.1	18.7	652	81.7	55	54	2.1	2.1
440	63.1	46.3	77	7.3	5	36	3.8	3

用　坚　果　生　产　情　况

单位:公顷、吨

2.梨		雪花梨		鸭梨		3.桃		4.杏		5.葡萄	
果园面积	产量	果园面积	产量	果园面积	产量	果园面积	产量	果园面积	产量	果园面积	产量
1042.5	**10750.5**	**214.9**	**2261.9**	**48.3**	**359.7**	**113.4**	**1629.4**	**766.5**	**2823.9**	**54.0**	**619.1**
						8.1	56	0.4	0.7		
44.9	619.5	29	454.8	0.8	1.7	6.7	20.2			2.5	29.8
11.8	143.5	3.3	32	2	55	1.3	10			5.1	142
152.6	1353.4	84.5	520.3	0.1	2.2	29.3	601.7	10.3	152.8	16.5	138.4
5.9	42.5	4.3	31	0.5	5.6	0.7	3.1	0.4	4.6	0.9	7.3
71.9	2808.9	4.3	178.6	0.3	12	4.9	233.4	2.9	57.2	1	31.6
21.7	410.9	12.3	243	1.9	11	9.6	206.9	7.5	210.7	5.9	111.4
171.1	1102.7	25.4	238.8	37.2	241.4	8	37.3	11.3	0.6	5.7	15.5
248.4	2444.7	29.8	420.5	0.9	9	8.3	152.4	4.9	109.5	1.3	9
258.2	1005	15.4	26.4	4.3	9.5	6.4	54	631.9	1293.5	4.6	9.9
17.5	303.9	0.5	3.2	0.1	4.8	4.7	80.8	94.1	949.6	4.1	85.6
4.6	77.4	4.4	74.7	0.1	2.5	15.7	13.2			4.3	24.9
33.9	438.1	1.7	38.6	0.1	5	9.7	160.4	2.8	44.7	2.1	13.7

3-19续1

县市区	6.红枣		7.柿子	
	果园面积	产量	果园面积	产量
全　市	**138.9**	**752**	**132.8**	**1849.9**
城　区				
郊　区				
长治县				
襄垣县	66.3	226.8	0.2	2.1
屯留县				
平顺县	2.1	16.8	18.9	711.9
黎城县	3.7	33.4	74.9	798.8
壶关县			0.3	0.6
长子县				
武乡县	21.3	88.9	0.7	17.4
沁　县	27.5	338		
沁源县	12.6	14.2		
潞城市	5.4	33.9	37.8	319.1

单位:公顷、吨

8.其他园林水果		二、食用坚果	1、核桃		2、松子
果园面积	产量		果园面积	产量	
151.9	**1143.6**	**16514**	**13600**	**16512.4**	**1.6**
		1.4	0.5	1.4	
20.8	31	108.5	448	108.5	
		103.5	167	103.5	
25	541.4	2433.3	1296.9	2433.3	
1.7	10.3	1176	487.6	1176	
1.2	101.6	767.9	151.7	766.3	1.6
20.5	30	3051.8	1694.7	3051.8	
14.8	20.6	1685.9	908.4	1685.9	
38	237.1	1361.9	334.5	1361.9	
14.1	45.8	1412.6	4396.4	1412.6	
5.3	34.3	3136.6	522.7	3136.6	
1.9	6.8	165.1	663.3	165.1	
8.6	84.7	1109.5	2528.3	1109.5	

3-20 分县区

县市区	一、营造林面积					
	(一)人工造林面积			(二)飞播造林面积	(三)当年新封山(沙)育林面积	
	合计	其中:新造混交林面积	其中:新造灌木林面积		合计	# 无林地和疏林地新封山育林面积
全　市	**9886**	**6267**	**1807**		**666**	**666**
城　区						
郊　区						
长治县	3					
襄垣县	1014	548	333			
屯留县	708	708				
平顺县	2743	2122	320		333	333
黎城县	1132	799	67			
壶关县	449	316				
长子县	573	371	135			
武乡县	1082	687				
沁　县	1036	399	285			
沁源县	786	317	467		333	333
潞城市	360		200			
市　直						

3-20 续 1

县市区	三、四旁(零星)植树株(株)	四、林木种苗	
		1.林木种子采集量	2.当年苗木产量(株)
全　市	**14700000**	**1076**	**211996600**
城　区	1310000		460000
郊　区	1150000		25200000
长治县	1230000		6548000
襄垣县	1160000	15	6714500
屯留县	1140000	5	10260000
平顺县	990000	81	28928000
黎城县	1040000	164	24910000
壶关县	1150000	718	7953000
长子县	1240000	39	14660000
武乡县	1040000	2	17200000
沁　县	1030000	2	31051000
沁源县	1040000	50	18200000
潞城市	1180000		19478000
市　直			

林业生产情况

单位:公顷、吨

一、营造林面积			二、年末实有封山(沙)育林面积
(四)森林改培面积	(五)森林抚育面积	(六)人工更新面积	
	1332		**35234**
	133		700
	400		1926
	133		7678
			1700
	133		3474
			4119
			2460
	400		4066
	133		8778
			333

3.育苗面积		五、木材产量(立方米)
合计	其中:国有育苗面积	
5383	**373**	**36730**
20		307
320		950
320	6	1090
473	7	3781
493	75	5698
400	25	2895
487	91	2172
461	13	3021
440	12	2635
473	21	3609
480	29	3543
480	36	4326
498	20	2703
5383	**373**	

3-21 分县区畜牧

县市区	猪			
	生猪存栏	能繁母猪存栏	生猪出栏	猪肉产量
全 市	**603767**	**63477**	**988796**	**76796.34**
城 区	6737	820	10226	797.64
郊 区	35994	2736	58452	4503
长治县	141624	12762	262212	20937
襄垣县	26505	2790	48170	3756
屯留县	40871	5968	81556	6361
平顺县	33790	4481	50525	3848
黎城县	47653	5590	56217	4216
壶关县	83098	10291	127724	9579.29
长子县	87414	8659	141447	11236.67
武乡县	24363	1950	20164	1572.83
沁 县	15328	2041	24816	1940
沁源县	5728	548	7688	579
潞城市	54662	4841	99599	7469.91

3-21 续 1

县市区	羊						
	羊存栏	山羊存栏	绵羊存栏	羊出栏	山羊出栏	绵羊出栏	羊肉产量
全 市	**835220**	**408441**	**426779**	**453214**	**168404**	**284810**	**7225.91**
城 区	2375	749	1626	1206	274	932	19
郊 区	13838	965	12873	10318	1418	8900	179
长治县	36553	2392	34161	27845	1725	26120	426
襄垣县	54500	18149	36351	44253	12237	32016	762
屯留县	96528	27589	68939	84521	20590	63931	1461
平顺县	29559	22539	7020	21902	15858	6044	316
黎城县	57238	55235	2003	26802	25543	1259	396
壶关县	31177	7278	23899	16304	3402	12902	216.6
长子县	79943	15361	64582	63199	8720	54479	1021.97
武乡县	143050	82174	60876	59763	34514	25249	896.18
沁 县	67338	9482	57856	29396	6258	23138	435
沁源县	190190	154167	36023	32758	25781	6977	573
潞城市	32931	12361	20570	34947	12084	22863	524.16

业生产情况

单位:头、吨

牛					
牛存栏	其中:奶牛	肉牛	牛出栏	牛肉产量	牛奶产量
52054	**5987**	**46067**	**27543**	**3792.96**	**17604.78**
1247	1065	182	267	37.44	2201.76
2037	1673	364	699	108	5008
1927	856	1071	604	81	3022
2681		2681	2118	320	0
4488	38	4450	3670	458	34
2250		2250	824	104	
3955	374	3581	890	126	1212
234	58	176	205	24.6	100.8
5328	67	5261	3834	534.76	174.07
7978	173	7805	3040	410.06	439.15
14572	13	14559	10194	1431	236
3227	844	2383	494	65	2757
2130	826	1304	704	93.1	2420

单位:只、吨

家禽						
家禽存栏	其中:鸡存栏	蛋鸡	家禽出栏	其中:鸡出栏	禽肉产量	禽蛋产量
14160239	**14017141**	**11159971**	**16843363**	**16010914**	**23371.68**	**138073.38**
96000	96000	96000	94000	94000	131.62	1184.58
652192	652192	642192	433200	433200	671	10400
2996439	2931439	2931439	2377181	1921681	3566	33190
586407	545615	421399	953284	952434	1518	4497
812136	811770	797265	788722	670151	1204	9259
264285	264285	261063	229362	224531	317	3172
470936	470936	469956	186521	186481	252	4230
1479385	1479385	877275	2176692	2176692	2913.2	11863.29
3206594	3186354	2944374	3195692	3038092	4317.16	43972
1723496	1723396	793941	2802523	2802523	3666.06	2493.51
1160479	1143879	337370	2918674	2869626	3929	6588
288100	288100	199471	285511	239502	364	2203
423790	423790	388226	402001	402001	522.64	5021

3-21 续 2

县市区	一、活牲畜(除猪、牛、羊外)			1.马		
	年末存栏	当年出栏	肉产量	年末存栏	当年出栏	肉产量
全　市	**13074**	**3123**	**326.705**	**1122**	**149**	**16.74**
城　区	20.6	26.27	21.87	8		
郊　区	107.22	63.73	17.84	58	16	1.78
长治县	200.18	24.32	7.61	113	14	1.66
襄垣县	712	115	12.87	81	7	0.77
屯留县	57.01	5.6	8.34	12	2	0.22
平顺县	2203.23	594.85	74.04	49	13	1.44
黎城县	945.5	158.55	39.92	39	10	1.06
壶关县	42	12	1.32	28	7	0.77
长子县	303.57	46.82	20.28	85	7	0.9
武乡县	2159.05	181.04	20.3	259	12	1.46
沁　县	1861.93	792.96	528.995	62	7	0.78
沁源县	1718	238	23.89	27	6	0.65
潞城市	2768.41	914.26	248.89	301	48	5.25

3-21 续 3

县市区	其它奶产量	肉类总产量	奶类产量	禽蛋产量	山羊毛产量		
						1、山羊粗毛	2、山羊绒
全　市	**95.2**	**88837.48**	**17699.98**	**138073.38**	**158.24**	**117.78**	**40.46**
城　区	26.2	875.95	2227.96	1184.58	0.29	0.22	0.07
郊　区	51.4	4807.84	5059.4	10400	0.39	0.29	0.1
长治县	17.6	21451.61	3039.6	33190	0.88	0.65	0.23
襄垣县		4850.87		4497	6.74	5.39	1.35
屯留县		8288.34	34	9259	11.04	8.28	2.76
平顺县		4342.04		3172	8.84	6.38	2.46
黎城县		4777.92	1212	4230	21.96	16.51	5.45
壶关县		9821.81	100.8	11863.29	3.01	2.36	0.65
长子县		12813.68	174.07	43972	6.72	4.61	2.11
武乡县		2899.37	439.15	2493.51	29.3	21.2	8.1
沁　县		4331.1	236	6588	3.02	2.07	0.95
沁源县		1240.89	2757	2203	61	46	15
潞城市		8336.06	2420	5021	5.05	3.82	1.23

单位:头、只、吨

2.驴			3.骡			二、兔(万只、吨)		
年末存栏	当年出栏	肉产量	年末存栏	当年出栏	肉产量	年末存栏	当年出栏	肉产量
6826	**1934**	**196.865**	**5126**	**1040**	**113.1**	**24.7**	**50.4**	**699.46**
			12	25	2.77	0.6	1.27	19.1
21	27	2.82	28	20	2.29	0.22	0.73	10.95
53	5	0.52	34	5	0.58	0.18	0.32	4.85
166	12	1.22	465	96	10.88			
15	2	0.21	30	1	0.11	0.01	0.6	7.8
2076	561	56.87	78	20	2.2	0.23	0.85	13.53
487	57	5.74	419	90	9.86	0.5	1.55	23.26
6	5	0.55	8					
117	20	2.06	101	19	2.24	0.57	0.82	15.08
849	90	9.28	1051	79	8.96	0.05	0.04	0.6
892	403	42.315	891	350	36.46	16.93	32.96	449.44
1300	206	20.57	391	26	2.67			
844	546	54.71	1618	309	34.08	5.41	11.26	154.85

单位:头、只、吨

绵羊毛产量			天然蜂蜜产量	其他禽蛋产量	蚕茧产量			养蜂箱数
	细羊毛	半细羊毛				桑蚕茧	柞蚕茧	
869.3	**419.54**	**234.25**	**80.89**		**12**	**12**		**3598**
7.6	4.84	2.76						
43.74	12.84	30.9	8.7					395
69	16	24						
199.11	170.13	28.98	22.38					960
97.22	45.12	52.1						
12.02	4.56	2.69	2.05					94
5	0	5	6.88					298
62.92	27.76	20.8						
73.55		20.37	13.31					605
70	11.6	17.1	18.88					859
153.56	102.31		4		12	12		182
23	4.1	11.7	1.65					75
52.58	20.28	17.85	3.04					130

3-22 分县区主要农业

县市区	一、农业机械总动力(千瓦)				二、耕作			
	合计	柴油发动机	汽油发动机	电动机动力	大中型拖拉机		#轮式拖拉机	
					台	千瓦	台	千瓦
总　计	**1243346**	**952201**	**2401**	**288744**	**13395**	**492811**	**12651**	**466398**
市直汇								
城　区	14000	13380	375	245	105	3585		
郊　区	70855	49353	14	21502	627	28858	627	28858
长治县	108273	66722		41537	502	21514	497	21239
襄垣县	143686	119254	40	24432	2322	80274	2276	78891
屯留县	194437	162224		32173	2359	87127	1980	72931
平顺县	47717	24980	1086	22737	235	8586	207	7281
黎城县	93647	72904		19657	537	23781	537	23781
壶关县	63717	44200	366	19151	509	21311	479	20588
长子县	148800	110682	84	38034	1029	50383	1029	50383
武乡县	110752	88247	215	22290	1537	45996	1537	45996
沁　县	94671	84067		10604	1921	55359	1921	55359
沁源县	40296	33524		6772	486	21284	486	21284
潞城市	112495	82664	221	29610	1226	44753	1075	39807

3-22 续 1

县市区	三、种植								
	3. 农用排灌机械							4.田间管理机械	
	排灌动力机械		#柴油机		#电动机		农用水泵	机动喷雾(粉)机	
	台	千瓦	台	千瓦	台	千瓦	台	台	千瓦
总　计	**12184**	**83164**	**1096**	**9400**	**11088**	**73764**	**8038**	**1135**	**2401**
市直汇									
城　区	55	760	55	760				125	375
郊　区	1176	9024	17	100	1159	8924	976		
长治县	2171	16387			2171	16387	2171	14	14
襄垣县	2386	6178	206	2002	2180	4176	46	13	
屯留县	1878	11375			1878	11375	1428	20	40
平顺县	510	5355			510	5355	350		
黎城县	731	7500	295	1813	436	5687	540	543	1086
壶关县	365	2008			365	2008	365	175	366
长子县	1310	9945	23	352	1287	9593	1310	38	84
武乡县	665	6208	150	1230	515	4978	40	100	215
沁　县	665	5428	350	3143	315	2285	690		
沁源县	91	778			91	778	112		
潞城市	181	2218			181	2218	10	107	221

机　械　年　末　拥　有　量

机械				三、种植施肥机械(台)							
小型拖拉机		#手扶式拖拉机		1.耕整地机械(台)				2.种植施肥机械(台)			
台	千瓦	台	千瓦	机引犁	旋耕机	深松机	机引耙	播种机	#精少量播种机	化肥深施机	地膜覆盖机
19957	**160776**	**13282**	**123231**	**16188**	**16772**	**1832**	**804**	**14028**	**5217**	**3674**	**1115**
132	1455			40	68						
712	6857	100	615	361	388	13		329	161	27	18
874	8211	305	2583	856	1069	48		246	191	74	22
690	5430	102	918	140	3109	834	350	2463	1967	1050	150
4482	39593	3482	39593	1803	3455	221	454	3285	692	1100	393
582	5551	440	4601	160	561	174		10		3	
6349	37735	4240	36735	6845	1410	60		2470	421	46	43
490	4456	384	3089	327	548	84		475	420	105	70
1722	13882	1283	9099	572	959	75		585	269	222	67
2000	17078	2000	17078	2554	2210	27		1691		18	78
607	6806	414	4562	1135	1296	166		1280	729	90	110
564	4761	438	3504	745	763	16		284	13	800	164
753	8961	94	854	650	936	114		910	354	139	

业　机　械									
5.收获机械								6.收获后处理机械	7.设施农业设备
联合收割机		#稻麦联合收割机		#玉米联合收割机		其它收获机械	秸秆粉碎还田机	机动脱粒机	温室
台	千瓦	台	千瓦	台	千瓦	台	台	台	万平方米
2317	**124613**	**300**	**16088**	**2017**	**108525**	**7852**			**6896**
28	2310			28	2310	65			35.0
79	4898			79	4898	325			27.4
106	6708	20	1152	86	5556	240			771.4
386	18879	56	2407	330	16472	517			203.4
619	29577	82	3884	537	25693	3458			1770.0
36	1886	8	506	28	1380	65			60.0
63	3665	2	110	61	3555	288			37.0
97	4686	1	46	96	4640	190			140.1
346	19812	46	3225	300	16587	1031			2668.0
94	5205	16	1063	78	4142	431			191.0
208	11182	39	1867	169	9315	688			638.0
50	3326	8	528	42	2798	183			65.0
205	12479	22	1300	183	11179	371			289.7

3–22 续 2

县市区	四、农产品初加工机械						五、畜牧养殖机械			
	1.农产品初加工动力机械		2.农产品初加工作业机械				合计		饲草料加工机械	
			合计	粮食加工机械	油料加工机械	棉花加工机械				
	台	千瓦	台	台	台	台	台	千瓦	台	千瓦
总　计	**28997**	**191598**	**25006**	**23126**	**1252**	**499**	**4802**	**23658**	**4673**	**23303**
市直汇										
城　区	155	620					35	245	35	245
郊　区	1600	10403	640	640			290	2175	290	2175
长治县	3016	23991	3016	2988	12	15	169	1159	130	917
襄垣县	3055	20165	1294	1207	87		7	91	7	91
屯留县	4237	20798	2862	2690	142	30	367		339	
平顺县	2026	15195	2026	1326	400	227	377	2187	377	2187
黎城县	2466	12400	590	413	149	28	209	1570	209	1570
壶关县	3134	15988	2632	2500	132		149	1155	144	1118
长子县	3191	19857	3191	3036	70	40	1747	8544	1707	8544
武乡县	1865	13614	1865	1805	18	42	628	3698	616	3624
沁　县	1330	6125	3980	3980			690	1890	690	1890
沁源县	617	5958	617	569	48		16	36	14	36
潞城市	2305	26484	2293	1972	194	117	118	908	115	906

六、运输机械									七、农田基本建设机械		八、农业机械原值和净值	
1.农用汽车						2.手扶变型运输机		3.农用挂车			1.农业机械原值	2.农业机械净值
合计		#三轮运输车		#低速载货汽车								
台	千瓦	台	千瓦	台	千瓦	台	千瓦	台	台	千瓦	万元	万元
								8416	**1930**	**126882**	**150973**	**113810**
									35	3150	8590	6250
									144	8640	11985	8980
									356	28464	6949	5212
									99	7722	12910	9680
								241	106	5927	25876	19456
									105	3675	2568	1926
								7000	104	5910	12000	9500
									150	8850	13982	10486
								510	314	20765	9505	7129
								665	164	9830	13600	10200
									105	4850	12506	9615
									79	3889	10472	7854
									169	15210	10030	7522

工业与建筑业

资料整理人员

李瑜晓　　韩江波　　李旭燕　　张　华

刘　敏　　吴飞飞　　付经晶

4

4-1 全社会主要产品产量

指标名称	计量单位	产量
原煤	吨	108543419
洗精煤(规上)	吨	37837001
焦炭(规上)	吨	13782068
农用氮、磷、钾化学肥料总计(折纯)	吨	347161
氮肥(折含N100%)	吨	271334
磷肥(折五氧化二磷100%)	吨	75827
初级形态的塑料	吨	336774
中成药	吨	9550
水泥	吨	3858534
碳化钙(电石,折300升/千克)	吨	94611
生铁	吨	3393173
粗钢	吨	5230864
钢材	吨	4953133
棒材	吨	1227101
钢筋	吨	2086209
线材(盘条)	吨	1074894
十种有色金属	吨	10250
矿山专业设备	吨	2935
平板玻璃	重量箱	7095930
太阳能电池	千瓦	731853
发电量	万千瓦小时	2715929
其中:火力发电量	万千瓦小时	2665849
风力发电量	万千瓦小时	39316

4-2 工业企业主要

指标名称	企业单位数(个)	亏损企业	工业总产值(当年价格)	工业销售产值(当年价格)	出口交货值
总计	**316**	**110**	**154379073**	**144583874**	**68389**
一、按登记注册类型分组:					
内资企业	307	105	147410294	138012220	68043
国有企业	7	4	6042768	5980756	
中央企业	2		187075	184853	
地方企业	5	4	5855693	5795903	
集体企业					
股份合作企业					
联营企业					
国有联营企业					
集体联营企业					
国有与集体联营企业					
其他联营企业					
有限责任公司	172	60	94582826	87275305	49299
国有独资公司	4	2	22907668	18099178	25460
其他有限责任公司	168	58	71675158	69176127	23839
股份有限公司	17	3	14980344	14018529	3588
私营企业	109	38	30263516	29194425	15156
私营独资企业	7	2	2947544	2943610	
私营合伙企业					
私营有限责任公司	97	34	25575814	24875850	15156
私营股份有限公司	5	2	1740158	1374965	
其他企业					
港、澳、台商投资企业	5	2	720888	716811	
合资经营企业(港或澳、台资)	4	2	594767	591500	
合作经营企业(港或澳、台资)					
港澳台商独资经营企业	1		126121	125311	
港澳台商投资股份有限公司					
其他港澳台商投资企业					
外商投资企业	4	3	6247891	5854843	346
中外合资经营企业	3	3	3006318	2670628	346
中外合作经营企业	1		3241573	3184215	
外资企业					
外商投资股份有限公司					
其他外商投资企业					
二、按经济组织类型分组					
独资企业	17	6	10657273	10592882	

经 济 指 标 （ 总 表 ）

单位：千元

年初存货	产成品	资产总计	流动资产合计	应收账款	存货	产成品	固定资产合计
14428822	**6905027**	**329056617**	**143823431**	**21940232**	**16718501**	**7267292**	**130014938**
13503692	6556897	309212771	137009222	19662111	15432270	6788359	121024890
1235392	716501	11367728	4604328	81860	904835	321169	5784538
199088	60746	447226	274280	11261	192850	60815	172946
1036304	655755	10920502	4330048	70599	711985	260354	5611592
1237		259210	180847	84563	16036	12997	12583
9297840	4561515	237993907	104040180	15662695	10859162	4784006	97861421
1911201	1449632	54897958	31523302	4208566	1588242	1069554	20382398
7386639	3111883	183095949	72516878	11454129	9270920	3714452	77479023
769142	383880	29256822	12167689	2081616	906965	447414	7351853
2200081	895001	30335104	16016178	1751377	2745272	1222773	10014495
40943	1367	2479030	1269876	110067	82656	43912	1108871
2047088	842418	24038908	12194422	1610395	2563166	1145748	7931523
112050	51216	3817166	2551880	30915	99450	33113	974101
47578	283	1913314	406346	131515	46018	9321	1132474
47340	45	1766383	393663	124095	44970	8273	998336
238	238	146931	12683	7420	1048	1048	134138
877552	347847	17930532	6407863	2146606	1240213	469612	7857574
730075	287015	9505267	5235887	1430853	1007759	315036	3577156
147477	60832	8425265	1171976	715753	232454	154576	4280418
1277810	718106	14252899	6067734	283910	1004575	379126	7040130

4-2 续 1

指 标 名 称	企业单位数（个）	亏损企业	工业总产值（当年价格）	工业销售产值（当年价格）	出口交货值
国有企业	7	4	6042768	5980756	
集体企业	2		1540840	1543205	
私营独资企业	7	2	2947544	2943610	
港澳台商独资经营企业	1		126121	125311	
外资企业					
合作、合伙企业	1		3241573	3184215	
股份合作企业					
国有联营企业					
集体联营企业					
国有与集体联营企业					
其他联营企业					
私营合伙企业					
合作经营企业(港或澳、台资)					
中外合作经营企业	1		3241573	3184215	
其他企业(内资)					
其他港澳台商投资企业					
其他外商投资企业					
股份有限公司	22	5	16720502	15393494	3588
股份有限公司(内资)	17	3	14980344	14018529	3588
私营股份有限公司	5	2	1740158	1374965	
港澳台商投资股份有限公司					
外商投资股份有限公司					
有限责任公司	276	99	123759725	115413283	64801
国有独资公司	4	2	22907668	18099178	25460
私营有限责任公司	97	34	25575814	24875850	15156
合资经营企业(港或澳、台资)	4	2	594767	591500	
中外合资经营企业	3	3	3006318	2670628	346
其他有限责任公司	168	58	71675158	69176127	23839
三、在总计中:亏损企业	110	110	41065473	39164877	50099
在总计中:国有控股企业	89	31	71784009	65300525	34597
在总计中:农村工业	6	2	2987424	2858331	
在总计中:轻工业	40	9	11255923	10542890	3588
重工业	276	101	143123150	134040984	64801
在总计中:大型企业	40	11	83724568	76793963	25460
中型企业	87	36	34380603	32394816	39929
小型企业	189	63	36273902	35395095	3000

单位:千元

年初存货	产成品	资产总计	流动资产合计	应收账款	存货	产成品	固定资产合计
1235392	716501	11367728	4604328	81860	904835	321169	5784538
1237		259210	180847	84563	16036	12997	12583
40943	1367	2479030	1269876	110067	82656	43912	1108871
238	238	146931	12683	7420	1048	1048	134138
147477	60832	8425265	1171976	715753	232454	154576	4280418
147477	60832	8425265	1171976	715753	232454	154576	4280418
881192	435096	33073988	14719569	2112531	1006415	480527	8325954
769142	383880	29256822	12167689	2081616	906965	447414	7351853
112050	51216	3817166	2551880	30915	99450	33113	974101
12122343	5690993	273304465	121864152	18828038	14475057	6253063	110368436
1911201	1449632	54897958	31523302	4208566	1588242	1069554	20382398
2047088	842418	24038908	12194422	1610395	2563166	1145748	7931523
47340	45	1766383	393663	124095	44970	8273	998336
730075	287015	9505267	5235887	1430853	1007759	315036	3577156
7386639	3111883	183095949	72516878	11454129	9270920	3714452	77479023
6952435	3391953	99912587	40469181	4758401	7741271	3375945	42441309
8558417	4182788	203786064	84595216	11589568	9356061	4113354	89642590
125302	35312	7869519	3518395	376108	380055	61766	2979329
882022	447579	14742999	7161225	1364313	1012782	558070	2805720
13546800	6457448	314313618	136662206	20575919	15705719	6709222	127209218
8324007	4172704	195239527	92322168	12083495	8888877	4128353	70984794
3906246	1799244	86027850	29970418	5328744	4622938	1893529	39213485
2198569	933079	47789240	21530845	4527993	3206686	1245410	19816659

4–2 续 2

指 标 名 称					
	固定资产原价	累计折旧	本年折旧	负债合计	流动负债合计
总　　计	**172317787**	**72321304**	**8475728**	**234946712**	**181305728**
一、按登记注册类型分组:					
内资企业	161722325	68498376	7809559	221190065	168696727
国有企业	8618300	3937931	316165	14406001	13129790
中央企业	273368	109473	8831	276777	274241
地方企业	8344932	3828458	307334	14129224	12855549
集体企业	22366	9783	493	205359	106627
股份合作企业					
联营企业					
国有联营企业					
集体联营企业					
国有与集体联营企业					
其他联营企业					
有限责任公司	125358850	52354126	6045761	170908786	124979661
国有独资公司	22896688	13961575	1597209	30660367	25955519
其他有限责任公司	102462162	38392551	4448552	140248419	99024142
股份有限公司	13296811	6430768	355176	14617829	11242508
私营企业	14425998	5765768	1091964	21052090	19238141
私营独资企业	1522932	423080	91248	1332821	1332821
私营合伙企业					
私营有限责任公司	10966986	4373377	863901	16245339	15515519
私营股份有限公司	1936080	969311	136815	3473930	2389801
其他企业					
港、澳、台商投资企业	1547646	415173	83130	1354210	1354210
合资经营企业(港或澳、台资)	1374160	375824	65011	1300093	1300093
合作经营企业(港或澳、台资)					
港澳台商独资经营企业	173486	39349	18119	54117	54117
港澳台商投资股份有限公司					
其他港澳台商投资企业					
外商投资企业	9047816	3407755	583039	12402437	11254791
中外合资经营企业	2757562	1397919	225023	6698759	5801504
中外合作经营企业	6290254	2009836	358016	5703678	5453287
外资企业					
外商投资股份有限公司					
其他外商投资企业					
二、按经济组织类型分组					
独资企业	10337084	4410143	426025	15998298	14623355

单位:千元

应付账款	非流动负债合计	所有者权益合计	实收资本	国家资本	集体资本	法人资本	个人资本	港澳台资本
46034901	**49654304**	**94111329**	**46742748**	**22896797**	**2606447**	**11896880**	**8122101**	**229894**
41314610	48506658	88024131	42983344	21637694	1548447	11555101	8122101	120000
3077535	1276211	-3038273	869119	847009		22110		
48179	2536	170449	100563	78453		22110		
3029356	1273675	-3208722	768556	768556				
11063		53851	15000		15000			
30823183	43213188	67086559	33550052	20472325	828760	6888374	5360592	
5878863	4704847	24237591	4498437	4233409		265028		
24944320	38508341	42848968	29051615	16238916	828760	6623346	5360592	
2281312	2488253	14638991	2221049	92510	154687	1574497	399355	
5121517	1529006	9283003	6328124	225850	550000	3070120	2362154	120000
143467		1146209	43888			5000	38888	
4918225	453068	7793558	6121243	225850	550000	2994120	2231273	120000
59825	1075938	343236	162993			71000	91993	
63441		559104	735984	354180		271910		109894
60933		466290	660190	354180		271910		34100
2508		92814	75794					75794
4656850	1147646	5528094	3023420	904923	1058000	69869		
1913860	897255	2806508	1503560	69000	1058000	69869		
2742990	250391	2721586	1519860	835923				
3234573	1276211	-1745399	1003801	847009	15000	27110	38888	75794

4-2 续 3

指 标 名 称	固定资产原价	累计折旧	本年折旧	负债合计	流动负债合计
国有企业	8618300	3937931	316165	14406001	13129790
集体企业	22366	9783	493	205359	106627
私营独资企业	1522932	423080	91248	1332821	1332821
港澳台商独资经营企业	173486	39349	18119	54117	54117
外资企业					
合作、合伙企业	6290254	2009836	358016	5703678	5453287
股份合作企业					
国有联营企业					
集体联营企业					
国有与集体联营企业					
其他联营企业					
私营合伙企业					
合作经营企业(港或澳、台资)					
中外合作经营企业	6290254	2009836	358016	5703678	5453287
其他企业(内资)					
其他港澳台商投资企业					
其他外商投资企业					
股份有限公司	15232891	7400079	491991	18091759	13632309
股份有限公司(内资)	13296811	6430768	355176	14617829	11242508
私营股份有限公司	1936080	969311	136815	3473930	2389801
港澳台商投资股份有限公司					
外商投资股份有限公司					
有限责任公司	140457558	58501246	7199696	195152977	147596777
国有独资公司	22896688	13961575	1597209	30660367	25955519
私营有限责任公司	10966986	4373377	863901	16245339	15515519
合资经营企业(港或澳、台资)	1374160	375824	65011	1300093	1300093
中外合资经营企业	2757562	1397919	225023	6698759	5801504
其他有限责任公司	102462162	38392551	4448552	140248419	99024142
三、在总计中:亏损企业	54575027	19021457	2720668	97079338	75249281
在总计中:国有控股企业	122720066	53934288	5608483	150853112	113251261
在总计中:农村工业	3981067	1764123	98262	5066345	4581101
在总计中:轻工业	3274147	1152372	165510	6201656	5224123
重工业	169043640	71168932	8310218	228745056	176081605
在总计中:大型企业	97165474	46759121	4845020	127221917	103262472
中型企业	48094458	16734635	2420000	73456498	52466849
小型企业	27057855	8827548	1210708	34268297	25576407

单位:千元

应付账款	非流动负债合计	所有者权益合计	实收资本	国家资本	集体资本	法人资本	个人资本	港澳台资本
3077535	1276211	-3038273	869119	847009		22110		
11063		53851	15000		15000			
143467		1146209	43888			5000	38888	
2508		92814	75794					75794
2742990	250391	2721586	1519860	835923				
2742990	250391	2721586	1519860	835923				
2341137	3564191	14982227	2384042	92510	154687	1645497	491348	
2281312	2488253	14638991	2221049	92510	154687	1574497	399355	
59825	1075938	343236	162993			71000	91993	
37716201	44563511	78152915	41835045	21121355	2436760	10224273	7591865	154100
5878863	4704847	24237591	4498437	4233409		265028		
4918225	453068	7793558	6121243	225850	550000	2994120	2231273	120000
60933		466290	660190	354180		271910		34100
1913860	897255	2806508	1503560	69000	1058000	69869		
24944320	38508341	42848968	29051615	16238916	828760	6623346	5360592	
18294206	20186423	2838886	17008127	7436716	1475018	4369886	3278216	141600
28615240	35634951	52932943	29213746	22156245	608762	5027689	737112	
1060920	485244	2803172	929028		78000	130205	720823	
722464	748751	8541342	2061763	146230	45220	1250352	619961	
45312437	48905553	85569987	44680985	22750567	2561227	10646528	7502140	229894
25275299	21976145	68017600	23395426	13856442	1872321	5445344	1417382	120000
13277074	20509511	12571346	13392316	6661545	491427	2323861	3608791	
7482528	7168648	13522383	9955006	2378810	242699	4127675	3095928	109894

4-2 续 4

指 标 名 称	外商资本	营业收入	主营业务收入	营业成本	主营业务成本	营业税金及附加
总　　计	**990628**	**135943676**	**127195819**	**106249328**	**98110771**	**3582753**
一、按登记注册类型分组:						
内资企业		129008050	120275859	100971246	92945525	3296010
国有企业		6269736	5561324	5813172	5118020	45882
中央企业		184835	184346	140585	139933	52
地方企业		6084901	5376978	5672587	4978087	45830
集体企业		1300451	1300451	1287274	1287274	4130
股份合作企业						
联营企业						
国有联营企业						
集体联营企业						
国有与集体联营企业						
其他联营企业						
有限责任公司		85420530	78000433	65252257	58427395	2737175
国有独资公司		19528873	14655628	15623752	10758082	850928
其他有限责任公司		65891657	63344805	49628505	47669313	1886247
股份有限公司		9581520	9417778	5019116	4908237	391306
私营企业		26435813	25995873	23599427	23204599	117517
私营独资企业		2942464	2942464	2689213	2689213	5109
私营合伙企业						
私营有限责任公司		22313622	21879898	20051704	19665600	95296
私营股份有限公司		1179727	1173511	858510	849786	17112
其他企业						
港、澳、台商投资企业		719635	716820	540714	539692	3481
合资经营企业(港或澳、台资)		594324	591509	446524	445502	2740
合作经营企业(港或澳、台资)						
港澳台商独资经营企业		125311	125311	94190	94190	741
港澳台商投资股份有限公司						
其他港澳台商投资企业						
外商投资企业	990628	6215991	6203140	4737368	4625554	283262
中外合资经营企业	306691	3031776	3028434	2798317	2686503	12185
中外合作经营企业	683937	3184215	3174706	1939051	1939051	271077
外资企业						
外商投资股份有限公司						
其他外商投资企业						
二、按经济组织类型分组						
独资企业		10637962	9929550	9883849	9188697	55862

单位:千元

主营业务税金及附加	其他业务收入	其他业务利润	销售费用	管理费用	税金	财务费用	利息收入
3439069	**8747857**	**413492**	**3627298**	**10339187**	**322235**	**4773520**	**369730**
3154751	8732191	411699	3353226	9933743	303075	4483227	368485
39012	708412	6553	33109	501527	11216	345050	37044
52	489		2834	33680	14	-1164	8
38960	707923	6553	30275	467847	11202	346214	37036
4130			335	4313	43	-267	-341
2602824	7420097	340569	1692077	7666368	212352	3406725	339976
850928	4873245	7419	239701	1475907	24622	145411	436663
1751896	2546852	333150	1452376	6190461	187730	3261314	-96687
391306	163742	42697	994627	1010511	40540	380981	3415
117479	439940	21880	633078	751024	38924	350738	-11609
5109			59176	77985	309	6213	26
95258	433724	24388	565081	574892	32920	195380	-16028
17112	6216	-2508	8821	98147	5695	149145	4393
3481	2815	1793	47005	67049	5491	41703	1122
2740	2815	1793	42336	64704	5357	41663	1103
741			4669	2345	134	40	19
280837	12851		227067	338395	13669	248590	123
9760	3342		127316	139019	11245	114349	3434
271077	9509		99751	199376	2424	134241	-3311
48992	708412	6553	97289	586170	11702	351036	36748

4–2 续 5

指 标 名 称	外商资本	营业收入	主营业务收入	营业成本	主营业务成本	营业税金及附加
国有企业		6269736	5561324	5813172	5118020	45882
集体企业		1300451	1300451	1287274	1287274	4130
私营独资企业		2942464	2942464	2689213	2689213	5109
港澳台商独资经营企业		125311	125311	94190	94190	741
外资企业						
合作、合伙企业	683937	3184215	3174706	1939051	1939051	271077
股份合作企业						
国有联营企业						
集体联营企业						
国有与集体联营企业						
其他联营企业						
私营合伙企业						
合作经营企业(港或澳、台资)						
中外合作经营企业	683937	3184215	3174706	1939051	1939051	271077
其他企业(内资)						
其他港澳台商投资企业						
其他外商投资企业						
股份有限公司		10761247	10591289	5877626	5758023	408418
股份有限公司(内资)		9581520	9417778	5019116	4908237	391306
私营股份有限公司		1179727	1173511	858510	849786	17112
港澳台商投资股份有限公司						
外商投资股份有限公司						
有限责任公司	306691	111360252	103500274	88548802	81225000	2847396
国有独资公司		19528873	14655628	15623752	10758082	850928
私营有限责任公司		22313622	21879898	20051704	19665600	95296
合资经营企业(港或澳、台资)		594324	591509	446524	445502	2740
中外合资经营企业	306691	3031776	3028434	2798317	2686503	12185
其他有限责任公司		65891657	63344805	49628505	47669313	1886247
三、在总计中:亏损企业	306691	36803773	30911532	34089849	28092765	413359
在总计中:国有控股企业	683937	67339450	60798398	49846446	43867485	2782228
在总计中:农村工业		2711888	2687750	2170347	2144242	19876
在总计中:轻工业		10484863	10309531	7507421	7361775	46870
重工业	990628	125458813	116886288	98741907	90748996	3535883
在总计中:大型企业	683937	72914104	66286997	52743076	46586195	2809678
中型企业	306691	32733301	30941794	26933058	25211333	633593
小型企业		30296271	29967028	26573194	26313243	139482

单位:千元

主营业务税金及附加	其他业务收入	其他业务利润	销售费用	管理费用	税金	财务费用	利息收入
39012	708412	6553	33109	501527	11216	345050	37044
4130			335	4313	43	-267	-341
5109			59176	77985	309	6213	26
741			4669	2345	134	40	19
271077	9509		99751	199376	2424	134241	-3311
271077	9509		99751	199376	2424	134241	-3311
408418	169958	40189	1003448	1108658	46235	530126	7808
391306	163742	42697	994627	1010511	40540	380981	3415
17112	6216	-2508	8821	98147	5695	149145	4393
2710582	7859978	366750	2426810	8444983	261874	3758117	328485
850928	4873245	7419	239701	1475907	24622	145411	436663
95258	433724	24388	565081	574892	32920	195380	-16028
2740	2815	1793	42336	64704	5357	41663	1103
9760	3342		127316	139019	11245	114349	3434
1751896	2546852	333150	1452376	6190461	187730	3261314	-96687
403274	5892241	48231	580770	2649790	77866	2182236	117587
2641299	6541052	283821	1094199	6015368	164698	3264020	414850
19876	24138		138968	194419	1514	65812	295
46864	175332	10532	1306774	697403	26905	119961	-1240
3392205	8572525	402960	2320524	9641784	295330	4653559	370970
2673874	6627107	252814	1882764	6655409	185290	2625321	305547
626783	1791507	148815	913280	2731267	106976	1467948	146347
138412	329243	11863	831254	952511	29969	680251	-82164

4-2 续 6

指 标 名 称	利息支出	营业利润	资产减值损失	公允价值变动收益	投资收益	营业外收入
总　　计	**5100382**	**7484333**	**283114**	**13878**	**382044**	**580304**
一、按登记注册类型分组:						
内资企业	4839235	7123332	206069	13878	344992	529815
国有企业	220627	-497088	20837	12	-7255	18742
中央企业	-1218	8659	188			143
地方企业	221845	-505747	20649	12	-7255	18599
集体企业	74	4666				
股份合作企业						
联营企业						
国有联营企业						
集体联营企业						
国有与集体联营企业						
其他联营企业						
有限责任公司	3972833	4713795	179129	13866	213172	412441
国有独资公司	782774	1244492	51504		102822	7996
其他有限责任公司	3190059	3469303	127625	13866	110350	404445
股份有限公司	341458	1899322	6103		120445	32712
私营企业	304243	1002637			18630	65920
私营独资企业	5830	104767				35
私营合伙企业						
私营有限责任公司	167490	849878			18630	58293
私营股份有限公司	130923	47992				7592
其他企业						
港、澳、台商投资企业	42451	17177	2509			566
合资经营企业(港或澳、台资)	42400	-6154	2509			504
合作经营企业(港或澳、台资)						
港澳台商独资经营企业	51	23331				62
港澳台商投资股份有限公司						
其他港澳台商投资企业						
外商投资企业	218696	343824	74536		37052	49923
中外合资经营企业	102683	-194324	71965		37052	44999
中外合作经营企业	116013	538148	2571			4924
外资企业						
外商投资股份有限公司						
其他外商投资企业						
二、按经济组织类型分组						
独资企业	226582	-364324	20837	12	-7255	18839

单位:千元

政府补助	营业外支出	利润总额	所得税费用	亏损企业亏损总额	利税总额	应交税金及附加	本年应付职工薪酬	本年应交增值税	平均用工人数
167137	**508277**	**7556353**	**2074826**	**3242591**	**17732316**	**12573024**	**12370697**	**6593210**	**216173**
159756	479107	7174033	1871726	3031589	16622559	11623327	11695375	6152516	207486
611	59000	-537346	5808	573977	-260077	294293	964853	231387	10525
	41	8761	557		8842	652	35228	29	540
611	58959	-546107	5251	573977	-268919	293641	929625	231358	9985
		4666			13497	8874	4253	4701	122
102824	207896	4918333	1274179	2037397	12296505	8864703	8909533	4640997	150444
1880	8106	1244382	213834	95364	3323827	2317901	2946271	1228517	48706
100944	199790	3673951	1060345	1942033	8972678	6546802	5963262	3412480	101738
5704	140797	1791238	407649	121137	3108201	1765152	947094	925657	17730
50617	71414	997142	184090	299078	1464433	690305	869642	349774	28665
	43	104759		7090	112056	7606	8755	2188	409
50617	57698	850472	174797	288701	1208389	565634	787622	262621	26124
	13673	41911	9293	3287	143988	117065	73265	84965	2132
	154	17588	10799	33213	24294	22996	83205	3225	1013
	146	-5797	4933	33213	-466	15621	81388	2591	983
	8	23385	5866		24760	7375	1817	634	30
7381	29016	364732	192301	177789	1085463	926701	592117	437469	7674
7381	28465	-177789	957	177789	-74508	115483	124310	91096	3943
	551	542521	191344		1159971	811218	467807	346373	3731
611	59051	-404536	11674	581067	-109764	318148	979678	238910	11086

4-2 续 7

指标名称	利息支出	营业利润	资产减值损失	公允价值变动收益	投资收益	营业外收入
国有企业	220627	-497088	20837	12	-7255	18742
集体企业	74	4666				
私营独资企业	5830	104767				35
港澳台商独资经营企业	51	23331				62
外资企业						
合作、合伙企业	116013	538148	2571			4924
股份合作企业						
国有联营企业						
集体联营企业						
国有与集体联营企业						
其他联营企业						
私营合伙企业						
合作经营企业(港或澳、台资)						
中外合作经营企业	116013	538148	2571			4924
其他企业(内资)						
其他港澳台商投资企业						
其他外商投资企业						
股份有限公司	472381	1947314	6103		120445	40304
股份有限公司(内资)	341458	1899322	6103		120445	32712
私营股份有限公司	130923	47992				7592
港澳台商投资股份有限公司						
外商投资股份有限公司						
有限责任公司	4285406	5363195	253603	13866	268854	516237
国有独资公司	782774	1244492	51504		102822	7996
私营有限责任公司	167490	849878			18630	58293
合资经营企业(港或澳、台资)	42400	-6154	2509			504
中外合资经营企业	102683	-194324	71965		37052	44999
其他有限责任公司	3190059	3469303	127625	13866	110350	404445
三、在总计中:亏损企业	1897150	-3194415	121112		38962	172570
在总计中:国有控股企业	3587131	4463561	163943	13878	276455	347826
在总计中:农村工业	17690	121918	1445		898	8730
在总计中:轻工业	124225	790537	15911		17	32927
重工业	4976157	6693796	267203	13878	382027	547377
在总计中:大型企业	3188800	6400893	130957		333995	237343
中型企业	1259387	-15376	112959	13866	29581	173938
小型企业	652195	1098816	39198	12	18468	169023

单位:千元

政府补助	营业外支出	利润总额	所得税费用	亏损企业亏损总额	利税总额	应交税金及附加	本年应付职工薪酬	本年应交增值税	平均用工人数
611	59000	–537346	5808	573977	–260077	294293	964853	231387	10525
		4666			13497	8874	4253	4701	122
	43	104759		7090	112056	7606	8755	2188	409
	8	23385	5866		24760	7375	1817	634	30
	551	542521	191344		1159971	811218	467807	346373	3731
	551	542521	191344		1159971	811218	467807	346373	3731
5704	154470	1833149	416942	124424	3252189	1882217	1020359	1010622	19862
5704	140797	1791238	407649	121137	3108201	1765152	947094	925657	17730
	13673	41911	9293	3287	143988	117065	73265	84965	2132
160822	294205	5585219	1454866	2537100	13429920	9561441	9902853	4997305	181494
1880	8106	1244382	213834	95364	3323827	2317901	2946271	1228517	48706
50617	57698	850472	174797	288701	1208389	565634	787622	262621	26124
	146	–5797	4933	33213	–466	15621	81388	2591	983
7381	28465	–177789	957	177789	–74508	115483	124310	91096	3943
100944	199790	3673951	1060345	1942033	8972678	6546802	5963262	3412480	101738
46714	220750	–3242591	34874	3242591	–1745736	1609595	2818280	1083496	60341
68883	232952	4578431	1342490	1844223	11927498	8856255	9065887	4566839	133558
	3477	127171	32845	6727	225069	132257	95276	78022	1876
24052	11470	811992	115922	64953	1302548	633383	601012	443686	13689
143085	496807	6744361	1958904	3177638	16429768	11939641	11769685	6149524	202484
87547	361263	6276974	1727699	1416738	14043237	9679252	8793819	4956585	139344
47517	102248	56308	226828	1479408	2013981	2291477	2850686	1324080	56845
32073	44766	1223071	120299	346445	1675098	602295	726192	312545	19984

4-3 分行业工业企业主要

行业	企业单位数(个)	亏损企业	工业总产值(当年价格)	工业销售产值(当年价格)
总　计	**316**	**110**	**154379073**	**144583874**
采矿业	130	39	83748392	76574705
煤炭开采和洗选业	119	37	77512294	70696918
烟煤和无烟煤开采洗选	119	37	77512294	70696918
黑色金属矿采选业	11	2	6236098	5877787
铁矿采选	11	2	6236098	5877787
制造业	161	61	62617645	60106487
农副食品加工业	16	5	1942481	1905590
谷物磨制	3		189000	190407
饲料加工	4		443758	447337
屠宰及肉类加工	4	2	979052	956397
禽类屠宰	2	2	833751	817805
肉制品及副产品加工	2		145301	138592
蔬菜、水果和坚果加工	3	1	72265	67248
蔬菜加工	2	1	26365	25948
水果和坚果加工	1		45900	41300
其他农副食品加工	2	2	258406	244201
淀粉及淀粉制品制造	1	1	232406	219701
豆制品制造	1	1	26000	24500
食品制造业	6		3432193	3377555
焙烤食品制造	1		810577	857853
饼干及其他焙烤食品制造	1		810577	857853
乳制品制造	1		1306951	1258453
罐头食品制造	1		1183015	1131435
肉、禽类罐头制造	1		1183015	1131435
调味品、发酵制品制造	2		84564	83165
酱油、食醋及类似制品制造	1		35333	33934
其他调味品、发酵制品制造	1		49231	49231
其他食品制造	1		47086	46649
食品及饲料添加剂制造	1		47086	46649
酒、饮料和精制茶制造业	2	2	65342	45671
酒的制造	1	1	23095	23034
白酒制造	1	1	23095	23034
饮料制造	1	1	42247	22637
果菜汁及果菜汁饮料制造	1	1	42247	22637
纺织服装、服饰业	2		131901	129715
机织服装制造	2		131901	129715
造纸和纸制品业	1		33000	33000
造纸	1		33000	33000

经 济 指 标（按行业大中小类分）

单位：千元

出口交货值	年初存货		资产总计	流动资产合计			
		产成品			应收账款	存货	
							产成品
68389	**14428822**	**6905027**	**329056617**	**143823431**	**21940232**	**16718501**	**7267292**
	4179379	2421206	188320927	88330583	11351363	4392899	2351122
	4016102	2326149	185750716	86730400	11208453	4275876	2291703
	4016102	2326149	185750716	86730400	11208453	4275876	2291703
	163277	95057	2570211	1600183	142910	117023	59419
	163277	95057	2570211	1600183	142910	117023	59419
68389	9628870	4481416	111650674	50293052	9592864	11359560	4916135
	201737	106967	1624445	755408	136074	225635	123366
	22793	17585	353358	152404	55250	35882	12725
	28525	1913	154969	91207	36225	34546	3905
	53283	33990	735018	354338	30898	84728	53073
	38880	22158	552444	271216	4556	64388	39800
	14403	11832	182574	83122	26342	20340	13273
	2703	2703	103293	66625	6440	3106	3106
	1550	1550	69391	55195	1790	1650	1650
	1153	1153	33902	11430	4650	1456	1456
	94433	50776	277807	90834	7261	67373	50557
	74561	41556	178967	49634	1061	48573	41557
	19872	9220	98840	41200	6200	18800	9000
	125472	48862	1983158	1308554	145143	190953	77788
	41679	14244	282153	109710	3994	53372	19015
	41679	14244	282153	109710	3994	53372	19015
	36223	1203	1299458	988805	69875	56425	5785
	40712	28576	212156	143219	62559	72380	46993
	40712	28576	212156	143219	62559	72380	46993
	6858	4839	125508	45181	6478	6782	5547
	4203	3219	29357	8991	4567	4268	3927
	2655	1620	96151	36190	1911	2514	1620
			63883	21639	2237	1994	448
			63883	21639	2237	1994	448
	7200	1850	312559	223450	20202	13220	3187
	3700	1850	47131	23494	57	4166	2272
	3700	1850	47131	23494	57	4166	2272
	3500		265428	199956	20145	9054	915
	3500		265428	199956	20145	9054	915
	37181	30614	180460	155787	86883	36121	26630
	37181	30614	180460	155787	86883	36121	26630
	3150	2340	118470	13800	4950	3400	2340
	3150	2340	118470	13800	4950	3400	2340

4-3续1

行 业	企业单位数(个)	亏损企业	工业总产值（当年价格）	工业销售产值（当年价格）
机制纸及纸板制造	1		33000	33000
文教、工美、体育和娱乐用品制造业	2		188015	214379
体育用品制造	2		188015	214379
体育器材及配件制造	1		28020	27977
训练健身器材制造	1		159995	186402
石油加工、炼焦和核燃料加工业	20	13	15924399	15284187
精炼石油产品制造	2	1	1170142	1035482
原油加工及石油制品制造	1		158145	141461
人造原油制造	1	1	1011997	894021
炼焦	18	12	14754257	14248705
化学原料和化学制品制造业	20	6	7026045	6895223
基础化学原料制造	9	3	1121706	1122393
无机盐制造	2	2	283606	282527
有机化学原料制造	3		116943	120162
其他基础化学原料制造	4	1	721157	719704
肥料制造	3	2	2478020	2363022
氮肥制造	1	1	31992	28722
复混肥料制造	2	1	2446028	2334300
合成材料制造	2		2593516	2533400
初级形态塑料及合成树脂制造	2		2593516	2533400
专用化学产品制造	3		449424	482493
专项化学用品制造	3		449424	482493
炸药、火工及焰火产品制造	3	1	383379	393915
炸药及火工产品制造	3	1	383379	393915
医药制造业	8	1	4372387	3610312
化学药品原料药制造	1		143570	144390
中成药生产	4		1798308	1702349
兽用药品制造	1	1	42552	45842
生物药品制造	2		2387957	1717731
橡胶和塑料制品业	6	4	563404	571479
橡胶制品业	2	1	164311	160858
橡胶板、管、带制造	2	1	164311	160858
塑料制品业	4	3	399093	410621
塑料板、管、型材制造	2	2	261118	272166
塑料丝、绳及编织品制造	2	1	137975	138455
非金属矿物制品业	26	10	3263766	3345660
水泥、石灰和石膏制造	8	5	797041	797171
水泥制造	6	5	668471	673388
石灰和石膏制造	2		128570	123783

单位:千元

出口交货值	年初存货	产成品	资产总计	流动资产合计	应收账款	存货	产成品
	3150	2340	118470	13800	4950	3400	2340
3588	45918	36126	383135	217967	27530	36748	25474
3588	45918	36126	383135	217967	27530	36748	25474
	6415	6415	49037	37291	21322	6415	6400
3588	39503	29711	334098	180676	6208	30333	19074
	3737494	1558829	35870464	16709966	1941954	4623419	2227092
	809714	47099	6832746	1903846	410530	562697	70051
	62167	47099	538499	102760	4657	81359	69939
	747547		6294247	1801086	405873	481338	112
	2927780	1511730	29037718	14806120	1531424	4060722	2157041
	1128207	492411	20185579	6513642	1087252	1459355	476996
	282805	223281	3479570	572623	188769	211081	172954
	222624	212822	329154	173873	-41546	159474	145371
	34130	1981	176755	94584	52126	31612	20633
	26051	8478	2973661	304166	178189	19995	6950
	675814	197107	8077372	4153790	650085	1038697	237381
	11717	9594	28830	20617	6405	11097	9006
	664097	187513	8048542	4133173	643680	1027600	228375
	56178	1862	3800559	848410	24392	101405	32058
	56178	1862	3800559	848410	24392	101405	32058
	78468	60103	3740600	591456	53133	70791	24604
	78468	60103	3740600	591456	53133	70791	24604
	34942	10058	1087478	347363	170873	37381	9999
	34942	10058	1087478	347363	170873	37381	9999
	452395	215020	9409549	4018759	922829	485144	288065
	30192	15032	159798	76118	15002	17470	15420
	179635	86710	7189236	2770273	734439	183082	118118
	19398	16568	297470	80416	5006	23597	20111
	223170	96710	1763045	1091952	168382	260995	134416
15156	191179	105883	981728	545080	193016	204192	78100
	40111	33203	372449	199225	119344	45531	33203
	40111	33203	372449	199225	119344	45531	33203
15156	151068	72680	609279	345855	73672	158661	44897
15156	110465	52611	402424	200409	34901	108678	21525
	40603	20069	206855	145446	38771	49983	23372
	430635	164000	5394349	1780547	300620	454308	183599
	207103	66639	3128995	667391	181116	184201	61184
	190800	56336	2895553	569033	129387	174854	53679
	16303	10303	233442	98358	51729	9347	7505

4-3续2

行业	企业单位数(个)	亏损企业	工业总产值(当年价格)	工业销售产值(当年价格)
石膏、水泥制品及类似制品制造	8	3	639572	630940
水泥制品制造	7	3	518262	506974
轻质建筑材料制造	1		121310	123966
砖瓦、石材等建筑材料制造	2		70935	75140
粘土砖瓦及建筑砌块制造	1		21573	25334
建筑陶瓷制品制造	1		49362	49806
玻璃制造	1		359637	303895
平板玻璃制造	1		359637	303895
玻璃制品制造	4	1	467858	601980
光学玻璃制造	1		285178	288034
日用玻璃制品制造	1		129981	260495
其他玻璃制品制造	2	1	52699	53451
陶瓷制品制造	1		838180	843730
日用陶瓷制品制造	1		838180	843730
石墨及其他非金属矿物制品制造	2	1	90543	92804
其他非金属矿物制品制造	2	1	90543	92804
黑色金属冶炼和压延加工业	6	4	12781716	12691432
炼铁	1		233450	235550
炼钢	1	1	1134954	1128335
钢压延加工	4	3	11413312	11327547
有色金属冶炼和压延加工业	4	2	340993	319529
常用有色金属冶炼	3	2	316567	298329
镁冶炼	2	1	214567	190367
其他常用有色金属冶炼	1	1	102000	107962
有色金属压延加工	1		24426	21200
金属制品业	5	2	582135	569836
结构性金属制品制造	3	1	510890	510890
金属结构制造	2	1	481598	481598
金属门窗制造	1		29292	29292
金属丝绳及其制品制造	1	1	37272	26893
其他金属制品制造	1		33973	32053
锻件及粉末冶金制品制造	1		33973	32053
通用设备制造业	9	5	2070944	2095944
锅炉及原动设备制造	1	1	19000	22800
锅炉及辅助设备制造	1	1	19000	22800
金属加工机械制造	1	1	29183	29183
金属成形机床制造	1	1	29183	29183
物料搬运设备制造	2	1	50127	49496
连续搬运设备制造	1		24650	24019

单位:千元

出口交货值	年初存货	产成品	资产总计	流动资产合计	应收账款	存货	产成品
	53735	28045	551281	322464	53130	53456	31374
	32548	17722	299995	199310	53130	34928	25082
	21187	10323	251286	123154		18528	6292
	8184	2959	294387	155981	14238	20590	4847
			74054	43373	9698	8925	1457
	8184	2959	220333	112608	4540	11665	3390
	108361	45135	677280	355655	-31890	134817	62512
	108361	45135	677280	355655	-31890	134817	62512
	24819	4544	598948	230626	71165	38810	12425
	14731	1552	436884	99272	41510	14731	2626
			115064	101330	18158	12899	5620
	10088	2992	47000	30024	11497	11180	4179
	6700	5800	79200	7960	1568	6392	5600
	6700	5800	79200	7960	1568	6392	5600
	21733	10878	64258	40470	11293	16042	5657
	21733	10878	64258	40470	11293	16042	5657
	1351529	689753	17648086	8242500	302614	1378449	402817
	8945	6710	298998	179082	10316	9293	1537
	73887	9109	922246	472752	30980	159406	102102
	1268697	673934	16426842	7590666	261318	1209750	299178
3000	62636	36085	412685	181670	-50	65913	23888
	60774	35298	401073	171563	3965	56881	19908
	52931	35298	333045	146907	2908	40672	19908
	7843		68028	24656	1057	16209	
3000	1862	787	11612	10107	-4015	9032	3980
	139449	11900	546721	449143	210133	175414	10661
	92733	5245	446422	411547	194139	161977	3549
	89178	2243	413377	392697	188239	159377	1449
	3555	3002	33045	18850	5900	2600	2100
	34274	653	20213	11964	6580	979	979
	12442	6002	80086	25632	9414	12458	6133
	12442	6002	80086	25632	9414	12458	6133
9137	293781	188845	1876566	1335736	575979	387395	184241
	1508	1436	5603	1610	224	965	924
	1508	1436	5603	1610	224	965	924
	29728	517	137295	79812	19714	29728	517
	29728	517	137295	79812	19714	29728	517
	40184	31289	249826	188089	16124	44906	8600
	40184	31289	84449	69505	9067	40184	8600

4–3续3

行　业	企业单位数(个)	亏损企业	工业总产值（当年价格）	工业销售产值（当年价格）
电梯、自动扶梯及升降机制造	1	1	25477	25477
泵、阀门、压缩机及类似机械制造	1	1	78368	88409
泵及真空设备制造	1	1	78368	88409
通用零部件制造	3		1862518	1867953
机械零部件加工	3		1862518	1867953
其他通用设备制造业	1	1	31748	38103
专用设备制造业	15	2	1653524	1371681
采矿、冶金、建筑专用设备制造	13	2	1601764	1311778
矿山机械制造	13	2	1601764	1311778
环保、社会公共服务及其他专用设备制造	2		51760	59903
其他专用设备制造	2		51760	59903
汽车制造业	4		958256	801835
汽车整车制造	2		769042	620838
改装汽车制造	1		165960	157190
汽车零部件及配件制造	1		23254	23807
铁路、船舶、航空航天和其他运输设备制造业	1			
航空、航天器及设备制造	1			
其他航空航天器制造	1			
电气机械和器材制造业	7	4	6167047	5785984
电机制造	2	1	101497	105857
发电机及发电机组制造	1		28550	28550
电动机制造	1	1	72947	77307
输配电及控制设备制造	5	3	6065550	5680127
配电开关控制设备制造	2	1	88405	85072
光伏设备及元器件制造	3	2	5977145	5595055
计算机、通信和其他电子设备制造业	1	1	1120097	1057475
其他电子设备制造	1	1	1120097	1057475
电力、热力、燃气及水生产和供应业	25	10	8013036	7902682
电力、热力生产和供应业	22	9	7638371	7531336
电力生产	17	5	7035026	7025787
火力发电	11	3	6635898	6569811
风力发电	2		211513	207571
太阳能发电	2		91786	91786
其他电力生产	2	2	95829	156619
电力供应	1	1	20014	20014
热力生产和供应	4	3	583331	485535
燃气生产和供应业	2		252222	248903
水的生产和供应业	1	1	122443	122443
自来水生产和供应	1	1	122443	122443

单位:千元

出口交货值	年初存货	产成品	资产总计	流动资产合计	应收账款	存货	产成品
			165377	118584	7057	4722	
9137	114382	94612	265564	199071	36861	136422	94612
9137	114382	94612	265564	199071	36861	136422	94612
	90487	46760	1129133	783089	476205	162419	70776
	90487	46760	1129133	783089	476205	162419	70776
	17492	14231	89145	84065	26851	12955	8812
	441733	224468	4378447	3415037	2366619	496860	271634
	377309	214722	4234359	3310304	2357691	422856	260828
	377309	214722	4234359	3310304	2357691	422856	260828
	64424	9746	144088	104733	8928	74004	10806
	64424	9746	144088	104733	8928	74004	10806
11702	211780	69823	2496794	1340980	637970	227582	81897
11702	47858	17353	2126279	1120504	633433	64801	29440
	159183	51000	355516	211683	2333	158350	51000
	4739	1470	14999	8793	2204	4431	1457
	4212		86896	27742	2116	5868	
	4212		86896	27742	2116	5868	
	4212		86896	27742	2116	5868	
25806	476320	351431	5134281	1747040	503785	580148	331633
346	51720	14443	376881	190335	33485	39954	1529
	22498	14268	196685	108833	33204	4947	1500
346	29222	175	180196	81502	281	35007	29
25460	424600	336988	4757400	1556705	470300	540194	330104
	19682	6459	218784	208675	170594	14208	4246
25460	404918	330529	4538616	1348030	299706	525986	325858
	286862	146209	2626302	1310244	127245	309436	96727
	286862	146209	2626302	1310244	127245	309436	96727
	620573	2405	29085016	5199796	996005	966042	35
	597798	281	27940238	4641372	976387	947199	-281
	568850		25606550	3799518	947991	915600	
	564639		21485173	3237955	755584	912185	
			2644762	282069	52756	154	
			830087	146529	128033		
	4211		646528	132965	11618	3261	
	1248		55904	41143	14351	1586	
	27700	-281	2277784	800711	14045	30013	-281
	20506	2686	607819	200214	18642	16573	316
	2269		536959	358210	976	2270	
	2269		536959	358210	976	2270	

4–3 续 4

行 业	固定资产合计	固定资产原价	累计折旧	本年折旧
总　计	**130014938**	**172317787**	**72321304**	**8475728**
采矿业	63493931	84989832	36947343	3950052
煤炭开采和洗选业	62926185	84092007	36562969	3891537
烟煤和无烟煤开采洗选	62926185	84092007	36562969	3891537
黑色金属矿采选业	567746	897825	384374	58515
铁矿采选	567746	897825	384374	58515
制造业	46138034	54966626	23036472	3138797
农副食品加工业	573115	634513	121004	43379
谷物磨制	80765	100013	34041	14074
饲料加工	62909	73321	10412	1776
屠宰及肉类加工	317015	344145	66187	24721
禽类屠宰	226963	224683	23556	18182
肉制品及副产品加工	90052	119462	42631	6539
蔬菜、水果和坚果加工	6061	5619	660	208
蔬菜加工	4751	4309	660	208
水果和坚果加工	1310	1310		
其他农副食品加工	106365	111415	9704	2600
淀粉及淀粉制品制造	58135	58135	4654	
豆制品制造	48230	53280	5050	2600
食品制造业	406271	588611	185477	27790
焙烤食品制造	161780	285318	123538	21542
饼干及其他焙烤食品制造	161780	285318	123538	21542
乳制品制造	108703	151467	42764	1314
罐头食品制造	68325	78879	10554	1599
肉、禽类罐头制造	68325	78879	10554	1599
调味品、发酵制品制造	26283	28457	5311	1126
酱油、食醋及类似制品制造	16478	19752	4288	987
其他调味品、发酵制品制造	9805	8705	1023	139
其他食品制造	41180	44490	3310	2209
食品及饲料添加剂制造	41180	44490	3310	2209
酒、饮料和精制茶制造业	36196	23670	4237	426
酒的制造	4096	7440	3344	426
白酒制造	4096	7440	3344	426
饮料制造	32100	16230	893	
果菜汁及果菜汁饮料制造	32100	16230	893	
纺织服装、服饰业	24673	36194	11521	1540
机织服装制造	24673	36194	11521	1540
造纸和纸制品业	38829	44290	10346	1384
造纸	38829	44290	10346	1384

单位:千元

负债合计	流动负债合计	应付账款	非流动负债合计	所有者权益合计	实收资本	国家资本	集体资本
234946712	**181305728**	**46034901**	**49654304**	**94111329**	**46742748**	**22896797**	**2606447**
117021053	91219207	21641337	23159148	71301308	16654952	8446946	622562
115485188	89820800	21534469	23062864	70266963	16370362	8446946	622562
115485188	89820800	21534469	23062864	70266963	16370362	8446946	622562
1535865	1398407	106868	96284	1034345	284590		
1535865	1398407	106868	96284	1034345	284590		
92550440	76621853	20834444	15368886	19100227	23382233	10183625	1916885
1087038	586251	102576	315918	537407	362008		
102788	84318	6097	7298	250570	89803		
114851	110140	32014	4711	40118	27745		
607778	176552	27410	257630	127240	167330		
553656	130697	19586	249363	-1212	121780		
54122	45855	7824	8267	128452	45550		
71483	64369	4303	7114	31810	10000		
58283	51799	4193	6484	11108	5000		
13200	12570	110	630	20702	5000		
190138	150872	32752	39165	87669	67130		
143168	104552	29952	38515	35799	50000		
46970	46320	2800	650	51870	17130		
1020010	1007796	84664	9337	963147	158300		10000
110532	110532	53913		171621	105000		
110532	110532	53913		171621	105000		
731251	731251			568207	14500		
74523	69219	8707	5304	137633	10500		
74523	69219	8707	5304	137633	10500		
51647	46597	10611	2173	73861	13300		10000
17465	15292	9321	2173	11892	3300		
34182	31305	1290		61969	10000		10000
52057	50197	11433	1860	11825	15000		
52057	50197	11433	1860	11825	15000		
301357	298772	57907	2405	11202	19116		
47716	45311	607	2405	-585	8116		
47716	45311	607	2405	-585	8116		
253641	253461	57300		11787	11000		
253641	253461	57300		11787	11000		
131137	131137	79512		49323	34880		24880
131137	131137	79512		49323	34880		24880
52906	50906	47723	2000	65564	44500		
52906	50906	47723	2000	65564	44500		

4-3 续 5

行 业	固定资产合计	固定资产原价	累计折旧	本年折旧
机制纸及纸板制造	38829	44290	10346	1384
文教、工美、体育和娱乐用品制造业	122653	175633	53171	6742
体育用品制造	122653	175633	53171	6742
体育器材及配件制造	11746	14252	2506	
训练健身器材制造	110907	161381	50665	6742
石油加工、炼焦和核燃料加工业	15586972	19117014	7295687	1452362
精炼石油产品制造	4393773	5855299	1461526	316524
原油加工及石油制品制造	427046	450221	23175	
人造原油制造	3966727	5405078	1438351	316524
炼焦	11193199	13261715	5834161	1135838
化学原料和化学制品制造业	11521986	9947584	5855723	400095
基础化学原料制造	2817548	1418762	406468	95324
无机盐制造	88712	170561	88515	8560
有机化学原料制造	71941	96914	25168	4540
其他基础化学原料制造	2656895	1151287	292785	82224
肥料制造	3923480	5526217	4200206	131628
氮肥制造	8111	25007	16896	1306
复混肥料制造	3915369	5501210	4183310	130322
合成材料制造	1441358	2390701	950025	126508
初级形态塑料及合成树脂制造	1441358	2390701	950025	126508
专用化学产品制造	3043057	37509	21172	15727
专项化学用品制造	3043057	37509	21172	15727
炸药、火工及焰火产品制造	296543	574395	277852	30908
炸药及火工产品制造	296543	574395	277852	30908
医药制造业	1366109	1328921	492875	66218
化学药品原料药制造	44380	45825	11363	1450
中成药生产	531608	607816	269962	34111
兽用药品制造	135902	197346	61444	9555
生物药品制造	654219	477934	150106	21102
橡胶和塑料制品业	312395	483865	210499	33348
橡胶制品业	159402	236471	87202	16620
橡胶板、管、带制造	159402	236471	87202	16620
塑料制品业	152993	247394	123297	16728
塑料板、管、型材制造	93555	183118	89563	13834
塑料丝、绳及编织品制造	59438	64276	33734	2894
非金属矿物制品业	2903186	4468075	1671704	280461
水泥、石灰和石膏制造	1951932	3126369	1186137	137386
水泥制造	1840715	2996619	1157805	130139
石灰和石膏制造	111217	129750	28332	7247

单位:千元

负债合计	流动负债合计	应付账款	非流动负债合计	所有者权益合计	实收资本	国家资本	集体资本
52906	50906	47723	2000	65564	44500		
212933	201286	113761	6546	170202	115000		
212933	201286	113761	6546	170202	115000		
31365	26264	18340		17672	15000		
181568	175022	95421	6546	152530	100000		
30499910	25315458	9096242	4912380	5370554	8598358	5662453	1645047
6727091	4229480	1483336	2465889	105655	3411500	3386500	
481719	481719	337102		56780	50000	25000	
6245372	3747761	1146234	2465889	48875	3361500	3361500	
23772819	21085978	7612906	2446491	5264899	5186858	2275953	1645047
15041701	11450734	2127720	3590954	5143876	3405004	1978480	78238
2635419	1327473	494673	1307946	844151	680400	34616	12150
241538	241538	113777		87616	15426	2266	
113317	111906	60791	1411	63438	35000	14850	12150
2280564	974029	320105	1306535	693097	629974	17500	
5672423	4303903	579760	1368508	2404948	1245232	1245232	
24059	24059	22242		4771	25000	25000	
5648364	4279844	557518	1368508	2400177	1220232	1220232	
2986333	2187166	423137	799166	814225	700000	285000	33000
2986333	2187166	423137	799166	814225	700000	285000	33000
3307209	3272659	562455	34550	433391	411000	391782	
3307209	3272659	562455	34550	433391	411000	391782	
440317	359533	67695	80784	647161	368372	21850	33088
440317	359533	67695	80784	647161	368372	21850	33088
2960261	2545716	174540	401690	6449288	1204439	92710	10340
41642	41642	1109		118156	30000		
2050605	1953142	92093	87463	5138630	935279	76050	
350787	160787	28920	190000	-53316	150000		
517227	390145	52418	124227	1245818	89160	16660	10340
423560	415120	100801	8440	558168	456645	9100	
65363	63683	43769	1680	307086	201560		
65363	63683	43769	1680	307086	201560		
358197	351437	57032	6760	251082	255085	9100	
271565	264805	39432	6760	130859	160000		
86632	86632	17600		120223	95085	9100	
7387711	3357947	561272	3949396	-1993363	1691584	229160	24800
6144158	2216268	285726	3893439	-3015163	1094404	229160	15000
6030145	2136706	266159	3893439	-3134592	1074304	229160	15000
114013	79562	19567		119429	20100		

4-3 续 6

行 业	固定资产合计	固定资产原价	累计折旧	本年折旧
石膏、水泥制品及类似制品制造	197158	232512	62245	10575
水泥制品制造	93458	128812	57115	5446
轻质建筑材料制造	103700	103700	5130	5129
砖瓦、石材等建筑材料制造	79552	125470	49733	6101
粘土砖瓦及建筑砌块制造	23546	69464	45918	2659
建筑陶瓷制品制造	56006	56006	3815	3442
玻璃制造	299138	559270	260441	49065
平板玻璃制造	299138	559270	260441	49065
玻璃制品制造	294037	395076	101039	75283
光学玻璃制造	264700	353744	89044	72313
日用玻璃制品制造	12361	13382	1021	1021
其他玻璃制品制造	16976	27950	10974	1949
陶瓷制品制造	64100			
日用陶瓷制品制造	64100			
石墨及其他非金属矿物制品制造	17269	29378	12109	2051
其他非金属矿物制品制造	17269	29378	12109	2051
黑色金属冶炼和压延加工业	8306715	11700179	5430652	522216
炼铁	119916	209003	89087	15603
炼钢	449494	777197	332671	61739
钢压延加工	7737305	10713979	5008894	444874
有色金属冶炼和压延加工业	185565	235124	70541	12606
常用有色金属冶炼	184060	232904	69595	12414
镁冶炼	140688	173935	53998	7833
其他常用有色金属冶炼	43372	58969	15597	4581
有色金属压延加工	1505	2220	946	192
金属制品业	92850	82501	7504	3121
结构性金属制品制造	30147	36411	6264	1881
金属结构制造	15952	21546	5594	1385
金属门窗制造	14195	14865	670	496
金属丝绳及其制品制造	8249	7975	892	892
其他金属制品制造	54454	38115	348	348
锻件及粉末冶金制品制造	54454	38115	348	348
通用设备制造业	407263	663374	286851	36188
锅炉及原动设备制造	3993	6650	2667	433
锅炉及辅助设备制造	3993	6650	2667	433
金属加工机械制造	52452	71280	23596	3298
金属成形机床制造	52452	71280	23596	3298
物料搬运设备制造	18575	26487	7912	131
连续搬运设备制造	12701	20613	7912	131

单位：千元

负债合计	流动负债合计	应付账款	非流动负债合计	所有者权益合计	实收资本	国家资本	集体资本
184560	152308	52600	10315	366720	136680		
171457	142712	52600	6808	128537	136680		
13103	9596		3507	238183			
174246	138166	18923	36080	120141	114500		9800
61862	61862	2607		12192	10000		9800
112384	76304	16316	36080	107949	104500		
376848	376294		554	300432	150000		
376848	376294		554	300432	150000		
445401	436393	196753	9008	153547	156000		
359359	359359	129992		77525	100000		
63994	63994	61781		51070	50000		
22048	13040	4980	9008	24952	6000		
22900				56300	20000		
22900				56300	20000		
39598	38518	7270		24660	20000		
39598	38518	7270		24660	20000		
19448940	17962678	4073484	1486262	-1800854	2113339	700000	
164852	164852	109352		134146	50000		
1457174	1457174	127643		-534928	389811		
17826914	16340652	3836489	1486262	-1400072	1673528	700000	
407506	401726	109728	5780	5180	41537	9900	
399018	393238	107922	5780	2056	38537	9900	
338846	333066	82332	5780	-5800	18537	9900	
60172	60172	25590		7856	20000		
8488	8488	1806		3124	3000		
441823	433898	135980	6660	104899	91380		
375019	368369	130804	6650	71403	55000		
358430	354880	125935	3550	54947	45000		
16589	13489	4869	3100	16456	10000		
24788	24788	5176		-4574	3000		
42016	40741		10	38070	33380		
42016	40741		10	38070	33380		
1459991	1459484	959541	407	416575	349933	91014	59580
888	888	293		4714	2000		
888	888	293		4714	2000		
96267	96267	13852		41028	30000		
96267	96267	13852		41028	30000		
187615	187108	51304	407	62211	65819		
73377	72970	35176	407	11072	10000		

4-3 续 7

行业	固定资产合计	固定资产原价	累计折旧	本年折旧
电梯、自动扶梯及升降机制造	5874	5874		
泵、阀门、压缩机及类似机械制造	39919	164377	126883	3256
泵及真空设备制造	39919	164377	126883	3256
通用零部件制造	287244	386750	123043	28341
机械零部件加工	287244	386750	123043	28341
其他通用设备制造业	5080	7830	2750	729
专用设备制造业	626009	829589	227443	50727
采矿、冶金、建筑专用设备制造	596857	758763	176718	50720
矿山机械制造	596857	758763	176718	50720
环保、社会公共服务及其他专用设备制造	29152	70826	50725	7
其他专用设备制造	29152	70826	50725	7
汽车制造业	816451	1038189	221738	16116
汽车整车制造	666664	828052	161388	6187
改装汽车制造	143833	202593	58760	8831
汽车零部件及配件制造	5954	7544	1590	1098
铁路、船舶、航空航天和其他运输设备制造业	21439	24698	3259	1410
航空、航天器及设备制造	21439	24698	3259	1410
其他航空航天器制造	21439	24698	3259	1410
电气机械和器材制造业	2221012	2988125	768204	145434
电机制造	79176	287533	208357	9081
发电机及发电机组制造	34450	35780	1330	1110
电动机制造	44726	251753	207027	7971
输配电及控制设备制造	2141836	2700592	559847	136353
配电开关控制设备制造	7787	13962	7143	1092
光伏设备及元器件制造	2134049	2686630	552704	135261
计算机、通信和其他电子设备制造业	568345	556477	108036	37234
其他电子设备制造	568345	556477	108036	37234
电力、热力、燃气及水生产和供应业	20382973	32361329	12337489	1386879
电力、热力生产和供应业	19961473	31619918	12012378	1348292
电力生产	18522966	29831471	11595118	1231734
火力发电	15357832	26723346	11375515	1137314
风力发电	2165965	2332493	166528	61550
太阳能发电	553174	590834	37819	22813
其他电力生产	445995	184798	15256	10057
电力供应	9533	18179	8646	1024
热力生产和供应	1428974	1770268	408614	115534
燃气生产和供应业	260087	312478	52391	21577
水的生产和供应业	161413	428933	272720	17010
自来水生产和供应	161413	428933	272720	17010

单位:千元

负债合计	流动负债合计	应付账款	非流动负债合计	所有者权益合计	实收资本	国家资本	集体资本
114238	114138	16128		51139	55819		
202306	202306	67951		63258	91014	91014	
202306	202306	67951		63258	91014	91014	
953602	953602	811186		175532	91100		59580
953602	953602	811186		175532	91100		59580
19313	19313	14955		69832	70000		
3629038	3588648	1610472	40389	749406	415364	142004	64000
3509980	3472126	1581481	37853	724376	381254	142004	64000
3509980	3472126	1581481	37853	724376	381254	142004	64000
119058	116522	28991	2536	25030	34110		
119058	116522	28991	2536	25030	34110		
1711688	1414089	536051	297599	785105	782453	99804	
1499565	1201966	511391	297599	626713	703500	21351	
198146	198146	22969		157370	78453	78453	
13977	13977	1691		1022	500		
25968	25968	11374		60928	50000		
25968	25968	11374		60928	50000		
25968	25968	11374		60928	50000		
5137519	4812396	438211	325123	-3239	1613000	1169000	
658473	594885	47493	63588	-281592	346000	69000	
154876	93910	13078	60966	41809	46000		
503597	500975	34415	2622	-323401	300000	69000	
4479046	4217511	390718	261535	278353	1267000	1100000	
129754	129754	116047		89030	64000		
4349292	4087757	274671	261535	189323	1203000	1100000	
1169443	1161843	412885	7600	1456859	1835393		
1169443	1161843	412885	7600	1456859	1835393		
25375219	13464668	3559120	11126270	3709794	6705563	4266226	67000
24822027	12922331	3537735	11115415	3118208	6251853	4077626	67000
22397849	11506273	3392855	10107296	3208698	6221817	4070913	62000
18935902	9727805	3120738	8423819	2549270	5698143	3725683	62000
2336964	1414217	143476	922746	307798	255420	132730	
619438	116093	39961	503345	210648	105254	100000	
505545	248158	88680	257386	140982	163000	112500	
33399	28410	9838	4988	22505	4036	4036	
2390779	1387648	135042	1003131	-112995	26000	2677	5000
204072	204072	21385		403747	400190	135080	
349120	338265		10855	187839	53520	53520	
349120	338265		10855	187839	53520	53520	

4-3续8

行业	法人资本	个人资本	港澳台资本	外商资本	营业收入
总 计	**11896880**	**8122101**	**229894**	**990628**	**135943676**
采矿业	4730678	2170828		683937	68491130
煤炭开采和洗选业	4680678	1936238		683937	62599307
烟煤和无烟煤开采洗选	4680678	1936238		683937	62599307
黑色金属矿采选业	50000	234590			5891823
铁矿采选	50000	234590			5891823
制造业	5096188	5648950	229894	306691	59345163
农副食品加工业	235320	126688			1905856
谷物磨制	70540	19263			192589
饲料加工	23000	4745			444817
屠宰及肉类加工	81780	85550			974429
禽类屠宰	81780	40000			824785
肉制品及副产品加工		45550			149644
蔬菜、水果和坚果加工		10000			53828
蔬菜加工		5000			25948
水果和坚果加工		5000			27880
其他农副食品加工	60000	7130			240193
淀粉及淀粉制品制造	50000				219704
豆制品制造	10000	7130			20489
食品制造业	127500	20800			3350306
焙烤食品制造	105000				847549
饼干及其他焙烤食品制造	105000				847549
乳制品制造	14500				1258453
罐头食品制造		10500			1131435
肉、禽类罐头制造		10500			1131435
调味品、发酵制品制造		3300			59407
酱油、食醋及类似制品制造		3300			33897
其他调味品、发酵制品制造					25510
其他食品制造	8000	7000			53462
食品及饲料添加剂制造	8000	7000			53462
酒、饮料和精制茶制造业	11000	8116			46569
酒的制造		8116			23932
白酒制造		8116			23932
饮料制造	11000				22637
果菜汁及果菜汁饮料制造	11000				22637
纺织服装、服饰业		10000			129715
机织服装制造		10000			129715
造纸和纸制品业	44500				33000
造纸	44500				33000

单位：千元

主营业务收入	营业成本	主营业务成本	营业税金及附加	主营业务税金及附加	其他业务收入	其他业务利润	销售费用	管理费用	税金
127195819	**106249328**	**98110771**	**3582753**	**3439069**	**8747857**	**413492**	**3627298**	**10339187**	**322235**
67551928	47170681	46770887	3320479	3187649	939202	229103	1450392	6721621	171328
61660105	42545846	42146052	3288804	3155974	939202	229103	1360265	5758227	160715
61660105	42545846	42146052	3288804	3155974	939202	229103	1360265	5758227	160715
5891823	4624835	4624835	31675	31675			90127	963394	10613
5891823	4624835	4624835	31675	31675			90127	963394	10613
51683055	52473420	44756049	188437	177583	7662108	113768	2113866	3137237	134072
1905820	1766011	1766005	1682	1676	36	29	44019	60312	1042
192589	136111	136111	350	350			16532	13783	324
444781	434192	434186	10	4	36	29	6092	3750	204
974429	912145	912145	1088	1088			16930	34633	384
824785	795727	795727					6203	26445	370
149644	116418	116418	1088	1088			10727	8188	14
53828	50195	50195	26	26			718	2395	8
25948	23627	23627	2	2			552	2135	
27880	26568	26568	24	24			166	260	8
240193	233368	233368	208	208			3747	5751	122
219704	219629	219629	63	63			396	1487	
20489	13739	13739	145	145			3351	4264	122
3343832	2690367	2689690	7896	7896	6474	2267	276086	156472	2809
844605	558665	557988	7194	7194	2944	2267	128912	14896	1875
844605	558665	557988	7194	7194	2944	2267	128912	14896	1875
1258453	1187264	1187264	51	51			31258	20113	
1131435	864000	864000	170	170			108995	111456	438
1131435	864000	864000	170	170			108995	111456	438
59407	39315	39315	98	98			6833	7761	113
33897	20677	20677	61	61			3728	5084	61
25510	18638	18638	37	37			3105	2677	52
49932	41123	41123	383	383	3530		88	2246	383
49932	41123	41123	383	383	3530		88	2246	383
46019	22107	21787	6798	6798	550	231	1612	9977	
23382	9656	9336	6550	6550	550	231	69	7026	
23382	9656	9336	6550	6550	550	231	69	7026	
22637	12451	12451	248	248			1543	2951	
22637	12451	12451	248	248			1543	2951	
129715	97143	97143	965	965			3255	33548	10073
129715	97143	97143	965	965			3255	33548	10073
33000	28599	28599	21	21			280	1320	10
33000	28599	28599	21	21			280	1320	10

4–3 续 9

行业	法人资本	个人资本	港澳台资本	外商资本	营业收入
机制纸及纸板制造	44500				33000
文教、工美、体育和娱乐用品制造业	15000	100000			300212
体育用品制造	15000	100000			300212
体育器材及配件制造	15000				27988
训练健身器材制造		100000			272224
石油加工、炼焦和核燃料加工业	605528	685330			15215306
精炼石油产品制造		25000			1316637
原油加工及石油制品制造		25000			152131
人造原油制造					1164506
炼焦	605528	660330			13898669
化学原料和化学制品制造业	34160	1225832	88294		7155297
基础化学原料制造	34160	511180	88294		1114207
无机盐制造	9160	4000			273581
有机化学原料制造	5000	3000			133261
其他基础化学原料制造	20000	504180	88294		707365
肥料制造					2722290
氮肥制造					28727
复混肥料制造					2693563
合成材料制造		382000			2247611
初级形态塑料及合成树脂制造		382000			2247611
专用化学产品制造		19218			547186
专项化学用品制造		19218			547186
炸药、火工及焰火产品制造		313434			524003
炸药及火工产品制造		313434			524003
医药制造业	747032	354357			3491579
化学药品原料药制造	30000				100452
中成药生产	607572	251657			1685299
兽用药品制造	76500	73500			45844
生物药品制造	32960	29200			1659984
橡胶和塑料制品业	217759	154095		75691	553237
橡胶制品业	117759	8110		75691	160858
橡胶板、管、带制造	117759	8110		75691	160858
塑料制品业	100000	145985			392379
塑料板、管、型材制造	100000	60000			249908
塑料丝、绳及编织品制造		85985			142471
非金属矿物制品业	1020344	395680	21600		3270921
水泥、石灰和石膏制造	738244	112000			796373
水泥制造	728144	102000			672590
石灰和石膏制造	10100	10000			123783

单位：千元

主营业务收入	营业成本	主营业务成本	营业税金及附加	主营业务税金及附加	其他业务收入	其他业务利润	销售费用	管理费用	税金
33000	28599	28599	21	21			280	1320	10
284179	230208	214690	1712	1712	16033		31143	20868	1477
284179	230208	214690	1712	1712	16033		31143	20868	1477
27988	24814	24814	89	89			216	2237	
256191	205394	189876	1623	1623	16033		30927	18631	1477
15147756	14313585	14190141	22442	22442	67550	43271	339343	558831	29722
1306946	1347258	1236195	725	725	9691		11957	143462	
144631	125484	119426	506	506	7500		8531	7267	
1162315	1221774	1116769	219	219	2191		3426	136195	
13840810	12966327	12953946	21717	21717	57859	43271	327386	415369	29722
7078004	5928372	5867393	39744	38870	77293	4893	262626	492247	29276
1087463	1046273	1022928	2471	2433	26744		26481	28037	2239
272190	284903	284789	217	217	1391		10684	6571	
107908	111725	88494	842	804	25353		5114	4871	20
707365	649645	649645	1412	1412			10683	16595	2219
2715625	2143122	2141279	21595	21595	6665	4822	120939	271648	8480
28727	31230	31230					586	1769	
2686898	2111892	2110049	21595	21595	6665	4822	120353	269879	8480
2230297	1962903	1946798	3691	3691	17314		58811	76060	5015
2230297	1962903	1946798	3691	3691	17314		58811	76060	5015
547146	440273	440273	7513	7513	40		10339	16414	10998
547146	440273	440273	7513	7513	40		10339	16414	10998
497473	335801	316115	4474	3638	26530	71	46056	100088	2544
497473	335801	316115	4474	3638	26530	71	46056	100088	2544
3491503	1680068	1680067	22566	22566	76	75	926648	356628	10188
100452	76220	76220	468	468			4520	5732	
1685299	770678	770678	14444	14444			589689	163525	6393
45844	23443	23443	160	160			20864	18644	535
1659908	809727	809726	7494	7494	76	75	311575	168727	3260
551062	494092	491511	2374	2374	2175	-176	26568	42622	2077
160858	144795	144795	778	778		-205	13913	20152	1267
160858	144795	144795	778	778		-205	13913	20152	1267
390204	349297	346716	1596	1596	2175	29	12655	22470	810
249853	223685	223659	732	732	55	29	10512	13961	673
140351	125612	123057	864	864	2120		2143	8509	137
3091487	2754262	2596976	18138	18138	179434	9626	64493	205766	8602
783477	690972	676387	8647	8647	12896	946	17135	132554	5123
659694	590721	576136	3658	3658	12896	946	15329	129404	4987
123783	100251	100251	4989	4989			1806	3150	136

4-3续10

行业	法人资本	个人资本	港澳台资本	外商资本	营业收入
石膏、水泥制品及类似制品制造	28400	86680	21600		490767
水泥制品制造	28400	86680	21600		360482
轻质建筑材料制造					130285
砖瓦、石材等建筑材料制造	92700	12000			96385
粘土砖瓦及建筑砌块制造	200				25501
建筑陶瓷制品制造	92500	12000			70884
玻璃制造		150000			336144
平板玻璃制造		150000			336144
玻璃制品制造	131000	25000			607882
光学玻璃制造	80000	20000			301702
日用玻璃制品制造	50000				253523
其他玻璃制品制造	1000	5000			52657
陶瓷制品制造	20000				843730
日用陶瓷制品制造	20000				843730
石墨及其他非金属矿物制品制造	10000	10000			99640
其他非金属矿物制品制造	10000	10000			99640
黑色金属冶炼和压延加工业	125105	1288234			10318560
炼铁		50000			235550
炼钢		389811			682292
钢压延加工	125105	848423			9400718
有色金属冶炼和压延加工业	8637	23000			334049
常用有色金属冶炼	8637	20000			312849
镁冶炼	8637				204887
其他常用有色金属冶炼		20000			107962
有色金属压延加工		3000			21200
金属制品业	58000	33380			581792
结构性金属制品制造	55000				523519
金属结构制造	45000				494227
金属门窗制造	10000				29292
金属丝绳及其制品制造	3000				25446
其他金属制品制造		33380			32827
锻件及粉末冶金制品制造		33380			32827
通用设备制造业	10000	189339			3538802
锅炉及原动设备制造		2000			20540
锅炉及辅助设备制造		2000			20540
金属加工机械制造		30000			30674
金属成形机床制造		30000			30674
物料搬运设备制造	10000	55819			45794
连续搬运设备制造	10000				24019

单位：千元

主营业务收入	营业成本	主营业务成本	营业税金及附加	主营业务税金及附加	其他业务收入	其他业务利润	销售费用	管理费用	税金
490698	412883	412882	2123	2123	69	68	19547	17747	1575
360442	323098	323098	1057	1057	40	40	15283	8800	986
130256	89785	89784	1066	1066	29	28	4264	8947	589
96218	77187	77064	105	105	167		1048	5942	
25334	18675	18552	82	82	167		984	2159	
70884	58512	58512	23	23			64	3783	
333444	288966	288966	1786	1786	2700	2700	1358	12446	900
333444	288966	288966	1786	1786	2700	2700	1358	12446	900
450762	511959	372651	676	676	157120	2699	22355	31825	779
288815	236704	226520	533	533	12887	2699	6302	22349	687
109290	225361	96237	81	81	144233		15584	8623	92
52657	49894	49894	62	62			469	853	
843730	683421	683421	4640	4640			1816	1924	
843730	683421	683421	4640	4640			1816	1924	
93158	88874	85605	161	161	6482	3213	1234	3328	225
93158	88874	85605	161	161	6482	3213	1234	3328	225
9599765	9923911	9221266	45631	38761	718795	9280	32161	469368	15409
235550	227954	227954	424	424				2218	161
674032	706016	697756	152	152	8260			24805	2276
8690183	8989941	8295556	45055	38185	710535	9280	32161	442345	12972
331147	324319	324319	48	48	2902		912	7174	188
309947	304067	304067	28	28	2902		672	6781	188
201985	193159	193159			2902		624	4877	82
107962	110908	110908	28	28			48	1904	106
21200	20252	20252	20	20			240	393	
559866	541749	525129	413	413	21926	4986	7090	24405	859
502367	493139	476973	176	176	21152	4986	3198	18914	673
473075	466334	450168	84	84	21152	4986	2592	18352	673
29292	26805	26805	92	92			606	562	
25446	26907	26907	16	16			41	1128	
32053	21703	21249	221	221	774		3851	4363	186
32053	21703	21249	221	221	774		3851	4363	186
2033342	3376537	1877355	5369	5369	1505460	6278	22144	103711	5225
20540	18852	18852	67	67			345	1332	848
20540	18852	18852	67	67			345	1332	848
29182	25325	23954	140	140	1492	121	1844	4026	924
29182	25325	23954	140	140	1492	121	1844	4026	924
45794	36584	36584	7	7			2303	3516	100
24019	21912	21912	7	7			174	1858	83

4-3续11

行业	法人资本	个人资本	港澳台资本	外商资本	营业收入
电梯、自动扶梯及升降机制造		55819			21775
泵、阀门、压缩机及类似机械制造					80292
泵及真空设备制造					80292
通用零部件制造		31520			3323399
机械零部件加工		31520			3323399
其他通用设备制造业		70000			38103
专用设备制造业	42310	167050			1311157
采矿、冶金、建筑专用设备制造	20200	155050			1250765
矿山机械制造	20200	155050			1250765
环保、社会公共服务及其他专用设备制造	22110	12000			60392
其他专用设备制造	22110	12000			60392
汽车制造业		682649			804151
汽车整车制造		682149			625294
改装汽车制造					156683
汽车零部件及配件制造		500			22174
铁路、船舶、航空航天和其他运输设备制造业	50000				28559
航空、航天器及设备制造	50000				28559
其他航空航天器制造	50000				28559
电气机械和器材制造业	34600	178400		231000	5886838
电机制造		46000		231000	109401
发电机及发电机组制造		46000			28550
电动机制造				231000	80851
输配电及控制设备制造	34600	132400			5777437
配电开关控制设备制造	34600	29400			85070
光伏设备及元器件制造		103000			5692367
计算机、通信和其他电子设备制造业	1709393	6000	120000		1089257
其他电子设备制造	1709393	6000	120000		1089257
电力、热力、燃气及水生产和供应业	2070014	302323			8107383
电力、热力生产和供应业	1904904	202323			7722159
电力生产	1886904	202000			7116348
火力发电	1751460	159000			6676990
风力发电	122690				200032
太阳能发电	5254				91786
其他电力生产	7500	43000			147540
电力供应					20015
热力生产和供应	18000	323			585796
燃气生产和供应业	165110	100000			254851
水的生产和供应业					130373
自来水生产和供应					130373

单位:千元

主营业务收入	营业成本	主营业务成本	营业税金及附加	主营业务税金及附加	其他业务收入	其他业务利润	销售费用	管理费用	税金
21775	14672	14672					2129	1658	17
79053	52921	52921	1668	1668	1239	1239	11352	23314	
79053	52921	52921	1668	1668	1239	1239	11352	23314	
1820670	3209412	1711601	3447	3447	1502729	4918	2518	70504	3280
1820670	3209412	1711601	3447	3447	1502729	4918	2518	70504	3280
38103	33443	33443	40	40			3782	1019	73
1268277	1049685	1027255	6102	5423	42880	19940	20618	170904	3120
1208374	1003819	982041	5851	5172	42391	19940	17705	165874	3026
1208374	1003819	982041	5851	5172	42391	19940	17705	165874	3026
59903	45866	45214	251	251	489		2913	5030	94
59903	45866	45214	251	251	489		2913	5030	94
800642	706110	704377	1612	1612	3509	1747	12676	81902	1672
621928	566913	565294	1512	1512	3366	1747	10124	49446	1666
156683	120450	120450	2	2			1859	30527	
22031	18747	18633	98	98	143		693	1929	6
28559	6366	6366	274	274			464	13343	198
28559	6366	6366	274	274			464	13343	198
28559	6366	6366	274	274			464	13343	198
965922	5515395	486224	3133	708	4920916		29047	275655	9083
106059	135945	24131	2499	74	3342		12456	22594	893
28550	24131	24131	74	74			630	4632	65
77509	111814		2425		3342		11826	17962	828
859863	5379450	462093	634	634	4917574		16591	253061	8190
85070	67750	67750	604	604			5799	12042	177
774793	5311700	394343	30	30	4917574		10792	241019	8013
993158	1024534	939756	1517	1517	96099	11321	12681	52184	3042
993158	1024534	939756	1517	1517	96099	11321	12681	52184	3042
7960836	6605227	6583835	73837	73837	146547	70621	63040	480329	16835
7585040	6350559	6329788	71386	71386	137119	61814	25558	405857	15266
6998512	5773550	5752893	70884	70884	117836	42645	1018	367048	14864
6559389	5495534	5474983	70600	70600	117601	42645	1018	354245	14484
199797	106331	106225	72	72	235				
91786	27155	27155	73	73				2512	70
147540	144530	144530	139	139				10291	310
20014	17107	16993	158	158	1	-113	2958	3522	
566514	559902	559902	344	344	19282	19282	21582	35287	402
253353	170532	169911	1942	1942	1498	877	31151	26741	355
122443	84136	84136	509	509	7930	7930	6331	47731	1214
122443	84136	84136	509	509	7930	7930	6331	47731	1214

4-3 续 12

行业	财务费用	利息收入	利息支出	营业利润	资产减值损失	公允价值变动收益	投资收益
总　计	**4773520**	**369730**	**5100382**	**7484333**	**283114**	**13878**	**382044**
采矿业	1983622	253790	2736569	8026579	125627		307906
煤炭开采和洗选业	1938290	253790	2692383	7890128	125627		307906
烟煤和无烟煤开采洗选	1938290	253790	2692383	7890128	125627		307906
黑色金属矿采选业	45332		44186	136451			
铁矿采选	45332		44186	136451			
制造业	1943572	91569	1699528	-621809	158604	12	48173
农副食品加工业	35381	26	33850	-1559	11		4
谷物磨制	7542	10	7512	18273			
饲料加工	659	1	330	93	22		4
屠宰及肉类加工	20561	3	19377	-10917	-11		
禽类屠宰	15660	-3	15275	-19239	-11		
肉制品及副产品加工	4901	6	4102	8322			
蔬菜、水果和坚果加工	680		680	-187			
蔬菜加工	533		533	-901			
水果和坚果加工	147		147	714			
其他农副食品加工	5939	12	5951	-8821			
淀粉及淀粉制品制造	3349		3349	-5221			
豆制品制造	2590	12	2602	-3600			
食品制造业	20465	-195	20106	199020			
焙烤食品制造	-168	-206		138050			
饼干及其他焙烤食品制造	-168	-206		138050			
乳制品制造	13044		13044	6723			
罐头食品制造	3041	11	3052	43773			
肉、禽类罐头制造	3041	11	3052	43773			
调味品、发酵制品制造	1316		1316	4084			
酱油、食醋及类似制品制造	683		683	3664			
其他调味品、发酵制品制造	633		633	420			
其他食品制造	3232		2694	6390			
食品及饲料添加剂制造	3232		2694	6390			
酒、饮料和精制茶制造业	8593	5	8328	-2517			
酒的制造	2051	5	1818	-1419			
白酒制造	2051	5	1818	-1419			
饮料制造	6542		6510	-1098			
果菜汁及果菜汁饮料制造	6542		6510	-1098			
纺织服装、服饰业	884	56	932	-6107	27		
机织服装制造	884	56	932	-6107	27		
造纸和纸制品业	2480	230	2710	300			
造纸	2480	230	2710	300			

单位:千元

营业外收入	补贴收入	营业外支出	利润总额	所得税费用	亏损企业亏损总额	利税总额	应交税金及附加	本年应付职工薪酬
580304	**167137**	**508277**	**7556353**	**2074826**	**3242591**	**17732316**	**12573024**	**12370697**
141094	63134	303749	7863925	1788522	1025066	16223492	10319417	8169650
140011	63134	303185	7726955	1778992	1017975	15999441	10212193	8036748
140011	63134	303185	7726955	1778992	1017975	15999441	10212193	8036748
1083		564	136970	9530	7091	224051	107224	132902
1083		564	136970	9530	7091	224051	107224	132902
273471	90531	189677	-538023	238000	2058985	948065	1858160	3684083
6284	4565	1589	3136	1559	25026	131343	130808	80028
91		9	18355			21947	3916	7065
534	501	22	605	7		734	340	7678
3191	2891	623	-8349	1552	16791	112372	122657	55495
3071	2771	623	-16791		16791	99580	116741	49752
120	120		8442	1552		12792	5916	5743
884	839		698		62	729	39	1840
839	839		-62		62	-55	7	1500
45			760			784	32	340
1584	334	935	-8173		8173	-4439	3856	7950
254	254	914	-5882		5882	-4013	1869	4700
1330	80	21	-2291		2291	-426	1987	3250
534	352	1164	198390	46478		267723	118620	153476
392	252	52	138390	34597		205586	103668	85002
392	252	52	138390	34597		205586	103668	85002
			6723			6870	147	49325
			43773	10943		44423	12031	8265
			43773	10943		44423	12031	8265
100	100	9	4175	938		4749	1625	6184
100	100	9	3755	938		4292	1536	3572
			420			457	89	2612
42		1103	5329			6095	1149	4700
42		1103	5329			6095	1149	4700
1183	1180	82	-1416		1416	10127	11543	8240
1183	1180	82	-318		318	8834	9152	4678
1183	1180	82	-318		318	8834	9152	4678
			-1098		1098	1293	2391	3562
			-1098		1098	1293	2391	3562
10889	10674	138	4643	78		13959	19467	46392
10889	10674	138	4643	78		13959	19467	46392
5		23	282			753	481	2782
5		23	282			753	481	2782

4-3 续 13

行 业	财务费用	利息收入	利息支出	营业利润	资产减值损失	公允价值变动收益	投资收益
机制纸及纸板制造	2480	230	2710	300			
文教、工美、体育和娱乐用品制造业	1760	722	2446	14534			13
体育用品制造	1760	722	2446	14534			13
体育器材及配件制造	596		596	49			13
训练健身器材制造	1164	722	1850	14485			
石油加工、炼焦和核燃料加工业	669591	-5952	631475	-659125	10201		39566
精炼石油产品制造	234911	421	235120	-421596	-79		
原油加工及石油制品制造	4612	48	4658	5811	-79		
人造原油制造	230299	373	230462	-427407			
炼焦	434680	-6373	396355	-237529	10280		39566
化学原料和化学制品制造业	328585	52827	289431	95856	23889		16022
基础化学原料制造	8164	151	7853	1703	1083		
无机盐制造	54	125	161	-28767	-80		
有机化学原料制造	2406	-2	2218	7195	1108		
其他基础化学原料制造	5704	28	5474	23275	55		
肥料制造	170560	51577	131770	-20722	18949		3802
氮肥制造	-6	10		-4860	7		
复混肥料制造	170566	51567	131770	-15862	18942		3802
合成材料制造	77333	777	77076	69590	223		1000
初级形态塑料及合成树脂制造	77333	777	77076	69590	223		1000
专用化学产品制造	63998	25	64017	8643	3		
专项化学用品制造	63998	25	64017	8643	3		
炸药、火工及焰火产品制造	8530	297	8715	36642	3631		11220
炸药及火工产品制造	8530	297	8715	36642	3631		11220
医药制造业	46628	-1702	53386	443167	15873		
化学药品原料药制造	1993		1528	11519			
中成药生产	32194	-9994	31678	100195	14573		
兽用药品制造	16398	-6	16392	-33665			
生物药品制造	-3957	8298	3788	365118	1300		
橡胶和塑料制品业	12388	48	13312	-24796	-11		
橡胶制品业	-1496	33	-160	-17154	-130		
橡胶板、管、带制造	-1496	33	-160	-17154	-130		
塑料制品业	13884	15	13472	-7642	119		
塑料板、管、型材制造	7777	-4	7514	-6759			
塑料丝、绳及编织品制造	6107	19	5958	-883	119		
非金属矿物制品业	136164	133	110509	87965	3967	12	-178
水泥、石灰和石膏制造	103079	-78	82768	-157263	1063		-178
水泥制造	98737	-78	82768	-166508	1063		-178
石灰和石膏制造	4342			9245			

单位:千元

营业外收入	补贴收入	营业外支出	利润总额	所得税费用	亏损企业亏损总额	利税总额	应交税金及附加	本年应付职工薪酬
5		23	282			753	481	2782
249	150	3873	10909	2727		27427	20722	20724
249	150	3873	10909	2727		27427	20722	20724
211	150	46	213	53		1575	1415	3313
38		3827	10696	2674		25852	19307	17411
81521	8942	84034	−661638	43572	884132	−236536	498396	624405
5620	5384	3198	−419174	1474	424992	−226912	193736	158886
7			5818	1474		10062	5718	8249
5613	5384	3198	−424992		424992	−236974	188018	150637
75901	3558	80836	−242464	42098	459140	−9624	304660	465519
59020	7925	10860	144013	49422	46626	307098	241783	609035
3321	1085	369	4655	7703	34951	15937	21224	58940
1095	1085	239	−27911	20	27911	−26169	1762	17974
4		44	7155	1817		9318	4000	9767
2222		86	25411	5866	7040	32788	15462	31199
44351	4024	8040	15589	13531	7737	84287	90709	333546
1107	1106	96	−3849	−2	3849	−3931	−84	4320
43244	2918	7944	19438	13533	3888	88218	90793	329226
5284		1010	73863	18465		118812	68429	80466
5284		1010	73863	18465		118812	68429	80466
90		251	8482	2043		2467	7026	58690
90		251	8482	2043		2467	7026	58690
5974	2816	1190	41424	7680	3938	85595	54395	77393
5974	2816	1190	41424	7680	3938	85595	54395	77393
10627	6831	4597	449197	64723	33610	693874	319588	242262
			11519			11987	468	2400
9602	6831	2424	107373	14512		260667	174199	200120
65		10	−33610		33610	−32074	2071	9466
960		2163	363915	50211		453294	142850	30276
2695	2016	711	−22811	490	26207	−3446	21932	75590
389		406	−17170		18663	−9908	8529	25710
389		406	−17170		18663	−9908	8529	25710
2306	2016	305	−5641	490	7544	6462	13403	49880
2275	2016	254	−4738		4738	2255	7666	22237
31		51	−903	490	2806	4207	5737	27643
13191	890	7751	93401	2495	169253	172252	89948	218972
8235	10	2286	−151314	563	161165	−122425	34575	116154
8235	10	2286	−160559	−250	161165	−136745	28551	109558
			9245	813		14320	6024	6596

4-3 续 14

行业	财务费用	利息收入	利息支出	营业利润	资产减值损失	公允价值变动收益	投资收益
石膏、水泥制品及类似制品制造	9002	31	8691	26744	2739	12	
水泥制品制造	8991	31	8691	893	2366		
轻质建筑材料制造	11			25851	373	12	
砖瓦、石材等建筑材料制造	3125			8595	388		
粘土砖瓦及建筑砌块制造	1271			1942	388		
建筑陶瓷制品制造	1854			6653			
玻璃制造	12042	167	11668	19546			
平板玻璃制造	12042	167	11668	19546			
玻璃制品制造	5525	-3	5530	35540			
光学玻璃制造	2224	6	2218	33588			
日用玻璃制品制造	2457	-10	2467	1417			
其他玻璃制品制造	844	1	845	535			
陶瓷制品制造	1603			150326			
日用陶瓷制品制造	1603			150326			
石墨及其他非金属矿物制品制造	1788	16	1852	4477	-223		
其他非金属矿物制品制造	1788	16	1852	4477	-223		
黑色金属冶炼和压延加工业	380114	37790	256958	-560156	20276		-7255
炼铁	4576		4576	378			
炼钢	12965		12963	-61646			
钢压延加工	362573	37790	239419	-498888	20276		-7255
有色金属冶炼和压延加工业	2811	12	2789	-1215			
常用有色金属冶炼	2810	12	2789	-1509			
镁冶炼	47	10	24	6180			
其他常用有色金属冶炼	2763	2	2765	-7689			
有色金属压延加工	1			294			
金属制品业	12167	73	10587	-4251	218		
结构性金属制品制造	9733	61	8500	-1860	218		
金属结构制造	9731	60	8497	-3085	218		
金属门窗制造	2	1	3	1225			
金属丝绳及其制品制造	-1			-2645			
其他金属制品制造	2435	12	2087	254			
锻件及粉末冶金制品制造	2435	12	2087	254			
通用设备制造业	12910	6642	10026	16783	1345		
锅炉及原动设备制造	6			-63			
锅炉及辅助设备制造	6			-63			
金属加工机械制造	2848	2	2529	-3509			
金属成形机床制造	2848	2	2529	-3509			
物料搬运设备制造	4395	4388		-1011			
连续搬运设备制造	9	2		59			

单位：千元

营业外收入	补贴收入	营业外支出	利润总额	所得税费用	亏损企业亏损总额	利税总额	应交税金及附加	本年应付职工薪酬
2803	580	229	29318	-195	5856	60418	32480	33199
755	580	200	1448	-195	5856	10346	9689	16607
2048		29	27870			50072	22791	16592
19		60	8554			15467	6913	7183
18			1960			2829	869	2416
1		60	6594			12638	6044	4767
58		3055	16549			18145	2496	23111
58		3055	16549			18145	2496	23111
1794	100	1734	35596	626	544	38385	4194	25812
1785	100	1734	33635			34168	1220	13855
9			1426	357		2658	1681	7613
			535	269	544	1559	1293	4344
			150326			154966	4640	9350
			150326			154966	4640	9350
282	200	387	4372	1501	1688	7296	4650	4163
282	200	387	4372	1501	1688	7296	4650	4163
11727	311	59670	-608099	11832	633770	-340123	295217	985764
			378			4755	4538	6400
120		52	-61578		61578	-60159	3695	45350
11607	311	59618	-546899	11832	572192	-284719	286984	934014
476	250	59	-797	92	9857	-528	549	38480
476	250	59	-1091		9857	-1094	185	37024
172		56	6296		2470	6265	51	25579
304	250	3	-7387		7387	-7359	134	11445
			294	92		566	364	1456
2464	2150	200	-1987	97	3815	1480	4423	52289
2351	2150	45	446	116	1055	1843	2186	45532
2351	2150	37	-771	116	1055	336	1896	43327
		8	1217			1507	290	2205
40		155	-2760		2760	-3117	-357	2400
73			327	-19		2754	2594	4357
73			327	-19		2754	2594	4357
6331	3095	1284	21830	8421	10456	61807	53623	190792
50			-13		13	684	1545	1520
50			-13		13	684	1545	1520
3045	2895	7	-471		471	840	2235	5214
3045	2895	7	-471		471	840	2235	5214
			-1011		1070	-2575	-1464	7600
			59			282	306	5200

4-3 续 15

行业	财务费用	利息收入	利息支出	营业利润	资产减值损失	公允价值变动收益	投资收益
电梯、自动扶梯及升降机制造	4386	4386		-1070			
泵、阀门、压缩机及类似机械制造	251	2	4	-9295	81		
泵及真空设备制造	251	2	4	-9295	81		
通用零部件制造	4710	2246	6834	31544	1264		
机械零部件加工	4710	2246	6834	31544	1264		
其他通用设备制造业	700	4	659	-883			
专用设备制造业	41020	910	40059	11345	11476		
采矿、冶金、建筑专用设备制造	40897	901	39993	5325	11288		
矿山机械制造	40897	901	39993	5325	11288		
环保、社会公共服务及其他专用设备制造	123	9	66	6020	188		
其他专用设备制造	123	9	66	6020	188		
汽车制造业	15204	-79	15087	-12592	-763		
汽车整车制造	16159	-81	16045	-18099	-763		
改装汽车制造	-1284		-1284	5129			
汽车零部件及配件制造	329	2	326	378			
铁路、船舶、航空航天和其他运输设备制造业	-3	9	6	8116			
航空、航天器及设备制造	-3	9	6	8116			
其他航空航天器制造	-3	9	6	8116			
电气机械和器材制造业	201230	-8	182345	-209718	72095		1
电机制造	17279	38	17305	-153468	72095		
发电机及发电机组制造	4436	15	4451	-5353			
电动机制造	12843	23	12854	-148115	72095		
输配电及控制设备制造	183951	-46	165040	-56250			1
配电开关控制设备制造	-17	-25	3	-1107			1
光伏设备及元器件制造	183968	-21	165037	-55143			
计算机、通信和其他电子设备制造业	15200	22	15186	-16859			
其他电子设备制造	15200	22	15186	-16859			
电力、热力、燃气及水生产和供应业	846326	24371	664285	79563	-1117	13866	25965
电力、热力生产和供应业	847655	23628	664285	62083	-1117	13866	25965
电力生产	840003	23276	655969	104830	-1161	13866	25965
火力发电	730661	31632	538890	68604	-3844	13866	25965
风力发电	61919	303	61993	29024	2683		
太阳能发电	27646	-107	26775	34399			
其他电力生产	19777	-8552	28311	-27197			
电力供应	-1			-3730			
热力生产和供应	7653	352	8316	-39017	44		
燃气生产和供应业	-1039	1115		25524			
水的生产和供应业	-290	-372		-8044			
自来水生产和供应	-290	-372		-8044			

单位:千元

营业外收入	补贴收入	营业外支出	利润总额	所得税费用	亏损企业亏损总额	利税总额	应交税金及附加	本年应付职工薪酬
			-1070		1070	-2857	-1770	2400
1607		331	-8019		8019	-2791	5228	24195
1607		331	-8019		8019	-2791	5228	24195
1629	200	946	32227	8390		66021	45464	150893
1629	200	946	32227	8390		66021	45464	150893
			-883	31	883	-372	615	1370
14567	617	2155	23756	4037	3524	70312	53713	146856
14553	617	2117	17760	3480	3524	62508	51254	138703
14553	617	2117	17760	3480	3524	62508	51254	138703
14		38	5996	557		7804	2459	8153
14		38	5996	557		7804	2459	8153
21679	17874	119	8968	208		16313	9225	55697
21550	17874	116	3335	114		8939	7384	20639
129		3	5255			5257	2	30280
			378	94		2117	1839	4778
264	200	9	8371	682		9297	1806	603
264	200	9	8371	682		9297	1806	603
264	200	9	8371	682		9297	1806	603
19173	16801	10278	-200823	594	203945	-160366	50134	68125
14513	13921	475	-139430		140499	-135693	4630	28411
6542	6540	120	1069			2381	1377	4547
7971	7381	355	-140499		140499	-138074	3253	23864
4660	2880	9803	-61393	594	63446	-24673	45504	39714
79		16	-1044	159	2050	4306	5686	6269
4581	2880	9787	-60349	435	61396	-28979	39818	33445
10592	5708	1081	-7348	493	7348	-94701	-83818	63571
10592	5708	1081	-7348	493	7348	-94701	-83818	63571
165739	13472	14851	230451	48304	158540	560759	395447	516964
162292	13172	14813	209563	42348	153639	532548	380599	451265
151905	6736	12764	243972	42348	115281	559834	373074	390031
145160	3646	11731	202034	42348	90924	684967	539765	370193
2421		876	30569			-120881	-151450	4163
1330	200	3	35726			19735	-15921	2455
2994	2890	154	-24357		24357	-23987	680	13220
3107		433	-1056		1056	1385	2441	3521
7280	6436	1616	-33353		37302	-28671	5084	57713
300		34	25789	5956		28493	9015	35554
3147	300	4	-4901		4901	-282	5833	30145
3147	300	4	-4901		4901	-282	5833	30145

4–3 续 16

行业	本年应交增值税	总资产贡献率（%）	资产负债率（%）	流动资产周转率（次/年）
总　计	**6593210**	**6.83**	**71.4**	**0.95**
采矿业	5039088	9.93	62.14	0.78
煤炭开采和洗选业	4983682	9.93	62.17	0.72
烟煤和无烟煤开采洗选	4983682	9.93	62.17	0.72
黑色金属矿采选业	55406	10.44	59.76	3.68
铁矿采选	55406	10.44	59.76	3.68
制造业	1297651	2.29	82.89	1.18
农副食品加工业	126525	10.17	66.92	2.52
谷物磨制	3242	8.33	29.09	1.26
饲料加工	119	0.69	74.11	4.88
屠宰及肉类加工	119633	17.92	82.69	2.75
禽类屠宰	116371	20.79	100.22	3.04
肉制品及副产品加工	3262	9.25	29.64	1.8
蔬菜、水果和坚果加工	5	1.36	69.2	0.81
蔬菜加工	5	0.69	83.99	0.47
水果和坚果加工		2.75	38.94	2.44
其他农副食品加工	3526	0.54	68.44	2.64
淀粉及淀粉制品制造	1806	–0.37	80	4.43
豆制品制造	1720	2.19	47.52	0.5
食品制造业	61437	14.52	51.43	2.56
焙烤食品制造	60002	72.94	39.17	7.73
饼干及其他焙烤食品制造	60002	72.94	39.17	7.73
乳制品制造	96	1.53	56.27	1.27
罐头食品制造	480	22.37	35.13	7.9
肉、禽类罐头制造	480	22.37	35.13	7.9
调味品、发酵制品制造	476	4.83	41.15	1.31
酱油、食醋及类似制品制造	476	16.95	59.49	3.77
其他调味品、发酵制品制造		1.13	35.55	0.7
其他食品制造	383	13.76	81.49	2.47
食品及饲料添加剂制造	383	13.76	81.49	2.47
酒、饮料和精制茶制造业	4745	5.9	96.42	0.21
酒的制造	2602	22.59	101.24	1.02
白酒制造	2602	22.59	101.24	1.02
饮料制造	2143	2.94	95.56	0.11
果菜汁及果菜汁饮料制造	2143	2.94	95.56	0.11
纺织服装、服饰业	8351	8.22	72.67	0.83
机织服装制造	8351	8.22	72.67	0.83
造纸和纸制品业	450	2.73	44.66	2.39
造纸	450	2.73	44.66	2.39

单位:千元

成本费用利润率(%)	产品销售率(%)	从业人员平均人数	从业人员期末人数	平均用工人数	期末用工人数
6.05	**93.66**	**214477**	**216659**	**216173**	**215892**
13.72	91.43	129367	131185	130781	131006
14.97	91.21	124775	126231	125959	126193
14.97	91.21	124775	126231	125959	126193
2.39	94.25	4592	4954	4822	4813
2.39	94.25	4592	4954	4822	4813
−0.9	95.99	77189	77542	77450	77013
0.16	98.1	2707	2755	2620	2689
10.55	100.74	339	341	337	339
0.14	100.81	194	194	199	194
−0.85	97.69	1669	1741	1669	1741
−1.99	98.09	1391	1451	1391	1451
6.02	95.38	278	290	278	290
1.29	93.06	177	159	95	95
−0.23	98.42	122	104	40	40
2.8	89.98	55	55	55	55
−3.28	94.5	328	320	320	320
−2.62	94.53	210	200	200	200
−9.57	94.23	118	120	120	120
6.31	98.41	3734	3842	3534	3616
19.71	105.83	2683	2713	2481	2554
19.71	105.83	2683	2713	2481	2554
0.54	96.29	450	460	458	450
4.03	95.64	206	257	200	200
4.03	95.64	206	257	200	200
7.56	98.35	216	232	216	232
12.45	96.04	111	124	111	124
1.68	100	105	108	105	108
11.41	99.07	179	180	179	180
11.41	99.07	179	180	179	180
−3.35	69.9	316	319	327	319
−1.69	99.74	218	221	219	221
−1.69	99.74	218	221	219	221
−4.67	53.58	98	98	108	98
−4.67	53.58	98	98	108	98
3.44	98.34	789	789	804	803
3.44	98.34	789	789	804	803
0.86	100	98	105	98	105
0.86	100	98	105	98	105

4-3 续 17

行 业	本年应交增值税	总资产贡献率（%）	资产负债率(%)	流动资产周转率（次/年）
机制纸及纸板制造	450	2.73	44.66	2.39
文教、工美、体育和娱乐用品制造业	14806	7.61	55.58	1.38
体育用品制造	14806	7.61	55.58	1.38
体育器材及配件制造	1273	4.43	63.96	0.75
训练健身器材制造	13533	8.08	54.35	1.51
石油加工、炼焦和核燃料加工业	402660	1.12	85.03	0.91
精炼石油产品制造	191537	0.11	98.45	0.69
原油加工及石油制品制造	3738	2.72	89.46	1.48
人造原油制造	187799	-0.11	99.22	0.65
炼焦	211123	1.35	81.87	0.94
化学原料和化学制品制造业	123341	2.69	74.52	1.1
基础化学原料制造	8811	0.68	75.74	1.95
无机盐制造	1525	-7.94	73.38	1.57
有机化学原料制造	1321	6.53	64.11	1.41
其他基础化学原料制造	5965	1.29	76.69	2.33
肥料制造	47103	2.04	70.23	0.66
氮肥制造	-82	-13.67	83.45	1.39
复混肥料制造	47185	2.09	70.18	0.65
合成材料制造	41258	5.13	78.58	2.65
初级形态塑料及合成树脂制造	41258	5.13	78.58	2.65
专用化学产品制造	-13528	1.78	88.41	0.93
专项化学用品制造	-13528	1.78	88.41	0.93
炸药、火工及焰火产品制造	39697	8.65	40.49	1.51
炸药及火工产品制造	39697	8.65	40.49	1.51
医药制造业	222111	7.96	31.46	0.87
化学药品原料药制造		8.46	26.06	1.32
中成药生产	138850	4.21	28.52	0.61
兽用药品制造	1376	-5.27	117.92	0.57
生物药品制造	81885	25.46	29.34	1.52
橡胶和塑料制品业	16991	1	43.14	1.01
橡胶制品业	6484	-2.71	17.55	0.81
橡胶板、管、带制造	6484	-2.71	17.55	0.81
塑料制品业	10507	3.27	58.79	1.13
塑料板、管、型材制造	6261	2.43	67.48	1.25
塑料丝、绳及编织品制造	4246	4.9	41.88	0.98
非金属矿物制品业	60713	5.24	136.95	1.84
水泥、石灰和石膏制造	20242	-1.26	196.36	1.19
水泥制造	20156	-1.86	208.26	1.18
石灰和石膏制造	86	6.13	48.84	1.26

单位:千元

成本费用利润率(%)	产品销售率(%)	从业人员平均人数	从业人员期末人数	平均用工人数	期末用工人数
0.86	100	98	105	98	105
3.84	114.02	726	725	726	724
3.84	114.02	726	725	726	724
0.76	99.85	79	79	78	78
4.18	116.5	647	646	648	646
-4.17	95.98	16549	16651	16425	16572
-24.12	88.49	2123	2119	2123	2119
3.99	89.45	175	154	175	154
-26.7	88.34	1948	1965	1948	1965
-1.71	96.57	14426	14532	14302	14453
2.05	98.14	12482	12369	12584	12398
0.42	100.06	1462	1485	1462	1490
-9.24	99.62	523	528	525	536
5.76	102.75	208	208	193	208
3.72	99.8	731	749	744	746
0.58	95.36	6057	6013	6057	6052
-11.46	89.78	139	135	139	135
0.73	95.43	5918	5878	5918	5917
3.4	97.68	1736	1742	1740	1732
3.4	97.68	1736	1742	1740	1732
1.6	107.36	884	943	896	938
1.6	107.36	884	943	896	938
8.45	102.75	2343	2186	2429	2186
8.45	102.75	2343	2186	2429	2186
14.92	82.57	3937	3913	4049	4038
13.02	100.57	90	95	95	95
6.9	94.66	2796	2759	2908	2884
-42.36	107.73	160	173	160	173
28.3	71.93	891	886	886	886
-3.96	101.43	2090	2053	2108	2050
-9.68	97.9	443	430	461	427
-9.68	97.9	443	430	461	427
-1.42	102.89	1647	1623	1647	1623
-1.85	104.23	797	798	797	798
-0.63	100.35	850	825	850	825
2.96	102.51	4936	4960	5086	4979
-16.03	100.02	2409	2320	2432	2347
-19.25	100.74	2214	2123	2238	2151
8.44	96.28	195	197	194	196

4-3 续 18

行 业	本年应交增值税	总资产贡献率（%）	资产负债率(%)	流动资产周转率（次/年）
石膏、水泥制品及类似制品制造	28977	12.53	33.48	1.52
水泥制品制造	7841	6.34	57.15	1.81
轻质建筑材料制造	21136	19.93	5.21	1.06
砖瓦、石材等建筑材料制造	6808	5.25	59.19	0.62
粘土砖瓦及建筑砌块制造	787	3.82	83.54	0.59
建筑陶瓷制品制造	6021	5.74	51.01	0.63
玻璃制造	-190	4.38	55.64	0.95
平板玻璃制造	-190	4.38	55.64	0.95
玻璃制品制造	2113	7.33	74.36	2.64
光学玻璃制造		8.33	82.26	3.04
日用玻璃制品制造	1151	4.46	55.62	2.5
其他玻璃制品制造	962	5.11	46.91	1.75
陶瓷制品制造		195.66	28.91	106
日用陶瓷制品制造		195.66	28.91	106
石墨及其他非金属矿物制品制造	2763	14.21	61.62	2.46
其他非金属矿物制品制造	2763	14.21	61.62	2.46
黑色金属冶炼和压延加工业	222345	-0.69	110.2	1.25
炼铁	3953	3.12	55.13	1.32
炼钢	1267	-5.12	158	1.44
钢压延加工	217125	-0.51	108.52	1.24
有色金属冶炼和压延加工业	221	0.54	98.75	1.84
常用有色金属冶炼	-31	0.42	99.49	1.82
镁冶炼	-31	1.89	101.74	1.39
其他常用有色金属冶炼		-6.76	88.45	4.38
有色金属压延加工	252	4.87	73.1	2.1
金属制品业	3054	2.19	80.81	1.3
结构性金属制品制造	1221	2.3	84.01	1.27
金属结构制造	1023	2.12	86.71	1.26
金属门窗制造	198	4.57	50.2	1.55
金属丝绳及其制品制造	-373	-15.42	122.63	2.13
其他金属制品制造	2206	6.03	52.46	1.28
锻件及粉末冶金制品制造	2206	6.03	52.46	1.28
通用设备制造业	34608	3.47	77.8	2.65
锅炉及原动设备制造	630	12.21	15.85	12.76
锅炉及辅助设备制造	630	12.21	15.85	12.76
金属加工机械制造	1171	2.45	70.12	0.38
金属成形机床制造	1171	2.45	70.12	0.38
物料搬运设备制造	-1571	-2.79	75.1	0.24
连续搬运设备制造	216	0.33	86.89	0.35

单位:千元

成本费用利润率(%)	产品销售率(%)	从业人员平均人数	从业人员期末人数	平均用工人数	期末用工人数
6.38	98.65	708	687	734	702
0.41	97.82	530	507	504	520
27.06	102.19	178	180	230	182
9.8	105.93	185	197	191	185
8.49	117.43	65	65	66	65
10.27	100.9	120	132	125	120
5.26	84.5	560	561	561	561
5.26	84.5	560	561	561	561
6.23	128.67	691	802	785	791
12.57	101	350	366	350	355
0.57	200.41	181	275	275	275
1.03	101.43	160	161	160	161
21.83	100.66	280	285	280	285
21.83	100.66	280	285	280	285
4.59	102.5	103	108	103	108
4.59	102.5	103	108	103	108
-5.63	99.29	14565	14024	14769	14070
0.16	100.9	396	601	600	601
-8.28	99.42	1812	1662	1812	1662
-5.57	99.25	12357	11761	12357	11807
-0.24	93.71	794	853	815	821
-0.35	94.24	766	823	787	791
3.17	88.72	530	541	505	509
-6.39	105.85	236	282	282	282
1.41	86.79	28	30	28	30
-0.34	97.89	843	856	848	856
0.08	100	627	635	632	635
-0.16	100	552	559	557	559
4.35	100	75	76	75	76
-9.83	72.15	98	101	98	101
1.01	94.35	118	120	118	120
1.01	94.35	118	120	118	120
0.62	101.21	3147	3269	3149	3193
-0.06	120	85	85	110	107
-0.06	120	85	85	110	107
-1.38	100	172	171	171	170
-1.38	100	172	171	171	170
-2.16	98.74	143	143	143	143
0.25	97.44	53	53	53	53

4-3续19

行业	本年应交增值税	总资产贡献率（%）	资产负债率（%）	流动资产周转率（次/年）
电梯、自动扶梯及升降机制造	-1787	-4.38	69.08	0.18
泵、阀门、压缩机及类似机械制造	3560	-1.05	76.18	0.4
泵及真空设备制造	3560	-1.05	76.18	0.4
通用零部件制造	30347	6.25	84.45	4.24
机械零部件加工	30347	6.25	84.45	4.24
其他通用设备制造业	471	0.32	21.66	0.45
专用设备制造业	40454	2.5	82.88	0.38
采矿、冶金、建筑专用设备制造	38897	2.4	82.89	0.38
矿山机械制造	38897	2.4	82.89	0.38
环保、社会公共服务及其他专用设备制造	1557	5.46	82.63	0.58
其他专用设备制造	1557	5.46	82.63	0.58
汽车制造业	5733	1.26	68.56	0.6
汽车整车制造	4092	1.18	70.53	0.56
改装汽车制造		1.12	55.73	0.74
汽车零部件及配件制造	1641	16.27	93.19	2.52
铁路、船舶、航空航天和其他运输设备制造业	652	10.7	29.88	1.03
航空、航天器及设备制造	652	10.7	29.88	1.03
其他航空航天器制造	652	10.7	29.88	1.03
电气机械和器材制造业	37324	0.43	100.06	3.37
电机制造	1238	-31.42	174.72	0.57
发电机及发电机组制造	1238	3.47	78.74	0.26
电动机制造		-69.5	279.47	0.99
输配电及控制设备制造	36086	2.95	94.15	3.71
配电开关控制设备制造	4746	1.98	59.31	0.41
光伏设备及元器件制造	31340	3	95.83	4.22
计算机、通信和其他电子设备制造业	-88870	-3.03	44.53	0.83
其他电子设备制造	-88870	-3.03	44.53	0.83
电力、热力、燃气及水生产和供应业	256471	4.13	87.24	1.56
电力、热力生产和供应业	251599	4.2	88.84	1.66
电力生产	244978	4.66	87.47	1.87
火力发电	412333	5.55	88.13	2.06
风力发电	-151522	-2.24	88.36	0.71
太阳能发电	-16064	5.62	74.62	0.63
其他电力生产	231	1.99	78.19	1.11
电力供应	2283	2.48	59.74	0.49
热力生产和供应	4338	-0.91	104.96	0.73
燃气生产和供应业	762	4.5	33.57	1.27
水的生产和供应业	4110	0.02	65.02	0.36
自来水生产和供应	4110	0.02	65.02	0.36

单位:千元

成本费用利润率(%)	产品销售率(%)	从业人员平均人数	从业人员期末人数	平均用工人数	期末用工人数
-4.68	100	90	90	90	90
-9.13	112.81	900	872	900	872
-9.13	112.81	900	872	900	872
0.98	100.29	1806	1962	1784	1865
0.98	100.29	1806	1962	1784	1865
-2.27	120.02	41	36	41	36
1.85	82.96	2945	3108	3083	3081
1.45	81.9	2667	2828	2825	2823
1.45	81.9	2667	2828	2825	2823
11.12	115.73	278	280	258	258
11.12	115.73	278	280	258	258
1.1	83.68	1601	1746	1599	1746
0.52	80.73	1056	1212	1056	1212
3.47	94.72	382	377	380	377
1.74	102.38	163	157	163	157
41.5		70	70	70	70
41.5		70	70	70	70
41.5		70	70	70	70
-3.34	93.82	2927	2883	2919	2953
-74.06	104.3	734	620	734	690
3.16	100	146	135	146	135
-90.97	105.98	588	485	588	555
-1.05	93.65	2193	2263	2185	2263
-1.22	96.23	164	167	166	167
-1.05	93.61	2029	2096	2019	2096
-0.67	94.41	1933	2252	1837	1930
-0.67	94.41	1933	2252	1837	1930
2.88	98.62	7921	7932	7942	7873
2.75	98.6	6460	6448	6481	6389
3.49	99.87	5295	5193	5211	5136
3.07	99	4917	4821	4838	4761
18.17	98.14	60	60	60	60
62.33	100	21	21	21	21
-13.95	163.44	297	291	292	294
-4.48	100	105	117	111	117
-5.34	83.23	1060	1138	1159	1136
11.34	98.68	485	487	485	487
-3.55	100	976	997	976	997
-3.55	100	976	997	976	997

4-4 国有控股工业

指标名称	企业单位数（个）	亏损企业	工业总产值（当年价格）	工业销售产值（当年价格）	出口交货值
总计	**89**	**31**	**71784009**	**65300525**	
一、在总计中：亏损企业	31	31	18988869	18339159	
在总计中：农村工业					
在总计中：轻工业	3	2	267781	272732	
重工业	86	29	71516228	65027793	
在总计中：大型企业	21	5	51451553	45693584	
中型企业	39	15	13478370	12857106	
小型企业	27	11	6756187	6651936	
微型企业	2		97899	97899	
煤炭开采和洗选业	37	8	41002172	35087730	
烟煤和无烟煤开采洗选	37	8	41002172	35087730	
纺织服装、服饰业	1		102786	104447	
机织服装制造	1		102786	104447	
石油加工、炼焦和核燃料加工业	7	4	5291948	5467354	
炼焦	5	3	4121806	4431872	
化学原料和化学制品制造业	9	4	4342734	4191560	
基础化学原料制造	2	1	139938	140610	
肥料制造	3	2	2478020	2363022	
合成材料制造	1		1313816	1253700	
专用化学产品制造	2		372507	394284	
炸药、火工及焰火产品制造	1	1	38453	39944	
医药制造业	1	1	42552	45842	
兽用药品制造	1	1	42552	45842	
橡胶和塑料制品业	1		95519	94623	
塑料制品业	1		95519	94623	
非金属矿物制品业	4	3	251915	260812	
水泥、石灰和石膏制造	3	3	130605	136846	
石膏、水泥制品及类似制品制造	1		121310	123966	
黑色金属冶炼和压延加工业	1	1	5546421	5482551	
钢压延加工	1	1	5546421	5482551	
有色金属冶炼和压延加工业	1		133720	109092	
常用有色金属冶炼	1		133720	109092	
金属制品业	1		459620	459620	
结构性金属制品制造	1		459620	459620	
通用设备制造业	1	1	78368	88409	
泵、阀门、压缩机及类似机械制造	1	1	78368	88409	
专用设备制造业	7	2	1320411	1090740	
采矿、冶金、建筑专用设备制造	6	2	1299296	1063077	
汽车制造业	2		206952	201650	
汽车整车制造	1		40992	44460	
改装汽车制造	1		165960	157190	
电气机械和器材制造业	1	1	5638815	5355258	
输配电及控制设备制造	1	1	5638815	5355258	
电力、热力生产和供应业	14	5	7147633	7138394	
电力生产	12	3	6757619	6748380	
电力供应	1	1	20014	20014	
热力生产和供应	1	1	370000	370000	
水的生产和供应业	1	1	122443	122443	
自来水生产和供应	1	1	122443	122443	

企 业 主 要 经 济 指 标

单位:千元

年初存货	产成品	资产总计	流动资产合计	应收账款	存货
8558417	**4182788**	**203786064**	**84595216**	**11589568**	**9356061**
4211602	2093493	45302310	15836885	1998017	4457367
53778	44948	990831	574115	86812	53871
8504639	4137840	202795233	84021101	11502756	9302190
6147223	3263280	142642225	67051178	7320985	6103316
1916727	745435	44343433	13987081	3288121	2329813
494467	174073	15707651	3411846	873458	922932
		1092755	145111	107004	
2610833	1619166	126732721	59164559	6184657	2372964
2610833	1619166	126732721	59164559	6184657	2372964
32111	28380	156402	135489	80830	28004
32111	28380	156402	135489	80830	28004
2176195	817386	14732090	5755249	868405	2615124
1366481	770287	7899344	3851403	457875	2052427
820560	271372	15069413	5629047	792950	1214171
46625	15196	208705	131601	58642	45468
675814	197107	8077372	4153790	650085	1038697
20561	1862	2920909	713175		60645
70433	54785	3711275	562473	35901	62564
7127	2422	151152	68008	48322	6797
19398	16568	297470	80416	5006	23597
19398	16568	297470	80416	5006	23597
32995	20069	109280	74309	28855	35084
32995	20069	109280	74309	28855	35084
100027	47137	952359	311822	56996	87512
78840	36814	701073	188668	56996	68984
21187	10323	251286	123154		18528
996957	645432	10022094	3790491	58760	676043
996957	645432	10022094	3790491	58760	676043
49145	33752	282446	127339	4037	33972
49145	33752	282446	127339	4037	33972
83733		376834	373900	179617	152209
83733		376834	373900	179617	152209
114382	94612	265564	199071	36861	136422
114382	94612	265564	199071	36861	136422
384301	215076	3631100	2864949	2130359	380531
344396	205330	3539390	2802352	2121431	346031
179214	58798	500778	291079	46158	172962
20031	7798	145262	79396	43825	14612
159183	51000	355516	211683	2333	158350
381310	315040	4267940	1257670	289760	509160
381310	315040	4267940	1257670	289760	509160
574987		25852614	4181616	825341	916036
558109		24265597	3544640	806526	893899
1248		55904	41143	14351	1586
15630		1531113	595833	4464	20551
2269		536959	358210	976	2270
2269		536959	358210	976	2270

4-4 续 1

指标名称	产成品	固定资产合计	固定资产原价	累计折旧
总　　计	**4113354**	**89642590**	**122720066**	**53934288**
一、在总计中:亏损企业	2060614	22963930	31591996	11042168
在总计中:农村工业				
在总计中:轻工业	42894	318228	657866	344838
重工业	4070460	89324362	122062200	53589450
在总计中:大型企业	2984402	55538374	78117970	38546542
中型企业	796963	22392369	27636866	9820134
小型企业	331989	11043920	16251018	5521327
微型企业		667927	714212	46285
煤炭开采和洗选业	1422146	46698026	62596292	28987859
烟煤和无烟煤开采洗选	1422146	46698026	62596292	28987859
纺织服装、服饰业	22783	20913	31587	10674
机织服装制造	22783	20913	31587	10674
石油加工、炼焦和核燃料加工业	1300452	7334583	9658349	2991964
炼焦	1230401	2940810	3803050	1530438
化学原料和化学制品制造业	331067	7834454	6758460	4554861
基础化学原料制造	36305	60751	68307	14222
肥料制造	237381	3923480	5526217	4200206
合成材料制造	32058	774359	1059483	285124
专用化学产品制造	22901	3042715	35315	19320
炸药、火工及焰火产品制造	2422	33149	69138	35989
医药制造业	20111	135902	197346	61444
兽用药品制造	20111	135902	197346	61444
橡胶和塑料制品业	20722	34971	41039	29081
塑料制品业	20722	34971	41039	29081
非金属矿物制品业	37292	458511	1341016	889536
水泥、石灰和石膏制造	31000	354811	1237316	884406
石膏、水泥制品及类似制品制造	6292	103700	103700	5130
黑色金属冶炼和压延加工业	254062	5299900	7755383	3538370
钢压延加工	254062	5299900	7755383	3538370
有色金属冶炼和压延加工业	17153	109657	150321	40663
常用有色金属冶炼	17153	109657	150321	40663
金属制品业		2481	5896	3415
结构性金属制品制造		2481	5896	3415
通用设备制造业	94612	39919	164377	126883
泵、阀门、压缩机及类似机械制造	94612	39919	164377	126883
专用设备制造业	222248	534063	719067	194055
采矿、冶金、建筑专用设备制造	212433	504950	648292	143342
汽车制造业	55666	196473	267559	71086
汽车整车制造	4666	52640	64966	12326
改装汽车制造	51000	143833	202593	58760
电气机械和器材制造业	315040	1953733	2471505	517772
输配电及控制设备制造	315040	1953733	2471505	517772
电力、热力生产和供应业		18827591	30132936	11643905
电力生产		17894193	28910097	11302358
电力供应		9533	18179	8646
热力生产和供应		923865	1204660	332901
水的生产和供应业		161413	428933	272720
自来水生产和供应		161413	428933	272720

单位：千元

本年折旧	负债合计	流动负债合计	应付账款	非流动负债合计
5608483	**150853112**	**113251261**	**28615240**	**35634951**
1282178	51962618	39421406	9181207	12419541
28105	821515	620660	104794	200855
5580378	150031597	112630601	28510446	35434096
3748045	96057841	77603578	18467932	16487380
1195031	39784514	26534478	6720893	13250021
651031	14198997	8870489	3386430	5328507
14376	811760	242716	39985	569043
3013506	75856308	60244977	14691139	14460448
3013506	75856308	60244977	14691139	14460448
1540	121608	121608	75874	
1540	121608	121608	75874	
581963	13210843	10245711	3871002	2933410
265439	6483752	6016231	2387666	467521
213135	11564627	9362390	1522750	2202224
3031	159251	159251	106024	
131628	5672423	4303903	579760	1368508
63188	2317352	1518185	246979	799166
15288	3280184	3245634	553480	34550
	135417	135417	36507	
9555	350787	160787	28920	190000
9555	350787	160787	28920	190000
1128	36733	36733	14900	
1128	36733	36733	14900	
29494	4047377	430167	122599	3617210
24365	4034274	420571	122599	3613703
5129	13103	9596		3507
283239	13683153	12426491	2989538	1256662
283239	13683153	12426491	2989538	1256662
5463	292384	292384	79607	
5463	292384	292384	79607	
363	329246	329246	119993	
363	329246	329246	119993	
3256	202306	202306	67951	
3256	202306	202306	67951	
44103	3129111	3116899	1551777	12211
44103	3050480	3040804	1526567	9675
10433	237704	237105	34967	599
1602	39558	38959	11998	599
8831	198146	198146	22969	
123565	4209360	3957225	241659	252135
123565	4209360	3957225	241659	252135
1270730	23232445	11748967	3202564	10699197
1189418	21569828	10929470	3074985	9856078
1024	33399	28410	9838	4988
80288	1629218	791087	117741	838131
17010	349120	338265		10855
17010	349120	338265		10855

4-4 续 2

指标名称	所有者权益合计	实收资本	国家资本	集体资本
总　计	**52932943**	**29213746**	**22156245**	**608762**
一、在总计中:亏损企业	-6660310	8520534	6981704	402018
在总计中:农村工业				
在总计中:轻工业	169317	228400	53520	24880
重工业	52763626	28985346	22102725	583882
在总计中:大型企业	46584379	16754665	13845857	255317
中型企业	4558918	7844101	6018755	326207
小型企业	1508651	4392290	2191633	27238
微型企业	280995	222690	100000	
煤炭开采和洗选业	50876406	12085980	8374961	410597
烟煤和无烟煤开采洗选	50876406	12085980	8374961	410597
纺织服装、服饰业	34794	24880		24880
机织服装制造	34794	24880		24880
石油加工、炼焦和核燃料加工业	1521248	5912528	5512453	87047
炼焦	1415593	2501028	2125953	87047
化学原料和化学制品制造业	3504785	2309436	1960980	15238
基础化学原料制造	49454	29266	17116	12150
肥料制造	2404948	1245232	1245232	
合成材料制造	603557	600000	285000	
专用化学产品制造	431091	410000	391782	
炸药、火工及焰火产品制造	15735	24938	21850	3088
医药制造业	-53316	150000		
兽用药品制造	-53316	150000		
橡胶和塑料制品业	72547	35085	9100	
塑料制品业	72547	35085	9100	
非金属矿物制品业	-3095018	403587	27560	
水泥、石灰和石膏制造	-3333201	403587	27560	
石膏、水泥制品及类似制品制造	238183			
黑色金属冶炼和压延加工业	-3661059	700000	700000	
钢压延加工	-3661059	700000	700000	
有色金属冶炼和压延加工业	-9937	10000	9900	
常用有色金属冶炼	-9937	10000	9900	
金属制品业	47588	35000		
结构性金属制品制造	47588	35000		
通用设备制造业	63258	91014	91014	
泵、阀门、压缩机及类似机械制造	63258	91014	91014	
专用设备制造业	501987	238164	142004	54000
采矿、冶金、建筑专用设备制造	488908	216054	142004	54000
汽车制造业	263073	101953	99804	
汽车整车制造	105703	23500	21351	
改装汽车制造	157370	78453	78453	
电气机械和器材制造业	58580	1100000	1100000	
输配电及控制设备制造	58580	1100000	1100000	
电力、热力生产和供应业	2620168	5962599	4074949	17000
电力生产	2695768	5948563	4070913	17000
电力供应	22505	4036	4036	
热力生产和供应	-98105	10000		
水的生产和供应业	187839	53520	53520	
自来水生产和供应	187839	53520	53520	

单位:千元

法人资本	个人资本	港澳台资本	外商资本	营业收入	主营业务收入	营业成本
5027689	**737112**		**683937**	**67339450**	**60798398**	**49846446**
928612	208200			18994870	13301105	17445960
76500	73500			280664	272734	185771
4951189	663612		683937	67058786	60525664	49660675
1919615	49939		683937	48281661	41991403	34691764
925814	573324			12656333	12479297	9745090
2059570	113849			6310366	6236843	5370006
122690				91090	90855	39586
2391274	225210		683937	36487735	35783995	22503501
2391274	225210		683937	36487735	35783995	22503501
				104447	104447	78192
				104447	104447	78192
265028	48000			5419223	5407252	5208256
265028	23000			4102586	4100306	3860998
	333218			4421669	4364299	3582991
				137758	112336	115647
				2722290	2715625	2143122
	315000			1038666	1037457	907558
	18218			458977	458937	360826
				63978	39944	55838
76500	73500			45844	45844	23443
76500	73500			45844	45844	23443
	25985			96507	96507	84973
	25985			96507	96507	84973
376027				247946	239689	210641
376027				117661	109433	120856
				130285	130256	89785
				5782861	5082898	5462679
				5782861	5082898	5462679
100				121368	121368	109092
100				121368	121368	109092
35000				472249	451097	446667
35000				472249	451097	446667
				80292	79053	52921
				80292	79053	52921
22110	20050			1029170	986700	818823
	20050			1001018	959037	798688
	2149			201143	201143	155110
	2149			44460	44460	34660
				156683	156683	120450
				5455260	590430	5094840
				5455260	590430	5094840
1861650	9000			7243363	7121233	5930181
1851650	9000			6805652	6695849	5533343
				20015	20014	17107
10000				417696	405370	379731
				130373	122443	84136
				130373	122443	84136

4-4续 3

指标名称	主营业务成本	营业税金及附加	主营业务税金及附加	销售费用
总　计	**43867485**	**2782228**	**2641299**	**1094199**
一、在总计中:亏损企业	11737941	187203	179545	212460
在总计中:农村工业				
在总计中:轻工业	185771	1502	1502	30450
重工业	43681714	2780726	2639797	1063749
在总计中:大型企业	28816586	2390809	2255053	793664
中型企业	9691815	353265	348880	196656
小型企业	5319604	38081	37293	103879
微型企业	39480	73	73	
煤炭开采和洗选业	22305348	2619800	2487208	725064
烟煤和无烟煤开采洗选	22305348	2619800	2487208	725064
纺织服装、服饰业	78192	833	833	3255
机织服装制造	78192	833	833	3255
石油加工、炼焦和核燃料加工业	5097156	7569	7569	83151
炼焦	3860961	6844	6844	71194
化学原料和化学制品制造业	3540504	30426	29638	167270
基础化学原料制造	92312	900	900	10999
肥料制造	2141279	21595	21595	120939
合成材料制造	907558			29072
专用化学产品制造	360826	7143	7143	5515
炸药、火工及焰火产品制造	38529	788		745
医药制造业	23443	160	160	20864
兽用药品制造	23443	160	160	20864
橡胶和塑料制品业	84973	855	855	996
塑料制品业	84973	855	855	996
非金属矿物制品业	202002	2146	2146	8909
水泥、石灰和石膏制造	112218	1080	1080	4645
石膏、水泥制品及类似制品制造	89784	1066	1066	4264
黑色金属冶炼和压延加工业	4768294	43950	37080	15589
钢压延加工	4768294	43950	37080	15589
有色金属冶炼和压延加工业	109092			58
常用有色金属冶炼	109092			58
金属制品业	430501	44	44	1672
结构性金属制品制造	430501	44	44	1672
通用设备制造业	52921	1668	1668	11352
泵、阀门、压缩机及类似机械制造	52921	1668	1668	11352
专用设备制造业	796393	4728	4049	11040
采矿、冶金、建筑专用设备制造	776910	4678	3999	10065
汽车制造业	155110	472	472	4757
汽车整车制造	34660	470	470	2898
改装汽车制造	120450	2	2	1859
电气机械和器材制造业	230010	15	15	9676
输配电及控制设备制造	230010	15	15	9676
电力、热力生产和供应业	5909410	69053	69053	24215
电力生产	5512686	68738	68738	126
电力供应	16993	158	158	2958
热力生产和供应	379731	157	157	21131
水的生产和供应业	84136	509	509	6331
自来水生产和供应	84136	509	509	6331

单位:千元

管理费用	税金	财务费用	利息收入	利息支出	营业利润	资产减值损失
6015368	**164698**	**3264020**	**414850**	**3587131**	**4463561**	**163943**
1528928	23436	1336073	37340	1100839	-1763152	42584
97011	11279	16429	-322	16761	-50526	27
5918357	153419	3247591	415172	3570370	4514087	163916
4334161	97372	1875000	361542	2450723	4325480	118723
1432956	52495	898781	60087	687722	33001	36508
246730	14773	466490	-7067	424874	78921	8712
1521	58	23749	288	23812	26159	
4054460	91739	1130451	294026	1798929	5605878	100734
4054460	91739	1130451	294026	1798929	5605878	100734
30636	9530	321	56	369	-8817	27
30636	9530	321	56	369	-8817	27
260643	3599	386064	6513	416416	-536660	10201
117181	3599	151153	6092	181296	-115064	10280
325189	23387	301146	52239	261691	-2079	22389
4425		1936	118	1865	2824	1028
271648	8480	170560	51577	131770	-20722	18949
27102	3969	62955	517	62438	11756	223
14125	10938	63273	24	63291	8090	3
7889		2422	3	2327	-4027	2186
18644	535	16398	-6	16392	-33665	
18644	535	16398	-6	16392	-33665	
6668	137	980	12	824	1916	119
6668	137	980	12	824	1916	119
43462	589	48656	-12	32670	-66385	346
34515		48645	-12	32670	-92236	-27
8947	589	11			25851	373
404679	9399	345325	37408	221845	-516892	20276
404679	9399	345325	37408	221845	-516892	20276
3569	82	55	2	24	8594	
3569	82	55	2	24	8594	
16679	673	8987	60	8497	-2018	218
16679	673	8987	60	8497	-2018	218
23314		251	2	4	-9295	81
23314		251	2	4	-9295	81
141561	1808	39847	1206	39120	1692	11476
138408	1794	39727	1198	39054	-1838	11288
40107		-559	9	-564	2018	-763
9580		725	9	720	-3111	-763
30527		-1284		-1284	5129	
228369	7408	177090	-40	158130	-54730	
228369	7408	177090	-40	158130	-54730	
369657	14598	809298	23747	632784	82048	-1161
340852	14351	807866	23457	630761	95817	-1161
3522		-1			-3730	
25283	247	1433	290	2023	-10039	
47731	1214	-290	-372		-8044	
47731	1214	-290	-372		-8044	

4-4 续 4

指标名称	公允价值变动收益	投资收益	营业外收入	补贴收入
总　　计	**13878**	**276455**	**347826**	**68883**
一、在总计中:亏损企业		-4805	51207	13026
在总计中:农村工业				
在总计中:轻工业			14101	10974
重工业	13878	276455	333725	57909
在总计中:大型企业		247938	145697	46435
中型企业	13866	26067	93673	17087
小型企业	12	2450	105835	5161
微型企业			2621	200
煤炭开采和洗选业		252154	95872	35942
烟煤和无烟煤开采洗选		252154	95872	35942
纺织服装、服饰业			10889	10674
机织服装制造			10889	10674
石油加工、炼焦和核燃料加工业			17612	8854
炼焦			11992	3470
化学原料和化学制品制造业		5667	47652	5109
基础化学原料制造			1091	1085
肥料制造		3802	44351	4024
合成材料制造			1998	
专用化学产品制造			90	
炸药、火工及焰火产品制造		1865	122	
医药制造业			65	
兽用药品制造			65	
橡胶和塑料制品业			23	
塑料制品业			23	
非金属矿物制品业	12	-178	2198	
水泥、石灰和石膏制造		-178	150	
石膏、水泥制品及类似制品制造	12		2048	
黑色金属冶炼和压延加工业		-7255	10244	311
钢压延加工		-7255	10244	311
有色金属冶炼和压延加工业			172	
常用有色金属冶炼			172	
金属制品业			2339	2150
结构性金属制品制造			2339	2150
通用设备制造业			1607	
泵、阀门、压缩机及类似机械制造			1607	
专用设备制造业			10519	127
采矿、冶金、建筑专用设备制造			10505	127
汽车制造业			3765	
汽车整车制造			3636	
改装汽车制造			129	
电气机械和器材制造业			1880	1880
输配电及控制设备制造			1880	1880
电力、热力生产和供应业	13866	26067	139842	3536
电力生产	13866	26067	136667	3536
电力供应			3107	
热力生产和供应			68	
水的生产和供应业			3147	300
自来水生产和供应			3147	300

单位:千元

营业外支出	利润总额	应交所得税	亏损企业亏损总额	利税总额	本年应付职工薪酬	本年应交增值税	全部从业人员年平均人数（人）
232952	**4578431**	**1342490**	**1844223**	**14563929**	**9065887**	**4566839**	**132844**
132280	-1844223	33811	1844223	-2053295	1772721	632250	29385
152	-36578		38511	-63636	85288	13818	1809
232800	4615009	1342490	1805712	14627565	8980599	4553021	131035
163130	4308046	1241090	1307837	12877842	7252555	3802188	101255
44072	82600	82914	402260	1138804	1588525	651750	27436
24921	159834	18486	134126	519259	223230	130987	4122
829	27951			28024	1577	-18086	31
125780	5575969	1258496	341622	15148627	6534707	3759871	93877
125780	5575969	1258496	341622	15148627	6534707	3759871	93877
138	1933			11098	45677	8332	673
138	1933			11098	45677	8332	673
17940	-536988	18732	613888	-426489	342843	201208	6510
14742	-117814	17258	188896	-199577	183957	9671	4387
8707	36864	20185	14322	93165	456301	38431	8192
226	3689	1796	2647	5692	13439	1029	257
8040	15589	13531	7737	46912	333546	47103	6057
309	13444	3361		25200	30466		846
100	8080	2043		15223	53954	-13777	746
32	-3938	-546	3938	138	24896	4076	286
10	-33610		33610	-65899	9466	1376	160
10	-33610		33610	-65899	9466	1376	160
36	1903	490		8094	20962	4275	615
36	1903	490		8094	20962	4275	615
548	-64735		92605	-11069	55283	26735	1315
519	-92605		92605	-85926	38691	5599	1137
29	27870			74857	16592	21136	178
58359	-565007	5251	565007	-878978	874214	202921	8597
58359	-565007	5251	565007	-878978	874214	202921	8597
	8766			17360	15859		340
	8766			17360	15859		340
37	284	116		-1010	41971	724	472
37	284	116		-1010	41971	724	472
331	-8019		8019	-13754	24195	3560	900
331	-8019		8019	-13754	24195	3560	900
1757	10453	3296	3524	41223	125869	32398	2293
1719	6947	2739	3524	37638	120921	32369	2128
7	5776	114		11886	43497	4092	659
4	521	114		1502	13217	4092	277
3	5255			10384	30280		382
4990	-57840	424	57840	-81230	22879	31340	1656
4990	-57840	424	57840	-81230	22879	31340	1656
14308	207583	35386	108885	719740	422019	247466	5609
12547	219938	35386	96530	739693	372791	245183	4834
433	-1056		1056	1385	3521	2283	105
1328	-11299		11299	-21338	45707		670
4	-4901		4901	-8835	30145	4110	976
4	-4901		4901	-8835	30145	4110	976

4-5 集体工业企业

指标名称	企业单位数（个）	亏损企业	工业总产值（当年价格）	工业销售产值（当年价格）
总　计	**2**		**1540840**	**1543205**
一、在总计中:亏损企业				
在总计中:农村工业				
在总计中:轻工业				
重工业	2		1540840	1543205
在总计中:大型企业				
中型企业				
小型企业	2		1540840	1543205
微型企业				
煤炭开采和洗选业	1		1520378	1520378
烟煤和无烟煤开采洗选	1		1520378	1520378
专用设备制造业	1		20462	22827
采矿、冶金、建筑专用设备制造	1		20462	22827

主 要 经 济 指 标

单位:千元

出口交货值	年初存货	产成品	资产总计	流动资产合计	应收账款	存货
	1237		259210	180847	84563	16036
	1237		259210	180847	84563	16036
	1237		259210	180847	84563	16036
			107871	93365	47364	11831
			107871	93365	47364	11831
	1237		151339	87482	37199	4205
	1237		151339	87482	37199	4205

4-5 续 1

指标名称	资　　产		
	产成品	固定资产合计	固定资产原价
总　计	**12997**	**12583**	**22366**
一、在总计中:亏损企业			
在总计中:农村工业			
在总计中:轻工业			
重工业	12997	12583	22366
在总计中:大型企业			
中型企业			
小型企业	12997	12583	22366
微型企业			
煤炭开采和洗选业	10323	4230	5431
烟煤和无烟煤开采洗选	10323	4230	5431
专用设备制造业	2674	8353	16935
采矿、冶金、建筑专用设备制造	2674	8353	16935

单位:千元

总计		负债合计			非流动负债合计
累计折旧	本年折旧		流动负债合计	应付账款	
9783	**493**	**205359**	**106627**	**11063**	
9783	493	205359	106627	11063	
9783	493	205359	106627	11063	
1201	115	98732			
1201	115	98732			
8582	378	106627	106627	11063	
8582	378	106627	106627	11063	

4-5 续 2

指标名称	所有者权益合计	实收资本	国家资本	集体资本
总　计	**53851**	**15000**		**15000**
一、在总计中:亏损企业				
在总计中:农村工业				
在总计中:轻工业				
重工业	53851	15000		15000
在总计中:大型企业				
中型企业				
小型企业	53851	15000		15000
微型企业				
煤炭开采和洗选业	9139	5000		5000
烟煤和无烟煤开采洗选	9139	5000		5000
专用设备制造业	44712	10000		10000
采矿、冶金、建筑专用设备制造	44712	10000		10000

单位:千元

法人资本	个人资本	港澳台资本	外商资本	营业收入	主营业务收入	营业成本	主营业务成本
				1300451	**1300451**	**1287274**	**1287274**
				1300451	1300451	1287274	1287274
				1300451	1300451	1287274	1287274
				1277624	1277624	1269715	1269715
				1277624	1277624	1269715	1269715
				22827	22827	17559	17559
				22827	22827	17559	17559

4-5 续 3

指标名称	营业税金及附加	主营业务税金及附加	销售费用	管理费用	税金
总　计	**4130**	**4130**	**335**	**4313**	**43**
一、在总计中:亏损企业					
在总计中:农村工业					
在总计中:轻工业					
重工业	4130	4130	335	4313	43
在总计中:大型企业					
中型企业					
小型企业	4130	4130	335	4313	43
微型企业					
煤炭开采和洗选业	4088	4088	335	228	
烟煤和无烟煤开采洗选	4088	4088	335	228	
专用设备制造业	42	42		4085	43
采矿、冶金、建筑专用设备制造	42	42		4085	43

单位:千元

财务费用			营业利润	资产减值损失	公允价值变动收益
	利息收入	利息支出			
−267	**−341**	**74**	**4666**		
−267	−341	74	4666		
−267	−341	74	4666		
74		74	3184		
74		74	3184		
−341	−341		1482		
−341	−341		1482		

4-5续4

指标名称	投资收益	营业外收入	补贴收入	营业外支出
总　计				
一、在总计中:亏损企业				
在总计中:农村工业				
在总计中:轻工业				
重工业				
在总计中:大型企业				
中型企业				
小型企业				
微型企业				
煤炭开采和洗选业				
烟煤和无烟煤开采洗选				
专用设备制造业				
采矿、冶金、建筑专用设备制造				

单位:千元

利润总额	应交所得税	亏损企业亏损总额	利税总额	本年应付职工薪酬	本年应交增值税	全部从业人员年平均人数(人)
4666			**13497**	**4253**	**4701**	**122**
4666			13497	4253	4701	122
4666			13497	4253	4701	122
3184			10882	1400	3610	58
3184			10882	1400	3610	58
1482			2615	2853	1091	64
1482			2615	2853	1091	64

4-6 规模以上工业企业主要产品产量

指标名称	计量单位	产　量
原煤	吨	108543419
洗精煤	吨	37837001
焦炭	吨	13782068
农用氮、磷、钾化学肥料总计(折纯)	吨	347161
氮肥(折含 N100%)	吨	271334
磷肥(折五氧化二磷 100%)	吨	75827
初级形态的塑料	吨	336774
中成药	吨	9550
水泥	吨	3858534
碳化钙(电石,折 300 升/千克)	吨	94611
生铁	吨	3393173
粗钢	吨	5230864
钢材	吨	4953133
棒材	吨	1227101
钢筋	吨	2086209
线材(盘条)	吨	1074894
十种有色金属	吨	10250
平板玻璃	重量箱	7095930
太阳能电池	千瓦	731853
发电量	万千瓦小时	2715929
其中:火力发电量	万千瓦小时	2665849
风力发电量	万千瓦小时	39316

4-7 规模以上工业企业产品生产能力

指标名称	计量单位	年初生产能力	年末生产能力	附:产品产量
原煤	吨	140775000	147880314	111113102.06
焦炭	吨	20140000	19580000	13782068.03
烧碱(折100%)	吨	160000	160000	146725.00
碳化钙(电石,折300升/千克)	吨	150000	150000	94611.41
农用氮、磷、钾化学肥料总计(折纯)	吨	557850	557850	347161.49
初级形态塑料	吨	360000	360000	336774.00
硅酸盐水泥熟料	吨	4010000	4010000	2125698.00
水泥	吨	8710000	8710000	3858534.00
平板玻璃	重量箱	7000000	7000000	7095930.00
生铁	吨	7100000	7300000	3393173.00
粗钢	吨	10200000	10400000	5230864.00
钢材	吨	9150000	8450000	4953133.00
太阳能电池	千瓦	620000	790000	731853.00
发电设备容量总计/发电量	万千瓦/万千瓦小时	725.95	716.95	2691149.52
其中:火电设备容量/发电量	万千瓦/万千瓦小时	701.6	677.6	2631902.20
风电设备容量/发电量	万千瓦/万千瓦小时	14.85	29.85	39315.15

4-8 大中型工业企业

指标名称	企业单位数（个）	亏损企业	工业总产值（当年价格）	工业销售产值（当年价格）	出口交货值
总　计	**127**	**47**	**118105171**	**109188779**	**12048**
一、按登记注册类型分组:					
内资企业	121	43	111432244	102912167	11702
国有企业	3	2	5834824	5762184	
中央企业	1		165960	157190	
地方企业	2	2	5668864	5604994	
集体企业					
股份合作企业					
联营企业					
国有联营企业					
集体联营企业					
国有与集体联营企业					
其他联营企业					
有限责任公司	94	33	74147043	67364408	11702
国有独资公司	4	2	22907668	18099178	
其他有限责任公司	90	31	51239375	49265230	11702
股份有限公司	9	1	14262671	13322196	
私营企业	15	7	17187706	16463379	
私营独资企业					
私营合作企业					
私营有限责任公司	13	6	15556640	15196115	
私营股份有限公司	2	1	1631066	1267264	
其他企业					
港、澳、台商投资企业	2	1	425036	421769	
合资经营企业(港或澳、台资)	2	1	425036	421769	
合作经营企业(港或澳、台资)					
港澳台商独资经营企业					
港澳台商投资股份有限公司					
外商投资企业	4	3	6247891	5854843	346
中外合资经营企业	3	3	3006318	2670628	346
中外合作经营企业	1		3241573	3184215	
外资企业					
外商投资股份有限公司					
二、按经济组织类型分组					
独资企业	3	2	5834824	5762184	

主 要 经 济 指 标

年初存货	产成品	资产总计	流动资产合计	应收账款	存货	产成品
12230253	**5971948**	**281267377**	**122292586**	**17412239**	**13511815**	**6021882**
11308444	5624056	261815326	115631033	15245931	12229960	5543997
1158409	696432	10914569	4360384	62069	836663	305062
159183	51000	355516	211683	2333	158350	51000
999226	645432	10559053	4148701	59736	678313	254062
8251999	4076285	204464143	90223433	13014223	8944190	4160891
1911201	1449632	54897958	31523302	4208566	1588242	1069554
6340798	2626653	149566185	58700131	8805657	7355948	3091337
635628	317478	27824754	11621030	1952023	752758	374764
1262408	533861	18611860	9426186	217616	1696349	703280
1203313	523179	15122749	7106092	215812	1656779	684594
59095	10682	3489111	2320094	1804	39570	18686
44257	45	1521519	253690	19702	41642	8273
44257	45	1521519	253690	19702	41642	8273
877552	347847	17930532	6407863	2146606	1240213	469612
730075	287015	9505267	5235887	1430853	1007759	315036
147477	60832	8425265	1171976	715753	232454	154576
1158409	696432	10914569	4360384	62069	836663	305062

4-8 续 1

指标名称	企业单位数（个）	亏损企业	工业总产值（当年价格）	工业销售产值（当年价格）	出口交货值
国有企业	3	2	5834824	5762184	
集体企业					
私营独资企业					
港澳台商独资经营企业					
外资企业					
合作、合伙企业	1		3241573	3184215	
股份合作企业					
国有联营企业					
集体联营企业					
国有与集体联营企业					
其他联营企业					
私营合伙企业					
合作经营企业（港或澳、台资）					
中外合作经营企业	1		3241573	3184215	
其他企业（内资）					
股份有限公司	11	2	15893737	14589460	
股份有限公司（内资）	9	1	14262671	13322196	
私营股份有限公司	2	1	1631066	1267264	
港澳台商投资股份有限公司					
外商投资股份有限公司					
有限责任公司	112	43	93135037	85652920	12048
国有独资公司	4	2	22907668	18099178	
私营有限责任公司	13	6	15556640	15196115	
合资经营企业（港或澳、台资）	2	1	425036	421769	
中外合资经营企业	3	3	3006318	2670628	346
其他有限责任公司	90	31	51239375	49265230	11702
三、在总计中：亏损企业	47	47	34926170	33407918	346
在总计中：国有控股企业	60	20	64929923	58550690	
在总计中：轻工业	10	3	7141359	6421418	
重工业	117	44	110963812	102767361	12048
在总计中：大型企业	40	11	83724568	76793963	
中型企业	87	36	34380603	32394816	12048
四、按行业分					
采矿业	60	18	59986115	53433321	
煤炭开采和洗选业	58	18	55551713	49203456	

单位:千元

年初存货		资产总计	流动资产合计			
	产成品			应收账款	存货	
						产成品
1158409	696432	10914569	4360384	62069	836663	305062
147477	60832	8425265	1171976	715753	232454	154576
147477	60832	8425265	1171976	715753	232454	154576
694723	328160	31313865	13941124	1953827	792328	393450
635628	317478	27824754	11621030	1952023	752758	374764
59095	10682	3489111	2320094	1804	39570	18686
10229644	4886524	230613678	102819102	14680590	11650370	5168794
1911201	1449632	54897958	31523302	4208566	1588242	1069554
1203313	523179	15122749	7106092	215812	1656779	684594
44257	45	1521519	253690	19702	41642	8273
730075	287015	9505267	5235887	1430853	1007759	315036
6340798	2626653	149566185	58700131	8805657	7355948	3091337
6132261	3108071	85365926	33236982	3418595	6557904	2969105
8063950	4008715	186985658	81038259	10609106	8433129	3781365
412588	198256	11255856	5294821	911245	504153	254179
11817665	5773692	270011521	116997765	16500994	13007662	5767703
8324007	4172704	195239527	92322168	12083495	8888877	4128353
3906246	1799244	86027850	29970418	5328744	4622938	1893529
3462632	2079315	171445863	78207132	9658267	3247693	1831110
3398445	2047082	170588005	77799592	9644120	3196399	1813810

4–8 续 2

指标名称	企业单位数（个）	亏损企业	工业总产值（当年价格）	工业销售产值（当年价格）	出口交货值
烟煤和无烟煤的开采洗选	58	18	55551713	49203456	
黑色金属矿采选业	2		4434402	4229865	
铁矿采选	2		4434402	4229865	
制造业	59	26	53873039	51547454	12048
农副食品加工业	2	2	833751	817805	
屠宰及肉类加工	2	2	833751	817805	
肉制品及副产品加工	2	2	833751	817805	
食品制造业	2		2117528	2116306	
焙烤食品制造	1		810577	857853	
饼干及其他焙烤食品制造	1		810577	857853	
液体乳及乳制品制造	1		1306951	1258453	
纺织服装、鞋、帽制造业	1		102786	104447	
纺织服装制造	1		102786	104447	
文教体育用品制造业	1		159995	186402	
玩具制造	1		159995	186402	
石油加工、炼焦及核燃料加工业	16	10	15118287	14525826	
化学原料及化学制品制造业	8	2	6108920	5967364	
基础化学原料制造	2	1	638761	638118	
无机盐制造	1	1	202564	202564	
其他基础化学原料制造	1		436197	435554	
肥料制造	2	1	2446028	2334300	
复混肥料制造	2	1	2446028	2334300	
合成材料制造	2		2593516	2533400	
初级形态的塑料及合成树脂制造	2		2593516	2533400	
专用化学产品制造	1		119815	141695	
专项化学用品制造	1		119815	141695	
日用化学产品制造	1		310800	319851	
肥皂及合成洗涤剂制造	1		310800	319851	
医药制造业	3		3804856	3074015	
中成药制造	2		1585379	1516784	
生物、生化制品的制造	1		2219477	1557231	
橡胶制品业	3	2	464394	461260	
轮胎制造	1	1	144838	132536	
力车胎制造	1	1	144838	132536	

单位：千元

年初存货	产成品	资产总计	流动资产合计	应收账款	存货	产成品
3398445	2047082	170588005	77799592	9644120	3196399	1813810
64187	32233	857858	407540	14147	51294	17300
64187	32233	857858	407540	14147	51294	17300
8325174	3892633	95874589	41233549	7346940	9727981	4190772
38880	22158	552444	271216	4556	64388	39800
38880	22158	552444	271216	4556	64388	39800
38880	22158	552444	271216	4556	64388	39800
77902	15447	1581611	1098515	73869	109797	24800
41679	14244	282153	109710	3994	53372	19015
41679	14244	282153	109710	3994	53372	19015
36223	1203	1299458	988805	69875	56425	5785
32111	28380	156402	135489	80830	28004	22783
32111	28380	156402	135489	80830	28004	22783
39503	29711	334098	180676	6208	30333	19074
39503	29711	334098	180676	6208	30333	19074
3622834	1505230	34540061	16111739	1724145	4482978	2114780
1006193	441110	19032088	5920633	825797	1317091	410674
217000	205524	2824880	259403	13001	146555	134870
202342	197626	236806	110217	-60589	137311	129079
14658	7898	2588074	149186	73590	9244	5791
664097	187513	8048542	4133173	643680	1027600	228375
664097	187513	8048542	4133173	643680	1027600	228375
56178	1862	3800559	848410	24392	101405	32058
56178	1862	3800559	848410	24392	101405	32058
42816	40288	3496881	423925	32221	13075	9922
42816	40288	3496881	423925	32221	13075	9922
26102	5923	861226	255722	112503	28456	5449
26102	5923	861226	255722	112503	28456	5449
221923	102560	8094342	3250715	744806	269361	147722
47675	33950	6546254	2301704	597559	58886	42426
174248	68610	1548088	949011	147247	210475	105296
158263	97535	682147	422785	173192	155181	71955
32251	30203	302811	184988	116713	40131	30203
32251	30203	302811	184988	116713	40131	30203

4-8 续 3

指标名称	企业单位数（个）	亏损企业	工业总产值（当年价格）	工业销售产值（当年价格）	出口交货值
橡胶板、管、带的制造	2	1	319556	328724	
塑料制品业	5	2	1165725	1113312	
塑料薄膜制造	3	2	520910	521383	
泡沫塑料制造	1		359637	303895	
塑料人造革、合成革制造	1		285178	288034	
非金属矿物制品业	5	3	12781716	12691432	
水泥、石灰和石膏的制造	1		233450	235550	
水泥及石膏制品制造	1	1	1134954	1128335	
玻璃及玻璃制品制造	3	2	11413312	11327547	
黑色金属冶炼及压延加工业	1		133720	109092	
炼铁	1		133720	109092	
有色金属冶炼及压延加工业	1		459620	459620	
常用有色金属冶炼	1		459620	459620	
铜冶炼	1		459620	459620	
金属制品业	4	1	1940886	1956362	
金属丝绳及其制品的制造	1	1	78368	88409	
不锈钢及类似日用金属制品制造	3		1862518	1867953	
通用设备制造业	2	1	954986	740603	
锅炉及原动机制造	2	1	954986	740603	
锅炉及辅助设备制造	2	1	954986	740603	
专用设备制造业	2		894010	733568	11702
矿山、冶金、建筑专用设备制造	1		728050	576378	11702
化工、木材、非金属加工专用设备	1		165960	157190	
电气机械及器材制造业	1	1	1120097	1057475	
其他电气机械及器材制造	1	1	1120097	1057475	
电力、燃气及水的生产和供应业	8	3	4246017	4208004	
电力、热力的生产和供应业	6	2	3966008	3927995	
电力生产	5	1	3596008	3557995	
火力发电	5	1	3596008	3557995	
热力生产和供应	1	1	370000	370000	
燃气生产和供应业	1		157566	157566	
水的生产和供应业	1	1	122443	122443	
自来水的生产和供应	1	1	122443	122443	

单位:千元

年初存货	产成品	资产总计	流动资产合计	应收账款	存货	产成品
126012	67332	379336	237797	56479	115050	41752
261171	72490	3237423	878250	87658	273874	98330
138079	25803	2123259	423323	78038	124326	33192
108361	45135	677280	355655	-31890	134817	62512
14731	1552	436884	99272	41510	14731	2626
1329988	689753	13377768	5231148	89330	1152001	392963
8945	6710	298998	179082	10316	9293	1537
73887	9109	922246	472752	30980	159406	102102
1247156	673934	12156524	4579314	48034	983302	289324
49145	33752	282446	127339	4037	33972	17153
49145	33752	282446	127339	4037	33972	17153
83733		376834	373900	179617	152209	
83733		376834	373900	179617	152209	
83733		376834	373900	179617	152209	
204869	141372	1394697	982160	513066	298841	165388
114382	94612	265564	199071	36861	136422	94612
90487	46760	1129133	783089	476205	162419	70776
314255	191156	2821257	2346777	1830602	297809	177780
314255	191156	2821257	2346777	1830602	297809	177780
314255	191156	2821257	2346777	1830602	297809	177780
187010	60555	2336533	1252791	591941	208539	75774
27827	9555	1981017	1041108	589608	50189	24774
159183	51000	355516	211683	2333	158350	51000
286862	146209	2626302	1310244	127245	309436	96727
286862	146209	2626302	1310244	127245	309436	96727
442447		13946925	2851905	407032	536141	
422358		12984649	2314598	387414	517614	
406728		11453536	1718765	382950	497063	
406728		11453536	1718765	382950	497063	
15630		1531113	595833	4464	20551	
17820		425317	179097	18642	16257	
2269		536959	358210	976	2270	
2269		536959	358210	976	2270	

4-8 续 4

指标名称	固定资产合计	固定资产原价	累计折旧	本年折旧
总　计	**110198279**	**145259932**	**63493756**	**7265020**
一、按登记注册类型分组:				
内资企业	101434113	135141896	59922373	6633830
国有企业	5605146	8386909	3869850	309080
中央企业	143833	202593	58760	8831
地方企业	5461313	8184316	3811090	300249
集体企业				
股份合作企业				
联营企业				
国有联营企业				
集体联营企业				
国有与集体联营企业				
其他联营企业				
有限责任公司	82235290	103993386	45363045	5152200
国有独资公司	20382398	22896688	13961575	1597209
其他有限责任公司	61852892	81096698	31401470	3554991
股份有限公司	6956178	12475473	5993320	328075
私营企业	6637499	10286128	4696158	844475
私营独资企业				
私营合作企业				
私营有限责任公司	5713007	8410436	3742419	707791
私营股份有限公司	924492	1875692	953739	136684
其他企业				
港、澳、台商投资企业	906592	1070220	163628	48151
合资经营企业(港或澳、台资)	906592	1070220	163628	48151
合作经营企业(港或澳、台资)				
港澳台商独资经营企业				
港澳台商投资股份有限公司				
外商投资企业	7857574	9047816	3407755	583039
中外合资经营企业	3577156	2757562	1397919	225023
中外合作经营企业	4280418	6290254	2009836	358016
外资企业				
外商投资股份有限公司				
二、按经济组织类型分组				
独资企业	5605146	8386909	3869850	309080

单位:千元

负债合计	流动负债合计	应付账款	非流动负债合计	所有者权益合计	实收资本	国家资本	集体资本
200678415	**155729321**	**38552373**	**42485656**	**80588946**	**36787742**	**20517987**	**2363748**
187000805	143199357	33843354	41338010	74814506	33184132	19276384	1305748
14230419	12962902	3012507	1267517	-3315850	831973	831973	
198146	198146	22969		157370	78453	78453	
14032273	12764756	2989538	1267517	-3473220	753520	753520	
145159710	107213795	25538307	36366691	59304423	26454726	18223051	696061
30660367	25955519	5878863	4704847	24237591	4498437	4233409	
114499343	81258276	19659444	31661844	35066832	21956289	13989642	696061
13943450	10695314	2132052	2363923	13881303	1934959	62510	109687
13667226	12327346	3160488	1339879	4944630	3962474	158850	500000
10392500	10124653	3151967	267846	4730245	3871534	158850	500000
3274726	2202693	8521	1072033	214385	90940		
1275173	1275173	52169		246346	580190	336680	
1275173	1275173	52169		246346	580190	336680	
12402437	11254791	4656850	1147646	5528094	3023420	904923	1058000
6698759	5801504	1913860	897255	2806508	1503560	69000	1058000
5703678	5453287	2742990	250391	2721586	1519860	835923	
14230419	12962902	3012507	1267517	-3315850	831973	831973	

4-8 续 5

指标名称	固定资产合计	固定资产原价	累计折旧	本年折旧
国有企业	5605146	8386909	3869850	309080
集体企业				
私营独资企业				
港澳台商独资经营企业				
外资企业				
合作、合伙企业	4280418	6290254	2009836	358016
股份合作企业				
国有联营企业				
集体联营企业				
国有与集体联营企业				
其他联营企业				
私营合伙企业				
合作经营企业(港或澳、台资)				
中外合作经营企业	4280418	6290254	2009836	358016
其他企业(内资)				
股份有限公司	7880670	14351165	6947059	464759
股份有限公司(内资)	6956178	12475473	5993320	328075
私营股份有限公司	924492	1875692	953739	136684
港澳台商投资股份有限公司				
外商投资股份有限公司				
有限责任公司	92432045	116231604	50667011	6133165
国有独资公司	20382398	22896688	13961575	1597209
私营有限责任公司	5713007	8410436	3742419	707791
合资经营企业(港或澳、台资)	906592	1070220	163628	48151
中外合资经营企业	3577156	2757562	1397919	225023
其他有限责任公司	61852892	81096698	31401470	3554991
三、在总计中:亏损企业	36582810	47513884	16561054	2423124
在总计中:国有控股企业	77930743	105754836	48366676	4943076
在总计中:轻工业	1892767	2251511	900689	117419
重工业	108305512	143008421	62593067	7147601
在总计中:大型企业	70984794	97165474	46759121	4845020
中型企业	39213485	48094458	16734635	2420000
四、按行业分				
采矿业	60287628	80961574	35891987	3739487
煤炭开采和洗选业	60031631	80396845	35583255	3699189

单位:千元

负债合计	流动负债合计	应付账款	非流动负债合计	所有者权益合计	实收资本	国家资本	集体资本
14230419	12962902	3012507	1267517	-3315850	831973	831973	
5703678	5453287	2742990	250391	2721586	1519860	835923	
5703678	5453287	2742990	250391	2721586	1519860	835923	
17218176	12898007	2140573	3435956	14095688	2025899	62510	109687
13943450	10695314	2132052	2363923	13881303	1934959	62510	109687
3274726	2202693	8521	1072033	214385	90940		
163526142	124415125	30656303	37531792	67087522	32410010	18787581	2254061
30660367	25955519	5878863	4704847	24237591	4498437	4233409	
10392500	10124653	3151967	267846	4730245	3871534	158850	500000
1275173	1275173	52169		246346	580190	336680	
6698759	5801504	1913860	897255	2806508	1503560	69000	1058000
114499343	81258276	19659411	31661844	35066832	21956289	13989642	696061
84994471	65792096	15456093	18629520	371451	13866363	7003837	1449930
135842355	104138056	25188825	29737401	51143297	24598766	19864612	581524
4089649	3447175	346639	458878	7166207	1241659	79230	35220
196588766	152282146	38205734	42026778	73422739	35546083	20438757	2328528
127221917	103262472	25275299	21976145	68017600	23395426	13856442	1872321
73456498	52466849	13277074	20509511	12571346	13392316	6661545	491427
107229719	83000577	19994593	22784263	64216130	14670219	8416946	531901
106822765	82628193	19945666	22766110	63765227	14606219	8416946	531901

4-8 续 6

指标名称	固定资产合计	固定资产原价	累计折旧	本年折旧
烟煤和无烟煤的开采洗选	60031631	80396845	35583255	3699189
黑色金属矿采选业	255997	564729	308732	40298
铁矿采选	255997	564729	308732	40298
制造业	41092929	48647802	20701628	2840347
农副食品加工业	226963	224683	23556	18182
屠宰及肉类加工	226963	224683	23556	18182
肉制品及副产品加工	226963	224683	23556	18182
食品制造业	270483	436785	166302	22856
焙烤食品制造	161780	285318	123538	21542
饼干及其他焙烤食品制造	161780	285318	123538	21542
液体乳及乳制品制造	108703	151467	42764	1314
纺织服装、鞋、帽制造业	20913	31587	10674	1540
纺织服装制造	20913	31587	10674	1540
文教体育用品制造业	110907	161381	50665	6742
玩具制造	110907	161381	50665	6742
石油加工、炼焦及核燃料加工业	14884944	18202989	7069779	1365601
化学原料及化学制品制造业	11134998	9225130	5508524	359690
基础化学原料制造	2509270	846584	130918	56743
无机盐制造	70382	152231	81849	7674
其他基础化学原料制造	2438888	694353	49069	49069
肥料制造	3915369	5501210	4183310	130322
复混肥料制造	3915369	5501210	4183310	130322
合成材料制造	1441358	2390701	950025	126508
初级形态的塑料及合成树脂制造	1441358	2390701	950025	126508
专用化学产品制造	3041846	34446	19237	15209
专项化学用品制造	3041846	34446	19237	15209
日用化学产品制造	227155	452189	225034	30908
肥皂及合成洗涤剂制造	227155	452189	225034	30908
医药制造业	1102088	968142	376772	51089
中成药制造	503011	552457	236687	30368
生物、生化制品的制造	599077	415685	140085	20721
橡胶制品业	185109	349340	187537	22359
轮胎制造	111923	193912	82282	11700
力车胎制造	111923	193912	82282	11700

单位:千元

负债合计	流动负债合计	应付账款	非流动负债合计	所有者权益合计	实收资本	国家资本	集体资本
106822765	82628193	19945666	22766110	63765227	14606219	8416946	531901
406954	372384	48927	18153	450903	64000		
406954	372384	48927	18153	450903	64000		
81894824	67055831	17442350	14604712	13979764	19719680	9900308	1821847
553656	130697	19586	249363	-1212	121780		
553656	130697	19586	249363	-1212	121780		
553656	130697	19586	249363	-1212	121780		
841783	841783	53913		739828	119500		
110532	110532	53913		171621	105000		
110532	110532	53913		171621	105000		
731251	731251			568207	14500		
121608	121608	75874		34794	24880		24880
121608	121608	75874		34794	24880		24880
181568	175022	95421	6546	152530	100000		
181568	175022	95421	6546	152530	100000		
29223174	24260124	8367751	4912380	5316886	8423358	5637453	1645047
14309995	10721223	1751715	3588759	4722091	3126826	1880214	33000
2301520	994985	366213	1306535	523360	513160		
157809	157809	52004		78997	13160		
2143711	837176	314209	1306535	444363	500000		
5648364	4279844	557518	1368508	2400177	1220232	1220232	
5648364	4279844	557518	1368508	2400177	1220232	1220232	
2986333	2187166	423137	799166	814225	700000	285000	33000
2986333	2187166	423137	799166	814225	700000	285000	33000
3101881	3067331	379057	34550	395000	380000	374982	
3101881	3067331	379057	34550	395000	380000	374982	
271897	191897	25790	80000	589329	313434		
271897	191897	25790	80000	589329	313434		
2041914	1839800	101845	192114	6052428	821979	25710	10340
1582527	1504640	54361	67887	4963727	752779	9050	
459387	335160	47484	124227	1088701	69200	16660	10340
287406	285726	61961	1680	394741	240645	9100	
39805	38125	31045	1680	263006	145560		
39805	38125	31045	1680	263006	145560		

4–8 续 7

指标名称	固定资产合计	固定资产原价	累计折旧	本年折旧
橡胶板、管、带的制造	73186	155428	105255	10659
塑料制品业	1942509	3157051	1214851	219073
塑料薄膜制造	1378671	2244037	865366	97695
泡沫塑料制造	299138	559270	260441	49065
塑料人造革、合成革制造	264700	353744	89044	72313
非金属矿物制品业	7140788	10518123	4647739	522216
水泥、石灰和石膏的制造	119916	209003	89087	15603
水泥及石膏制品制造	449494	777197	332671	61739
玻璃及玻璃制品制造	6571378	9531923	4225981	444874
黑色金属冶炼及压延加工业	109657	150321	40663	5463
炼铁	109657	150321	40663	5463
有色金属冶炼及压延加工业	2481	5896	3415	363
常用有色金属冶炼	2481	5896	3415	363
铜冶炼	2481	5896	3415	363
金属制品业	327163	551127	249926	31597
金属丝绳及其制品的制造	39919	164377	126883	3256
不锈钢及类似日用金属制品制造	287244	386750	123043	28341
通用设备制造业	309265	419833	110568	31390
锅炉及原动机制造	309265	419833	110568	31390
锅炉及辅助设备制造	309265	419833	110568	31390
专用设备制造业	757857	965679	207822	13416
矿山、冶金、建筑专用设备制造	614024	763086	149062	4585
化工、木材、非金属加工专用设备	143833	202593	58760	8831
电气机械及器材制造业	568345	556477	108036	37234
其他电气机械及器材制造	568345	556477	108036	37234
电力、燃气及水的生产和供应业	8817722	15650556	6900141	685186
电力、热力的生产和供应业	8537297	15063110	6587920	658702
电力生产	7613432	13858450	6255019	578414
火力发电	7613432	13858450	6255019	578414
热力生产和供应	923865	1204660	332901	80288
燃气生产和供应业	119012	158513	39501	9474
水的生产和供应业	161413	428933	272720	17010
自来水的生产和供应	161413	428933	272720	17010

单位：千元

负债合计	流动负债合计	应付账款	非流动负债合计	所有者权益合计	实收资本	国家资本	集体资本
247601	247601	30916		131735	95085	9100	
6339100	2508649	260214	3830450	-3101677	1009587	218160	
5602893	1772996	130222	3829896	-3479634	759587	218160	
376848	376294		554	300432	150000		
359359	359359	129992		77525	100000		
16256554	14997892	3257129	1258662	-2878786	1359811	700000	
164852	164852	109352		134146	50000		
1457174	1457174	127643		-534928	389811		
14634528	13375866	3020134	1258662	-2478004	920000	700000	
292384	292384	79607		-9937	10000	9900	
292384	292384	79607		-9937	10000	9900	
329246	329246	119993		47588	35000		
329246	329246	119993		47588	35000		
329246	329246	119993		47588	35000		
1155908	1155908	879137		238790	182114	91014	59580
202306	202306	67951		63258	91014	91014	
953602	953602	811186		175532	91100		59580
2419975	2414573	1106883	5401	401282	150354	81304	49000
2419975	2414573	1106883	5401	401282	150354	81304	49000
2419975	2414573	1106883	5401	401282	150354	81304	49000
1658153	1361153	522362	297000	678380	758453	78453	
1460007	1163007	499393	297000	521010	680000		
198146	198146	22969		157370	78453	78453	
1169443	1161843	412885	7600	1456859	1835393		
1169443	1161843	412885	7600	1456859	1835393		
11553872	5672913	1115430	5096681	2393052	2397843	2200733	10000
11080311	5210207	1094045	5085826	1904337	2044133	2012133	10000
9451093	4419120	976304	4247695	2002442	2034133	2012133	10000
9451093	4419120	976304	4247695	2002442	2034133	2012133	10000
1629218	791087	117741	838131	-98105	10000		
124441	124441	21385		300876	300190	135080	
349120	338265		10855	187839	53520	53520	
349120	338265		10855	187839	53520	53520	

4-8 续 8

指标名称	法人资本	个人资本	港澳台资本	外商资本
总 计	7769205	5026173	120000	990628
一、按登记注册类型分组:				
内资企业	7455826	5026173	120000	
国有企业				
中央企业				
地方企业				
集体企业				
股份合作企业				
联营企业				
国有联营企业				
集体联营企业				
国有与集体联营企业				
其他联营企业				
有限责任公司	3911746	3623867		
国有独资公司	265028			
其他有限责任公司	3646718	3623867		
股份有限公司	1382537	380225		
私营企业	2161543	1022081	120000	
私营独资企业				
私营合作企业				
私营有限责任公司	2100543	992141	120000	
私营股份有限公司	61000	29940		
其他企业				
港、澳、台商投资企业	243510			
合资经营企业(港或澳、台资)	243510			
合作经营企业(港或澳、台资)				
港澳台商独资经营企业				
港澳台商投资股份有限公司				
外商投资企业	69869			990628
中外合资经营企业	69869			306691
中外合作经营企业				683937
外资企业				
外商投资股份有限公司				
二、按经济组织类型分组				
独资企业				

单位:千元

营业收入	主营业务收入	营业成本	主营业务成本	营业税金及附加	主营业务税金及附加	销售费用	管理费用	税金	财务费用
105647405	97228791	79676134	71797528	3443271	3300657	2796044	9386676	292266	4093269
99006869	90603881	74639109	66873339	3158053	3017864	2533561	8989403	273575	3804090
6069917	5362024	5667265	4972880	44461	37591	23779	482937	10613	343751
156683	156683	120450	120450	2	2	1859	30527		-1284
5913234	5205341	5546815	4852430	44459	37589	21920	452410	10613	345035
70557593	63245638	52541505	45788672	2633179	2499860	1272915	7112561	191295	2855621
19528873	14655628	15623752	10758082	850928	850928	239701	1475907	24622	145411
51028720	48590010	36917753	35030590	1782251	1648932	1033214	5636654	166673	2710210
8892061	8738583	4455395	4344775	388338	388338	977355	969584	40382	359489
13487298	13257636	11974944	11767012	92075	92075	259512	424321	31285	245229
12411582	12188136	11190316	10991108	75057	75057	259173	335525	25690	101334
1075716	1069500	784628	775904	17018	17018	339	88796	5595	143895
424545	421770	299657	298635	1956	1956	35416	58878	5022	40589
424545	421770	299657	298635	1956	1956	35416	58878	5022	40589
6215991	6203140	4737368	4625554	283262	280837	227067	338395	13669	248590
3031776	3028434	2798317	2686503	12185	9760	127316	139019	11245	114349
3184215	3174706	1939051	1939051	271077	271077	99751	199376	2424	134241
6069917	5362024	5667265	4972880	44461	37591	23779	482937	10613	343751

4-8 续 9

指标名称	法人资本	个人资本	港澳台资本	外商资本
国有企业				
集体企业				
私营独资企业				
港澳台商独资经营企业				
外资企业				
合作、合伙企业				683937
股份合作企业				
国有联营企业				
集体联营企业				
国有与集体联营企业				
其他联营企业				
私营合伙企业				
合作经营企业(港或澳、台资)				
中外合作经营企业				683937
其他企业(内资)				
股份有限公司	1443537	410165		
股份有限公司(内资)	1382537	380225		
私营股份有限公司	61000	29940		
港澳台商投资股份有限公司				
外商投资股份有限公司				
有限责任公司	6325668	4616008	120000	306691
国有独资公司	265028			
私营有限责任公司	2100543	992141	120000	
合资经营企业(港或澳、台资)	243510			
中外合资经营企业	69869			306691
其他有限责任公司	3646718	3623867		
三、在总计中:亏损企业	3375544	1610361	120000	306691
在总计中:国有控股企业	2845429	623263		683937
在总计中:轻工业	706984	420225		
重工业	7062221	4605948	120000	990628
在总计中:大型企业	5445344	1417382	120000	683937
中型企业	2323861	3608791		306691
四、按行业分				
采矿业	4021634	1015800		683937
煤炭开采和洗选业	4021634	951800		683937

单位:千元

营业收入	主营业务收入	营业成本	主营业务成本	营业税金及附加	主营业务税金及附加	销售费用	管理费用	税金	财务费用
6069917	5362024	5667265	4972880	44461	37591	23779	482937	10613	343751
3184215	3174706	1939051	1939051	271077	271077	99751	199376	2424	134241
3184215	3174706	1939051	1939051	271077	271077	99751	199376	2424	134241
9967777	9808083	5240023	5120679	405356	405356	977694	1058380	45977	503384
8892061	8738583	4455395	4344775	388338	388338	977355	969584	40382	359489
1075716	1069500	784628	775904	17018	17018	339	88796	5595	143895
86425496	78883978	66829795	59764918	2722377	2586633	1694820	7645983	233252	3111893
19528873	14655628	15623752	10758082	850928	850928	239701	1475907	24622	145411
12411582	12188136	11190316	10991108	75057	75057	259173	335525	25690	101334
424545	421770	299657	298635	1956	1956	35416	58878	5022	40589
3031776	3028434	2798317	2686503	12185	9760	127316	139019	11245	114349
51028720	48590010	36917753	35030590	1782251	1648932	1033214	5636654	166673	2710210
31449052	25673918	29102328	23190776	372546	363251	381538	2380934	71534	1954504
60937994	54470700	44436854	38508401	2744074	2603933	990320	5767117	149867	2773781
6454723	6427740	4220288	4204092	31878	31878	1085922	474748	24013	53138
99192682	90801051	75455846	67593436	3411393	3268779	1710122	8911928	268253	4040131
72914104	66286997	52743076	46586195	2809678	2673874	1882764	6655409	185290	2625321
32733301	30941794	26933058	25211333	633593	626783	913280	2731267	106976	1467948
50459267	49542389	30879234	30494194	3247761	3115169	971436	6420417	164742	1930013
46134002	45217124	27645031	27259991	3238869	3106277	915875	5511429	154163	1888636

4-8 续 10

指标名称	法人资本	个人资本	港澳台资本	外商资本
烟煤和无烟煤的开采洗选	4021634	951800		683937
黑色金属矿采选业		64000		
铁矿采选		64000		
制造业	3569461	4001373	120000	306691
农副食品加工业	81780	40000		
屠宰及肉类加工	81780	40000		
肉制品及副产品加工	81780	40000		
食品制造业	119500			
焙烤食品制造	105000			
饼干及其他焙烤食品制造	105000			
液体乳及乳制品制造	14500			
纺织服装、鞋、帽制造业				
纺织服装制造				
文教体育用品制造业		100000		
玩具制造		100000		
石油加工、炼焦及核燃料加工业	519528	621330		
化学原料及化学制品制造业	9160	1204452		
基础化学原料制造	9160	504000		
无机盐制造	9160	4000		
其他基础化学原料制造		500000		
肥料制造				
复混肥料制造				
合成材料制造		382000		
初级形态的塑料及合成树脂制造		382000		
专用化学产品制造		5018		
专项化学用品制造		5018		
日用化学产品制造		313434		
肥皂及合成洗涤剂制造		313434		
医药制造业	505704	280225		
中成药制造	492704	251025		
生物、生化制品的制造	13000	29200		
橡胶制品业	69869	85985		75691
轮胎制造	69869			75691
力车胎制造	69869			75691

单位:千元

营业收入	主营业务收入	营业成本	主营业务成本	营业税金及附加	主营业务税金及附加	销售费用	管理费用	税金	财务费用
46134002	45217124	27645031	27259991	3238869	3106277	915875	5511429	154163	1888636
4325265	4325265	3234203	3234203	8892	8892	55561	908988	10579	41377
4325265	4325265	3234203	3234203	8892	8892	55561	908988	10579	41377
50834291	43451758	45214110	37740357	155377	145355	1765869	2649205	123582	1801719
824785	824785	795727	795727			6203	26445	370	15660
824785	824785	795727	795727			6203	26445	370	15660
824785	824785	795727	795727			6203	26445	370	15660
2106002	2103058	1745929	1745252	7245	7245	160170	35009	1875	12876
847549	844605	558665	557988	7194	7194	128912	14896	1875	-168
847549	844605	558665	557988	7194	7194	128912	14896	1875	-168
1258453	1258453	1187264	1187264	51	51	31258	20113		13044
104447	104447	78192	78192	833	833	3255	30636	9530	321
104447	104447	78192	78192	833	833	3255	30636	9530	321
272224	256191	205394	189876	1623	1623	30927	18631	1477	1164
272224	256191	205394	189876	1623	1623	30927	18631	1477	1164
14423337	14363287	13557122	13439736	21449	21449	323803	528747	29354	661842
6191306	6163588	5086975	5066650	35635	35587	224345	455454	28628	317458
620828	619585	625507	625507	30	30	6014	14224	1778	162
196470	195227	218180	218180	30	30		3356		162
424358	424358	407327	407327			6014	10868	1778	
2693563	2686898	2111892	2110049	21595	21595	120353	269879	8480	170566
2693563	2686898	2111892	2110049	21595	21595	120353	269879	8480	170566
2247611	2230297	1962903	1946798	3691	3691	58811	76060	5015	77333
2247611	2230297	1962903	1946798	3691	3691	58811	76060	5015	77333
202764	202764	121670	121670	6992	6992		10811	10811	63291
202764	202764	121670	121670	6992	6992		10811	10811	63291
426540	424044	265003	262626	3327	3279	39167	84480	2544	6106
426540	424044	265003	262626	3327	3279	39167	84480	2544	6106
3016892	3016816	1310910	1310909	21668	21668	879036	316296	9547	23407
1499733	1499733	616423	616423	14376	14376	573462	153229	6287	30372
1517159	1517083	694487	694486	7292	7292	305574	163067	3260	-6965
444255	444200	398692	398666	2344	2344	21420	36902	2077	7652
132536	132536	121034	121034	778	778	12288	18107	1267	-891
132536	132536	121034	121034	778	778	12288	18107	1267	-891

4-8 续 11

指标名称	法人资本	个人资本	港澳台资本	外商资本
橡胶板、管、带的制造		85985		
塑料制品业	519427	272000		
塑料薄膜制造	439427	102000		
泡沫塑料制造		150000		
塑料人造革、合成革制造	80000	20000		
非金属矿物制品业		659811		
水泥、石灰和石膏的制造		50000		
水泥及石膏制品制造		389811		
玻璃及玻璃制品制造		220000		
黑色金属冶炼及压延加工业	100			
炼铁	100			
有色金属冶炼及压延加工业	35000			
常用有色金属冶炼	35000			
铜冶炼	35000			
金属制品业		31520		
金属丝绳及其制品的制造				
不锈钢及类似日用金属制品制造		31520		
通用设备制造业		20050		
锅炉及原动机制造		20050		
锅炉及辅助设备制造		20050		
专用设备制造业		680000		
矿山、冶金、建筑专用设备制造		680000		
化工、木材、非金属加工专用设备				
电气机械及器材制造业	1709393	6000	120000	
其他电气机械及器材制造	1709393	6000	120000	
电力、燃气及水的生产和供应业	178110	9000		
电力、热力的生产和供应业	13000	9000		
电力生产	3000	9000		
火力发电	3000	9000		
热力生产和供应	10000			
燃气生产和供应业	165110			
水的生产和供应业				
自来水的生产和供应				

单位:千元

营业收入	主营业务收入	营业成本	主营业务成本	营业税金及附加	主营业务税金及附加	销售费用	管理费用	税金	财务费用
311719	311664	277658	277632	1566	1566	9132	18795	810	8543
1169135	1144999	969644	949950	4714	4714	16586	137738	6550	110042
531289	522740	443974	434464	2395	2395	8926	102943	4963	95776
336144	333444	288966	288966	1786	1786	1358	12446	900	12042
301702	288815	236704	226520	533	533	6302	22349	687	2224
10318560	9599765	9923911	9221266	45631	38761	32161	468985	15409	380114
235550	235550	227954	227954	424	424		2218	161	4576
682292	674032	706016	697756	152	152		24805	2276	12965
9400718	8690183	8989941	8295556	45055	38185	32161	441962	12972	362573
121368	121368	109092	109092			58	3569	82	55
121368	121368	109092	109092			58	3569	82	55
472249	451097	446667	430501	44	44	1672	16679	673	8987
472249	451097	446667	430501	44	44	1672	16679	673	8987
472249	451097	446667	430501	44	44	1672	16679	673	8987
3403691	1899723	3262333	1764522	5115	5115	13870	93818	3280	4961
80292	79053	52921	52921	1668	1668	11352	23314		251
3323399	1820670	3209412	1711601	3447	3447	2518	70504	3280	4710
603155	563186	439631	419168	4075	3396	9095	111388	1786	37897
603155	563186	439631	419168	4075	3396	9095	111388	1786	37897
603155	563186	439631	419168	4075	3396	9095	111388	1786	37897
737517	734151	652703	651084	1044	1044	9085	70393	1666	14150
580834	577468	532253	530634	1042	1042	7226	39866	1666	15434
156683	156683	120450	120450	2	2	1859	30527		-1284
1089257	993158	1024534	939756	1517	1517	12681	52184	3042	15200
1089257	993158	1024534	939756	1517	1517	12681	52184	3042	15200
4353847	4234644	3582790	3562977	40133	40133	58739	317054	3942	361537
4064410	3954635	3413658	3394466	37682	37682	21257	247683	2502	362837
3646714	3549265	3033927	3014735	37525	37525	126	222400	2255	361404
3646714	3549265	3033927	3014735	37525	37525	126	222400	2255	361404
417696	405370	379731	379731	157	157	21131	25283	247	1433
159064	157566	84996	84375	1942	1942	31151	21640	226	-1010
130373	122443	84136	84136	509	509	6331	47731	1214	-290
130373	122443	84136	84136	509	509	6331	47731	1214	-290

4-8 续 12

指标名称			营业利润	资产减值损失	公允价值变动收益	投资收益
	利息收入	利息支出				
总　计	**451894**	**4448187**	**6385517**	**243916**	**13866**	**363576**
一、按登记注册类型分组:						
内资企业	450672	4187913	6053733	169292	13866	326524
国有企业	37036	220561	-519807	20276		-7255
中央企业		-1284	5129			
地方企业	37036	221845	-524936	20276		-7255
集体企业						
股份合作企业						
联营企业						
国有联营企业						
集体联营企业						
国有与集体联营企业						
其他联营企业						
有限责任公司	426379	3429589	4221990	144213	13866	210540
国有独资公司	436663	782774	1244492	51504		102822
其他有限责任公司	-10284	2646815	2977498	92709	13866	107718
股份有限公司	3096	328023	1857822	4803		120725
私营企业	-15839	209740	493728			2514
私营独资企业						
私营合作企业						
私营有限责任公司	-15839	79677	452689			2514
私营股份有限公司		130063	41039			
其他企业						
港、澳、台商投资企业	1099	41578	-12040	88		
合资经营企业(港或澳、台资)	1099	41578	-12040	88		
合作经营企业(港或澳、台资)						
港澳台商独资经营企业						
港澳台商投资股份有限公司						
外商投资企业	123	218696	343824	74536		37052
中外合资经营企业	3434	102683	-194324	71965		37052
中外合作经营企业	-3311	116013	538148	2571		
外资企业						
外商投资股份有限公司						
二、按经济组织类型分组						
独资企业	37036	220561	-519807	20276		-7255

单位：千元

营业外收入	补贴收入	营业外支出	利润总额	应交所得税	亏损企业亏损总额	利税总额	本年应付职工薪酬	本年应交增值税	全部从业人员年平均人数(人)
411281	**135064**	**463511**	**6333282**	**1954527**	**2896146**	**20462601**	**11644505**	**6280665**	**194583**
360912	127683	434379	5980261	1757072	2686028	19159051	10979466	5846720	186099
13520	611	58366	−564653	5251	569908	−877429	934639	207031	9955
129		3	5255			10384	30280		382
13391	611	58363	−569908	5251	569908	−887813	904359	207031	9573
286452	86682	175615	4332821	1202933	1812856	14190709	8538253	4464853	139626
7996	1880	8106	1244382	213834	95364	3754530	2946271	1228517	48270
278456	84802	167509	3088439	989099	1717492	10436179	5591982	3236336	91356
30847	5134	140612	1748058	397319	114316	4488384	909262	882504	16660
30093	35256	59786	464035	151569	188948	1357387	597312	292332	19858
22501	35256	46113	429077	142276	186731	1195644	533317	206586	18000
7592		13673	34958	9293	2217	161743	63995	85746	1858
446		116	−11711	5154	32329	9410	72922	−3524	824
446		116	−11711	5154	32329	9410	72922	−3524	824
49923	7381	29016	364732	192301	177789	1294140	592117	437469	7660
44999	7381	28465	−177789	957	177789	−132902	124310	91096	3929
4924		551	542521	191344		1427042	467807	346373	3731
13520	611	58366	−564653	5251	569908	−877429	934639	207031	9955

4-8续13

指标名称	利息收入	利息支出	营业利润	资产减值损失	公允价值变动收益	投资收益
国有企业	37036	220561	-519807	20276		-7255
集体企业						
私营独资企业						
港澳台商独资经营企业						
外资企业						
合作、合伙企业	-3311	116013	538148	2571		
股份合作企业						
国有联营企业						
集体联营企业						
国有与集体联营企业						
其他联营企业						
私营合伙企业						
合作经营企业(港或澳、台资)						
中外合作经营企业	-3311	116013	538148	2571		
其他企业(内资)						
股份有限公司	3096	458086	1898861	4803		120725
股份有限公司(内资)	3096	328023	1857822	4803		120725
私营股份有限公司		130063	41039			
港澳台商投资股份有限公司						
外商投资股份有限公司						
有限责任公司	415073	3653527	4468315	216266	13866	250106
国有独资公司	436663	782774	1244492	51504		102822
私营有限责任公司	-15839	79677	452689			2514
合资经营企业(港或澳、台资)	1099	41578	-12040	88		
中外合资经营企业	3434	102683	-194324	71965		37052
其他有限责任公司	-10284	2646815	2977498	92709	13866	107718
三、在总计中:亏损企业	121250	1696495	-2820537	114240		36511
在总计中:国有控股企业	421629	3138445	4358481	155231	13866	274005
在总计中:轻工业	-922	61116	574160	14589		
重工业	452816	4387071	5811357	229327	13866	363576
在总计中:大型企业	305547	3188800	6400893	130957		333995
中型企业	146347	1259387	-15376	112959	13866	29581
四、按行业分						
采矿业	332875	2645704	7201347	100095		291041
煤炭开采和洗选业	332875	2605275	7125103	100095		291041

单位:千元

营业外收入	补贴收入	营业外支出	利润总额	应交所得税	亏损企业亏损总额	利税总额	本年应付职工薪酬	本年应交增值税	全部从业人员年平均人数(人)
13520	611	58366	-564653	5251	569908	-877429	934639	207031	9955
4924		551	542521	191344		1427042	467807	346373	3731
4924		551	542521	191344		1427042	467807	346373	3731
38439	5134	154285	1783016	406612	116533	4650127	973257	968250	18518
30847	5134	140612	1748058	397319	114316	4488384	909262	882504	16660
7592		13673	34958	9293	2217	161743	63995	85746	1858
354398	129319	250309	4572398	1351320	2209705	15262861	9268802	4759011	162379
7996	1880	8106	1244382	213834	95364	3754530	2946271	1228517	48270
22501	35256	46113	429077	142276	186731	1195644	533317	206586	18000
446		116	-11711	5154	32329	9410	72922	-3524	824
44999	7381	28465	-177789	957	177789	-132902	124310	91096	3929
278456	84802	167509	3088439	989099	1717492	10436179	5591982	3236336	91356
134954	25829	210566	-2896146	35976	2896146	-3173081	2542850	1021719	51944
239370	63522	207202	4390646	1324004	1710097	14016646	8841080	4453938	128691
24570	19141	9213	589516	98080	21692	1594170	482496	412154	9992
386711	115923	454298	5743766	1856447	2874454	18868431	11162009	5868511	184591
237343	87547	361263	6276974	1727699	1416738	18137570	8793819	4956585	138059
173938	47517	102248	56308	226828	1479408	2325031	2850686	1324080	56524
137979	63134	280027	7059300	1711255	949768	19775432	7986980	4914724	123821
136896	63134	279463	6982537	1703732	949768	19632035	7882595	4878078	120246

4-8 续 14

指标名称	利息收入	利息支出	营业利润	资产减值损失	公允价值变动收益	投资收益
烟煤和无烟煤的开采洗选	332875	2605275	7125103	100095		291041
黑色金属矿采选业		40429	76244			
铁矿采选		40429	76244			
制造业	87466	1577057	-856197	150661		46468
农副食品加工业	-3	15275	-19239	-11		
屠宰及肉类加工	-3	15275	-19239	-11		
肉制品及副产品加工	-3	15275	-19239	-11		
食品制造业	-206	13044	144773			
焙烤食品制造	-206		138050			
饼干及其他焙烤食品制造	-206		138050			
液体乳及乳制品制造		13044	6723			
纺织服装、鞋、帽制造业	56	369	-8817	27		
纺织服装制造	56	369	-8817	27		
文教体育用品制造业	722	1850	14485			
玩具制造	722	1850	14485			
石油加工、炼焦及核燃料加工业	-6000	623583	-640344	10280		39566
化学原料及化学制品制造业	52648	278686	64986	20610		14157
基础化学原料制造	10	161	-25109			
无机盐制造	5	161	-25258			
其他基础化学原料制造	5		149			
肥料制造	51567	131770	-15862	18942		3802
复混肥料制造	51567	131770	-15862	18942		3802
合成材料制造	777	77076	69590	223		1000
初级形态的塑料及合成树脂制造	777	77076	69590	223		1000
专用化学产品制造		63291				
专项化学用品制造		63291				
日用化学产品制造	294	6388	36367	1445		9355
肥皂及合成洗涤剂制造	294	6388	36367	1445		9355
医药制造业	-1119	30578	451002	14573		
中成药制造	-9417	29310	97298	14573		
生物、生化制品的制造	8298	1268	353704			
橡胶制品业	12	7960	-22744	-11		
轮胎制造		-160	-18650	-130		
力车胎制造		-160	-18650	-130		

单位:千元

营业外收入	补贴收入	营业外支出	利润总额	应交所得税	亏损企业亏损总额	利税总额	本年应付职工薪酬	本年应交增值税	全部从业人员年平均人数(人)
136896	63134	279463	6982537	1703732	949768	19632035	7882595	4878078	120246
1083		564	76763	7523		143397	104385	36646	3575
1083		564	76763	7523		143397	104385	36646	3575
229920	71264	175788	-802070	202732	1898456	383916	3222813	1179107	64936
3071	2771	623	-16791		16791	89031	49752	116371	1391
3071	2771	623	-16791		16791	89031	49752	116371	1391
3071	2771	623	-16791		16791	89031	49752	116371	1391
392	252	52	145113	34597		349984	134327	60098	3133
392	252	52	138390	34597		336442	85002	60002	2683
392	252	52	138390	34597		336442	85002	60002	2683
			6723			13542	49325	96	450
10889	10674	138	1933			11098	45677	8332	673
10889	10674	138	1933			11098	45677	8332	673
38		3827	10696	2674		38714	17411	13533	647
38		3827	10696	2674		38714	17411	13533	647
73638	8942	80298	-647004	42098	863680	-439232	595706	397807	15619
56304	5734	9717	111572	39937	29152	329537	537818	115262	11040
2167		54	-22996		25264	-22395	35289	422	872
7		13	-25264		25264	-24812	8824	422	305
2160		41	2268			2417	26465		567
43244	2918	7944	19438	13533	3888	50761	329226	47185	5918
43244	2918	7944	19438	13533	3888	50761	329226	47185	5918
5284		1010	73863	18465		184711	80466	41258	1736
5284		1010	73863	18465		184711	80466	41258	1736
						6992	45530	-5437	632
						6992	45530	-5437	632
5609	2816	709	41267	7939		109468	47307	31834	1882
5609	2816	709	41267	7939		109468	47307	31834	1882
7033	5144	4569	453466	60809		1114178	205184	209710	3172
6073	5144	2406	100965	14125		341708	178108	143445	2411
960		2163	352501	46684		772470	27076	66265	761
2482	2016	650	-20911	490	22814	-26970	61226	16685	1606
346		360	-18663		18663	-30829	21911	6484	352
346		360	-18663		18663	-30829	21911	6484	352

4-8 续 15

指标名称	利息收入	利息支出	营业利润	资产减值损失	公允价值变动收益	投资收益
橡胶板、管、带的制造	12	8120	-4094	119		
塑料制品业	171	94770	-69655	61		
塑料薄膜制造	-2	80884	-122789	61		
泡沫塑料制造	167	11668	19546			
塑料人造革、合成革制造	6	2218	33588			
非金属矿物制品业	37790	256958	-559773	20276		-7255
水泥、石灰和石膏的制造		4576	378			
水泥及石膏制品制造		12963	-61646			
玻璃及玻璃制品制造	37790	239419	-498505	20276		-7255
黑色金属冶炼及压延加工业	2	24	8594			
炼铁	2	24	8594			
有色金属冶炼及压延加工业	60	8497	-2018	218		
常用有色金属冶炼	60	8497	-2018	218		
铜冶炼	60	8497	-2018	218		
金属制品业	2248	6838	22249	1345		
金属丝绳及其制品的制造	2	4	-9295	81		
不锈钢及类似日用金属制品制造	2246	6834	31544	1264		
通用设备制造业	1170	38414	-10133	11198		
锅炉及原动机制造	1170	38414	-10133	11198		
锅炉及辅助设备制造	1170	38414	-10133	11198		
专用设备制造业	-90	14041	-9859			
矿山、冶金、建筑专用设备制造	-90	15325	-14988			
化工、木材、非金属加工专用设备		-1284	5129			
电气机械及器材制造业	22	15186	-16859			
其他电气机械及器材制造	22	15186	-16859			
电力、燃气及水的生产和供应业	31553	225426	40367	-6840	13866	26067
电力、热力的生产和供应业	30839	225426	28066	-6840	13866	26067
电力生产	30549	223403	38105	-6840	13866	26067
火力发电	30549	223403	38105	-6840	13866	26067
热力生产和供应	290	2023	-10039			
燃气生产和供应业	1086		20345			
水的生产和供应业	-372		-8044			
自来水的生产和供应	-372		-8044			

单位:千元

营业外收入	补贴收入	营业外支出	利润总额	应交所得税	亏损企业亏损总额	利税总额	本年应付职工薪酬	本年应交增值税	全部从业人员年平均人数(人)
2136	2016	290	-2248	490	4151	3859	39315	10201	1254
9911	100	6853	-66601		117391	-34097	118673	13386	2605
8068		2064	-116785		117391	-104360	81707	13576	1695
58		3055	16549			36095	23111	-190	560
1785	100	1734	33635			34168	13855		350
11727	311	59670	-607716	11832	633387	-945098	985764	222345	14527
			378			4755	6400	3953	396
120		52	-61578		61578	-121957	45350	1267	1812
11607	311	59618	-546516	11832	571809	-827896	934014	217125	12319
172			8766			17360	15859		340
172			8766			17360	15859		340
2339	2150	37	284	116		-1010	41971	724	472
2339	2150	37	284	116		-1010	41971	724	472
2339	2150	37	284	116		-1010	41971	724	472
3236	200	1277	24208	8390	8019	77114	175088	33907	2706
1607		331	-8019		8019	-13754	24195	3560	900
1629	200	946	32227	8390		90868	150893	30347	1806
10202	127	1536	-1467	872	1535	16627	90341	28477	1667
10202	127	1536	-1467	872	1535	16627	90341	28477	1667
10202	127	1536	-1467	872	1535	16627	90341	28477	1667
18043	17874	115	8069			14240	37702		1161
17914	17874	112	2814			3856	7422		779
129		3	5255			10384	30280		382
10592	5708	1081	-7348	493	7348	-5831	63571	-88870	1933
10592	5708	1081	-7348	493	7348	-5831	63571	-88870	1933
43382	666	7696	76052	40540	47922	303253	434712	186834	5826
39935	366	7666	60335	35386	43021	270363	373935	181962	4480
39867	366	6338	71634	35386	31722	291701	328228	181962	3810
39867	366	6338	71634	35386	31722	291701	328228	181962	3810
68		1328	-11299		11299	-21338	45707		670
300		26	20618	5154		41725	30632	762	370
3147	300	4	-4901		4901	-8835	30145	4110	976
3147	300	4	-4901		4901	-8835	30145	4110	976

4-9 外商和港澳台

分组	企业单位数（个）	亏损企业	工业总产值（当年价格）	工业销售产值（当年价格）	出口交货值
总计	**9**	**5**	**6968779**	**6571654**	**346**
在总计中:					
亏损企业	5	5	3309723	2970766	346
在总计中：					
港、澳、台商投资企业	5	2	720888	716811	
合资经营企业(港或澳、台资)	4	2	594767	591500	
合作经营企业(港或澳、台资)					
港澳台商独资经营企业	1		126121	125311	
港澳台商投资股份有限公司					
其他港澳台商投资企业					
外商投资企业	4	3	6247891	5854843	346
中外合资经营企业	3	3	3006318	2670628	346
中外合作经营企业	1		3241573	3184215	
外资企业					
外商投资股份有限公司					
其他外商投资企业					
在总计中：国有控股企业	1		3241573	3184215	
在总计中：轻工业					
重工业	9	5	6968779	6571654	346
在总计中：大型企业	2	1	6030106	5645000	
中型企业	4	3	642821	631612	346
小型企业	3	1	295852	295042	
采矿业	1		3241573	3184215	
煤炭开采和洗选业	1		3241573	3184215	
烟煤和无烟煤开采洗选	1		3241573	3184215	
制造业	7	5	3569640	3229873	346
石油加工、炼焦和核燃料加工业	1	1	2788533	2460785	
炼焦	1	1	2788533	2460785	
化学原料和化学制品制造业	2		259917	259107	
基础化学原料制造	2		259917	259107	
其他基础化学原料制造	2		259917	259107	
橡胶和塑料制品业	1	1	144838	132536	
橡胶制品业	1	1	144838	132536	
橡胶板、管、带制造	1	1	144838	132536	
非金属矿物制品业	2	2	303405	300138	
水泥、石灰和石膏制造	1	1	267470	264203	
水泥制造	1	1	267470	264203	
石膏、水泥制品及类似制品制造	1	1	35935	35935	
水泥制品制造	1	1	35935	35935	
电气机械和器材制造业	1	1	72947	77307	346
电机制造	1	1	72947	77307	346
电动机制造	1	1	72947	77307	346
电力、热力、燃气及水生产和供应业	1		157566	157566	
燃气生产和供应业	1		157566	157566	

投资主要经济指标

单位:千元

年初存货	产成品	资产总计	流动资产合计	应收账款	存货	产成品	固定资产合计
925130	**348130**	**19843846**	**6814209**	**2278121**	**1286231**	**478933**	**8990048**
757088	287060	10639948	5328326	1444367	1033965	323309	4383773
47578	283	1913314	406346	131515	46018	9321	1132474
47340	45	1766383	393663	124095	44970	8273	998336
238	238	146931	12683	7420	1048	1048	134138
877552	347847	17930532	6407863	2146606	1240213	469612	7857574
730075	287015	9505267	5235887	1430853	1007759	315036	3577156
147477	60832	8425265	1171976	715753	232454	154576	4280418
147477	60832	8425265	1171976	715753	232454	154576	4280418
925130	348130	19843846	6814209	2278121	1286231	478933	8990048
816079	317469	17447525	6141373	2029612	1165075	439380	7700925
105730	30423	2004526	520180	136696	116780	38505	1063241
3321	238	391795	152656	111813	4376	1048	225882
147477	60832	8425265	1171976	715753	232454	154576	4280418
147477	60832	8425265	1171976	715753	232454	154576	4280418
147477	60832	8425265	1171976	715753	232454	154576	4280418
759833	287298	10993264	5463136	1543726	1037520	324357	4590618
668602	256637	9022260	4969397	1313859	932621	284804	3420507
668602	256637	9022260	4969397	1313859	932621	284804	3420507
2745	238	353316	134810	99359	3555	1048	206845
2745	238	353316	134810	99359	3555	1048	206845
2745	238	353316	134810	99359	3555	1048	206845
32251	30203	302811	184988	116713	40131	30203	111923
32251	30203	302811	184988	116713	40131	30203	111923
32251	30203	302811	184988	116713	40131	30203	111923
27013	45	1134681	92439	13514	26206	8273	806617
26437	45	1096202	74593	1060	25385	8273	787580
26437	45	1096202	74593	1060	25385	8273	787580
576		38479	17846	12454	821		19037
576		38479	17846	12454	821		19037
29222	175	180196	81502	281	35007	29	44726
29222	175	180196	81502	281	35007	29	44726
29222	175	180196	81502	281	35007	29	44726
17820		425317	179097	18642	16257		119012
17820		425317	179097	18642	16257		119012

4-9 续 1

分　组	固定资产原价	累计折旧	本年折旧	负债合计
总　计	**10595462**	**3822928**	**666169**	**13756647**
在总计中:				
亏损企业	3701265	1535005	266448	7862199
在总计中:				
港、澳、台商投资企业	1547646	415173	83130	1354210
合资经营企业(港或澳、台资)	1374160	375824	65011	1300093
合作经营企业(港或澳、台资)				
港澳台商独资经营企业	173486	39349	18119	54117
港澳台商投资股份有限公司				
其他港澳台商投资企业				
外商投资企业	9047816	3407755	583039	12402437
中外合资经营企业	2757562	1397919	225023	6698759
中外合作经营企业	6290254	2009836	358016	5703678
外资企业				
外商投资股份有限公司				
其他外商投资企业				
在总计中:国有控股企业	6290254	2009836	358016	5703678
在总计中:轻工业				
重工业	10595462	3822928	666169	13756647
在总计中:大型企业	8602151	3118446	563368	11859035
中型企业	1515885	452937	67822	1818575
小型企业	477426	251545	34979	79037
采矿业	6290254	2009836	358016	5703678
煤炭开采和洗选业	6290254	2009836	358016	5703678
烟煤和无烟煤开采洗选	6290254	2009836	358016	5703678
制造业	4146695	1773591	298679	7928528
石油加工、炼焦和核燃料加工业	2311897	1108610	205352	6155357
炼焦	2311897	1108610	205352	6155357
化学原料和化学制品制造业	445430	238586	32231	66329
基础化学原料制造	445430	238586	32231	66329
其他基础化学原料制造	445430	238586	32231	66329
橡胶和塑料制品业	193912	82282	11700	39805
橡胶制品业	193912	82282	11700	39805
橡胶板、管、带制造	193912	82282	11700	39805
非金属矿物制品业	943703	137086	41425	1163440
水泥、石灰和石膏制造	911707	124127	38677	1150732
水泥制造	911707	124127	38677	1150732
石膏、水泥制品及类似制品制造	31996	12959	2748	12708
水泥制品制造	31996	12959	2748	12708
电气机械和器材制造业	251753	207027	7971	503597
电机制造	251753	207027	7971	503597
电动机制造	251753	207027	7971	503597
电力、热力、燃气及水生产和供应业	158513	39501	9474	124441
燃气生产和供应业	158513	39501	9474	124441

单位:千元

流动负债合计	应付账款	非流动负债合计	所有者权益合计	实收资本	国家资本	集体资本	法人资本	个人资本
12609001	**4720291**	**1147646**	**6087198**	**3759404**	**1259103**	**1058000**	**341779**	
6964944	1950916	897255	2777749	1813560	270600	1058000	156669	
1354210	63441		559104	735984	354180		271910	
1300093	60933		466290	660190	354180		271910	
54117	2508		92814	75794				
11254791	4656850	1147646	5528094	3023420	904923	1058000	69869	
5801504	1913860	897255	2806508	1503560	69000	1058000	69869	
5453287	2742990	250391	2721586	1519860	835923			
5453287	2742990	250391	2721586	1519860	835923			
12609001	4720291	1147646	6087198	3759404	1259103	1058000	341779	
10715691	4591390	1143344	5588489	2577860	835923	1058000		
1814273	117629	4302	185951	1025750	405680		313379	
79037	11272		312758	155794	17500		28400	
5453287	2742990	250391	2721586	1519860	835923			
5453287	2742990	250391	2721586	1519860	835923			
5453287	2742990	250391	2721586	1519860	835923			
7031273	1955916	897255	3064736	1939354	288100	1058000	176669	
5262404	1848400	892953	2866903	1058000		1058000		
5262404	1848400	892953	2866903	1058000		1058000		
66329	5000		286987	125794	17500		20000	
66329	5000		286987	125794	17500		20000	
66329	5000		286987	125794	17500		20000	
38125	31045	1680	263006	145560			69869	
38125	31045	1680	263006	145560			69869	
38125	31045	1680	263006	145560			69869	
1163440	37056		−28759	310000	201600		86800	
1150732	30784		−54530	280000	201600		78400	
1150732	30784		−54530	280000	201600		78400	
12708	6272		25771	30000			8400	
12708	6272		25771	30000			8400	
500975	34415	2622	−323401	300000	69000			
500975	34415	2622	−323401	300000	69000			
500975	34415	2622	−323401	300000	69000			
124441	21385		300876	300190	135080		165110	
124441	21385		300876	300190	135080		165110	

4-9续2

分组			营业收入	主营业务收入	营业成本
	港澳台资本	外商资本			
总计	**109894**	**990628**	**6935626**	**6919960**	**5278082**
在总计中:					
亏损企业	21600	306691	3333237	3328578	3036423
在总计中:					
港、澳、台商投资企业	109894		719635	716820	540714
合资经营企业(港或澳、台资)	34100		594324	591509	446524
合作经营企业(港或澳、台资)					
港澳台商独资经营企业	75794		125311	125311	94190
港澳台商投资股份有限公司					
其他港澳台商投资企业					
外商投资企业		990628	6215991	6203140	4737368
中外合资经营企业		306691	3031776	3028434	2798317
中外合作经营企业		683937	3184215	3174706	1939051
外资企业					
外商投资股份有限公司					
其他外商投资企业					
在总计中:国有控股企业		683937	3184215	3174706	1939051
在总计中:轻工业					
重工业	109894	990628	6935626	6919960	5278082
在总计中:大型企业		683937	6002604	5993095	4504520
中型企业		306691	637932	631815	532505
小型企业	109894		295090	295050	241057
采矿业		683937	3184215	3174706	1939051
煤炭开采和洗选业		683937	3184215	3174706	1939051
烟煤和无烟煤开采洗选		683937	3184215	3174706	1939051
制造业	109894	306691	3592347	3587688	3254035
石油加工、炼焦和核燃料加工业			2818389	2818389	2565469
炼焦			2818389	2818389	2565469
化学原料和化学制品制造业	88294		259110	259110	217612
基础化学原料制造	88294		259110	259110	217612
其他基础化学原料制造	88294		259110	259110	217612
橡胶和塑料制品业		75691	132536	132536	121034
橡胶制品业		75691	132536	132536	121034
橡胶板、管、带制造		75691	132536	132536	121034
非金属矿物制品业	21600		301461	300144	238106
水泥、石灰和石膏制造			265481	264204	214661
水泥制造			265481	264204	214661
石膏、水泥制品及类似制品制造	21600		35980	35940	23445
水泥制品制造	21600		35980	35940	23445
电气机械和器材制造业		231000	80851	77509	111814
电机制造		231000	80851	77509	111814
电动机制造		231000	80851	77509	111814
电力、热力、燃气及水生产和供应业			159064	157566	84996
燃气生产和供应业			159064	157566	84996

单位:千元

主营业务成本	营业税金及附加	主营业务税金及附加	销售费用	管理费用	税金	财务费用	利息收入	利息支出
5165246	**286743**	**284318**	**274072**	**405444**	**19160**	**290293**	**1245**	**261147**
2924208	12329	9904	138501	179857	16105	156382	3447	144685
539692	3481	3481	47005	67049	5491	41703	1122	42451
445502	2740	2740	42336	64704	5357	41663	1103	42400
94190	741	741	4669	2345	134	40	19	51
4625554	283262	280837	227067	338395	13669	248590	123	218696
2686503	12185	9760	127316	139019	11245	114349	3434	102683
1939051	271077	271077	99751	199376	2424	134241	-3311	116013
1939051	271077	271077	99751	199376	2424	134241	-3311	116013
5165246	286743	284318	274072	405444	19160	290293	1245	261147
4504520	280059	280059	202953	302326	11574	236638	100	206002
419669	5159	2734	59530	94947	7117	52541	1122	54272
241057	1525	1525	11589	8171	469	1114	23	873
1939051	271077	271077	99751	199376	2424	134241	-3311	116013
1939051	271077	271077	99751	199376	2424	134241	-3311	116013
1939051	271077	271077	99751	199376	2424	134241	-3311	116013
3141820	13724	11299	143170	184428	16510	157062	3470	145134
2565469	8982	8982	103202	102950	9150	102397	3411	89989
2565469	8982	8982	103202	102950	9150	102397	3411	89989
217612	1395	1395	4669	4571	405	680	23	449
217612	1395	1395	4669	4571	405	680	23	449
217612	1395	1395	4669	4571	405	680	23	449
121034	778	778	12288	18107	1267	-891		-160
121034	778	778	12288	18107	1267	-891		160
121034	778	778	12288	18107	1267	-891		-160
237705	144	144	11185	40838	4860	42033	13	42002
214260	14	14	4265	37238	4796	41599	13	41578
214260	14	14	4265	37238	4796	41599	13	41578
23445	130	130	6920	3600	64	434		424
23445	130	130	6920	3600	64	434		424
	2425		11826	17962	828	12843	23	12854
	2425		11826	17962	828	12843	23	12854
	2425		11826	17962	828	12843	23	12854
84375	1942	1942	31151	21640	226	-1010	1086	
84375	1942	1942	31151	21640	226	-1010	1086	

4-9 续 3

分　组	营业利润	资产减值损失	公允价值变动收益	投资收益	营业外收入
总　计	**361001**	**77045**		**37052**	**50489**
在总计中:					
亏损企业	-227625	74419		37052	45203
在总计中:					
港、澳、台商投资企业	17177	2509			566
合资经营企业(港或澳、台资)	-6154	2509			504
合作经营企业(港或澳、台资)					
港澳台商独资经营企业	23331				62
港澳台商投资股份有限公司					
其他港澳台商投资企业					
外商投资企业	343824	74536		37052	49923
中外合资经营企业	-194324	71965		37052	44999
中外合作经营企业	538148	2571			4924
外资企业					
外商投资股份有限公司					
其他外商投资企业					
在总计中:国有控股企业	538148	2571			4924
在总计中:轻工业					
重工业	361001	77045		37052	50489
在总计中:大型企业	510589	2571		37052	41606
中型企业	-178805	72053			8763
小型企业	29217	2421			120
采矿业	538148	2571			4924
煤炭开采和洗选业	538148	2571			4924
烟煤和无烟煤开采洗选	538148	2571			4924
制造业	-197492	74474		37052	45265
石油加工、炼焦和核燃料加工业	-27559			37052	36682
炼焦	-27559			37052	36682
化学原料和化学制品制造业	30133	55			62
基础化学原料制造	30133	55			62
其他基础化学原料制造	30133	55			62
橡胶和塑料制品业	-18650	-130			346
橡胶制品业	-18650	-130			346
橡胶板、管、带制造	-18650	-130			346
非金属矿物制品业	-33301	2454			204
水泥、石灰和石膏制造	-32385	88			146
水泥制造	-32385	88			146
石膏、水泥制品及类似制品制造	-916	2366			58
水泥制品制造	-916	2366			58
电气机械和器材制造业	-148115	72095			7971
电机制造	-148115	72095			7971
电动机制造	-148115	72095			7971
电力、热力、燃气及水生产和供应业	20345				300
燃气生产和供应业	20345				300

单位：千元

政府补助	营业外支出	利润总额	所得税费用	亏损企业亏损总额	利税总额	本年应付职工薪酬	本年应交增值税	从业人员平均人数（人）
7381	**29170**	**382320**	**203100**	**211002**	**1109757**	**675322**	**440694**	**8673**
7381	28581	-211002	736	211002	-110778	173814	87895	4477
	154	17588	10799	33213	24294	83205	3225	1013
	146	-5797	4933	33213	-466	81388	2591	983
	8	23385	5866		24760	1817	634	30
7381	29016	364732	192301	177789	1085463	592117	437469	7660
7381	28465	-177789	957	177789	-74508	124310	91096	3929
	551	542521	191344		1159971	467807	346373	3731
	551	542521	191344		1159971	467807	346373	3731
7381	29170	382320	203100	211002	1109757	675322	440694	8673
	28301	523894	192301	18627	1234938	546342	430985	6720
7381	831	-170873	5154	191491	-162754	118697	2960	1764
	38	29299	5645	884	37573	10283	6749	189
	551	542521	191344		1159971	467807	346373	3731
	551	542521	191344		1159971	467807	346373	3731
	551	542521	191344		1159971	467807	346373	3731
7381	28593	-180819	6602	211002	-73536	176883	93559	4572
	27750	-18627	957	18627	74967	78535	84612	2989
	27750	-18627	957	18627	74967	78535	84612	2989
	12	30183	5866		37242	3069	5664	95
	12	30183	5866		37242	3069	5664	95
	12	30183	5866		37242	3069	5664	95
	360	-18663		18663	-11401	21911	6484	352
	360	-18663		18663	-11401	21911	6484	352
	360	-18663		18663	-11401	21911	6484	352
	116	-33213	-221	33213	-36270	49504	-3201	548
	90	-32329		32329	-36601	42290	-4286	454
	90	-32329		32329	-36601	42290	-4286	454
	26	-884	-221	884	331	7214	1085	94
	26	-884	-221	884	331	7214	1085	94
7381	355	-140499		140499	-138074	23864		588
7381	355	-140499		140499	-138074	23864		588
7381	355	-140499		140499	-138074	23864		588
	26	20618	5154		23322	30632	762	370
	26	20618	5154		23322	30632	762	370

4-10 私营工业企业

行业	企业单位数(个)	亏损企业	工业总产值(当年价格)	工业销售产值(当年价格)	出口交货值
总计	**109**	**38**	**30263516**	**29194425**	**15156**
三、在总计中:亏损企业	38	38	12447757	11874785	15156
在总计中:轻工业	19	2	2863553	2999745	
重工业	90	36	27399963	26194680	15156
在总计中:大型企业	9	4	14804042	14153839	
中型企业	6	3	2383664	2309540	15156
小型企业	94	31	13075810	12731046	
采矿业	42	10	11029306	10389522	
煤炭开采和洗选业	38	9	9124439	8717977	
烟煤和无烟煤开采洗选	38	9	9124439	8717977	
黑色金属矿采选业	4	1	1904867	1671545	
铁矿采选	4	1	1904867	1671545	
制造业	62	25	19045223	18619235	15156
农副食品加工业	10	2	741220	716880	
谷物磨制	3		189000	190407	
饲料加工	3		177789	176948	
屠宰及肉类加工	1		69760	62576	
肉制品及副产品加工	1		69760	62576	
蔬菜、水果和坚果加工	2	1	72265	67248	
蔬菜加工	1	1	26365	25948	
水果和坚果加工	1		45900	41300	
其他农副食品加工	1	1	232406	219701	
淀粉及淀粉制品制造	1	1	232406	219701	
食品制造业	4		942227	987667	
焙烤食品制造	1		810577	857853	
饼干及其他焙烤食品制造	1		810577	857853	
调味品、发酵制品制造	2		84564	83165	
酱油、食醋及类似制品制造	1		35333	33934	
其他调味品、发酵制品制造	1		49231	49231	
其他食品制造	1		47086	46649	
食品及饲料添加剂制造	1		47086	46649	
纺织服装、服饰业	1		29115	25268	
机织服装制造	1		29115	25268	
文教、工美、体育和娱乐用品制造业	1		28020	27977	
体育用品制造	1		28020	27977	
体育器材及配件制造	1		28020	27977	
石油加工、炼焦和核燃料加工业	7	5	6264735	5862550	
炼焦	7	5	6264735	5862550	
化学原料和化学制品制造业	5	1	194133	206887	
基础化学原料制造	3	1	83090	84558	
有机化学原料制造	2		58047	59515	
其他基础化学原料制造	1	1	25043	25043	
专用化学产品制造	1		76917	88209	
专项化学用品制造	1		76917	88209	
炸药、火工及焰火产品制造	1		34126	34120	
炸药及火工产品制造	1		34126	34120	
医药制造业	1		154810	137728	
中成药生产	1		154810	137728	

主要经济指标

单位:千元

年初存货	产成品	资产总计	流动资产合计	应收账款	存货	产成品	固定资产合计
2200081	**895001**	**30335104**	**16016178**	**1751377**	**2745272**	**1222773**	**10014495**
985033	352490	13884895	7852270	725285	1193022	469435	4130197
308427	152157	2063871	1130591	284137	316340	181602	555663
1891654	742844	28271233	14885587	1467240	2428932	1041171	9458832
1029581	432343	14641809	7581604	264322	1275530	586786	5205203
232827	101518	3970051	1844582	-46706	420819	116494	1432296
937673	361140	11723244	6589992	1533761	1048923	519493	3376996
400291	137460	8991667	5284708	731545	493263	248120	2031950
297316	97299	7879877	4740346	673494	419559	226442	1660303
297316	97299	7879877	4740346	673494	419559	226442	1660303
102975	40161	1111790	544362	58051	73704	21678	371647
102975	40161	1111790	544362	58051	73704	21678	371647
1795802	754855	20271124	10628419	1009443	2244345	974337	7468671
120365	70257	836249	383433	111408	116535	66626	221353
22793	17585	353358	152404	55250	35882	12725	80765
12182	1913	106227	70832	36057	15989	548	35326
8126	6500	94404	43938	12600	12985	8690	41066
8126	6500	94404	43938	12600	12985	8690	41066
2703	2703	103293	66625	6440	3106	3106	6061
1550	1550	69391	55195	1790	1650	1650	4751
1153	1153	33902	11430	4650	1456	1456	1310
74561	41556	178967	49634	1061	48573	41557	58135
74561	41556	178967	49634	1061	48573	41557	58135
48537	19083	471544	176530	12709	62148	25010	229243
41679	14244	282153	109710	3994	53372	19015	161780
41679	14244	282153	109710	3994	53372	19015	161780
6858	4839	125508	45181	6478	6782	5547	26283
4203	3219	29357	8991	4567	4268	3927	16478
2655	1620	96151	36190	1911	2514	1620	9805
		63883	21639	2237	1994	448	41180
		63883	21639	2237	1994	448	41180
5070	2234	24058	20298	6053	8117	3847	3760
5070	2234	24058	20298	6053	8117	3847	3760
6415	6415	49037	37291	21322	6415	6400	11746
6415	6415	49037	37291	21322	6415	6400	11746
6415	6415	49037	37291	21322	6415	6400	11746
466911	247425	9979906	5324536	112081	753062	451716	3882300
466911	247425	9979906	5324536	112081	753062	451716	3882300
26183	9354	197094	99425	45047	25858	4562	77263
16435	2323	92669	46809	17767	15503	731	40682
7787	1981	60398	26639	12527	8307	620	29520
8648	342	32271	20170	5240	7196	111	11162
8035	5318	29325	28983	17232	8227	1703	342
8035	5318	29325	28983	17232	8227	1703	342
1713	1713	75100	23633	10048	2128	2128	36239
1713	1713	75100	23633	10048	2128	2128	36239
121340	48368	488719	403749	112919	103834	68499	13100
121340	48368	488719	403749	112919	103834	68499	13100

4-10 续 1

行　业	企业单位数（个）	亏损企业	工业总产值（当年价格）	工业销售产值(当年价格）	出口交货值
橡胶和塑料制品业	3	3	303574	315998	15156
塑料制品业	3	3	303574	315998	15156
塑料板、管、型材制造	2	2	261118	272166	15156
塑料丝、绳及编织品制造	1	1	42456	43832	
非金属矿物制品业	7	2	1094476	1230164	
石膏、水泥制品及类似制品制造	2		50567	50567	
水泥制品制造	2		50567	50567	
玻璃制品制造	3	1	182680	313946	
日用玻璃制品制造	1		129981	260495	
其他玻璃制品制造	2	1	52699	53451	
陶瓷制品制造	1		838180	843730	
日用陶瓷制品制造	1		838180	843730	
石墨及其他非金属矿物制品制造	1	1	23049	21921	
其他非金属矿物制品制造	1	1	23049	21921	
黑色金属冶炼和压延加工业	4	2	7235295	7208881	
炼铁	1		233450	235550	
炼钢	1	1	1134954	1128335	
钢压延加工	2	1	5866891	5844996	
有色金属冶炼和压延加工业	2	2	182847	189237	
常用有色金属冶炼	2	2	182847	189237	
镁冶炼	1	1	80847	81275	
其他常用有色金属冶炼	1	1	102000	107962	
金属制品业	2	1	66564	56185	
结构性金属制品制造	1		29292	29292	
金属门窗制造	1		29292	29292	
金属丝绳及其制品制造	1	1	37272	26893	
通用设备制造业	5	4	130058	139582	
锅炉及原动设备制造	1	1	19000	22800	
锅炉及辅助设备制造	1	1	19000	22800	
金属加工机械制造	1	1	29183	29183	
金属成形机床制造	1	1	29183	29183	
物料搬运设备制造	2	1	50127	49496	
连续搬运设备制造	1		24650	24019	
电梯、自动扶梯及升降机制造	1	1	25477	25477	
其他通用设备制造业	1	1	31748	38103	
专用设备制造业	4		108063	108080	
采矿、冶金、建筑专用设备制造	3		77418	75840	
矿山机械制造	3		77418	75840	
环保、社会公共服务及其他专用设备制造	1		30645	32240	
其他专用设备制造	1		30645	32240	
汽车制造业	1		23254	23807	
汽车零部件及配件制造	1		23254	23807	
电气机械和器材制造业	4	2	426735	324869	
输配电及控制设备制造	4	2	426735	324869	
配电开关控制设备制造	2	1	88405	85072	
光伏设备及元器件制造	2	1	338330	239797	
计算机、通信和其他电子设备制造业	1	1	1120097	1057475	

单位:千元

年初存货	产成品	资产总计	流动资产合计	应收账款	存货	产成品	固定资产合计
118073	52611	499999	271546	44817	123577	24175	118022
118073	52611	499999	271546	44817	123577	24175	118022
110465	52611	402424	200409	34901	108678	21525	93555
7608		97575	71137	9916	14899	2650	24467
43282	27460	334864	210423	52247	61379	39277	114817
17553	14823	62351	47878	12071	23724	22193	14472
17553	14823	62351	47878	12071	23724	22193	14472
10088	2992	162064	131354	29655	24079	9799	29337
		115064	101330	18158	12899	5620	12361
10088	2992	47000	30024	11497	11180	4179	16976
6700	5800	79200	7960	1568	6392	5600	64100
6700	5800	79200	7960	1568	6392	5600	64100
8941	3845	31249	23231	8953	7184	1685	6908
8941	3845	31249	23231	8953	7184	1685	6908
333031	44321	3355674	1440657	30570	475958	138901	1840888
8945	6710	298998	179082	10316	9293	1537	119916
73887	9109	922246	472752	30980	159406	102102	449494
250199	28502	2134430	788823	-10726	307259	35262	1271478
11629	1546	118627	44224	-72	22909	2755	74403
11629	1546	118627	44224	-72	22909	2755	74403
3786	1546	50599	19568	-1129	6700	2755	31031
7843		68028	24656	1057	16209		43372
37829	3655	53258	30814	12480	3579	3079	22444
3555	3002	33045	18850	5900	2600	2100	14195
3555	3002	33045	18850	5900	2600	2100	14195
34274	653	20213	11964	6580	979	979	8249
88912	47473	481869	353576	62913	88554	18853	80100
1508	1436	5603	1610	224	965	924	3993
1508	1436	5603	1610	224	965	924	3993
29728	517	137295	79812	19714	29728	517	52452
29728	517	137295	79812	19714	29728	517	52452
40184	31289	249826	188089	16124	44906	8600	18575
40184	31289	84449	69505	9067	40184	8600	12701
		165377	118584	7057	4722		5874
17492	14231	89145	84065	26851	12955	8812	5080
33334	5026	249465	213845	74960	47519	7389	16830
8815	5026	197087	171709	74960	8015	6398	16791
8815	5026	197087	171709	74960	8015	6398	16791
24519		52378	42136		39504	991	39
24519		52378	42136		39504	991	39
4739	1470	14999	8793	2204	4431	1457	5954
4739	1470	14999	8793	2204	4431	1457	5954
43290	21948	489460	299035	180540	31034	15064	188103
43290	21948	489460	299035	180540	31034	15064	188103
19682	6459	218784	208675	170594	14208	4246	7787
23608	15489	270676	90360	9946	16826	10818	180316
286862	146209	2626302	1310244	127245	309436	96727	568345

4-10 续 2

行　业	固定资产原价	累计折旧	本年折旧	负债合计
总　计	**14425998**	**5765768**	**1091964**	**21052090**
三、在总计中:亏损企业	6115036	2409100	474596	12025516
在总计中:轻工业	644445	196302	45446	1104105
重工业	13781553	5569466	1046518	19947985
在总计中:大型企业	8140198	3777986	639728	10028086
中型企业	2145930	918172	204747	3639140
小型企业	4139870	1069610	247489	7384864
采矿业	3582910	1690114	205282	5079578
煤炭开采和洗选业	2946938	1387665	153442	4585122
烟煤和无烟煤开采洗选	2946938	1387665	153442	4585122
黑色金属矿采选业	635972	302449	51840	494456
铁矿采选	635972	302449	51840	494456
制造业	10258312	3994622	843482	15240633
农副食品加工业	240839	53256	17840	426005
谷物磨制	100013	34041	14074	102788
饲料加工	41189	5863	1776	86181
屠宰及肉类加工	35883	8038	1782	22385
肉制品及副产品加工	35883	8038	1782	22385
蔬菜、水果和坚果加工	5619	660	208	71483
蔬菜加工	4309	660	208	58283
水果和坚果加工	1310			13200
其他农副食品加工	58135	4654		143168
淀粉及淀粉制品制造	58135	4654		143168
食品制造业	358265	132159	24877	214236
焙烤食品制造	285318	123538	21542	110532
饼干及其他焙烤食品制造	285318	123538	21542	110532
调味品、发酵制品制造	28457	5311	1126	51647
酱油、食醋及类似制品制造	19752	4288	987	17465
其他调味品、发酵制品制造	8705	1023	139	34182
其他食品制造	44490	3310	2209	52057
食品及饲料添加剂制造	44490	3310	2209	52057
纺织服装、服饰业	4607	847		9529
机织服装制造	4607	847		9529
文教、工美、体育和娱乐用品制造业	14252	2506		31365
体育用品制造	14252	2506		31365
体育器材及配件制造	14252	2506		31365
石油加工、炼焦和核燃料加工业	5462590	2317859	472100	8888828
炼焦	5462590	2317859	472100	8888828
化学原料和化学制品制造业	113703	41423	3758	168347
基础化学原料制造	58441	22742	3319	108319
有机化学原料制造	46937	17612	2395	37795
其他基础化学原料制造	11504	5130	924	70524
专用化学产品制造	2194	1852	439	27025
专项化学用品制造	2194	1852	439	27025
炸药、火工及焰火产品制造	53068	16829		33003
炸药及火工产品制造	53068	16829		33003
医药制造业	13100	6513	1708	336076
中成药生产	13100	6513	1708	336076

单位：千元

流动负债合计	应付账款	非流动负债合计	所有者权益合计	实收资本	国家资本	集体资本	法人资本	个人资本
19238141	**5121517**	**1529006**	**9283003**	**6328124**	**225850**	**550000**	**3070120**	**2362154**
10621787	2361214	1182026	1859376	3739131	150000		2054930	1414201
995867	247624	66087	959764	568898	67000	10000	422040	69858
18242274	4873893	1462919	8323239	5759226	158850	540000	2648080	2292296
8718306	1957334	1309779	4613720	3469204	8850	500000	2161543	678811
3609040	1203154	30100	330910	493270	150000			343270
6910795	1961029	189127	4338373	2365650	67000	50000	908577	1340073
4754156	961738	304132	3912084	1194456	8850	10000	581350	594256
4276794	933206	287039	3294751	1070906	8850	10000	581350	470706
4276794	933206	287039	3294751	1070906	8850	10000	581350	470706
477362	28532	17093	617333	123550				123550
477362	28532	17093	617333	123550				123550
13816746	3877058	1160234	5030486	4802668	217000	540000	2450770	1474898
361764	57310	52968	410244	173098			123540	49558
84318	6097	7298	250570	89803			70540	19263
86181	15996		20046	7745			3000	4745
22344	962	41	72019	15550				15550
22344	962	41	72019	15550				15550
64369	4303	7114	31810	10000				10000
51799	4193	6484	11108	5000				5000
12570	110	630	20702	5000				5000
104552	29952	38515	35799	50000			50000	
104552	29952	38515	35799	50000			50000	
207326	75957	4033	257307	133300		10000	113000	10300
110532	53913		171621	105000			105000	
110532	53913		171621	105000			105000	
46597	10611	2173	73861	13300		10000		3300
15292	9321	2173	11892	3300				3300
31305	1290		61969	10000		10000		
50197	11433	1860	11825	15000			8000	7000
50197	11433	1860	11825	15000			8000	7000
9529	3638		14529	10000				10000
9529	3638		14529	10000				10000
26264	18340		17672	15000			15000	
26264	18340		17672	15000			15000	
26264	18340		17672	15000			15000	
7619529	2525336	1047897	1091077	1019330	150000	500000	127000	242330
7619529	2525336	1047897	1091077	1019330	150000	500000	127000	242330
166152	31809	2195	28747	43180		30000	5000	8180
106908	17436	1411	-15650	12180			5000	7180
36384	16540	1411	22603	8000			5000	3000
70524	896		-38253	4180				4180
27025	8975		2300	1000				1000
27025	8975		2300	1000				1000
32219	5398	784	42097	30000		30000		
32219	5398	784	42097	30000		30000		
326990	30598	9086	152642	167500	67000		100500	
326990	30598	9086	152642	167500	67000		100500	

4-10 续 3

行业	固定资产原价	累计折旧	本年折旧	负债合计
橡胶和塑料制品业	206355	94216	15600	321464
塑料制品业	206355	94216	15600	321464
塑料板、管、型材制造	183118	89563	13834	271565
塑料丝、绳及编织品制造	23237	4653	1766	49899
非金属矿物制品业	65495	14778	3556	172753
石膏、水泥制品及类似制品制造	14972	500		34918
水泥制品制造	14972	500		34918
玻璃制品制造	41332	11995	2970	86042
日用玻璃制品制造	13382	1021	1021	63994
其他玻璃制品制造	27950	10974	1949	22048
陶瓷制品制造				22900
日用陶瓷制品制造				22900
石墨及其他非金属矿物制品制造	9191	2283	586	28893
其他非金属矿物制品制造	9191	2283	586	28893
黑色金属冶炼和压延加工业	2762740	1109369	238977	2573401
炼铁	209003	89087	15603	164852
炼钢	777197	332671	61739	1457174
钢压延加工	1776540	687611	161635	951375
有色金属冶炼和压延加工业	82583	28932	6951	106634
常用有色金属冶炼	82583	28932	6951	106634
镁冶炼	23614	13335	2370	46462
其他常用有色金属冶炼	58969	15597	4581	60172
金属制品业	22840	1562	1388	41377
结构性金属制品制造	14865	670	496	16589
金属门窗制造	14865	670	496	16589
金属丝绳及其制品制造	7975	892	892	24788
通用设备制造业	112247	36925	4591	304083
锅炉及原动设备制造	6650	2667	433	888
锅炉及辅助设备制造	6650	2667	433	888
金属加工机械制造	71280	23596	3298	96267
金属成形机床制造	71280	23596	3298	96267
物料搬运设备制造	26487	7912	131	187615
连续搬运设备制造	20613	7912	131	73377
电梯、自动扶梯及升降机制造	5874			114238
其他通用设备制造业	7830	2750	729	19313
专用设备制造业	5588	2576	1016	193429
采矿、冶金、建筑专用设备制造	5537	2564	1009	153002
矿山机械制造	5537	2564	1009	153002
环保、社会公共服务及其他专用设备制造	51	12	7	40427
其他专用设备制造	51	12	7	40427
汽车制造业	7544	1590	1098	13977
汽车零部件及配件制造	7544	1590	1098	13977
电气机械和器材制造业	229087	42075	12788	269686
输配电及控制设备制造	229087	42075	12788	269686
配电开关控制设备制造	13962	7143	1092	129754
光伏设备及元器件制造	215125	34932	11696	139932
计算机、通信和其他电子设备制造业	556477	108036	37234	1169443

单位:千元

流动负债合计	应付账款	非流动负债合计	所有者权益合计	实收资本	国家资本	集体资本	法人资本	个人资本
314704	42132	6760	178535	220000			100000	120000
314704	42132	6760	178535	220000			100000	120000
264805	39432	6760	130859	160000			100000	60000
49899	2700		47676	60000				60000
140845	74786	9008	162110	112000			81000	31000
34918	1879		27432	26000			10000	16000
34918	1879		27432	26000			10000	16000
77034	66761	9008	76022	56000			51000	5000
63994	61781		51070	50000			50000	
13040	4980	9008	24952	6000			1000	5000
			56300	20000			20000	
			56300	20000			20000	
28893	6146		2356	10000				10000
28893	6146		2356	10000				10000
2571401	267591	2000	782273	659811				659811
164852	109352		134146	50000				50000
1457174	127643		-534928	389811				389811
949375	30596	2000	1183055	220000				220000
100854	28315	5780	11993	28537			8537	20000
100854	28315	5780	11993	28537			8537	20000
40682	2725	5780	4137	8537			8537	
60172	25590		7856	20000				20000
38277	10045	3100	11882	13000			13000	
13489	4869	3100	16456	10000			10000	
13489	4869	3100	16456	10000			10000	
24788	5176		-4574	3000			3000	
303576	80404	407	177785	167819			10000	157819
888	293		4714	2000				2000
888	293		4714	2000				2000
96267	13852		41028	30000				30000
96267	13852		41028	30000				30000
187108	51304	407	62211	65819			10000	55819
72970	35176	407	11072	10000			10000	
114138	16128		51139	55819				55819
19313	14955		69832	70000				70000
193429	67162		56036	37200			10200	27000
153002	63381		44085	25200			10200	15000
153002	63381		44085	25200			10200	15000
40427	3781		11951	12000				12000
40427	3781		11951	12000				12000
13977	1691		1022	500				500
13977	1691		1022	500				500
260286	149059	9400	219773	167000			34600	132400
260286	149059	9400	219773	167000			34600	132400
129754	116047		89030	64000			34600	29400
130532	33012	9400	130743	103000				103000
1161843	412885	7600	1456859	1835393			1709393	6000

4-10 续 4

行业	港澳台资本	外商资本	营业收入	主营业务收入	营业成本	主营业务成本
总计	**120000**		**26435813**	**25995873**	**23599427**	**23204599**
三、在总计中:亏损企业	120000		8992323	8822435	8655720	8497479
在总计中:轻工业			2962830	2812087	2346306	2216499
重工业	120000		23472983	23183786	21253121	20988100
在总计中:大型企业	120000		11087659	10858052	9722064	9514158
中型企业			2399639	2399584	2252880	2252854
小型企业			12948515	12738237	11624483	11437587
采矿业			10715204	10606689	9205267	9098611
煤炭开采和洗选业			9043705	8935190	7710002	7603346
烟煤和无烟煤开采洗选			9043705	8935190	7710002	7603346
黑色金属矿采选业			1671499	1671499	1495265	1495265
铁矿采选			1671499	1671499	1495265	1495265
制造业	120000		15493112	15161687	14148538	13860366
农副食品加工业			714175	714139	626573	626567
谷物磨制			192589	192589	136111	136111
饲料加工			174426	174390	169099	169093
屠宰及肉类加工			73628	73628	51539	51539
肉制品及副产品加工			73628	73628	51539	51539
蔬菜、水果和坚果加工			53828	53828	50195	50195
蔬菜加工			25948	25948	23627	23627
水果和坚果加工			27880	27880	26568	26568
其他农副食品加工			219704	219704	219629	219629
淀粉及淀粉制品制造			219704	219704	219629	219629
食品制造业			960418	953944	639103	638426
焙烤食品制造			847549	844605	558665	557988
饼干及其他焙烤食品制造			847549	844605	558665	557988
调味品、发酵制品制造			59407	59407	39315	39315
酱油、食醋及类似制品制造			33897	33897	20677	20677
其他调味品、发酵制品制造			25510	25510	18638	18638
其他食品制造			53462	49932	41123	41123
食品及饲料添加剂制造			53462	49932	41123	41123
纺织服装、服饰业			25268	25268	18951	18951
机织服装制造			25268	25268	18951	18951
文教、工美、体育和娱乐用品制造业			27988	27988	24814	24814
体育用品制造			27988	27988	24814	24814
体育器材及配件制造			27988	27988	24814	24814
石油加工、炼焦和核燃料加工业			5423566	5417350	4989780	4981056
炼焦			5423566	5417350	4989780	4981056
化学原料和化学制品制造业			218205	218126	181914	181904
基础化学原料制造			96511	96432	87507	87497
有机化学原料制造			72614	72535	62801	62791
其他基础化学原料制造			23897	23897	24706	24706
专用化学产品制造			88209	88209	79447	79447
专项化学用品制造			88209	88209	79447	79447
炸药、火工及焰火产品制造			33485	33485	14960	14960
炸药及火工产品制造			33485	33485	14960	14960
医药制造业			137728	137728	128083	128083
中成药生产			137728	137728	128083	128083

单位:千元

营业税金及附加	主营业务税金及附加	销售费用	管理费用	税金	财务费用	利息收入	利息支出
117517	**117479**	**633078**	**751024**	**38924**	**350738**	**−11609**	**304243**
11968	11968	123852	300144	22971	216857	−11694	214098
13815	13815	188400	67028	3499	26879	−704	24449
103702	103664	444678	683996	35425	323859	−10905	279794
74260	74260	236808	304126	19975	231371	343	179967
17815	17815	22704	120195	11310	13858	−16182	29773
25442	25404	373566	326703	7639	105509	4230	94503
90222	90222	280266	304138	5124	68907	268	63735
75291	75291	264531	229013	3567	59430	268	55206
75291	75291	264531	229013	3567	59430	268	55206
14931	14931	15735	75125	1557	9477		8529
14931	14931	15735	75125	1557	9477		8529
26701	26663	351920	424737	33170	268132	−11916	226764
1198	1198	28728	23386	387	15397	17	14445
350	350	16532	13783	324	7542	10	7512
4	4	3354	1328	41	453	1	330
755	755	7728	4393	14	3373	6	2574
755	755	7728	4393	14	3373	6	2574
26	26	718	2395	8	680		680
2	2	552	2135		533		533
24	24	166	260	8	147		147
63	63	396	1487		3349		3349
63	63	396	1487		3349		3349
7675	7675	135833	24903	2371	4380	−206	4010
7194	7194	128912	14896	1875	−168	−206	
7194	7194	128912	14896	1875	−168	−206	
98	98	6833	7761	113	1316		1316
61	61	3728	5084	61	683		683
37	37	3105	2677	52	633		633
383	383	88	2246	383	3232		2694
383	383	88	2246	383	3232		2694
132	132		2912	543	563		563
132	132		2912	543	563		563
89	89	216	2237		596		596
89	89	216	2237		596		596
89	89	216	2237		596		596
5793	5793	82055	156164	16131	151607	−16037	117366
5793	5793	82055	156164	16131	151607	−16037	117366
875	837	15767	14825	116	6113	1	6104
146	108	4799	4817	56	5386		5378
129	91	4799	3661	20	362		353
17	17		1156	36	5024		5025
370	370	4824	2289	60	725	1	726
370	370	4824	2289	60	725	1	726
359	359	6144	7719		2		
359	359	6144	7719		2		
		6223	3043	106	1883	−505	2368
		6223	3043	106	1883	−505	2368

4-10 续 5

行　业	港澳台资本	外商资本	营业收入	主营业务收入	营业成本	主营业务成本
橡胶和塑料制品业			295872	293697	264324	261743
塑料制品业			295872	293697	264324	261743
塑料板、管、型材制造			249908	249853	223685	223659
塑料丝、绳及编织品制造			45964	43844	40639	38084
非金属矿物制品业			1223864	1079631	1027993	898869
石膏、水泥制品及类似制品制造			51679	51679	47917	47917
水泥制品制造			51679	51679	47917	47917
玻璃制品制造			306180	161947	275255	146131
日用玻璃制品制造			253523	109290	225361	96237
其他玻璃制品制造			52657	52657	49894	49894
陶瓷制品制造			843730	843730	683421	683421
日用陶瓷制品制造			843730	843730	683421	683421
石墨及其他非金属矿物制品制造			22275	22275	21400	21400
其他非金属矿物制品制造			22275	22275	21400	21400
黑色金属冶炼和压延加工业			4535699	4516867	4461232	4452972
炼铁			235550	235550	227954	227954
炼钢			682292	674032	706016	697756
钢压延加工			3617857	3607285	3527262	3527262
有色金属冶炼和压延加工业			191481	188579	194975	194975
常用有色金属冶炼			191481	188579	194975	194975
镁冶炼			83519	80617	84067	84067
其他常用有色金属冶炼			107962	107962	110908	110908
金属制品业			54738	54738	53712	53712
结构性金属制品制造			29292	29292	26805	26805
金属门窗制造			29292	29292	26805	26805
金属丝绳及其制品制造			25446	25446	26907	26907
通用设备制造业			135111	133619	114204	112833
锅炉及原动设备制造			20540	20540	18852	18852
锅炉及辅助设备制造			20540	20540	18852	18852
金属加工机械制造			30674	29182	25325	23954
金属成形机床制造			30674	29182	25325	23954
物料搬运设备制造			45794	45794	36584	36584
连续搬运设备制造			24019	24019	21912	21912
电梯、自动扶梯及升降机制造			21775	21775	14672	14672
其他通用设备制造业			38103	38103	33443	33443
专用设备制造业			115391	115391	94989	94989
采矿、冶金、建筑专用设备制造			83151	83151	69258	69258
矿山机械制造			83151	83151	69258	69258
环保、社会公共服务及其他专用设备制造			32240	32240	25731	25731
其他专用设备制造			32240	32240	25731	25731
汽车制造业			22174	22031	18747	18633
汽车零部件及配件制造			22174	22031	18747	18633
电气机械和器材制造业			322177	269433	284610	232083
输配电及控制设备制造			322177	269433	284610	232083
配电开关控制设备制造			85070	85070	67750	67750
光伏设备及元器件制造			237107	184363	216860	164333
计算机、通信和其他电子设备制造业	120000		1089257	993158	1024534	939756

单位:千元

营业税金及附加	主营业务税金及附加	销售费用	管理费用	税金	财务费用	利息收入	利息支出
741	741	11659	15802	673	12904	3	12648
741	741	11659	15802	673	12904	3	12648
732	732	10512	13961	673	7777	−4	7514
9	9	1147	1841		5127	7	5134
4869	4869	19309	14065	752	6805	1	5173
86	86	1440	2089	650	6	−3	9
86	86	1440	2089	650	6	−3	9
143	143	16053	9476	92	3301	−9	3312
81	81	15584	8623	92	2457	−10	2467
62	62	469	853		844	1	845
4640	4640	1816	1924		1603		
4640	4640	1816	1924		1603		
			576	10	1895	13	1852
			576	10	1895	13	1852
1681	1681	16572	64306	6010	34789	382	35113
424	424		2218	161	4576		4576
152	152		24805	2276	12965		12963
1105	1105	16572	37283	3573	17248	382	17574
28	28	614	3212	106	2755	10	2765
28	28	614	3212	106	2755	10	2765
		566	1308		−8	8	
28	28	48	1904	106	2763	2	2765
108	108	647	1690		1	1	3
92	92	606	562		2	1	3
92	92	606	562		2	1	3
16	16	41	1128		−1		
254	254	8274	9893	1945	7949	4394	3188
67	67	345	1332	848	6		
67	67	345	1332	848	6		
140	140	1844	4026	924	2848	2	2529
140	140	1844	4026	924	2848	2	2529
7	7	2303	3516	100	4395	4388	
7	7	174	1858	83	9	2	
		2129	1658	17	4386	4386	
40	40	3782	1019	73	700	4	659
1024	1024	5734	9494	200		5	
823	823	3796	7617	120	−3	4	
823	823	3796	7617	120	−3	4	
201	201	1938	1877	80	3	1	
201	201	1938	1877	80	3	1	
98	98	693	1929	6	329	2	326
98	98	693	1929	6	329	2	326
619	619	6915	24692	782	6861	−6	6910
619	619	6915	24692	782	6861	−6	6910
604	604	5799	12042	177	−17	−25	3
15	15	1116	12650	605	6878	19	6907
1517	1517	12681	52184	3042	15200	22	15186

4-10 续 6

行业	营业利润	资产减值损失	公允价值变动收益	投资收益	营业外收入
总计	**1002637**			**18630**	**65920**
三、在总计中:亏损企业	-313714			2515	37468
在总计中:轻工业	320411			13	5163
重工业	682226			18617	60757
在总计中:大型企业	519030				22793
中型企业	-25302			2514	7300
小型企业	508909			16116	35827
采矿业	782490			16102	2828
煤炭开采和洗选业	721524			16102	1745
烟煤和无烟煤开采洗选	721524			16102	1745
黑色金属矿采选业	60966				1083
铁矿采选	60966				1083
制造业	275607			2528	44142
农副食品加工业	18890				1374
谷物磨制	18273				91
饲料加工	185				25
屠宰及肉类加工	5840				120
肉制品及副产品加工	5840				120
蔬菜、水果和坚果加工	-187				884
蔬菜加工	-901				839
水果和坚果加工	714				45
其他农副食品加工	-5221				254
淀粉及淀粉制品制造	-5221				254
食品制造业	148524				534
焙烤食品制造	138050				392
饼干及其他焙烤食品制造	138050				392
调味品、发酵制品制造	4084				100
酱油、食醋及类似制品制造	3664				100
其他调味品、发酵制品制造	420				
其他食品制造	6390				42
食品及饲料添加剂制造	6390				42
纺织服装、服饰业	2710				
机织服装制造	2710				
文教、工美、体育和娱乐用品制造业	49			13	211
体育用品制造	49			13	211
体育器材及配件制造	49			13	211
石油加工、炼焦和核燃料加工业	40679			2514	15302
炼焦	40679			2514	15302
化学原料和化学制品制造业	-1290				244
基础化学原料制造	-6145				1
有机化学原料制造	862				1
其他基础化学原料制造	-7007				
专用化学产品制造	553				
专项化学用品制造	553				
炸药、火工及焰火产品制造	4302				243
炸药及火工产品制造	4302				243
医药制造业	-1505				3035
中成药生产	-1505				3035

单位:千元

政府补助	营业外支出	利润总额	所得税费用	亏损企业亏损总额	利税总额	本年应付职工薪酬	本年应交增值税	从业人员平均人数（人）
50617	**71414**	**997142**	**184090**	**299078**	**1464433**	**869642**	**349774**	**28608**
20116	22832	−299078	524	299078	−273040	343818	14070	12195
3402	2133	323440	37520	5944	400528	148539	63273	4780
47215	69281	673702	146570	293134	1063905	721103	286501	23828
33152	54270	487553	142276	77945	790400	501637	228587	16606
2104	5516	−23518	9293	111003	58042	95675	63745	3252
15361	11628	533107	32521	110130	615991	272330	57442	8750
27192	29442	755876	113076	20281	1059720	247868	213622	6845
27192	28878	694391	105295	16189	944259	177817	174577	3841
27192	28878	694391	105295	16189	944259	177817	174577	3841
	564	61485	7781	4092	115461	70051	39045	3004
	564	61485	7781	4092	115461	70051	39045	3004
15359	41650	278098	70048	236427	444092	602087	139293	21261
1213	923	19341	1497	5944	26241	19954	5702	886
	9	18355			21947	7065	3242	339
		210	7		221	3619	7	124
120		5960	1490		7357	2730	642	118
120		5960	1490		7357	2730	642	118
839		698		62	729	1840	5	95
839		−62		62	−55	1500	5	40
		760			784	340		55
254	914	−5882		5882	−4013	4700	1806	210
254	914	−5882		5882	−4013	4700	1806	210
352	1164	147894	35535		216430	95886	60861	3078
252	52	138390	34597		205586	85002	60002	2683
252	52	138390	34597		205586	85002	60002	2683
100	9	4175	938		4749	6184	476	216
100	9	3755	938		4292	3572	476	111
		420			457	2612		105
	1103	5329			6095	4700	383	179
	1103	5329			6095	4700	383	179
		2710	78		2861	715	19	116
		2710	78		2861	715	19	116
150	46	213	53		1575	3313	1273	79
150	46	213	53		1575	3313	1273	79
150	46	213	53		1575	3313	1273	79
88	30974	25007	23883	117279	151449	153917	120649	4743
88	30974	25007	23883	117279	151449	153917	120649	4743
	677	−1724	328	7040	4883	17069	5732	551
	77	−6221	41	7040	−4379	7143	1696	238
	44	819	41		2343	5478	1395	169
	33	−7040		7040	−6722	1665	301	69
	151	402			1021	4736	249	138
	151	402			1021	4736	249	138
	449	4095	287		8241	5190	3787	175
	449	4095	287		8241	5190	3787	175
1687		1530			−4203	11708	−5733	160
1687		1530			−4203	11708	−5733	160

4-10 续 7

行　业	营业利润	资产减值损失	公允价值变动收益	投资收益	营业外收入
橡胶和塑料制品业	-9558				2283
塑料制品业	-9558				2283
塑料板、管、型材制造	-6759				2275
塑料丝、绳及编织品制造	-2799				8
非金属矿物制品业	150829				45
石膏、水泥制品及类似制品制造	148				36
水泥制品制造	148				36
玻璃制品制造	1952				9
日用玻璃制品制造	1417				9
其他玻璃制品制造	535				
陶瓷制品制造	150326				
日用陶瓷制品制造	150326				
石墨及其他非金属矿物制品制造	-1597				
其他非金属矿物制品制造	-1597				
黑色金属冶炼和压延加工业	-42881				1483
炼铁	378				
炼钢	-61646				120
钢压延加工	18387				1363
有色金属冶炼和压延加工业	-10103				304
常用有色金属冶炼	-10103				304
镁冶炼	-2414				
其他常用有色金属冶炼	-7689				304
金属制品业	-1420				40
结构性金属制品制造	1225				
金属门窗制造	1225				
金属丝绳及其制品制造	-2645				40
通用设备制造业	-5466				3095
锅炉及原动设备制造	-63				50
锅炉及辅助设备制造	-63				50
金属加工机械制造	-3509				3045
金属成形机床制造	-3509				3045
物料搬运设备制造	-1011				
连续搬运设备制造	59				
电梯、自动扶梯及升降机制造	-1070				
其他通用设备制造业	-883				
专用设备制造业	4150				2820
采矿、冶金、建筑专用设备制造	1660				2820
矿山机械制造	1660				2820
环保、社会公共服务及其他专用设备制造	2490				
其他专用设备制造	2490				
汽车制造业	378				
汽车零部件及配件制造	378				
电气机械和器材制造业	-1520			1	2780
输配电及控制设备制造	-1520			1	2780
配电开关控制设备制造	-1107			1	79
光伏设备及元器件制造	-413				2701
计算机、通信和其他电子设备制造业	-16859				10592

单位：千元

政府补助	营业外支出	利润总额	所得税费用	亏损企业亏损总额	利税总额	本年应付职工薪酬	本年应交增值税	从业人员平均人数（人）
2016	269	-7544		7544	-571	28918	6232	1032
2016	269	-7544		7544	-571	28918	6232	1032
2016	254	-4738		4738	2255	22237	6261	797
	15	-2806		2806	-2826	6681	-29	235
	151	150723	652	2232	158176	25454	2584	793
	60	124	26		596	2059	386	114
	60	124	26		596	2059	386	114
		1961	626	544	4217	11957	2113	341
		1426	357		2658	7613	1151	181
		535	269	544	1559	4344	962	160
		150326			154966	9350		280
		150326			154966	9350		280
	91	-1688		1688	-1603	2088	85	58
	91	-1688		1688	-1603	2088	85	58
	1311	-42709	6581	68380	-21604	111550	19424	5930
		378			4755	6400	3953	396
	52	-61578		61578	-60159	45350	1267	1812
	1259	18491	6581	6802	33800	59800	14204	3722
250	59	-9857		9857	-9860	21165	-31	426
250	59	-9857		9857	-9860	21165	-31	426
	56	-2470		2470	-2501	9720	-31	190
250	3	-7387		7387	-7359	11445		236
	163	-1543		2760	-1610	4605	-175	173
	8	1217			1507	2205	198	75
	8	1217			1507	2205	198	75
	155	-2760		2760	-3117	2400	-373	98
2895	7	-2378	31	2437	-1423	15704	701	441
		-13		13	684	1520	630	85
		-13		13	684	1520	630	85
2895	7	-471		471	840	5214	1171	172
2895	7	-471		471	840	5214	1171	172
		-1011		1070	-2575	7600	-1571	143
		59			282	5200	216	53
		-1070		1070	-2857	2400	-1787	90
		-883	31	883	-372	1370	471	41
	12	6958	653		12520	6945	4538	220
	12	4468	653		8301	3740	3010	107
	12	4468	653		8301	3740	3010	107
		2490			4219	3205	1528	113
		2490			4219	3205	1528	113
		378	94		2117	4778	1641	163
		378	94		2117	4778	1641	163
1000	4813	-3553	170	5606	1812	16835	4746	537
1000	4813	-3553	170	5606	1812	16835	4746	537
	16	-1044	159	2050	4306	6269	4746	164
1000	4797	-2509	11	3556	-2494	10566		373
5708	1081	-7348	493	7348	-94701	63571	-88870	1933

4-11 分县(市、区)工

地 区	企业单位数(个)	亏损企业	工业总产值(当年价格)	工业销售产值(当年价格)
长治市	**316**	**110**	**154379073**	**144583874**
城 区	21	10	5888655	5202101
郊 区	38	13	35025557	34353551
长治县	48	16	14286332	13578432
襄垣县	39	9	25509940	23405804
屯留县	29	13	11871559	8763192
平顺县	13	3	1940344	1783344
黎城县	12	3	7229969	6945432
壶关县	12	3	7676783	7578252
长子县	29	9	10823039	10117621
武乡县	15	6	5463547	5237809
沁 县	5	3	832292	785557
沁源县	21	8	13379747	12741705
潞城市	34	14	14451309	14091074

4-12 2000万以上工业企业

县市区	总计			按登记注册分:内资企业		
	企业单位数	工业总产值(当年价)	工业销售产值(当年价)	企业单位数	工业总产值(当年价)	工业销售产值(当年价)
全 市	**316**	**154379073**	**144583874**	**307**	**147410294**	**138012220**
城 区	21	5888655	5202101	18	5513304	4834692
郊 区	38	35025557	34353551	37	34891761	34219755
长治县	48	14286332	13578432	47	11044759	10394217
襄垣县	39	25509940	23405804	39	25509940	23405804
屯留县	29	11871559	8763192	29	11871559	8763192
平顺县	13	1940344	1783344	13	1940344	1783344
黎城县	12	7229969	6945432	12	7229969	6945432
壶关县	12	7676783	7578252	12	7676783	7578252
长子县	29	10823039	10117621	29	10823039	10117621
武乡县	15	5463547	5237809	15	5463547	5237809
沁 县	5	832292	785557	5	832292	785557
沁源县	21	13379747	12741705	21	13379747	12741705
潞城市	34	14451309	14091074	30	11233250	11204840

业 主 要 指 标

单位:千元

工业增加值			资产总计	主营业务收入	利润总额	利税总额	从业人员平均人数
本年	上年	本年比上年增长%					
58314626	**55518337**	**2.5**	**329056617**	**127195819**	**7556353**	**17732316**	**214477**
1586304	1536641	12.88	9037235	5102550	335989	441093	11477
10295219	11133375	3.1	43026576	24439346	648029	1739508	26012
6884811	6637033	0.23	50592298	13903296	1480724	3668554	26741
9012962	8649796	2.65	67261332	20687635	1102633	3212029	57816
5048944	4839253	-2	30898118	11684995	145922	1132257	17333
690892	738515	2.63	2446676	1671215	67313	93520	1274
932231	911947	0.3	3559264	4768773	59664	120502	6532
1948426	1990127	4.12	7282569	7609568	296057	349798	4313
6572131	5465807	4.17	25761508	9732186	2019486	3690462	18384
2293120	2451950	2.58	12372919	5399915	361804	899441	6316
245452	150513	7.83	2620953	787857	-22093	8878	1276
6891456	5705759	2.52	35620927	7247507	863636	1767662	17846
5360376	4436295	2.55	38576242	14160976	197189	608612	19157

单 位 数 和 工 业 总 产 值

单位:千元

#国有企业			在国有企业中:中央企业			在国有企业中:地方企业		
企业单位数	工业总产值(当年价)	工业销售产值(当年价)	企业单位数	工业总产值(当年价)	工业销售产值(当年价)	企业单位数	工业总产值(当年价)	工业销售产值(当年价)
7	**6042768**	**5980756**	**2**	**187075**	**184853**	**5**	**5855693**	**5795903**
2	288403	279633	1	165960	157190	1	122443	122443
2	5567536	5510214	1	21115	27663	1	5546421	5482551
1	45505	46929				1	45505	46929
1	20014	20014				1	20014	20014
1	121310	123966				1	121310	123966

4–12 续 1

县市区	# 集体企业			# 股份合作企业		
	企业单位数	工业总产值(当年价)	工业销售产值(当年价)	企业单位数	工业总产值(当年价)	工业销售产值(当年价)
全　市	**2**	**1540840**	**1543205**			
城　区						
郊　区	1	1520378	1520378			
长治县						
襄垣县						
屯留县						
平顺县						
黎城县						
壶关县						
长子县	1	20462	22827			
武乡县						
沁　县						
沁源县						
潞城市						

4–12 续 2

县市区	# 私营企业			# 港、澳、台商投资企业		
	企业单位数	工业总产值(当年价)	工业销售产值(当年价)	企业单位数	工业总产值(当年价)	工业销售产值(当年价)
全　市	**109**	**30263516**	**29194425**	**5**	**720888**	**716811**
城　区	11	2458420	2440369	1	157566	157566
郊　区	13	4974369	4871075	1	133796	133796
长治县	22	2216864	2300922			
襄垣县	10	1953579	1929783			
屯留县	8	374372	357601			
平顺县	4	721616	692831			
黎城县	6	6728016	6500697			
壶关县	2	873513	877664			
长子县	18	2036294	1679719			
武乡县	5	1705750	1690419			
沁　县	3	599333	590257			
沁源县	1	1449442	1123721			
潞城市	6	4171948	4139367	3	429526	425449

单位:千元

#联营企业			#有限责任公司			#股份有限公司		
企业单位数	工业总产值(当年价)	工业销售产值(当年价)	企业单位数	工业总产值(当年价)	工业销售产值(当年价)	企业单位数	工业总产值(当年价)	工业销售产值(当年价)
			172	**94582826**	**87275305**	**17**	**14980344**	**14018529**
			4	547004	557459	1	2219477	1557231
			17	20568666	20041446	4	2260812	2276642
			20	7082874	6477428	4	1699516	1568938
			28	23491160	21422409	1	65201	53612
			18	10695233	7613380	3	801954	792211
			8	1198714	1070499			
			5	452591	394929	1	49362	49806
			10	6803270	6700588			
			10	8766283	8415075			
			9	3610255	3402768	1	147542	144622
			2	232959	195300			
			18	4193825	4042517	2	7736480	7575467
			23	6939992	6941507			

单位:千元

#外商投资企业			按经济组织类型分:独资企业			按经济组织类型分:合作、合伙企业企业		
企业单位数	工业总产值(当年价)	工业销售产值(当年价)	企业单位数	工业总产值(当年价)	工业销售产值(当年价)	企业单位数	工业总产值(当年价)	工业销售产值(当年价)
4	**6247891**	**5854843**	**17**	**8549767**	**8479783**	**1**	**3241573**	**3184215**
2	217785	209843	2	288403	279633			
			6	8140054	8076184			
1	3241573	3184215	3			1	3241573	3184215
			2					
			2					
1	2788533	2460785	2	121310	123966			

4-12 续 3

县市区	股份有限公司			有限责任公司		
	企业单位数	工业总产值（当年价）	工业销售产值（当年价）	企业单位数	工业总产值（当年价）	工业销售产值（当年价）
全　市	**22**	**16670375**	**15343998**	**276**	**86512993**	**80035141**
城　区	1	2219477	1557231	18	1814569	1869648
郊　区	6	2260812	2276642	26	15375503	14902828
长治县	6	1940105	1770686	38	4923260	4491297
襄垣县	1	65201	53612	38	18192036	16590371
屯留县	3	801954	792211	26	8928906	6025810
平顺县				11	273085	273085
黎城县	1	49362	49806	11	6539607	6282220
壶关县				12	2987986	2896959
长子县				27	8136067	7833673
武乡县	1	147542	144622	14	3631624	3656022
沁　县				5	610689	583986
沁源县	3	9185922	8699188	18	2613986	2517412
潞城市				32	12485675	12111830

4-12 续 4

县市区	在总计中:轻工业			重工业		
	企业单位数	工业总产值（当年价）	工业销售产值（当年价）	企业单位数	工业总产值（当年价）	工业销售产值（当年价）
全　市	**40**	**11255923**	**10542890**	**276**	**143123150**	**134040984**
城　区	7	3350008	2724421	14	2538647	2477680
郊　区	3	249633	278893	35	34775924	34074658
长治县	7	1494356	1543068	41	12791976	12035364
襄垣县	1	102786	104447	38	25407154	23301357
屯留县	4	946303	924893	25	10925256	7838299
平顺县	1	49231	49231	12	1891113	1734113
黎城县	1	45900	41300	11	7184069	6904132
壶关县	5	3629448	3537941	7	4047335	4040311
长子县	5	332904	319320	24	10490135	9798301
武乡县	1	643039	645142	14	4820508	4592667
沁　县	4	412315	374234	1	419977	411323
沁源县				21	13379747	12741705
潞城市	1			33	14451309	14091074

单位：千元

在总计中：亏损企业			在总计中：国有控股企业			在总计中：农村企业		
企业单位数	工业总产值（当年价）	工业销售产值（当年价）	企业单位数	工业总产值（当年价）	工业销售产值（当年价）	企业单位数	工业总产值（当年价）	工业销售产值（当年价）
110	**41065473**	**39164877**	**89**	**71784009**	**65300525**	**6**	**2767837**	**2643068**
10	2219395	2168875	4	736771	738042			
13	14448897	13991722	12	16305877	15966831	2	1279700	1279700
16	2298331	2223254	11	8626555	8052303			
9	2510146	2274935	21	21099062	19130601			
13	3759669	3856061	9	7373561	4385506			
3	441984	389983	2	64991	64991			
3	5216184	5195902						
3	382921	375957				3	1183015	1131435
9	589050	559792	8	8631790	8296744			
6	1534993	1321093	6	2544566	2307572			
3	652936	606623						
8	3082615	2647084	2	355058	302931	1	305122	231933
14	3928352	3553596	14	6045778	6055004			

单位：千元

在总计中：大型企业			中型企业			小型企业		
企业单位数	工业总产值（当年价）	工业销售产值（当年价）	企业单位数	工业总产值（当年价）	工业销售产值（当年价）	企业单位数	工业总产值（当年价）	工业销售产值（当年价）
40	**83724568**	**76793963**	**87**	**34380603**	**32394816**	**189**	**36047892**	**35170239**
2	1930674	1915328	9	3555636	2896783	10	402345	389990
6	15251248	14865343	10	6142629	6012830	22	13578758	13422456
7	9172935	8549460	9	2096155	1889521	32	3017242	3139451
4	14637079	13169222	16	6024276	5577449	19	4848585	4659133
4	6414502	3454313	8	4199157	4101791	17	1233710	1183714
						13	1895367	1738367
2	5908159	5711597	2	593087	539445	8	689859	655526
2	3512720	3521771	1	1306951	1258453	9	2857112	2798028
5	8479546	8097379	3	475168	452444	21	1846143	1545954
			7	2428045	2229390	8	3035502	3008419
			2	610689	583986	3	221603	201571
4	9610174	9134934	10	2855621	2679240	7	913952	927531
4	8807531	8374616	10	4093189	4173484	20	1507714	1500099

4-13 分县区工业企业

县市区	企业单位数（个）	亏损企业	工业总产值（当年价格）	工业销售产值（当年价格）	出口交货值	年初存货	产成品	资产总计
全　市	**316**	**110**	**154379073**	**144583874**	**68389**	**14428822**	**6905027**	**329056617**
城　区	21	10	5888655	5202101	24639	1070015	480105	9037235
郊　区	38	13	35025557	34353551	29048	2166454	1335193	43026576
长治县	48	16	14286332	13578432	11702	999048	410249	50592298
襄垣县	39	9	25509940	23405804		2725625	1636210	67261332
屯留县	29	13	11871559	8763192		3027710	1211370	30898118
平顺县	13	3	1940344	1783344	3000	104855	65231	2446676
黎城县	12	3	7229969	6945432		290012	116081	3559264
壶关县	12	3	7676783	7578252		178168	55919	7282569
长子县	29	9	10823039	10117621		619862	339048	25761508
武乡县	15	6	5463547	5237809		214669	113325	12372919
沁　县	5	3	832292	785557		43393	19270	2620953
沁源县	21	8	13379747	12741705		687762	276397	35620927
潞城市	34	14	14451309	14091074		2301249	846629	38576242

4-13续1

县市区	流动负债合计	应付账款	非流动负债合计	所有者权益合计	实收资本	国家资本	集体资本	法人资本
全　市	**181305728**	**46034901**	**49654304**	**94111329**	**46742748**	**22896797**	**2606447**	**11896880**
城　区	4392380	976422	1007895	3636960	3228996	443727	10340	2117972
郊　区	29740895	7288965	7171152	5045156	6164072	3958500	319051	970681
长治县	24016242	8423233	5695655	19720637	6502829	1697429	151050	2526435
襄垣县	33620797	8249609	8703238	24937290	6882780	5300993	193818	502089
屯留县	20183552	5242022	4236918	6414128	5756593	4325613	235050	395334
平顺县	1264204	71034	335395	819441	360316	4036	10000	172690
黎城县	1947648	394433	241995	1125016	756134			173754
壶关县	4184042	962319	328606	2696154	1217042			189705
长子县	13207266	3435724	2117184	10143909	2844216	1695716	10000	888065
武乡县	7018436	2125394	4200593	1143747	3171237	525270	88600	2134697
沁　县	2460542	577240	220082	−236528	286320	150000		136320
沁源县	18397713	2314203	6607703	9788910	1952473	158273	15300	1140315
潞城市	20872011	5974303	8787888	8876509	7619740	4637240	1573238	548823

主 要 经 济 指 标

单位:千元

资产总计								
流动资产合计				固定资产合计	固定资产原价	累计折旧		负债合计
	应收账款	存货	产成品				本年折旧	
143823431	**21940232**	**16718501**	**7267292**	**130014938**	**172317787**	**72321304**	**8475728**	**234946712**
4830725	718729	1183700	447358	3090883	4216522	1648001	239780	5400275
16048135	3566172	2380405	1003868	19481923	31370323	13028964	1472847	37981416
21383536	3885881	1159117	585675	15204683	21221190	7206467	921595	30871654
38169612	5725665	2790610	1314801	24170227	26428098	14788393	1744547	42324038
13337433	1854744	3268805	1618205	12780648	19180405	7506343	949756	24483986
1353248	177070	78861	47719	664202	718423	110870	19572	1627235
1850984	254529	312997	158760	1357683	2353909	1037546	149495	2434248
4740399	534916	431098	90529	1828911	2149198	1156825	42655	4586415
7352467	616028	639096	378777	10673171	18035657	7086057	589248	15617593
3758935	256200	282864	112758	6371051	8800448	3285001	431978	11229171
1336784	104349	178403	66457	939908	953943	258633	115137	2857481
14823068	1423928	773279	339700	12325110	15552704	4580557	611945	25832016
14838105	2822021	3239266	1102685	21126538	21336967	10627647	1187173	29701184

单位:千元

个人资本	港澳台资本	外商资本	营业收入	主营业务收入	营业成本	主营业务成本	营业税金及附加	主营业务税金及附加	其他业务收入
8122101	**229894**	**990628**	**135943676**	**127195819**	**106249328**	**98110771**	**3582753**	**3439069**	**8747857**
230266	120000	306691	5230101	5102550	3741475	3541867	33064	30639	127551
903340	12500		31658016	24439346	28120045	20949052	216869	209999	7218670
1443978		683937	14425800	13903296	8675405	8447912	829626	700702	522504
885880			20740809	20687635	16191144	16179903	856887	855972	53174
800596			11915381	11684995	9966704	9833054	306923	303215	230386
173590			1671451	1671215	1469090	1468870	22998	22998	236
582380			4772247	4768773	4512471	4512017	12724	12724	3474
1027337			7612064	7609568	5899075	5896698	14373	14319	2496
250434			10069173	9732186	5958808	5743356	678887	678887	336987
422670			5405692	5399915	4202150	4199903	155928	155928	5777
			787893	787857	735597	735591	499	499	36
638585			7395825	7247507	4503516	4387176	364776	364776	148318
763045	97394		14259224	14160976	12273848	12215372	89199	88411	98248

4-13续 2

县市区	其他业务利润	销售费用	管理费用	税金	财务费用	利息收入	利息支出	营业利润	资产减值损失	公允价值变动收益
全　市	**413492**	**3627298**	**10339187**	**322235**	**4773520**	**369730**	**5100382**	**7484333**	**283114**	**13878**
城　区	36416	572649	463827	14370	37034	9134	46207	310007	72046	
郊　区	28314	401737	1474552	53695	902786	42635	688506	610169	13284	
长治县	68969	1030874	1682368	37353	697387	-4731	569147	1499305	25268	
襄垣县	25924	402108	1782405	52283	451106	437095	1095879	1100029	60707	
屯留县	56497	244128	650907	8042	643653	-145547	731096	129147	24266	
平顺县	-113	40869	60998	86	14440	204	14225	63044		
黎城县	2700	24925	105122	3639	56369	-4	51559	60639		
壶关县	71	249583	1099266	12538	67627	339	63325	290032	1467	
长子县	119326	121163	1022592	29160	268456	5123	269816	2023347	14537	
武乡县	508	69236	355187	14517	289200	88320	371551	318294	15695	
沁　县	29	13420	51133	321	8003	-16012	23831	-20761		
沁源县	41589	92453	797558	48575	691157	-130617	732092	954953	26860	
潞城市	33262	364153	793272	47656	646302	83791	443148	146128	28984	13878

单位:千元

投资收益	营业外收入	政府补助	营业外支出	利润总额	所得税费用	亏损企业亏损总额	利税总额	应交税金及附加	本年应付职工薪酬	本年应交增值税	从业人员平均人数
382044	**580304**	**167137**	**508277**	**7556353**	**2074826**	**3242591**	**17732316**	**12573024**	**12370697**	**6593210**	**214477**
1	32052	19852	6070	335989	88986	197719	441093	208460	431750	72040	11477
81432	123305	3479	85445	648029	238676	890026	1739508	1383850	1694828	874610	26012
14455	69002	36885	87579	1480724	494325	384232	3668554	2719508	1798428	1358204	26741
103585	48855	16501	46250	1102633	157595	148528	3212029	2319274	3186053	1252509	57816
50355	32895	10984	16120	145922	233923	736486	1132257	1228300	1115862	679412	17333
	5528		1259	67313	2099	8147	93520	28392	36161	3209	1274
	6253		7229	59664	7553	15012	120502	72030	143357	48114	6532
9359	6879	3997	854	296057	19820	5355	349798	86099	174809	39368	4313
18621	60490	63793	64348	2019486	447368	256205	3690462	2147504	1525059	992089	18384
	53457	2771	9947	361804	33078	86534	899441	585232	380772	381709	6316
	142		1474	-22093		26534	8878	31292	39223	30472	1276
35450	37347	400	128665	863636	263356	330641	1767662	1215957	896403	539250	17846
68786	104099	8475	53037	197189	88047	157172	608612	547126	947992	322224	19157

4-14 民营经济

县市区	企业个数	工业企业个数	年末从业人员	工业企业从业人数
总　计	**82252**	**9678**	**561312**	**216242**
城　区	26031	2394	84032	10047
郊　区	3906	203	35809	13797
长治县	7660	733	78566	26635
潞城市	6773	1221	61866	28951
屯留县	5376	759	31843	13800
长子县	3889	2037	32949	21269
壶关县	2858	271	20892	8685
平顺县	2544	416	16737	8218
黎城县	3300	349	22784	10954
武乡县	3941	281	25945	8738
襄垣县	7058	211	47049	20735
沁　县	2645	486	15493	4658
沁源县	4279	167	44572	27657
开发区	1992	150	42775	12098

主要经济指标

单位:个、人、万元

总产值	工业	营业收入	利税总额	增加值	工业	实交税金	劳动者报酬
18448234	**12062410**	**18512596**		**5924556**	**3635450**	**812136**	**1076149**
2865334	303495	2763547		787400	78165	122733	86271
3021681	2072442	3009293		828649	583026	78661	69178
888746	888746	1633267		610218	321323	61373	186998
2729239	2320287	2519560		756272	669712	84921	111652
894741	626708	875136		249998	154483	19113	55033
1041099	746031	838875		300428	210533	32277	72790
292219	214469	284599		99382	71372	7140	37390
265956	150032	266614		84259	47407	12150	17766
842781	691528	614287		236864	193178	20425	30795
374079	374079	600000		233000	124946	62000	73583
1744696	1169469	1711989		581136	373440	147575	99982
298510	139595	265048		85249	35555	4791	25157
2533167	1997416	2532617		820040	630285	124660	100800
655986	368113	597764		251661	142025	34317	108754

4-15 大中型重点工业

单位详细名称	单位规模	工业总产值（当年价格）	工业销售产值（当年价格）	从业人员平均人数
山西潞安矿业(集团)有限责任公司	大型	13121761	11788290	40746
山西潞安太阳能科技有限责任公司	大型	5638815	5355258	1656
首钢长治钢铁有限公司	大型	5546421	5482551	8597
山西沁新能源集团股份有限公司	大型	5471956	5310943	5864
黎城太行钢铁有限公司	大型	4675677	4683652	1912
山西晋煤集团赵庄煤业有限责任公司	大型	4249814	4163348	6439
山西潞安集团余吾煤业有限责任公司	大型	3561391	369929	5321
山西高河能源有限公司	大型	3241573	3184215	3731
山西潞宝集团	大型	2788533	2460785	2989
山西潞宝集团晋钢兆丰煤化工有限公司	大型	2530233	2530233	1197
天脊煤化工集团股份有限公司	大型	2297551	2222254	4962
山西汾西太岳煤业股份有限公司	大型	2264524	2264524	960
山西霍尔辛赫煤业有限责任公司	大型	1825619	1718677	1998
山西通洲煤焦集团股份有限公司	大型	1449442	1123721	1315
山西潞安集团司马煤业有限公司	大型	1436593	1055119	4038
山西三元煤业股份有限公司	大型	1262421	1251844	2127
山西黎城粉末冶金有限责任公司	大型	1232482	1027945	2725
山西长治王庄煤业有限责任公司	大型	1191300	1183902	1293
潞城市兴宝钢铁有限责任公司	大型	1191214	1161344	1810
山西潞安羿神能源有限责任公司	大型	1175365	1507245	1698
山西长信工业有限公司	大型	1134954	1128335	1812
山西省长治经坊煤业有限公司	大型	1084960	1009582	2896
山西振东制药股份有限公司	大型	1009245	944618	1773
山西南耀集团小常矿业有限公司	大型	1000989	979707	1304
长治三元中能煤业有限公司	大型	952035	925696	1018
山西达利食品有限公司	大型	810577	857853	2683
山西漳泽电力股份有限公司漳泽发电分公司	大型	667648	667648	2061
山西潞安郭庄煤业有限责任公司	大型	665749	683118	2322
山西华晟荣煤矿有限公司	大型	659366	583281	1219
山西羊头岭煤业有限公司	大型	631271	566820	1829
山西襄矿晋平煤业有限公司	大型	627114	460413	2319
山西长治县雄山煤炭有限公司	大型	577993	605204	1577

企业主要经济指标

单位：千元

实收资本	流动资产合计	固定资产合计	固定资产原价	累计折旧	利润总额	应交增值税	主营业务税金及附加
2991409	26583960	15318868	13885422	10027262	639380	811772	598655
1100000	1257670	1953733	2471505	517772	-57840	31340	15
700000	3790491	5299900	7755383	3538370	-565007	202921	37080
373000	4213682	2087620	3996669	1909049	441115	270750	127759
210000	314441	212437	488906	276469	-6802	10004	1105
1000000	1281385	3756988	7220687	3463700	1087200	431918	335980
142000	3166153	3046034	6194913	3148879	700366	380196	250190
1519860	1171976	4280418	6290254	2009836	542521	346373	271077
1058000	4969397	3420507	2311897	1108610	-18627	84612	8982
500000	1321515	1764155	1987512	758927	92354	31436	3096
1200000	4051807	3880269	5443380	4157108	23326	46287	21088
138880	1208945	867533	1166623	233090	450142	113244	66656
350000	883878	2173991	2891750	717760	568249	246009	134338
61000	2183886	791881	1617450	825569	-2217	58112	1274
290004	6229122	924188	2352239	1428051	220512	198793	
329000	1500511	555637	1306234	750597	477902	150189	93324
63000	277931	188624	468236	279612	30095	36646	8480
370029	1839445	732280	1267736	535456	501749	181538	100721
10000	474382	1059041	1287634	411142	25293	4200	
285000	1785636	1650446	1650446	666810	-145682	-5256	63
389811	472752	449494	777197	332671	-61578	1267	152
1186849	1550863	1268154	2023879	755725	289858	143692	83999
519779	2131251	250045	401897	151852	90466	142484	14251
59004	2071023	98605	87726	10879	235070	100210	3256
500	699995	47906	499945	129650	212923	53020	59641
105000	109710	161780	285318	123538	138390	60002	7194
	145795	898268	3001193	2102926	29053	44742	5714
269900	3948529	782644	1406799	624155	117236	63801	47014
295000	1116743	9446	671468	662022	279366	115790	51442
172100	1120706	1334125	1875231	570221	-114316	80336	71594
500000	2063890	310453	804538	494085	64150	66663	41514
208460	1189331	1696930	1254563	274634	-12329	82769	58598

4-15 续 1

单位详细名称	单位规模	工业总产值（当年价格）	工业销售产值（当年价格）	从业人员平均人数
山西襄垣七一新发煤业有限公司	大型	469443	497277	1354
山西长沁煤焦有限公司	大型	424252	435746	1853
山西大平煤业有限公司	大型	418761	423242	1146
山西壶化集团股份有限公司	大型	310800	319851	1882
壶关华阳矿业有限公司	大型	3201920	3201920	850
长治高科产业投资有限公司	大型	1120097	1057475	1933
山西潞安煤基合成油有限公司	大型	1011997	894021	1948
山西潞安矿业集团慈林山煤业有限公司	大型	792712	706377	2902
山西康宝生物制品股份有限公司	中型	2219477	1557231	761
长治市郊区西望煤化有限公司	中型	2020249	1871542	405
山西潞安大成工贸有限责任公司	中型	1602690	1602690	878
山西鲁晋王曲发电有限责任公司	中型	1590537	1610650	398
山西瑞恒化工有限公司	中型	1313816	1253700	846
长治市太行紫团饮业有限公司	中型	1306951	1258453	450
长治市霍家工业有限公司	中型	1279700	1279700	890
山西潞安焦化有限责任公司	中型	1010155	1085118	927
山西兴旺煤化集团有限责任公司	中型	821960	712342	702
晋能长治热电有限公司	中型	748238	748238	349
山西南耀集团昌晋苑焦化有限公司	中型	681372	669206	635
襄垣县鸿达煤化有限公司	中型	643204	615817	600
山西太行药业股份有限公司	中型	576134	572166	638
山西黄土坡鑫运煤业有限公司	中型	544941	423912	623
山西通洲集团安神煤业有限公司	中型	468502	468502	1450
山西马军峪煤焦有限公司	中型	464440	467782	1279
长治清华钢结构有限公司	中型	459620	459620	472
山西马堡煤业有限公司	中型	447465	447465	955
山西潞宝兴海新材料有限公司	中型	436197	435554	567
沁县华安焦化有限公司	中型	419977	411323	439
山西三元福达煤业有限公司	中型	370763	377734	654
长治市惠诚热力有限公司	中型	370000	370000	670
山西康伟集团南山煤业有限公司	中型	362121	419925	760
山西青春玻璃有限公司	中型	359637	303895	560

单位：千元

实收资本	流动资产合计	固定资产合计	固定资产原价	累计折旧	利润总额	应交增值税	主营业务税金及附加
300000	1310529	805165	805165	455815	91371	54544	43055
400000	1276892	1380889	590794	88430	35585	37955	24157
100000	243534	144560	548455	403895	172018	61952	37211
313434	255722	227155	452189	225034	41267	31834	3279
1000	129609	67373	96493	29120	46668		412
1835393	1310244	568345	556477	108036	-7348	-88870	1517
3361500	1801086	3966727	5405078	1438351	-424992	187799	219
686514	867751	2552180	3566193	1014013	50087	85511	59772
69200	949011	599077	415685	140085	352501	66265	7292
10000	577733		322330	322330	107296	39530	5951
60000	432000	51137	92640	41503	10929	9270	922
1164000	805612	2815089	5595254	2780165	28433	96489	26454
600000	713175	774359	1059483	285124	13444		
14500	988805	108703	151467	42764	6723	96	51
100000	135235	666999	1331218	664901	60419	41258	3691
1570000	1039755	598463	674554	90902	50855		3412
300000	283824	663126	1085715	471209	-98159	242	15
480000	260156	2428509	2861575	433066	20523	21225	2550
70000	509111	252735	458479	205744	-91965	2736	356
133330	40799	168830	359672	190842	49932	9674	580
233000	170453	252966	150560	84835	10499	961	125
100000	65091	653834	525643	52755	38495	25104	19099
50000	248974	56058	143535	87477	1579	25740	19986
112605	2037049	366086	768864	402778	-219345	25520	19775
35000	373900	2481	5896	3415	284	724	44
289470	258675	1018024	651434	342253	114647	42991	28800
500000	149186	2438888	694353	49069	2268		
150000	815894	719989	746145	228155	-14887	13822	
36000	322488	360615	567040	206425	3536	53260	33740
10000	595833	923865	1204660	332901	-11299		157
50000	129502	334386	532257	197871	124447	39253	25707
150000	355655	299138	559270	260441	16549	-190	1786

4-15 续 2

单位详细名称	单位规模	工业总产值（当年价格）	工业销售产值（当年价格）	从业人员平均人数
山西凌志达煤业有限公司	中型	340675	334113	1610
襄垣县诚丰电力有限公司	中型	334798	301412	657
山西煤炭运销集团三元古韩荆宝煤业有限公司	中型	325267	302779	891
山西东庄煤业有限公司	中型	321166	343520	807
山西石泉煤业有限责任公司	中型	305622	304634	681
山西潞安余吾热电有限责任公司	中型	254787	230047	345
山西尔安焦化集团有限责任公司	中型	243774	316429	470
潞城市卓越水泥有限公司	中型	225680	226808	341
山西中德塑钢型材有限责任公司	中型	224037	234101	639
长治市潞安漳村恒达工贸有限公司	中型	221729	220139	648
山西长治红山煤业有限公司	中型	212477	198531	756
山西王家峪煤业有限公司	中型	212444	223406	653
山西潞安华亿实业有限公司	中型	203081	203902	765
山西襄矿新庄煤业有限公司	中型	202858	202200	656
山西襄矿西故县煤业有限公司	中型	195392	210985	655
长治市郊区南村煤化有限公司	中型	194964	192100	505
武乡县墨镫乡新村煤矿	中型	192253	192123	535
潞宝金和生食品有限责任公司	中型	190712	172663	531
山西潞安集团东盛煤业有限公司	中型	188522	140337	457
长治新建煤业有限公司	中型	181624	143543	543
长治红兴煤业有限公司	中型	181284	133694	535
山西煤炭运销集团三元石窟煤业有限公司	中型	171579	172415	457
中国人民解放军第四三二八工厂	中型	165960	157190	382
山西康伟集团孟子峪煤业有限公司	中型	161208	161208	430
山西澳瑞特健康产业股份有限公司	中型	159995	186402	647
长治华润燃气有限公司	中型	157566	157566	370
天脊集团兴化实业有限公司	中型	148477	112046	956
山西凤凰胶带有限公司	中型	144838	132536	352
山西省襄垣县盛丰镁业有限公司	中型	133720	109092	340
长治市供水总公司	中型	122443	122443	976
长治县西山煤业有限责任公司	中型	115306	176283	632
山西襄矿辉坡煤业有限公司	中型	100280	120530	471

单位：千元

实收资本	流动资产合计	固定资产合计	固定资产原价	累计折旧	利润总额	应交增值税	主营业务税金及附加
114007	234119	466911	789589	322678	1161	39615	27126
50000	297542	387930	847091	459161	25347	12925	905
20000	181176	350399	609272	258873	22983	38267	22411
200000	1071890	753159	975336	232572	-49613	23846	31675
104668	295666	1111960	993903	118057	37507	46714	31960
340133	209660	1083636	1553337	479701	-31722	6581	1902
100000	225238	81093	127147	92523	3145	1382	83
102000	201787	329570	371368	41798	606	16590	2202
60000	163488	38215	114389	76174	-4151	5926	711
30600	315360	174353	232356	64337	17766	16028	2230
89000	128852	336311	423995	147112	47100	28249	17625
275000	243982	292159	490071	197912	-15594	14282	11262
100000	304083	169859	183142	13283	-1535	22391	3086
50000	127491	450694	556043	105349	7076	43149	27531
100000	75999	335544	449579	114035	23717	41994	28192
150000	58946	81433	300844	219411	-23937	-1679	
30000	153527	127024	110560	98530	44444	26890	17316
51780	200687	130545	117627	12918	-10549	12131	
50000	139753	927012	928191	124595	-9722	10649	8405
29940	136208	132611	258242	128170	37175	27634	15744
81000	327588	283826	365523	193418	33945	20894	11995
2040	176266	153744	299360	145616	49793	22632	9854
78453	211683	143833	202593	58760	5255		2
50000	92965	40858	156114	115256	42681	15476	10739
100000	180676	110907	161381	50665	10696	13533	1623
300190	179097	119012	158513	39501	20618	762	1942
20232	81366	35100	57830	26202	-3888	898	507
145560	184988	111923	193912	82282	-18663	6484	778
10000	127339	109657	150321	40663	8766		
53520	358210	161413	428933	272720	-4901	4110	509
30500	647764	201700	238731	109449	14965	17153	11016
100000	294965	111788	183720	71932	2944	13915	10860

4–15 续 3

单位详细名称	单位规模	工业总产值（当年价格）	工业销售产值（当年价格）	从业人员平均人数
天脊集团塑料有限公司	中型	95519	94623	615
长治液压有限公司	中型	78368	88409	900
襄垣县恒祥焦化有限公司	中型	830025	752880	705
山西潞安机械有限责任公司	中型	751905	536701	902
山西成功汽车制造有限公司	中型	728050	576378	779
武乡县绿农农牧科技有限公司	中型	643039	645142	860
长治市瑞达焦业有限公司	中型	585701	585701	547
山西潞安环能五阳弘峰焦化有限公司	中型	520560	500928	510
山西沁源康伟森达源煤业有限公司	中型	305122	231933	489
山西长治联盛煤业投资有限公司	中型	290462	297377	2042
山西日盛达太阳能科技有限公司	中型	285178	288034	350
华润水泥(长治)有限公司	中型	267470	264203	454
山西潞安温庄煤业有限责任公司	中型	240915		765
山西省黎城县金元钢铁有限公司	中型	233450	235550	396
屯留县华诚焦化有限责任公司	中型	211025	167977	432
襄垣县新胜达电化有限责任公司	中型	202564	202564	305
山西沁源凤凰台煤业有限公司	中型	197644	203424	615
山西沁源梗阳煤业有限公司	中型	125022	117093	715
山西天脊潞安化工有限公司	中型	119815	141695	632
山西潞安益民金属制品有限责任公司	中型	102786	104447	673
山西长治县雄山振义煤业有限公司	中型	88718	60510	408
西门子大型特种电机(山西)有限公司	中型	72947	77307	588
山西垚志达煤业有限公司	中型	69585	24400	939
山西反坡煤业有限责任公司	中型	64908	93931	655
山西长治郊区三元南耀吉安煤业有限公司	中型	47600	55900	309
山西潞安集团华润煤业有限公司	中型	46869	44170	714
山西沁新机械制造有限公司	中型	38099	45124	280
山西潞安小南村煤业有限公司	中型	29167	40520	387
山西晋牌水泥集团有限公司	中型	27760	30372	900
山西襄矿石板沟煤业有限公司	中型	14610	14610	730
山西长治县振兴煤业有限公司	中型	13056	15171	327

单位:千元

实收资本	流动资产合计	固定资产合计	固定资产原价	累计折旧	利润总额	应交增值税	主营业务税金及附加
35085	74309	34971	41039	29081	1903	4275	855
91014	199071	39919	164377	126883	-8019	3560	1668
150000	351521	479135	793048	313913	-5690	1966	
50354	2042694	139406	236691	97285	68	6086	310
680000	1041108	614024	763086	149062	2814		1042
70000	70529	96418	107056	10638	-6242	104240	
265028	515519	63763	344848	267662	-37524	5209	2068
231000	158972	149003	340154	191151	20227	7752	1301
10000	107310	934919	1027154	85743	-6344	21386	14078
132700	1000694	1022438	1102391	247027	-164618	38093	24710
100000	99272	264700	353744	89044	33635		533
280000	74593	787580	911707	124127	-32329	-4286	14
220000	379817	1075788	1291910	216122	-9024	24262	16607
50000	179082	119916	209003	89087	378	3953	424
38500	50640	33658			163		
13160	110217	70382	152231	81849	-25264	422	30
5000	293106	317229	172708	16377	-9593	5053	5434
10800	101871	828813	891946	63133	-59319	-13300	7854
380000	423925	3041846	34446	19237		-5437	6992
24880	135489	20913	31587	10674	1933	8332	833
16035	384552	173294	182243	8949	-30132	7679	5313
300000	81502	44726	251753	207027	-140499		
11000	554625	624560	1069777	445217	-107054		1671
19570	471491	414423	626518	212094	-102892	6231	6933
5000	74268	79528	102136	22608	-149	1740	
273930	211736	224872	357885	133013	-24696	4155	4622
500	35729	61754	61754	17203	3532	5049	295
100000	60343	307728	293936	87164	14	1933	
377587	146943	261521	960962	699441	-85062	1272	179
100000	573341	403629	578096	174467	-4411	3133	3012
45445	79872	585093	653530	68694	-10617	17931	9321

4-15 续 4

单位详细名称	利税	资产总计	流动负债合计	非流动负债合计	负债合计
山西潞安矿业(集团)有限责任公司	2049807	41902828	18229225	4116135	22345360
山西潞安太阳能科技有限责任公司	-26485	4267940	3957225	252135	4209360
首钢长治钢铁有限公司	-325006	10022094	12426491	1256662	13683153
山西沁新能源集团股份有限公司	839624	8623131	3800036	1317455	5117491
黎城太行钢铁有限公司	4307	527879	618833	2000	620833
山西晋煤集团赵庄煤业有限责任公司	1855098	7459362	3979449	415365	4394814
山西潞安集团余吾煤业有限责任公司	1330752	7874814	3097866	327712	3425579
山西高河能源有限公司	1159971	8425265	5453287	250391	5703678
山西潞宝集团	74967	9022260	5262404	892953	6155357
山西潞宝集团晋钢兆丰煤化工有限公司	126886	3085670	2344151		2344151
天脊煤化工集团股份有限公司	90701	7932076	4174542	1368508	5543050
山西汾西太岳煤业股份有限公司	630042	2115292	543133	606213	1149346
山西霍尔辛赫煤业有限责任公司	948596	3895895	993531	59700	1053231
山西通洲煤焦集团股份有限公司	57169	3161428	1983638	1044915	3028553
山西潞安集团司马煤业有限公司	419305	8985690	2800990	2756567	6618504
山西三元煤业股份有限公司	721415	3146575	380984	3611	384595
山西黎城粉末冶金有限责任公司	75221	660876	303310	16143	319454
山西长治王庄煤业有限责任公司	784008	3030786	631462	4072	635534
潞城市兴宝钢铁有限责任公司	29493	1606551	330542		330542
山西潞安羿神能源有限责任公司	-150875	3436082	3120395	453000	3573395
山西长信工业有限公司	-60159	922246	1457174		1457174
山西省长治经坊煤业有限公司	517549	4213482	821571	275320	1096891
山西振东制药股份有限公司	247201	6118113	1139858	39654	1179512
山西南耀集团小常矿业有限公司	338536	2713782	1508720		1508720
长治三元中能煤业有限公司	325584	747901	197846	1241	199087
山西达利食品有限公司	205586	282153	110532		110532
山西漳泽电力股份有限公司漳泽发电分公司	79509	2357114	1483210	89626	2357114
山西潞安郭庄煤业有限责任公司	228051	6279301	5131811	470210	5602021
山西华晟荣煤矿有限公司	446598	1768704	408283	239121	647404
山西羊头岭煤业有限公司	37614	3154202	2473129	148358	2711422
山西襄矿晋平煤业有限公司	172327	2878830	1123049	548700	1671749
山西长治县雄山煤炭有限公司	129038	3886477	1910813	416141	2326954

单位:千元

所有者权益合计	主营业务收入	主营业务成本	销售费用	管理费用	财务费用	利息支出	营业利润
19557468	10550696	8163529	230025	1051248	-74269	601201	639380
58580	590430	230010	9676	228369	177090	158130	-54730
-3661059	5082898	4768294	15589	404679	345325	221845	-516892
3505640	2366081	1236911	37812	351360	170929	167633	510080
-92953	2452631	2411042	16572	19314	11156	11156	-6558
3064548	3699792	1946954	1756	418357	53392	49066	1060436
4449235	2965754	1788849		190728	41939	22983	694913
2721586	3174706	1939051	99751	199376	134241	116013	538148
2866903	2818389	2565469	103202	102950	102397	89989	-27559
741518	2242423	2003511	66643	29393	36688		103092
2389026	2574878	2004754	115096	260750	170636	131495	-12026
965946	869834	272794	5651	22312	49053	44761	455384
2842663	1718677	792983	19331	187196	14881	15110	560522
132875	893369	712240	339	45074	128415	114583	3519
2367185	1423711	719575	76316	241821	232354	234171	226064
2761979	1028550	376283	12006	161549	-4257		476361
341421	1027945	938202	2231	39979	9477	8529	29576
2395252	1183902	377034	37928	159873	-1689	328	510003
1276008	1154654	1116220		17969	6092	6418	24945
-137313	1555352	1464316	54741	39565	140309	150300	-148617
-534928	674032	697756		24805	12965	12963	-61646
3116591	911424	404525	13867	180265	12220	12883	283735
4938601	927567	95936	570415	133245	11939	20213	87208
1205062	947816	613172	75	95620	623	623	235070
548814	917990	519782	18322	108224	-902		212923
171621	844605	557988	128912	14896	-168		138050
	643997	600782			26100	23395	26662
677279	585150	354299	39345	72114	98744	231722	115712
1121299	575235	137443	9430	60512	11546	11132	304911
442780	557114	357220	11923	99436	93093	59806	-76152
1207081	460413	208766	5978	72788	57506	59235	72954
1559522	586162	266389	5860	207916	52517	48410	-647

4-15续5

单位详细名称	利税	资产总计	流动负债合计	非流动负债合计	负债合计
山西襄垣七一新发煤业有限公司	188970	2377460	829632	825870	1655502
山西长沁煤焦有限公司	97697	3719397	2326290	824560	3150850
山西大平煤业有限公司	271181	698833	188363		188363
山西壶化集团股份有限公司	76380	861226	191897	80000	271897
壶关华阳矿业有限公司	47080	196982	69074	2010	87500
长治高科产业投资有限公司	-94701	2626302	1161843	7600	1169443
山西潞安煤基合成油有限公司	-236974	6294247	3747761	2465889	6245372
山西潞安矿业集团慈林山煤业有限公司	195370	3960281	2550122	398308	2948430
山西康宝生物制品股份有限公司	426058	1548088	335160	124227	459387
长治市郊区西望煤化有限公司	152777	577733	366490	66809	433299
山西潞安大成工贸有限责任公司	21121	537067	407181		407181
山西鲁晋王曲发电有限责任公司	151376	4052904	1182594	1276373	2458967
山西瑞恒化工有限公司	13444	2920909	1518185	799166	2317352
长治市太行紫团饮业有限公司	6870	1299458	731251		731251
长治市霍家工业有限公司	105368	879650	668981		668981
山西潞安焦化有限责任公司	54267	2425363	860671	4066	864737
山西兴旺煤化集团有限责任公司	-97902	1455295	1141480		1141480
晋能长治热电有限公司	44298	2994748	201316	2401696	2603012
山西南耀集团昌晋苑焦化有限公司	-88873	1064478	838037	2900	840937
襄垣县鸿达煤化有限公司	60186	281165	109302		109302
山西太行药业股份有限公司	11585	428141	364782	28233	403015
山西黄土坡鑫运煤业有限公司	82698	720728	370175	182296	552471
山西通洲集团安神煤业有限公司	47305	383003	292090		292090
山西马军峪煤焦有限公司	-174050	2673231	1365910	1588357	2954267
长治清华钢结构有限公司	1052	376834	329246		329246
山西马堡煤业有限公司	186438	1276699	267304	259692	526996
山西潞宝兴海新材料有限公司	2268	2588074	837176	1306535	2143711
沁县华安焦化有限公司	-1065	1727671	2066926	82	2067008
山西三元福达煤业有限公司	90536	1037485	277991	262991	540982
长治市惠诚热力有限公司	-11142	1531113	791087	838131	1629218
山西康伟集团南山煤业有限公司	189407	726186	420612		420612
山西青春玻璃有限公司	18145	677280	376294	554	376848

单位:千元

所有者权益合计	主营业务收入	主营业务成本	销售费用	管理费用	财务费用	利息支出	营业利润
721958	497277	244885	34	42258	74154	74210	92965
568547	781650	522055	32497	74971	88176	142861	39714
510469	418679	124098	4283	75259	5310	5332	174098
589329	424044	262626	39167	84480	6106	6388	36367
109482	3297320	2296001	53330	869009	31900	31900	46668
1456859	993158	939756	12681	52184	15200	15186	-16859
48875	1162315	1116769	3426	136195	230299	230462	-427407
1011851	706377	437926	28554	79370	53834	58368	50526
1088701	1517083	694486	305574	163067	-6965	1268	353704
144434	1871542	1547848	116795	86988	6664		107296
129886	1602690	1551848	45	35909	576	558	11386
1593937	1590537	1284069		135055	175668	58477	26078
603557	1037457	907558	29072	27102	62955	62438	11756
568207	1258453	1187264	31258	20113	13044	13044	6723
210668	1192840	1039240	29739	48958	14378	14638	57834
1560626	744519	674313	5460	29319	-20442	11	48558
313815	808063	862900	11556	15275	20251		-101934
391736	730180	618941		27732	109805	93195	-11058
223541	669206	729045	792	29784	1988	2096	-90245
171862	696753	626568	12867	10181	-44	18	46599
25126	572166	520487	3047	19984	18433	9097	10090
168257	219931	72720	153	66277	19784	19791	41898
90913	230522	170098	2717	23328	12602	13058	1791
-281036	227924	244694	2443	60592	118921	118921	-215504
47588	451097	430501	1672	16679	8987	8497	-2018
749703	439530	222193	8189	66619	898	1017	112831
444363	424358	407327	6014	10868			149
-339337	406787	412964	909	22163	-15705	307	-13544
496503	377734	255949	6921	66593	11252	11578	3279
-98105	405370	379731	21131	25283	1433	2023	-10039
305573	279327	110239	50	17330	3245	3062	122747
300432	333444	288966	1358	12446	12042	11668	19546

4–15 续 6

单位详细名称	利税	资产总计	流动负债合计	非流动负债合计	负债合计
山西凌志达煤业有限公司	67902	1308871	942064	189211	1131275
襄垣县诚丰电力有限公司	39177	730263	736276		736276
山西煤炭运销集团三元古韩荆宝煤业有限公司	83661	917930	278379	472942	751321
山西东庄煤业有限公司	5908	2078639	1054600	1190473	2245276
山西石泉煤业有限责任公司	116181	1622414	1038110	360390	1398500
山西潞安余吾热电有限责任公司	–23239	1318507	815724	480000	1295724
山西尔安焦化集团有限责任公司	4610	322129	314812		314812
潞城市卓越水泥有限公司	19398	602914	357582	214456	572038
山西中德塑钢型材有限责任公司	2486	270056	210868		210868
长治市潞安漳村恒达工贸有限公司	36024	489713	415142		415142
山西长治红山煤业有限公司	92974	571128	234341	215	234556
山西王家峪煤业有限公司	9950	1382220	791104	446683	1237787
山西潞安华亿实业有限公司	23942	588190	282447		282447
山西襄矿新庄煤业有限公司	77756	681201	600464		600464
山西襄矿西故县煤业有限公司	93903	512392	165156	165900	331056
长治市郊区南村煤化有限公司	–25616	142076	292535	38120	330665
武乡县墨镫乡新村煤矿	88650	530981	265675	41500	307175
潞宝金和生食品有限责任公司	1582	344943	6690	220000	400286
山西潞安集团东盛煤业有限公司	9332	1111865	1112920		1112920
长治新建煤业有限公司	80553	327683	219055	27118	246173
长治红兴煤业有限公司	66834	611414	97596	283496	381092
山西煤炭运销集团三元石窟煤业有限公司	82279	431983	136773	2340	139113
中国人民解放军第四三二八工厂	5257	355516	198146		198146
山西康伟集团孟子峪煤业有限公司	68896	292222	80859	3000	83859
山西澳瑞特健康产业股份有限公司	25852	334098	175022	6546	181568
长治华润燃气有限公司	23322	425317	124441		124441
天脊集团兴化实业有限公司	–2483	116466	105302		105314
山西凤凰胶带有限公司	–11401	302811	38125	1680	39805
山西省襄垣县盛丰镁业有限公司	8766	282446	292384		292384
长治市供水总公司	–282	536959	338265	10855	349120
长治县西山煤业有限责任公司	43134	880969	330370	1351	331721
山西襄矿辉坡煤业有限公司	27719	423750	137743		137743

单位:千元

所有者权益合计	主营业务收入	主营业务成本	销售费用	管理费用	财务费用	利息支出	营业利润
177596	323762	163985	21777	64283	43162	43821	-222
-6013	383840	342024	126	14818	313	313	25476
166609	247921	102491	7295	55804	34619	34740	25038
-166637	343520	249069	458	81042	32011	99122	-50735
223914	344308	201038	2349	16416	52035	21390	40122
22782	200711	168919		44795	49518	48023	-29053
7317	283308	242859	50717	7390	4097	3177	3669
30876	226078	182987	1893	38007	6689	6645	-5630
59188	215157	192659	8136	12127	7563	7296	-6010
74571	172856	122867	164	30999	-17	2119	16613
336572	198531	103613	2531	15498	8019	9598	51247
144433	217931	176683	2222	22714	18971	40291	-15594
305743	193268	108280	1713	90716	1069	662	-10693
80737	311777	162945	1464	77051	35973	35983	6815
181336	285992	110489	4979	97599	25834	25772	18924
-188589	170416	184895	2057	7554	1657	1655	-24096
223806	192123	114393	5691	10467	-188		44444
-55343	179498	158910	554	19024	11559	11559	-10549
-1055	84575	56603	1068	17632	9391	9391	-8524
81510	176131	63664		43722	15480	15480	37520
230322	134239	65038	181	15361	5035	5031	36629
292870	175328	88193	5194	22578	-298	80	49807
157370	156683	120450	1859	30527	-1284	-1284	5129
208363	114367	46915	2	10842	2935	2947	42916
152530	256191	189876	30927	18631	1164	1850	14485
300876	157566	84375	31151	21640	-1010		20345
11151	112020	105295	5257	9129	-70	275	-3836
263006	132536	121034	12288	18107	-891	-160	-18650
-9937	121368	109092	58	3569	55	24	8594
187839	122443	84136	6331	47731	-290		-8044
549247	124836	57092	4618	29468	5546	5237	17096
286007	102881	58388	1975	25970	3290	3290	2398

4-15 续 7

单位详细名称	利税	资产总计	流动负债合计	非流动负债合计	负债合计
天脊集团塑料有限公司	7033	109280	36733		36733
长治液压有限公司	-2791	265564	202306		202306
襄垣县恒祥焦化有限公司	-3724	856543	1181258		1181258
山西潞安机械有限责任公司	6464	2233067	2132126	5401	2137528
山西成功汽车制造有限公司	3856	1981017	1163007	297000	1460007
武乡县绿农农牧科技有限公司	97998	207501	124007	29363	153370
长治市瑞达焦业有限公司	-30247	852376	671203	8865	680068
山西潞安环能五阳弘峰焦化有限公司	29280	328980	182704	1590	184294
山西沁源康伟森达源煤业有限公司	29120	2202495	792837	252340	1045177
山西长治联盛煤业投资有限公司	-101815	2455060	2420056	796000	3216056
山西日盛达太阳能科技有限公司	34168	436884	359359		359359
华润水泥(长治)有限公司	-36601	1096202	1150732		1150732
山西潞安温庄煤业有限责任公司	31845	1455605	1540173	106559	1646732
山西省黎城县金元钢铁有限公司	4755	298998	164852		164852
屯留县华诚焦化有限责任公司	163	84298	142847		161785
襄垣县新胜达电化有限责任公司	-24812	236806	157809		157809
山西沁源凤凰台煤业有限公司	894	815171	598290		598290
山西沁源梗阳煤业有限公司	-64765	1600829	1649408		1649408
山西天脊潞安化工有限公司	1555	3496881	3067331	34550	3101881
山西潞安益民金属制品有限责任公司	11098	156402	121608		121608
山西长治县雄山振义煤业有限公司	-17140	692584	748592	19510	768102
西门子大型特种电机(山西)有限公司	-140499	180196	500975	2622	503597
山西垚志达煤业有限公司	-105383	2945506	2152931	506917	2659849
山西反坡煤业有限责任公司	-89728	1151852	152347	195408	624345
山西长治郊区三元南耀吉安煤业有限公司	1591	896986	285643	599230	884873
山西潞安集团华润煤业有限公司	-15919	658681	253732		253732
山西沁新机械制造有限公司	8876	102353	131279		131279
山西潞安小南村煤业有限公司	1947	368072	235422		235422
山西晋牌水泥集团有限公司	-83611	424143	264682	3615440	3880123
山西襄矿石板沟煤业有限公司	1734	1700004	1065279	517133	1582412
山西长治县振兴煤业有限公司	16635	706145	508110	223199	732094

单位:千元

所有者权益合计	主营业务收入	主营业务成本	销售费用	管理费用	财务费用	利息支出	营业利润
72547	96507	84973	996	6668	980	824	1916
63258	79053	52921	11352	23314	251	4	-9295
-324714	750815	689228	9339	25784	30640	30525	-2125
95539	369918	310888	7382	20672	36828	37752	560
521010	577468	530634	7226	39866	15434	15325	-14988
54131	645287	636817	5649	7421	4101	3716	-8690
172308	548748	575694		5562	651	460	-35071
144686	500872	457410	1654	16951	-5		22191
1157317	160335	79713	5	21870	42255		-9031
-760996	284124	203208	3774	167550	46531		-161649
77525	288815	226520	6302	22349	2224	2218	33588
-54530	264204	214260	4265	37238	41599	41578	-32385
-191127	202001	82796	13387	28953	56254	50527	-7917
134146	235550	227954		2218	4576	4576	378
-77487	111952	121555	101	5607	646		2626
78997	195227	218180		3356	162	161	-25258
216881	67936	50337		9386	10208	10219	-7429
-48579	111871	138480	779	23943	-1		-59184
395000	202764	121670		10811	63291	63291	
34794	104447	78192	3255	30636	321	369	-8817
-75518	60649	59787		12007	13398		-29855
-323401	77509		11826	17962	12843	12854	-148115
285657	20854	64270	1270	27732	35294	35294	-109385
527506	80467	127283	1243	22709	22194	22194	-99897
12113	55910	54369		190	1500	1500	-149
404949	44170	42352	2096	19192	423		-25293
-28925	45124	36886	2309	3596	4151	4157	3545
132650	40060	9747	644	16258	9433	9582	10
-3455980	32458	37217	2768	27698	47488	32661	-84774
117591	32026	21174	428	9250	510	511	-2348
-25949	104999	77612	2433	5662	22061		-12089

4-16 有工作量建筑业

指标名称	企业个数			合同情况			
	建筑业企业个数	有工作量的建筑业企业个数	亏损企业个数	签订的合同额	上年结转合同额	本年新签合同额	直接从建设单位承揽工程完成的产值
总计	**168**	**168**	**32**	**22003748**	**5563992**	**16439756**	**14735203**
其中:国有及国有控股企业	20	20		14063786	3613688	10450098	7919979
一、按登记注册类型分组							
内资企业	167	167	32	21975404	5563992	16411412	14706859
国有企业	9	9		11116205	3302167	7814038	5231875
集体企业	4	4	2	66340	1388	64952	66340
股份合作企业							
有限责任公司	45	45	5	4601159	617549	3983610	4108898
国有独资公司	3	3		2235815	167142	2068673	2096673
其他有限责任公司	42	42	5	2365344	450407	1914937	2012225
股份有限公司	1	1		45938		45938	45938
私营企业	108	108	25	6145762	1642888	4502874	5253808
私营独资企业							
私营合伙企业	1	1	1	41321		41321	36271
私营有限责任公司	105	105	24	6043165	1642388	4400777	5171721
私营股份有限公司	2	2		61276	500	60776	45816
其他企业							
港、澳、台商投资企业	1	1		28344		28344	28344
与港澳台商合资经营	1	1		28344		28344	28344
二、按国民经济行业分组							
房屋建筑业	80	80	12	15523787	4715518	10808269	8738258
土木工程建筑业	40	40	5	5842189	748830	5093359	5425811
铁路、道路、隧道和桥梁工程建筑	18	18	2	2300944	492428	1808516	2042903
铁路工程建筑	1	1		14815	9142	5673	5673
公路工程建筑	11	11	2	2086246	482815	1603431	1841238
市政道路工程建筑	6	6		199883	471	199412	195992
其他道路、隧道和桥梁工程建筑							
水利和内河港口工程建筑	1	1		108000	11000	97000	108000
水源及供水设施工程建筑							
河湖治理及防洪设施工程建筑	1	1		108000	11000	97000	108000
港口及航运设施工程建筑							
海洋工程建筑							
工矿工程建筑	7	7		2606670	181786	2424884	2462382
架线和管道工程建筑	14	14	3	826575	63616	762959	812526
架线及设备工程建筑	13	13	3	756163	29679	726484	750410
管道工程建筑	1	1		70412	33937	36475	62116
其他土木工程建筑							
建筑安装业	12	12	4	101037	55822	45215	65649
电气安装	4	4		31816	18155	13661	29617
管道和设备安装	6	6	4	51327	36446	14881	22480
其他建筑安装业	2	2		17894	1221	16673	13552
建筑装饰和其他建筑业	36	36	11	536735	43822	492913	505485
建筑装饰业	27	27	7	367304	10280	357024	339288
工程准备活动	4	4	1	59227	21826	37401	57848
建筑物拆除活动	3	3	1	57839	21826	36013	56460

企业生产情况

单位:千元、平方米

承包工程完成情况			建筑业总产值						竣工产值	房屋建筑施工	
自行完成施工产值	分包出去工程的产值	从建设单位以外承揽工程完成的产值	建筑业总产值	其中:装饰装修产值	其中:在外省完成的产值	建筑工程产值	安装工程产值	其他产值		房屋建筑施工面积	其中:本年新开工面积
14727129	**8074**	**36445**	**14763574**	**387622**	**523943**	**13203675**	**1330005**	**229894**	**8142157**	**11593667**	**3702898**
7916461	3518	4900	7921361	2449	256869	7573020	218506	129835	3647377	8792891	2046894
14698785	8074	36445	14735230	359278	523943	13175331	1330005	229894	8113813	11593667	3702898
5231875			5231875		191653	5217629	10910	3336	3149014	8467976	1865495
66340			66340	12055		49340	15000	2000	63507	34346	29846
4105380	3518	11091	4116471	15340	69712	2942936	973178	200357	1551418	695646	406716
2093155	3518		2093155		2115	1774375	194780	124000	157920	188297	97306
2012225		11091	2023316	15340	67597	1168561	778398	76357	1393498	507349	309410
45938			45938			45938			45938		
5249252	4556	25354	5274606	331883	262578	4919488	330917	24201	3303936	2395699	1400841
36271			36271			36271			16168	36460	36460
5167165	4556	25354	5192519	320807	262578	4837401	330917	24201	3268392	2342739	1359181
45816			45816	11076		45816			19376	16500	5200
28344			28344	28344		28344			28344		
28344			28344	28344		28344			28344		
8733712	4546	18923	8752635	227791	262807	8450226	240884	61525	5473680	11340118	3548392
5422293	3518	16483	5438776	1000	260171	4310431	996327	132018	2117552	251549	153506
2039385	3518	3519	2042904	1000	260171	2029552	7833	5519	910147	56200	56200
2155	3518		2155		2115	2155					
1841238			1841238	1000	257414	1831405	7833	2000	721334	56200	56200
195992		3519	199511		642	195992		3519	188813		
108000			108000			108000					
108000			108000			108000					
2462382		12964	2475346			1856314	492533	126499	538099	188297	97306
812526			812526			316565	495961		669306	7052	
750410			750410			254449	495961		607190	7052	
62116			62116			62116			62116		
65639	10		65639			10	65102	527	35734	2000	1000
29607	10		29607			10	29597		2979	2000	1000
22480			22480				22480		20939		
13552			13552				13025	527	11816		
505485		1039	506524	158831	965	443008	27692	35824	515191		
339288			339288	158831		300825	27692	10771	348460		
57848		1039	58887			58887			58382		
56460		1039	57499			57499			56994		

4–16 续 1

指标名称	企业个数			合同情况			直接从建设单位承揽工程完成的产值
	建筑业企业个数	有工作量的建筑业企业个数	亏损企业个数	签订的合同额	上年结转合同额	本年新签合同额	
其他工程准备活动	1	1		1388		1388	1388
提供施工设备服务	4	4	3	103738	11716	92022	102406
其他未列明建筑业	1	1		6466		6466	5943
三、按隶属关系分组							
中央	1	1		14815	9142	5673	5673
省(自治区、直辖市)	5	5		9806842	1823743	7983099	6223146
地区(州、盟、省辖市)	21	21	4	4717347	1808950	2908397	2183154
县(区、市、旗)	8	8	1	178013	1388	176625	167047
街道							
镇							
乡							
居委会							
村委会							
其他	133	133	27	7286731	1920769	5365962	6156183
四、按企业资质等级分组							
施工总承包	103	103	14	21021067	5429960	15591107	13830972
特级							
一级	6	6		14673249	3658255	11014994	8607908
二级	32	32	1	4206400	1062882	3143518	3595666
三级及以下	65	65	13	2141418	708823	1432595	1627398
专业承包	65	65	18	982681	134032	848649	904231
一级							
二级	18	18	4	232365	63823	168542	176873
三级及以下	47	47	14	750316	70209	680107	727358
五、按地区分							
长治市	161	161	30	21570042	5514591	16055451	14347069
市辖区							
长治市城区	118	118	21	18209395	5167064	13042331	11379772
长治市郊区	16	16	7	483806	147862	335944	332433
长治县	3	3	1	52265	25000	27265	52015
襄垣县	4	4	1	75577		75577	75256
屯留县	5	5		2307398	150030	2157368	2165850
平顺县	1	1		24389	1065	23324	20541
黎城县	1	1		98200	10200	88000	46963
壶关县	3	3		49335		49335	49335
长子县	4	4		53660	10670	42990	52570
武乡县	1	1		3336		3336	3336
沁县	1	1		50200	500	49700	34740
沁源县	1	1		34000		34000	34000
潞城市	3	3		128481	2200	126281	100258
六、按营业状态分							
营业	168	168	32	22003748	5563992	16439756	14735203
停业(歇业)							
筹建							

单位：个、千元

承包工程完成情况			建筑业总产值							房屋建筑施工	
自行完成施工产值	分包出去工程的产值	从建设单位以外承揽工程完成的产值	建筑业总产值	其中：装饰装修产值	其中：在外省完成的产值	建筑工程产值	安装工程产值	其他产值	竣工产值	房屋建筑施工面积	其中：本年新开工面积
1388			1388			1388			1388		
102406			102406			77353		25053	102406		
5943			5943		965	5943			5943		
2155	3518		2155		2115	2155					
6223146			6223146	28344	231954	5894245	204901	124000	2236403	6494052	1601685
2183154			2183154	5366		1725583	445294	12277	1832500	2310005	453970
167047			167047	12000		96114	25910	45023	118290	56891	52391
6151627	4556	36445	6188072	341912	289874	5485578	653900	48594	3954964	2732719	1594852
13822908	8064	28674	13851582	228791	518482	12490819	1167220	193543	7319234	11544756	3656001
8607908			8607908	1000	191653	8285128	196780	126000	4131827	9089638	2103423
3591145	4521	9421	3600566	214550	275718	2708400	892166		2121738	1709053	1112322
1623855	3543	19253	1643108	13241	51111	1497291	78274	67543	1065669	746065	440256
904221	10	7771	911992	158831	5461	712856	162785	36351	822923	48911	46897
176863	10	6582	183445	76976		136679	43490	3276	167532	16168	15168
727358		1189	728547	81855	5461	576177	119295	33075	655391	32743	31729
14338995	8074	36445	14375440	387622	483642	13112230	1041614	221596	7774005	11467272	3631419
11375241	4531	28823	11404064	372451	457762	10590074	792366	21624	7086351	10903329	3247863
328915	3518		328915		2115	276900	24962	27053	192365	153440	99184
52015			52015			47957		4058	27265	35576	16576
75256			75256			39627		35629	4880	5760	3600
2165825	25	50	2165875	85	965	1836145	205710	124020	239910	242885	151714
20541		2672	23213	637		16295	1042	5876	21524		
46963			46963			46963			2040	51500	51500
49335			49335			49335			49035	16738	16738
52570			52570			52570			34390	20020	17520
3336			3336					3336	3336		
34740			34740			34740			8300	16500	5200
34000			34000	12000		19000	15000		34000	13000	13000
100258		4900	105158	2449	22800	102624	2534		70609	8524	8524
14727129	8074	36445	14763574	387622	523943	13203675	1330005	229894	8142157	11593667	3702898

4-16 续 2

指 标 名 称	面积(平方米)	施工机械设备			从业人员
	其中:实行投标承包面积	年末自有施工机械设备(净值)	年末自有施工机械设备(总台数)(台)	年末自有施工机械设备(总功率)(千瓦)	从事主营业务活动的从业人员期末人数
总 计	**10551290**	**517597**	**7298**	**205100**	**37413**
其中:国有及国有控股企业	8644094	117197	2338	54049	15742
一、按登记注册类型分组					
内资企业	10551290	516897	7138	204945	37153
国有企业	8415121	76237	1006	18178	5489
集体企业	16576	4393	228	1827	796
股份合作企业					
有限责任公司	515006	100123	2388	55238	16179
国有独资公司	188297	6138	436	15000	8758
其他有限责任公司	326709	93985	1952	40238	7421
股份有限公司		520	9	85	133
私营企业	1604587	335624	3507	129617	14556
私营独资企业					
私营合伙企业	36460	12150	57	132	132
私营有限责任公司	1556827	319652	3292	126687	14226
私营股份有限公司	11300	3822	158	2798	198
其他企业					
港、澳、台商投资企业		700	160	155	260
与港澳台商合资经营		700	160	155	260
二、按国民经济行业分组					
房屋建筑业	10306793	299008	4748	122507	18476
土木工程建筑业	244497	175700	1975	75585	16638
铁路、道路、隧道和桥梁工程建筑	56200	125443	1110	53763	2722
铁路工程建筑					88
公路工程建筑	56200	86658	880	37067	1999
市政道路工程建筑		38785	230	16696	635
其他道路、隧道和桥梁工程建筑					
水利和内河港口工程建筑					670
水源及供水设施工程建筑					
河湖治理及防洪设施工程建筑					670
港口及航运设施工程建筑					
海洋工程建筑					
工矿工程建筑	188297	31918	677	17182	11179
架线和管道工程建筑		18339	188	4640	2067
架线及设备工程建筑		18339	188	4640	1916
管道工程建筑					151
其他土木工程建筑					
建筑安装业		11886	154	1140	373
电气安装		8946	26	528	107
管道和设备安装		1064	84	348	190
其他建筑安装业		1876	44	264	76
建筑装饰和其他建筑业		31003	421	5868	1926
建筑装饰业		10619	354	4726	1484
工程准备活动		1116	15	1090	120
建筑物拆除活动		1116	15	1090	95

单位:千元

情况(人)			主要建筑材料消耗量						补充资料
从事主营业务活动的从业人员平均人数	其中:工程技术人员	其中:现场施工工人	1.钢材(吨)	2.木材(立方米)	3.水泥(吨)	4.平板玻璃(重量箱)	(平方米)	5.铝材(吨)	企业总产值
46468	**7294**	**19177**	**364308**	**151581**	**585395**	**289778**	**1344775**	**7817**	**15200959**
23996	3313	9454	164806	49645	148617	232224	1121354	301	8063449
46210	7253	18957	364208	151491	585195	289518	1343975	7747	15172615
13870	2582	1519	141466	31979	105361	231894	1110752	179	5244103
759	75	140	2646	1725	3096	2321	8534	182	66340
14776	1557	11688	50726	29076	79172	3309	34829	989	4248089
8420	417	7274	11225	1734	2614				2222391
6356	1140	4414	39501	27342	76558	3309	34829	989	2025698
130	75		4000	700	500				45938
16675	2964	5610	165370	88011	397066	51994	189860	6397	5568145
132	60	61	1531	4010	12761				36271
16332	2880	5468	163350	78851	381295	51979	188360	6384	5486058
211	24	81	489	5150	3010	15	1500	13	45816
258	41	220	100	90	200	260	800	70	28344
258	41	220	100	90	200	260	800	70	28344
27411	5099	6183	309893	131723	466018	289308	1291925	5928	9034373
15451	1644	12103	50644	17282	116530			1700	5577543
3098	540	997	35735	15500	105481			1700	2048719
90	14	74							7391
2372	353	593	34557	6842	90471			1000	1841817
636	173	330	1178	8658	15010			700	199511
650	100	500							108000
650	100	500							108000
9627	600	9591	11253	1746	3037				2608298
2076	404	1015	3656	36	8012				812526
1939	329	1015	3656	36	8012				750410
137	75								62116
414	152	108	212	103	13				65668
150	22	30	191	100	1				29636
197	89	66							22480
67	41	12	21	3	12				13552
3192	399	783	3559	2473	2834	470	52850	189	523375
1569	340	703	3559	2473	2346	470	52850	189	356139
1301	37	30			488				58887
1276	37	30			488				57499

4-16续3

指标名称	面积(平方米)	施工机械设备			从业人员
	其中:实行投标承包面积	年末自有施工机械设备(净值)	年末自有施工机械设备(总台数)(台)	年末自有施工机械设备(总功率)(千瓦)	从事主营业务活动的从业人员期末人数
其他工程准备活动					25
提供施工设备服务		19258	42	42	230
其他未列明建筑业		10	10	10	92
三、按隶属关系分组					
中央					88
省(自治区、直辖市)	6403334	45680	862	25940	12469
地区(州、盟、省辖市)	2271098	74970	1707	27601	4220
县(区、市、旗)		18898	275	4231	1311
街道					
镇					
乡					
居委会					
村委会					
其他	1876858	378049	4454	147328	19325
四、按企业资质等级分组					
施工总承包	10550680	456682	6479	191493	33591
特级					
一级	8744990	108579	1568	58395	14202
二级	1430795	208376	2162	102074	11610
三级及以下	374895	139727	2749	31024	7779
专业承包	610	60915	819	13607	3822
一级					
二级		18310	451	5142	1314
三级及以下	610	42605	368	8465	2508
五、按地区分					
长治市	10518504	506598	7240	201324	34702
市辖区					
长治市城区	10054358	390821	4787	135077	21398
长治市郊区	146670	35889	692	14783	1720
长治县	16576	365	56	369	221
襄垣县		20	6	20	312
屯留县	217080	24548	669	40811	9260
平顺县		3024	49	245	50
黎城县	51500	5010	21	196	93
壶关县		11858	105	1540	407
长子县	17520	13690	112	399	311
武乡县					10
沁县	11300	3200	98	98	100
沁源县		3200	66	400	530
潞城市	3500	14973	579	7386	290
六、按营业状态分					
营业	10551290	517597	7298	205100	37413
停业(歇业)					
筹建					

	情况(人)			主要建筑材料消耗量						补充资料(千元)
	从事主营业务活动的从业人员平均人数	其中:工程技术人员	其中:现场施工工人	1.钢材(吨)	2.木材(立方米)	3.水泥(吨)	4.平板玻璃(重量箱)	4.平板玻璃(平方米)	5.铝材(吨)	企业总产值
	25									1388
	230	20	50							102406
	92	2								5943
	90	14	74							7391
	17175	2379	7869	81845	11617	46157	113758	593390	369	6347146
	7529	1137	2097	94045	40911	101193	118938	529201	778	2185311
	1432	177	534	3181	1847	10739	2305	8519	151	177962
	20242	3587	8603	185237	97206	427306	54777	213665	6519	6483149
	41312	6492	17740	353933	148879	582507	289292	1290875	7626	14263059
	22506	3120	7863	189314	36424	186106	264812	1158502	1606	8733221
	10638	1957	6462	114685	90198	197831	18877	96248	3123	3631453
	8168	1415	3415	49934	22257	198570	5603	36125	2897	1898385
	5156	802	1437	10375	2702	2888	486	53900	191	937900
	2454	292	576	1451	397	720	278	828	79	196410
	2702	510	861	8924	2305	2168	208	53072	112	741490
	44956	7178	16890	359821	149947	579330	289566	1334904	7600	14796512
	31942	5965	8020	334008	135691	520038	285477	1305061	7087	11676038
	1415	238	470	4669	2146	12945	796	11995	1	342479
	220	20	105	1853	17	4301	12	12	32	52015
	413	65	247	218	409	718	120	262	8	75256
	8999	479	7440	12458	2628	7392	113	791	266	2300830
	34	40	29	125		658				23213
	93	16	88	203	2500	750				46963
	436	45	145	242	64	5723			36	49335
	319	66	203	3842	673	15220	615	6042	6	53149
	10									3336
	116	24	36	339	4950	2510	15	1500	13	34740
	510	50		520	680	700	2300	8510	150	34000
	449	170	107	1344	189	8375	118	731	1	105158
	46468	7294	19177	364308	151581	585395	289778	1344775	7817	15200959

4-16 续 4

指标名称	房屋建筑竣工						
	合计	住宅房屋	商业及服务用房屋	商厦房屋（批发和零售用房）	宾馆用房屋（住宿用房）	餐饮用房屋（餐饮用房）	商务会展用房屋
总　计	**3115653**	**2309488**	**146634**	**7000**	**50430**	**26589**	
其中:国有及国有控股企业	1983454	1609331	126209		50430	26064	
一、按登记注册类型分组							
内资企业	3115653	2309488	146634	7000	50430	26589	
国有企业	1823979	1557006	75779			26064	
集体企业	28746	21577	5000				
股份合作企业							
有限责任公司	306931	192683	55630		50430		
国有独资公司	101876		50430		50430		
其他有限责任公司	205055	192683	5200				
股份有限公司							
私营企业	955997	538222	10225	7000		525	
私营独资企业							
私营合伙企业							
私营有限责任公司	949697	535022	10225	7000		525	
私营股份有限公司	6300	3200					
其他企业							
港、澳、台商投资企业							
与港澳台商合资经营							
二、按国民经济行业分组							
房屋建筑业	3006877	2302588	96204	7000		26589	
土木工程建筑业	108776	6900	50430		50430		
铁路、道路、隧道和桥梁工程建筑							
铁路工程建筑							
公路工程建筑							
市政道路工程建筑							
其他道路、隧道和桥梁工程建筑							
水利和内河港口工程建筑							
水源及供水设施工程建筑							
河湖治理及防洪设施工程建筑							
港口及航运设施工程建筑							
海洋工程建筑							
工矿工程建筑	101876		50430		50430		
架线和管道工程建筑	6900	6900					
架线及设备工程建筑	6900	6900					
管道工程建筑							
其他土木工程建筑							
建筑安装业							
电气安装							
管道和设备安装							
其他建筑安装业							
建筑装饰和其他建筑业							
建筑装饰业							
工程准备活动							
建筑物拆除活动							

面积(平方米)

其他商业及服务用房屋(居民服务业用房)	办公用房屋	科研、教育、医疗用房屋	科学研究用房屋	教育用房屋	医疗用房屋(卫生医疗用房)	文化、体育、娱乐用房屋	厂房及建筑物	厂房	仓库	其他未列明的房屋建筑物
62615	**423708**	**86624**	**610**	**86004**	**10**	**12138**	**79461**	**72248**	**5309**	**52291**
49715	55247	78884	10	78864	10	12108	70323	65288	5299	26053
62615	423708	86624	610	86004	10	12138	79461	72248	5309	52291
49715	55247	78884	10	78864	10	12108	13623	13588	5299	26033
5000	269						1900	1300		
5200	1320						57278	51700		20
							51446	51446		
5200	1320						5832	254		20
2700	366872	7740	600	7140		30	6660	5660	10	26238
2700	366872	5640		5640		30	5660	5660	10	26238
		2100	600	1500			1000			
62615	423708	86624	610	86004	10	12138	28015	20802	5309	52291
							51446	51446		
							51446	51446		

4-16 续 5

指标名称	房屋建筑						
	合计	住宅房屋	商业及服务用房屋	商厦房屋（批发和零售用房）	宾馆用房屋（住宿用房）	餐饮用房屋（餐饮用房）	商务会展用房屋
其他工程准备活动							
提供施工设备服务							
其他未列明建筑业							
三、按隶属关系分组							
中央							
省(自治区、直辖市)	1272121	999468	76494		50430	26064	
地区(州、盟、省辖市)	699320	606104	49715				
县(区、市、旗)	50530	30181	10200				
街道							
镇							
乡							
居委会							
村委会							
其他	1093682	673735	10225	7000		525	
四、按企业资质等级分组							
施工总承包	3076062	2283125	139634		50430	26589	
特级							
一级	2102669	1599068	126209		50430	26064	
二级	595297	362923					
三级及以下	378096	321134	13425			525	
专业承包	39591	26363	7000	7000			
一级							
二级	10500		7000	7000			
三级及以下	29091	26363					
五、按地区分							
长治市	3060271	2254684	146634	7000	50430	26589	
市辖区							
长治市城区	2780739	2105416	84279	7000		26564	
长治市郊区	47357	45207					
长治县	16477	16477					
襄垣县	5100	5100					
屯留县	156274	46024	50455		50430	25	
平顺县							
黎城县	1700		1700				
壶关县	15860	10660	5200				
长子县	18190	17500					
武乡县							
沁县	6300	3200					
沁源县	12000	5100	5000				
潞城市	274						
六、按营业状态分							
营业	3115653	2309488	146634	7000	50430	26589	
停业(歇业)							
筹建							

单位:平方米

竣工面积										
其他商业及服务用房屋(居民服务业用房)	办公用房屋	科研、教育、医疗用房屋	科学研究用房屋	教育用房屋	医疗用房屋(卫生医疗用房)	文化、体育、娱乐用房屋	厂房及建筑物	厂房	仓库	其他未列明的房屋建筑物
	50216	63652		63652		12041	64994	64994	5256	
49715	4979	7500		7500			5000			26022
10200	321	7732	10	7712	10	67	1975	1340	43	11
2700	368192	7740	600	7140		30	7492	5914	10	26258
62615	423708	86624	610	86004	10	12138	73233	66598	5309	52291
49715	197927	71152		71152		12041	64994	64994	5256	26022
	224172	7732	10	7712	10	67	329	294	43	31
12900	1609	7740	600	7140		30	7910	1310	10	26238
							6228	5650		
							3500	3500		
							2728	2150		
62615	423708	86624	610	86004	10	12138	78883	72248	5309	52291
50715	423367	76772		76772		12041	22048	17048	5256	51560
							2150	2150		
	341	7752	10	7732	10	97	51531	51496	53	21
1700										
5200										
										690
		2100	600	1500			1000			
5000							1900	1300		
							254	254		20
62615	423708	86624	610	86004	10	12138	79461	72248	5309	52291

4-16 续 6

指标名称	竣工房屋						
	合计	住宅房屋	商业及服务用房屋	商厦房屋（批发和零售用房）	宾馆用房屋（住宿用房）	餐饮用房屋（餐饮用房）	商务会展用房屋
总　计	**5053560**	**3447088**	**254717**	**5600**	**108560**	**46516**	
其中：国有及国有控股企业	3013976	2225135	226487		108560	45974	
一、按登记注册类型分组							
内资企业	5053560	3447088	254717	5600	108560	46516	
国有企业	2773441	2153903	117927			45974	
集体企业	57164	38360	12800				
股份合作企业							
有限责任公司	498637	321765	114800		108560		
国有独资公司	153920		108560		108560		
其他有限责任公司	344717	321765	6240				
股份有限公司							
私营企业	1724318	933060	9190	5600		542	
私营独资企业							
私营合伙企业							
私营有限责任公司	1716018	928810	9190	5600		542	
私营股份有限公司	8300	4250					
其他企业							
港、澳、台商投资企业							
与港澳台商合资经营							
二、按国民经济行业分组							
房屋建筑业	4885140	3432588	146157	5600		46516	
土木工程建筑业	168420	14500	108560		108560		
铁路、道路、隧道和桥梁工程建筑							
铁路工程建筑							
公路工程建筑							
市政道路工程建筑							
其他道路、隧道和桥梁工程建筑							
水利和内河港口工程建筑							
水源及供水设施工程建筑							
河湖治理及防洪设施工程建筑							
港口及航运设施工程建筑							
海洋工程建筑							
工矿工程建筑	153920		108560		108560		
架线和管道工程建筑	14500	14500					
架线及设备工程建筑	14500	14500					
管道工程建筑							
其他土木工程建筑							
建筑安装业							
电气安装							
管道和设备安装							
其他建筑安装业							
建筑装饰和其他建筑业							
建筑装饰业							
工程准备活动							
建筑物拆除活动							

单位:千元

价值										
其他商业及服务用房屋(居民服务业用房)	办公用房屋	科研、教育、医疗用房屋	科学研究用房屋	教育用房屋	医疗用房屋(卫生医疗用房)	文化、体育、娱乐用房屋	厂房及建筑物	厂房	仓库	其他未列明的房屋建筑物
94041	**877604**	**178603**	**1121**	**177461**	**21**	**72442**	**107821**	**89493**	**2590**	**112695**
71953	158748	163528	21	163486	21	72412	96302	81432	2575	68789
94041	877604	178603	1121	177461	21	72442	107821	89493	2590	112695
71953	158748	163528	21	163486	21	72412	35583	35513	2575	68765
12800	404						5600	3770		
6240	1056						60992	45919		24
							45360	45360		
6240	1056						15632	559		24
3048	717396	15075	1100	13975		30	5646	4291	15	43906
3048	717396	12375		12375		30	4296	4291	15	43906
		2700	1100	1600			1350			
94041	877604	178603	1121	177461	21	72442	62461	44133	2590	112695
							45360	45360		
							45360	45360		

4-16 续 7

指标名称	竣工房屋						
	合计	住宅房屋	商业及服务用房屋	商厦房屋（批发和零售用房）	宾馆用房屋（住宿用房）	餐饮用房屋（餐饮用房）	商务会展用房屋
其他工程准备活动							
提供施工设备服务							
其他未列明建筑业							
三、按隶属关系分组							
中央							
省(自治区、直辖市)	2017306	1434051	154534		108560	45974	
地区(州、盟、省辖市)	985131	789962	71953				
县(区、市、旗)	83425	48547	19040				
街道							
镇							
乡							
居委会							
村委会							
其他	1967698	1174528	9190	5600		542	
四、按企业资质等级分组							
施工总承包	5034179	3437861	249117		108560	46516	
特级							
一级	3339589	2275369	226487		108560	45974	
二级	1007446	580279					
三级及以下	687144	582213	22630			542	
专业承包	19381	9227	5600	5600			
一级							
二级	8082		5600	5600			
三级及以下	11299	9227					
五、按地区分							
长治市	4975074	3368875	254717	5600	108560	46516	
市辖区							
长治市城区	4525889	3120535	125037	5600		46476	
长治市郊区	88205	86406					
长治县	22760	22760					
襄垣县	4880	4880					
屯留县	233155	68812	108600		108560	40	
平顺县							
黎城县	2040		2040				
壶关县	20872	14632	6240				
长子县	34390	31000					
武乡县							
沁县	8300	4250					
沁源县	34000	15600	12800				
潞城市	583						
六、按营业状态分							
营业	5053560	3447088	254717	5600	108560	46516	
停业(歇业)							
筹建							

单位:千元

价值										
其他商业及服务用房屋(居民服务业用房)	办公用房屋	科研、教育、医疗用房屋				文化、体育、娱乐用房屋	厂房及建筑物		仓库	其他未列明的房屋建筑物
			科学研究用房屋	教育用房屋	医疗用房屋(卫生医疗用房)			厂房		
	138587	134574		134574		72278	80793	80793	2489	
71953	19915	19758		19758			14800			68743
19040	650	9196	21	9154	21	134	5750	3850	86	22
3048	718452	15075	1100	13975		30	6478	4850	15	43930
94041	877604	178603	1121	177461	21	72442	103267	85212	2590	112695
71953	459098	154332		154332		72278	80793	80793	2489	68743
	416996	9196	21	9154	21	134	709	639	86	46
22088	1510	15075	1100	13975		30	21765	3780	15	43906
							4554	4281		
							2482	2482		
							2072	1799		
94041	877604	178603	1121	177461	21	72442	107548	89493	2590	112695
72961	876904	166682		166682		72278	52715	37915	2489	109249
							1799	1799		
	700	9221	21	9179	21	164	45525	45450	101	32
2040										
6240										
										3390
		2700	1100	1600			1350			
12800							5600	3770		
							559	559		24
94041	877604	178603	1121	177461	21	72442	107821	89493	2590	112695

4-17 有工作量建筑业

指标名称	一、年初存货	二、年末资产负债					
		流动资产合计	应收工程款	其中:存货	固定资产合计	固定资产减值准备	固定资产原价
总　计	**2766800**	**18553455**	**8866622**	**3446672**	**1809331**	**6720**	**2287692**
其中:国有及国有控股企业	1052984	10895866	5751559	2051958	481852	2803	750099
一、按登记注册类型分组							
内资企业	2765250	18472496	8842235	3444534	1807395	6720	2281602
国有企业	444772	5291705	3083294	1450749	308835	2803	388606
集体企业	25839	36932	12464	382	9220		12883
股份合作企业							
有限责任公司	840280	7382011	3376932	974581	364007	747	635717
国有独资公司	363508	4796091	2370021	402579	106348		198208
其他有限责任公司	476772	2585920	1006911	572002	257659	747	437509
股份有限公司	4	36553	8227	6	212		212
私营企业	1454355	5725295	2361318	1018816	1125121	3170	1244184
私营独资企业							
私营合伙企业		14994	5124	5124			
私营有限责任公司	1445660	5669282	2352194	1004525	1115805	3170	1233382
私营股份有限公司	8695	41019	4000	9167	9316		10802
其他企业							
港、澳、台商投资企业	1550	80959	24387	2138	1936		6090
与港澳台商合资经营	1550	80959	24387	2138	1936		6090
二、按国民经济行业分组							
房屋建筑业	2170979	9509286	4248006	2784796	1039817	3610	1046409
土木工程建筑业	552975	8086745	4086733	607291	511631	3000	947136
铁路、道路、隧道和桥梁工程建筑	95169	1934466	1236594	78354	268968	3000	499606
铁路工程建筑		21976	12762	7384	551		1683
公路工程建筑	51751	1593372	1139586	29351	194807	3000	373530
市政道路工程建筑	43418	319118	84246	41619	73610		124393
其他道路、隧道和桥梁工程建筑							
水利和内河港口工程建筑	5929	63116	19560	5925	23879		31520
水源及供水设施工程建筑							
河湖治理及防洪设施工程建筑	5929	63116	19560	5925	23879		31520
港口及航运设施工程建筑							
海洋工程建筑							

企业财务情况

单位:千元

二、年末资产负债									
累计折旧	其中:本年折旧	在建工程	资产合计	流动负债合计	应付账款	非流动负债合计	负债合计	所有者权益合计	其中:实收资本
890675	**120425**	**207895**	**22136866**	**14569180**	**7253468**	**126309**	**15158957**	**6977909**	**4601804**
316154	34389	2113	12244110	10272956	5419214	109233	10703995	1540115	820754
886521	120231	207895	22053971	14492168	7239290	126309	15081945	6972026	4601804
124667	5168	2019	5663614	4836341	2609159	60490	5218636	444978	215200
3705	716		55589	18011	4961	150	18461	37128	28199
296538	48785	16476	8733781	6713715	3628240	51427	6770134	1963647	1244653
92623	15826	94	5701718	4881381	2486731	47524	4928906	772812	413958
203915	32959	16382	3032063	1832334	1141509	3903	1841228	1190835	830695
154	30		59041	53041	3523		53041	6000	6000
461457	65532	189400	7541946	2871060	993407	14242	3021673	4520273	3107752
			14994	5131			5161	9833	9833
457876	65532	189400	7476616	2864683	992187	14242	3015266	4461350	3071919
3581			50336	1246	1220		1246	49090	26000
4154	194		82895	77012	14178		77012	5883	
4154	194		82895	77012	14178		77012	5883	
266379	23090	194798	11089671	7027168	3168651	70433	7405992	3683679	2348331
455939	70968	5180	9788109	6934145	3757330	56389	7061252	2726857	1753836
240179	32526	2742	2451635	1105207	728879	8000	1183064	1268571	816681
1132	25		22731	21788	10627		21788	943	1004
188135	26130	2614	2035398	1003285	656231		1053979	981419	654097
50912	6371	128	393506	80134	62021	8000	107297	286209	161580
7641	452		95204	52218	18318		52218	42986	40048
7641	452		95204	52218	18318		52218	42986	40048

4-17 续 1

指标名称	一、年初存货	二、年末资产负债					
		流动资产合计	应收工程款	其中：存货	固定资产合计	固定资产减值准备	固定资产原价
工矿工程建筑	400855	5274595	2408781	435803	130187		258391
架线和管道工程建筑	51022	814568	421798	87209	88597		157619
架线及设备工程建筑	47335	779370	421090	84449	68406		131567
管道工程建筑	3687	35198	708	2760	20191		26052
其他土木工程建筑							
建筑安装业	4889	193562	128709	13982	13632	110	11299
电气安装	2089	125696	85952	10965	320		665
管道和设备安装	1579	57000	33132	1796	7411		8811
其他建筑安装业	1221	10866	9625	1221	5901	110	1823
建筑装饰和其他建筑业	37957	763862	403174	40603	244251		282848
建筑装饰业	27564	354942	124337	30281	50027		61272
工程准备活动		36495	25908		3090		17961
建筑物拆除活动		31940	25674		2615		17486
其他工程准备活动		4555	234		475		475
提供施工设备服务	10174	367200	247951	10322	188426		200076
其他未列明建筑业	219	5225	4978		2708		3539
三、按隶属关系分组							
中央		21976	12762	7384	551		1683
省(自治区、直辖市)	660759	8614510	5098543	794334	287239	2803	403772
地区(州、盟、省辖市)	272556	2967331	1105668	1184616	239747	747	436666
县(区、市、旗)	59115	156715	49321	20993	47153		65473
街道							
镇							
乡							
居委会							
村委会							
其他	1774370	6792923	2600328	1439345	1234641	3170	1380098
四、按企业资质等级分组							
施工总承包	2682194	17100475	8195622	3352800	1498061	6550	1882501
特级							
一级	851951	11103135	6375503	1906379	636152	2803	673522
二级	1244583	3580634	1267914	698000	448961		742038

单位:千元

二、年末资产负债									
累计折旧	其中:本年折旧	在建工程	资产合计	流动负债合计	应付账款	非流动负债合计	负债合计	所有者权益合计	其中:实收资本
130502	19107	2297	6293937	5194726	2562571	47524	5242251	1051686	616596
77617	18883	141	947333	581994	447562	865	583719	363614	280511
71756	17811	141	891918	551721	429352		552581	339337	260511
5861	1072		55415	30273	18210	865	31138	24277	20000
3564	623	2919	224153	153869	98752		156755	67398	48647
345	32		134685	113300	87321		113300	21385	19020
2750	454	254	72701	38441	9303		38655	34046	27880
469	137	2665	16767	2128	2128		4800	11967	1747
164793	25744	4998	1034933	453998	228735	-513	534958	499975	450990
21520	3036	4476	416284	144793	47251		145902	270382	205729
15530	239		39585	10457	9094	-513	9944	29641	22091
15530	239		34555	9957	8594	-513	9444	25111	19091
			5030	500	500		500	4530	3000
126912	22209	522	571131	296010	172390		376374	194757	218000
831	260		7933	2738			2738	5195	5170
1132	25		22731	21788	10627		21788	943	1004
159349	16734	518	9749924	8588609	4620975	104570	8693180	1056744	490352
200027	33111	1801	3248404	2314312	1288251	4166	2626103	622301	445577
18941	1077		209689	69914	36143	2045	91122	118567	88341
511226	69478	205576	8906118	3574557	1297472	15528	3726764	5179354	3576530
662109	89651	199970	20278401	13651803	6833213	126822	14156855	6121546	3893402
241589	27432	161921	12773601	10272340	5491539	104570	10709553	2064048	1054402
314044	39434	8650	4444432	1916591	1030157	7605	1943359	2501073	1799069

4-17 续 2

指标名称	一、年初存货	二、年末资产负债					
		流动资产合计	应收工程款	其中:存货	固定资产合计	固定资产减值准备	固定资产原价
三级以下	585660	2416706	552205	748421	412948	3747	466941
专业承包	84606	1452980	671000	93872	311270	170	405191
一级							
二级	9680	487041	277130	15290	33268		80669
三级以下	74926	965939	393870	78582	278002	170	324522
五、按地区分							
长治市	2758968	18171359	8754965	3433853	1786903	6720	2246998
市辖区							
长治市城区	2098711	11879753	6000307	2716411	1256030	2863	1603863
长治市郊区	105918	833370	272296	144908	212744	3857	181492
长治县	4954	162187	19842	4467	23153		26221
襄垣县		83656	19108		36166		46765
屯留县	370687	4805510	2369179	396957	118462		210687
平顺县	876	6058	4713	994	3695		5956
黎城县	942	47307	4685	329	23530		21474
壶关县	18879	50799	20822	11762	40373		46136
长子县	4661	41092	20104	6413	29812		34399
武乡县	11	1129	124	11	449		839
沁县	7456	35646		7898	8680		9790
沁源县	192	2777	586	211	4211		6524
潞城市	145681	222075	23199	143492	29598		52852
六、按营业状态分							
营业	2766800	18553455	8866622	3446672	1809331	6720	2287692
停业(歇业)							
筹建							
七、按控股情况分							
国有控股	1052984	10895866	5751559	2051958	481852	2803	750099
集体控股	30401	110273	34070	5099	29471		38352
私人控股	1614515	6755815	2682345	1272586	1250014	3917	1388830
港澳台商控股	1550	80959	24387	2138	1936		6090
外商控股							
其他	67350	710542	374261	114891	46058		104321

单位:千元

二、年末资产负债									
累计折旧	其中:本年折旧	在建工程	资产合计	流动负债合计	应付账款	非流动负债合计	负债合计	所有者权益合计	其中:实收资本
106476	22785	29399	3060368	1462872	311517	14647	1503943	1556425	1039931
228566	30774	7925	1858465	917377	420255	-513	1002102	856363	708402
52971	1769	4730	546285	355285	162810		355285	191000	99405
175595	29005	3195	1312180	562092	257445	-513	646817	665363	608997
869689	118932	205684	21621989	14356727	7142524	126309	14945654	6676335	4345743
625598	73723	197309	13931349	8531161	4404611	74933	8940107	4991242	3211486
90485	17695	4410	1072376	570561	169801	522	654138	418238	391383
3068	112		202944	113935	14275		114235	88709	62502
10727	6460	128	119822	37335	11517		37335	82487	55099
93889	15802	390	5723047	4878414	2477231	47524	4925939	797108	431020
2261	130		9753	2747	2190	67	2814	6939	6080
		2056	70837	14888	1309		14888	55949	10000
7155	1475	1391	92016	39065	22643	200	39265	52751	51079
5097	735		87127	9746	6327		35832	51295	42384
390	9		3315	1705	794	1695	3400	-85	6030
3205			44326	236	210		236	44090	21000
2313	660		9628	1349	254	149	1498	8130	6100
25501	2131		255449	155585	31362	1219	175967	79482	51580
890675	120425	207895	22136866	14569180	7253468	126309	15158957	6977909	4601804
316154	34389	2113	12244110	10272956	5419214	109233	10703995	1540115	820754
10281	917	206	154516	64826	26513	1196	66322	88194	49902
501668	70442	205576	8874477	3506790	1381768	15880	3664032	5210445	3642123
4154	194		82895	77012	14178		77012	5883	
58418	14483		780868	647596	411795		647596	133272	89025

4-17 续 3

指标名称	其中:国家资本	其中:集体资本	其中:法人资本	其中:个人资本	其中:港澳台资本	其中:外商资本
总　计	**674804**	**130597**	**1340090**	**2456313**		
其中:国有及国有控股企业	669804		135550	15400		
一、按登记注册类型分组						
内资企业	674804	130597	1340090	2456313		
国有企业	179200		36000			
集体企业		28199				
股份合作企业						
有限责任公司	490604	81728	260139	412182		
国有独资公司	401004		12954			
其他有限责任公司	89600	81728	247185	412182		
股份有限公司		6000				
私营企业	5000	14670	1043951	2044131		
私营独资企业						
私营合伙企业			9833			
私营有限责任公司	5000	14670	1013118	2039131		
私营股份有限公司			21000	5000		
其他企业						
港、澳、台商投资企业						
与港澳台商合资经营						
二、按国民经济行业分组						
房屋建筑业	148172	85902	592140	1522117		
土木工程建筑业	526632	44695	613675	568834		
铁路、道路、隧道和桥梁工程建筑	61584		502718	252379		
铁路工程建筑	1004					
公路工程建筑	40000		432318	181779		
市政道路工程建筑	20580		70400	70600		
其他道路、隧道和桥梁工程建筑						
水利和内河港口工程建筑	40048					
水源及供水设施工程建筑						
河湖治理及防洪设施工程建筑	40048					
港口及航运设施工程建筑						
海洋工程建筑						

单位:千元

三、损益及分配									
营业收入	主营业务收入	营业成本	主营业务成本	营业税金及附加	主营业务税金及附加	其他业务利润	销售费用	管理费用	其中:税金
15398009	**15355034**	**13756073**	**13587462**	**335832**	**324637**	**13168**	**42447**	**547111**	**18132**
8045278	8021814	7459435	7443887	105406	105225	3329	2312	226269	3484
15360698	15317723	13723967	13555356	335512	324317	13168	42447	543860	18042
5238658	5224976	4920912	4911486	83903	83722	3023	2311	136943	2878
79567	79567	65086	65086	5038	3354		80	5363	2107
4284217	4259644	3791945	3765856	52514	52121	6065	20208	173059	2313
2054730	2044970	1927526	1921404	7572	7572	306	1	36492	26
2229487	2214674	1864419	1844452	44942	44549	5759	20207	136567	2287
45938	45768	44179	44179	1334	1334			374	28
5712318	5707768	4901845	4768749	192723	183786	4080	19848	228121	10716
								222	
5666502	5661952	4864391	4731295	191213	182276	4080	19320	224945	10708
45816	45816	37454	37454	1510	1510		528	2954	8
37311	37311	32106	32106	320	320			3251	90
37311	37311	32106	32106	320	320			3251	90
9394187	9371025	8518184	8375639	228128	219209	10661	14147	247287	9176
5469300	5449487	4781411	4755345	95919	93669	2507	23445	257253	7293
2085841	2084101	1748203	1745582	59232	57246	12	8500	127348	4988
7391	5673	6659	5638	183	183	12		508	11
1767225	1767225	1520741	1519141	52782	50796		3395	108671	4380
311225	311203	220803	220803	6267	6267		5105	18169	597
108823	108823	100182	100182	3861	3861			4217	126
108823	108823	100182	100182	3861	3861			4217	126

4-17 续 4

指标名称	其中:国家资本	其中:集体资本	其中:法人资本	其中:个人资本	其中:港澳台资本	其中:外商资本
工矿工程建筑	425000		48396	143200		
架线和管道工程建筑		44695	62561	173255		
架线及设备工程建筑		44695	42561	173255		
管道工程建筑			20000			
其他土木工程建筑						
建筑安装业			4100	44547		
电气安装			3000	16020		
管道和设备安装				27880		
其他建筑安装业			1100	647		
建筑装饰和其他建筑业			130175	320815		
建筑装饰业			44084	161645		
工程准备活动			19091	3000		
建筑物拆除活动			19091			
其他工程准备活动				3000		
提供施工设备服务			67000	151000		
其他未列明建筑业				5170		
三、按隶属关系分组						
中央	1004					
省(自治区、直辖市)	458952		16000	15400		
地区(州、盟、省辖市)	158238	75226	131476	80637		
县(区、市、旗)	26610	40701	21030			
街道						
镇						
乡						
居委会						
村委会						
其他	30000	14670	1171584	2360276		
四、按企业资质等级分组						
施工总承包	669804	125927	1110814	1986857		
特级						
一级	504542			549860		
二级	125628	46025	780260	847156		

单位:千元

三、损益及分配									
营业收入	主营业务收入	营业成本	主营业务成本	营业税金及附加	主营业务税金及附加	其他业务利润	销售费用	管理费用	其中:税金
2486413	2476265	2304054	2298953	17491	17491	2400		51245	123
788223	780298	628972	610628	15335	15071	95	14945	74443	2056
726024	718182	575650	557371	13949	13685	77	14945	70992	1969
62199	62116	53322	53257	1386	1386	18		3451	87
162039	162039	141619	141619	5298	5298		1207	8505	244
93228	93228	87601	87601	2148	2148			1213	7
55259	55259	46053	46053	2395	2395		687	6177	34
13552	13552	7965	7965	755	755		520	1115	203
372483	372483	314859	314859	6487	6461		3648	34066	1419
202990	202990	162344	162344	4051	4029		3432	20001	871
59804	59804	43774	43774	1708	1704			8588	12
57981	57981	43074	43074	1647	1643			8453	11
1823	1823	700	700	61	61			135	1
103746	103746	104021	104021	372	372		201	4798	531
5943	5943	4720	4720	356	356		15	679	5
7391	5673	6659	5638	183	183	12		508	11
6251783	6236603	5905998	5894807	54295	54237	1342	505	123691	1916
2337101	2326129	2030702	2011515	59373	58977	2478	8783	147060	2324
155226	150742	129291	126011	7337	7220		843	6795	482
6646508	6635887	5683423	5549491	214644	204020	9336	32316	269057	13399
14445989	14405549	12980931	12812672	313270	302101	10985	30139	477069	14743
8572031	8554196	7905313	7893430	148015	143012	3299	2156	223644	3879
4322280	4312190	3793333	3693572	115500	113250	1897	9461	172182	4319

4-17 续 5

指标名称	其中:国家资本	其中:集体资本	其中:法人资本	其中:个人资本	其中:港澳台资本	其中:外商资本
三级以下	39634	79902	330554	589841		
专业承包	5000	4670	229276	469456		
一级						
二级			37200	62205		
三级以下	5000	4670	192076	407251		
五、按地区分						
长治市	670204	125927	1280090	2269522		
市辖区						
长治市城区	212590	55226	996611	1947059		
长治市郊区	6004	34099	115396	235884		
长治县		12502	50000			
襄垣县		8000	37099	10000		
屯留县	400000		5850	25170		
平顺县			6080			
黎城县		10000				
壶关县			21030	30049		
长子县			21024	21360		
武乡县	6030					
沁县			21000			
沁源县		6100				
潞城市	45580		6000			
六、按营业状态分						
营业	674804	130597	1340090	2456313		
停业(歇业)						
筹建						
七、按控股情况分						
国有控股	669804		135550	15400		
集体控股		49902				
私人控股	5000	34670	1177140	2425313		
港澳台商控股						
外商控股						
其他		46025	27400	15600		

单位:千元

三、损益及分配									
营业收入	主营业务收入	营业成本	主营业务成本	营业税金及附加	主营业务税金及附加	其他业务利润	销售费用	管理费用	其中:税金
1551678	1539163	1282285	1225670	49755	45839	5789	18522	81243	6545
952020	949485	775142	774790	22562	22536	2183	12308	70042	3389
345994	345994	298972	298972	7697	7697		933	20987	557
606026	603491	476170	475818	14865	14839	2183	11375	49055	2832
14985075	14942100	13408139	13239528	324015	313780	13168	35681	528962	17336
12023455	11997259	10711926	10554669	289215	282767	10679	26388	436792	11190
382501	378248	330080	327107	7289	7289	2195	5545	21027	1959
72978	72978	55725	55725	2242	558			3268	1799
68388	67710	60114	59413	1408	1408			8627	232
2061387	2052875	1933209	1928108	8422	8422	294	195	37565	98
20971	20971	19399	19399	704	704			41	2
46963	46963	42177	42177	950	950		30	627	20
47366	47366	43396	43396	987	987			2541	53
71044	71044	53955	53955	4174	2188		2332	4845	1552
3336		2579		117				515	11
34740	34740	29529	29529	1146	1146		348	668	3
34000	34000	28000	28000	3000	3000		80	2706	190
117946	117946	98050	98050	4361	4361		763	9740	227
15398009	15355034	13756073	13587462	335832	324637	13168	42447	547111	18132
8045278	8021814	7459435	7443887	105406	105225	3329	2312	226269	3484
152124	150817	126155	124951	6732	4922	503	80	6729	2127
6567217	6556596	5621244	5487312	214965	206025	9336	32895	263349	11925
37311	37311	32106	32106	320	320			3251	90
596079	588496	517133	499206	8409	8145		7160	47513	506

4–17 续 6

指标名称	财务费用	利息收入	其中:利息支出	资产减值损失	公允价值变动收益	投资收益
总　计	**133931**	**37666**	**75866**	**21147**		**217**
其中:国有及国有控股企业	82991	33633	40425	20036		216
一、按登记注册类型分组						
内资企业	132475	37666	75866	21147		217
国有企业	34257	30237	1803	5262		216
集体企业	1263	782	710			
股份合作企业						
有限责任公司	59027	3627	44672	15599		
国有独资公司	48998	3735	38463	12128		
其他有限责任公司	10029	-108	6209	3471		
股份有限公司	2					
私营企业	37926	3020	28681	286		1
私营独资企业						
私营合伙企业						
私营有限责任公司	37657	3000	28411	286		1
私营股份有限公司	269	20	270			
其他企业						
港、澳、台商投资企业	1456					
与港澳台商合资经营	1456					
二、按国民经济行业分组						
房屋建筑业	69981	31288	33224	7908		216
土木工程建筑业	50729	3862	41266	13023		1
铁路、道路、隧道和桥梁工程建筑	345	-632	583	70		
铁路工程建筑	-6	8				
公路工程建筑	749	-104	568	70		
市政道路工程建筑	-398	-536	15			
其他道路、隧道和桥梁工程建筑						
水利和内河港口工程建筑	-98	98				
水源及供水设施工程建筑						
河湖治理及防洪设施工程建筑	-98	98				
港口及航运设施工程建筑						
海洋工程建筑						

单位:千元

营业利润	营业外收入	政府补贴	营业外支出	利润总额	应交所得税	应付职工薪酬(本年贷方累计发生额)	建筑业企业在境外完成的营业收入	应交增值税
561685	**27697**	**15821**	**8180**	**581202**	**143332**	**1193280**	**59895**	**198873**
149045	22409	15431	1409	170045	33736	449824		94086
561507	27697	15821	8180	581024	143288	1189960	59895	198873
55286	19169	15431	739	73716	6338	331185		80504
2737	100	100	202	2635	2138	22016		1412
171865	6268	277	4243	173890	42991	322633		20343
22013	1609		4	23618	11110	53548		6132
149852	4659	277	4239	150272	31881	269085		14211
49				49	9	2160		240
331570	2160	13	2996	330734	91812	511966	59895	96374
–222				–222		18		
328691	2160	13	2996	327855	90899	510140	59895	95224
3101				3101	913	1808		1150
178				178	44	3320		
178				178	44	3320		
308768	23098	15681	2739	329127	70706	846986		104425
247521	4586	140	4957	247150	68508	296762	59895	89601
142143	58		753	141448	37746	83073	13901	75637
47				47	11	816		220
80817	31		401	80447	22499	62807	13901	69370
61279	27		352	60954	15236	19450		6047
661	116		4	773	194	23013		911
661	116		4	773	194	23013		911

4-17 续 7

指标名称	财务费用	利息收入	其中:利息支出	资产减值损失	公允价值变动收益	投资收益
工矿工程建筑	50091	4209	40197	12128		
架线和管道工程建筑	391	187	486	825		1
架线及设备工程建筑	396	187	486	825		1
管道工程建筑	-5					
其他土木工程建筑						
建筑安装业	319	4	17	216		
电气安装	-3	4				
管道和设备安装	24		17			
其他建筑安装业	298			216		
建筑装饰和其他建筑业	12902	2512	1359			
建筑装饰业	2627	14	368			
工程准备活动	-1	-1				
建筑物拆除活动	-1	-1				
其他工程准备活动						
提供施工设备服务	10273	2493	988			
其他未列明建筑业	3	6	3			
三、按隶属关系分组						
中央	-6	8				
省(自治区、直辖市)	83148	33873	40290	17390		216
地区(州、盟、省辖市)	6094	-78	1346	997		
县(区、市、旗)	387	817	1065			
街道						
镇						
乡						
居委会						
村委会						
其他	44308	3046	33165	2760		1
四、按企业资质等级分组						
施工总承包	120498	34796	73890	20931		216
特级						
一级	96603	33746	55197	17390		216
二级	8491	6	6312	3299		

单位：千元

营业利润	营业外收入	政府补贴	营业外支出	利润总额	应交所得税	应付职工薪酬（本年贷方累计发生额）	建筑业企业在境外完成的营业收入	应交增值税
51404	1631		1066	51969	20782	108962		9681
53313	2781	140	3134	52960	9786	81714	45994	3372
49268	2773	140	3068	48973	8789	77372	45994	3372
4045	8		66	3987	997	4342		
4875	3		415	4463	766	10274		642
2269				2269	356	3080		230
-77	3		370	-444	11	5825		21
2683			45	2638	399	1369		391
521	10		69	462	3352	39258		4205
10535			2	10533	2464	29110		1462
5735	4			5739	812	3987		646
4808	4			4812	777	3537		646
927				927	35	450		
-15919	6		67	-15980	33	5749		2097
170				170	43	412		
47				47	11	816		220
66972	17397	15431	184	84185	14869	308280		83810
84092	6544	127	3132	87504	21464	204309		9600
10573	436	250	247	10762	1455	42017		3378
400001	3320	13	4617	398704	105533	637858	59895	101865
503367	27656	15808	6384	524639	129702	1091176	13901	190437
179126	20544	15431	1341	198329	41579	419631		137560
220014	5864	127	4582	221296	67216	391642		38999

4-17 续 8

指标名称	财务费用	利息收入	其中：利息支出	资产减值损失	公允价值变动收益	投资收益
三级以下	15404	1044	12381	242		
专业承包	13433	2870	1976	216		1
一级						
二级	2091	-1	17			
三级以下	11342	2871	1959	216		1
五、按地区分						
长治市	131153	37654	73416	21147		217
市辖区						
长治市城区	71529	32700	31949	6259		216
长治市郊区	8392	361	1475	286		1
长治县	1159	34				
襄垣县	-5	1	1			
屯留县	48921	3750	38513	12128		
平顺县	2					
黎城县	43		43			
壶关县	378	1	383			
长子县	67	2	18			
武乡县	-1	1				
沁县	269	20	270			
沁源县	70	780	710			
潞城市	329	4	54	2474		
六、按营业状态分						
营业	133931	37666	75866	21147		217
停业(歇业)						
筹建						
七、按控股情况分						
国有控股	82991	33633	40425	20036		216
集体控股	1230	816	710			
私人控股	48247	3049	34731	286		1
港澳台商控股	1456					
外商控股						
其他	7	168		825		

单位：千元

营业利润	营业外收入	政府补贴	营业外支出	利润总额	应交所得税	应付职工薪酬(本年贷方累计发生额)	建筑业企业在境外完成的营业收入	应交增值税
104227	1248	250	461	105014	20907	279903	13901	13878
58318	41	13	1796	56563	13630	102104	45994	8436
15314	7		431	14890	3027	29280		657
43004	34	13	1365	41673	10603	72824	45994	7779
536195	27689	15821	6133	557751	136666	1132008	59895	194821
481562	24464	15558	4825	501201	113229	950018	45994	178441
9883	30	13	917	8996	6263	33900		1986
10584	76		36	10624	2093	6274		
−1756	6		19	−1769	869	24649	13901	1316
20947	1719		4	22662	11264	59657		6414
825				825	20	721		
3136	27		19	3144	786	3450		
64	150	150	101	113	18	8042		983
5671				5671	578	14780		947
126				126	28	156		63
2780				2780	694	30		1150
144	100	100	200	44	11	16200		
2229	1117		12	3334	813	14131		3521
561685	27697	15821	8180	581202	143332	1193280	59895	198873
149045	22409	15431	1409	170045	33736	449824		94086
11198	176	100	247	11127	2837	42767		2396
386232	2353	163	3902	384683	102855	645766	59895	100900
178				178	44	3320		
15032	2759	127	2622	15169	3860	51603		1491

4-18 建筑业生产、财务

单位详细名称	组织机构代码	登记注册类型	隶属关系	建筑业总产值:千元	按构成分:1.建筑工程产值:千元	按构成分:2.安装工程产值:千元
合　计				**14763574**	**13203675**	**1330005**
山西省第三建筑工程公司	110762970	110	20	4030168	4030168	
诚杰建设集团有限公司	798268873	173	90	1002548	998548	2000
山西兆盛建筑工程有限公司	781023933	173	90	410000	328000	82000
长治市建筑工程总公司	110752510	110	40	919134	919134	
山西东盛建设工程有限公司	696678943	173	90	401295	330479	70816
山西玉华建设集团有限公司	713637271	173	90	441077	441077	
山西潞安工程有限公司	701167372	151	20	2070000	1751220	194780
山西伟能建筑安装工程有限公司	778139062	159	90	265882		265882
长治市宇立建筑工程有限公司	719846795	173	90	90420	90420	
长治市容海泰翔电力工程有限公司	11075775X	159	40	411822		411822
山西宏安致明建筑工程有限公司	701043302	173	90	144981	144981	
长治市龙宇建筑有限公司	110768256	173	90	67050	67050	
长治市水利建筑工程处	406270844	110	40	108000	108000	
长治市华青建筑工程有限公司	734000587	173	90	64361	64361	
山西长兴路桥工程有限公司	681949747	159	40	214237	214237	
长治市诚晟市政工程有限公司	741079182	159	40	116000	116000	
长治市恒康建筑工程有限公司	554118959	173	90	59884	59884	
山西成林建设工程有限公司	68191347X	173	90	32330	32330	
山西省沁源县建筑工程公司	111170328	120	50	34000	19000	15000
长治市杰盛建筑工程有限公司	719843623	173	90	91000	91000	
长治市元发建筑工程有限公司	781034261	159	90	85365	85365	
山西恒通建筑有限责任公司	110767608	159	40	51000	51000	
山西晋电银翔电力工程有限公司	051955528	173	90	46907	46907	
山西首丰建设工程有限公司	588529940	159	20	78334	68213	10121
山西宇浩建设工程有限公司	575994237	173	90	64500	64500	
长治市华宇路桥有限公司	110763615	173	90	65070	65070	
山西隆坤路桥工程有限公司	746011718	173	90	458436	458436	
长治市太行建筑安装有限公司	602313071	173	90	68300	68300	
长治市宏厦建筑工程有限公司	729666106	159	90	60280	60280	
潞城市市政工程公司	110901686	110	50	25631	25631	
山西启东建筑工程有限公司	563580141	173	90	66280	65000	
长子县新成路桥有限责任公司	770101932	173	90	14700	14700	
长治市航建建筑安装有限公司	713637896	159	40	70696	70696	
山西长治市仁德信建安工程有限公司	71363859X	173	90	40000	40000	
长治县星星建筑安装公司	110870453	120	90	23207	23207	
长治市宏志建筑有限公司	701165457	173	90	41693	41693	
山西致远送变电工程有限公司	713637298	173	90	45994	45994	
长治市宇龙消防设备安装有限公司	713668852	159	40	4150		4150
山西银河消防工程有限公司	77251292X	159	90	25840		25840

主 要 指 标 一 览 表

按构成分:3.其他建筑业产值:千元	竣工产值:千元	房屋施工面积:平方米	资产:千元	负债:千元	营业收入:千元	营业成本:千元	营业税金及附加:千元	营业利润:千元	利润总额:千元
229894	**8142157**	**11593667**	**22733106**	**15518453**	**15509129**	**13854377**	**337194**	**553897**	**573847**
	1966607	6182861	3703922	3485562	4030168	3827823	42843	41111	56778
2000	524860	56200	965396	652930	1002548	867026	41596	53135	53135
		659419	442414	171671	1170742	1085822	35847	41299	42450
	1040459	2232260	1563305	1494139	919133	843852	31872	1664	4322
	357593	322157	384092	5537	402202	369220	20009	8197	8411
	301000	344648	598712	97363	441077	340584	19451	50008	49281
124000	153920	188297	5665503	4906588	2034124	1911099	7314	18920	20525
	265882		206071	40771	265874	239390	6377	13264	12373
	90420	95460	67278	39255	90420	74889	5425	8563	8563
	411822		550420	493823	419235	358548	5284	8338	9179
	144981	85372	276763	72971	144981	114929	4939	14288	14288
	92110	39235	34178	5278	82110	74720	4105	2719	2719
			95204	52218	108823	100182	3861	661	773
		30260	80194	47609	64361	52489	3460	7014	6973
			199554	164425	248442	213723	3455	9681	9422
	116000		218626	57202	222428	149387	3135	57738	57407
	59884	19961	95004	27003	59884	52076	3114	2176	2176
	9699	8397	145003	93003	85652	69450	3015	9950	9950
	34000	13000	9628	1498	34000	28000	3000	144	44
	91000	75731	253967	84863	91000	77482	2893	2740	2740
		83365	71987	46147	85365	81495	2796	328	328
			42174	17917	57000	45440	2740	400	400
	31467		11361	901	46907	34950	2630	7888	7888
	71232	122894	127283	106170	78334	74385	2609	1114	1114
	54445	33948	48400	6732	64500	50375	2540	6140	6140
			99208	10672	65145	38926	2203	2831	2831
	157465		498574	90588	354785	321946	2094	15422	15422
	32750	27320	55684	13600	68300	56006	2049	9501	9501
	54880	30292	38255	8715	60280	50567	2043	2711	2711
	25631		47114	19163	25631	19780	2019	1964	1964
1280	66280	31000	60403	−1342	66280	49310	1990	11270	11270
			39650	20686	15279	11487	1986	115	115
	70696	5200	59854	46241	70696	60766	1927	1091	1541
	20920	10000	441383	391754	20347	12107	1707	−765	−381
	23207	16576	7543	300	31118	23339	1684	3112	3112
		22506	56180	23534	34213	30528	1630	537	512
	45994		13129	1530	45994	41103	1571	1850	1850
	4150		21440	11438	36770	34162	1550	−17	−17
			83021	74586	71269	68727	1542	667	667

4-18 续 1

单位详细名称	组织机构代码	登记注册类型	隶属关系	建筑业总产值:千元	按构成分:1.建筑工程产值:千元	按构成分:2.安装工程产值:千元
长治市慧泉市政工程公司	110752385	110	40	62116	62116	
长治市淮海建筑工程有限公司	666637622	160	40	45938	45938	
山西天脊集团建筑工程有限公司	110901790	159	90	70577	68043	2534
山西省第四地质工程勘察院	110761134	110	20	16300	16300	
长治市热力工程有限公司	688062794	173	90	53917	53917	
山西兴沁建筑安装有限公司	736334433	174	90	34740	34740	
山西常青建筑有限责任公司	11081286X	173	90	3072	2852	220
山西震宇建筑安装有限责任公司	736301498	159	90	8950	8950	
长治市东山电力工程有限公司	759849237	173	90	20080	20080	
长治市建安地基处理有限公司	713668844	173	90	36916	36916	
山西长晋建设工程有限公司	575999476	173	90	91273	91273	
长子县鑫华建安有限公司	743540542	173	90	3000	3000	
黎城万达建筑安装工程有限公司	111022309	173	90	46963	46963	
长子县昌盛建安有限公司	762497690	173	90	28000	28000	
长治市紫烨电力工程有限公司	558744068	173	90	31710		31710
山西龙海电力建设有限公司	783296935	173	90	66369	66369	
长治市科瑞达市政工程有限公司	790200006	159	90	44500	44500	
长治市安得建筑安装有限公司	798252839	173	90	49573	25602	23971
山西鹏博电力工程有限公司	674458878	173	90	43600		43600
山西省中义建筑安装工程有限公司	110840422	159	90	86406	86406	
山西长供矿山电力工程有限公司	692214201	159	90	73562	65936	7626
山西潞泽消防安装工程有限公司	568475906	173	90	13025		13025
长治市龙达公路工程有限公司	68022420X	173	90	1251	1251	
襄垣县广源建筑安装工程有限公司	788549612	159	50	35629		
长治市海城综合建筑有限公司	110752924	159	40	61500	37650	23850
长治市方圆建筑有限公司	757271638	173	90	15000	15000	
平顺飞鸿建筑有限公司	743520867	159	90	23213	16295	1042
长治市万鑫建筑工程有限公司	578497690	173	90	65100	65100	
长治市虹桥装饰工程有限公司	692231351	173	90	17100	17100	
山西惠能电力工程有限公司	551458923	173	90			
山西潞业电力工程有限公司	688090496	173	90	42214	42214	
壶关县宏达建筑安装有限公司	111050887	159	50	17000	17000	
长治市兴地岩土工程有限公司	554126262	173	90	20078	20078	
长治市房屋建筑工程公司	11075214X	110	40	22630	22630	
长治市天正建筑工程有限公司	701043759	173	90	24000	24000	
长治县长城建筑安装有限公司	110875174	159	50	4058		
长治市容诚电气设备运检有限公司	764651444	173	90	12168		12168
山西开源建筑工程有限公司	701168180	173	90	45252	45252	
山西丹朱建筑工程有限公司	694265571	173	90	24058	24058	
长治市熠桥建筑有限公司	788543878	173	90	14870	14870	

按构成分：3.其他建筑业产值:千元	竣工产值：千元	房屋施工面积：平方米	资产：千元	负债：千元	营业收入：千元	营业成本：千元	营业税金及附加：千元	营业利润：千元	利润总额：千元
	62116		55415	31138	62199	53322	1386	4045	3987
	45938		59041	53041	45938	44179	1334	49	49
	44978	5024	151810	113225	55589	46958	1241	-469	636
	16300		170321	117848	71846	60585	1209	5649	5590
	53917		160814	146047	64351	51134	1184	10970	10880
	8300	16500	44326	236	34740	29529	1146	2780	2780
	8667	2891	90418	30418	8885	5392	1110	-113	-113
		3500	56525	43579	36726	31312	1101	734	734
	20080		5100	850	20080	16064	1100	1912	1912
	36916		23977	9957	36916	30180	1030	4476	4480
	50890	56260	69479	37274	85998	81716	1026	3144	3144
	3000	2500	25000	14000	22000	15000	1020	3590	3590
	2040	51500	70837	14888	46963	42177	950	3136	3144
	28000	16000	13570		28000	22780	945	1709	1709
	10543		26102	5386	10543	7380	944	744	744
	66369		50211	21433	66369	60964	931	3123	3123
	44500		36101	11323	44500	36045	923	1461	1461
	38192	68711	42555	7502	46519	38646	921	4516	4516
	43600		34350		30800	23412	896	5354	5354
	86406	146670	135306	89409	86406	78361	868	5184	4480
			76709	19652	53890	36382	771	4954	4954
	11289		15888	4788	13025	7965	716	2650	2605
	310		23660	8060	20800	17800	710	970	970
35629			28902	14775	35608	33820	707	1053	1044
		27689	87947	37947	33919	32481	705	96	96
	10000	5000	31445		21000	18608	705	1513	1513
5876	21524		9753	2814	20971	19399	704	825	825
	70100	47678	35718	14569	22311	20552	695	685	685
	17100		18392	3392	17100	10950	686	4274	4274
			28243	8200	20840	18756	685	45	45
			38929	1859	42643	38932	675	486	499
	16700	13916	39064	16381	17294	15558	647	-110	40
	20078		7587	-513	20078	11949	613	339	339
		27380	22811	14320	17052	12789	596	55	55
	24000	13714	23734	1591	24000	22364	583	695	695
4058	4058		53227	21761	30659	21451	556	7898	7938
	1991		37383	20186	29892	10813	512	3374	2226
	45252	28963	41054	15535	14400	12890	502	496	496
	22155	11195	27118	5146	24058	19012	473	2306	2306
	9750	8360	10721	3867	12720	9893	465	771	771

4-18 续 2

单位详细名称	组织机构代码	登记注册类型	隶属关系	建筑业总产值:千元	按构成分:1.建筑工程产值:千元	按构成分:2.安装工程产值:千元
长治市广茂建筑安装工程有限公司	724609022	173	90	8053	8053	
长治市东风建筑工程有限公司	110762508	159	40	7118	7118	
长治市启宏装饰工程有限公司	694252535	173	90	7605		7605
山西三元润凯煤矿工程有限公司	568498251	159	40	37376	34877	
山西省长治市现代装璜有限公司	602310882	174	90	11076	11076	
山西岩峰装饰工程有限公司	602314517	159	90	6700		
长治市广安建设有限公司	790212349	173	90	10450	10450	
山西万祥建筑工程有限公司	664452608	173	90	81000	81000	
山西九龙注浆有限责任公司	688082584	173	90	5943	5943	
长治市龙江装潢有限公司	701044946	173	90	10292	10292	
长治市石圪节永昌实业公司	110765653	120	40			
长治市华宇建筑有限公司	736331902	159	40	18797	18797	
山西天宇万达消防工程有限公司	091013893	173	90	16	10	6
长治市亨昊建设工程有限公司	676407361	173	90	27135	27135	
山西玉港装饰装潢工程有限公司	602003727	210	20	28344	28344	
襄垣县皇都建业有限公司	72464221X	159	90	5170	5170	
山西金潞达消防工程有限公司	05626104X	173	90	7214		7214
长治市山河裕钢结构有限公司	767138689	173	90	5600	5600	
山西恒源广泰建设工程有限公司	078330501	173	90	27278	27278	
长治市郊区建筑工程公司	110841708	120	50	2833	833	
山西诺帝装饰工程有限公司	767112593	173	90	3276		
长治市睿安工程设备安装有限公司	692208047	173	90	5801		5801
长治市三强宏业轻钢彩板有限公司	748583744	173	90	8082	8082	
山西馨雅装饰工程有限公司	759803677	173	90	8020		8020
长治市高科晋璐机电设备安装有限公司	060732668	159	90	2568		2568
山西兴顺通电力工程有限公司	696658897	159	90	11658		11658
长治市诚进建材有限公司	683846354	173	90	69804	69804	
长治市鑫普输变电工程有限公司	681908654	173	90	18818	18818	
山西长治市金厦建筑安装工程有限公司	66235457X	173	90	120	80	20
山西东南装饰设计工程有限公司	783275464	173	90	3800	3800	
山西浩通装饰工程有限公司	680231303	173	90	4763	4763	
长子县古建筑有限公司	746028114	173	90	6870	6870	
长治市潞恒矿山工程有限公司	070461638	173	90			
山西兴磊铁路工程有限公司	715988737	151	10	2155	2155	
长治市宏业建筑集团有限公司	715988884	159	90	58598	58598	
山西昌佳建筑工程有限公司	063448275	159	90	4357	4357	
山西安智消防工程有限责任公司	757250394	173	90	3774		3774
山西龙城飞宏消防安装有限公司	60231236X	173	90	900		900
武乡县建筑装饰工程公司	725940489	110	50	3336		
山西韩世伟业装饰工程有限公司	775175367	173	90	5582	5582	

按构成分：3.其他建筑业产值:千元	竣工产值：千元	房屋施工面积：平方米	资产：千元	负债：千元	营业收入：千元	营业成本：千元	营业税金及附加：千元	营业利润：千元	利润总额：千元
		6140	75359	8703	13595	9892	445	1495	1495
	3596	6149	16798	11325	6290	5798	431	-490	-490
	7605		5011	11	4919	3800	381	-273	-273
2499	37376		40377	16458	37376	32733	374	1410	1410
	11076		6010	1010	11076	7925	364	321	321
6700	6700		11277	790	6700	4791	360	880	880
	10450	6825	44498	1709	10310	8167	360	876	876
	47000	35000	112659	81278	54055	49349	359	4116	4116
	5943		7933	2738	5943	4720	356	170	170
	10292		17654	984	10292	7494	355	1344	1344
			162002	155734	62270	53977	355	-1796	-1368
	18797	11057	45288	3119	18797	14905	342	2331	2331
	15	2000	6285	131	11016	9155	340	1363	1363
	27135		32633	22584	24936	23180	323	144	43
	28344		82895	77012	37311	32106	320	178	178
	4880	5760	17811	7500	5780	3899	311	1530	1530
	7214		1000		5724	4316	305	-205	-205
	5600		9411	5709	5600	4456	300	820	820
			36702	5702	13901	11416	298	-4368	-4378
2000		4500	26232	13296	8228	8103	291	-513	-515
3276	16200		15211	2872	16237	13306	290	1403	1403
	5801		3010	214	4470	3052	287	-218	-218
	8082	14168	18029	923	9516	8275	285	62	62
	8020		5281	1	5020	3941	269	-202	-202
	1781		17154	13635	9760	8810	262	22	22
	10928		34075	11373	10928	7876	251	2018	2017
	69804		215610	166083	69804	64998	251	135	133
	18818		32561		18818	2450	250	14368	14368
20	230	150	6350	230	6450	4500	250	1350	1350
	3800		10009	9	4571	3496	239	99	99
	4763		6192	192	4763	3968	232	39	39
	3390	1520	8907	1146	5765	4688	223	257	257
			112636	102477	15864	15184	202	-2612	-2612
			22731	21788	7391	6659	183	47	47
	58598	34469	203510	162522	36184	12550	181	18863	18893
			35247	14062	5195	4488	147	-168	-168
	3774		3954	1271	3774	3037	127	87	87
			32342	25657	3763	1240	123	263	-104
3336	3336		3315	3400	3336	2579	117	126	126
	5582		8723	18	5583	5066	100	65	65

4-18 续 3

单位详细名称	组织机构代码	登记注册类型	隶属关系	建筑业总产值:千元	按构成分:1.建筑工程产值:千元	按构成分:2.安装工程产值:千元
长治市信达市政工程有限公司	573360062	159	90	3519		
山西晋襄宁市政工程有限公司	070454235	173	90	7179	7179	
长治市新举装饰装潢有限公司	734029398	159	40	5311		5311
长治市长钢工程建设有限公司	736305798	159	40	161		161
山西中汇装饰有限公司	602313725	173	90	29136	29136	
山西铭轩建设工程有限公司	588527830	173	90	22000	22000	
长治市长路通路桥有限公司	689889849	151	90	21000	21000	
山西苏晋建筑装饰工程有限公司	772521439	173	90	151000	151000	
长治市恒达建筑有限公司	694252527	159	40	11090	11090	
长治市惠丰建筑工程公司	110751892	120	40	6300	6300	
长治市畅远地基处理工程有限公司	563580184	159	90	1388	1388	
长治市苏江装饰有限公司	764667534	173	90	5088	5088	
山西鼎兴钢结构有限公司	78851679X	159	90	300	300	
长治市中擎路桥有限公司	728169626	173	90	15802		
山西韩岳建筑工程有限公司	MA0GR4MBX	159	90	8298		
长治市昌盛钢结构工程有限公司	751527989	173	90	9227	9227	
山西唯美诺建筑装饰工程有限公司	751516542	173	90	28991	28991	
长治市益同特种设备安装维修改造有限公司	741064415	159	40	527		
山西瑞达钢结构有限公司	772511150	173	90	1799	1799	
长治市建伟劳务有限公司	566300950	173	90			
长治市鹏翔装饰装潢有限公司	785823225	173	90	516	516	
长治市昌泰商品砼有限公司	739343984	159	40	9251		
长治市郊区兆丰砼业有限公司	672319540	173	90	7549	7549	
山西潞奥路桥工程有限公司	56357725X	173	90	3750	3750	
山西威鹏装饰工程有限公司	60230823X	173	90	1346	490	856
山西晋建锦山建设工程有限公司	075509899	173	90			
山西金构装饰工程有限公司	778101136	173	90	4470		4470
山西汇通建筑装潢工程有限公司	785820171	173	90	953	953	
山西省长治市安达交通开发有限公司	60231391X	159	90	5833		5833
山西安保达建筑工程有限公司	MA0GU3PA4	173	90	5200	5200	
长治市通衢市政有限公司	110761900	159	40			
山西海涛消防科技有限公司	590885848	173	90			
长治市豪派装饰工程有限公司	762478801	173	90	480		480
长治市晋远电力工程有限公司	MA0GTJPE5	173	90			
山西兰天钢结构工程有限公司	678186718	173	90	1000	600	400
山西洲立建设工程有限公司	599886003	173	90	18053	18053	
山西钰丰翔电力工程有限公司	330603269	173	90	1097		1097
山西新宇万豪建筑工程有限公司	597364367	159	90			
长治市潞安环通装饰工程有限公司	741058306	173	90	2200	2000	200
山西久安智能科技工程有限公司	77254477X	173	90			

按构成分：3.其他建筑业产值:千元	竣工产值：千元	房屋施工面积：平方米	资产：千元	负债：千元	营业收入：千元	营业成本：千元	营业税金及附加：千元	营业利润：千元	利润总额：千元
3519			5258	251	3567	3112	97	14	14
			36407	9358	13099	10979	92	29	35
	5311		9514	3177	5311	4701	90	207	207
	161		24749	9153	2299	1733	89	447	447
	29136		39878	27389	21771	19657	86	19	17
	11555	18143	83819	43506	29772	29366	85	182	182
	4000		13484	530	13215	9768	75	3046	3046
	151000		54473	3813	4395	3830	74	-1635	-1635
			62069	39599	9394	7390	67	1455	1455
	6300	270	12186	3367	6221	5644	63	-6	-6
	1388		5030	500	1823	700	61	927	927
	5088		12992	2525	3271	1795	58	-35	-35
	300	610	14495	13354	1571	516	56	-456	-456
15802	15802		138300	99022	15802	23087	56	-9654	-9714
8298			34127	1554	8298	1374	53	6395	6395
	9227	26363	18348	200	21234	20407	41	53	53
	27852		39530	12985	28991	26051	40	1015	1015
527	527		879	12	527		39	33	33
	1799	2270	3964	964	1072	835	39	-66	-66
			3964	964	1072	835	39	-86	-86
			10693	608	1548	1124	34	209	209
9251	9251		60753	66044	9251	8967	33	-5096	-5097
	7549		156468	45225	8889	6969	32	-1304	-1302
	1731		104364	77794	2290	1601	25	-630	-630
			15830	251	2278	1094	22	834	834
			20410		4703	4551	22	-218	-218
	4470		9860	243	4470	3076	19	986	986
		440	7912	1540	953	842	17	-139	-139
	5833		22173	8	5884	3868	17	471	471
	5200	2822	20319	300	5136	4658	17	30	30
			34244	14244	2384	2271	16	-75	-71
			6788		659	580	15		1
	480		5160	160	480	432	14	23	23
			1232	680	617	309	12	1	1
	1000	3500	1000		1000	662	10	208	208
	18053	15060	11890	670	2856	2317	10	276	276
			9881	2389	1097	915	7	-896	-896
			1555	1024	1987	1224	7	159	159
	2200		8761	2892	5256	3232	6	869	869
			15430	1602	32	25	5	-107	-107

4–18 续 4

单位详细名称	组织机构代码	登记注册类型	隶属关系	建筑业总产值:千元	按构成分:1.建筑工程产值:千元	按构成分:2.安装工程产值:千元
长治市益安装饰工程有限公司	739327183	173	90	794		
长治市奇润照明科科技工程有限公司	794223563	173	90	1183		1183
长治市振平建筑基础加固工程有限公司	11077260X	173	90	505	505	
长治市点石装饰有限公司	573364215	173	90	750		750
山西科利华环境工程有限公司	680212890	173	90	641		641
长治市百纳装饰有限公司	672307136	173	90	1		
山西宇卓建设工程有限公司	588535718	173	90	2580	2580	
山西晟宇承建筑工程有限公司	MA0GTH8FX	173	90	980		
山西碧辰环保工程有限公司	MA0GT1UR4	173	90			
长治市金丰达电力工程有限公司	563558059	173	90	7990		7990
山西振东建筑工程有限公司	666617760	173	90	24750	24750	
长治市欧琳装饰工程有限公司	592973307	173	90	500	500	
长治市智通市政工程有限公司	551469964	173	90	2682	2682	
山西中恒诚成建筑工程有限公司	MA0GU21W9	173	90	312	264	
长治市潞安森达柯地工程有限公司	670192400	159	90			
长治市正大装饰装潢工程有限公司	713638215	173	90	1904	1904	
长治市通源电子有限公司	719843009	173	90			
长治市联泰装饰工程有限公司	097956964	159	90	243	243	
长治市新民建筑工程有限公司	743549635	173	90			
长治市盛晨装潢有限公司	757278178	173	90			
山西云子路桥工程有限公司	346807733	173	90			
长治市华路建筑工程有限公司	686276246	173	90	36271	36271	
长治市韩世伟业建筑工程有限公司	668611530	159	90	16052	16052	
长治市圣达建筑安装工程有限公司	065589127	173	90			
山西腾辉公路工程有限公司	666637657	159	40			
山西宇胜昕工程设备安装有限公司	092635790	173	90			
山西宇帛装饰工程有限公司	063411632	159	90			
山西凯亨达消防工程有限公司	MA0GRGE01	159	90			
长治市久圆建筑工程有限公司	662373674	159	61			
山西荣立达电力工程有限公司	573353946	173	90	14500	14500	
山西桐湘广告装饰有限公司	662386280	173	90			
长治市阒宁装饰装潢有限公司	599875152	173	90			
山西宣诚装潢工程有限公司	05418866X	173	90			
长治市弘宝建筑安装工程有限公司	666627475	173	90			
山西诚玖路桥工程有限公司	MA0GUJ4J8	173	90			
长治市行峰装饰工程有限公司	662375143	173	90			
长治县建筑安装公司	11087004X	120	50			
山西钰源建筑工程有限公司	MA0GRADRX	173	90			
屯留县建筑安装工程总公司	701168260	110	50	44560	33650	10910
长子县国华建筑安装有限公司	757262803	173	90			

按构成分：3.其他建筑业产值:千元	竣工产值：千元	房屋施工面积：平方米	资产：千元	负债：千元	营业收入：千元	营业成本：千元	营业税金及附加：千元	营业利润：千元	利润总额：千元
794	794		5569	646	453	348	5	24	24
	1183		28225	24948	1183	909	4	217	217
			2991		987	945	4	−7	−7
			5492	3958	276	61	3	−5	−5
			10955	75	758	246	3	13	13
1					50	20	3	−60	−60
	1808	7900	20142	18	1215	1046	3	150	150
980			40099	99	980	914	3	−302	−302
			491	487	692	592	3	4	4
	7990		8011	10	290	202	2	−21	−21
		19000	142174	92174	11201	10935	2	−426	−426
	500		6758	956	655	80	1	26	26
	2682		50000	10000	2000	1500	1	73	73
48	264		20003	2	341	293	1	2	2
			6901	6101			1	−853	−853
	1904								
			1027	27				−72	−72
	243		5119	8	213			128	128
			13502					−500	−500
	16168	36460	14994	5161				−222	−222
	15000	10754	72331	28483	13084	7851		1990	1990
			2000	30				−300	−300
			20010					−130	−130
			6510					−298	−298
			2000						
			6290	145				−157	−157
	14500	7052	40009	8	5150	4003		357	357
			839					−7	−7
			969					−18	−18
			5000						
			69138	49138				−588	−588
			40000						
			10228						
			24831	18643					
	34565	25475	2207	848	470			11	121
								−180	−180

交通邮电

资料整理人员

游海文　　刘　敏

5

5-1 民用车辆拥有量

单位:辆

指标名称	总计				总计中			报废
		营运	非营运	校车	进口	个人	新注册	
合　计	**500313**	**50675**	**416243**	**43**	**11086**	**416782**	**53473**	**12854**
一、汽车	447021	42527	404451	43	11047	402043	52007	12807
1.载客汽车	388715	6562	382110	43	11034	359570	46550	6289
其中:大型	2636	2080	544	12	49	26	495	201
中型	817	318	468	31	56	129	80	136
小型	374171	4164	370007		10787	348908	45752	4735
微型	11091		11091		142	10507	223	1217
其中:轿车	274045	4143	269902		3399	257334	29358	2438
2.载货汽车	49298	32952	16346		6	35286	5302	6125
其中:重型	15947	15791	156		1	8282	1657	1574
中型	1116	1025	91			767	50	547
轻型	32212	16134	16078		5	26220	3595	3988
微型	23	2	21			17		16
其中:普通载货	24273	9654	14619		4	20071	2181	2943
3.其它汽车	9008	3013	5995		7	7187	155	393
其中:三轮汽车	4917	1663	3254			4607	4	10
低速货车	1817	994	823			1721	27	307
二、电车	5		5					
1.无轨	5		5					
2.有轨								
三、摩托车	11811	63	11748		38	11472	334	37
1.普通	11793	63	11730		38	11454	334	37
2.轻便	18		18			18		
四、拖拉机(农机部门数据)	33352							
五、挂车	8113	8085	28		1	3263	1132	10
六、其它类型车	11		11			4		
补充资料:机动车驾驶员(人)	718278							
其中:汽车驾驶员(人)	703836							

5-2 公路运力及客货运输量

指标名称	计算单位	总计	
			个体
一、载客汽车	辆	1351	
	客位	42252	
二、载货汽车	辆	32108	21429
	吨位	327897	176328
其中:牵引车	辆	5978	
三、客运量	万人	3295.13	
四、旅客周转量	万人公里	211228.68	
五、货运量	万吨	8712.98	4685.44
四、货物周转量	万吨公里	1116131.95	600204.68

5-3 分县区公路通车

路线名称或单位	里程	等级公路						等外里程
		合计	高速	一级	二级	三级	四级	
总　计	**11643.027**	**11248.354**	**339.245**	**121.455**	**1358.678**	**1401.068**	**8027.908**	**394.673**
#国道合计	948.512	948.512	199.109	77.687	551.121	113.425	7.17	
省道合计	691.971	691.971	140.136	23.214	397.969	93.52	37.132	
县道合计	1662.121	1657.96		20.554	244.253	716.819	676.334	4.161
乡道合计	3875.366	3845.954			84.189	324.525	3437.24	29.412
专用公路合计	47.477	47.477			16.78	30.697		
村道合计	4417.58	4056.48			64.366	122.082	3870.032	361.1
城区合计	17.949	17.949				1.922	16.027	
乡道小计	10.533	10.533					10.533	
村道小计	7.416	7.416				1.922	5.494	
郊区合计	419.561	419.561	14.672	35.431	60.547	102.049	206.862	
国道小计	60.577	60.577	14.672	26.774	19.131			
省道小计	41.971	41.971		8.657	13.47	19.844		
县道小计	60.652	60.652			4.81	46.069	9.773	
乡道小计	103.492	103.492			14.04	13.994	75.458	
村道小计	152.869	152.869			9.096	22.142	121.631	
长治县合计	630.883	630.883	38.179	12.349	105.751	134.928	339.676	
国道小计	56.929	56.929	29.32		27.609			
省道小计	60.588	60.588	8.859	12.349	24.027	15.353		
县道小计	123.26	123.26			45.597	67.938	9.725	
乡道小计	138.875	138.875			4.337	23.947	110.591	
村道小计	251.231	251.231			4.181	27.69	219.36	
襄垣县合计	1092.079	983.631	40.895	18.588	128.674	169.459	626.015	108.448
国道小计	115.718	115.718	40.895	8.949	65.874			
省道小计	26.28	26.28					26.28	
县道小计	201.515	201.515		9.639	42.382	96.53	52.964	
乡道小计	345.978	339.28			13.196	64.884	261.2	6.698
村道小计	402.588	300.838			7.222	8.045	285.571	101.75
屯留县合计	914.801	914.801	27.01	20.326	145.571	60.794	661.1	
国道小计	120.183	120.183	27.01	9.411	77.988	5.774		
省道小计	32.652	32.652			16.453	6.82	9.379	
县道小计	110.104	110.104		10.915	28.498	27.637	43.054	
乡道小计	323.067	323.067			5.724	20.563	296.78	
村道小计	328.795	328.795			16.908		311.887	
平顺县合计	1437.713	1437.713	48.452		118.115	170.367	1100.779	
国道小计	66.779	66.779			29.593	30.016	7.17	
省道小计	127.644	127.644	48.452		57.348	21.844		
县道小计	234.645	234.645			30.175	58.539	145.931	
乡道小计	552.227	552.227				55.89	496.337	
村道小计	456.418	456.418			0.999	4.078	451.341	
黎城县合计	1181.333	1141.22	65.294		88.146	96.712	891.068	40.113

里程、路面、桥梁情况

单位:公里

有铺装路面			简易铺装路面(次高级)	未铺装路面(中级、低级、无路面)	晴雨通车里程	重复里程	可绿化里程	绿化里程	养护里程	已实施GBM里程	已实施文明路里程
合计	沥青混凝土	水泥混凝土									
8632.538	**3246.786**	**5385.752**	**2180.259**	**830.23**	**11555.477**	**193.727**	**11109.501**	**5897.21**	**11635.621**	**1324.954**	**1324.954**
864.779	851.017	13.762	80.855	2.878	948.512	88.325	891.647	723.384	941.106	358.608	358.608
621.093	591.531	29.562	70.878		691.971	70.881	624.005	539.01	691.971	329.238	329.238
966.328	840.198	126.13	629.966	65.827	1662.121	21.848	1562.354	1177.139	1662.121	586.008	586.008
2986.313	522.94	2463.373	744.319	144.734	3875.366	11.933	3691.251	1784.516	3875.366		
47.477	47.477				47.477		47.477	13.72	47.477	47.477	47.477
3146.548	393.623	2752.925	654.241	616.791	4330.03	0.74	4292.767	1659.441	4417.58	3.623	3.623
17.949	3.405	14.544			17.949		17.949	17.949	17.949		
10.533		10.533			10.533		10.533	10.533	10.533		
7.416	3.405	4.011			7.416		7.416	7.416	7.416		
338.653	198.229	140.424	73.518	7.39	419.561	27.372	353.455	287.793	413.435	38.029	38.029
60.577	60.577				60.577	12.922	58.913	42.413	54.451	15.924	15.924
41.971	35.436	6.535			41.971	11.395	41.971	29.049	41.971	16.43	16.43
52.35	45.237	7.113	8.302		60.652	0.091	59.281	59.281	60.652	5.675	5.675
70.91	32.524	38.386	28.064	4.518	103.492	2.308	96.354	84.936	103.492		
112.845	24.455	88.39	37.152	2.872	152.869	0.656	96.936	72.114	152.869		
413.877	274.206	139.671	147.994	69.012	630.883	22.501	626.03	391.856	630.883	53.837	53.837
56.929	56.929				56.929		53.812	31.452	56.929	10.834	10.834
60.588	60.588				60.588	19.521	59.772	57.044	60.588	5.167	5.167
102.267	102.267		19.177	1.816	123.26	0.88	122.34	122.34	123.26	37.836	37.836
72.691	29.073	43.618	53.596	12.588	138.875	2.1	138.875	119.159	138.875		
121.402	25.349	96.053	75.221	54.608	251.231		251.231	61.861	251.231		
720.149	407.834	312.315	360.58	11.35	1087.978	21.09	1084.67	561.876	1092.079	141.794	141.794
115.718	112.965	2.753			115.718		111.054	110.757	115.718	40.471	40.471
7.21	7.21		19.07		26.28	8.949	26.28	23.993	26.28		
132.558	132.558		68.957		201.515	11.204	198.77	157.377	201.515	101.323	101.323
155.305	110.169	45.136	185.617	5.056	345.978	0.937	345.978	187.944	345.978		
309.358	44.932	264.426	86.936	6.294	398.487		402.588	81.805	402.588		
731.216	297.778	433.438	173.191	10.394	914.801	70.399	883.106	743.401	914.801	90.652	90.652
120.183	117.753	2.43			120.183	43.57	118.612	108.178	120.183	8.068	8.068
18.745	18.745		13.907		32.652	25.295	32.652	32.652	32.652	21.823	21.823
109.742	109.742		0.362		110.104	0.759	108.028	105.704	110.104	60.761	60.761
237.796	33.211	204.585	74.877	10.394	323.067	0.775	316.071	261.492	323.067		
244.75	18.327	226.423	84.045		328.795		307.743	235.375	328.795		
1063.096	229.945	833.151	177.545	197.072	1437.713	0.99	1196.303	133.751	1437.713	112.279	112.279
33.885	29.593	4.292	30.016	2.878	66.779		36.948	5.678	66.779	29.593	29.593
106.421	92.7	13.721	21.223		127.644		99.978	65.723	127.644	57.348	57.348
73.132	37.11	36.022	118.586	42.927	234.645	0.99	163.017	47.136	234.645	25.338	25.338
536.554	42.222	494.332	5.19	10.483	552.227		461.058	14.215	552.227		
313.104	28.32	284.784	2.53	140.784	456.418		435.302	0.999	456.418		
1003.664	190.022	813.642	55.374	122.295	1153.515	1.897	1144.55	573.929	1181.333	88.885	88.885

5-3 续 1

路线名称或单位	里程	等级公路						等外里程
		合计	高速	一级	二级	三级	四级	
国道小计	103.147	103.147	26.043		77.104			
省道小计	39.251	39.251	39.251					
县道小计	105.308	105.308				37.454	67.854	
乡道小计	445.283	445.283			5.975	50.245	389.063	
村道小计	488.344	448.231			5.067	9.013	434.151	40.113
壶关县合计	1191.563	1164.692	26.741	11.832	101.689	137.744	886.686	26.871
国道小计	37.341	37.341		11.832	3.643	21.866		
省道小计	102.757	102.757	26.741		61.553	14.463		
县道小计	151.77	151.77			12.468	26.804	112.498	
乡道小计	304.518	297.427				26.044	271.383	7.091
专用公路小计	47.477	47.477			16.78	30.697		
村道小计	547.7	527.92			7.245	17.87	502.805	19.78
长子县合计	878.118	878.118		2.208	85.116	134.647	656.147	
省道小计	92.617	92.617		2.208	75.213	15.196		
县道小计	145.702	145.702			9.903	84.759	51.04	
乡道小计	260.637	260.637				25.988	234.649	
村道小计	379.162	379.162				8.704	370.458	
武乡县合计	1148.456	1098.073	37.536		141.442	98.28	820.815	50.383
国道小计	96.331	96.331	37.536		58.795			
省道小计	63.289	63.289			63.289			
县道小计	130.524	130.524				89.977	40.547	
乡道小计	370.616	370.616			15.56	5.01	350.046	
村道小计	487.696	437.313			3.798	3.293	430.222	50.383
沁县合计	1070.385	945.562		1.253	131.075	45.763	767.471	124.823
国道小计	44.322	44.322		1.253	43.069			
省道小计	49.205	49.205			47.732		1.473	
县道小计	157.273	153.112			38.636	45.763	68.713	4.161
乡道小计	388.515	385.212			1.638		383.574	3.303
村道小计	431.07	313.711					313.711	117.359
沁源县合计	917.759	882.716			150.075	158.781	573.86	35.043
国道小计	159.163	159.163			103.394	55.769		
省道小计	12.672	12.672			12.672			
县道小计	139.999	139.999			15.963	74.111	49.925	
乡道小计	360.979	350.635			16.479	16.629	317.527	10.344
村道小计	244.946	220.247			1.567	12.272	206.408	24.699
潞城市合计	742.427	733.435	40.466	19.468	102.477	89.622	481.402	8.992
国道小计	88.022	88.022	23.633	19.468	44.921			
省道小计	43.045	43.045	16.833		26.212			
县道小计	101.369	101.369			15.821	61.238	24.31	
乡道小计	270.646	268.67			7.24	21.331	240.099	1.976
村道小计	239.345	232.329			8.283	7.053	216.993	7.016

单位:公里

有铺装路面			简易铺装路面(次高级)	未铺装路面(中级、低级、无路面)	晴雨通车里程	重复里程	可绿化里程	绿化里程	养护里程	已实施GBM里程	已实施文明路里程
合计	沥青混凝土	水泥混凝土									
89.937	89.937		13.21		103.147		100.795	67.202	103.147	55.926	55.926
39.251	30.428	8.823			39.251		5.226	5.226	39.251		
57	43.059	13.941	31.385	16.923	105.308	1.285	104.902	63.199	105.308	32.959	32.959
387.61	19.907	367.703	8.71	48.963	445.283	0.612	445.283	314.367	445.283		
429.866	6.691	423.175	2.069	56.409	460.526		488.344	123.935	488.344		
1109.018	370.945	738.073	59.422	23.123	1185.164	3.015	1109.345	419.268	1191.563	139.873	139.873
37.341	37.341				37.341		37.341	34.69	37.341	34.321	34.321
98.185	97.702	0.483	4.572		102.757		99.384	90.961	102.757	32.408	32.408
128.625	83.917	44.708	23.145		151.77	1.974	139.218	120.963	151.77	25.667	25.667
277.378	36.428	240.95	19.54	7.6	304.518	1.041	244.454	96.969	304.518		
47.477	47.477				47.477		47.477	13.72	47.477	47.477	47.477
520.012	68.08	451.932	12.165	15.523	541.301		541.471	61.965	547.7		
445.498	381.915	63.583	418.23	14.39	878.118	4.713	873.821	532.442	878.118	122.54	122.54
92.617	92.617				92.617		92.617	80.349	92.617	66.757	66.757
75.767	75.767		69.935		145.702	3.747	143.398	125.773	145.702	55.783	55.783
104.331	84.634	19.697	150.909	5.397	260.637	0.966	260.637	168.512	260.637		
172.783	128.897	43.886	197.386	8.993	379.162		377.169	157.808	379.162		
836.242	251.145	585.097	157.209	155.005	1139.92	5.106	1135.645	553.836	1148.456	168.094	168.094
96.331	96.331				96.331		84.686	73.975	96.331	35.863	35.863
63.289	63.289				63.289	4.468	63.289	57.045	63.289	63.289	63.289
47.736	39.402	8.334	82.788		130.524		129.358	80.729	130.524	68.942	68.942
318.853	47.309	271.544	51.763		370.616	0.554	370.616	129.006	370.616		
310.033	4.814	305.219	22.658	155.005	479.16	0.084	487.696	213.081	487.696		
690.157	141.116	549.041	236.471	143.757	1029.689	3.216	1069.404	761.779	1070.385	87.886	87.886
44.322	44.322				44.322		44.322	44.322	44.322		
37.099	37.099		12.106		49.205	1.253	49.205	46.226	49.205	34.066	34.066
57.689	57.689		95.423	4.161	157.273	0.918	156.292	123.757	157.273	53.82	53.82
308.185	1.638	306.547	66.568	13.762	388.515	1.045	388.515	116.404	388.515		
242.862	0.368	242.494	62.374	125.834	390.374		431.07	431.07	431.07		
644.438	290.931	353.507	215.217	58.104	917.759	8.718	877.106	465.896	916.479	160.687	160.687
121.534	121.534		37.629		159.163	7.123	159.163	136.263	157.883	86.89	86.89
12.672	12.672				12.672		12.672	11.823	12.672	12.672	12.672
75.388	69.494	5.894	64.611		139.999		136.584	86.342	139.999	57.502	57.502
280.994	56.804	224.19	58.45	21.535	360.979	1.595	342.231	125.131	360.979		
153.85	30.427	123.423	54.527	36.569	244.946		226.456	106.337	244.946	3.623	3.623
618.581	209.315	409.266	105.508	18.338	742.427	24.71	738.117	453.434	742.427	120.398	120.398
88.022	83.735	4.287			88.022	24.71	86.001	68.454	88.022	40.718	40.718
43.045	43.045				43.045		40.959	38.919	43.045	19.278	19.278
54.074	43.956	10.118	47.295		101.369		101.166	84.538	101.369	60.402	60.402
225.173	29.021	196.152	41.035	4.438	270.646		270.646	155.848	270.646		
208.267	9.558	198.709	17.178	13.9	239.345		239.345	105.675	239.345		

5-4 分县区公路

路线名称或单位	桥													
	合计				按使用年限分						按跨			
			危桥		永久性		半永久性		临时性		特大桥		大桥	
	座	米	座	米	座	米	座	米	座	米	座	米	座	米
总　计	**1590**	**85988.19**	**95**	**2159.9**	**1590**	**85988.19**					**3**	**4475**	**205**	**44681.83**
#国道合计	468	32593.75	1	96	468	32593.75					1	2197	89	19211.4
省道合计	204	26646.27	7	282.6	204	26646.27					2	2278	73	19674.12
县道合计	281	8808.97	18	264.9	281	8808.97							18	2624.29
乡道合计	294	7587.2	34	681.1	294	7587.2							10	1481.72
专用公路合计	23	1121.6			23	1121.6							1	116
村道合计	320	9230.4	35	835.3	320	9230.4							14	1574.3
城区合计	1	50			1	50								
#乡道小计	1	50			1	50								
村道小计														
郊区合计	60	3604.35	2	176.9	60	3604.35							9	1940.55
#国道小计	45	2736.96			45	2736.96							6	1518.9
省道小计	8	608.45	2	176.9	8	608.45							3	421.65
县道小计	5	187.94			5	187.94								
乡道小计	1	46			1	46								
村道小计	1	25			1	25								
长治县合计	114	5675.39	3	67	114	5675.39							10	2448.48
#国道小计	58	3190.4			58	3190.4							6	1641
省道小计	12	1085.09			12	1085.09							3	680.08
县道小计	11	338.5	2	37	11	338.5								
乡道小计	9	312.5			9	312.5								
村道小计	24	748.9	1	30	24	748.9							1	127.4
襄垣县合计	130	8853.11	2	51	130	8853.11							37	6170.63
#国道小计	46	4547.84			46	4547.84							19	3644.24
省道小计	6	218.6	1	18	6	218.6							1	107
县道小计	46	2669.57			46	2669.57							12	1831.29
乡道小计	22	809.5	1	33	22	809.5							2	258
村道小计	10	607.6			10	607.6							3	330.1
屯留县合计	88	3845.32	2	45	88	3845.32							9	1406.22
#国道小计	61	2857.7			61	2857.7							7	1144.5
省道小计	3	277.9			3	277.9							1	157
县道小计	8	231	1	10	8	231								
乡道小计	9	269.72	1	35	9	269.72							1	104.72
村道小计	7	209			7	209								
平顺县合计	170	12767.51	8	271.8	170	12767.51							29	8873.81
#国道小计	18	705.78	1	96	18	705.78							1	337.1
省道小计	46	9429.53			46	9429.53							26	8331.71
县道小计	32	781.4			32	781.4								
乡道小计	40	733.8	4	61.8	40	733.8								
村道小计	34	1117	3	114	34	1117							2	205
黎城县合计	129	13830.45			129	13830.45					2	2278	35	8657.8

桥　涵　情　况

梁				隧道												涵洞
经分				总计		按长度分										
中桥		小桥				特长隧道		长隧道		中隧道		短隧道				
座	米	座	米	处	米	处	米	处	米	处	米	处	米			道
334	**19030.36**	**1048**	**17801**	**102**	**78485.99**	**3**	**30761**	**11**	**18116.5**	**30**	**20201.35**	**58**	**9407.14**			**6983**
103	6518.84	275	4666.51	17	14079.5	1	4511	1	1526	8	5482	7	2560.5			1894
42	2877.06	87	1817.09	37	55428.34	2	26250	10	16590.5	15	10321.65	10	2266.19			1302
57	2958.8	206	3225.88	24	4277.65					3	1855	21	2422.65			2455
57	2645.26	227	3460.22	18	4168.7					4	2542.7	14	1626			668
6	417.5	16	588.1	4	373							4	373			90
69	3612.9	237	4043.2	2	158.8							2	158.8			574
1	50															
1	50															
22	1202.04	29	461.76	2	526.4							2	526.4			130
16	867.1	23	350.96	1	500							1	500			42
2	119	3	67.8													33
3	169.94	2	18	1	26.4							1	26.4			42
1	46															10
		1	25													3
26	1660.94	78	1565.97	1	580					1	580					324
16	957.3	36	592.1													148
4	327.14	5	77.87													69
2	160.5	9	178	1	580					1	580					72
2	103	7	209.5													29
2	113	21	508.5													6
27	1560.78	66	1121.7	7	1957					2	1300	5	657			685
7	566.2	20	337.4	4	1765					2	1300	2	465			217
		5	111.6													55
7	420.08	27	418.2													409
10	406	10	145.5	3	192							3	192			4
3	168.5	4	109													
15	1120	64	1319.1													393
12	850	42	863.2													185
1	115	1	5.9													47
1	55	7	176													118
		8	165													29
1	100	6	109													14
34	2051.26	107	1842.44	53	52191.69	2	26250	7	12199.5	11	8085	33	5657.19			596
3	177.28	14	191.4	4	3655			1	1526	2	1719	1	410			137
13	904.78	7	193.04	24	43520.69	2	26250	6	10673.5	6	4331	10	2266.19			220
7	342.2	25	439.2	17	3002					2	1275	15	1727			177
3	159	37	574.8	7	1934					1	760	6	1174			53
8	468	24	444	1	80							1	80			9
30	1770.9	62	1123.75	11	10367.65			4	5917	5	3600.65	2	850			853

5-4 续 1

路线名称或单位	桥													
	合计				按使用年限分						按跨			
			危桥		永久性		半永久性		临时性		特大桥		大桥	
	座	米	座	米	座	米	座	米	座	米	座	米	座	米
#国道小计	59	4088.31			59	4088.31							13	2942.2
省道小计	30	8404.64			30	8404.64					2	2278	20	5582.6
县道小计	7	406			7	406							1	86
乡道小计	11	339			11	339								
村道小计	22	592.5			22	592.5							1	47
壶关县合计	93	4973.75	18	544.3	93	4973.75							12	2345
#国道小计	4	347			4	347							2	310
省道小计	19	2273.99			19	2273.99							9	1919
县道小计	11	300.96	1	42	11	300.96								
乡道小计	13	343.8	8	254	13	343.8								
专用公路小计	23	1121.6			23	1121.6							1	116
村道小计	23	586.4	9	248.3	23	586.4								
长子县合计	96	2558.95	11	195.4	96	2558.95							2	232
#省道小计	18	709.95	1	40.4	18	709.95							1	180
县道小计	27	685	2	30	27	685							1	52
乡道小计	18	461	5	83	18	461								
村道小计	33	703	3	42	33	703								
武乡县合计	249	14878.72	6	137	249	14878.72					1	2197	35	7617.6
#国道小计	69	9594.3			69	9594.3					1	2197	25	6031.6
省道小计	27	762.9	1	20	27	762.9							1	126
县道小计	42	1130.4	3	44	42	1130.4							3	438
乡道小计	64	1904.12	1	22	64	1904.12							4	766
村道小计	47	1487	1	51	47	1487							2	256
沁县合计	215	3924.8	37	426.7	215	3924.8							1	112
#国道小计	21	760			21	760							1	112
省道小计	19	537.1	2	27.3	19	537.1								
县道小计	57	980	8	94.9	57	980								
乡道小计	57	872.2	12	162.3	57	872.2								
村道小计	61	775.5	15	142.2	61	775.5								
沁源县合计	147	5797.82			147	5797.82							14	1897.46
#国道小计	49	1875.26			49	1875.26							5	713.66
省道小计	5	217			5	217							1	132
县道小计	27	895.2			27	895.2							1	217
乡道小计	27	911.46			27	911.46							3	353
村道小计	39	1898.9			39	1898.9							4	481.8
潞城市合计	98	5228.02	6	244.8	98	5228.02							12	2980.28
#国道小计	38	1890.2			38	1890.2							4	816.2
省道小计	11	2121.12			11	2121.12							7	2037.08
县道小计	8	203	1	7	8	203								
乡道小计	22	534.1	2	30	22	534.1								
村道小计	19	479.6	3	207.8	19	479.6							1	127

梁				隧道										涵洞
经分				总计		按长度分								
中桥		小桥				特长隧道		长隧道		中隧道		短隧道		
座	米	座	米	处	米	处	米	处	米	处	米	处	米	道
11	587.86	35	558.25	2	850							2	850	286
8	544.04			8	8804.65			4	5917	4	2887.65			176
2	216	4	104											357
5	239	6	100	1	713					1	713			32
4	184	17	361.5											2
20	1130.24	61	1498.51	12	3573.25					4	2563	8	1010.25	391
		2	37											29
2	174.16	8	180.83	4	2563					4	2563			146
3	135.58	8	165.38	4	637.25							4	637.25	123
4	172.5	9	171.3											
6	417.5	16	588.1	4	373							4	373	90
5	230.5	18	355.9											3
22	953.94	72	1373.01	1	540					1	540			285
4	199.94	13	330.01	1	540					1	540			128
9	356	17	277											140
5	194	13	267											17
4	204	29	499											
49	2676.1	164	2388.02	13	7348	1	4511			4	2130.7	8	706.3	1516
14	919.6	29	446.1	4	5907.5	1	4511			2	1061	1	335.5	206
5	280.1	21	356.8											210
8	324.7	31	367.7	1	32							1	32	315
8	446.5	52	691.62	7	1329.7					2	1069.7	5	260	289
14	705.2	31	525.8	1	78.8							1	78.8	496
23	1235	191	2577.8											647
7	450	13	198											110
3	212.9	16	324.2											93
4	239.6	53	740.4											254
6	234.5	51	637.7											164
3	98	58	677.5											26
45	2526.46	88	1373.9											688
11	734	33	427.6											359
		4	85											34
8	382.2	18	296											279
5	268.36	19	290.1											4
21	1141.9	14	275.2											12
20	1092.7	66	1155.04	2	1402					2	1402			475
6	409.5	28	664.5	2	1402					2	1402			175
		4	84.04											91
3	157	5	46											169
7	326.4	15	207.7											37
4	199.8	14	152.8											3

5-5 邮政电信事业综合指标

指标名称	计量单位	合计	邮政	快递	移动	联通	铁通	电信
邮电业务总量	万元	449210.38	29278.51		359920	16883.57	1824	41304.3
邮电业务收入	万元	228605.74	29516.74		111211	67867	1718	18293
订销报纸总计	万份	4076.04	4076.04					
订销杂志总计	万份	163.13	163.13					
函件	万件	167.41	167.41					
包件	万件	605.71	1.8	603.91				
长途电话	万次	49209.85			24379	1003.85	2389	21438
电话机部数	万部	24.87				23	1.04	0.83
# 市话	万部	20.63				19	1.04	0.59
农话	万部	4.24				4		0.24
移动电话用户	户	3064358			1932559	908146		223653
互联网用户	户	550806			155108	275159		120539
基站数	个	10952			7616	2436		900

5-6 邮政机构及业务量

县市区	邮政局所(个)		职工人数(人)		邮政业务量							邮路单程长度(公里)				农村投递线路单程长度(公里)
	合计	#在农村的	合计	#在农村的	增加值(现价)(万元)	业务总量(不变价)(万元)	邮政业务收入(万元)	订销报纸累计份数(万份)	订销杂志累计(万份)	函件(万件)	包件(万件)	合计	自办汽车	委办汽车	其他	
总　计	**195**	**149**	**1333**	**501**	**17533.4**	**22634.51**	**23039.61**	**4076.04**	**163.13**	**167.41**	**1.8**	**3175**	**2610**	**565**		**13863.5**
市直汇	23	1	425	6		6207.12	5443.64	1110.7	75.8	155.46	1.14	1309	1309			670
郊　区	10	10	79	79		1394.79	1248.00									623
长治县	14	12	89	36		2126.46	2312.30	328.26	12.03	7.45	0.12	79	79			839
潞城市	15	11	83	40		1149.54	1318.97	287.33	9.78	0.27	0.1	80		80		776
襄垣县	13	11	76	41		1904.89	2101.04	397.45	10.15	0.74	0.04	186	104	82		1449
武乡县	16	14	76	39		1447.57	1455.44	254.3	4.45	0.13	0.09	171	97	74		1731
沁　县	15	13	76	41		1294.51	1450.51	201.45	5.36	0.94	0.03	188	188			2080
沁源县	17	13	69	32		1236.71	1262.84	234.45	7.34	1	0.02	220	220			833.5
屯留县	13	12	71	35		958.07	1329.97	257.03	7.76	0.15	0.08	163	163			936
长子县	16	15	82	46		1670.8	1744.96	298.97	11.34	0.74	0.02	171	126	45		743
黎城县	14	12	67	33		1104.4	1122.35	205.6	5.36	0.15	0.04	88	88			495
平顺县	13	12	56	32		853.72	858.71	211.51	5.07	0.16	0.06	284		284		1119
壶关县	16	13	84	41		1285.93	1390.88	288.99	8.69	0.22	0.05	236	236			1569

5-7 联通业务量及用户规模

县市区	电信业务总量（万元）	营业收入（万元）	固网交换机总容量（万门）	移动交换机总容量（万门）	固话用户数（万户）	互联网用户数（万户）	移动用户数（万户）
总　计	**16883.57**	**67867**	**27.27**	**186**	**23**	**28**	**91**
市直汇					10.8	11	35.3
郊　区					0.4	0.9	4.5
长治县					1.2	2.1	7.3
潞城市					1.3	1.6	5.2
襄垣县					1	1.6	6.1
屯留县					1.3	1.8	5.7
平顺县					0.6	0.6	2.5
黎城县					1	1.1	4.1
壶关县					1	2.4	5.3
长子县					1.7	1.5	6.2
武乡县					0.9	1	2.9
沁　县					1	1.1	2.9
沁源县					0.8	1.3	3

5-8 移动事业

县市区	移动电话业务总量（万元）	移动电话用户（户）	交换机容量（户）	基站		
				GSM（个）	TD（个）	
					SCDMA	LTE
总　计	**359920**	**1932559**	**2710000**	**2721**	**980**	**3915**
市直汇	122784	579146	2710000	725	486	1225
郊　区	19403	109565		88	43	128
长治县	27628	150085		182	85	262
襄垣县	30152	181417		262	84	393
屯留县	22053	121124		179	55	254
平顺县	8785	52021		131	15	153
黎城县	13610	77047		141	18	174
壶关县	20698	114836		161	41	236
长子县	24704	135532		178		253
武乡县	16255	109948		178	25	207
沁　县	13653	87462		140	32	178
沁源县	16940	83217		197	34	224
潞城市	23255	131159		159	62	228

5-9 铁通事业

指标名称	计量单位	绝对数（现价）	相对数 比上年增长(%)
电信业务总量	万元	1718	100%
年末(本地电话)局用交换机总容量	门	1.56	
年末本地电话用户	万户	1.04	-64%
城市电话用户	万户	1.04	-64%
乡村电话用户	万户		
年末住宅电话用户	万户	1.04	-64%
年末移动电话用户	万户		
本年移动电话新增用户	万户		
年末互联网用户	万户		
新增用户	万户		
拨号上网户数	万户		

5-10 电信事业

指标名称	计量单位	绝对数	相对数
			比上年增长(%)
电信业务总量(现价)	万元	41304.3	52.10
年末(本地电话)局用交换机总容量	门		
年末本地电话用户	万户	0.8272	-30.00
城市电话用户	万户	0.5856	-34.00
乡村电话用户	万户	0.2416	-9.00
年末住宅电话用户	万户	0.8272	-30.00
年末移动电话用户	万户	22.3653	-0.50
本年移动电话新增用户	万户	11.1035	18.00
年末互联网用户	万户	12.0539	16.00
新增用户	万户	4.1943	16.00

批零住宿餐饮旅游和对外贸易

资料整理人员

李秀萍　　郝松志　　王军强　　牛　帅

申　飞　　游海文

6

6-1　批发零售业、住宿餐饮业主要指标

指标名称	计量单位	数据
一、限额以上法人企业单位数	个	388
二、社会消费品零售总额	万元	5666195.8
三、批发零售业销售总额	万元	19049696.8
限额以上批发零售业销售总额	万元	9103906.9
#批发业	万元	7824834
零售业	万元	1279072.9
四、限额以上餐饮业营业收入	万元	16101.5
五、限额以上住宿业营业收入	万元	24975.8
六、限额以上企业财务状况		
批发零售业利润总额	万元	31352.9
住宿餐饮业利润总额	万元	-5293.6

6-2 限额以上批发和零售业法人

指标名称	法人企业数（个）	从业人员期末人数(人)	商品购进额	商品销售额	其中:通过公共网络实现的销售额	其中:通过非自营平台实现的商品销售额
总　计	**320**	**17778**	**7963592.3**	**9103906.9**	**10739.6**	**8685.7**
一、批发业	119	5536	6816038.1	7824834.0		
1.按批发行业小类分						
农、林、牧产品批发	6	394	27460.5	47887.6		
谷物、豆及薯类批发	4	252	21872.4	38574.5		
种子批发	1	77	3293.0	4499.7		
其他农牧产品批发	1	65	2295.1	4813.4		
食品、饮料及烟草制品批发	10	1044	419281.4	518224.8		
米、面制品及食用油批发	1	45	8113.9	9170.6		
糕点、糖果及糖批发	1	45	2521.3	2514.1		
果品、蔬菜批发	1	45	194006.3	194788.3		
肉、禽、蛋、奶及水产品批发	1	25	3607.7	3761.3		
盐及调味品批发	1	54	5168.5	4749.1		
酒、饮料及茶叶批发	3	90	8896.5	9713.6		
烟草制品批发	1	700	194597.8	290401.8		
其他食品批发	1	40	2369.4	3126.0		
纺织、服装及家庭用品批发	1	98	3884.5	3195.1		
家用电器批发	1	98	3884.5	3195.1		
医药及医疗器材批发	11	472	107540.5	120635.7		
西药批发	9	439	101114.6	113791.8		
中药批发	1	8	2377.7	2374.5		
医疗用品及器材批发	1	25	4048.2	4469.4		
矿产品、建材及化工产品批发	79	2730	6210912.5	7079365.1		
煤炭及制品批发	51	1376	834740.4	935223.1		
石油及制品批发	5	211	94021.1	103989.2		
金属及金属矿批发	19	1090	5266366.4	6019149.9		
建材批发	2	12	5095.6	5392.2		
化肥批发	1	30	3685.0	7659.6		
其他化工产品批发	1	11	7004.0	7951.1		
机械设备、五金产品及电子产品批发	12	798	46958.7	55525.7		
农业机械批发	1	143	7975.1	9546.7		
汽车批发	1	11	5705.0	5930.8		

商品购进、销售和库存总额

单位:万元

其中:使用银行卡支付的商品销售额	批发额	零售额	其中:通过公共网络实现的商品零售额	其中:通过非自营平台实现的零售额	期末商品库存额	年末零售营业面积(平方米)
351192.0	**7889758.9**	**1214148.0**	**10739.6**	**8685.7**	**361662.6**	**778120.0**
11648.7	7776504.4	48329.6			230009.6	29883.0
	47887.6				75074.8	
	38574.5				70658.9	
	4499.7				2418.9	
	4813.4				1997.0	
2303.4	478250.5	39974.3			22268.6	16780.0
	9170.6				962.2	
	2514.1				720.1	300.0
	157826.0	36962.3			608.9	13000.0
	3761.3				329.3	
	4749.1				693.5	
2303.4	6805.3	2908.3			1196.9	600.0
	290298.1	103.7			16501.4	2880.0
	3126.0				1256.3	
	3154.2	40.9			708.2	1500.0
	3154.2	40.9			708.2	1500.0
34.9	115459.6	5176.1			11504.1	3543.0
34.9	108615.7	5176.1			10913.4	3543.0
	2374.5				347.8	
	4469.4				242.9	
9310.4	7076246.8	3118.3			105783.9	8010.0
725.3	934378.3	844.8			82278.9	210.0
25.5	101715.7	2273.5			3859.3	7800.0
3900.0	6019149.9				19504.6	
	5392.2				69.1	
4659.6	7659.6				60.0	
	7951.1				12.0	
	55505.7	20.0			14670.0	50.0
	9546.7				1594.8	
	5930.8				55.0	

6-2 续 1

指标名称	法人企业数（个）	从业人员期末人数（人）	商品购进额	商品销售额	其中:通过公共网络实现的销售额	其中:通过非自营平台实现的商品销售额
计算机、软件及辅助设备批发	1	33	1162.0	1229.7		
其他机械设备及电子产品批发	9	611	32116.6	38818.5		
2.按登记注册类型分						
内资企业	119	5536	6816038.1	7824834.0		
国有企业	9	1187	230686.5	347801.3		
集体企业	2	500	82344.4	81982.3		
有限责任公司	15	1125	5388590.0	6138201.3		
国有独资公司	2	94	109522.2	112330.6		
其他有限责任公司	13	1031	5279067.8	6025870.7		
股份有限公司	2	125	27449.5	35315.6		
私营企业	91	2599	1086967.7	1221533.5		
私营有限责任公司	91	2599	1086967.7	1221533.5		
3.按控股情况分						
国有控股	23	2245	5512713.1	6385432.9		
集体控股	5	692	216357.3	217867.6		
私人控股	91	2599	1086967.7	1221533.5		
4.按经营形式分						
独立门店	117	4766	6617615.8	7529931.2		
连锁总店	2	770	198422.3	294902.8		
5.按单位规模分						
大型	3	1392	4527010.0	5356216.8		
中型	35	2462	1826802.8	1976622.5		
小型	67	1546	437849.9	460664.0		
微型	14	136	24375.4	31330.7		
二、零售业	201	12242	1147554.2	1279072.9	10739.6	8685.7
1.按零售行业小类分						
综合零售	45	4565	174783.2	195292.4	80.3	
百货零售	19	1678	57813.4	77853.0		
超级市场零售	26	2887	116969.8	117439.4	80.3	
食品、饮料及烟草制品专门零售	4	114	4118.1	6141.0	1797.0	1407.0
粮油零售	2	50	2725.2	3684.6	922.0	922.0
果品、蔬菜零售	1	59	717.9	1096.4		

单位:万元

其中:使用银行卡支付的商品销售额	批发额	零售额	其中:通过公共网络实现的商品零售额	其中:通过非自营平台实现的零售额	期末商品库存额	年末零售营业面积(平方米)
	1229.7				785.9	50.0
	38798.5	20.0			12234.3	
11648.7	7776504.4	48329.6			230009.6	29883.0
	347544.6	256.7			91782.3	5280.0
	81982.3				694.2	
3900.0	6101239.0	36962.3			29878.6	13000.0
	112330.6				10193.3	
3900.0	5988908.4	36962.3			19685.3	13000.0
34.9	30701.9	4613.7			2622.3	90.0
7713.8	1215036.6	6496.9			105032.2	11513.0
7713.8	1215036.6	6496.9			105032.2	11513.0
3934.9	6343600.2	41832.7			120624.7	18370.0
	217867.6				4352.7	
7713.8	1215036.6	6496.9			105032.2	11513.0
9345.3	7483499.4	46431.8			212381.2	26903.0
2303.4	293005.0	1897.8			17628.4	2980.0
	5356113.1	103.7			25518.2	2880.0
34.9	1931498.8	45123.7			156400.2	22153.0
10888.5	457561.8	3102.2			42970.0	4850.0
725.3	31330.7				5121.2	
339543.3	113254.5	1165818.4	10739.6	8685.7	131653.0	748237.0
26520.5		195292.4	80.3		19301.5	280370.0
15433.0		77853.0			6444.5	136917.0
11087.5		117439.4	80.3		12857.0	143453.0
1435.0		6141.0	1797.0	1407.0	929.4	1711.0
75.0		3684.6	922.0	922.0	783.8	311.0
		1096.4			20.6	600.0

6-2 续 2

指标名称	法人企业数（个）	从业人员期末人数（人）	商品购进额	商品销售额	其中：通过公共网络实现的销售额	其中：通过非自营平台实现的商品销售额
其他食品零售	1	5	675.0	1360.0	875.0	485.0
纺织、服装及日用品专门零售	6	291	4637.7	8792.8	1.0	1.0
纺织品及针织品零售	1	33	821.3	996.2		
服装零售	4	244	3019.7	6924.8		
鞋帽零售	1	14	796.7	871.8	1.0	1.0
文化、体育用品及器材专门零售	12	299	19979.4	21393.3		
图书、报刊零售	12	299	19979.4	21393.3		
医药及医疗器材专门零售	10	1003	18369.0	19327.2	4229.8	4229.8
药品零售	10	1003	18369.0	19327.2	4229.8	4229.8
汽车、摩托车、燃料及零配件专门零售	90	4834	858448.0	943632.0	3.6	
汽车零售	64	3419	582066.4	651239.7	3.6	
机动车燃料零售	26	1415	276381.6	292392.3		
家用电器及电子产品专门零售	26	694	59565.2	64790.7	1581.0	1.0
家用视听设备零售	5	110	8943.9	7613.5		
日用家电设备零售	13	355	33921.4	35252.8	1580.0	
计算机、软件及辅助设备零售	5	107	10987.6	13953.8	1.0	1.0
通信设备零售	3	122	5712.3	7970.6		
五金、家具及室内装饰材料专门零售	5	378	4254.5	16139.1		
五金零售	1	49	302.2	363.3		
家具零售	3	306	2267.1	13698.8		
陶瓷、石材装饰材料零售	1	23	1685.2	2077.0		
货摊、无店铺及其他零售业	3	64	3399.1	3564.4	3046.9	3046.9
互联网零售	2	57	2829.4	3046.9	3046.9	3046.9
生活用燃料零售	1	7	569.7	517.5		
2.按登记注册类型分						
内资企业	200	12082	1146974.7	1278275.1	10739.6	8685.7
国有企业	5	162	8577.0	10006.9		
有限责任公司	31	1718	131679.4	148512.7	3.6	
国有独资公司	1	36	1132.4	1415.6		
其他有限责任公司	30	1682	130547.0	147097.1	3.6	
股份有限公司	2	895	241486.4	252193.6		
私营企业	162	9307	765231.9	867561.9	10736.0	8685.7

单位:万元

其中:使用银行卡支付的商品销售额	批发额	零售额	其中:通过公共网络实现的商品零售额	其中:通过非自营平台实现的零售额	期末商品库存额	年末零售营业面积(平方米)
1360.0		1360.0	875.0	485.0	125.0	800.0
180.7		8792.8	1.0	1.0	1811.5	9350.0
		996.2			158.7	350.0
36.5		6924.8			727.8	8700.0
144.2		871.8	1.0	1.0	925.0	300.0
		21393.3			4372.6	7815.0
		21393.3			4372.6	7815.0
493.7	180.0	19147.2	4229.8	4229.8	4330.8	12753.0
493.7	180.0	19147.2	4229.8	4229.8	4330.8	12753.0
294285.5	107611.7	836020.3	3.6		81104.5	299542.0
248202.9	44886.0	606353.7	3.6		75157.4	141299.0
46082.6	62725.7	229666.6			5947.1	158243.0
16567.9	5462.8	59327.9	1581.0	1.0	18589.9	35776.0
958.3		7613.5			9060.4	3020.0
13273.3	5372.8	29880.0	1580.0		6702.8	29446.0
973.4	90.0	13863.8	1.0	1.0	466.0	1540.0
1362.9		7970.6			2360.7	1770.0
		16139.1			394.8	99600.0
		363.3			26.8	800.0
		13698.8			311.1	98000.0
		2077.0			56.9	800.0
60.0		3564.4	3046.9	3046.9	818.0	1320.0
60.0		3046.9	3046.9	3046.9	716.5	320.0
		517.5			101.5	1000.0
339543.3	113254.5	1165020.6	10739.6	8685.7	131557.5	728237.0
712.3	180.0	9826.9			1977.6	14450.0
64201.8	711.8	147800.9	3.6		20276.4	123261.0
		1415.6			145.0	2000.0
64201.8	711.8	146385.3	3.6		20131.4	121261.0
44966.8	60972.7	191220.9			2230.5	92031.0
229662.4	51390	816171.9	10736	8685.7	107073	498495

6-2 续 3

指标名称	法人企业数（个）	从业人员期末人数(人)	商品购进额	商品销售额	其中:通过公共网络实现的销售额	其中:通过非自营平台实现的商品销售额
私营独资企业	7	61	3814.9	4768.4		
私营合伙企业	2	65	2720.4	2699.1		
私营有限责任公司	152	8962	758013.4	859230.4	10736.0	8685.7
私营股份有限公司	1	219	683.2	864.0		
外商投资企业	1	160	579.5	797.8		
中外合资经营企业	1	160	579.5	797.8		
3.按控股情况分						
国有控股	27	1645	281530.7	296147.0		
集体控股	11	1130	100212.1	114566.2	3.6	
私人控股	162	9307	765231.9	867561.9	10736.0	8685.7
外商控股	1	160	579.5	797.8		
4.按经营形式分						
独立门店	187	9524	814344.0	935357.6	5554.5	3970.9
连锁总店	11	2630	328866.8	338564.7	4310.1	4229.8
连锁门店	3	88	4343.4	5150.6	875.0	485.0
5.按单位规模分						
大型	5	2071	333046.9	349076.9	80.3	
中型	64	6870	545971.8	621682.9	4233.4	4229.8
小型	108	2927	248215.9	286518.5	5549.9	3969.9
微型	24	374	20319.6	21794.6	876.0	486.0
6.按零售业态分						
有店铺零售	197	12150	1143294.8	1273663.7	5895.7	4231.8
超市	22	1788	41956.1	43911.6	4229.8	4229.8
大型超市	6	1200	83335.4	81310.6	80.3	
百货店	20	1770	57990.9	78109.7		
专业店	83	3723	386866.0	415781.2	1581.0	1.0
专卖店	62	3314	570292.7	639778.3	4.6	1.0
家居建材商店	3	239	2264.7	13961.8		
购物中心	1	116	589.0	810.5		
无店铺零售	4	92	4259.4	5409.2	4843.9	4453.9
网上商店	4	92	4259.4	5409.2	4843.9	4453.9

单位:万元

其中:使用银行卡支付的商品销售额	批发额	零售额	其中:通过公共网络实现的商品零售额	其中:通过非自营平台实现的零售额	期末商品库存额	年末零售营业面积(平方米)
56.7		4768.4			643.7	4974.0
		2699.1			227.1	5000.0
229605.7	51390.0	807840.4	10736.0	8685.7	106003.1	482721.0
		864.0			199.1	5800.0
		797.8			95.5	20000.0
		797.8			95.5	20000.0
46924.4	61864.5	234282.5			10235.6	128044.0
62956.5		114566.2	3.6		14248.9	101698.0
229662.4	51390.0	816171.9	10736.0	8685.7	107073.0	498495.0
		797.8			95.5	20000.0
283463.7	52281.8	883075.8	5554.5	3970.9	114942.8	587073.0
54683.1	60972.7	277592.0	4310.1	4229.8	15759.0	155464.0
1396.5		5150.6	875.0	485.0	951.2	5700.0
75097.8	60972.7	288104.2	80.3		13732.0	133251.0
172198.3	44379.3	577303.6	4233.4	4229.8	64928.0	353388.0
89889.5	7812.5	278706.0	5549.9	3969.9	47963.4	213514.0
2357.7	90.0	21704.6	876.0	486.0	5029.6	48084.0
338048.3	113254.5	1160409.2	5895.7	4231.8	130767.4	746917.0
2892.3		43911.6	4229.8	4229.8	6264.1	60318.0
8195.2		81310.6	80.3		7754.5	85000.0
15433.0		78109.7			6568.8	140237.0
66739.0	68278.5	347502.7	1581.0	1.0	35279.1	250294.0
244788.8	44976.0	594802.3	4.6	1.0	74499.2	130268.0
		13961.8			152.4	78800.0
		810.5			249.3	2000.0
1495.0		5409.2	4843.9	4453.9	885.6	1320.0
1495.0		5409.2	4843.9	4453.9	885.6	1320.0

6-3 限额以上批发和零

指标名称	销售额	零售额
总　计	**86351910**	**12078458**
其中:通过公共网络实现的商品销售	122726	122726
1、粮油、食品类	3263314	1063175
其中:粮油类	919316	325649
肉禽蛋类	233447	96000
水产品类	45965	45950
蔬菜类	1507789	343589
干鲜果品类	347344	138123
2、饮料类	178525	132495
3、烟酒类	3223794	265232
4、服装、鞋帽、针纺织品类	908504	908504
其中:服装类	589933	589933
鞋帽类	158913	158913
针纺织品类	159658	159658
5、化妆品类	55531	55531
6、金银珠宝类	63865	63865
7、日用品类	154408	154408
其中:儿童玩具类	16609	16609
8、五金、电料类	24697	22642
9、体育、娱乐用品类	6496	6496
其中:照相机类	56	50
10、书报杂志类	211813	211813

售业商品销售额

单位:千元

指标名称	销售额	零售额
11、电子出版物及音像制品类	6624	6624
12、家用电器和音像器材类	477107	407279
13、中西药品类	927821	177244
其中:西药类	841674	147255
中草药及中成药类	50516	22987
14、文化办公用品类	161911	147015
其中:计算机及其配套产品	151426	136530
15、家具类	150350	150350
16、通讯器材类	114323	98679
17、煤炭及制品类	7887311	
18、木材及制品类	5067	
19、石油及制品类	3841905	2168466
20、化工材料及制品类	4347908	
其中:化肥类	76596	
21、金属材料类	53057793	
22、建筑及装潢材料类	56685	30980
23、机电产品及设备类	544031	
其中:农机类	95467	
24、汽车类	6492484	5997812
25、种子饲料类	44997	
26、棉麻类		
27、其他类	144646	9848

6-4 限额以上批发零售

指标名称	法人企业数（个）	执行《2006年企业会计准则》企业数(个)	年初存货	流动资产合计	应收账款
总　计	**320**	**239**	**354073.8**	**1600024.5**	**344361.6**
一、批发业	119	95	222087.8	1204629.6	282823.9
1.按批发行业小类分					
农、林、牧产品批发	6	5	95092.8	103359.0	5474.3
谷物、豆及薯类批发	4	4	89686.2	88195.1	923.1
种子批发	1	1	3432.5	8979.8	507.8
其他农牧产品批发	1		1974.1	6184.1	4043.4
食品、饮料及烟草制品批发	10	7	21256.8	88378.3	9597.2
米、面制品及食用油批发	1		699.6	2890.2	1371.5
糕点、糖果及糖批发	1		532.4	2294.2	914.4
果品、蔬菜批发	1	1	59.8	2240.9	10.1
肉、禽、蛋、奶及水产品批发	1		143.5	1301.4	454.4
盐及调味品批发	1	1	340.9	1144.6	101.6
酒、饮料及茶叶批发	3	3	323.8	2659.0	947.6
烟草制品批发	1	1	17900.5	72872.5	5374.3
其他食品批发	1	1	1256.3	2975.5	423.3
纺织、服装及家庭用品批发	1	1	775.0	830.5	38.0
家用电器批发	1	1	775.0	830.5	38.0
医药及医疗器材批发	11	9	13495.6	98165.7	46117.9
西药批发	9	7	12946.4	92439.9	43962.1
中药批发	1	1	344.6	4860.4	1561.2
医疗用品及器材批发	1	1	204.6	865.4	594.6
矿产品、建材及化工产品批发	79	63	77354.4	809982.5	170878.1
煤炭及制品批发	51	40	49242.1	551508.6	120978.1
石油及制品批发	5	3	2539.6	14791.8	2387.6
金属及金属矿批发	19	17	25421.5	236379.7	45383.3
建材批发	2	1	139.2	1907.4	1492.4
化肥批发	1	1		1436.0	623.9
其他化工产品批发	1	1	12.0	3959.0	12.8
机械设备、五金产品及电子产品批发	12	10	14113.2	103913.6	50718.4
农业机械批发	1	1	1594.8	2665.0	1224.6
汽车批发	1	1	150.0	965.5	77.0

业法人企业财务状况

单位:万元

存货	固定资产合计	固定资产原价	累计折旧	本年折旧	在建工程	资产总计
357747.8	**208327.9**	**342072.1**	**134341.6**	**21621.4**	**23768.1**	**2168966.1**
229889.8	93284.2	156179.5	62998.7	6652.6	10648.0	1559063.5
75204.3	19237.8	29948.8	10711.0	170.7	2492.9	127912.1
70695.3	12696.1	21857.4	9161.3	6.1	2448.7	103538.8
2418.9	4344.0	5035.5	691.5	74.5	0.5	15684.8
2090.1	2197.7	3055.9	858.2	90.1	43.7	8688.5
18363.7	17892.9	34090.2	16197.4	1987.4	2543.9	139894.7
704.7	67.8	286.9	219.1	25.9		2958.0
720.1	0.8	0.8				2295.1
74.7	1196.8	1464.4	267.6		156.7	27152.7
329.3	63.0	71.9	9.0	9.0		1364.4
703.9	348.7	348.7				1699.3
470.9	222.4	263.9	41.5	7.8	4.0	2885.4
14103.8	15637.0	31091.3	15454.3	1894.1	2383.2	98197.8
1256.3	356.4	562.3	205.9	50.6		3342.0
792.5	15.6	15.6				846.1
792.5	15.6	15.6				846.1
10581.6	2664.0	4139.6	1475.6	135.8	532.1	138187.3
10076.7	2535.4	3923.8	1388.4	126.4	532.1	132332.8
297.3	4.3	24.1	19.8	1.3		4864.8
207.6	124.3	191.7	67.4	8.1		989.7
110869.4	49612.1	81779.5	32270.7	4100.3	5062.8	1021436.5
80984.3	32033.8	51178.7	19248.2	1915.3	3942.0	654662.2
4020.8	3013.7	5462.6	2448.9	210.9	902.8	21479.8
24971.1	14533.8	25007.7	10473.9	1964.6	218.0	337835.2
69.1	1.2	2.6	1.4			1908.6
812.1	23.0	50.0	27.0	5.0		1459.0
12.0	6.6	77.9	71.3	4.5		4091.7
14078.3	3861.8	6205.8	2344.0	258.4	16.3	130786.8
869.0	581.5	1154.4	572.9	72.1	11.5	3258.0
260.3	1.5	19.1	17.6			1175.7

6-4 续 1

指标名称	法人企业数（个）	执行《2006年企业会计准则》企业数(个)	年初存货	流动资产合计	应收账款
计算机、软件及辅助设备批发	1	1	620.4	1461.0	564.4
其他机械设备及电子产品批发	9	7	11748.0	98822.1	48852.4
2.按登记注册类型分					
内资企业	119	95	222087.8	1204629.6	282823.9
国有企业	9	8	111984.1	171920.5	12265.6
集体企业	2	2	2754.3	13235.6	1495.8
有限责任公司	15	15	22517.9	249598.7	46844.8
国有独资公司	2	2	829.6	36786.4	9677.1
其他有限责任公司	13	13	21688.3	212812.3	37167.7
股份有限公司	2	2	4290.0	22185.8	9627.0
私营企业	91	68	80541.5	747689.0	212590.7
私营有限责任公司	91	68	80541.5	747689.0	212590.7
3.按控股情况分					
国有控股	23	22	135340.5	417447.8	66845.7
集体控股	5	5	6205.8	39492.8	3387.5
私人控股	91	68	80541.5	747689.0	212590.7
4.按经营形式分					
独立门店	117	93	203863.5	1129925.4	277197.9
连锁总店	2	2	18224.3	74704.2	5626.0
5.按单位规模分					
大型	3	3	30183.9	182528.7	22578.2
中型	35	28	146022.3	641035.9	142243.6
小型	67	52	40205.9	317875.1	97761.6
微型	14	12	5675.7	63189.9	20240.5
二、零售业	201	144	131986.0	395394.9	61537.7
1.按零售行业小类分					
综合零售	45	26	15955.3	71423.7	12944.7
百货零售	19	14	4931.2	30594.8	11039.8
超级市场零售	26	12	11024.1	40828.9	1904.9
食品、饮料及烟草制品专门零售	4	3	779.5	6876.2	2308.2
粮油零售	2	1	698.6	1703.7	92.4
果品、蔬菜零售	1	1	54.7	2365.4	2213.1

单位:万元

存货	固定资产合计	固定资产原价	累计折旧	本年折旧	在建工程	资产总计
785.9	11.8	58.1	46.3	3.6		1472.8
12163.1	3267.0	4974.2	1707.2	182.7	4.8	124880.3
229889.8	93284.2	156179.5	62998.7	6652.6	10648.0	1559063.5
88779.0	31416.9	57585.9	26169.0	2080.9	4887.1	215991.5
4609.6	8664.9	10703.9	2039.0	406.7	218.0	30170.8
28209.3	15036.3	29948.0	14911.7	2056.7	2979.8	365462.4
8772.3	1117.8	2392.5	1274.7	49.0		40458.7
19437.0	13918.5	27555.5	13637.0	2007.7	2979.8	325003.7
4453.0	5837.8	6704.8	867.0	85.6	0.5	31796.6
103838.9	32328.3	51236.9	19012.0	2022.7	2562.6	915642.2
103838.9	32328.3	51236.9	19012.0	2022.7	2562.6	915642.2
117430.5	47525.4	82812.6	35287.2	2787.6	7867.4	581527.7
8620.4	13430.5	22130.0	8699.5	1842.3	218.0	61893.6
103838.9	32328.3	51236.9	19012.0	2022.7	2562.6	915642.2
215446.5	77629.8	125070.8	47544.4	4758.5	8264.8	1459016.6
14443.3	15654.4	31108.7	15454.3	1894.1	2383.2	100046.9
27025.6	24352.8	43060.5	18707.7	2364.7	2601.2	267638.8
157437.8	39827.5	71574.9	31763.6	3146.5	4408.1	845782.2
41082.9	28062.9	39877.5	11814.7	940.3	3638.7	372324.5
4343.5	1041.0	1666.6	712.7	201.1		73318.0
127858.0	115043.7	185892.6	71342.9	14968.8	13120.1	609902.6
17968.4	32500.5	48368.8	16104.4	1996.1	1856.5	145949.1
3751.6	20268.0	29329.1	9201.4	995.4	1058.5	58083.3
14216.8	12232.5	19039.7	6903.0	1000.7	798.0	87865.8
830.6	438.5	572.2	133.7	22.3	2972.1	10376.0
783.8	413.0	543.3	130.3	18.9	362.1	2566.0
20.6	2.0	3.4	1.4	1.4	2610.0	4977.4

6-4 续 2

指标名称	法人企业数（个）	执行《2006年企业会计准则》企业数(个）	年初存货	流动资产合计	应收账款
其他食品零售	1	1	26.2	2807.1	2.7
纺织、服装及日用品专门零售	6	3	1900.9	4710.8	928.8
纺织品及针织品零售	1	1	402.4	671.2	80.7
服装零售	4	2	573.5	1218.5	318.8
鞋帽零售	1		925.0	2821.1	529.3
文化、体育用品及器材专门零售	12	10	3348.1	12239.9	-603.1
图书、报刊零售	12	10	3348.1	12239.9	-603.1
医药及医疗器材专门零售	10	7	5601.6	11243.5	1406.7
药品零售	10	7	5601.6	11243.5	1406.7
汽车、摩托车、燃料及零配件专门零售	90	71	94304.0	252832.1	30497.4
汽车零售	64	50	69894.2	213850.9	24778.2
机动车燃料零售	26	21	24409.8	38981.2	5719.2
家用电器及电子产品专门零售	26	17	8957.7	28292.2	10185.1
家用视听设备零售	5	4	589.7	1640.5	400.1
日用家电设备零售	13	9	5996.8	15521.6	6109.9
计算机、软件及辅助设备零售	5	3	484.0	5013.0	1829.3
通信设备零售	3	1	1887.2	6117.1	1845.8
五金、家具及室内装饰材料专门零售	5	4	354.1	5918.8	3155.9
五金零售	1	1	198.5	498.2	101.0
家具零售	3	2	98.7	5163.9	3054.9
陶瓷、石材装饰材料零售	1	1	56.9	256.7	
货摊、无店铺及其他零售业	3	3	784.8	1857.7	714.0
互联网零售	2	2	733.1	1740.1	710.5
生活用燃料零售	1	1	51.7	117.6	3.5
2.按登记注册类型分					
内资企业	200	143	131890.5	394728.0	61537.7
国有企业	5	4	517.1	2345.8	303.9
有限责任公司	31	24	19562.2	50581.2	7109.0
国有独资公司	1	1	160.0	168.0	8.0
其他有限责任公司	30	23	19402.2	50413.2	7101.0
股份有限公司	2	2	20777.2	17340.8	202.1
私营企业	162	113	91034.0	324460.2	53922.7

单位:万元

存货	固定资产合计	固定资产原价	累计折旧	本年折旧	在建工程	资产总计
26.2	23.5	25.5	2.0	2.0		2832.6
1899.6	315.4	867.8	552.4	11.6		5153.1
468.7						671.2
332.8	249.1	457.4	208.3	0.8		1557.3
1098.1	66.3	410.4	344.1	10.8		2924.6
2833.1	4426.8	8950.1	4523.3	377.2		17669.5
2833.1	4426.8	8950.1	4523.3	377.2		17669.5
6004.4	632.2	1362.5	730.3	67.0	281.0	14212.4
6004.4	632.2	1362.5	730.3	67.0	281.0	14212.4
88143.5	70244.2	115804.1	45782.1	11848.5	7974.8	368968.9
70440.3	24347.6	41707.6	17582.2	4130.0	3719.9	250059.4
17703.2	45896.6	74096.5	28199.9	7718.5	4254.9	118909.5
8849.6	2219.6	3585.5	1365.9	330.1		32065.2
670.8	133.9	163.9	30.0	10.5		1782.8
5196.2	434.7	558.5	123.8	18.3		16657.2
911.6	1087.5	1681.4	593.9	132.5		6233.9
2071.0	563.5	1181.7	618.2	168.8		7391.3
400.3	3799.2	5843.6	2080.1	279.0	35.7	13120.3
53.6	271.0	502.0	231.0			769.2
98.7	3521.1	5334.5	1849.1	279.0	35.7	12087.3
248.0	7.1	7.1				263.8
928.5	467.3	538.0	70.7	37.0		2388.1
876.8	394.2	453.2	59.0	37.0		2197.4
51.7	73.1	84.8	11.7			190.7
127762.5	114719.0	185244.8	70984.1	14948.6	13084.4	608911.0
171.6	2732.8	3271.3	538.5	149.4	601.8	6063.6
17805.4	23112.5	38744.7	15772.5	1174.4	1832.2	78709.8
160.0	110.5	110.5				278.5
17645.4	23002.0	38634.2	15772.5	1174.4	1832.2	78431.3
14196.1	36917.5	59651.8	22734.3	7164.1	2508.6	84372.7
95589.4	51956.2	83577.0	31938.8	6460.7	8141.8	439764.9

6-4 续 3

指标名称	法人企业数（个）	执行《2006年企业会计准则》企业数(个)	年初存货	流动资产合计	应收账款
私营独资企业	7	6	658.8	1426.3	250.1
私营合伙企业	2	1	241.6	816.2	391.8
私营有限责任公司	152	105	90025.6	317888.6	53280.8
私营股份有限公司	1	1	108.0	4329.1	
外商投资企业	1	1	95.5	666.9	
中外合资经营企业	1	1	95.5	666.9	
3.按控股情况分					
国有控股	27	23	26369.4	40986.9	2871.1
集体控股	11	7	14487.1	29280.9	4743.9
私人控股	162	113	91034.0	324460.2	53922.7
外商控股	1	1	95.5	666.9	
4.按经营形式分					
独立门店	187	136	97228.5	339892.5	60109.9
连锁总店	11	7	34125.3	51745.5	1312.0
连锁门店	3	1	632.2	3756.9	115.8
5.按单位规模分					
大型	5	3	34376.7	56201.1	686.4
中型	64	46	65339.4	210303.1	33652.3
小型	108	75	28421.4	112957.2	25902.7
微型	24	20	3848.5	15933.5	1296.3
6.按零售业态分					
有店铺零售	197	141	131181.6	390163.4	60740.9
超市	22	12	8332.3	22152.7	997.6
大型超市	6	2	6352.2	25318.3	1004.8
百货店	20	15	5282.2	31300.3	11163.1
专业店	83	58	41741.4	98050.6	21891.7
专卖店	62	51	69071.8	207719.8	22445.4
家居建材商店	3	3	152.4	5268.8	3054.9
购物中心	1		249.3	352.9	183.4
无店铺零售	4	3	804.4	5231.5	796.8
网上商店	4	3	804.4	5231.5	796.8

单位:万元

存货	固定资产合计	固定资产原价	累计折旧	本年折旧	在建工程	资产总计
635.3	764.8	1278.2	513.4	70.0		2415.2
227.1	678.9	903.2	224.3	5.0		2064.0
92868.8	50512.5	81395.6	31201.1	6385.7	8141.8	429367.4
1858.2						5918.3
95.5	324.7	647.8	358.8	20.2	35.7	991.6
95.5	324.7	647.8	358.8	20.2	35.7	991.6
19027.6	47157.4	77308.7	30151.3	7864.6	3982.9	121199.6
13145.5	15605.4	24359.1	8894.0	623.3	959.7	47946.5
95589.4	51956.2	83577.0	31938.8	6460.7	8141.8	439764.9
95.5	324.7	647.8	358.8	20.2	35.7	991.6
98996.2	69607.0	111011.8	41895.7	6805.7	10608.5	446046.1
28093.1	45351.8	74514.3	29165.6	8122.7	2511.6	159946.6
768.7	84.9	366.5	281.6	40.4		3909.9
27725.6	45005.2	73161.3	28159.2	7922.4	2511.6	162531.3
64954.6	44281.1	70918.7	26975.7	4901.3	4161.8	279434.6
31351.1	21842.7	36357.2	14631.6	1933.8	6011.9	147399.0
3826.7	3914.7	5455.4	1576.4	211.3	434.8	20537.7
126910.9	114248.2	184990.9	71236.7	14910.9	12758.0	603361.2
10650.7	4759.1	6533.4	1867.0	283.0	795.0	31703.3
7340.8	7835.0	13327.0	5495.1	758.9	3.0	63932.1
3805.2	20576.6	29886.8	9450.5	995.4	1058.5	58969.4
36139.9	57171.7	94025.8	36854.1	8753.0	10344.5	201953.0
68506.5	23506.3	40344.5	17060.4	4094.5	521.3	238897.9
343.5	350.0	689.9	375.6	26.1	35.7	7463.1
124.3	49.5	183.5	134.0			442.4
947.1	795.5	901.7	106.2	57.9	362.1	6541.4
947.1	795.5	901.7	106.2	57.9	362.1	6541.4

6-4 续 4

指标名称	流动负债合计	应付账款	非流动负债合计	负债合计	所有者权益合计
总　计	**1427650.3**	**446739.8**	**73918.5**	**1493626.6**	**675339.5**
一、批发业	1005524.6	359419.0	59372.2	1064896.8	494166.7
1.按批发行业小类分					
农、林、牧产品批发	90245.5	381.1	2900.8	93146.3	34765.8
谷物、豆及薯类批发	83916.5	178.6	2336.4	86252.9	17285.9
种子批发	1423.2	126.3	564.4	1987.6	13697.2
其他农牧产品批发	4905.8	76.2		4905.8	3782.7
食品、饮料及烟草制品批发	32075.2	18899.4	7967.5	40042.7	99852.0
米、面制品及食用油批发	2437.8	31.9		2437.8	520.2
糕点、糖果及糖批发	2195.8	1232.1		2195.8	99.3
果品、蔬菜批发	5589.8	14.4	7814.6	13404.4	13748.3
肉、禽、蛋、奶及水产品批发	1192.1	939.5		1192.1	172.3
盐及调味品批发	947.4	792.4	72.9	1020.3	679.0
酒、饮料及茶叶批发	1945.3	1810.1	80.0	2025.3	860.1
烟草制品批发	16650.6	13767.7		16650.6	81547.2
其他食品批发	1116.4	311.3		1116.4	2225.6
纺织、服装及家庭用品批发	346.1	298.8		346.1	500.0
家用电器批发	346.1	298.8		346.1	500.0
医药及医疗器材批发	127703.1	67952.9	3240.7	130943.8	7243.5
西药批发	121463.3	65505.4	3167.0	124630.3	7702.5
中药批发	5430.1	1784.7		5430.1	-565.3
医疗用品及器材批发	809.7	662.8	73.7	883.4	106.3
矿产品、建材及化工产品批发	656629.8	237783.7	45263.2	701893.0	319543.5
煤炭及制品批发	496053.3	190338.9	45263.2	541316.5	113345.7
石油及制品批发	17153.7	2083.4		17153.7	4326.1
金属及金属矿批发	140307.3	43243.2		140307.3	197527.9
建材批发	975.2	950.0		975.2	933.4
化肥批发	859.0	859.0		859.0	600.0
其他化工产品批发	1281.3	309.2		1281.3	2810.4
机械设备、五金产品及电子产品批发	98524.9	34103.1		98524.9	32261.9
农业机械批发	3069.4	523.7		3069.4	188.6
汽车批发	728.6	726.8		728.6	447.1

单位:万元

实收资本	国家资本	集体资本	法人资本	个人资本	港澳台资本	外商资本
449214.9	**89730.1**	**18647.5**	**171884.0**	**168456.4**		**496.9**
331335.7	87627.3	13026.9	116406.5	114275.0		
21264.0	16364.0			4900.0		
11144.0	11144.0					
10000.0	5100.0			4900.0		
120.0	120.0					
4686.1	2552.1	534.0	300.0	1300.0		
520.0				520.0		
100.0				100.0		
1000.0	800.0	200.0				
100.0			100.0			
359.0	25.0	334.0				
830.0			200.0	630.0		
1727.1	1727.1					
50.0				50.0		
500.0				500.0		
500.0				500.0		
11311.6	703.0	144.0	1144.6	9320.0		
10911.6	703.0	144.0	1144.6	8920.0		
300.0				300.0		
100.0				100.0		
267073.4	64757.7	12348.9	98614.8	91352.0		
114895.1	4581.7	7500.0	38254.8	64558.6		
6723.4			300.0	6423.4		
143354.9	60176.0	4848.9	58460.0	19870.0		
1000.0			500.0	500.0		
600.0			600.0			
500.0			500.0			
26500.6	3250.5		16347.1	6903.0		
500.5	500.5					
447.1			447.1			

6-4 续 5

指标名称	流动负债合计	应付账款	非流动负债合计	负债合计	所有者权益合计
计算机、软件及辅助设备批发	944.5	616.6		944.5	528.3
其他机械设备及电子产品批发	93782.4	32236.0		93782.4	31097.9
2.按登记注册类型分					
内资企业	1005524.6	359419.0	59372.2	1064896.8	494166.7
国有企业	110522.7	14709.1	2336.4	112859.1	103132.4
集体企业	7989.3	5067.2	72.9	8062.2	22108.6
有限责任公司	139583.0	47961.3	51685.7	191268.7	174193.7
国有独资公司	10731.2	4362.1	16000.0	26731.2	13727.5
其他有限责任公司	128851.8	43599.2	35685.7	164537.5	160466.2
股份有限公司	15163.5	11400.9	564.4	15727.9	16068.7
私营企业	732266.1	280280.5	4712.8	736978.9	178663.3
私营有限责任公司	732266.1	280280.5	4712.8	736978.9	178663.3
3.按控股情况分					
国有控股	247546.2	69457.8	54586.5	302132.7	279395.0
集体控股	25712.3	9680.7	72.9	25785.2	36108.4
私人控股	732266.1	280280.5	4712.8	736978.9	178663.3
4.按经营形式分					
独立门店	987637.8	344538.5	59372.2	1047010.0	412006.6
连锁总店	17886.8	14880.5		17886.8	82160.1
5.按单位规模分					
大型	94757.5	44420.7		94757.5	172881.3
中型	603309.8	212715.7	43889.3	647199.1	198583.1
小型	262059.7	86935.9	15332.9	277392.6	94931.9
微型	45397.6	15346.7	150.0	45547.6	27770.4
二、零售业	422125.7	87320.8	14546.3	428729.8	181172.8
1.按零售行业小类分					
综合零售	112403.9	24866.9	5181.9	115032.1	30917.0
百货零售	39569.7	7858.7	5057.8	42073.8	16009.5
超级市场零售	72834.2	17008.2	124.1	72958.3	14907.5
食品、饮料及烟草制品专门零售	3243.5	1773.7	2480.7	5724.2	4651.8
粮油零售	1010.6	711.7	28.7	1039.3	1526.7
果品、蔬菜零售	2216.4	1061.7	2449.0	4665.4	312.0

单位:万元

实收资本	国家资本	集体资本	法人资本	个人资本	港澳台资本	外商资本
500.0				500.0		
25053.0	2750.0		15900.0	6403.0		
331335.7	87627.3	13026.9	116406.5	114275.0		
13506.4	13504.6	1.0	0.8			
4559.0	25.0	4534.0				
133946.6	68297.7	3848.9	61000.0	800.0		
3100.0	1100.0		2000.0			
130846.6	67197.7	3848.9	59000.0	800.0		
11000.0	5800.0			5200.0		
168323.7		4643.0	55405.7	108275.0		
168323.7		4643.0	55405.7	108275.0		
153804.1	87602.3	201.0	60000.8	6000.0		
9207.9	25.0	8182.9	1000.0			
168323.7		4643.0	55405.7	108275.0		
329008.6	85900.2	13026.9	116406.5	113675.0		
2327.1	1727.1			600.0		
55927.1	1727.1	4200.0	50000.0			
166629.0	76334.9	5491.9	28768.8	56033.4		
87812.6	9457.6	3335.0	24607.7	50412.3		
20967.0	107.7		13030.0	7829.3		
117879.2	2102.8	5620.6	55477.5	54181.4		496.9
28125.6	487.9	1938.8	5571.0	20127.9		
16383.8	487.9	1938.8	2154.5	11802.6		
11741.8			3416.5	8325.3		
4743.1			3613.1	1130.0		
1430.0			300.0	1130.0		
500.0			500.0			

6-4 续 6

指标名称	流动负债合计	应付账款	非流动负债合计	负债合计	所有者权益合计
其他食品零售	16.5	0.3	3.0	19.5	2813.1
纺织、服装及日用品专门零售	4089.7	1560.9	10.0	4099.7	1053.4
纺织品及针织品零售	614.3	155.1		614.3	56.9
服装零售	969.5	480.9	10.0	979.5	577.8
鞋帽零售	2505.9	924.9		2505.9	418.7
文化、体育用品及器材专门零售	9481.7	5423.4		9481.7	8187.8
图书、报刊零售	9481.7	5423.4		9481.7	8187.8
医药及医疗器材专门零售	14764.8	6596.4	45.0	14809.8	-597.4
药品零售	14764.8	6596.4	45.0	14809.8	-597.4
汽车、摩托车、燃料及零配件专门零售	247937.1	30760.7	6789.1	249337.7	119631.2
汽车零售	213628.3	26156.8	6664.8	214904.5	35154.9
机动车燃料零售	34308.8	4603.9	124.3	34433.2	84476.3
家用电器及电子产品专门零售	22780.9	15001.5		22780.9	9284.3
家用视听设备零售	1429.9	1115.8		1429.9	352.9
日用家电设备零售	12743.5	7959.8		12743.5	3913.7
计算机、软件及辅助设备零售	2795.6	1137.2		2795.6	3438.3
通信设备零售	5811.9	4788.7		5811.9	1579.4
五金、家具及室内装饰材料专门零售	6204.6	277.4	39.6	6244.2	6876.1
五金零售	382.4	103.0	39.6	422.0	347.2
家具零售	5778.5	174.4		5778.5	6308.8
陶瓷、石材装饰材料零售	43.7			43.7	220.1
货摊、无店铺及其他零售业	1219.5	1059.9		1219.5	1168.6
互联网零售	1215.4	1055.8		1215.4	982.0
生活用燃料零售	4.1	4.1		4.1	186.6
2.按登记注册类型分					
内资企业	421297.9	87320.8	14546.3	427902.0	181009.0
国有企业	6385.6	663.7	15.9	6401.5	-337.9
有限责任公司	49088.0	11442.0	5174.6	51708.9	27000.9
国有独资公司	268.5	200.0		268.5	10.0
其他有限责任公司	48819.5	11242.0	5174.6	51440.4	26990.9
股份有限公司	14145.2	498.9		14145.2	70227.5
私营企业	351679.1	74716.2	9355.8	355646.4	84118.5

单位:万元

实收资本	国家资本	集体资本	法人资本	个人资本	港澳台资本	外商资本
2813.1			2813.1			
914.8	39.8		5.0	870.0		
50.0				50.0		
264.8	39.8		5.0	220.0		
600.0				600.0		
6779.0			6573.0	206.0		
6779.0			6573.0	206.0		
2618.4	235.1		1801.0	582.3		
2618.4	235.1		1801.0	582.3		
62936.3	1340.0	3609.0	34465.4	23521.9		
51020.6	1340.0	3489.0	26587.9	19603.7		
11915.7		120.0	7877.5	3918.2		
8578.3			1474.0	7104.3		
250.0				250.0		
4954.8			974.0	3980.8		
1873.5				1873.5		
1500.0			500.0	1000.0		
2268.7		72.8	1500.0	199.0		496.9
300.0			300.0			
1768.7		72.8	1000.0	199.0		496.9
200.0			200.0			
915.0			475.0	440.0		
800.0			475.0	325.0		
115.0				115.0		
117183.3	2102.8	5620.6	55477.5	53982.4		
559.8	559.8					
21549.4	1303.0	5500.6	14083.0	662.8		
10.0			10.0			
21539.4	1303.0	5500.6	14073.0	662.8		
95074.1	240.0	120.0	41394.5	53319.6		

6-4 续 7

指标名称	流动负债合计	应付账款	非流动负债合计	负债合计	所有者权益合计
私营独资企业	1307.5	544.2	61.0	1368.5	1046.7
私营合伙企业	1768.0			1768.0	296.0
私营有限责任公司	341389.1	74172.0	9290.7	345291.3	84076.1
私营股份有限公司	7214.5		4.1	7218.6	-1300.3
外商投资企业	827.8			827.8	163.8
中外合资经营企业	827.8			827.8	163.8
3.按控股情况分					
国有控股	36433.3	7794.4	45.9	36479.2	84720.4
集体控股	33185.5	4810.2	5144.6	35776.4	12170.1
私人控股	351679.1	74716.2	9355.8	355646.4	84118.5
外商控股	827.8			827.8	163.8
4.按经营形式分					
独立门店	339895.8	68280.1	14523.3	346476.9	99569.2
连锁总店	81080.0	18068.9	20.0	81100.0	78846.6
连锁门店	1149.9	971.8	3.0	1152.9	2757.0
5.按单位规模分					
大型	79682.6	9720.0	20.0	79702.6	82828.7
中型	220776.9	40784.9	8778.3	227001.5	52433.1
小型	107325.3	32107.9	5640.7	107577.5	39821.5
微型	14340.9	4708.0	107.3	14448.2	6089.5
6.按零售业态分					
有店铺零售	420637.8	86038.1	14514.6	427210.2	176151.0
超市	30771.7	10038.8	104.1	30875.8	827.5
大型超市	52332.1	10705.8	20.0	52352.1	11580.0
百货店	40219.2	7977.0	5107.4	42772.9	16196.5
专业店	88923.3	32545.0	2618.3	91541.8	110411.2
专卖店	204950.1	24692.0	6664.8	206226.2	32671.7
家居建材商店	3278.9	3.4		3278.9	4184.2
购物中心	162.5	76.1		162.5	279.9
无店铺零售	1487.9	1282.7	31.7	1519.6	5021.8
网上商店	1487.9	1282.7	31.7	1519.6	5021.8

单位:万元

实收资本	国家资本	集体资本	法人资本	个人资本	港澳台资本	外商资本
929.2			322.5	606.7		
237.6				237.6		
93807.3	240.0	120.0	41007.0	52440.3		
100.0			65.0	35.0		
695.9				199.0		496.9
695.9				199.0		496.9
12308.6	1862.8		10083.0	362.8		
9800.6		5500.6	4000.0	300.0		
95074.1	240.0	120.0	41394.5	53319.6		
695.9				199.0		496.9
104115.1	2102.8	5620.6	49363.4	46531.4		496.9
10701.0			3251.0	7450.0		
3063.1			2863.1	200.0		
9500.0			4500.0	5000.0		
60470.6	298.6	4658.6	26540.0	28973.4		
40950.6	1701.2	962.0	20951.9	17335.5		
6958.0	103.0		3485.6	2872.5		496.9
113136.1	2102.8	5620.6	52189.4	52726.4		496.9
5491.8			2966.5	2525.3		
7500.0			1700.0	5800.0		
16523.6	527.7	1938.8	2254.5	11802.6		
33201.8	835.1	192.8	18948.4	13225.5		
48503.0	740.0	3489.0	25120.0	19154.0		
1895.9			1200.0	199.0		496.9
20.0				20.0		
4743.1			3288.1	1455.0		
4743.1			3288.1	1455.0		

6-4 续 8

指标名称	营业收入	主营业务收入	营业成本	主营业务成本	营业税金及附加
总　计	**7806046.0**	**7789156.5**	**7545770.2**	**7537625.9**	**39946.6**
一、批发业	6731139.8	6728287.2	6566094.9	6564273.5	37944.7
1.按批发行业小类分					
农、林、牧产品批发	47634.6	47342.1	45698.1	45697.1	27.8
谷物、豆及薯类批发	38688.8	38582.7	41178.7	41177.7	2.5
种子批发	4686.1	4499.7	2566.4	2566.4	
其他农牧产品批发	4259.7	4259.7	1953.0	1953.0	25.3
食品、饮料及烟草制品批发	473027.4	472889.9	399297.8	399297.8	34636.7
米、面制品及食用油批发	8476.5	8476.5	8143.9	8143.9	10.7
糕点、糖果及糖批发	2227.2	2227.2	2032.8	2032.8	3.3
果品、蔬菜批发	194788.3	194788.3	194700.6	194700.6	0.2
肉、禽、蛋、奶及水产品批发	3586.5	3586.5	3465.9	3465.9	0.8
盐及调味品批发	4194.4	4194.4	2953.7	2953.7	19.2
酒、饮料及茶叶批发	8614.0	8592.9	8327.4	8327.4	4.5
烟草制品批发	248468.7	248352.3	177648.3	177648.3	34597.1
其他食品批发	2671.8	2671.8	2025.2	2025.2	0.9
纺织、服装及家庭用品批发	2730.8	2730.8	2512.6	2512.6	0.2
家用电器批发	2730.8	2730.8	2512.6	2512.6	0.2
医药及医疗器材批发	104164.5	104103.1	94628.9	94628.9	195.8
西药批发	98314.9	98253.5	89228.5	89228.5	185.0
中药批发	2029.6	2029.6	1945.6	1945.6	2.3
医疗用品及器材批发	3820.0	3820.0	3454.8	3454.8	8.5
矿产品、建材及化工产品批发	6054021.3	6051660.1	5978497.5	5976677.1	3006.4
煤炭及制品批发	796730.3	795215.7	742503.7	742095.7	502.2
石油及制品批发	88885.3	88885.3	86840.2	86840.2	44.4
金属及金属矿批发	5150222.8	5149376.2	5133200.5	5131788.1	1832.3
建材批发	4608.7	4608.7	4550.2	4550.2	1.2
化肥批发	6778.4	6778.4	5422.7	5422.7	616.8
其他化工产品批发	6795.8	6795.8	5980.2	5980.2	9.5
机械设备、五金产品及电子产品批发	49561.2	49561.2	45460.0	45460.0	77.8
农业机械批发	9429.0	9429.0	8501.4	8501.4	3.9
汽车批发	5901.6	5901.6	5861.0	5861.0	2.3

单位:万元

主营业务税金及附加	其他业务利润	销售费用	管理费用	税金	财务费用	利息收入
39911.2	**17343.1**	**116614.3**	**74610.3**	**2863.2**	**16114.7**	**4594.8**
37944.6	7572.9	60096.1	39459.7	1636.3	8377.4	4280.7
27.8	9.1	2748.6	3430.1	32.8	1768.9	183.9
2.5	8.3	1931.2	1987.4		1339.8	66.8
		492.8	773.9		46.4	46.6
25.3	0.8	324.6	668.8	32.8	382.7	70.5
34636.6	240.5	5829.5	13628.9	612.7	−2835.3	3179.7
10.7		214.1	38.5		74.2	
3.3		13.1	126.9		42.5	
0.2		11.2	578.7		3.0	
0.8		39.1	68.7	0.8	0.4	
19.2		203.6	688.0	221.8	−0.9	0.9
4.5	132.7	210.4	71.7	2.5	1.9	
34597.1	107.8	5050.3	11963.9	387.3	−2957.5	3178.7
0.8		87.7	92.5	0.3	1.1	0.1
0.2		9.0	207.8		0.2	
0.2		9.0	207.8		0.2	
195.8	125.3	5997.0	1582.8	59.2	1560.7	19.1
185.0	125.3	5681.7	1522.2	56.4	1230.1	19.1
2.3		19.3	7.1	0.6	330.0	
8.5		296.0	53.5	2.2	0.6	
3006.4	7048.0	44243.6	17813.1	873.6	6131.9	728.0
502.2	6995.0	37917.7	11607.7	269.9	5437.2	112.1
44.4		648.7	1156.9	54.4	102.9	4.4
1832.3	53.0	5260.6	4734.5	549.3	545.7	597.5
1.2			56.5			
616.8		230.0	12.0		60.0	
9.5		186.6	245.5		−13.9	14.0
77.8	150.0	1268.4	2797.0	58.0	1751.0	170.0
3.9		640.5	557.1	41.4	148.1	148.1
2.3		16.5	17.1			

6-4 续 9

指标名称	营业收入	主营业务收入	营业成本	主营业务成本	营业税金及附加
计算机、软件及辅助设备批发	1051.1	1051.1	883.6	883.6	1.2
其他机械设备及电子产品批发	33179.5	33179.5	30214.0	30214.0	70.4
2.按登记注册类型分					
内资企业	6731139.8	6728287.2	6566094.9	6564273.5	37944.7
国有企业	304866.4	304643.9	233118.9	233117.9	34629.6
集体企业	76439.9	75646.3	72863.6	71451.2	448.6
有限责任公司	5274852.7	5274779.3	5257435.8	5257409.6	1508.8
国有独资公司	96045.3	96009.1	93613.7	93613.4	41.1
其他有限责任公司	5178807.4	5178770.2	5163822.1	5163796.2	1467.7
股份有限公司	30960.6	30774.2	26722.9	26722.9	65.2
私营企业	1044020.2	1042443.5	975953.7	975571.9	1292.5
私营有限责任公司	1044020.2	1042443.5	975953.7	975571.9	1292.5
3.按控股情况分					
国有控股	5494538.5	5494056.2	5403192.8	5403165.6	36131.5
集体控股	192581.1	191787.5	186948.4	185536.0	520.7
私人控股	1044020.2	1042443.5	975953.7	975571.9	1292.5
4.按经营形式分					
独立门店	6478824.1	6476087.9	6384659.8	6382838.4	3346.7
连锁总店	252315.7	252199.3	181435.1	181435.1	34598.0
5.按单位规模分					
大型	4584459.3	4583549.3	4502794.5	4501382.1	36169.5
中型	1722550.5	1722429.0	1664335.9	1664319.4	854.4
小型	396750.9	394929.8	372578.3	372185.8	860.0
微型	27379.1	27379.1	26386.2	26386.2	60.8
二、零售业	1074906.2	1060869.3	979675.3	973352.4	2001.9
1.按零售行业小类分					
综合零售	156564.9	148325.7	132623.3	128648.2	497.3
百货零售	56142.4	54079.8	47868.1	47730.4	313.7
超级市场零售	100422.5	94245.9	84755.2	80917.8	183.6
食品、饮料及烟草制品专门零售	5700.9	5700.9	5007.5	5007.5	29.6
粮油零售	3254.7	3254.7	3079.6	3079.6	4.0
果品、蔬菜零售	1096.2	1096.2	717.9	717.9	

单位:万元

主营业务税金及附加	其他业务利润	销售费用	管理费用	税金	财务费用	利息收入
1.2		148.7	3.9		9.8	
70.4	150.0	462.7	2218.9	16.6	1593.1	21.9
37944.6	7572.9	60096.1	39459.7	1636.3	8377.4	4280.7
34629.6	116.9	8093.9	15216.5	461.8	−1086.9	3464.1
448.6		203.6	1603.5	221.8	−23.1	24.9
1508.8	35.9	4831.1	6410.4	628.4	1104.3	641.4
41.1	35.9	17.7	1601.9	70.0	788.9	21.7
1467.7		4813.4	4808.5	558.4	315.4	619.7
65.2	63.9	797.7	1137.9	8.4	820.4	47.6
1292.4	7356.2	46169.8	15091.4	315.9	7562.7	102.7
1292.4	7356.2	46169.8	15091.4	315.9	7562.7	102.7
36131.5	216.7	13292.4	22002.3	1062.5	421.8	4120.5
520.7		633.9	2366.0	257.9	392.9	57.5
1292.4	7356.2	46169.8	15091.4	315.9	7562.7	102.7
3346.6	7465.1	54996.1	27490.8	1248.1	11333.0	1102.0
34598.0	107.8	5100.0	11968.9	388.2	−2955.6	3178.7
36169.5	107.8	8126.1	13775.0	786.2	−3138.4	3610.7
854.4	7060.8	40203.3	16365.3	486.5	7444.9	390.4
859.9	395.6	9736.2	8837.9	349.8	3888.3	259.3
60.8	8.7	2030.5	481.5	13.8	182.6	20.3
1966.6	9770.2	56518.2	35150.6	1226.9	7737.3	314.1
496.3	7453.8	12833.9	13165.1	589.3	2894.9	104.8
313.7	3846.1	3583.1	7106.7	463.3	1061.5	64.9
182.6	3607.7	9250.8	6058.4	126.0	1833.4	39.9
29.6		315.1	297.8		197.4	0.5
4.0		88.9	60.2		22.8	0.5
		55.6	39.9		174.6	

6-4 续 10

指标名称	营业收入	主营业务收入	营业成本	主营业务成本	营业税金及附加
其他食品零售	1350.0	1350.0	1210.0	1210.0	25.6
纺织、服装及日用品专门零售	8346.1	7668.4	6684.5	6670.3	46.8
纺织品及针织品零售	851.4	851.4	718.4	718.4	1.4
服装零售	6675.6	5997.9	5342.6	5328.4	43.5
鞋帽零售	819.1	819.1	623.5	623.5	1.9
文化、体育用品及器材专门零售	20271.6	20119.5	15720.6	15296.1	77.7
图书、报刊零售	20271.6	20119.5	15720.6	15296.1	77.7
医药及医疗器材专门零售	15604.5	15473.4	13667.9	13667.9	32.4
药品零售	15604.5	15473.4	13667.9	13667.9	32.4
汽车、摩托车、燃料及零配件专门零售	802103.2	797322.3	748760.4	746851.3	813.5
汽车零售	553850.9	550324.1	520961.3	520242.4	561.2
机动车燃料零售	248252.3	246998.2	227799.1	226608.9	252.3
家用电器及电子产品专门零售	52417.2	52411.3	48009.3	48009.3	203.9
家用视听设备零售	6526.0	6526.0	6249.9	6249.9	1.5
日用家电设备零售	28827.7	28822.2	26159.8	26159.8	174.7
计算机、软件及辅助设备零售	10446.3	10445.9	9373.8	9373.8	22.9
通信设备零售	6617.2	6617.2	6225.8	6225.8	4.8
五金、家具及室内装饰材料专门零售	10459.8	10459.8	6309.4	6309.4	283.5
五金零售	332.2	332.2	275.5	275.5	1.3
家具零售	8111.1	8111.1	4420.7	4420.7	215.1
陶瓷、石材装饰材料零售	2016.5	2016.5	1613.2	1613.2	67.1
货摊、无店铺及其他零售业	3438.0	3388.0	2892.4	2892.4	17.2
互联网零售	2928.3	2878.3	2437.3	2437.3	6.1
生活用燃料零售	509.7	509.7	455.1	455.1	11.1
2.按登记注册类型分					
内资企业	1074824.0	1060787.1	979675.3	973352.4	1999.1
国有企业	3158.2	3158.2	2519.3	2519.3	80.0
有限责任公司	124399.1	123288.2	111105.3	110644.3	334.8
国有独资公司	1374.3	1374.3	1290.0	1290.0	5.3
其他有限责任公司	123024.8	121913.9	109815.3	109354.3	329.5
股份有限公司	215496.8	214400.8	200430.4	199407.7	177.1
私营企业	731769.9	719939.9	665620.3	660781.1	1407.2

单位:万元

主营业务税金及附加	其他业务利润	销售费用	管理费用	税金	财务费用	利息收入
25.6		170.6	197.7			
46.8		1007.7	264.6	0.3	82.1	0.1
1.4		30.1	99.7		0.1	
43.5		887.3	116.1	0.3	28.1	0.1
1.9		90.3	48.8		53.9	
75.0	35.5	2921.3	772.2	13.0	-8.3	11.5
75.0	35.5	2921.3	772.2	13.0	-8.3	11.5
32.4	122.5	1564.2	777.2	6.8	124.8	6.1
32.4	122.5	1564.2	777.2	6.8	124.8	6.1
781.9	1658.4	34932.7	16277.8	485.9	4079.9	166.6
549.3	1509.6	15641.6	11523.4	309.2	3505.7	145.6
232.6	148.8	19291.1	4754.4	176.7	574.2	21.0
203.9	500.0	1902.1	2171.9	51.1	371.9	17.7
1.5		103.8	141.9	0.3	1.3	
174.7		949.7	841.8	7.6	172.3	17.6
22.9		367.4	811.8	38.6	132.8	0.1
4.8	500.0	481.2	376.4	4.6	65.5	
283.5		1035.0	1028.4	76.5	-5.4	6.8
1.3		35.6	20.2	1.3		
215.1		999.4	671.0	75.2	-5.4	6.8
67.1			337.2			
17.2		6.2	395.6	4.0		
6.1		4.7	365.8	4.0		
11.1		1.5	29.8			
1963.8	9770.2	56518.2	35107.5	1196.8	7737.3	314.1
80.0		334.3	408.0	3.7	32.3	
332.1	1002.9	8221.6	6344.7	395.5	743.3	132.9
5.3		2.0	69.0	12.5	8.0	29.0
326.8	1002.9	8219.6	6275.7	383.0	735.3	103.9
157.4		16266.0	2596.7	147.7	271.3	1.0
1394.3	8767.3	31696.3	25758.1	649.9	6690.4	180.2

6-4 续 11

指标名称	营业收入	主营业务收入	营业成本	主营业务成本	营业税金及附加
私营独资企业	3974.3	3974.3	3715.8	3715.8	16.2
私营合伙企业	2396.3	2396.3	2070.9	2070.9	25.7
私营有限责任公司	724686.3	712876.3	659241.4	654402.2	1363.9
私营股份有限公司	713.0	693.0	592.2	592.2	1.4
外商投资企业	82.2	82.2			2.8
中外合资经营企业	82.2	82.2			2.8
3.按控股情况分					
国有控股	249837.1	248573.1	228012.9	226565.5	394.8
集体控股	93217.0	92274.1	86042.1	86005.8	197.1
私人控股	731769.9	719939.9	665620.3	660781.1	1407.2
外商控股	82.2	82.2			2.8
4.按经营形式分					
独立门店	782039.4	774066.3	713960.1	712352.3	1691.9
连锁总店	288176.8	282113.0	261478.9	256763.8	280.7
连锁门店	4690.0	4690.0	4236.3	4236.3	29.3
5.按单位规模分					
大型	298560.1	292611.9	272053.1	267338.0	287.3
中型	524467.2	519139.3	480217.7	479319.6	1036.2
小型	236006.4	233393.5	213281.9	212572.5	537.2
微型	15872.5	15724.6	14122.6	14122.3	141.2
6.按零售业态分					
有店铺零售	1069740.9	1055754.0	975234.2	968911.3	1967.1
超市	35133.3	34997.7	30870.1	30870.1	62.4
大型超市	70850.7	64694.1	58868.2	55030.8	130.5
百货店	56341.6	54279.0	47950.2	47812.5	341.8
专业店	354023.4	351915.1	320071.6	318442.7	640.1
专卖店	543891.0	540367.2	512033.8	511314.9	527.5
家居建材商店	9209.7	9209.7	5236.5	5236.5	260.3
购物中心	291.2	291.2	203.8	203.8	4.5
无店铺零售	5165.3	5115.3	4441.1	4441.1	34.8
网上商店	5165.3	5115.3	4441.1	4441.1	34.8

单位:万元

主营业务税金及附加	其他业务利润	销售费用	管理费用	税金	财务费用	利息收入
16.2	148.8	161.3	189.4	3.6	3.0	
25.7		143.5	146.0		0.2	
1351.0	8476.4	31149.6	25334.9	646.3	6687.2	180.2
1.4	142.1	241.9	87.8			
2.8			43.1	30.1		
2.8			43.1	30.1		
372.4	51.0	21238.4	4254.5	179.9	349.0	61.1
197.1	951.9	3583.5	5094.9	367.0	697.9	72.8
1394.3	8767.3	31696.3	25758.1	649.9	6690.4	180.2
2.8			43.1	30.1		
1676.3	6653.6	33095.5	27390.4	1018.5	5495.0	297.4
261.0	3094.4	22992.6	7530.1	207.3	2240.0	16.8
29.3	22.2	430.1	230.1	1.1	2.3	-0.1
267.6	2594.4	21871.3	7473.1	214.0	2195.7	22.1
1023.3	5400.8	22021.8	17661.4	792.9	3988.9	105.4
534.5	1512.4	11787.3	9027.3	184.3	1583.1	185.9
141.2	262.6	837.8	988.8	35.7	-30.4	0.7
1931.8	9770.2	56303.5	34543.2	1222.9	7737.7	313.6
62.4	164.3	3208.6	1982.8	67.1	177.5	36.9
129.5	3443.4	6534.7	4528.5	60.1	1772.7	9.0
341.8	3846.1	3634.2	7119.4	464.6	1081.4	64.9
617.7	1005.5	26697.0	8914.8	326.4	1221.9	54.5
515.6	1310.9	15235.2	11010.1	274.3	3485.2	145.6
260.3		993.8	908.1	30.1	-1.2	2.6
4.5			79.5	0.3	0.2	0.1
34.8		214.7	607.4	4.0	-0.4	0.5
34.8		214.7	607.4	4.0	-0.4	0.5

6-4 续 12

指标名称	利息支出	资产减值损失	公允价值变动收益	投资收益	营业利润
总　计	**9989.5**	**2026.7**		**4030.5**	**17364.0**
一、批发业	5648.1	2010.0		3070.0	19936.4
1.按批发行业小类分					
农、林、牧产品批发	541.7	96.3		38.6	-6095.8
谷物、豆及薯类批发	89.0	81.2			-7832.0
种子批发	-0.2	15.1		38.6	830.1
其他农牧产品批发	452.9				906.1
食品、饮料及烟草制品批发	45.4				22469.8
米、面制品及食用油批发					-4.9
糕点、糖果及糖批发	42.5				8.6
果品、蔬菜批发					-505.4
肉、禽、蛋、奶及水产品批发					11.6
盐及调味品批发					330.8
酒、饮料及茶叶批发	1.9				-1.9
烟草制品批发					22166.6
其他食品批发	1.0				464.4
纺织、服装及家庭用品批发	0.2				1.0
家用电器批发	0.2				1.0
医药及医疗器材批发	1409.3	-451.1			358.7
西药批发	1080.4	-451.1			626.8
中药批发	328.9				-274.7
医疗用品及器材批发					6.6
矿产品、建材及化工产品批发	3263.8	2364.8		780.5	2744.8
煤炭及制品批发	2386.8	115.1		-206.8	-1559.8
石油及制品批发	63.4				92.2
金属及金属矿批发	813.6	2249.7		987.3	3386.8
建材批发					0.8
化肥批发					436.9
其他化工产品批发					387.9
机械设备、五金产品及电子产品批发	387.7			2250.9	457.9
农业机械批发					-422.0
汽车批发					4.7

单位:万元

营业外收入		营业外支出	利润总额	应交所得税	应付职工薪酬（本年贷方累计发生额）	应交增值税	从事批发和零售业活动的从业人员平均人数(人)
	政府补助						
12638.9	**9177.4**	**2119.5**	**31352.9**	**9612.3**	**71667.0**	**31373.9**	**17797**
10277.8	9048.1	1090.8	29455.9	8002.7	32928.2	22962.7	5702
8519.3	8371.9	83.4	1434.0	12.2	2014.4	275.2	404
8120.5	7973.3	83.4	205.1	2.0	1309.2	2.0	265
398.8	398.6		1228.9	10.2	380.3	6.2	72
					324.9	267.0	67
46.1		83.2	22432.4	5775.7	13266.1	14253.8	1089
0.7			–4.9	0.5	146.5	39.7	45
			8.6	2.1	123.0	13.3	45
			–505.4		118.0		45
			11.6	1.2	98.0	13.0	25
		30.2	300.7	75.2	474.4	159.7	53
		0.1	–2.0	0.9	235.3	29.7	80
45.4		44.0	22168.3	5695.8	11915.7	13990.9	756
		8.9	455.5		155.2	7.5	40
			1.0	0.3	289.0	20.0	98
			1.0	0.3	289.0	20.0	98
59.7		76.6	698.6	184.9	2255.3	1385.3	537
59.7		76.6	966.7	184.9	2039.5	1293.1	514
			–274.7		24.4	20.7	8
			6.6		191.4	71.5	15
1390.2	676.2	805.6	4062.5	2013.4	12126.7	6250.2	2660
1132.4	676.2	415.3	–2629.2	631.7	5311.9	3536.5	1362
237.3		12.0	317.5	4.8	575.7	254.4	203
20.5		370.2	5556.7	1249.8	6078.7	2367.9	1042
			0.8	0.1	29.9	5.1	12
		8.0	428.9	30.0	78.0		30
		0.1	387.8	97.0	52.5	86.3	11
262.5		42.0	827.4	16.2	2976.7	778.2	914
247.8		34.5	–208.6		433.9	33.4	145
			3.7	0.6	44.8	1.2	11

6–4 续 13

指标名称	利息支出	资产减值损失	公允价值变动收益	投资收益	营业利润
计算机、软件及辅助设备批发					3.9
其他机械设备及电子产品批发	387.7			2250.9	871.3
2.按登记注册类型分					
内资企业	5648.1	2010.0		3070.0	19936.4
国有企业	541.9	81.2			14814.0
集体企业					1343.7
有限责任公司	1328.5	2333.8		986.5	2215.0
国有独资公司	799.0	73.7			–91.7
其他有限责任公司	529.5	2260.1		986.5	2306.7
股份有限公司	774.8	–80.4		38.6	1599.4
私营企业	3002.9	–324.6		2044.9	–35.7
私营有限责任公司	3002.9	–324.6		2044.9	–35.7
3.按控股情况分					
国有控股	2566.4	2277.2		1025.1	18310.3
集体控股	78.8	57.4			1661.8
私人控股	3002.9	–324.6		2044.9	–35.7
4.按经营形式分					
独立门店	5646.2	2010.0		3070.0	–2232.9
连锁总店	1.9				22169.3
5.按单位规模分					
大型	228.1	1548.6		987.3	26171.3
中型	3013.6	34.2		2044.9	–4934.0
小型	2233.5	427.2		37.8	461.6
微型	172.9				–1762.5
二、零售业	4341.4	16.7		960.5	–2572.4
1.按零售行业小类分					
综合零售	2137.7			1073.1	–2609.7
百货零售	560.9			683.3	–2485.4
超级市场零售	1576.8			389.8	–124.3
食品、饮料及烟草制品专门零售	174.6				–146.5
粮油零售					–0.8
果品、蔬菜零售	174.6				108.2

单位:万元

营业外收入		营业外支出	利润总额	应交所得税	应付职工薪酬（本年贷方累计发生额）	应交增值税	从事批发和零售业活动的从业人员平均人数(人)
	政府补助						
			3.9	1.0	52.7	9.8	33
14.7		7.5	1028.4	14.6	2445.3	733.8	725
10277.8	9048.1	1090.8	29455.9	8002.7	32928.2	22962.7	5702
8413.7	7973.3	161.9	22160.1	5697.8	14037.4	14299.3	1260
0.6		45.1	1299.3	229.7	3232.2	771.8	457
707.0	676.2	393.5	198.5	1405.6	6086.6	2857.8	1023
676.2	676.2	41.1	543.3	151.5	496.0	318.3	94
30.8		352.4	-344.8	1254.1	5590.6	2539.5	929
399.8	398.6	2.7	1996.3	179.4	730.1	232.3	120
756.7		487.6	3801.7	490.2	8841.9	4801.5	2842
756.7		487.6	3801.7	490.2	8841.9	4801.5	2842
9519.6	9048.1	557.0	24037.0	7174.2	19847.2	17003.2	2199
1.5		46.2	1617.2	338.3	4239.1	1158.0	661
756.7		487.6	3801.7	490.2	8841.9	4801.5	2842
10232.4	9048.1	1046.7	7285.0	2306.0	20810.9	8961.0	4886
45.4		44.1	22170.9	5696.7	12117.3	14001.7	816
65.6		368.3	25868.9	6607.3	16257.2	15699.6	1405
9181.7	8225.8	478.5	4653.4	837.4	10933.7	5912.7	2645
740.7	532.6	240.0	-2108.5	555.7	5397.1	1160.4	1523
289.8	289.7	4.0	1042.1	2.3	340.2	190.0	129
2361.1	129.3	1028.7	1897.0	1609.6	38738.8	8411.2	12095
492.4	2.0	131.4	748.0	486.2	9434.5	3145.0	4537
249.5		99.0	-326.0	210.8	3576.6	1946.0	1660
242.9	2.0	32.4	1074.0	275.4	5857.9	1199.0	2877
123.1	122.3		-13.4	0.1	280.4	25.2	104
21.7	21.0		20.9	0.1	133.2	25.0	40
44.3	44.3		152.5		120.2	0.2	59

6-4 续 14

指标名称	利息支出	资产减值损失	公允价值变动收益	投资收益	营业利润
其他食品零售					-253.9
纺织、服装及日用品专门零售	46.3				260.4
纺织品及针织品零售					1.7
服装零售	0.3				258.0
鞋帽零售	46.0				0.7
文化、体育用品及器材专门零售					1019.3
图书、报刊零售					1019.3
医药及医疗器材专门零售	125.6				-562.0
药品零售	125.6				-562.0
汽车、摩托车、燃料及零配件专门零售	1517.2	9.3		-112.6	-2720.1
汽车零售	1170.8	2.0		-112.6	1706.0
机动车燃料零售	346.4	7.3			-4426.1
家用电器及电子产品专门零售	338.6	7.4			250.7
家用视听设备零售					27.6
日用家电设备零售	164.6	7.4			522.0
计算机、软件及辅助设备零售	108.5				-262.4
通信设备零售	65.5				-36.5
五金、家具及室内装饰材料专门零售	1.4				1808.9
五金零售					-0.4
家具零售	1.4				1810.3
陶瓷、石材装饰材料零售					-1.0
货摊、无店铺及其他零售业					126.6
互联网零售					114.4
生活用燃料零售					12.2
2.按登记注册类型分					
内资企业	4341.4	16.7		960.5	-2608.7
国有企业	32.0				-215.7
有限责任公司	245.8	2.0		683.3	-764.2
国有独资公司	37.0				
其他有限责任公司	208.8	2.0		683.3	-764.2
股份有限公司	53.6	-12.5			-4232.2
私营企业	4010.0	27.2		277.2	2603.4

单位:万元

营业外收入	政府补助	营业外支出	利润总额	应交所得税	应付职工薪酬（本年贷方累计发生额）	应交增值税	从事批发和零售业活动的从业人员平均人数(人)
57.1	57.0		−186.8		27.0		5
0.3		0.1	260.2	39.1	599.7	129.5	278
			1.8		77.4	11.2	33
0.3		0.1	257.7	38.9	478.8	112.2	230
			0.7	0.2	43.5	6.1	15
107.6		25.5	1101.1	331.0	2187.6	66.2	299
107.6		25.5	1101.1	331.0	2187.6	66.2	299
274.1		86.9	−374.8	15.3	2208.1	218.5	1014
274.1		86.9	−374.8	15.3	2208.1	218.5	1014
1285.2	5.0	779.7	−2102.3	712.8	21116.8	4306.0	4739
891.8	5.0	301.6	2409.0	638.8	13009.3	2933.8	3281
393.4		478.1	−4511.3	74.0	8107.5	1372.2	1458
59.8		5.1	324.2	25.0	1828.2	398.0	682
0.1			27.7	0.8	223.5	4.4	110
10.4		4.7	527.3	1.5	862.9	221.5	358
3.8		0.4	−239.9	21.3	313.5	166.0	100
45.5			9.1	1.4	428.3	6.1	114
18.6			1827.4	0.1	920.7	120.3	378
			−0.4		83.2	9.6	49
18.6			1828.8	0.1	792.6	50.3	306
			−1.0		44.9	60.4	23
			126.6		162.8	2.5	64
			114.4		140.4		57
			12.2		22.4	2.5	7
2361.1	129.3	1028.7	1860.7	1609.6	38417.6	8410.9	11935
142.5		85.5	−158.7	5.6	300.6	21.9	163
788.5		187.9	−167.2	375.2	6379.0	1339.9	1721
					150.0		36
788.5		187.9	−167.2	375.2	6229.0	1339.9	1685
46.6		453.8	−4639.5		6436.1	1107.5	917
1383.5	129.3	301.5	6826.1	1228.8	25301.9	5941.6	9134

6-4 续 15

指标名称	利息支出	资产减值损失	公允价值变动收益	投资收益	营业利润
私营独资企业					-111.4
私营合伙企业	0.2				10.0
私营有限责任公司	4009.8	27.2		277.2	2915.1
私营股份有限公司					-210.3
外商投资企业					36.3
中外合资经营企业					36.3
3.按控股情况分					
国有控股	161.1	-12.4			-4168.9
集体控股	170.3	1.9		683.3	-1043.2
私人控股	4010.0	27.2		277.2	2603.4
外商控股					36.3
4.按经营形式分					
独立门店	2469.1	29.2		648.5	2041.9
连锁总店	1872.3	-12.5		312.0	-4398.4
连锁门店					-215.9
5.按单位规模分					
大型	1544.4	-12.5		312.0	-3873.3
中型	1467.0	1.9		648.5	863.3
小型	1301.9	27.3			625.1
微型	28.1				-187.5
6.按零售业态分					
有店铺零售	4341.4	16.7		960.5	-2440.1
超市	180.5			77.8	-1068.1
大型超市	1519.0			312.0	450.7
百货店	560.9			683.3	-2480.1
专业店	969.7	14.8			-2805.6
专卖店	1109.6	1.9		-112.6	1647.6
家居建材商店	1.4				1812.2
购物中心	0.3				3.2
无店铺零售					-132.3
网上商店					-132.3

单位:万元

营业外收入	政府补助	营业外支出	利润总额	应交所得税	应付职工薪酬（本年贷方累计发生额）	应交增值税	从事批发和零售业活动的从业人员平均人数(人)
0.2			-111.2	0.5	145.8	61.0	82
1.0			11.0	0.5	110.8	39.4	65
1382.3	129.3	301.5	6994.6	1227.8	24796.7	5841.2	8774
			-68.3		248.6		213
			36.3		321.2	0.3	160
			36.3		321.2	0.3	160
679.6		571.9	-4062.2	361.8	10088.7	1274.2	1668
298.0		155.3	-903.2	19.0	3027.0	1195.1	1133
1383.5	129.3	301.5	6826.1	1228.8	25301.9	5941.6	9134
			36.3		321.2	0.3	160
2041.0	72.3	548.4	6349.5	1426.7	27769.4	6266.1	9344
263.0		476.7	-4300.1	182.8	10755.6	2109.5	2663
57.1	57.0	3.6	-152.4	0.1	213.8	35.6	88
142.8	1.5	497.3	-3915.9	180.8	10042.8	2303.3	2093
1410.5	49.8	315.5	4749.1	867.4	18850.0	3947.5	6709
750.1	21.0	214.3	1166.9	527.4	8755.4	2031.4	2889
57.7	57.0	1.6	-103.1	34.0	1090.6	129.0	404
2283.0	51.3	1028.7	1941.2	1609.5	38477.0	8386.2	12013
294.3	2.0	12.4	-359.3	7.2	3138.1	293.2	1800
78.7		20.6	1074.9	268.2	3112.7	946.0	1198
249.5		99.0	-326.4	210.8	3734.0	1955.6	1750
757.5	44.3	595.0	-2624.5	484.7	15003.2	2198.7	3735
887.6	5.0	301.7	2345.7	637.8	12652.8	2927.8	3176
15.4			1827.6		664.7	60.7	239
			3.2	0.8	171.5	4.2	115
78.1	78.0		-44.2	0.1	261.8	25.0	82
78.1	78.0		-44.2	0.1	261.8	25.0	82

6-5 限额以上住宿和餐饮

指标名称	法人企业数(个)	从业人员期末人数(人)	营业额	其中:使用银行卡支付的营业额	客房收入	其中:通过公共网络实现的客房收入	其中:通过非自营平台实现的客房收入
总　计	**68**	**5205**	**42703.9**	**9688.5**	**14314.9**	**582.8**	**582.8**
一、住宿业	32	2808	25580.5	6519.8	11403.1	370.4	370.4
1.按住宿业行业小类分							
旅游饭店	9	1330	9560.2	1679.0	3904.6	119.0	119.0
一般旅馆	23	1478	16020.3	4840.8	7498.5	251.4	251.4
2.按登记注册类型分							
内资企业	32	2808	25580.5	6519.8	11403.1	370.4	370.4
国有企业	9	933	6825.2	793.5	3094.5	27.8	27.8
有限责任公司	5	671	5231.5	868.8	1821.3	24.2	24.2
其他有限责任公司	5	671	5231.5	868.8	1821.3	24.2	24.2
私营企业	18	1204	13523.8	4857.5	6487.3	318.4	318.4
私营独资企业	1	39	241.5		241.5		
私营有限责任公司	17	1165	13282.3	4857.5	6245.8	318.4	318.4
3.按控股情况分							
国有控股	12	1460	11120.7	1522.3	4501.3	41.3	41.3
集体控股	2	144	936.0	140.0	414.5	10.7	10.7
私人控股	18	1204	13523.8	4857.5	6487.3	318.4	318.4
4.按经营形式分							
独立门店	32	2808	25580.5	6519.8	11403.1	370.4	370.4
5.按单位规模分							
中型	2	628	8834.3	4007.8	2683.4	22.7	22.7
小型	28	2158	16342.0	2512.0	8340.8	337.8	337.8
微型	2	22	404.2		378.9	9.9	9.9
6.按星级分							
四星	2	335	2215.8	626.2	1044.2	93.4	93.4
三星	5	901	6850.8	1052.8	2581.8	25.6	25.6

法 人 企 业 经 营 情 况

单位:万元

餐费收入	其中:通过公共网络实现的餐费收入	其中:通过非自营平台实现的餐费收入	商品销售收入	其他收入	客房数(间)	床位数(个)	餐位数(位)	年末餐饮营业面积(平方米)
26131.4	**611.9**	**611.9**	**606.1**	**1651.5**	**3812**	**6725**	**22851**	**127615.0**
12401.4	363.9	363.9	388.0	1388.0	2814	5034	9234	59322.0
4690.5	5.8	5.8	85.0	880.1	1023	1837	3920	20279.0
7710.9	358.1	358.1	303.0	507.9	1791	3197	5314	39043.0
12401.4	363.9	363.9	388.0	1388.0	2814	5034	9234	59322.0
3485.5			63.0	182.2	785	1401	3260	22244.0
2562.9	7.8	7.8	34.1	813.2	548	1009	1992	12019.0
2562.9	7.8	7.8	34.1	813.2	548	1009	1992	12019.0
6353.0	356.1	356.1	290.9	392.6	1481	2624	3982	25059.0
					47	155		
6353.0	356.1	356.1	290.9	392.6	1434	2469	3982	25059.0
5649.2	5.8	5.8	89.0	881.2	1208	2150	4702	27179.0
399.2	2.0	2.0	8.1	114.2	125	260	550	7084.0
6353.0	356.1	356.1	290.9	392.6	1481	2624	3982	25059.0
12401.4	363.9	363.9	388.0	1388.0	2814	5034	9234	59322.0
5221.1	355.8	355.8	93.2	836.6	317	559	978	4135.0
7156.5	8.1	8.1	293.3	551.4	2396	4306	8056	52687.0
23.8			1.5		101	169	200	2500.0
1171.6					215	362	1258	8075.0
3303.9	5.8	5.8	85.0	880.1	683	1217	2142	10304.0

6-5 续 1

指标名称	法人企业数（个）	从业人员期末人数（人）	营业额	其中:使用银行卡支付的营业额	客房收入	其中:通过公共网络实现的客房收入	其中:通过非自营平台实现的客房收入
二星	2	94	493.6		278.6		
其他	23	1478	16020.3	4840.8	7498.5	251.4	251.4
二、餐饮业	36	2397	17123.4	3168.7	2911.8	212.4	212.4
1.按餐饮业行业小类分							
正餐服务	35	2247	16334.7	3168.7	2911.8	212.4	212.4
快餐服务	1	150	788.7				
2.按登记注册类型分							
内资企业	36	2397	17123.4	3168.7	2911.8	212.4	212.4
国有企业	2	114	656.0		144.0		
有限责任公司	1	200	1636.3	565.1	509.4		
其他有限责任公司	1	200	1636.3	565.1	509.4		
私营企业	33	2083	14831.1	2603.6	2258.4	212.4	212.4
私营独资企业	2	96	673.1	90.0			
私营合伙企业	1	46	447.5				
私营有限责任公司	27	1617	10957.7	1673.1	1214.2	68.7	68.7
私营股份有限公司	3	324	2752.8	840.5	1044.2	143.7	143.7
3.按控股情况分							
国有控股	3	314	2292.3	565.1	653.4		
私人控股	33	2083	14831.1	2603.6	2258.4	212.4	212.4
4.按经营形式分							
独立门店	34	2319	16520.6	3168.7	2911.8	212.4	212.4
连锁总店	2	78	602.8				
5.按单位规模分							
小型	33	2262	16788.4	3131.2	2911.8	212.4	212.4
微型	3	135	335.0	37.5			

单位:万元

餐费收入	其中:通过公共网络实现的餐费收入	其中:通过非自营平台实现的餐费收入	商品销售收入	其他收入	客房数（间）	床位数（个）	餐位数（位）	年末餐饮营业面积（平方米）
215.0					125	258	520	1900.0
7710.9	358.1	358.1	303.0	507.9	1791	3197	5314	39043.0
13730.0	248.0	248.0	218.1	263.5	998	1691	13617	68293.0
12941.3	248.0	248.0	218.1	263.5	998	1691	12837	66293.0
788.7							780	2000.0
13730.0	248.0	248.0	218.1	263.5	998	1691	13617	68293.0
473.0			18.0	21.0	18	36	660	2100.0
1048.1				78.8	208	339	1020	1300.0
1048.1				78.8	208	339	1020	1300.0
12208.9	248.0	248.0	200.1	163.7	772	1316	11937	64893.0
655.3			17.8				480	2510.0
443.1			4.4				31	400.0
9606.0	109.2	109.2	137.5		487	811	10361	47337.0
1504.5	138.8	138.8	40.4	163.7	285	505	1065	14646.0
1521.1			18.0	99.8	226	375	1680	3400.0
12208.9	248.0	248.0	200.1	163.7	772	1316	11937	64893.0
13127.2	248.0	248.0	218.1	263.5	998	1691	13017	67090.0
602.8							600	1203.0
13395.0	248.0	248.0	218.1	263.5	998	1691	12317	61733.0
335.0							1300	6560.0

6-6 限额以上住宿和餐饮

指标名称	法人企业数（个）	执行《2006年企业会计准则》企业数（个）	年初存货	流动资产合计	应收账款	存货
总　计	**68**	**47**	**4947.2**	**41333.1**	**8603.9**	**4699.3**
一、住宿业	32	20	2916.7	23105.2	5730.1	2529.5
1.按住宿业行业小类分						
旅游饭店	9	6	1012.9	8019.2	1507.9	1074.9
一般旅馆	23	14	1903.8	15086.0	4222.2	1454.6
2.按登记注册类型分						
内资企业	32	20	2916.7	23105.2	5730.1	2529.5
国有企业	9	6	957.6	3258.3	1313.8	560.3
有限责任公司	5	4	656.8	2306.6	436.9	657.3
其他有限责任公司	5	4	656.8	2306.6	436.9	657.3
私营企业	18	10	1302.3	17540.3	3979.4	1311.9
私营独资企业	1	1	8.1	190.0		
私营有限责任公司	17	9	1294.2	17350.3	3979.4	1311.9
3.按控股情况分						
国有控股	12	8	1539.2	4948.5	1445.5	1149.4
集体控股	2	2	75.2	616.4	305.2	68.2
私人控股	18	10	1302.3	17540.3	3979.4	1311.9
4.按经营形式分						
独立门店	32	20	2916.7	23105.2	5730.1	2529.5
5.按单位规模分						
中型	2	2	297.9	7708.4	2272.1	291.8
小型	28	17	2564.1	14846.4	3432.1	2185.6
微型	2	1	54.7	550.4	25.9	52.1
6.按星级分						
四星	2	1	129.2	3273.5	169.0	148.4
三星	5	4	862.4	3561.4	1173.1	918.5

业法人企业主要财务状况

单位:万元

固定资产合计	固定资产原价	累计折旧	本年折旧	在建工程	资产总计	流动负债合计	应付账款	非流动负债合计
66855.8	**105778.9**	**39367.1**	**4501.2**	**31717.9**	**175807.7**	**131387.4**	**12496.9**	**10847.9**
42713.9	69041.1	26771.2	2928.0	776.5	70488.8	54115.3	6223.7	7848.2
13321.4	28464.6	15587.2	1161.6	407.9	22475.1	8397.9	1816.3	6722.4
29392.5	40576.5	11184.0	1766.4	368.6	48013.7	45717.4	4407.4	1125.8
42713.9	69041.1	26771.2	2928.0	776.5	70488.8	54115.3	6223.7	7848.2
7037.0	14868.7	8275.7	756.7	400.3	11856.4	5197.5	2313.3	
4551.1	8288.1	3737.0	256.0	29.9	6912.0	5609.8	660.7	76.6
4551.1	8288.1	3737.0	256.0	29.9	6912.0	5609.8	660.7	76.6
31125.8	45884.3	14758.5	1915.3	346.3	51720.4	43308.0	3249.7	7771.6
27.0	29.0	2.0	0.6		222.6	143.0	22.0	
31098.8	45855.3	14756.5	1914.7	346.3	51497.8	43165.0	3227.7	7771.6
8314.0	19254.3	11384.3	1012.5	400.3	14847.9	6356.3	2727.2	
3274.1	3902.5	628.4	0.2	29.9	3920.5	4451.0	246.8	76.6
31125.8	45884.3	14758.5	1915.3	346.3	51720.4	43308.0	3249.7	7771.6
42713.9	69041.1	26771.2	2928.0	776.5	70488.8	54115.3	6223.7	7848.2
747.7	3669.3	2921.6	337.9		8704.1	3899.3	1284.6	
41848.5	65155.8	23751.3	2590.1	776.5	61066.5	50190.5	4922.1	7848.2
117.7	216.0	98.3			718.2	25.5	17.0	
4414.1	10326.2	5912.1	324.3		7755.8	2990.2	452.4	6722.4
7349.8	15765.5	8859.7	837.3	400.3	11883.2	4611.3	1075.7	

6-6 续 1

指标名称	法人企业数（个）	执行《2006 年企业会计准则》企业数(个)	年初存货	流动资产合计	应收账款	存货
二星	2	1	21.3	1184.3	165.8	8.0
其他	23	14	1903.8	15086.0	4222.2	1454.6
二、餐饮业	36	27	2030.5	18227.9	2873.8	2169.8
1.按餐饮业行业小类分						
正餐服务	35	26	1979.3	17791.1	2873.8	2121.7
快餐服务	1	1	51.2	436.8		48.1
2.按登记注册类型分						
内资企业	36	27	2030.5	18227.9	2873.8	2169.8
国有企业	2	1		985.0	0.3	0.4
有限责任公司	1	1	203.7	2796.3	444.7	205.2
其他有限责任公司	1	1	203.7	2796.3	444.7	205.2
私营企业	33	25	1826.8	14446.6	2428.8	1964.2
私营独资企业	2	2	28.8	2224.8	97.1	21.3
私营合伙企业	1			230.0	150.0	80.0
私营有限责任公司	27	21	1672.8	11002.0	1910.3	1745.6
私营股份有限公司	3	2	125.2	989.8	271.4	117.3
3.按控股情况分						
国有控股	3	2	203.7	3781.3	445.0	205.6
私人控股	33	25	1826.8	14446.6	2428.8	1964.2
4.按经营形式分						
独立门店	34	25	2007.6	17605.3	2815.1	2085.2
连锁总店(总部)	2	2	22.9	622.6	58.7	84.6
5.按单位规模分						
小型	33	26	1714.9	14403.2	2438.0	1842.1
微型	3	1	315.6	3824.7	435.8	327.7

单位:万元

固定资产合计	固定资产原价	累计折旧	本年折旧	在建工程	资产总计	流动负债合计	应付账款	非流动负债合计
1557.5	2372.9	815.4		7.6	2836.1	796.4	288.2	
29392.5	40576.5	11184.0	1766.4	368.6	48013.7	45717.4	4407.4	1125.8
24141.9	36737.8	12595.9	1573.2	30941.4	105318.9	77272.1	6273.2	2999.7
24076.3	36582.9	12506.6	1566.6	30941.4	104816.5	77269.7	6273.2	2999.7
65.6	154.9	89.3	6.6		502.4	2.4		
24141.9	36737.8	12595.9	1573.2	30941.4	105318.9	77272.1	6273.2	2999.7
630.6	834.9	204.3	3.1		2652.7	1023.4		176.2
10995.7	13334.6	2338.9	876.4	25440.3	49299.6	40792.4	83.5	
10995.7	13334.6	2338.9	876.4	25440.3	49299.6	40792.4	83.5	
12515.6	22568.3	10052.7	693.7	5501.1	53366.6	35456.3	6189.7	2823.5
379.5	433.0	53.5	2.0	93.2	2734.5	1711.1	154.7	
					230.0	129.9	129.9	
9712.7	19577.5	9864.8	636.7	5293.9	46807.7	31874.0	5303.9	2688.4
2423.4	2557.8	134.4	55.0	114.0	3594.4	1741.3	601.2	135.1
11626.3	14169.5	2543.2	879.5	25440.3	51952.3	41815.8	83.5	176.2
12515.6	22568.3	10052.7	693.7	5501.1	53366.6	35456.3	6189.7	2823.5
24114.3	36632.6	12518.3	1568.2	30775.6	104526.4	76596.0	6212.9	2987.4
27.6	105.2	77.6	5.0	165.8	792.5	676.1	60.3	12.3
22280.7	32127.6	9846.9	1476.2	29710.3	98321.8	72023.8	3493.2	1809.7
1861.2	4610.2	2749.0	97.0	1231.1	6997.1	5248.3	2780.0	1190.0

6-6 续 2

指标名称	负债合计	所有者权益合计	实收资本	国家资本	集体资本	法人资本	个人资本
总　计	**142235.3**	**33572.4**	**49313.8**	**17764.0**	**100.0**	**6916.9**	**24532.9**
一、住宿业	61963.5	8525.3	17477.7	6482.8	100.0	4025.0	6869.9
1.按住宿业行业小类分							
旅游饭店	15120.3	7354.8	9850.7	5850.7			4000.0
一般旅馆	46843.2	1170.5	7627.0	632.1	100.0	4025.0	2869.9
2.按登记注册类型分							
内资企业	61963.5	8525.3	17477.7	6482.8	100.0	4025.0	6869.9
国有企业	5197.5	6658.9	4268.1	4268.1			
有限责任公司	5686.4	1225.6	2314.7	2214.7	100.0		
其他有限责任公司	5686.4	1225.6	2314.7	2214.7	100.0		
私营企业	51079.6	640.8	10894.9			4025.0	6869.9
私营独资企业	143.0	79.6	40.0				40.0
私营有限责任公司	50936.6	561.2	10854.9			4025.0	6829.9
3.按控股情况分							
国有控股	6356.3	8491.6	6482.8	6482.8			
集体控股	4527.6	-607.1	100.0		100.0		
私人控股	51079.6	640.8	10894.9			4025.0	6869.9
4.按经营形式分							
独立门店	61963.5	8525.3	17477.7	6482.8	100.0	4025.0	6869.9
5.按单位规模分							
中型	3899.3	4804.8	2621.0	821.0		1800.0	
小型	58038.7	3027.8	13761.0	5661.8	100.0	2225.0	5774.2
微型	25.5	692.7	1095.7				1095.7
6.按星级分							
四星	9712.6	-1956.8	2260.0	60.0			2200.0
三星	4611.3	7271.9	6255.2	5255.2			1000.0

单位:万元

港澳台资本	外商资本	营业收入	主营业务收入	营业成本	主营业务成本	营业税金及附加	主营业务税金及附加	其他业务利润
		41077.3	**40779.2**	**20655.0**	**20655.0**	**1335.6**	**1335.6**	**477.4**
		24975.8	24689.7	12922.7	12922.7	785.8	785.8	156.1
		9628.0	9341.9	5782.2	5782.2	181.7	181.7	156.1
		15347.8	15347.8	7140.5	7140.5	604.1	604.1	
		24975.8	24689.7	12922.7	12922.7	785.8	785.8	156.1
		6584.8	6527.3	3694.0	3694.0	181.4	181.4	156.1
		5190.6	5190.6	3379.2	3379.2	114.0	114.0	
		5190.6	5190.6	3379.2	3379.2	114.0	114.0	
		13200.4	12971.8	5849.5	5849.5	490.4	490.4	
		241.5	241.5	148.2	148.2	0.6	0.6	
		12958.9	12730.3	5701.3	5701.3	489.8	489.8	
		10877.9	10820.4	6923.8	6923.8	272.3	272.3	156.1
		897.5	897.5	149.4	149.4	23.1	23.1	
		13200.4	12971.8	5849.5	5849.5	490.4	490.4	
		24975.8	24689.7	12922.7	12922.7	785.8	785.8	156.1
		8603.9	8603.9	3832.8	3832.8	176.0	176.0	
		15943.9	15657.8	8887.9	8887.9	586.3	586.3	156.1
		428.0	428.0	202.0	202.0	23.5	23.5	
		2314.6	2314.6	1531.4	1531.4	27.9	27.9	
		6863.2	6577.1	4017.2	4017.2	142.7	142.7	

6-6 续 3

指标名称	负债合计	所有者权益合计					
			实收资本	国家资本	集体资本	法人资本	个人资本
二星	796.4	2039.7	1335.5	535.5			800.0
其他	46843.2	1170.5	7627.0	632.1	100.0	4025.0	2869.9
二、餐饮业	80271.8	25047.1	31836.1	11281.2		2891.9	17663.0
1.按餐饮业行业小类分							
正餐服务	80269.4	24547.1	31336.1	11281.2		2891.9	17163.0
快餐服务	2.4	500.0	500.0				500.0
2.按登记注册类型分							
内资企业	80271.8	25047.1	31836.1	11281.2		2891.9	17663.0
国有企业	1199.6	1453.1	1281.2	1281.2			
有限责任公司	40792.4	8507.2	10000.0	10000.0			
其他有限责任公司	40792.4	8507.2	10000.0	10000.0			
私营企业	38279.8	15086.8	20554.9			2891.9	17663.0
私营独资企业	1711.1	1023.4	300.5				300.5
私营合伙企业	129.9	100.1	100.0			100.0	
私营有限责任公司	34562.4	12245.3	17354.4			2563.7	14790.7
私营股份有限公司	1876.4	1718.0	2800.0			228.2	2571.8
3.按控股情况分							
国有控股	41992.0	9960.3	11281.2	11281.2			
私人控股	38279.8	15086.8	20554.9			2891.9	17663.0
4.按经营形式分							
独立门店	79583.4	24943.0	31774.7	11281.2		2861.9	17631.6
连锁总店(总部)	688.4	104.1	61.4			30.0	31.4
5.按单位规模分							
小型	73833.5	24488.3	31486.1	11281.2		2726.9	17478.0
微型	6438.3	558.8	350.0			165.0	185.0

单位:万元

港澳台资本	外商资本	营业收入	主营业务收入	营业成本	主营业务成本	营业税金及附加	主营业务税金及附加	其他业务利润
		450.2	450.2	233.6	233.6	11.1	11.1	156.1
		15347.8	15347.8	7140.5	7140.5	604.1	604.1	
		16101.5	16089.5	7732.3	7732.3	549.8	549.8	321.3
		15312.8	15300.8	7450.5	7450.5	529.8	529.8	321.3
		788.7	788.7	281.8	281.8	20.0	20.0	
		16101.5	16089.5	7732.3	7732.3	549.8	549.8	321.3
		656.0	644.0	263.2	263.2	31.2	31.2	
		1639.6	1639.6	401.4	401.4	32.4	32.4	
		1639.6	1639.6	401.4	401.4	32.4	32.4	
		13805.9	13805.9	7067.7	7067.7	486.2	486.2	321.3
		673.1	673.1	302.5	302.5	5.7	5.7	
		447.5	447.5	300.0	300.0	44.7	44.7	
		9965.4	9965.4	5437.1	5437.1	349.3	349.3	321.3
		2719.9	2719.9	1028.1	1028.1	86.5	86.5	
		2295.6	2283.6	664.6	664.6	63.6	63.6	
		13805.9	13805.9	7067.7	7067.7	486.2	486.2	321.3
		15498.7	15486.7	7410.8	7410.8	531.7	531.7	321.3
		602.8	602.8	321.5	321.5	18.1	18.1	
		15832.7	15820.7	7565.3	7565.3	536.7	536.7	315.3
		268.8	268.8	167.0	167.0	13.1	13.1	6.0

6–6 续 4

指标名称	销售费用	管理费用		财务费用			资产减值损失
			税金		利息收入	利息支出	
总　计	**13187.0**	**12734.8**	**193.8**	**1258.7**	**11.0**	**844.5**	**3.7**
一、住宿业	7356.3	8484.6	138.4	287.5	6.7	219.6	1.6
1.按住宿业行业小类分							
旅游饭店	3338.4	3262.3	63.7	211.3	4.1	203.1	
一般旅馆	4017.9	5222.3	74.7	76.2	2.6	16.5	1.6
2.按登记注册类型分							
内资企业	7356.3	8484.6	138.4	287.5	6.7	219.6	1.6
国有企业	2462.2	2826.5	40.5	4.5	2.0	0.5	
有限责任公司	1216.1	752.3	0.2	16.6	2.7	17.8	1.6
其他有限责任公司	1216.1	752.3	0.2	16.6	2.7	17.8	1.6
私营企业	3678.0	4905.8	97.7	266.4	2.0	201.3	
私营独资企业	65.0	23.0	0.6	1.2		1.2	
私营有限责任公司	3613.0	4882.8	97.1	265.2	2.0	200.1	
3.按控股情况分							
国有控股	2920.6	3447.6	40.7	12.6	4.5	9.6	
集体控股	757.7	131.2		8.5	0.2	8.7	1.6
私人控股	3678.0	4905.8	97.7	266.4	2.0	201.3	
4.按经营形式分							
独立门店	7356.3	8484.6	138.4	287.5	6.7	219.6	1.6
5.按单位规模分							
中型	1968.7	1798.2	0.2	47.2	2.4	9.1	
小型	5340.6	6532.4	138.2	240.3	4.3	210.5	1.6
微型	47.0	154.0					
6.按星级分							
四星	918.1	1093.9	43.0	5.6			
三星	2394.1	1923.4	20.7	173.6	4.1	171.0	

单位:万元

公允价值变动收益	投资收益	营业利润	营业外收入	政府补助	营业外支出	利润总额	应交所得税	应付职工薪酬(本年贷方累计发生额)	应交增值税	从事住宿和餐饮业活动的从业人员平均人数(人)
0.4	**816.5**	**-7370.7**	**1062.6**	**743.8**	**191.4**	**-5293.6**	**350.1**	**13875.6**	**708.4**	**5007**
0.4	0.4	-4892.2	884.9	740.7	9.4	-3685.2	280.2	8019.1	516.6	2587
		-3147.9	706.8	680.7	4.0	-2093.5	58.1	4121.9	185.8	1139
0.4	0.4	-1744.3	178.1	60.0	5.4	-1591.7	222.1	3897.2	330.8	1448
0.4	0.4	-4892.2	884.9	740.7	9.4	-3685.2	280.2	8019.1	516.6	2587
		-2583.8	741.1	680.7	0.8	-1806.4		2512.2	58.6	766
		-289.2	18.9		6.5	-276.8	58.1	2294.3	110.8	628
		-289.2	18.9		6.5	-276.8	58.1	2294.3	110.8	628
0.4	0.4	-2019.2	124.9	60.0	2.1	-1602.0	222.1	3212.6	347.2	1193
		3.5				3.5		84.0		39
0.4	0.4	-2022.7	124.9	60.0	2.1	-1605.5	222.1	3128.6	347.2	1154
		-2699.0	741.9	680.7	4.3	-1924.3	58.1	4451.6	140.0	1252
		-174.0	18.1		3.0	-158.9		354.9	29.4	142
0.4	0.4	-2019.2	124.9	60.0	2.1	-1602.0	222.1	3212.6	347.2	1193
0.4	0.4	-4892.2	884.9	740.7	9.4	-3685.2	280.2	8019.1	516.6	2587
		781.0	9.2		1.9	788.4	196.4	1785.1	280.3	630
0.4	0.4	-5674.7	875.7	740.7	7.5	-4475.5	83.8	6183.8	236.3	1935
		1.5				1.9		50.2		22
		-1262.3	167.3	142.5		-821.0		959.8	21.1	271
		-1787.8	538.9	538.2	4.0	-1175.2	58.1	2919.6	164.7	774

6-6 续 5

指标名称	销售费用	管理费用	税金	财务费用	利息收入	利息支出	资产减值损失
二星	26.2	245.0		32.1		32.1	
其他	4017.9	5222.3	74.7	76.2	2.6	16.5	1.6
二、餐饮业	5830.7	4250.2	55.4	971.2	4.3	624.9	2.1
1.按餐饮业行业小类分							
正餐服务	5480.4	4119.2	55.4	968.0	4.3	624.9	2.1
快餐服务	350.3	131.0		3.2			
2.按登记注册类型分							
内资企业	5830.7	4250.2	55.4	971.2	4.3	624.9	2.1
国有企业	195.2	154.0	10.0	-0.2	0.4	0.2	
有限责任公司	554.8	1253.9		298.6			2.1
其他有限责任公司	554.8	1253.9		298.6			2.1
私营企业	5080.7	2842.3	45.4	672.8	3.9	624.7	
私营独资企业	164.4	58.1		75.5		75.5	
私营合伙企业	2.7	100.0					
私营有限责任公司	3774.0	2134.5	28.8	591.2	3.7	542.9	
私营股份有限公司	1139.6	549.7	16.6	6.1	0.2	6.3	
3.按控股情况分							
国有控股	750.0	1407.9	10.0	298.4	0.4	0.2	2.1
私人控股	5080.7	2842.3	45.4	672.8	3.9	624.7	
4.按经营形式分							
独立门店	5735.7	4091.5	55.4	969.2	2.3	624.9	2.1
连锁总店(总部)	95.0	158.7		2.0	2.0		
5.按单位规模分							
小型	5800.8	4222.8	55.2	960.8	4.3	624.9	2.1
微型	29.9	27.4	0.2	10.4			

单位:万元

公允价值变动收益	投资收益	营业利润	营业外收入	政府补助	营业外支出	利润总额	应交所得税	应付职工薪酬(本年贷方累计发生额)	应交增值税	从事住宿和餐饮业活动的从业人员平均人数(人)
		-97.8	0.6			-97.3		242.5		94
0.4	0.4	-1744.3	178.1	60.0	5.4	-1591.7	222.1	3897.2	330.8	1448
	816.1	-2478.5	177.7	3.1	182.0	-1608.4	69.9	5856.5	191.8	2420
	816.1	-2480.9	177.7	3.1	179.6	-1608.4	69.9	5528.9	191.8	2273
		2.4			2.4			327.6		147
	816.1	-2478.5	177.7	3.1	182.0	-1608.4	69.9	5856.5	191.8	2420
		12.6	0.8			13.4		243.1	7.7	114
	393.4	-510.2	2.3			-507.9		488.6	60.1	200
	393.4	-510.2	2.3			-507.9		488.6	60.1	200
	422.7	-1980.9	174.6	3.1	182.0	-1113.9	69.9	5124.8	124.0	2106
		66.9				66.9		197.4	5.4	90
		0.1				0.1		110.0		50
	422.7	-1957.8	44.6	1.6	9.9	-966.9	35.1	3989.1	73.8	1653
		-90.1	130.0	1.5	172.1	-214.0	34.8	828.3	44.8	313
	393.4	-497.6	3.1			-494.5		731.7	67.8	314
	422.7	-1980.9	174.6	3.1	182.0	-1113.9	69.9	5124.8	124.0	2106
	816.1	-2486.0	177.7	3.1	182.0	-1615.9	69.9	5664.3	191.8	2342
		7.5				7.5		192.2		78
	816.1	-2505.4	177.7	3.1	182.0	-1653.4	69.0	5620.3	189.1	2285
		26.9				45.0	0.9	236.2	2.7	135

6-7 批发和零售业连锁经营情况

指标名称	计量单位	合计		直营店		加盟店	
		本年	上年同期	本年	上年同期	本年	上年同期
一、门店总数	个	292	313	289	310	3	3
二、年末从业人员数	人	3473	3548	3443	3518	30	30
三、年末零售营业面积	平方米	159864	162656	158864	161656	1000	1000
四、连锁门店商品购进额	万元	527468	632548	522978	628110	4490	4438
其中:统一配送商品购进额	万元	527468	632548	522978	628110	4490	4438
其中:自有配送中心配送商品购进额		527468	632548	522978	628110	4490	4438
五、连锁门店商品销售额	万元	633715	746246	633389	745988	326	258
其中:零售额	万元	279737	288945	279411	288687	326	258

6-8 住宿和餐饮业连锁经营情况

指标名称	计量单位	合计		直营店	
		本年	上年同期	本年	上年同期
一、门店总数	个	3	3	3	3
二、年末从业人员数	人	40	40	40	40
三、年末餐饮营业面积	平方米	1000	1000	1000	1000
四、餐位数	位	400	400	400	400
五、连锁门店商品购进(采购)额	万元	140	134	140	134
其中:统一配送商品购进(采购)额	万元	140	134	140	134
其中:自有配送中心配送商品购进额	万元	140	134	140	134
六、连锁门店营业额	万元	223	216	223	216
其中:餐费收入	万元	223	216	223	216

6-9 限额以上批发和零售业商品购进、销售和库存一览表

单位:千元

单位详细名称	商品购进额	商品销售额	批发额	零售额	期末商品库存额
长治市太行之欣汽贸有限公司	162546	152241		152241	16045
山西鸿济糖酒连锁有限公司	38245	45010	27069	17941	11270
山西省长治中成药有限公司	23777	23745	23745		3478
长治市蓝池冠龙汽车销售服务有限公司	70541	79941		79941	11746
长治市胜华贸易有限公司	6078	6355	6355		11
长治市蓝池赛龙汽车销售服务有限公司	24376	23139		23139	10492
长治市方汇物贸有限公司	18292	18535	18535		394
长治市东南丰润石油化工销售有限公司	17597	22456	4820	17636	11827
长治市佳威商城有限公司	6239	6239		6239	
长治市京福汽贸有限公司	17916	17215		17215	3703
长治市飞路达汽车销售服务有限公司	76892	67532		67532	78900
山西安盛源药业有限公司	29446	35371	35371		563
长治市凌云工贸有限公司	14679	24733		24733	145
长治市文鼎机电有限公司	10534	14462	14462		598
长治市一运容驰汽车维修服务有限公司	51516	52195		52195	18898
山西成功统配煤炭销售有限公司	525577	629485	629485		123602
山西成功煤炭经销有限公司	1208486	1178412	1178412		192984
长治市一运天泽汽车销售有限公司	4980	8273		8273	1203
长治市四合贸易有限公司	45892	38927		38927	7021
山西省长治商厦有限责任公司	36036	38696		38696	2638
长治市搜于特服饰有限公司	18661	16552		16552	2935
长治市金威商城有限公司	205670	204640		204640	22808
长治市东南购物中心有限公司	34330	34270		34270	858
长治市晋东南电子器材有限公司	17117	17581		17581	7617
长治市金威名店有限公司	6563	58042		58042	1735
长治市国大万民药房有限公司	25182	31472		31472	4164
长治市国之美商贸有限公司	22183	20351		20351	3954
长治市鑫倾城科技有限公司	4659	5181	900	4281	319
长治市晋竹贸易有限公司	11620	12297	12297		7859
中国石化销售有限公司山西长治石油分公司	1956659	1956659	516524	1440135	
长治市南洋平价大药房(有限公司)	18577	22241		22241	2295
长治市广泰大药房连锁有限公司	6610	7788		7788	2772

6-9 续 1

单位:千元

单位详细名称	商品购进额	商品销售额	批发额	零售额	期末商品库存额
长治市世纪园电子技术有限公司	6614	7971		7971	300
长治市荣康药业有限公司	66414	60573	60573		6246
山西省长治市农业机械总公司	79751	95467	95467		15948
长治中冀斯巴鲁汽车销售有限公司	54091	56941		56941	1720
长治市华尔通新华夏汽车连锁销售有限公司	5975	6159		6159	
长治市雅特汽车贸易有限公司	146509	128518		128518	21100
长治市联众汽车销售服务有限公司	4704	11683		11683	2567
山西省长治医药有限公司	83806	80829	80751	78	57580
长治市昌盛贸易集团有限公司	164054	180705	180705		458
长治市汇众汇达汽车销售服务有限公司	34960	35310		35310	1395
长治市鑫立商贸有限公司	16682	16546		16546	12141
山西益兆达能源有限公司	6236	7084	7084		11681
长治市晋津煤炭销售有限公司	90207	93167	93167		14909
长治市南烨统配煤炭销售有限公司	31763	41145	41145		
山西潞卓商贸集团有限公司	7179	10964		10964	206
山西佳康医用商贸有限公司	40482	44694	44694		2429
长治市苏宁云商商贸有限公司	129021	129066	53728	75338	35
山西省烟草公司长治市公司	1945978	2904018	2902981	1037	165014
长治市纺织品有限公司	16876	18140		18140	2156
长治市光明百货有限公司	7967	8718		8718	9250
长治市君悦新天地百货有限公司		10241		10241	
长治市光宇通讯器材有限公司	4846	25544		25544	4846
长治市滔捷运动服饰有限公司		39115		39115	
长治市嘉汇购物广场有限公司		102540		102540	
长治市众众汽车销售服务有限公司	305492	284857		284857	32067
长治市华诺百货有限公司		11426		11426	
长治市城区百佳购物中心	7700	7687		7687	1365
长治市旭威商贸有限公司	25213	25141	25141		7201
长治市物华商贸有限公司	38845	31951	31542	409	7082
长治市超越商贸有限公司	19766	20247		20247	2305
长治市宏达针纺有限公司	8213	9962		9962	1587
长治市瑞泰商贸有限公司	6954	7152		7152	564

6-9 续 2

单位:千元

单位详细名称	商品购进额	商品销售额	批发额	零售额	期末商品库存额
长治市贝尔电讯有限公司	8910	8730		8730	200
长治市远大通讯有限公司	43367	45432		45432	18561
中国石油天然气股份有限公司山西长治销售分公司	458205	565277	93203	472074	22305
长治市益康大药房连锁有限公司	6747	7180		7180	11395
长治市鑫海汽车销售有限公司	20384	20032		20032	5591
山西长治市八一百货大楼有限责任公司	75510	69900		69900	15130
长治市金威超市有限公司	310341	318091		318091	30959
山西新华书店集团长治有限公司	57294	60186		60186	21760
长治市丰业汽车销售有限公司	2529	4702		4702	219
长治市飞路汽车贸易有限公司	261243	335421		335421	55243
长治市东方汽车贸易有限公司	35533	39260		39260	12711
长治市奥盛工程机械有限公司	21430	22309	22309		36254
长治市达洋电器有限公司	59604	66410		66410	28162
山西博源超市有限公司	344021	315321		315321	28813
山西锦程瑞翔汽车贸易有限公司	46345	46523		46523	2055
山西锦程大运汽车服务有限公司	122773	147355		147355	5460
长治市锦程汽车贸易有限公司	130596	124753		124753	12607
长治大昌丰田汽车销售服务有限公司	110916	106028		106028	9537
长治市城区绿源能源有限公司	3850	8524		8524	94
山西三星家俱有限公司	5795	7978		7978	955
长治市世纪融盛商贸有限公司	38834	36963	36963		8608
长治飞跃工程机械有限公司	36101	41101	41101		10520
长治市金利德科工贸有限公司	23513	25439	25439		3560
长治市恒瑞达商贸有限公司	27542	27494	27494		60
山西粮丰食品有限公司	81139	91706	91706		9622
长治市平安建材有限公司	5022	6006	6006		2284
长治市晶海型材有限公司	37593	33293	33293		6194
长治市港友汽贸服务有限公司	23087	30769		30769	1338
长治市凯波商贸有限公司	60502	76218	76018	200	46854
长治市方顺商贸有限公司	19702	26823		26823	7397
长治市华信福安汽车销售有限公司	148987	148159		148159	15509
长治市昂生大药房零售连锁有限公司	76324	71286		71286	10741

6-9 续 3

单位:千元

单位详细名称	商品购进额	商品销售额	批发额	零售额	期末商品库存额
长治市飞路臣信汽车销售服务有限公司	6366	65646		65646	5524
长治华油天然气有限公司	14524	15217	7118	8099	
山西欣嘉瑞汽车销售有限公司	167375	182413		182413	11672
长治市中天汽车销售服务有限公司	73344	142427		142427	21638
长治市霄云汽车销售服务有限公司	262374	269350		269350	22728
长治市东升汽车销售服务有限公司	125698	113885		113885	21766
长治市源丰汇物资贸易有限公司	66743	67043	67043		
长治市银达新能源有限公司	9144	12456		12456	15
长治市中海石油化工有限公司	21126	25001		25001	4252
长治市飞路之星汽车销售服务有限公司	44101	54232		54232	4796
长治市圆通汽车销售服务有限公司	261456	257187		257187	30677
长治市豪杰汽贸有限公司					8613
长治居然之家家居建材有限公司		110870		110870	
山西力祥医药有限公司	76056	107679	107679		6077
长治市龙涛商贸有限公司	7724	94035	94035		8581
长治市飞路通达汽车销售有限公司	117840	120084		120084	619
长治市裕兴盛物资有限公司	8045	9406	9406		630
长治市宇翔工贸有限公司	1382	8962	8962		8889
长治市庞大之星汽车销售服务有限公司	200921	264890	29434	235456	20805
长治市鑫双玉物资有限公司	549712	649534	649534		17101
长治市明瑞汽车销售服务有限公司	87545	89632		89632	7824
山西省长治市蓝普经贸有限公司	83492	92710		92710	871
长治市恒瑞商贸有限公司	130369	132385	132385		3134
长治市宸旭盛业贸易有限公司	630318	632350	632350		1257
长治市铭昌源商贸有限公司	46579	46864	46864		959
长治市丰发物资有限公司	18507	23299	23299		8122
长治市晨旭物资有限公司	58837	59057	59057		
长治市宝信商贸有限公司	30069	30633	30633		
长治市郊区金威超市长钢店有限公司	129155	128755		128755	3301
长治市长运乾顺汽车贸易有限公司	12598	12278		12278	325
长治市鹏昌汽车销售服务有限公司	57050	59308	59308		550
长治市圣迪陶汽车贸易有限公司	49167	50289		50289	2565

6-9 续 4

单位:千元

单位详细名称	商品购进额	商品销售额	批发额	零售额	期末商品库存额
山西友信达汽车销售服务有限公司	136761	163976		163976	12627
长治高新区石化有限公司	279644	330246	318882	11364	4457
长治市福联汽车销售服务有限公司	73544	78997		78997	4987
长治市晶通达汽车销售服务有限公司	167285	178226		178226	14360
长治市华美通汽车销售服务有限公司	74588	72527		72527	8181
长治市盛鸿达汽车销售服务有限公司	20560	12231		12231	8562
山西锦鼎源汽车销售有限公司	33388	34043		34043	532
长治市云烨汽车销售有限公司	47234	56190		56190	9212
长治市飞跃汽车销售有限公司	67850	91806		91806	4500
长治市川江汽贸服务有限公司	40762	39781		39781	6595
长治市长运思驰汽车销售服务有限公司	13885	16089		16089	4781
长治市郊区森旺达储煤场	6307	6407	6407		825
长治宝诚潞府汽车销售服务有限公司	283858	306058		306058	17340
长治市顺驰路捷汽车销售服务有限公司	206439	256203		256203	33779
山西省盐业公司长治分公司	51685	47491	47491		6935
长治市华丽通汽车销售服务有限公司	147815	146986		146986	16958
长治市晶通汽车销售服务有限公司	225595	201261		201261	24469
山西友信汽车贸易有限公司长治分公司	65348	124370		124370	2650
山西佳信汽车贸易有限公司长治分公司	213325	262000		262000	16952
长治市康得大药房连锁有限公司	7992	8243		8243	
长治市康得药业有限公司	69750	66691	66691		5419
长治市容海汽车销售服务有限公司	204647	309569		309569	31143
山西省长治市郑瑞石化有限公司	279600	322240	310869	11371	28402
中油华北长治市港泰石油销售有限公司	13804	13629		13629	276
山西潞安长泰永诚工贸有限责任公司	47400	48000	48000		704
长治市红太阳电器有限公司	55401	45268		45268	86511
长治县宏利恒运业有限公司	51746	45000	45000		6800
长治县欣宏宇工贸有限公司	69453	74213	74213		1103
长治县兴盛煤炭运销有限公司	5109	6526	6526		2676
长治市潞瑞达商贸有限公司	35688	35347	35347		2231
山西潞玉种业股份有限公司	32930	44997	44997		24189
长治县嘉鑫购物超市有限责任公司	11136	10694		10694	2163

6-9 续 5

单位:千元

单位详细名称	商品购进额	商品销售额	批发额	零售额	期末商品库存额
长治市锦世联行商业管理有限公司		5105		5105	
山西省长治县百货公司	29746	29824		29824	1954
山西凯捷能源集运有限公司	439533	456156	456156		
长治县嘉威购物中心有限公司	3022	3633		3633	268
山西占领地贸易有限公司	710735	755399	755399		2445
山西新华书店集团长治有限公司长治分公司	12960	14954		14954	4617
长治县德信电器有限公司	5563	5300		5300	317
山西省长治县物资局物资经贸中心	7100	7232	7232		130
长治县和众汽车销售服务有限公司	3188	6228		6228	360
山西振东医药有限公司	396968	423429	419413	4016	20251
长治县黎都加油中心	699	7459		7459	331
长治县经坊加油站	7455	7342		7342	149
长治县宝康液化气供应站	5697	5175		5175	1015
山西太行山农产品物流有限公司	1940063	1947883	1578260	369623	6089
长治市鸿源汇贸易有限公司	36077	37613	37613		3293
长治市盛世汇祥工贸有限公司	65460	65530	65530		1353
长治县运鼎科工贸有限公司	9158	9931	9931		320
长治县连通加油站	4248	4439		4439	2142
长治县金益恒工贸有限公司	446928	418278	418278		38281
山西嘉泰和工贸有限公司	208392	226279	226279		
长治县长兴运输有限公司	22683	22515	22515		236
长治市中盈煤业有限公司	171784	179364	179364		3128
山西太行成功汽车销售有限公司	364020	454484	414359	40125	23204
襄垣县金同物贸有限公司	126349	129563	129563		3217
山西潞安宜泰国际贸易有限责任公司	6143041	6161806	6161806		
山西潞安环能襄五煤炭经销有限公司	58817	60620	60620		3
襄垣县华菱汽车销售有限公司	13512	14754		14754	773
山西明源兴煤炭运销有限公司	80079	84029	84029		7808
襄垣县阳光电器商贸有限公司	22068	21074		21074	1450
山西省襄垣县医药药材公司	13102	10721		10721	2450
长治市峰润物资贸易有限公司	73591	77151	77151		145
山西新华书店集团长治有限公司襄垣分公司	12303	15169		15169	1847

6-9 续 6

单位:千元

单位详细名称	商品购进额	商品销售额	批发额	零售额	期末商品库存额
襄垣县建恒有限责任公司	25957	27232		27232	1108
山西省襄垣县储备粮管理中心					20713
襄垣县新三联电器有限公司	15729	19227		19227	3915
襄垣县华中华购物中心有限公司	39489	47269		47269	3310
长治襄垣金威超市有限公司	117496	109226		109226	10270
襄垣县九七二加油站	7800	10511		10511	1882
襄垣县华驰物业有限公司	17474	20258	5067	15191	850
襄垣县五阳新世纪有限责任公司	1249549	1257088	1257088		36582
潞安五阳广源实业公司	771759	772332	772332		7
山西潞安海通工贸有限公司	44708	87227	87227		14983
山西潞安煤炭经销有限责任公司	42552363	49885818	49885818		90161
中央储备粮襄垣直属库	169025	334718	334718		675830
山西襄矿鑫海物资有限公司	29494	30099	30099		4132
山西省襄垣县古韩粮站	29949	31316	31316		10046
襄垣县长安加油站	19504	19304		19304	906
山西永春云商商贸有限公司	10543	12551		12551	1364
襄垣县亿达贸易有限公司	73337	72723	72723		620
山西晋香斋商贸有限公司	6494	7936		7936	6915
襄垣县聚能物资贸易有限公司	24674	36289	36289		13307
山西省襄垣县五交化公司	25613	37455		37455	10112
襄垣县华丽港生活超市有限公司	25161	30016		30016	3826
襄垣县华丽港新天地商贸有限公司	12436	15545		15545	
山西瑞茂通供应链有限公司	184856	219274	219274		
屯留县利人商贸有限公司	13758	11181		11181	2579
屯留县时代中意超市有限公司	3596	5158		5158	960
屯留县时代商贸有限公司	12341	13281		13281	
屯留县华谊建材有限公司	16852	20770		20770	569
山西新华书店集团长治有限公司屯留分公司	21532	21828		21828	3460
山西客都商贸有限公司	12352	11833		11833	8466
长治市荷英商贸有限公司	23694	31260	31260		12563
屯留县国洪商贸有限公司	355611	356523	356523		
山西国易物流有限责任公司	164267	171697	171697		31319

6–9 续 7

单位：千元

单位详细名称	商品购进额	商品销售额	批发额	零售额	期末商品库存额
屯留县金裕工贸有限公司	68002	68462	68462		130
长治市昂生医药物流有限公司	14780	17770	17770		792
国药控股山西长治有限公司	241565	308159	262022	46137	2034
长治市华信福达汽车销售服务有限公司	23044	20861		20861	6795
山西新华书店集团长治有限公司平顺分公司	6052	8900		8900	511
平顺县客都购物广场商贸有限公司	20050	19875		19875	190
长治新华书店有限公司黎城新华书店	8974	10251		10251	1050
黎城县茂盛实业有限责任公司	17548	30588		30588	2701
黎城华丽港购物广场有限公司	6685	7671		7671	705
黎城千汇购物有限公司	7554	6808		6808	3866
长治市力达物资有限公司	83782	37907	37907		45895
长治协鑫燃气科技有限公司	30496	30399		30399	182
黎城县崇利亨超市有限责任公司	7465	9357		9357	6513
黎城县宏星物资贸易有限公司	218634	220399	220399		
黎城县国新能源煤炭运销有限公司	668155	680374	680374		87446
壶关县鑫鑫加油站	6308	6953		6953	650
山西省壶关县医药药材公司	32361	37417	35887	1530	10172
山西国宾汽车销售服务有限公司	9377	9080		9080	587
壶关县佳盛商贸有限公司	6832	8640		8640	1991
山西新华书店集团长治有限公司壶关分公司	16004	15935		15935	2005
壶关县宏鑫商贸有限公司	1100	7746		7746	1100
壶关县至诚国美电器有限公司	6673	6792		6792	931
壶关县魅力商贸有限公司	15167	16870		16870	2660
壶关县德丰商贸有限公司	5482	5664		5664	1120
山西辛安泉老陈醋有限公司	6750	13600		13600	1250
长治市盛安民用爆破器材经销有限公司	70040	79511	79511		120
壶关县永兴物资有限公司	4979	7553		7553	1477
长子县源盛达商贸有限公司	9240	11193		11193	723
长子县丹朱正大商贸有限责任公司	8535	9651		9651	418
山西新华书店集团长治有限公司长子分公司	20400	19862		19862	2969
长子县富丽源商贸有限公司	21923	21271		21271	2708
山西晶通万达商贸有限公司	1316	36489	36489		86

6-9续8

单位:千元

单位详细名称	商品购进额	商品销售额	批发额	零售额	期末商品库存额
长子县佳丽彩家电有限公司	8478	8490		8490	1985
长子县鑫威超市有限公司	7415	7302		7302	317
长子县烤烟办公室烟叶购销站	22951	48134	48134		19970
长子县一元公交快客有限公司	18752	16400		16400	12752
长子县时代科技开发有限公司	6243	6323		6323	384
山西清风农资连锁有限责任公司	36850	76596	76596		600
长子县长联矿业有限责任公司	19495	27381	27381		7376
山西煤运东田良煤炭销售有限公司	6478	14001	14001		35498
山西鑫宝聚物资有限公司	135	326417	326417		3386
长子县潞源储煤有限公司	118530	111789	111789		24204
山西新易达物流有限公司	11969	318756	318756		42327
山西省长子县振兴石化有限公司	6002	6180		6180	928
山西新华书店集团长治有限公司武乡分公司	11010	13099		13099	1201
武乡县新华超市有限责任公司	12327	14180		14180	1504
长治市卓恒物资运销有限公司	669	846	846		
武乡县家家利超市有限公司	18023	21354		21354	5327
武乡县好又多超市	15023	14285		14285	932
武乡县腾飞汽车贸易有限公司	11165	11706		11706	
武乡县霖泉经贸有限公司	71116	79018	79018		
武乡县开隆商贸有限责任公司	29705	31557	31557		3350
沁县聚鑫商贸有限公司	8074	8120		8120	756
沁县华丽港购物广场有限责任公司	24100	27100		27100	2695
山西新华书店集团长治有限公司沁县分公司	9478	10762		10762	794
沁县同创电子有限责任公司	2110	3000		3000	2446
沁县万强商贸有限公司	23178	24632	13490	11142	639
沁县吴阁老土特产有限公司	7550	10023		10023	441
山西永发煤炭销售有限公司	24257	26355	26355		198
沁县晋味美食品有限责任公司	21800	22533		22533	250
山西金鑫阳能源有限公司	99873	109377	109377		21414
沁源县国新能源煤炭运销有限公司	140753	161199	161199		2008
山西省沁源县红旗商场	15409	15569		15569	1460
沁源县新科网络科技有限公司	8868	27353		27353	2786

6-9 续 9

单位：千元

单位详细名称	商品购进额	商品销售额	批发额	零售额	期末商品库存额
山西省沁源县医药药材公司	1900	6500	1800	4700	3800
沁源县民心农贸有限公司	64159	64259		64259	2200
山西煤炭运销集团长治沁源有限公司	1065728	1093207	1093207		97801
沁源县鑫盛工贸有限公司	178398	179798	171350	8448	236
沁源县东宇达商贸有限公司	5600	5584		5584	61
山西新华书店集团长治有限公司沁源分公司	8618	8451		8451	1020
沁源县万家乐超市有限责任公司	6893	6542		6542	875
沁源县瑞康平价大药房有限公司	7477	7411		7411	660
沁源县开源商贸有限公司	5646	5476		5476	1850
沁源县鑫地源商贸有限公司	11324	14156		14156	1450
山西通洲集团煤矿管理有限公司	61271	61271	61271		
沁源县新启贸易有限公司	81268	77805		77805	4663
潞城市润锦商贸有限公司	28284	28276	28276		23
潞城市恒远物资有限公司	15472	18186	18186		691
长治市金谷源商贸有限公司	12726	12915		12915	1382
潞城市客都商贸有限公司	17435	19231		19231	5816
潞城市家家利超市有限公司	10000	14139		14139	500
潞城新华书店有限公司	15169	14536		14536	2492
山晋民康药业有限公司	19779	20430		20430	5031
潞城市佳鑫贸易有限公司	35484	35736	35736		
山西省潞城市雨田实业有限责任公司	18973	20239	5592	14647	953
潞城市捌捌捌电器有限公司	6643	6266		6266	441
潞城市天源石化有限责任公司	6760	6834		6834	514
潞城市千汇购物有限公司	5890	8105		8105	2493
潞城市粮食局粮油转运站	19750	19711	19711		
潞城市晋闽石油有限责任公司	4689	5744		5744	1642
山西金达兴业能源集团有限公司	23933	28847	28847		
山西能源运输有限公司	25100	35570	35570		1897
山西通金瑞商贸有限公司	49834	59510	59510		493
潞城市盛源石化有限责任公司	289452	293505	293505		2044
潞城市恒利加油站	5942	5805		5805	268
潞城市晟基贸易有限责任公司	365854	366347	366347		

6-10 限额以上批发和零

组织机构代码	单位详细名称	行业代码	单位规模
35668348X	长治市太行之欣汽贸有限公司	5261	2
056276903	山西鸿济糖酒连锁有限公司	5127	3
110766111	山西省长治中成药有限公司	5152	3
561319484	长治市蓝池冠龙汽车销售服务有限公司	5261	2
568467754	长治市胜华贸易有限公司	5164	4
599853359	长治市蓝池赛龙汽车销售服务有限公司	5261	3
662395814	长治市方汇物贸有限公司	5179	3
66662264X	长治市东南丰润石油化工销售有限公司	5264	3
757271750	长治市佳威商城有限公司	5211	4
762459336	长治市京福汽贸有限公司	5261	3
778124004	长治市飞路达汽车销售服务有限公司	5261	3
783261302	山西安盛源药业有限公司	5151	3
785824797	长治市凌云工贸有限公司	5264	3
785830716	长治市文鼎机电有限公司	5179	3
11075572X	长治市一运容驰汽车维修服务有限公司	5261	2
664463294	山西成功统配煤炭销售有限公司	5161	2
70104214X	山西成功煤炭经销有限公司	5161	2
713637503	长治市一运天泽汽车销售有限公司	5261	3
785817423	长治市四合贸易有限公司	5261	3
110762516	山西省长治商厦有限责任公司	5211	2
68626961X	长治市搜于特服饰有限公司	5232	3
11077148X	长治市金威商城有限公司	5211	2
701043214	长治市东南购物中心有限公司	5211	3
715988921	长治市晋东南电子器材有限公司	5272	3
759822560	长治市金威名店有限公司	5211	3
781008020	长治市国大万民药房有限公司	5251	2
346867584	长治市国之美商贸有限公司	5272	3
592966633	长治市鑫倾城科技有限公司	5273	4
781007060	长治市晋竹贸易有限公司	5177	3
719844896	中国石化销售有限公司山西长治石油分公司	5264	1
748559277	长治市南洋平价大药房(有限公司)	5251	2
748565159	长治市广泰大药房连锁有限公司	5251	2

售业主要指标一览表

单位:千元

从业人员期末人数(人)	全年营业收入	全年主营业务收入	资产总计	登记注册类型	企业控股情况	批发和零售业企业经营形式
81	130120	130120	43758	173	3	1
70	38470	38470	18491	173	3	2
8	20296	20296	48648	173	3	1
57	70326	70326	45056	173	3	1
12	5576	5576	2406	173	3	1
30	22393	22393	19702	173	3	1
7	15840	15840	51760	173	3	1
17	18930	18930	19433	173	3	1
22	1796	519	1453	173	3	1
16	15230	15230	3654	159	1	1
41	56669	56669	27833	173	3	1
61	30331	30331	113600	173	3	1
30	21888	21888	21794	173	3	1
10	12361	12361	7415	173	3	1
74	44611	44611	30058	173	3	1
35	538022	538022	275915	173	3	1
95	1007273	1007273	1356503	173	3	1
14	7070	7070	9273	173	3	1
30	33271	33271	40029	173	3	1
110	13743	13743	82494	159	2	1
40	14147	14147	3618	173	3	3
247	194039	194039	214969	173	3	1
47	8237	1588	5894	159	2	1
14	15026	15026	10527	173	3	1
42	12388	6657	28486	173	3	1
91	28050	27895	9362	159	1	1
19	17394	17394	5342	173	3	1
6	4429	4429	2776	173	3	1
33	10511	10511	14728	173	3	1
576	1671825	1671825	563788	160	1	2
588	19010	19010	9287	173	3	2
78	7143	7143	14958	173	3	2

6-10 续 1

组织机构代码	单位详细名称	行业代码	单位规模
788528889	长治市世纪园电子技术有限公司	5273	4
346813658	长治市荣康药业有限公司	5151	2
110791069	山西省长治市农业机械总公司	5171	2
554110519	长治中冀斯巴鲁汽车销售有限公司	5261	3
70116581X	长治市华尔通新华夏汽车连锁销售有限公司	5261	4
757276033	长治市雅特汽车贸易有限公司	5261	2
759841104	长治市联众汽车销售服务有限公司	5261	3
110767296	山西省长治医药有限公司	5151	2
764679201	长治市昌盛贸易集团有限公司	5164	2
694251815	长治市汇众汇达汽车销售服务有限公司	5261	3
686251129	长治市鑫立商贸有限公司	5272	4
746004104	山西益兆达能源有限公司	5161	4
563587730	长治市晋津煤炭销售有限公司	5161	3
776745528	长治市南烨统配煤炭销售有限公司	5161	3
098621672	山西潞卓商贸集团有限公司	5223	2
725915750	山西佳康医用商贸有限公司	5153	3
561310842	长治市苏宁云商商贸有限公司	5272	3
110752473	山西省烟草公司长治市公司	5128	1
110759042	长治市纺织品有限公司	5283	2
662387371	长治市光明百货有限公司	5233	3
330465417	长治市君悦新天地百货有限公司	5211	2
568495405	长治市光宇通讯器材有限公司	5274	2
67643911X	长治市滔捷运动服饰有限公司	5232	3
75726776X	长治市嘉汇购物广场有限公司	5211	2
725918871	长治市众众汽车销售服务有限公司	5261	2
551465146	长治市华诺百货有限公司	5211	2
729678975	长治市城区百佳购物中心	5211	2
678155997	长治市旭威商贸有限公司	5122	3
78328394X	长治市物华商贸有限公司	5137	3
785830708	长治市超越商贸有限公司	5272	3
748567859	长治市宏达针纺有限公司	5231	3
754083092	长治市瑞泰商贸有限公司	5261	4

单位:千元

从业人员期末人数(人)	全年营业收入	全年主营业务收入	资产总计	登记注册类型	企业控股情况	批发和零售业企业经营形式
8	6810	6810	5779	173	3	1
47	51772	51772	12520	173	3	1
143	94290	94290	32580	110	1	1
27	48669	48669	6051	173	3	1
3	5264	5264	11970	173	3	1
75	110037	109844	54702	173	3	1
10	9986	9986	5082	173	3	1
96	73806	73806	568407	173	3	1
35	154449	154449	110312	173	3	1
49	34826	34826	10319	173	3	1
9	14142	14142	12531	173	3	1
13	6055	6055	104243	173	3	1
12	79630	79630	37912	173	3	1
5	35166	35166	142936	159	2	1
59	10962	10962	49774	173	3	1
25	38200	38200	9897	173	3	1
33	99069	99014	55800	173	3	1
700	2484687	2483523	981978	110	1	2
90	9179	9179	48880	159	2	1
14	8191	8191	29246	173	3	1
60	9488	9488	3962	173	3	1
70	22505	22505	35532	173	3	1
23	44495	37718	3487	173	3	1
117	86029	81244	85387	173	3	1
139	284857	284857	57942	159	2	1
191	10771	10771	11107	173	3	1
50	7463	7463	2861	172	3	1
45	22272	22272	22951	173	3	1
98	27308	27308	8461	173	3	1
24	17305	17305	6443	173	3	1
33	8514	8514	6712	173	3	2
9	6112	6112	10067	173	3	1

6-10 续 2

组织机构代码	单位详细名称	行业代码	单位规模
764663007	长治市贝尔电讯有限公司	5274	3
725934492	长治市远大通讯有限公司	5274	3
792231690	中国石油天然气股份有限公司山西长治销售分公司	5264	1
748559269	长治市益康大药房连锁有限公司	5251	3
74108028X	长治市鑫海汽车销售有限公司	5261	3
110790111	山西长治市八一百货大楼有限责任公司	5211	2
741083341	长治市金威超市有限公司	5212	1
110764036	山西新华书店集团长治有限公司	5243	2
674489594	长治市丰业汽车销售有限公司	5261	4
715958861	长治市飞路汽车贸易有限公司	5261	1
724606438	长治市东方汽车贸易有限公司	5261	3
729659416	长治市奥盛工程机械有限公司	5179	3
701040283	长治市达洋电器有限公司	5272	2
748570249	山西博源超市有限公司	5212	1
06343149X	山西锦程瑞翔汽车贸易有限公司	5261	3
583340487	山西锦程大运汽车服务有限公司	5261	3
688050160	长治市锦程汽车贸易有限公司	5261	2
792219034	长治大昌丰田汽车销售服务有限公司	5261	2
796350080	长治市城区绿源能源有限公司	5264	3
110771826	山西三星家俱有限公司	5283	4
583305702	长治市世纪融盛商贸有限公司	5179	3
602312503	长治飞跃工程机械有限公司	5179	3
683800903	长治市金利德科工贸有限公司	5162	3
699143979	长治市恒瑞达商贸有限公司	5127	3
701042529	山西粮丰食品有限公司	5121	2
713638573	长治市平安建材有限公司	5164	4
724641954	长治市晶海型材有限公司	5164	3
728157000	长治市港友汽贸服务有限公司	5261	3
754096045	长治市凯波商贸有限公司	5179	2
762478764	长治市方顺商贸有限公司	5221	3
783250558	长治市华信福安汽车销售有限公司	5261	3
743533051	长治市昂生大药房零售连锁有限公司	5251	2

单位:千元

从业人员期末人数(人)	全年营业收入	全年主营业务收入	资产总计	登记注册类型	企业控股情况	批发和零售业企业经营形式
18	7462	7462	7106	173	3	1
34	36205	36205	31275	173	3	2
319	483143	472183	279939	160	1	2
23	6137	6137	4545	173	3	2
15	15857	15857	11375	173	3	1
368	57735	57735	59598	159	2	1
474	271873	234949	163951	173	3	2
146	58776	58776	141245	159	1	1
5	4185	4185	2531	173	3	1
368	286685	286685	215392	173	3	1
48	33557	33557	20023	159	2	1
30	19068	19068	58838	173	3	1
92	56760	56760	47947	173	3	2
334	272075	260477	402243	173	3	2
25	39764	39622	33293	173	3	1
43	126208	125945	13813	173	3	1
125	106627	104158	53457	173	3	1
56	90887	90887	39184	173	3	1
25	7543	7543	2344	173	3	1
160	822	822	9916	310	5	1
7	31592	31592	112568	173	3	1
27	35130	35130	155400	173	3	1
23	21742	21742	10456	173	3	1
10	23755	23544	6873	173	3	1
45	84765	84765	29580	173	3	1
7	5133	5133	5386	173	3	1
15	28467	28467	12975	173	3	1
21	26313	26313	26227	173	3	1
25	65144	65144	591704	173	3	1
20	23677	23677	10546	173	3	1
48	126230	126230	43878	173	3	1
79	49083	47927	74821	173	3	2

6-10 续 3

组织机构代码	单位详细名称	行业代码	单位规模
06559281X	长治市飞路臣信汽车销售服务有限公司	5261	3
068048924	长治华油天然气有限公司	5264	3
396804602	山西欣嘉瑞汽车销售有限公司	5261	2
762490667	长治市中天汽车销售服务有限公司	5261	2
781040960	长治市霄云汽车销售服务有限公司	5261	2
781048129	长治市东升汽车销售服务有限公司	5261	2
792243368	长治市源丰汇物资贸易有限公司	5161	3
67819147X	长治市银达新能源有限公司	5264	3
051951359	长治市中海石油化工有限公司	5264	2
06343499X	长治市飞路之星汽车销售服务有限公司	5261	3
674493358	长治市圆通汽车销售服务有限公司	5261	2
670179468	长治市豪杰汽贸有限公司	5261	4
058889025	长治居然之家家居建材有限公司	5283	2
701133981	山西力祥医药有限公司	5151	2
790222598	长治市龙涛商贸有限公司	5161	2
719842719	长治市飞路通达汽车销售有限公司	5261	2
571077239	长治市裕兴盛物资有限公司	5164	4
575981452	长治市宇翔工贸有限公司	5161	4
581211200	长治市庞大之星汽车销售服务有限公司	5261	2
588505965	长治市鑫双玉物资有限公司	5164	2
699124727	长治市明瑞汽车销售服务有限公司	5261	3
713669548	山西省长治市蓝普经贸有限公司	5273	3
719846939	长治市恒瑞商贸有限公司	5161	3
09103351X	长治市宸旭盛业贸易有限公司	5164	3
558744113	长治市铭昌源商贸有限公司	5161	4
736316630	长治市丰发物资有限公司	5164	3
759823715	长治市晨旭物资有限公司	5164	3
776709498	长治市宝信商贸有限公司	5164	3
785837133	长治市郊区金威超市长钢店有限公司	5212	2
676415484	长治市长运乾顺汽车贸易有限公司	5261	3
788503403	长治市鹏昌汽车销售服务有限公司	5172	3
078318318	长治市圣迪陶汽车贸易有限公司	5261	3

单位:千元

从业人员期末人数（人）	全年营业收入	全年主营业务收入	资产总计	登记注册类型	企业控股情况	批发和零售业企业经营形式
48	56108	56108	25834	173	3	1
20	13470	13466	34631	159	1	1
60	161834	161834	62924	173	3	1
101	121732	121732	42310	159	2	1
91	230504	230504	125876	173	3	1
65	97338	97338	55310	159	2	1
7	57301	57301	57374	173	3	1
30	11022	11022	12286	173	3	1
55	21368	21368	7928	173	3	1
30	50230	50230	24142	173	3	1
98	219818	219818	98875	173	3	1
45			33974	173	3	1
56	71110	71110	62077	173	3	1
24	93582	93582	58915	173	3	1
30	80372	80372	457464	173	3	1
95	103576	103576	66621	173	3	1
6	8043	8043	4566	173	3	1
5	7659	7659	118637	173	3	1
59	225316	220316	120533	173	3	1
20	555157	555157	200981	173	3	1
39	74394	74394	56417	173	3	1
26	70890	70890	30679	173	3	1
8	113149	113149	33861	173	3	1
18	540469	540469	66694	173	3	1
4	40055	40055	33080	173	3	1
21	19914	19914	73117	173	3	1
8	50476	50476	11644	173	3	1
5	26182	26182	8420	173	3	1
198	126755	115688	52088	173	3	1
23	8136	8136	22707	159	1	1
11	59016	59016	11757	173	3	1
26	42982	42982	14696	173	3	1

6-10 续 4

组织机构代码	单位详细名称	行业代码	单位规模
08370554X	山西友信达汽车销售服务有限公司	5261	2
110771877	长治高新区石化有限公司	5162	2
317104991	长治市福联汽车销售服务有限公司	5261	3
583335477	长治市晶通达汽车销售服务有限公司	5261	2
583335485	长治市华美通汽车销售服务有限公司	5261	2
592987485	长治市盛鸿达汽车销售服务有限公司	5261	3
599859160	山西锦鼎源汽车销售有限公司	5261	3
664490671	长治市云烨汽车销售有限公司	5261	3
764695586	长治市飞跃汽车销售有限公司	5261	2
751542951	长治市川江汽贸服务有限公司	5261	2
757256681	长治市长运思驰汽车销售服务有限公司	5261	3
672340358	长治市郊区森旺达储煤场	5161	4
551450307	长治宝诚潞府汽车销售服务有限公司	5261	2
59296673X	长治市顺驰路捷汽车销售服务有限公司	5261	2
110764802	山西省盐业公司长治分公司	5125	3
767112622	长治市华丽通汽车销售服务有限公司	5261	2
767112630	长治市晶通汽车销售服务有限公司	5261	2
788547801	山西友信汽车贸易有限公司长治分公司	5261	3
790207777	山西佳信汽车贸易有限公司长治分公司	5261	2
748554310	长治市康得大药房连锁有限公司	5251	3
785838961	长治市康得药业有限公司	5151	2
719846605	长治市容海汽车销售服务有限公司	5261	2
602314189	山西省长治市郑瑞石化有限公司	5162	2
713637589	中油华北长治市港泰石油销售有限公司	5264	3
759825833	山西潞安长泰永诚工贸有限责任公司	5164	3
551491811	长治市红太阳电器有限公司	5271	3
57597122X	长治县宏利恒运业有限公司	5161	3
578479855	长治县欣宏宇工贸有限公司	5161	3
583320072	长治县兴盛煤炭运销有限公司	5161	4
583344357	长治市潞瑞达商贸有限公司	5161	3
715989270	山西潞玉种业股份有限公司	5112	3
561306608	长治县嘉鑫购物超市有限责任公司	5212	2

单位：千元

从业人员期末人数（人）	全年营业收入	全年主营业务收入	资产总计	登记注册类型	企业控股情况	批发和零售业企业经营形式
65	140151	140151	33967	173	3	1
60	282318	282318	82382	173	3	1
38	73049	73049	44568	173	3	1
66	152739	152330	34400	173	3	1
56	59771	59662	18763	173	3	1
30	10454	10454	26428	173	3	1
36	30739	30438	10716	173	3	1
28	41172	41172	37702	173	3	1
50	78467	78467	21512	173	3	1
56	34001	34001	25513	173	3	1
10	13962	13962	22550	159	1	1
13	6047	6047	19256	173	3	1
80	261588	257199	74020	173	3	1
50	162403	162403	90964	173	3	1
54	41944	41944	16993	120	2	1
82	128044	125629	30375	173	3	1
94	188308	172018	54916	173	3	1
20	106299	106299	19608	173	3	1
50	223931	223931	20872	173	3	1
12	7044	7044	7688	173	3	1
36	57000	57000	21275	173	3	1
100	219771	216991	46625	159	2	1
68	275419	275419	109353	173	3	1
28	11312	11312	31205	159	1	1
14	41025	41025	99063	159	1	1
28	38690	38690	9364	173	3	1
35	38461	38461	89505	173	3	1
10	40398	40398	22555	173	3	1
15	5578	5578	90862	173	3	1
9	30618	30618	12776	173	3	1
77	46861	44997	156848	160	1	1
136	8433	8433	8263	173	3	1

6-10 续 5

组织机构代码	单位详细名称	行业代码	单位规模
317068353	长治市锦世联行商业管理有限公司	5211	3
110870015	山西省长治县百货公司	5211	4
678172957	山西凯捷能源集运有限公司	5161	2
792204465	长治县嘉威购物中心有限公司	5281	3
317069241	山西占领地贸易有限公司	5161	2
110872707	山西新华书店集团长治有限公司长治分公司	5243	3
725914045	长治县德信电器有限公司	5271	3
110874518	山西省长治县物资局物资经贸中心	5164	4
317084193	长治县和众汽车销售服务有限公司	5261	3
796399861	山西振东医药有限公司	5151	2
701045957	长治县黎都加油中心	5264	3
724611675	长治县经坊加油站	5264	3
741077574	长治县宝康液化气供应站	5297	4
566335600	山西太行山农产品物流有限公司	5123	2
595333815	长治市鸿源汇贸易有限公司	5124	3
060712608	长治市盛世汇祥工贸有限公司	5161	3
666634480	长治县运鼎科工贸有限公司	5161	4
734018699	长治县连通加油站	5264	4
595307385	长治县金益恒工贸有限公司	5161	2
344436131	山西嘉泰和工贸有限公司	5161	3
680231880	长治县长兴运输有限公司	5161	3
674498765	长治市中盈煤业有限公司	5161	2
070455828	山西太行成功汽车销售有限公司	5261	2
566312556	襄垣县金同物贸有限公司	5161	3
592986431	山西潞安宜泰国际贸易有限责任公司	5164	2
666621532	山西潞安环能襄五煤炭经销有限公司	5161	3
689867084	襄垣县华菱汽车销售有限公司	5261	3
110930137	山西明源兴煤炭运销有限公司	5161	2
775154910	襄垣县阳光电器商贸有限公司	5272	3
110930022	山西省襄垣县医药药材公司	5251	3
558706766	长治市峰润物资贸易有限公司	5161	3
406420128	山西新华书店集团长治有限公司襄垣分公司	5243	3

单位:千元

从业人员期末人数（人）	全年营业收入	全年主营业务收入	资产总计	登记注册类型	企业控股情况	批发和零售业企业经营形式
76	2184	0	1469	173	3	1
7	847	847	30720	110	1	1
92	391590	391351	74417	159	1	1
49	3322	3322	7692	173	3	1
20	647349	647349	41950	173	3	1
14	13690	13545	5953	159	1	1
23	4530	4530	1840	173	3	1
5	6185	6185	5507	110	1	1
22	5323	5323	5847	173	3	1
80	364707	364093	310620	173	3	1
12	6375	6375	3758	171	3	1
12	5539	5539	3815	171	3	1
7	5097	5097	1907	171	3	1
45	1947883	1947883	271527	159	1	1
25	35865	35865	13644	173	3	1
17	56009	56009	14117	173	3	1
15	8488	8488	13583	173	3	1
8	3794	3794	6165	171	3	1
78	357502	357502	100778	173	3	1
11	193401	193401	57061	173	3	1
18	19244	19244	12298	173	3	1
33	153296	153296	29305	159	1	1
181	388326	388326	193586	173	3	1
10	115961	115961	86414	173	3	1
29	5266501	5266501	778018	159	1	1
12	51811	51811	54666	159	2	1
10	12399	12399	4644	173	3	1
68	71819	71819	66756	159	1	1
13	17491	17491	4708	173	3	1
40	9346	9346	9350	110	1	1
11	65941	65941	36486	173	3	1
16	15075	14892	4037	159	1	1

6-10 续 6

组织机构代码	单位详细名称	行业代码	单位规模
602353284	襄垣县建恒有限责任公司	5264	3
701166775	山西省襄垣县储备粮管理中心	5111	4
728161202	襄垣县新三联电器有限公司	5272	3
783281477	襄垣县华中华购物中心有限公司	5211	2
696668964	长治襄垣金威超市有限公司	5212	2
73401265X	襄垣县九七二加油站	5264	4
715957041	襄垣县华驰物业有限公司	5261	3
701048496	襄垣县五阳新世纪有限责任公司	5164	2
728176041	潞安五阳广源实业公司	5164	1
110932044	山西潞安海通工贸有限公司	5179	2
66040588X	山西潞安煤炭经销有限责任公司	5164	1
406420929	中央储备粮襄垣直属库	5111	2
568494226	山西襄矿鑫海物资有限公司	5179	3
110930495	山西省襄垣县古韩粮站	5111	3
590864406	襄垣县长安加油站	5264	3
078341761	山西永春云商商贸有限公司	5272	3
317157241	襄垣县亿达贸易有限公司	5161	3
568494330	山西晋香斋商贸有限公司	5294	3
588523725	襄垣县聚能物资贸易有限公司	5161	3
110930436	山西省襄垣县五交化公司	5211	3
325804576	襄垣县华丽港生活超市有限公司	5212	2
MA0GR4QPX	襄垣县华丽港新天地商贸有限公司	5211	3
058863255	山西瑞茂通供应链有限公司	5161	3
683828762	屯留县利人商贸有限公司	5271	4
056291062	屯留县时代中意超市有限公司	5212	3
689870312	屯留县时代商贸有限公司	5211	4
728160701	屯留县华谊建材有限公司	5287	3
110961056	山西新华书店集团长治有限公司屯留分公司	5243	3
581203809	山西客都商贸有限公司	5212	3
688087633	长治市荷英商贸有限公司	5129	3
660424765	屯留县国洪商贸有限公司	5161	2
09648837X	山西国易物流有限责任公司	5164	3

单位:千元

从业人员期末人数（人）	全年营业收入	全年主营业务收入	资产总计	登记注册类型	企业控股情况	批发和零售业企业经营形式
40	23300	23300	30403	173	3	1
17	83	83	33407	110	1	1
22	16433	16433	4365	173	3	1
168	47218	47218	5079	173	3	1
172	77324	77324	18178	173	3	1
6	8984	8984	4260	171	3	1
26	17315	17315	13641	173	3	1
175	1074435	1074435	119626	159	2	1
446	722455	714519	284715	120	2	1
266	74553	74553	54181	159	1	1
246	42637451	42637451	1409695	159	1	1
153	334717	334717	920762	110	1	1
13	25726	25726	55013	151	1	1
68	32377	31316	73398	110	1	1
15	16500	16500	17779	172	3	1
12	10728	10728	2618	173	3	1
12	62157	62157	26726	173	3	1
25	6783	6783	15784	173	3	1
9	31016	31016	22839	173	3	1
16	1143	1143	12729	110	1	1
163	26310	26310	22542	173	3	1
21	15047	15047	1797	173	3	1
8	187424	187424	69074	173	3	1
6	9556	9556	2269	173	3	1
35	5007	5007	8404	173	3	1
7	12894	12894	316	173	3	1
23	20165	20165	2638	173	3	1
16	18550	18550	5961	159	1	1
38	10228	10113	10568	173	3	1
40	26718	26718	33420	173	3	1
51	304650	304650	253271	173	3	1
15	147280	146750	97757	173	3	1

6-10 续 7

组织机构代码	单位详细名称	行业代码	单位规模
39731658X	屯留县金裕工贸有限公司	5162	3
792235253	长治市昂生医药物流有限公司	5151	3
566321348	国药控股山西长治有限公司	5151	2
078314616	长治市华信福达汽车销售服务有限公司	5261	3
110990623	山西新华书店集团长治有限公司平顺分公司	5243	4
078332419	平顺县客都购物广场商贸有限公司	5212	2
111021453	长治新华书店有限公司黎城新华书店	5243	3
X02319891	黎城县茂盛实业有限责任公司	5264	3
073072531	黎城华丽港购物广场有限公司	5212	3
396695717	黎城千汇购物有限公司	5212	2
674481402	长治市力达物资有限公司	5161	3
075527675	长治协鑫燃气科技有限公司	5264	3
741061628	黎城县崇利亨超市有限责任公司	5212	2
566312708	黎城县宏星物资贸易有限公司	5164	3
11102227X	黎城县国新能源煤炭运销有限公司	5161	2
561305066	壶关县鑫鑫加油站	5264	4
111050115	山西省壶关县医药药材公司	5151	3
592993834	山西国宾汽车销售服务有限公司	5261	4
091005922	壶关县佳盛商贸有限公司	5212	2
11105137X	山西新华书店集团长治有限公司壶关分公司	5243	3
056299259	壶关县宏鑫商贸有限公司	5212	2
689866495	壶关县至诚国美电器有限公司	5272	3
775191316	壶关县魅力商贸有限公司	5212	2
686255648	壶关县德丰商贸有限公司	5212	3
344440739	山西辛安泉老陈醋有限公司	5229	4
670198386	长治市盛安民用爆破器材经销有限公司	5169	3
111053279	壶关县永兴物资有限公司	5264	3
595315385	长子县源盛达商贸有限公司	5272	3
330457150	长子县丹朱正大商贸有限责任公司	5212	3
602383109	山西新华书店集团长治有限公司长子分公司	5243	3
686263891	长子县富丽源商贸有限公司	5212	2
395757269	山西晶通万达商贸有限公司	5164	4

单位:千元

从业人员期末人数（人）	全年营业收入	全年主营业务收入	资产总计	登记注册类型	企业控股情况	批发和零售业企业经营形式
10	58515	58515	5583	173	3	1
25	15189	15189	59296	173	3	1
48	262745	262745	161118	160	1	1
34	17874	17414	16129	173	3	1
7	8521	8475	2966	159	1	1
99	18000	16400	4700	173	3	1
13	9258	8981	1632	159	1	1
32	18976	18976	5480	173	3	1
20	6828	6828	4784	173	3	1
73	6808	6808	18223	173	3	1
5	32399	32399	122550	173	3	1
40	26902	26902	37309	159	2	1
58	7938	7938	6708	173	3	1
9	176641	176641	54348	173	3	1
70	581516	581516	249128	173	3	1
7	4618	4618	3258	171	3	1
22	34017	34017	17577	110	1	1
7	9035	9005	8120	173	3	1
219	7130	6930	59183	174	3	1
12	15935	15935	3446	159	1	1
70	7740	7740	1150	173	3	1
13	5805	5805	965	173	3	1
104	11739	11739	14800	173	3	1
18	5344	5344	2773	173	3	1
5	13500	13500	28326	173	3	3
11	67958	67958	40917	173	3	1
20	6456	6456	8285	173	3	1
45	9567	9567	3186	173	3	1
31	8420	8420	2845	173	3	1
14	17852	17716	437	159	1	1
205	18180	18180	3588	173	3	1
4	36389	36389	33122	173	3	1

6-10 续 8

组织机构代码	单位详细名称	行业代码	单位规模
699139240	长子县佳丽彩家电有限公司	5272	3
770123330	长子县鑫威超市有限公司	5212	3
701045113	长子县烤烟办公室烟叶购销站	5119	3
767101448	长子县一元公交快客有限公司	5261	4
063427861	长子县时代科技开发有限公司	5273	3
57599363X	山西清风农资连锁有限责任公司	5166	3
736302036	长子县长联矿业有限责任公司	5161	3
79635185X	山西煤运东田良煤炭销售有限公司	5161	3
054190997	山西鑫宝聚物资有限公司	5161	2
689865310	长子县潞源储煤有限公司	5161	3
597389476	山西新易达物流有限公司	5161	2
701169757	山西省长子县振兴石化有限公司	5264	3
111110237	山西新华书店集团长治有限公司武乡分公司	5243	3
790204816	武乡县新华超市有限责任公司	5212	2
794227898	长治市卓恒物资运销有限公司	5161	4
083736194	武乡县家家利超市有限公司	5212	3
087067995	武乡县好又多超市	5212	2
558732331	武乡县腾飞汽车贸易有限公司	5261	3
79224036X	武乡县霖泉经贸有限公司	5161	2
317109071	武乡县开隆商贸有限责任公司	5161	3
724620504	沁县聚鑫商贸有限公司	5271	3
588516891	沁县华丽港购物广场有限责任公司	5212	2
111141527	山西新华书店集团长治有限公司沁县分公司	5243	3
729675918	沁县同创电子有限责任公司	5272	3
689855155	沁县万强商贸有限公司	5127	3
746007954	沁县吴阁老土特产有限公司	5221	3
736326281	山西永发煤炭销售有限公司	5161	3
694257731	沁县晋味美食品有限责任公司	5294	3
595344223	山西金鑫阳能源有限公司	5161	3
11117023X	沁源县国新能源煤炭运销有限公司	5161	4
111170440	山西省沁源县红旗商场	5211	2
783257960	沁源县新科网络科技有限公司	5273	2

单位：千元

从业人员期末人数（人）	全年营业收入	全年主营业务收入	资产总计	登记注册类型	企业控股情况	批发和零售业企业经营形式
43	6309	6309	5869	173	3	1
38	5202	5202	24120	173	3	1
65	42597	42597	86885	110	1	1
5	13983	13983	8200	173	3	1
17	4839	4835	2038	173	3	1
30	67784	67784	14590	173	3	1
18	23098	23098	27200	173	3	1
38	12009	12009	109436	159	1	1
24	279162	279162	197966	173	3	1
9	95547	95547	409253	173	3	1
50	240532	240532	136791	173	3	1
19	5282	5282	21130	173	3	1
23	12297	12028	2367	159	1	1
65	13301	13301	2966	173	3	1
18	723	723	119950	173	3	1
43	19253	19253	7155	173	3	3
75	12591	12591	6617	173	3	1
10	10143	10143	40577	173	3	1
43	67537	67537	110753	173	3	1
55	31397	31397	21789	173	3	1
17	6940	6940	2353	173	3	1
96	22342	22342	19251	173	3	1
11	9875	9775	1223	159	1	1
16	2248	2248	6271	173	3	1
10	23915	23915	3490	173	3	1
30	8870	8870	15114	173	3	1
8	22526	22526	25793	173	3	1
32	22500	22000	6190	173	3	1
15	93485	93485	66715	173	3	1
2	137777	137777	149175	173	3	1
85	14751	14751	6557	110	1	1
50	17495	17495	21067	173	3	1

6-10 续 9

组织机构代码	单位详细名称	行业代码	单位规模
111170707	山西省沁源县医药药材公司	5251	3
55870228X	沁源县民心农贸有限公司	5211	3
111170539	山西煤炭运销集团长治沁源有限公司	5161	2
317135157	沁源县鑫盛工贸有限公司	5161	2
330586956	沁源县东宇达商贸有限公司	5264	4
111170512	山西新华书店集团长治有限公司沁源分公司	5243	4
317018866	沁源县万家乐超市有限责任公司	5211	3
325762046	沁源县瑞康平价大药房有限公司	5251	3
111170475	沁源县开源商贸有限公司	5232	2
681921111	沁源县鑫地源商贸有限公司	5212	3
060737266	山西通洲集团煤矿管理有限公司	5179	2
672312373	沁源县新启贸易有限公司	5264	3
571050546	潞城市润锦商贸有限公司	5161	3
686291577	潞城市恒远物资有限公司	5165	3
67815840X	长治市金谷源商贸有限公司	5261	3
581202857	潞城市客都商贸有限公司	5212	2
MA0GRPL94	潞城市家家利超市有限公司	5212	3
110902961	潞城新华书店有限公司	5243	3
798292048	山晋民康药业有限公司	5251	2
775164713	潞城市佳鑫贸易有限公司	5165	3
110901598	山西省潞城市雨田实业有限责任公司	5264	3
696690328	潞城市捌捌捌电器有限公司	5271	3
701047493	潞城市天源石化有限责任公司	5264	4
696676016	潞城市千汇购物有限公司	5232	3
110900667	潞城市粮食局粮油转运站	5111	3
734008765	潞城市晋闽石油有限责任公司	5264	3
701167065	山西金达兴业能源集团有限公司	5161	3
731933621	山西能源运输有限公司	5161	3
34690746X	山西通金瑞商贸有限公司	5161	3
792213249	潞城市盛源石化有限责任公司	5162	2
75409789X	潞城市恒利加油站	5264	4
065595033	潞城市晟基贸易有限责任公司	5161	3

单位:千元

从业人员期末人数（人）	全年营业收入	全年主营业务收入	资产总计	登记注册类型	企业控股情况	批发和零售业企业经营形式
14	5495	5495	1280	110	1	1
22	59119	59119	23080	159	2	1
81	934727	934365	349574	151	1	1
21	153675	153675	154442	173	3	1
9	4634	4634	11167	173	3	1
8	8410	8284	3621	159	1	1
22	6532	6532	2875	173	3	1
19	7195	7195	1570	173	3	1
65	5202	5202	4044	159	1	1
36	13743	13743	2785	151	1	1
226	52381	52381	161924	173	3	1
47	57162	55585	36434	173	3	1
13	24168	24168	35892	173	3	1
7	15543	15543	9934	173	3	1
24	11540	11522	11463	173	3	1
57	9576	9314	5771	173	3	1
30	12085	12085	5002	173	3	1
19	14477	14238	3807	159	1	1
59	17542	17542	9263	173	3	1
5	30544	30544	9152	173	3	1
20	17299	17299	21456	173	3	1
36	5544	5544	2002	173	3	1
9	5956	5956	2096	173	3	1
116	2912	2912	4424	173	3	1
14	19711	19711	7821	110	1	1
10	4909	4909	1963	173	3	1
120	39068	24656	327413	173	3	1
8	30535	30402	40411	159	1	1
5	50863	50863	23202	173	3	1
50	250859	250859	7024	173	3	1
9	5336	5336	989	171	3	1
12	313117	313117	56569	173	3	1

6-11 社会消费品零售总额

单位:万元

指标名称	1-12月累计	比上年增长(%)
社会消费品零售总额	**5666195.8**	**8.0**
一、按销售单位所在地分		
1.城镇	4598304.7	8.0
其中:城区	3343800.1	8.2
2.乡村	1067891.1	8.3
二、按行业分		
1.批发业	325714.0	10.3
2.零售业	4798811.9	7.9
3.住宿业	64579.4	6.4
4.餐饮业	477090.5	8.4

6-12 分县区社会消费品零售总额

单位:万元

县市区	社会消费品零售总额		按销售单位所在地分		
	总计	比上年增长%	城镇	城区	乡村
全　市	**5666195.8**	**8.0**	**4598304.7**	**3343800.1**	**1067891.1**
城　区	3258060.8	8.0	3258060.8	3175018.6	
郊　区	478541	7.5	409807.4	79124.2	68733.6
长治县	297110.7	9.5	124243.1		172867.6
襄垣县	268509.9	8.4	181796		86713.9
屯留县	156159	7.4	68661.3		87497.7
平顺县	87186	7.7	40996.3		46189.7
黎城县	134406.3	7.9	67321.3		67085
壶关县	185172.5	8.9	66095.7		119076.8
长子县	182037.7	7.1	70528.1		111509.6
武乡县	133816.4	8.6	70632.2		63184.2
沁　县	98339.9	7.2	33892		64447.9
沁源县	233612.5	9.2	113121.9		120490.6
潞城市	153243.1	7.8	93148.6	89657.3	60094.5

6-13 限额以上住宿和餐饮

单位详细名称	营业额	客房收入	餐费收入
长治市潞州宴餐饮文化有限公司	5000		5000
长治市京津快捷酒店有限公司	3092	3089	1
长治市金尚岛餐饮有限公司	2695		2695
长治市中潞滨河酒店管理培训有限公司	1917	785	1132
长治市光宇科贸有限公司	4290	3684	327
长治市七十二行餐饮文化发展有限公司	1633		1633
长治市馥天下餐饮有限公司	1634		1634
长治市潞州宾馆有限公司	5886	2600	3200
山西省长治市饮食公司	4320		4320
山西盛世太行大酒店有限公司	7810	3444	3190
长治市金师傅饮食文化有限公司	7887		7887
长治市骅泰休闲宾馆有限公司	910	895	
山西雷豪瑞庭酒店管理有限公司	3490	2189	1121
长治宾馆	16533	8851	5270
长治市华诺新京伦大酒店有限公司	13913	6218	6830
山西鹏宇国际大酒店有限公司	6174	3413	2761
长治市发发乐人文餐饮有限公司	3800		3800
长治市财政干部培训中心	15984	7029	8955
长治市人文吉家餐饮有限公司	2820		2820
长治新千年酒店有限公司	979		979
长治市晶悦凯莱酒店有限责任公司	4516	2065	2168
长治市口福馨居餐饮有限公司	2326		2286
长治市故乡一家人餐饮管理有限公司	1439		1320
长治市小城故事餐饮娱乐有限公司	6304		6304
长治市如家酒店管理有限公司	2068	2068	
长治市九州宾馆有限公司	7660	2741	2835
长治市东于盛餐饮有限公司	4269		4269
长治市红叶山庄休闲宾馆有限公司	4180	3633	
长治市城区京一锅店	4475		4431
长治尚膳营北京烤鸭文化餐饮有限公司	1964		1964
长治市城区云桂大酒店	1826		1826
长治市清华宾馆有限公司	29822	6456	16213
长治市天仁聚驴肉香美食有限公司	2655		2655
长治市城区喜来大酒店	4905		4727

业经营情况一览表

单位:千元

		客房数 (间)	床位数 (个)	餐位数 (位)
商品销售额	其他收入			
				420
1	1	110	150	50
				40
		108	216	580
177	102	119	200	56
				300
				220
	86	94	155	200
				600
24	1152	80	150	350
				780
15		28	59	
	180	65	93	120
590	1822	156	253	400
380	485	91	134	140
		106	179	658
				200
		109	183	600
				70
				600
283		100	180	300
40				200
119				500
				230
		80	126	20
	2084	90	196	290
				270
547		27	54	
44				31
				600
				80
260	6893	149	298	700
				48
178				400

6-13 续 1

单位详细名称	营业额	客房收入	餐费收入
长治市福龙门餐饮有限公司	1936		1858
长治市芭丽雅酒店有限公司	8685	3411	5274
长治市五星大酒店有限公司	2198	1201	997
长治市阳光酒店股份有限公司	15528		15295
长治金威大酒店有限公司	58521	20378	35998
长治市太行明珠快捷酒店有限公司	3132	2894	238
长治市晋峰生态园有限公司	8677		8677
长治市国瑞宾馆有限公司	11884	4515	6155
长治市郊区煤海休闲娱乐山庄	2415	2415	
长治市村外村艺苑饮食有限公司	1566		1566
山西省长治市民乐饮食服务有限公司	2228		2228
首钢长治钢铁有限公司宾馆	1886	1789	
山西长治县雄山煤炭有限公司鑫华生态休闲运动馆	7380	3336	2902
长治县宾馆	1396	770	626
长治县金圣餐饮发展有限公司	805		805
山西襄垣国际大酒店有限公司	16363	5094	10481
长治市金海大酒店有限公司	10007	3571	6436
山西潞安宾馆服务有限责任公司	11247	5823	5424
屯留县宾馆	3897	2581	1316
平顺县通天峡大酒店有限公司	5805	780	5025
平顺宾馆	12780	2445	10335
黎城宾馆管理有限公司	3557	2126	1431
壶关宾馆	5020	2088	2932
长子县宾馆	6132	4111	1981
长子县明孩餐饮文化有限公司	2369		1569
武乡县天江美食餐饮有限公司	4100		4100
武乡县人民政府宾馆	3800	1650	2150
武乡县泓德商务快捷酒店有限公司	2107	1161	861
武乡县五洲大酒店有限公司	1136	1136	
沁源县太岳宾馆	2710	1420	1290
山西省沁源县饮食服务公司	2240	1440	410
沁源县沁源大酒店有限公司	1980	809	1090
山西太岳国际大酒店有限责任公司	10129	3831	6298
潞城大酒店有限公司	4247	3214	1013

单位：千元

商品销售额	其他收入	客房数（间）	床位数（个）	餐位数（位）
78				500
		115	145	108
		30	70	200
233				410
672	1473	168	261	278
		73	110	200
				1596
1214		95	184	290
		47	155	
				300
				400
	97	110	180	
	1142	60	110	350
		60	98	300
				400
	788	208	339	1020
		105	156	390
		164	271	742
		60	100	500
		114	221	575
		85	150	500
		84	170	400
		120	240	100
40		61	105	300
800				100
				800
		67	142	400
85		48	85	99
		58	116	120
		67	130	160
180	210	18	36	60
81		65	150	200
		107	166	800
20		111	209	200

6-14 限额以上住宿和餐饮业

组织机构代码	单位详细名称	行业代码	单位规模
31704970X	长治市潞州宴餐饮文化有限公司	6210	3
317038891	长治市京津快捷酒店有限公司	6120	3
672322053	长治市金尚岛餐饮有限公司	6210	3
692201777	长治市中潞滨河酒店管理培训有限公司	6210	3
731908098	长治市光宇科贸有限公司	6120	3
778114244	长治市七十二行餐饮文化发展有限公司	6210	3
676422115	长治市馥天下餐饮有限公司	6210	3
741085304	长治市潞州宾馆有限公司	6110	3
110766365	山西省长治市饮食公司	6210	3
599897634	山西盛世太行大酒店有限公司	6210	3
701044524	长治市金师傅饮食文化有限公司	6220	3
692244582	长治市骅泰休闲宾馆有限公司	6120	4
597359867	山西雷豪瑞庭酒店管理有限公司	6120	3
11076057X	长治宾馆	6110	3
330454232	长治市华诺新京伦大酒店有限公司	6210	3
715936793	山西鹏宇国际大酒店有限公司	6110	3
683847904	长治市发发乐人文餐饮有限公司	6210	3
110767771	长治市财政干部培训中心	6110	3
694277812	长治市人文吉家餐饮有限公司	6210	3
725902925	长治新千年酒店有限公司	6210	4
681920311	长治市晶悦凯莱酒店有限责任公司	6120	3
781005946	长治市口福馨居餐饮有限公司	6210	3
794200871	长治市故乡一家人餐饮管理有限公司	6210	3
568473513	长治市小城故事餐饮娱乐有限公司	6210	3
588521789	长治市如家酒店管理有限公司	6120	3
602313522	长治市九州宾馆有限公司	6120	3
566323028	长治市东于盛餐饮有限公司	6210	3
664492458	长治市红叶山庄休闲宾馆有限公司	6120	3
L01009077	长治市城区京一锅店	6210	3
110765995	长治尚膳营北京烤鸭文化餐饮有限公司	6210	3
701042246	长治市城区云桂大酒店	6210	3
810760247	长治市清华宾馆有限公司	6110	2
770133141	长治市天仁聚驴肉香美食有限公司	6210	3
L07062282	长治市城区喜来大酒店	6210	3

主 要 指 标 一 览 表

单位：千元

从业人员期末人数（人）	营业收入	主营业务收入	资产总计	登记注册类型	企业控股情况	住宿餐饮业企业经营方式	住宿业企业星级评定情况
120	5000	5000	5070	173	3	1	
24	3092	3092	5252	173	3	1	9
55	2695	2695	4589	173	3	1	
29	1917	1917	20547	173	3	1	
37	4290	4290	4233	173	3	1	9
40	1633	1633	1242	173	3	1	
28	1634	1634	2171	173	3	1	
80	5886	3600	28811	173	3	1	3
99	4320	4320	24392	110	1	1	
62	7810	7810	23217	174	3	1	
150	7887	7887	5024	173	3	1	
15	910	910	923	173	3	1	9
34	3491	3491	10792	173	3	1	9
257	16533	16533	56735	110	1	1	3
182	13913	13913	8991	174	3	1	
131	6175	6175	65770	173	3	1	4
38	3800	3800	320	173	3	2	
204	16971	16971	11788	110	1	1	4
20	2820	2820	110	173	3	1	
80	979	979	64020	173	3	1	
55	4441	4441	6837	173	3	1	9
35	2326	2326	2728	173	3	1	
42	1414	1414	303	173	3	1	
70	6051	6051	6986	173	3	1	
16	2068	2068	2317	173	3	1	9
129	7660	7660	7794	173	3	1	9
48	4269	4269	901	173	3	1	
90	4180	4180	42591	173	3	1	9
46	4475	4475	2300	172	3	1	
87	1964	1964	1347	173	3	1	
40	1826	1826	4650	171	3	1	
363	29822	29822	11125	159	1	1	3
32	2656	2656	1324	173	3	1	
56	4905	4905	22695	171	3	1	

6-14 续 1

组织机构代码	单位详细名称	行业代码	单位规模
592994781	长治市福龙门餐饮有限公司	6210	3
688070452	长治市芭丽雅酒店有限公司	6210	3
668611506	长治市五星大酒店有限公司	6120	3
563552378	长治市阳光酒店股份有限公司	6210	3
692223685	长治金威大酒店有限公司	6120	2
692232979	长治市太行明珠快捷酒店有限公司	6120	4
770101019	长治市晋峰生态园有限公司	6210	3
55147486X	长治市国瑞宾馆有限公司	6120	3
790211151	长治市郊区煤海休闲娱乐山庄	6120	3
751538506	长治市村外村艺苑饮食有限公司	6210	4
715989596	山西省长治市民乐饮食服务有限公司	6210	3
810750057	首钢长治钢铁有限公司宾馆	6120	3
689854558	山西长治县雄山煤炭有限公司鑫华生态休闲运动馆	6120	3
110871974	长治县宾馆	6120	3
688070831	长治县金圣餐饮发展有限公司	6210	4
689851306	山西襄垣国际大酒店有限公司	6210	3
764691315	长治市金海大酒店有限公司	6210	3
676408401	山西潞安宾馆服务有限责任公司	6110	3
406440428	屯留县宾馆	6120	3
325771049	平顺县通天峡大酒店有限公司	6210	3
406460904	平顺宾馆	6120	3
676445990	黎城宾馆管理有限公司	6120	3
406500363	壶关宾馆	6110	3
111081704	长子县宾馆	6120	3
325780906	长子县明孩餐饮文化有限公司	6210	3
056285500	武乡县天江美食餐饮有限公司	6210	3
701049042	武乡县人民政府宾馆	6110	3
317175183	武乡县泓德商务快捷酒店有限公司	6210	3
798285016	武乡县五洲大酒店有限公司	6110	3
111170459	沁源县太岳宾馆	6120	3
111171574	山西省沁源县饮食服务公司	6210	3
681947629	沁源县沁源大酒店有限公司	6120	3
688059122	山西太岳国际大酒店有限责任公司	6120	3
741073469	潞城大酒店有限公司	6210	3

单位：千元

从业人员期末人数（人）	营业收入	主营业务收入	资产总计	登记注册类型	企业控股情况	住宿餐饮业企业经营方式	住宿业企业星级评定情况
23	1936	1936	1100	173	3	1	
98	5036	5036	155	173	3	1	
29	2198	2198	16421	173	3	1	9
129	14619	14619	29638	173	3	1	
265	56217	56217	75916	173	3	1	9
7	3370	3370	6259	173	3	1	9
91	8567	8567	63469	173	3	1	
82	11884	11884	10154	173	3	1	9
39	2415	2415	2226	171	3	1	9
10	904	904	451	173	3	1	
40	2228	2228	7605	173	3	2	
42	1862	1862	3624	159	1	1	9
120	7090	7090	5461	159	2	1	9
68	1273	1273	1322	110	1	1	9
45	805	805	5500	173	3	1	
200	16396	16396	492996	159	1	1	
118	5323	5323	197760	173	3	1	
122	11247	11247	15166	159	1	1	3
40	2581	2581	1266	110	1	1	9
80	5476	5476	3736	174	3	1	
58	11661	11661	16775	110	1	1	9
59	3052	3052	11732	173	3	1	9
79	5144	4569	6995	110	1	1	3
95	6132	6132	3673	110	1	1	9
13	2300	2300	2050	173	3	1	
50	4100	4100	700	173	3	1	
74	3369	3369	14851	110	1	1	2
43	2107	2107	3230	173	3	1	
20	1133	1133	13510	173	3	1	2
58	2184	2184	5159	110	1	1	9
15	2240	2120	2135	110	1	1	
24	1885	1885	33744	159	2	1	9
92	9542	9542	205666	173	3	1	9
83	4684	4684	39737	173	3	1	

6-15 限额以上批发和零售业法人基本情况表

指标名称	法人企业数(个)	从业人员期末人数(人)	其中:女性	法人所属产业活动单位数(个)
总　计	**320**	**17778**	**9513**	**751**
一、批发业	119	5536	1894	158
1.按批发行业小类分				
农、林、牧产品批发	6	394	134	10
谷物、豆及薯类批发	4	252	86	8
种子批发	1	77	19	1
其他农牧产品批发	1	65	29	1
食品、饮料及烟草制品批发	10	1044	376	30
米、面制品及食用油批发	1	45	22	1
糕点、糖果及糖批发	1	45	35	1
果品、蔬菜批发	1	45	18	1
肉、禽、蛋、奶及水产品批发	1	25	16	1
盐及调味品批发	1	54	20	4
酒、饮料及茶叶批发	3	90	36	6
烟草制品批发	1	700	204	15
其他食品批发	1	40	25	1
纺织、服装及家庭用品批发	1	98	65	2
家用电器批发	1	98	65	2
医药及医疗器材批发	11	472	229	11
西药批发	9	439	215	9
中药批发	1	8	5	1
医疗用品及器材批发	1	25	9	1
矿产品、建材及化工产品批发	79	2730	907	90
煤炭及制品批发	51	1376	254	52
石油及制品批发	5	211	111	13
金属及金属矿批发	19	1090	528	21
建材批发	2	12	6	2
化肥批发	1	30	5	1
其他化工产品批发	1	11	3	1
机械设备、五金产品及电子产品批发	12	798	183	15
农业机械批发	1	143	47	1
汽车批发	1	11	5	1

6-15 续 1

指标名称	法人企业数(个)	从业人员期末人数(人)	其中:女性	法人所属产业活动单位数(个)
计算机、软件及辅助设备批发	1	33	11	2
其他机械设备及电子产品批发	9	611	120	11
2.按登记注册类型分				
内资企业	119	5536	1894	158
国有企业	9	1187	372	27
集体企业	2	500	318	6
有限责任公司	15	1125	365	18
国有独资公司	2	94	9	2
其他有限责任公司	13	1031	356	16
股份有限公司	2	125	42	2
私营企业	91	2599	797	105
私营有限责任公司	91	2599	797	105
3.按控股情况分				
国有控股	23	2245	693	44
集体控股	5	692	404	9
私人控股	91	2599	797	105
4.按经营形式分				
独立门店	117	4766	1660	139
连锁总店	2	770	234	19
5.按单位规模分				
大型	3	1392	574	19
中型	35	2462	779	50
小型	67	1546	505	75
微型	14	136	36	14
二、零售业	201	12242	7619	593
1.按零售行业小类分				
综合零售	45	4565	3686	73
百货零售	19	1678	1186	29
超级市场零售	26	2887	2500	44
食品、饮料及烟草制品专门零售	4	114	64	36
粮油零售	2	50	27	2
果品、蔬菜零售	1	59	37	33

6-15 续 2

指标名称	法人企业数(个)	从业人员期末人数(人)	其中:女性	法人所属产业活动单位数(个)
其他食品零售	1	5		1
纺织、服装及日用品专门零售	6	291	241	8
纺织品及针织品零售	1	33	30	3
服装零售	4	244	200	4
鞋帽零售	1	14	11	1
文化、体育用品及器材专门零售	12	299	117	17
图书、报刊零售	12	299	117	17
医药及医疗器材专门零售	10	1003	849	52
药品零售	10	1003	849	52
汽车、摩托车、燃料及零配件专门零售	90	4834	2030	349
汽车零售	64	3419	1255	96
机动车燃料零售	26	1415	775	253
家用电器及电子产品专门零售	26	694	407	50
家用视听设备零售	5	110	82	8
日用家电设备零售	13	355	218	17
计算机、软件及辅助设备零售	5	107	34	7
通信设备零售	3	122	73	18
五金、家具及室内装饰材料专门零售	5	378	195	5
五金零售	1	49	48	1
家具零售	3	306	135	3
陶瓷、石材装饰材料零售	1	23	12	1
货摊、无店铺及其他零售业	3	64	30	3
互联网零售	2	57	28	2
生活用燃料零售	1	7	2	1
2.按登记注册类型分				
内资企业	200	12082	7529	592
国有企业	5	162	76	14
有限责任公司	31	1718	855	55
国有独资公司	1	36	29	1
其他有限责任公司	30	1682	826	54
股份有限公司	2	895	473	208
私营企业	162	9307	6125	315

6-15 续 3

指标名称	法人企业数(个)	从业人员期末人数(人)	其中:女性	法人所属产业活动单位数(个)
私营独资企业	7	61	38	7
私营合伙企业	2	65	45	2
私营有限责任公司	152	8962	5834	304
私营股份有限公司	1	219	208	2
外商投资企业	1	160	90	1
中外合资经营企业	1	160	90	1
3.按控股情况分				
国有控股	27	1645	859	256
集体控股	11	1130	545	21
私人控股	162	9307	6125	315
外商控股	1	160	90	1
4.按经营形式分				
独立门店	187	9524	5651	317
连锁总店	11	2630	1909	273
连锁门店	3	88	59	3
5.按单位规模分				
大型	5	2071	1246	224
中型	64	6870	4589	185
小型	108	2927	1586	158
微型	24	374	198	26
6.按零售业态分				
有店铺零售	197	12150	7571	589
超市	22	1788	1614	35
大型超市	6	1200	963	19
百货店	20	1770	1266	30
专业店	83	3723	2282	406
专卖店	62	3314	1216	95
家居建材商店	3	239	118	3
购物中心	1	116	112	1
无店铺零售	4	92	48	4
网上商店	4	92	48	4

6-16 限额以上住宿和餐饮业法人基本情况表

指标名称	法人企业数(个)	从业人员期末人数(人)	其中:女性	法人所属产业活动单位数(个)
总　计	**68**	**5205**	**3132**	**85**
一、住宿业	32	2808	1805	41
1.按住宿业行业小类分				
旅游饭店	9	1330	877	12
一般旅馆	23	1478	928	29
2.按登记注册类型分				
内资企业	32	2808	1805	41
国有企业	9	933	502	10
有限责任公司	5	671	512	5
其他有限责任公司	5	671	512	5
私营企业	18	1204	791	26
私营独资企业	1	39	21	1
私营有限责任公司	17	1165	770	25
3.按控股情况分				
国有控股	12	1460	912	13
集体控股	2	144	102	2
私人控股	18	1204	791	26
4.按经营形式分				
独立门店	32	2808	1805	41
5.按单位规模分				
中型	2	628	447	3
小型	28	2158	1350	35
微型	2	22	8	3
6.按星级分				
四星	2	335	187	2
三星	5	901	631	7

6-16 续 1

指标名称	法人企业数(个)	从业人员期末人数(人)	其中:女性	法人所属产业活动单位数(个)
二星	2	94	59	3
其他	23	1478	928	29
二、餐饮业	36	2397	1327	44
1.按餐饮业行业小类分				
正餐服务	35	2247	1230	41
快餐服务	1	150	97	3
2.按登记注册类型分				
内资企业	36	2397	1327	44
国有企业	2	114	10	2
有限责任公司	1	200	163	1
其他有限责任公司	1	200	163	1
私营企业	33	2083	1154	41
私营独资企业	2	96	64	2
私营合伙企业	1	46	14	1
私营有限责任公司	27	1617	942	35
私营股份有限公司	3	324	134	3
3.按控股情况分				
国有控股	3	314	173	3
私人控股	33	2083	1154	41
4.按经营形式分				
独立门店	34	2319	1272	39
连锁总店(总部)	2	78	55	5
5.按单位规模分				
小型	33	2262	1239	41
微型	3	135	88	3

6-17 海关进出口贸易总额

单位:万美元

项目	进出口总额	出口总额	进口总额
总额	**7731**	**2845**	**4886**
一、按企业性质分			
国有企业	5986	1422	4563
中外合作企业			
中外合资企业	37	31	6
外商独资企业	1		1
有进出口经营权的集体企业			
有进出口经营权的私营企业	1707	1392	316
有进出口经营权的个体工商户			
其他			
二、按贸易方式分			
一般贸易	7731	2845	4486
加工装配贸易			
补偿贸易			
来料加工装配贸易			
进料加工贸易			
外商作为投资进口的设备、物品			
进出保税仓库的货物			
其他			

6-18 海关分国别(地区)进出口贸易总额

单位:万美元

国别(地区)	进出口总额	出口总额	进口总额
总 计	7731	2845	4886
一、亚洲	1747	1507	239
印度尼西亚	133	133	
日本	270	32	238
新加坡	18	18	
韩国	23	23	
土耳其	439	439	
马来西亚	109	109	
巴基斯坦	65	65	
印度	52	52	
二、欧洲	387	358	29
德国	121	115	6
俄罗斯联邦	119	110	9
捷克	83	77	6
三、大洋洲	4561	349	4212
澳大利亚	4544	333	4212
四、非洲	209	209	
南非	22	22	
埃及	55	55	
五、拉丁美洲	364	125	239
巴西	1	1	
智利	239		239
秘鲁	33	33	
六、北美洲	465	298	167
美国	399	232	167
加拿大	65	65	

6-19 主要年份海关进出口贸易总额

单位:万美元

年份	进出口总额	出口总额	进口总额
1993	67	67	
1994	227	227	
1995	263	263	
1996	809	678	131
1997	1734	1502	231
1998	1471	1426	45
1999	1097	1039	58
2000	2028	1473	555
2001	2264	1774	490
2002	4672	1855	2817
2003	5163	2586	2577
2004	11388	4461	6927
2005	16967	4460	12507
2006	11612	4859	6753
2007	15018	5196	9822
2008	31786	4936	26849
2009	27919	2417	25502
2010	37208	4297	32911
2011	77881	4809	73073
2012	114890	87636	27254
2013	105457	83741	21716
2014	68297	36449	31848
2015	15733	3249	12484
2016	7731	2845	4886

6-20 主要年份实际利用外资额

单位:万美元

年份	利用外资总额	对外借款	外商直接投资	外商其他投资
1990	30.0		30.0	
1991	27.6		27.6	
1992	168.8		168.8	
1993	348.4		348.4	
1994	130.6		130.6	
1995	167.5		167.5	
1996	96.0		96.0	
1997	288.5		288.5	
1998	1279.3		1279.3	
1999	86.6		86.6	
2000	817.6		817.6	
2001	153.0		153.0	
2002	116.6		116.6	
2003	145.2		145.2	
2004	365.0		365.0	
2005	1047.5		1047.5	
2006	3002.0		3002.0	
2007	15686.1		3635.7	12050.4
2008	39217.7		11791.1	27426.6
2009	10967.4		100.0	10867.4
2010	13891.9		826.0	13065.9
2011	20716.7		5855.9	14860.7
2012	27929.0		6864.0	21065.0
2013	31262.3		4055.4	27206.9
2014	34401.5		3410.8	30990.7
2015	45117.9		5095.3	40022.6
2016	47501.6		579.1	46922.5

6-21 主要年份旅游接待人数

年份	国内旅游接待人数（万人次）	海外旅游者（人次）	外国人	华侨	港澳和台湾同胞	# 台湾同胞
1998	90.6					
1999	94.7	561				
2000	245.99	779				
2001	297.65	1304				
2002	345.27	2932				
2003	304	1411				
2004	487.98	13500	11067		2433	1010
2005	537	20298	13771		6527	1907
2006	590.9	32514	17072		15442	4915
2007	627.27	48070	25519		22551	6849
2008	690.17	62591	34240		28351	8406
2009	889.14	72038	41174		30864	9143
2010	1050.55	84347	48902		35445	10420
2011	1270.58	102439	59067		43372	12489
2012	1669.11	127147	74593		52554	16511
2013	2148.59	144761	84194		60567	19352
2014	2691.15	23051	13047		10004	3163
2015	3260.85	24108	13648		10460	3306
2016	3750.95	25170	14253		10917	3452

注:2014 年海外旅游者为接待过夜旅游者。

6-22　主要年份旅游收入

年份	旅游总收入(亿元)	国内旅游接待收入(亿元)	旅游外汇收入(万美元)	国内旅游人均花费(元/人次)
1998		2.24		
1999		2.46	17.00	259.77
2000		6.49	23.61	263.83
2001		6.87	97.81	230.81
2002		7.97	98.91	230.83
2003		7.20	78.80	236.84
2004	12.07	11.98	241.02	245.50
2005	26.9	26.60	362.00	495.34
2006	36.02	35.61	555.86	602.64
2007	46.52	46.40	828.24	739.71
2008	62.08	61.33	1077.12	888.62
2009	76.05	74.56	1368.71	838.56
2010	89.99	88.77	1644.75	844.99
2011	126.23	124.80	2285.17	982.23
2012	166.47	164.55	2999.95	985.85
2013	211.66	209.41	3548.00	974.64
2014	264.71	263.84	1413.18	980.40
2015	320.87	319.96	1490.94	981.22
2016	369.08	368.18	1560.83	981.56

注:2014 年、2015 年旅游外汇收入为过夜旅游者的消费收入。

财政金融保险

资料整理人员

程淑娟　　游海文　　徐　峰　　郭煜庭

魏　薇　　谢　琼　　贾　明

7

7-1 财政收支

单位:万元

分县区	财政总收入	一般预算收入	上划中央收入	上划省级收入	在财政总收入中:					
					国税部门	地税部门	财政部门	增值税	营业税	企业所得税
全　市	**1956938**	**985278**	**658473**	**313187**				**246310**	**71688**	**59013**
市本级	304464	315983		-11519				104392	33138	25676
县区合计	1652474	669295	658473	324706				141918	38550	33337
城　区	167738	45918	98653	23167				4463	3162	2084
郊　区	156427	39550	74238	42639				5948	1439	1154
长治县	255530	105571	92668	57291				30666	4982	5094
潞城市	106340	56693	38950	10697				11291	3159	3922
屯留县	135867	52382	43829	39656				12295	4501	3119
长子县	184047	75640	64634	43773				19303	3475	5283
壶关县	31513	21081	7633	2799				1981	1499	1244
平顺县	14511	8452	4096	1963				741	1718	892
黎城县	29036	16144	9393	3499				3517	1664	567
武乡县	61437	29416	20345	11676				7273	1841	453
襄垣县	217856	124521	58681	34654				20582	5190	2869
沁　县	12647	8789	2659	1199				820	918	211
沁源县	152949	62996	58629	31324				15825	3533	5233
高新区	126576	22142	84065	20369				7213	1469	1212

7-1 续 1

单位:万元

分县区	其中在一般预算收入中						
	个人所得税	资源税	城市维护建设税	房地产税	城镇土地使用税	土地增值税	车船税
全　市	**20356**	**87305**	**39510**	**25837**	**28990**	**11705**	**14708**
市本级	9466	41757	13805				
县区合计	10890	45548	25705	25837	28990	11705	14708
城　区	996	4	1369	5324	4327	2744	7615
郊　区	558	2556	1549	4366	5052	1180	1023
长治县	1577	10898	2952	2830	1225	718	818
潞城市	534	374	3918	2006	5528	371	970
屯留县	1235	8765	1289	2490	3209	678	514
长子县	1710	8661	2733	1875	852	75	422
壶关县	203	8	633	250	396	538	212
平顺县	103	89	272	75	88	192	134
黎城县	281	400	702	355	481	439	283
武乡县	432	2026	1028	961	969	333	249
襄垣县	1560	5749	7307	2345	4299	293	1411
沁　县	150	5	294	172	250	170	192
沁源县	1363	6013	1125	962	492	463	337
高新区	188		534	1826	1822	3511	528

7-1 续 2

单位:万元

分县区	一般预算支出	其中在一般预算支出中			
		一般公共服务	国防	公共安全	教育
全　市	**2343437**	**201957**	**2359**	**134527**	**452597**
市本级	461696	45343	2046	52939	73393
县区合计	1881741	156614	313	81588	379204
城　区	99765	9653		3321	25966
郊　区	110137	9740		4917	25403
长治县	193150	16304		6800	37582
潞城市	113623	8591		8211	23832
屯留县	132934	14688		7095	32208
长子县	170611	15054		7804	39228
壶关县	171397	12796		5554	39717
平顺县	123573	11041		5226	18643
黎城县	110680	9236		5391	20871
武乡县	142171	12262	262	6327	31183
襄垣县	201368	16858		9259	28463
沁　县	120593	7913	51	4609	19767
沁源县	129038	9864		6282	25169
高新区	62701	2614		792	11172

其中在一般预算收入中								
耕地占用税	契税	烟叶税	专项收入	行政事业性收费收入	罚没收入	国有资本经营收入	国有资源(资产)有偿使用收入	其它收入
21507	**11605**	**210**	**74260**	**52327**	**63971**	**26755**	**102831**	**1214**
			17570	15974	7649	1043	38426	823
21507	11605	210	56690	36353	56322	25712	64405	391
485	3827		2842	3575	251		1088	
294	1128		3960	1870	1135		3945	294
153	873		8130	6854	7428	11539	6794	167
4458	441		6339	3229	4561	1583	1703	–519
308	230		5500	2145	2156		1922	15
1713	1258	210	5347	9049	1826		10586	114
3584	271		1198	1177	2804		4625	
371	432		449	813	1224		559	
1246	450		1776	643	1280		1583	
16	231		2397	2410	410	500	7144	
8765	102		11076	1106	28960	12090	7777	1
	323		840	369	3156		715	
108	333		6081	2883	1088		15519	319
6	1706		755	230	43		445	

其中在一般预算支出中					
科学技术	文化体育与传媒	社会保障和就业	医疗卫生	环境保护	城乡社区事务
35306	**61653**	**359335**	**272895**	**58307**	**160625**
2060	18017	60949	45048	15355	44840
33246	43636	298386	227847	42952	115785
267	1544	21200	10463	5972	9041
264	2369	18095	15759	4645	3896
111	1897	43059	24657	1228	18681
1064	2538	20641	16012	3234	6111
278	2093	16241	17562	2336	3950
1981	3928	26038	25910	1428	8667
275	3139	31366	21309	2788	8494
957	5070	16392	14913	3185	3459
722	7408	16274	11567	4951	3195
86	3901	15186	19400	2261	3013
937	3608	33635	20038	3708	26197
523	2244	25689	13813	2297	1238
140	3823	11995	15400	3191	7442
25641	74	2575	1044	1728	12401

7-1 续 3

单位:万元

分县区	其中在一般预算支出中				
	农林水事务	交通运输	资源勘探电力信息等事务	商业服务等事务	金融监管等事物
全　市	326489	62927	34908	15328	1202
市本级	27876	20942	8537	1731	1007
县区合计	298613	41985	26371	13597	195
城　区	1717	38	815	1299	
郊　区	12415	1286	2230	449	
长治县	16329	3694	4468	530	84
潞城市	12669	2696	1263	349	
屯留县	24147	3299	2618	590	
长子县	27310	2470	1091	532	
壶关县	31123	3787	1909	1986	
平顺县	33641	3931	456	1184	
黎城县	16291	6069	1015	2414	
武乡县	32505	4027	2802	1983	
襄垣县	30909	7409	3234	849	84
沁　县	31059	1307	537	176	27
沁源县	28416	1972	2085	1020	
高新区	82		1848	236	

单位:万元

其中在一般预算支出中					
援助其他地区支出	国土资源气象等事物	住房保障支出	粮油物资储备事物	国债付息支出	其他支出
	38281	99616	6815	16458	1852
	4849	25492	824	10348	100
	33432	74124	5991	6110	1752
	27	8063		224	155
	410	6818	810	481	150
	4980	11568	595	583	
	2251	3192	472	219	278
	1393	3567	482	387	
	4217	3999	535	344	75
	1264	5093	483	314	
	1063	3891	157	249	115
	1948	2178	282	428	440
	4188	1536	485	521	243
	3712	9253	1217	1898	100
	973	7847	188	335	
	7006	4642	285	110	196
		2477		17	

7-2 银行信贷

单位:万元

县市区	年末存款								
	合计	人民银行	工商银行	农业银行	中国银行	建设银行	农业发展银行	交通银行	中信银行
总　计	**21221771**	**287936**	**3929123**	**1946887**	**1094711**	**1883816**	**171697**	**240556**	**131071**
市直汇	11223322	163251	2379649	734119	796149	1338274	87932	240556	131071
城　区									
郊　区									
长治县	1390174	21337	151422	121968	71700	144430	29193		
襄垣县	2110496	21359	747624	214206	108375	93295	7445		
屯留县	783308	4445	20081	90999		146348	6500		
平顺县	399068	9351		77929					
黎城县	601522	9050	60227	50191	23517				
壶关县	819027	4966	119394	70476					
长子县	1133104	16516	117566	133687		14127			
武乡县	716421	9349	18270	149634		76475	14105		
沁　县	484436	5088		104425	44618		8855		
沁源县	568861	8451	104193	115983					
潞城市	992031	14772	210697	83269	50353	70867	17666		

7-2 续 1

县市区	年末贷款								
	合计	人民银行	工商银行	农业银行	中国银行	建设银行	农业发展银行	交通银行	中信银行
总　计	**11968158**		**1265367**	**955069**	**546750**	**848851**	**362928**	**524079**	**235677**
市直汇	7000988		489544	222092	506154	669766	189747	524079	235677
城　区									
郊　区									
长治县	517557		40200	36128	24476	11835	26995		
襄垣县	1724520		658493	405189	3955	38205	88133		
屯留县	363687		1	19250		27282	33388		
平顺县	199105			77537					
黎城县	161504		7165	11763	6902				
壶关县	339981		5605	42853					
长子县	487486		3945	15705		2895			
武乡县	314088			25552		73723	5505		
沁　县	187501			10942	3173		11990		
沁源县	238453		30274	68619					
潞城市	433288		30142	19438	2091	25146	7170		

资 金 来 源 和 运 用

单位:万元

余 额									
华夏银行	浦发银行	渤海银行	晋商银行	长治银行	农商银行	邮储银行	村镇银行	农信社	财务公司
257148	**366542**	**92580**	**407091**	**1434813**	**5704356**	**1385145**	**174269**	**839290**	**832876**
214721	302489	92580	407091	1249760	1829809	398688			832876
				16660	710394	116924	5197		
42427	64053			86829	532714	135384	55034		
				3016	416212	72663	24125		
					270374	51294			
						90204		367694	
				34892	472530	116675			
					665722	103616	81904		
					336121	84165	8010		
						75550		244045	
				43655		69024		227551	
					470479	70957			

单位:万元

余 额									
华夏银行	浦发银行	渤海银行	晋商银行	长治银行	农商银行	邮储银行	村镇银行	农信社	财务公司
320464	**601987**	**7224**	**428568**	**935670**	**3477704**	**375078**	**112215**	**393779**	**596747**
224578	596393	7224	428568	835482	1144952	329984			596747
				7511	366683	3084	646		
95886	5594			36103	344399	4946	43618		
					259893	7520	16352		
					119052	2516			
						4309		131365	
				24026	263447	4051			
					412771	4584	47585		
					222778	2518	4014		
						2239		159157	
				32548		3755		103258	
					343728	5573			

7-3 银行信贷资金平衡表

单位:万元

	金　额
资金来源总计	**23551973**
各项存款	21221771
境内存款	21219382
住户存款	14202977
非金融存款	4312132
财政性存款	339826
机关团体存款	2108512
非银行业金融机构存款	255935
境外存款	2388
金融债券	
卖出回购资产	247821
借款及非银行业金融机构拆入	
联行往来(净)	
应付及暂收款	699968
各项准备	440156
所有者权益	1392630
其他	-450373

7-3 续 1

	金　额
资金运用总计	
各项贷款	11968158
境内贷款	11967158
住户贷款	1633632
非金融企业及机关团体贷款	10333526
非银行业金融机构贷款	
境外贷款	1000
债券投资	3809277
股权及其他投资	1134936
买入返售资产	13496
存放非银行业金融机构款项	
联行往来(净)	6269439
金银占款	
中央银行外汇占款	
应收及预付款	148578
投资性房地产	
固定资产	208089

7-4 个人存

县市区	合计	城镇居民储蓄							
		小计	工商银行	农业银行	中国银行	建设银行	交通银行	中信银行	华夏银行
总　计	**14202977**	**8739461**	**2936431**	**1314416**	**819456**	**1192378**	**105659**	**44320**	**65148**
市直汇	6595272	5159826	1818802	525129	574300	833980	105659	44320	54018
城　区									
郊　区									
长治县	1056367	475045	116607	111880	57877	64446			
襄垣县	1577043	1045898	535069	134560	94535	69442			11130
屯留县	646816	256940	19016	46440		122768			
平顺县	296137	88963		37819					
黎城县	504691	171936	43138	31638	18648				
壶关县	630128	240453	70738	49840					
长子县	895215	273059	84336	74041		11122			
武乡县	521474	237195	16863	86442		52252			
沁　县	377370	177605		73908	28520				
沁源县	406691	222810	61956	76930					
潞城市	695774	389729	169907	65789	45577	38367			

款余额

单位:万元

浦发银行	渤海银行	晋商银行	长治银行	邮储银行	农村居民储蓄			
					小计	农商银行	农村信用社	村镇银行
36087	**11495**	**93325**	**832696**	**1288050**	**5463516**	**4587435**	**716399**	**159682**
35243	11495	93325	715631	347923	1434099	1434099		
			10402	113834	581322	576497		4825
844			68845	131472	531145	480680		50465
			1347	67369	391222	372013		19210
				51144	207173	207173		
				78512	332754		332754	
			21431	98443	389676	389676		
				103560	622157	544346		77810
				81639	284278	276906		7372
				75177	199765		199765	
			15039	68886	183880		183880	
				70090	306045	306045		

7-5 分县区人民银行存款余额

单位:万元

县市区	存款余额	
	合计	其中:财政性存款
总 计	**287936**	**287936**
市直汇	163251	163251
城 区		
郊 区		
长治县	21337	21337
襄垣县	21359	21359
屯留县	4445	4445

7-5 续 1

单位:万元

县市区	存款余额	
	合计	其中:财政性存款
平顺县	9351	9351
黎城县	9050	9050
壶关县	4966	4966
长子县	16516	16516
武乡县	9349	9349
沁 县	5088	5088
沁源县	8451	8451
潞城市	14772	14772

7-6 保险事业

寿险公司	总计	寿险小计	中国人寿保险长治分公司	太平洋人寿保险长治中心支公司	中国人民人寿保险长治中心支公司	新华人寿保险长治中心支公司	中国人民健康保险长治中心支公司	平安人寿保险长治中心支公司
一、组织机构：								
机构数(个)	180	81	18	10	9	5	2	9
职工人数(正式员工)	2328	983	354	110	63	90	63	83
二、承保额	23606591							
企业财产保险	6238624							
家庭财产保险	295797							
机动车辆保险	13188280							
短期意外险	3883889							
寿险								
三、保费收入	487585	361067.92	130188.16	54140.84	16360.87	16532.19	28119.59	24109.31
企业财产保险	9426							
家庭财产保险	285							
机动车辆保险	115391							
短期意外险	6587	5171.53	2544.68	980.72	71.67	151.17	379.32	741.28
寿险	355896	355896.39	127643.48	53160.12	16289.20	16381.02	27740.27	23368.03
四、赔款支出	177620	100133.45	62486.77	7480.54	13983.20	2322.27	1332.27	3344.04
企业财产保险	3448							
家庭财产保险	146							
机动车辆保险	73587							
短期意外险	1670	1364.10	528.28	153.88	55.48	128.90		482.30
寿险	98769	98769.35	61958.49	7326.66	13927.72	2193.37	1332.27	2861.74
五、储金：								
期末余额								
满期给付								

综 合 数 据

单位:万元

泰康人寿保险长治中心支公司	太平人寿保险长治中心支公司	民生人寿保险长治中心支公司	阳光人寿保险长治中心支公司	合众人寿保险长治中心支公司	国华人寿保险长治中心支公司	信诚人寿保险长治中心支公司	英大人寿保险长治中心支公司	百年人寿保险长治中心支公司	农银人寿保险长治中心支公司
9	5	3	4	1	1	1	2	1	1
26	49	12	29	20	25	10	20	9	20
7903.94	19512.50	1267.11	12667.96	3325.77	37157.10	554.85	1179.21	2990.84	5057.68
13.26	179.56	5.05	34.67	1.63		8.38	2.43	5.14	52.57
7890.68	19332.94	1262.06	12633.29	3324.14	37157.10	546.47	1176.78	2985.70	5005.11
7483.96	1222.65	3.95	183.98	147.46	102.24	21.52	3.58	1.55	13.47
				0.29				1.55	13.42
7483.96	1222.65	3.95	183.98	147.17	102.24	21.52	3.58		0.05

7-6 续 1

财产险公司	财险小计	中国人民财产保险长治分公司	中国人寿财产保险长治中心支公司	平安财产保险长治中心支公司	大地保险长治中心支公司	太平洋财产保险长治中心支公司	永安保险长治中心支公司
一、组织机构:							
机构数(个)	99	26	16	8	11	7	7
职工人数(正式员工)(人)	1345	516	285	108	115	49	33
二、承保额	23606590.77	11128163.99	3466992.54	1916018.08	2001735.68	1219220.93	609629.67
企业财产保险	6238624.34	4751043.82	562874.83	285462.89	1399.07	438594.98	3474.84
家庭财产保险	295797.34	116704.35	19371.35	46545.46	16502.1	6441.18	114.00
机动车辆保险	13188280.19	5468292.20	2457683.48	1087752.41	924748.33	611284.52	480201.43
短期意外险	3883888.91	792123.62	427062.88	496257.32	1059086.18	162900.25	125839.40
寿险							
三、保费收入	126517.36	56490.53	22637.99	14970.74	7270.97	5173.39	3628.15
企业财产保险	9425.78	7382.59	1128.41	233.20	1.33	312.22	6.13
家庭财产保险	285.22	142.40	51.29	14.64	7.18	13.85	0.14
机动车辆保险	115390.57	48418.09	21274.13	14599.28	7066.44	4821.32	3583.87
短期意外险	1415.79	547.45	184.16	123.62	196.02	26.00	38.01
寿险							
四、赔款支出	77486.90	38704.20	13947.19	7263.92	4354.40	3844.27	1259.08
企业财产保险	3447.60	2389.06	500.02	195.77	7.63	32.95	182.86
家庭财产保险	146.29	97.43	14.04	20.33	0.06	0.41	
机动车辆保险	73587.45	36102.40	13361.02	7044.03	4322.26	3778.21	1067.18
短期意外险	305.56	115.30	72.11	3.79	24.45	32.70	9.04
寿险							
五、储金:							
期末余额							
满期给付							

单位:万元

阳光财产保险长治中心支公司	华安保险长治中心支公司	天安保险长治中心支公司	安邦保险长治营销服务部	中煤保险长治中心支公司	太平保险长治中心支公司	永城保险长治中心支公司	中华联合长治中心支公司	华泰保险长治中心支公司	安盛天平保险长治中心支公司
4	2	1	1	11	1	1	1	1	1
46	18	13	14	72	22	8	26	4	16
1246866.39	381956.45	270922.69	23231.68	379774.72	362748.35	68383.80	233081.77	17110.03	280754.00
3635.58	2700.46	51447.21		99043.22	11754.48		27192.95		
54537.61	1412.50	26134.00	80.00	702.40	172.00		7080.40		
674978.24	213310.31	193341.48	23151.68	261454.21	264987.76	68383.80	177107.31	10109.03	271494.00
513714.96	164533.18			18574.89	85834.12		21701.11	7001.00	9260.00
4763.19	1680.59	1446.63	189.60	2424.26	1994.76	293.52	1692.93	119.60	1740.51
1.58	4.09			244.55	10.33		101.35		
8.79	0.51	45.13	0.01	0.20	0.01		1.07		
4644.14	1660.71	1334.79	189.59	2162.05	1920.16	293.52	1569.30	116.80	1736.38
108.68	15.28	66.71		17.46	64.26		21.21	2.80	4.13
2155.98	567.39	701.10	94.73	1780.95	919.76	230.06	717.52	18.59	927.76
4.03				135.27					
1.10	0.12	10.00		0.31			2.49		
2122.41	566.39	683.80	94.73	1640.66	913.82	230.06	714.13	18.59	927.76
28.44	0.88	7.30		4.71	5.94		0.90		

7-7 财产保

	组织机构		承保额			
	机构（个）	职工人数（人）	合计	#企业财产保险	#家庭财产保险	#运输工具保险
总　计	**24**	**407**	**10335706.4**	**4751043.82**	**116704.35**	**5467958.19**
城　区	1	20	209165.41	3957.62	1479.50	203728.28
郊　区	1	17	110796.18	300.00	-421.08	110917.26
长治县	1	22	465786.53	284280.73	469.74	181036.06
襄垣县	1	23	273481.93	50390.53	2600.54	220490.86
屯留县	1	15	198377.30	2322.14	7328.75	188726.40
平顺县	1	10	131918.46	15370.51	6670.51	109877.44
黎城县	1	16	204911.64	78628.97	2176.00	124106.67
壶关县	1	16	83323.66	35.35	1972.02	81316.29
长子县	1	18	393603.66	167000.99	1205.64	225397.03
武乡县	1	14	152413.01	2231.99	14879.65	135301.37
沁　县	1	13	132081.86	1186.87	653.32	130241.68
沁源县	1	16	292319.59	101928.76	7814.89	182575.94
候　堡	1	23	3005522.27	2528042.31	24596.32	452883.64
潞城市	1	27	602323.84	158960.68	3287.79	440075.37
电子营销部	1	2	64229.50		156.28	64073.22
故　县	1	22	1297082.93	816844.42	18275.11	461963.40
营业部	1	28	631327.91	15907.91	6199.98	609220.02
高　新	1	26	620677.70	6030.19	7099.51	607548.00
南　城	1	15	716839.66	470825.16	1911.96	244102.54
紫　金	1	20	506111.49	16313.83	6132.93	483664.73
西　城	1	15	148014.16	30009.85	3198.38	114805.93
长　北	1	13	95397.68	475.00	-983.38	95906.06
信贷业务部	1	5				
社保业务部	1	11				

险 事 业

单位:万元

保费收入							
合计	# 企业财产保险	# 家庭财产保险	# 工程责任保险	# 运输工具保险	# 货物运输保险	人身意外险	其它保险
62984.20	**7382.59**	**142.40**	**56.31**	**48416.16**	**78.34**	**547.45**	**6361.0**
2156.25	15.12	3.75	6.78	1990.74	0.39	19.11	120.4
1108.82	0.51	-2.76		968.28	0.77	2.12	139.9
2686.44	543.83	0.30		1815.07	0.60	32.47	294.2
2613.06	156.58	1.68	3.20	1938.96	0.95	22.51	489.2
2031.70	4.05	3.65		1586.05	0.53	29.30	408.1
1054.37	25.75	4.18		866.42	0.48	4.69	152.9
1726.48	128.80	6.98		1338.78	4.32	20.31	227.3
1072.16	0.19	1.26		761.36	0.77	4.18	304.4
3417.90	525.78	5.84		2138.47	3.86	8.33	735.6
1351.39	9.66	9.02	4.19	1104.78	1.17	15.87	206.7
1266.65	4.11	0.45		913.70	0.29	19.63	328.5
2175.83	338.03	4.87		1332.35	2.33	20.79	477.5
7575.42	4060.67	18.30		3224.70	17.23	85.17	169.4
5299.62	436.21	8.02		4318.63	1.15	75.72	459.9
420.39		0.06		418.30		2.02	
4533.69	589.40	10.69	42.13	3747.57	25.41	94.41	24.1
6227.78	63.69	16.07		5803.43	9.15	10.56	324.9
5711.23	5.59	23.42		5604.11	2.83	21.82	53.5
2496.34	388.92	5.47		1966.74	2.33	25.71	107.2
4480.91	20.42	13.34		4385.57	2.64	20.93	38.0
1293.47	62.90	9.71		1198.00	0.71	5.80	16.3
1072.55	2.38	-1.91		994.14	0.44	6.01	71.5
1211.75							1211.8

7-7 续 1

	赔案件数		赔		
	已决	未决	合计	# 企业财产保险	# 家庭财产保险
总 计	**76532**	**5572**	**42640.26**	**2389.06**	**97.43**
城 区	2543	242	2111.36	47.88	2.78
郊 区	1337	97	863.44	21.92	0.74
长治县	2243	205	1943.04	524.06	0.81
襄垣县	3224	371	1599.68	43.64	1.83
屯留县	2296	206	1163.70	0.30	12.88
平顺县	1050	116	707.23	35.08	0.72
黎城县	1485	303	2088.75		
壶关县	1366	161	907.78	86.79	0.67
长子县	2881	275	1367.78	157.83	0.44
武乡县	1528	220	1052.93	13.63	4.33
沁 县	1279	129	706.04		5.94
沁源县	1700	109	1002.35	164.74	13.45
候 堡	5413	231	2582.48	513.97	5.41
潞城市	5889	424	2958.82	80.15	4.10
电子营销部	2228	45	885.06		
故 县	5698	312	2799.34	175.00	25.49
营业部	7810	747	4438.64	7.37	3.39
高 新	8494	501	4529.91	62.00	4.18
南 城	3108	205	1827.56	334.84	2.71
紫 金	7749	345	3607.07	67.81	2.18
西 城	1340	178	1372.02	52.05	0.77
长 北	966	150	772.42		4.62
信贷业务部	3		39.38		
社保业务部	4902		1313.47		

单位:万元

款					储金	
#工程 责任保险	#运输 工具保险	#货物 运输保险	人身 意外险	其它保险	期末余额	满期给付
9.72	**36102.40**	**11.47**	**115.30**	**3914.87**		
	1947.04		0.82	112.85		
	818.32		0.17	22.28		
	1193.18		3.18	221.82		
	1393.35	0.16	14.69	146.01		
	1017.65		3.29	129.59		
	460.30		0.25	210.88		
	1881.36	4.87	7.88	194.64		
	498.56		0.20	321.56		
	1041.87	1.63	1.23	164.78		
6.77	791.61	0.24	3.13	233.23		
	530.98	0.24	6.58	162.30		
	628.46	0.19	4.07	191.44		
	2053.52		6.14	3.44		
	2610.57	0.15	26.80	237.05		
	885.06					
2.95	2578.39	0.39	17.08	0.04		
	4313.59		3.00	111.30		
	4441.10	1.80	7.65	13.18		
	1476.42		6.97	6.63		
	3437.44	0.84	0.85	97.95		
	1297.41	0.97	0.38	20.43		
	766.84		0.97			
	39.38					
				1313.47		

7-8 人民人寿

县市区	组织机构		承保额		
	机构(个)	职工人数(人)	合计	短期意外险	寿险
总　计	**9**	**63**	**1656266.82**	**1630338.34**	**25928.48**
市直汇		35	1306170.13	1298321.05	7849.07
城　区					
郊　区					
长治县	1	4	107594.82	103824.36	3770.45
襄垣县	1	5	30965.07	29114.02	1851.05
屯留县	1	3	87998.00	85768.97	2229.03
平顺县	1	4	7280.22	6174.99	1105.23
黎城县					
壶关县					
长子县	1	1	1057.52	23.48	1034.05
武乡县	1	3	41461.56	38153.46	3308.11
沁　县	1	3	49068.84	48390.32	678.51
沁源县	1	2	22754.70	20567.65	2187.05
潞城市	1	3	1915.96	0.03	1915.93

保 险 事 业

单位:万元

保费收入			赔款已决人数	已决赔款		
合计	短期险	寿险		合计	短期险	寿险
16360.86	**694.38**	**15666.48**	**367**	**215.11**	**126.03**	**89.08**
5274.58	532.02	4742.56	119	123.53	96.56	26.97
2322.40	44.22	2278.18	52	20.98	8.03	12.95
1130.84	12.40	1118.44	25	8.61	2.25	6.36
1383.35	36.53	1346.82	31	14.29	6.63	7.66
670.43	2.63	667.80	15	4.27	0.48	3.80
624.80	0.01	624.79	14	3.55		3.55
2015.07	16.25	1998.82	45	14.31	2.95	11.37
430.58	20.61	409.97	10	6.07	3.74	2.33
1330.22	8.76	1321.46	30	9.10	1.59	7.51
1178.59	20.95	1157.64	26	10.38	3.80	6.58

市政建设环保事业

资料整理人员

程淑娟　　游海文　　徐　峰　　郭煜庭

魏　薇　　谢　琼　　贾　明

8

8-1 城市供水与公共交通

	单 位	2015年	2016年
一、城市供水			
自来水生产能力	万吨/日	17.28	17.28
各单位自备水供水能力	万吨/日	11.53	11.53
年末供水管道总长度	公里	1057.7	1124.5
全年供水总量	万吨	7633.76	8313
生产用量	万吨	1664.18	1938.19
生活用量	万吨	4631.73	5492.42
用水人口	万人	72.8	74.95
人均日生活用水量	升	174.31	184.32
利润总额	万元	-264.6	-490.11
自来水成本	元/千吨	2874.05	2940
年末职工人数	人	996	1086
二、城市交通			
1、运营车辆实有数	辆	731	1513
运营线路网长度	公里	2208.7	2281.2
行驶里程	万车公里	6638.78	4406.9
客运总量	万人次	12244.76	12216.3
燃料消耗	公升/百公里	30.6	30.2
其中：汽油消耗	公升/百公里	31.8	31.8
柴油消耗	公升/百公里	24	24
天然气消耗	公升/百公里	36	34.7
单位成本	元/千公里	5409.13	4881.88
利润总额	万元	-2195	-2118
年末职工人数	人	3001	3088
2、年末出租汽车数	辆	3131	3181

备注：1、沁源县报废20辆出租车，2015年底未进行更新。

8-2 城市道路与绿化

	单位	2015年	2016年
一、城市道路			
实有道路长度	公里	386	394.34
实有道路面积	万平方米	736	761.89
城市桥梁	座	69	72
立交桥	座	9	9
路灯盏数	盏	20074	20688
排水管道长度	公里	466.93	492.63
污水处理能力	万吨/日	27.5	27.5
污水年处理量	万吨	6507	6964
二、城市绿化			
建成区绿化覆盖面积	公顷	2741.58	2771.04
建成区绿化覆盖率	%	46.23	46.73
人均公共绿地面积	平方米	12.5	12.15
全年植树量	万株	6.5	5.8
苗圃面积	公顷	64.44	64.44

8-3 城市供气与供热

	单 位	2015年	2016年
一、城市供气			
1、天然气供气总量	万立方米	5894.54	6568.52
用气户数	户	140956	159167
家庭用户	户	140629	158722
用气人口	万人	55.85	58.37
管道长度	公里	580.27	683.43
2、液化气供气总量		3774	3772
用气户数	户	30000	30000
家庭用户	户	30000	30000
用气人口	万人	12.9	12.9
二、城市供热			
热水供热总量	万吉焦	1354	1878
集中供热面积	万平方米	3387	3840
住宅供热面积	万平方米	2727	2890

8-4 县市城市公用事业

县市区	年底水厂生产能力（万吨/日）	各单位自备能力（万吨/日）	年底供水管道总长度（公里）	全年供水总量（万吨）	#生活用水量（万吨）	用水人口（万人）
总　计	**30.14**	**20.59**	**2507.45**	**12170.27**	**7754.03**	**141.98**
市　区	17.28	11.53	1124.5	8313	5042.42	74.95
长治县	1.5	0.8	97	355.5	289	6.76
襄垣县	2.5	1.25	505.59	374.5	327.87	7.91
屯留县	0.5	0.4	45.85	256	184.17	5.52
平顺县	0.45	0.6	99.26	260.6	210.1	3.5
黎城县	2.2	1.8	63.89	342.44	257.66	5.03
壶关县	0.96	0.5	91	371.6	274	6.63
长子县	0.8	0.46	125.7	441.33	245	7.8
武乡县	0.9	0.8	51.2	296	201	5.05
沁　县	0.65	0.55	109.66	301.3	152.9	5.31
沁源县	0.6	0.7	110	340	217	4.41
潞城市	1.8	1.2	83.8	518	352.91	9.11

8-4 续

县市区	人均日生活用水量（升）	实有道路长度（公里）	实有道路面积（万平米）	路灯盏数（盏）	建成区绿化覆盖率（%）	公园	
						个数（个）	面积（公顷）
总　计	**149.72**	**1026.39**	**2037.23**	**58613**	**43.52**	**38**	**1110.28**
市　区	184.32	394.34	761.89	20688	46.73	4	127
长治县	117.13	84.02	104.15	3010	46.25	2	307.9
襄垣县	114.25	105.54	280.05	5708	34.04	3	200
屯留县	91.41	37	102.38	1800	44.58	1	66.8
平顺县	164.46	55.67	69.05	1339	47.13	2	29.81
黎城县	140.34	33.72	94.6	1375	43.58	3	84.31
壶关县	113.23	49.46	103.64	6627	48.46	1	10
长子县	86.06	79.4	183.29	7600	39.92	4	100.39
武乡县	109.05	36.5	66.6	2085	44.66	2	43
沁　县	78.89	33.86	41.3	1940	45.61	1	7.62
沁源县	134.81	54.7	110.68	1678	44.09	12	109.45
潞城市	107.04	62.18	119.6	4763	34.29	3	24

8-5　环境污染治理情况

指标名称	计量单位	本年实际
一、污染源治理本年完成投资总额	万元	251564.08
（一）工业污染源治理投资		
1、本年施工项目数	个	32
2、施工项目本年完成投资额	万元	35095.77
其中：废水治理	万元	1278.13
废气治理	万元	32544.74
固体废物治理	万元	
噪声治理	万元	2.5
其他治理	万元	1270.4
（二）建成投产“三同时”项目环保投资		
1、本年建成投产实际执行“三同时”项目数	个	13
2、实际执行“三同时”项目环保投资额	万元	216468.31
其中：生态影响类项目	万元	48321.77
城市基础设施项目	万元	70180.38
工业企业项目	万元	97966.16
其中：废水治理	万元	27012.77
废气治理	万元	55819.17
噪声治理	万元	2879.79
固体废物治理	万元	3137
绿化及生态	万元	7107.4
其他治理	万元	2010.03
二、城市环境基础设施建设本年完成投资总额	万元	224154
（一）排水工程建设	万元	14005
（二）燃气工程建设	万元	17050
（三）集中供热工程建设	万元	95648
（四）园林绿化工程建设	万元	30510
（五）市容环境卫生工程建设	万元	52305
（六）其他工程建设	万元	14636
三、环境污染治理本年完成投资总额	万元	475718.08
其中：治理废水	万元	42295.9
治理废气	万元	238679.31
治理固体废物	万元	55442
治理噪声	万元	2882.29
治理其他	万元	17916.43

8-6 污染物排放总量情况

指标名称	计量单位	本年实际
一、废水排放总量	万吨	16721.42
其中:工业源	万吨	4653.24
城镇生活源	万吨	12054.20
集中式治理设施	万吨	13.99
二、化学需氧量排放总量	吨	13607.27
其中:工业源	吨	6222.54
城镇生活源	吨	7159.42
集中式治理设施	吨	225.32
三、氨氮排放总量	吨	2747.69
其中:工业源	吨	438.13
城镇生活源	吨	2287.44
集中式治理设施	吨	22.12
四、二氧化硫排放总量	吨	63806.20
其中:工业源	吨	41161.00
城镇生活源	吨	22641.28
集中式治理设施	吨	3.91
五、氮氧化物排放总量	吨	67713.82
其中:工业源	吨	48308.83
城镇生活源	吨	6765.51
机动车	吨	12623.00
集中式治理设施	吨	16.48

注:以上数据为2016年环境统计年报数据(未与2016年总量减排数据进行对接)

8-7　环境保护主要指标

指标名称	计量单位	本年实际
地　表　水		
主要水体断面监测总数	个	17
达到国家Ⅲ类以上水质的断面数	个	13
达到国家Ⅳ类水质的断面数	个	2
达到国家Ⅴ类水质的断面数	个	1
超过国家Ⅴ类水质的断面数	个	1
地　下　水		
地下水监测点总数	个	29
满足国家地下水Ⅲ类标准的测点数	个	23
不满足国家地下水Ⅲ类标准的测点数	个	6
主城区饮用水源测点数	个	1
满足国家饮用水标准的测点数	个	1
不满足国家饮用水标准的测点数	个	
空　气　质　量		
空气质量监测的城镇数	个	14
满足国家Ⅱ级标准的城镇数	个	
满足国家Ⅲ级标准的城镇数	个	
超过国家Ⅲ级标准的城镇数	个	
主城区满足国家Ⅱ级标准的天数	天	219
主城区满足国家Ⅲ级标准的天数	天	91
主城区不满足国家Ⅲ级标准的天数	天	56
城市环境综合整治		
建成环境噪声达标区总数	个	4
环境噪声达标区总面积	平方公里	44.3
建成烟尘控制区总数	个	5
烟尘控制区总面积	平方公里	38
城市道路交通噪声		
主城区道路交通噪声监测路段	条	73
满足国家道路交通噪声标准的路段	条	67
不满足国家道路交通噪声标准的路段	条	3
环境法制工作情况		
当年实施的环境行政处罚案件数	起	386
处罚案件处罚金额总数	万元	5700
环境污染与破坏事故次数	次	
污染直接经济损失	万元	
污染事故赔款总额	万元	

备注：1、《环境空气质量标准》GB3095-2012 标准中，年均值只有Ⅰ级、Ⅱ级标准，无Ⅲ级标准；

2、城市道路交通噪声中有 3 条路段因施工未监测；

9-4 各县(区、市)各级各类学校招生数

单位:人

县市区	合计	普通中学			小学	特殊教育	幼儿园	中职			
		小计	初中	高中				合计	成人中专	普通中专	职业高中
总　计	**149388**	**59953**	**36487**	**23466**	**36392**	**211**	**40792**	**12040**		**3994**	**8046**
城　区	38242	17427	8308	9119	7632	24	6821	6338		3964	2374
郊　区	10107	3140	2554	586	2575		2994	1398			1398
长治县	14504	5520	3697	1823	3817	10	4361	796			796
襄垣县	10402	3967	2443	1524	2883	26	3458	68		30	38
屯留县	13108	4418	3026	1392	3233		5291	166			166
平顺县	4095	1839	1160	679	1074	11	1086	85			85
黎城县	7128	2907	2017	890	1757	87	2190	187			187
壶关县	11097	4324	2694	1630	3153		2862	758			758
长子县	13018	4807	2898	1909	3393	26	4282	510			510
武乡县	7871	3171	2171	1000	1696	15	2296	693			693
沁　县	5284	2246	1579	667	1157		1517	364			364
沁源县	6020	1911	1260	651	1704		1868	537			537
潞城市	8512	4276	2680	1596	2318	12	1766	140			140

注:中职招生数中包含各大学附设中职班

9-5 各县(区、市)各级各类教育学校毕业生数

单位:人

县市区	合计	普通中学			小学	特殊教育	幼儿园	中职			
		小计	初中	高中				合计	成人中专	普通中专	职业高中
总　计	**156723**	**68249**	**39319**	**28930**	**37159**	**90**	**39090**	**12135**		**5040**	**7095**
城　区	41828	21231	9686	11545	7394	39	5953	7211		5024	2187
郊　区	9114	2406	2074	332	2610		3362	736			736
长治县	15217	6320	3869	2451	3627	18	4561	691			691
襄垣县	10338	3996	2361	1635	2813	12	3356	161		16	145
屯留县	12524	4843	2981	1862	3133		4315	233			233
平顺县	4422	2044	1243	801	1160	15	1086	117			117
黎城县	7222	3337	2292	1045	2030		1731	124			124
壶关县	12680	5368	3368	2000	2692		3719	901			901
长子县	13188	5776	3282	2494	3051		3824	537			537
武乡县	8252	3466	2240	1226	2216	6	1831	733			733
沁　县	6098	2843	2166	677	1739		1458	58			58
沁源县	6298	2574	1378	1196	1703		1731	290			290
潞城市	9542	4045	2379	1666	2991		2163	343			343

注:中职毕业生中包含各大学附设中职班学生

9-6 各县(区、市)各级各类学校教职工及专任教师情况

单位:人

县市区	合计	#专任教师	初级中学		九年一贯制		完全中学		十二年一贯制	
			计	#专任教师	计	#专任教师	计	#专任教师	计	#专任教师
总　计	**43623**	**38861**	**6623**	**6075**	**3207**	**2657**	**5769**	**5226**	**723**	**558**
城　区	10548	9284	320	298	784	688	2829	2618	159	143
郊　区	3643	3152	526	510	393	360			317	233
长治县	3900	3395	749	652	377	296	131	101		
襄垣县	2497	2360	480	471			554	549	25	25
屯留县	2988	2502	576	511	216	180	455	367		
平顺县	1791	1688	348	332	41	41	302	272		
黎城县	1993	1582	412	350			296	271		
壶关县	3636	3145	528	433	634	478	510	415		
长子县	3502	3264	734	674	327	277	150	141		
武乡县	2341	2186	566	532	250	199				
沁　县	1895	1752	271	257	116	92	322	300		
沁源县	2054	1984	503	493	69	46				
潞城市	2835	2577	610	562			220	192	222	157

9-6 续

单位:人

县市区	高中		小学		特殊教育学校		幼儿园		中职	
	计	#专任教师	计	#专任教师	计	#专任教师	计	#专任教师	计	#专任教师
总　计	**2562**	**2248**	**14523**	**15107**	**191**	**161**	**6707**	**4293**	**3318**	**2536**
城　区	737	623	1909	2212	85	77	2183	1479	1542	1136
郊　区			1237	1426			719	372	451	251
长治县	461	361	1420	1524	18	18	550	286	194	157
襄垣县			985	971	20	20	318	212	115	112
屯留县			1223	1117			385	224	133	103
平顺县			887	873	30	29	108	82	75	59
黎城县			865	706	13	1	318	175	89	79
壶关县	125	106	1166	1190			532	410	141	113
长子县	442	439	1069	1207	9	8	670	424	101	94
武乡县	264	228	890	945	8	3	217	146	146	133
沁　县	60	37	791	798			265	206	70	62
沁源县	261	247	911	934			209	175	101	89
潞城市	212	207	1170	1204	8	5	233	102	160	148

注:小学专任教师包含九年一贯制、十二年一贯制小学部的教师,教职工则在相应的初中或高中体现。

9-7 市级各级各类学校情况一览表

单位:所、人

各级学校	学校数(个)	毕业生数	招生数	在校学生数	教职工	# 专任教师
总　计	**45**	**41025**	**34576**	**119703**	**8839**	**7083**
一、高等学校	7	14557	12360	46883	3002	2030
长治医学院	1	2669	2873	10805	885	496
长治学院	1	3633	3908	14197	953	691
长治职业技术学院	1	2271	1231	4307	434	292
山西机电职业技术学院	1	2546	2408	7300	333	297
潞安职业技术学院	1	727	256	1441	293	197
长治教育学院	1	99	18	79	80	44
山西广播电视大学长治分校	1	2612	1666	8754	24	13
二、中等职业教育	11	6028	5475	17376	1392	1002
第一职业高中	1	535	393	1292	117	105
第二职业学校	1	302	322	1134	130	113
长治八中		148	170	667		
长治学院		704	652	2152		
长治职业技术学院		716	75	430		
幼儿师范	1	444	464	1220	117	93
华北机电工业学校	1	1187	1066	4059	257	179
长治卫生学校	1	1327	1095	3271	282	194
晋东南会计学校	1	211	145	507	113	72
长治体校	1	220	209	640	101	67
黄河工艺美术学校	1	43	20	72	28	16
长治文化艺术学校	1	172	238	923	121	78
特校		19	18	50	12	12
长治市科技中等职业学校	1		478	744	60	40
长治黎都艺术职业高中学校	1		130	215	54	33
三、中学	21	18202	14750	44747	3892	3445
长治一中	1	1136	816	2602	262	202
长治二中	1	1182	811	2591	247	232
长治三中	1	205	427	1192	92	77

9–7 续

各级学校	学校数(个)	毕业生数	招生数	在校学生数	教职工	#专任教师
长治四中	1	1194	802	2364	196	190
长治五中	1	910	1019	2606	224	210
长治六中	1	1703	1087	3250	251	231
长治七中	1	974	812	2434	196	183
长治八中	1	660	736	2146	169	161
长治九中	1	1448	1005	2747	247	230
长治十中	1	862	737	2313	189	177
长治十一中	1	76	16	209	32	21
长治十二中	1	893	934	3446	208	135
十三中学	1	405	293	869	105	79
十五中学	1	781	695	2360	235	189
十六中学	1	807	735	2248	196	187
十七中学	1	293	195	600	76	75
十八中学	1	373	280	956	121	86
十九中学	1	809	670	1906	168	164
实验中学	1	975	642	1677	155	150
太行中学	1	1180	805	2584	226	189
沁县中学	1	1336	1233	3647	297	277
四、特殊教育	1	39	22	133	85	77
长治特殊教育学校	1	39	22	133	85	77
五、小学	3	1756	1452	9308	331	416
友谊小学	1	519	500	3025	130	126
实验小学	1	605	399	2720	144	134
十二中附小		338	330	1947		71
沁县师范附小	1	203	189	1315	57	56
十八中附小		91	34	301		29
六、幼儿园	2	443	517	1256	137	113
健乐幼儿园	1	311	253	777	75	62
滨河幼儿园	1	132	264	479	62	51

9-8 广播电视事业

县市区	机构(个)	全部职工人数(人)				通广播的乡镇(个)	通电视的乡镇(个)	广播覆盖率(%)	电视覆盖率(%)	有线广播电视用户(万户)
	文化局	合 计	管理人员	编辑人员	技术人员					
总 计	**14**	**1394**	**483**	**417**	**177**	**120**	**142**	**99.63**	**99.57**	**47.4**
市直汇										
市文广局	1	28	28							
市 台		469	93	240	45					
城 区	1	8	8					100	100	11.92
郊 区	1	83	57	8	9	9	9	100	100	3.39
长治县	1	61	13	16	5	11	11	100	100	4.55
襄垣县	1	74	49	8	4	11	11	100	99.31	1.92
屯留县	1	54	13	12	16	14	14	99.41	99.41	5.5
平顺县	1	56	23	9	7	12	12	98.01	98.01	1.57
黎城县	1	47	19	18	3		8	99.51	99.51	2.87
壶关县	1	152	65	30	31	13	13	99.09	99.09	4.53
长子县	1	49	19	9	5	13	13	99.78	99.78	5.17
武乡县	1	110	27	26	23	15	15	99.78	99.78	1.68
沁 县	1	50	19	15	5	13	13	98.69	98.69	1.46
沁源县	1	61	24	10	20		14	99.32	99.32	1.12
潞城市	1	78	26	16	4	9	9	100	100	1.73

9-9 文 化

县市区	1、公共图书馆			2、文化馆				3、艺术表演团体					
	单位数（个）	职工人数（人）	藏书（千册）	单位数（个）	职工人数（人）	组织演出（次）	举办展览（个）	单位数（个）	职工人数（人）	#固定职工	演出场次	观众人数（万人次）	总收入（万元）
总　计	**14**	**112**	**1707**	**14**	**159**	**625**	**121**	**20**	**983**	**983**	**6283**	**481**	**6941**
市直汇	1	46	583	1	37	10	4	5	300	300	1519	106	4422
城　区	1	2	38	1	10	180	10						
郊　区	1	6	76	1	11	21	5	1	45	45	284	11	84
长治县	1	7	11	1	8	80	25	3	127	127	1210	81	438
襄垣县	1	8	223	1	11	40	12	1	37	37	284	32	525
屯留县	1	4	82	1	9	4	8	1	55	55	305	31	168
平顺县	1	5	61	1	5	24	4	1	50	50	418	17	146
黎城县	1	3	49	1	10	82	4	1	48	48	251	25	124
壶关县	1	7	115	1	14	2	7	1	12	12	426	20	183
长子县	1	6	183	1	17		13	2	114	114	780	72	366
武乡县	1	6	20	1	9	30	2	1	60	60			
沁　县	1	5	60	1	4	42	20	1	45	45	200	16	56
沁源县	1	4	147	1	7	90	5	1	39	39	346	41	81
潞城市	1	3	59	1	7	20	2	1	51	51	260	29	348
开发区													

事　　业

4、电影事业							5、文化娱乐场所			
电影院（个）	职工人数（人）	放映单位（个）	放映场次（场）	观众人数（万人次）	放映收入（万元）	发行收入（万元）	小计（个）	卡拉 OK 厅(个)	保玲球馆（个）	网吧（个）
17	**274**	**164**	**57705**	**612.36**	**694**		**339**	**89**		**250**
4	98	4	14100	34.3	694		25	5		20
		1	288	4.53			80	18		62
		6	1572	16.8			31	8		23
1	17	12	3246	47.58			25	6		19
3	20	14	4101	50.5			27	10		17
1	16	16	3645	58.2			32	12		20
1	14	12	3306	41.82			7	2		5
1	17	11	3207	51.21			10	3		7
1	19	18	4878	63.58			11	2		9
1	18	16	5031	60			26	6		20
1	18	19	4731	54.86			9	1		8
1	12	13	3897	52.24			12	4		8
1	16	13	3255	45.8			22	7		15
1	9	9	2400	29.98			22	5		17
			48	0.96						

9-10 工 业 企 业

指标名称	计量单位	全 市	城 区	郊 区	长治县
一、企业基本情况					
企业数	个	316	19	38	48
其中:有 R&D 活动企业数	个	23	4	4	4
其中:有研发机构企业数	个	22	3	3	5
其中:有专利申请的企业数	个	22	3	3	6
其中:有新产品销售的企业数	个	12	2	2	3
其中:享受研究开发费用加计扣除的企业数	个	4			1
从业人员期末人数	人	216659	11121	25411	27630
从业人员平均人数	人	214477	10776	26012	26741
从业人员工资总额	万元	1059494.9	35789.1	117610.4	142428.5
资产总计	万元	32905661.7	880466.1	4302657.6	5059229.8
营业收入	万元	13594367.6	511701.0	3165801.6	1442580.0
其中:主营业务收入	万元	12719581.9	499280.1	2443934.6	1390329.6
利润总额	万元	755635.3	47399.8	64802.9	148072.4
工业总产值	万元	15437907.3	578506.3	3502555.7	1428633.2
出口交货值	万元	6838.9	2429.3	2904.8	1170.2
平均用工人员	人	216173	10486	26074	27718
管理费用中的技术(研究)开发费	万元	52332.6	9150.0	18501.0	5345.0
其中:支付科研人员的工资及福利费	万元	1906.5		70.0	578.7
二、R&D 人员情况					
1.R&D 人员合计	人	4452	177	461	294
其中:①参加项目人员	人	3384	163	460	291
②管理和服务人员	人	1068	14	1	3
其中:女性	人	715	83	76	127
其中:研究人员	人	2031	67	196	41
其中:①全时人员	人	2919	152	403	248
②非全时人员	人	1533	25	58	46
2.R&D 人员折合全时当量合计	人年	3181	140	400	262
其中:研究人员	人年	1415	51	169	34
其中:①基础研究人员	人年				

研　发　情　况

襄垣县	屯留县	平顺县	黎城县	壶关县	长子县	武乡县	沁　县	沁源县	潞城市	高新区
39	29	13	12	12	29	15	5	21	34	2
1	2	1		1	2		1	1	2	
2	1	1	2	1	1				3	
2				1	2		1		3	1
1			1	1	1					1
2			1							
58210	18056	1317	6731	4586	18079	6392	1325	18105	19091	605
57816	17333	1274	6532	4313	18384	6316	1276	17846	19157	701
308236.1	103293.8	3665.2	13759.7	13786.5	128326.6	31014.3	4250.9	83247.5	71412.7	2673.6
6726133.2	3089811.8	244667.6	355926.4	728256.9	2576150.8	1237291.9	262095.3	3562092.7	3857624.2	23257.4
2074080.9	1191538.1	167145.1	477224.7	761206.4	1006917.3	540569.2	78789.3	739582.5	1425922.4	11309.1
2068763.5	1168499.5	167121.5	476877.3	760956.8	973218.6	539991.5	78785.7	724750.7	1416097.6	10974.9
110263.3	14592.2	6731.3	5966.4	29605.7	201948.6	36180.4	-2209.3	86363.6	19718.9	-13800.9
2550994.0	1187155.9	194034.4	722996.9	767678.3	1082303.9	546354.7	83229.2	1337974.7	1445130.9	10359.2
		300.0								34.6
58074	17941	1304	6738	4641	18409	6162	1289	17543	19108	686
4181.9	1607.5		27.0	1024.8	4869.9			6672.3	953.2	
	810.0		10.0	182.1					255.7	
2459	23	7		122	108		20	161	620	
1411	21	7		122	108		20	161	620	
1048	2									
200	19	2		15	5		10	43	135	
1303	8	2		45	31		11	37	290	
1486	21	5		86	87		18	145	268	
973	2	2		36	21		2	16	352	
1703	19	4		57	83		8	147	359	
903	7	1		21	24		4	34	167	

9-10 续 1

指标名称	计量单位	全　市	城　区	郊　区	长治县
②应用研究人员	人年	93		64	1
③试验发展人员	人年	3089	140	336	261
三、R&D 经费支出情况					
1.R&D 经费内部支出合计	万元	118399.2	5769.5	18738.2	1539.1
其中:①经常费支出	万元	113838.0	5573.0	17182.5	1474.2
其中:人员劳务费	万元	31663.8	992.1	1165.9	560.6
②资产性支出	万元	4561.2	196.5	1555.7	64.9
其中:土建工程	万元	1213.3	1.3		
仪器和设备	万元	3347.9	195.2	1555.7	64.9
其中:①基础研究支出	万元				
②应用研究支出	万元	5133.3		4859.2	9.8
③试验发展支出	万元	113265.9	5769.5	13879.0	1529.3
其中:①政府资金	万元	996.8	84.8	293.4	174.3
②企业资金	万元	117402.4	5684.7	18444.8	1364.8
③境外资金	万元				
④其他资金	万元				
2. R&D 经费外部支出合计	万元	8278.4	567.5	425.0	1860.3
其中:对境内研究机构支出	万元	4228.4	567.5	135.0	239.7
对境内高等学校支出	万元	2074.0		290.0	114.5
对境内企业支出	万元	1553.5			1282.0
对境外支出	万元	422.5			224.1
四、全部 R&D 项目情况					
1. 项目数	项	210	20	19	50
2. 项目人员折合全时当量	人年	2416	128	393	251
其中:研究人员	人年	755	38	156	28
3. 项目经费内部支出	万元	57804.9	4615.7	18700.9	1525.3
其中:政府资金	万元	433.4	64.0	94.4	45.0
五、企业办研发机构情况					
1.机构数	个	22	3	3	5
2.期末企业在境外设立的研发机构数	个	1		1	

襄垣县	屯留县	平顺县	黎城县	壶关县	长子县	武乡县	沁　县	沁源县	潞城市	高新区
					17			11		
1703	19	4		57	66		8	135	359	
72432.1	639.6	50.0		957.8	2701.3		716.0	3679.2	11176.4	
70643.4	631.6	50.0		957.8	2701.3		576.0	3679.2	10369.0	
23959.1	153.8	19.5		444.4	1063.3		72.2	763.9	2469.0	
1788.7	8.0						140.0		807.4	
1175.6									36.4	
613.1	8.0						140.0		771.0	
					190.6			73.7		
72432.1	639.6	50.0		957.8	2510.7		716.0	3605.5	11176.4	
181.5	10.0						200.0		52.8	
72250.6	629.6	50.0		957.8	2701.3		516.0	3679.2	11123.6	
3991.3	56.6				30.6				1347.1	
2528.2	56.6				4.6				696.8	
1463.1					12.4				194.0	
					13.6				257.9	
									198.4	
32	6	1		8	11		1	13	49	
968	17	4		57	83		8	147	359	
293	4	1		20	22		4	32	158	
14463.5	236.6	50.0		957.0	2683.5		715.0	3679.2	10178.2	
	10.0						200.0		20.0	
2	1	1	2	1	1				3	

9-10 续 2

指标名称	计量单位	全市	城区	郊区	长治县
3.机构人员合计	人	2500	202	515	138
其中:博士毕业	人	96	7	4	10
硕士毕业	人	446	60	46	27
4.机构经费支出	万元	32527.5	6876.5	1998.4	1650.1
5.仪器和设备原价	万元	45069.7	7307.0	1840.8	3682.8
其中:进口	万元	957.6	310.0		
六、研发产出及相关情况					
(一)自主知识产权情况					
1.专利申请数	件	152	6	53	18
其中:发明专利	件	30	3	1	9
2.有效发明专利数	件	360	39	44	59
其中:已被实施	件	164	8		1
其中:境外授权	件	1			1
3.专利所有权转让及许可数	件				
4.专利所有权转让及许可收入	万元				
(二)新产品开发、生产及销售情况					
1.新产品开发项目数	项	139	29	9	38
2.新产品开发经费支出	万元	53972.2	8908.6	8841.7	1195.6
3.新产品产值	万元	34868.7	1413.5	6170.5	3132.0
4.新产品销售收入	万元	31783.6	1413.5	6714.5	1823.5
其中:出口	万元	1637.3		137.3	
(三)其他情况					
1.发表科技论文	篇	127	5		14
2.拥有注册商标	件	393	37	1	71
其中:境外注册	件	13			
3.形成国家或行业标准	项	10	1		2
七、其他情况					
(一)政府相关政策落实情况					
1.使用来自政府部门的研发资金	万元	2811.9	153.1	515.6	1388.2
2.研究开发费用加计扣除减免税	万元	2153.6			155.9

襄垣县	屯留县	平顺县	黎城县	壶关县	长子县	武乡县	沁　县	沁源县	潞城市	高新区
720	18	7	33	95	3				769	
53									22	
235	1	1	1						75	
7567.4	248.0	50.0	205.8	957.0	64.0				12910.3	
2819.1	647.6	50.0	299.0	224.4	8.0				28191.0	
	647.6									
18				3	8		1		35	10
6				2			1		6	2
64	11		19	13	45			6	58	2
26	8		4	11	45			6	53	2
12	8		1	8	6		1	8	16	3
25049.6	657.6		29.0	957.8	1163.2		716.0	1929.7	3452.2	1071.2
5200.0			1450.0	13002.7	500.0					4000.0
4868.7			1500.0	11113.4	350.0					4000.0
										1500.0
44	1								63	
119	13		1	29	1				120	1
									13	
1	1			1					4	
450.0	10.0		15.0				200.0		80.0	
1964.9			32.8							

9-10 续 3

指标名称	计量单位	全 市	城 区	郊 区	长治县
3.高新技术企业减免税	万元	2880.0			
(二)技术获取和技术改造情况					
1.引进境外技术经费支出	万元	552.3			
2.引进境外技术的消化吸收经费支出	万元	230.8			
3.购买境内技术经费支出	万元	708.6			10.0
4.技术改造经费支出	万元	3989.5	50.0		
(三)科技项目情况					
全部项目数	项	383	30	26	83
全部参加项目人员合计	人	6582	239	614	591
全部项目人员实际工作时间合计	人月	57306	2210	6341	6211
全部项目经费内部支出合计	万元	95610.1	7138.8	19667.6	5055.1
其中:政府资金	万元	2394.6	126.0	174.4	1348.2
(四)科技活动情况					
1.从事科技活动人员合计	人	12242	303	616	610
其中:本科毕业及以上人员	人	7687	217	442	255
其中:科技管理和服务人员	人	5660	64	2	19
2.科技相关费用合计	万元	238690.3	9006.4	19820.3	5725.6
(五)R&D 投入产出效率情况					
R&D 经费内部支出合计与主营业务收入之比	%	0.93	1.16	0.77	0.11
基础研究占 R&D 经费内部支出的比重	%				
应用研究占 R&D 经费内部支出的比重	%	4.34		25.93	0.64
政府资金占 R&D 经费内部支出的比重	%	0.84	1.47	1.57	11.32
R&D 项目经费内部支出占 R&D 经费内部支出比重	%	48.82	80.00	99.80	99.10
R&D 人员合计与从业人员平均人数之比	%	2.08	1.64	1.77	1.10
研究人员占 R&D 人员比重	%	45.62	37.85	42.52	13.95
机构中博士硕士占机构人员比重	%	21.68	33.17	9.71	26.81
发明专利占专利申请比重	%	19.74	50.00	1.89	50.00
新产品销售收入占主营业务收入比重	%	0.25	0.28	0.27	0.13
利润总额与主营业务收入之比	%	5.94	9.49	2.65	10.65
工业总产值与从业人员平均人数之比	万元/人	71.98	53.68	134.65	53.42

注:国家往年分行业、分类型的汇总表已经取消。

襄垣县	屯留县	平顺县	黎城县	壶关县	长子县	武乡县	沁　县	沁源县	潞城市	高新区
2880.0										
									452.3	100.0
									230.8	
									698.6	
185.6	793.1				8.0				2152.8	800.0
78	10	1	3	8	23		1	18	99	3
3251	62	7	48	122	213		20	223	1099	93
27670	630	51	342	679	1868		90	2676	7608	930
35508.1	331.4	50.0	319.8	957.0	4367.1		715.0	4580.3	15848.7	1071.2
450.0	10.0		15.0				200.0		71.0	
8803	70	7	59	122	216		20	223	1100	93
5334	31	3	20	84	149		20	97	972	63
5552	8		11		3				1	
173181.2	1043.8	50.0	335.6	957.8	4879.3		716.0	4580.3	17322.8	1071.2
3.50	0.05	0.03		0.13	0.28		0.91	0.51	0.79	
					7.06			2.00		
0.25	1.56						27.93		0.47	
19.97	36.99	100.00		99.92	99.34		99.86	100.00	91.07	
4.25	0.13	0.55		2.83	0.59		1.57	0.90	3.24	
52.99	34.78	28.57		36.89	28.70		55.00	22.98	46.77	
40.00	5.56	14.29	3.03						12.61	
33.33				66.67			100.00		17.14	20.00
0.24			0.31	1.46	0.04					36.45
5.33	1.25	4.03	1.25	3.89	20.75	6.70	-2.80	11.92	1.39	-125.75
44.12	68.49	152.30	110.69	177.99	58.87	86.50	65.23	74.97	75.44	14.78

卫生体育和社会福利事业

资料整理人员

程淑娟　　游海文　　徐　峰　　郭煜庭

魏　薇　　谢　琼　　贾　明

10

10-1 卫生机构、床位、人员数

	机构数	床位数(张)		
		编制床位	实有床位	标准床位
总　　计	**5063**	**15898**	**16290**	
一、医院	37	9050	8777	
市	8	5000	4840	
县	29	4050	3937	
二、疗养院	1			
三、社区卫生服务中心	17	110	118	
社区卫生服务站	63			
四、卫生院	132	2797	2808	
卫生院	132	2797	2808	
五、门诊部	11		39	
六、急救中心	1			
七、采供血机构	1			
八、妇幼保健院	15	637	611	
九、专科医疗防治院				
十、疾病预防控制中心	15			
十一、卫生监督所	15			
十二、卫生监督检验站				
十三、医学科学研究机构	1			
十四、医学在职培训机构				
十五、健康教育所	1			
十六、其他卫生机构	61			
十七、诊所	538			
十八、村卫生所	4087			
十九、民营医院	42	1145	1554	
二十、厂矿医院	25	2159	2383	

10-1 续

	人			
	合 计	卫 生 技		
		小 计	执业医师	执业助理医师
总 计	**27144**	**18712**	**6830**	**1208**
一、医院	10550	8845	3287	135
市	6303	5178	1965	21
县	4247	3667	1322	114
二、疗养院	5	2	1	
三、社区卫生服务中心	363	330	120	22
社区卫生服务站	501	453	181	36
四、卫生院	2616	2174	713	443
卫生院	2616	2174	713	443
五、门诊部	172	151	52	7
六、急救中心	51	31	2	2
七、采供血机构	73	49	11	8
八、妇幼保健院	1196	975	363	27
九、专科医疗防治院				
十、疾病预防控制中心	479	307	102	38
十一、卫生监督所	513	250	69	42
十二、卫生监督检验站				
十三、医学科学研究机构	8	7	3	
十四、医学在职培训机构				
十五、健康教育所	13	4	1	
十六、其他卫生机构	260	177	65	12
十七、诊所	1118	1093	598	118
十八、村卫生所	5068	339	121	159
十九、民营医院	1399	1116	292	85
二十、厂矿医院	2759	2409	849	74

员			数（人）				
术	人	员		其他技术人员	管理人员	工勤人员	乡村医生数
注册护士	药剂人员	检验人员	其　他				
7506	**960**	**795**	**1413**	**909**	**1370**	**1424**	**4729**
4024	443	370	586	392	576	737	
2531	205	198	258	276	380	469	
1493	238	172	328	116	196	268	
1						3	
118	21	16	33	19	8	6	
195	31		10	21	15	12	
578	198	62	180	191	101	150	
578	198	62	180	191	101	150	
69	6	11	6		6	15	
13		14			8	12	
13		17			9	15	
394	26	41	124	92	63	66	
27	3	85	52	22	98	52	
36	20	8	75	22	215	26	
			4	1			
1	1		1	4	5		
49	16	17	18	35	25	23	
322	30		25	10		15	
51	4		4				
499	54	60	126	52	93	138	4729
1116	107	94	169	48	148	154	

10-2 分县区卫生机

县市区	机构数	床位数(张)			人		
		编制床位	实有床位	标准床位	合计	卫	
						小　计	执业医师
总　计	**5063**	**15898**	**16290**		**27144**	**18712**	**6830**
城　区	465	6258	6358		10436	8680	3083
郊　区	251	1435	1658		2178	1797	688
长治县	441	760	805		1703	961	359
襄垣县	465	1366	1318		2158	1457	595
黎城县	315	533	612		970	525	212
平顺县	285	665	620		839	410	195
武乡县	414	375	430		1222	656	205
沁　县	352	471	471		1317	644	185
沁源县	328	852	978		1217	753	205
潞城市	320	608	667		1194	733	264
屯留县	405	815	645		1307	742	252
长子县	605	1061	901		1489	730	322
壶关县	408	699	777		1114	624	265

10-3 体　　育

县市区	职工人数(人)					各级体委培训基层体育干部(人)	各级运动会	
	合计	干部	教练员	教师	其他人员		次数(次)	参加人员(人)
总　计	311	157	61	50	43	1386	203	265100
市直汇	134	48	28	45	13	200	45	125000
城　区	9	6	3			70	3	3000
郊　区	13	5	3	3	2	60	8	3800
长治县	12	12				13	13	6000
襄垣县	28	13	9		6	100	10	15000
屯留县	23	22			1	101	20	25000
平顺县	12	5	6		1		8	3000
黎城县	11	8	1		2	500	10	3000
壶关县	10	9			1	100	10	3100
长子县	11	5	4	1	1	14	23	12000
武乡县	8	6			2		33	50000
沁　县	7	1	1	1	4	70	8	7300
沁源县	15	5			10	80	4	5400
潞城市	18	12	6			78	8	3500

构、床位、人员数

员数（人）								
生技术人员					其他技术人员	管理人员	工勤人员	乡村医生数
执业助理医师	注册护士	药剂人员	检验人员	其他				
1208	**7506**	**960**	**795**	**1413**	**909**	**1370**	**1424**	**4729**
137	4123	377	327	633	390	535	730	101
124	686	70	65	164	36	106	85	154
161	241	95	30	75	35	57	89	561
75	574	76	66	71	44	107	85	465
72	121	45	25	50	38	34	21	352
34	122	29	28	2	35	62	15	317
98	210	39	41	63	36	71	58	401
96	277	17	28	41	183	65	32	393
119	251	83	32	63	23	113	30	298
43	285	27	38	76	22	26	98	315
83	215	34	36	122	34	69	54	408
102	207	38	42	19	16	76	92	575
64	194	30	37	34	17	49	35	389

事业

	各级少体校		《国家体育锻炼标准》人数	等级裁判员			等级运动员			
校数	训练人员	专任教练员		一级	二级	三级	一级	二级	三级	少年级
9	618	61		40	553	650	23	69		
1	209	28								
1	30	3								
1		3								
1	90	9								
1		6								
1	60	1								
		4								
1	14									
1	60	1								
1	155	6								

10-4 社 会 福

县市区	收养类单位				光荣院
	院数(个)	工作人员(人)	床位(张)	年末收养人数(人)	院　数(个)
总　计	**86**	**754**	**6431**	**3076**	**12**
市直汇	6	94	793	392	
城　区	9	271	893	628	
郊　区	7	58	442	164	1
长治县	5	30	410	84	1
襄垣县	1	6	30		1
屯留县	8	51	966	141	1
平顺县	5	37	370	128	1
黎城县	11	58	816	505	1
壶关县	11	41	752	539	1
长子县	4	12	107	60	1
武乡县	4	23	108	57	1
沁　县	3	15	75	20	1
沁源县	3	9	64	37	1
潞城市	9	49	605	321	1

10-4 续 1

县市区	儿童福利机构				城镇养老
	院数(个)	工作人员(人)	床位(张)	年末收养人数(人)	院　数(个)
总　计	**1**	**3**	**60**	**4**	**12**
市直汇					
城　区					7
郊　区					
长治县	1	3	60	4	
襄垣县					
屯留县					
平顺县					
黎城县					3
壶关县					1
长子县					
武乡县					1
沁　县					
沁源县					
潞城市					

利　　事　　业

（编办登记）			社会福利院（编办登记）			
工作人员（人）	床位（张）	年末收养人数（人）	院数（个）	工作人员（人）	床位（张）	年末收养人数（人）
89	**524**	**188**	**1**	**31**	**281**	**195**
			1	31	281	195
6	20	6				
6	30	4				
6	30					
6	98	30				
10	30	15				
10	45	22				
8	49	17				
3	30	20				
10	45	15				
10	50	20				
5	57	35				
9	40	4				

服务机构			农村养老服务机构			
工作人员（人）	床位（张）	年末收养人数（人）	院数（个）	工作人员（人）	床位（张）	年末收养人数（人）
289	**1226**	**816**	**34**	**214**	**3560**	**1653**
258	886	622				
			5	50	398	158
			2	18	300	80
			4	35	762	110
			3	24	340	113
21	210	127	6	24	557	356
5	80	28	7	24	605	486
			1	3	50	33
5	50	39				
			6	36	548	317

10-4 续 2

县市区	享受补助救济人员(人)		享受定期抚恤人数(人)			城市低保	革命伤残	
	农村低保	在乡复退军人	合计	烈属	军属	城市低保人数(人)	合计	一级
总　计	**99448**	**713**	**855**	**608**	**247**	**4348**	**2174**	**3**
市直汇								
城　区		14	26	9	17	1498	357	2
郊　区	1821	43	37	30	7	696	183	1
长治县	7642	149	129	17	112	544	269	
襄垣县	5301	86	111	100	11	64	170	
屯留县	7464	40	49	35	14	282	132	
平顺县	9120	35	47	28	19	60	107	
黎城县	7653	13	33	31	2	107	85	
壶关县	14136	79	107	106	1	94	177	
长子县	14633	58	58	46	12	22	193	
武乡县	9547	48	100	82	18	53	153	
沁　县	8558	96	67	57	10	445	94	
沁源县	6855	23	61	47	14	383	98	
潞城市	6718	29	30	20	10	100	156	

10-4 续 3

县市区	民政事业资金支出			社　会		
		其中:抚恤	退役安置	医疗救助	城市最低生活保障	农村最低生活保障
总　计	**96483.9**	**17941.8**	**6168.3**	**8106.1**	**12611.6**	**19741.7**
市直汇	11758.1	1295.9	2909.1			
城　区	6879.6	1344.0	873.3	566.1	2852.0	
郊　区	4800.0	841.0	179.0	389.0	1215.2	452.0
长治县	5841.8	1978.9	286.3	730.8	266.6	1087.0
襄垣县	5968.7	1833.8	291.3	770.5	358.6	1378.3
屯留县	6534.3	1233.4	173.7	643.5	829.7	1939.6
平顺县	7173.2	796.6	129.9	462.3	816.1	1983.6
黎城县	4585.2	567.0	65.0	558.9	901.1	1449.3
壶关县	7844.5	2059.9	279.8	625.9	883.0	2239.9
长子县	9204.3	2044.8	329.0	704.8	812.5	3478.3
武乡县	7062.5	1074.6	172.3	708.3	852.6	1409.1
沁　县	8320.0	1027.1	194.4	848.0	1659.0	1684.0
沁源县	5279.7	882.9	111.8	486.0	697.5	1152.3
潞城市	5232.0	961.9	173.4	612.0	467.7	1488.3

人员		婚　姻　登　记			城市低保	火化尸体数（具）	年末实有社会团体（个）	民办非企业单位（个）
二级	三级	准予结婚登记(对)	初婚（人）	再婚（人）	离婚（对）			
4	**49**	**27462**	**50181**	**4743**	**4374**	**2214**	**864**	**586**
						2214	258	137
2	8	4176	6949	1403	1026		36	110
	3	2436	4263	609	359		36	30
	2	2305	4017	593	393		57	35
	5	1842	3684		302		45	26
	1	2651	4836	466	288		60	57
	11	1045	1934	156	108		28	14
	1	1158	1971	345	212		50	28
1	4	2899	5754	44	222		44	33
	2	2848	5696		322		30	31
1	5	1627	2958	296	297		76	22
	2	1395	2790		206		43	21
	4	1109	1987	231	184		35	6
	1	1971	3342	600	455		66	36

单位：万元

救　　助				社会福利	民政管理事物	自然灾害生活救助	行政事业单位离退休	其他款项用于民政支出
五保供养	流浪乞讨人员救助	临时救助	其他社会救助（含传统救济）					
5954.9	**636.6**	**700.5**	**680.8**	**10387.0**	**6733.8**	**4553.0**	**673.7**	**1594.1**
	485.7			5942.7	701.4		243.5	179.8
42.4	8.4	108.2	4.8	191.1	765.1	124.2		
68.0	19.0	68.0	4.8	327.8	363.0	533.0	54.6	285.6
228.0	9.9	19.9	7.1	147.1	510.9	529.3	40.0	
345.0	3.3	41.4		516.0	142.9	247.0	40.6	
544.1	0.6	64.2		189.9	415.0	494.0	6.6	
326.3	2.3	39.5	209.2	441.3	1470.0	411.0		85.1
257.4	26.0	64.6		212.4	208.5	275.0		
591.5	15.6	51.9	85.5	134.7	498.8	378.0		
700.9	6.3	44.3	64.3	206.3	356.8	349.7	106.3	
799.2	4.3	44.2	218.4	942.6	250.2	192.1	31.0	363.6
1112.0	37.0	10.0	24.0	442.4	459.8	357.0		465.3
654.5	12.0	69.9		356.1	357.6	374.7	106.7	17.7
285.6	6.2	74.4	62.7	336.6	233.8	288.0	44.4	197.0

固定资产投资

资料整理人员

牛卫红　侯　捷　张　贤　杨凌云

付经晶　吴飞飞　郜国肖

11

11-1 固定资产投资总额

单位:万元

指标名称	2016年	2015年	比上年增长(%)
建设项目计划总投资(万元)	36245738	36328965	-0.2
#新开工项目	13119408	11718253	12
#5千万元以上项目	28526553	32840764	-13.1
固定资产投资完成投资	15144247	14415118	5.1
#新开工项目	10229237	8785696	16.4
#5千万元以上项目	7810840	11130026	-29.8
一、按登记注册类型分			
国有	4162962	4237723	-1.8
非国有	10981285	10177395	7.9
二、按产业分			
第一产业	2530306	2075685	21.9
第二产业	5983094	5916561	1.1
其中:工业	6009649	5943896	1.1
#采矿业	1235090	1411005	-12.5
#制造业	3699786	3587775	3.1
#电力、热力、燃气及水的生产和供应业	1074773	945116	13.7
第三产业	6630847	6422872	3.2
三、按建设性质分			
新建	10421088	8714146	19.6
扩建	1072802	1800107	-40.4
改建和技术改造	819617	903789	-9.3
四、按构成分			
建筑工程	10966220	9855939	11.3
安装工程	560359	752409	-25.5
设备、工器具购置	2503327	2525858	-0.9
其他费用	1114341	1280912	-13.0
五、施工项目个数(个)	2369	1900	24.7
#新开工项目	2096	1539	36.2
#5千万元以上	386	830	-53.5

11-2 固定资产投资完成情况(按管理渠道划分)

单位:万元

指标名称	总计	项目投资	5000万以上	5000万以下	房地产投资
一、计划总投资					
1、计划总投资	36245738	31577765	24674951	6902814	4667973
其中:本年新开工项目	13119408	13119408	6689206	6430202	
2、自开始建设累计完成投资	26326785	23531772	16729752	6802020	2795013
二、本年完成投资(或自年初累计完成投资)	15144247	14466285	7810840	6655445	677962
其中:本月完成投资	1385855	1332842	859055	473787	53013
其中:住宅	2531607	2042380	1723453	318927	489227
1、按登记注册类型划分					
内资企业	14649834	13971872	7360343	6611529	677962
国有企业	1771878	1729803	1234529	495274	42075
集体企业	51787	51787	37269	14518	
股份合作企业					
联营企业					
国有联营企业					
集体联营企业					
国有与集体联营企业					
其他联营企业					
有限责任公司	3820684	3464380	2388014	1076366	356304
国有独资公司	749471	749471	724396	25075	
其他有限责任公司	3071213	2714909	1663618	1051291	356304
股份有限公司	649903	649903	614768	35135	
私营企业	4609365	4329782	1677551	2652231	279583
私营独资企业	119390	119390	81287	38103	
私营合伙企业	13690	13690		13690	
私营有限责任公司	4391314	4121816	1542913	2578903	269498
私营股份有限公司	84971	74886	53351	21535	10085
其他企业	3746217	3746217	1408212	2338005	
港、澳、台商投资企业	251102	251102	233732	17370	
合资经营企业(港或澳、台资)	251102	251102	233732	17370	
合作经营企业(港或澳、台资)					
港、澳、台商独资经营企业					
港、澳、台商投资股份有限公司					
其他港、澳、台商投资企业					
外商投资企业	242716	242716	216765	25951	
中外合资经营企业	220706	220706	194755	25951	

11-2 续 1

单位:万元

指标名称	总 计	项目投资	5000 万以上	5000 万以下	房地产投资
中外合作经营企业	22010	22010	22010		
外资企业					
外商投资股份有限公司					
其他外商投资企业					
个体经营	595	595		595	
个体户	595	595		595	
个人合伙					
2、按控股情况					
国有控股	4162962	4019745	3287960	731785	143217
集体控股	411776	400026	314258	85768	11750
私人控股	6664979	6173494	2674914	3498580	491485
港澳台商控股					
外商控股	6107	6107	4800	1307	
民间投资	10975328	10440583	4518230	5922353	534745
3、按建设性质					
新建	10421088	10421088	5113878	5307210	
扩建	1072802	1072802	426444	646358	
改建和技术改造	819617	819617	479647	339970	
单纯建造生活设施	2111136	2111136	1765168	345968	
4、按构成分					
建筑工程	10966220	10416911	5353870	5063041	549309
安装工程	560359	493587	320474	173113	66772
设备工器具购置	2503327	2487812	1526713	961099	15515
其中:购置旧设备	9339	9339	8969	370	
其中:用于更新的设备					
其他费用	1114341	1067975	609783	458192	46366
其中:旧建筑物购置费	2564	1640	1640		924
其中:土地购置费	293422	269347	127289	142058	24075
4、按国民经济行业分 2012					
(一)农、林、牧、渔业	2572247	2572247	224355	2347892	
农业	1509351	1509351	30299	1479052	
林业	168714	168714	15688	153026	
畜牧业	836811	836811	178368	658443	
渔业	15430	15430		15430	
农、林、牧、渔服务业	41941	41941		41941	

11-2 续 2

单位：万元

指标名称	总 计	项目投资	5000 万以上	5000 万以下	房地产投资
（二）采矿业	1235090	1235090	940805	294285	
煤炭开采和洗选业	1090243	1090243	830252	259991	
石油和天然气开采业	107953	107953	107953		
黑色金属矿采选业	15860	15860	2600	13260	
有色金属矿采选业	700	700		700	
非金属矿采选业	20334	20334		20334	
开采辅助活动					
其他开采业					
（三）制造业	3699786	3699786	1989635	1710151	
农副食品加工业	446481	446481	212096	234385	
食品制造业	85614	85614	39313	46301	
酒、饮料和精制茶制造业	73872	73872	59500	14372	
烟草制品业					
纺织业	4850	4850		4850	
纺织服装和服饰业					
皮革、毛皮、羽毛(绒)及其制品业	4826	4826		4826	
木材加工及木、竹、藤、棕、草制	29816	29816		29816	
家具制造业	16819	16819		16819	
造纸及纸制品业					
印刷业和记录媒介的复制	4950	4950		4950	
文教体育用品制造业	21455	21455	6287	15168	
石油加工、炼焦及核燃料加工业	528767	528767	434818	93949	
化学原料及化学制品制造业	829759	829759	669101	160658	
医药制造业	101397	101397	93097	8300	
化学纤维制造业	5852	5852		5852	
橡胶和塑料制品业	88374	88374	32747	55627	
非金属矿制品业	735276	735276	107373	627903	
黑色金属冶炼和压延加工业	97068	97068	84546	12522	
有色金属冶炼和压延加工业	38581	38581	26851	11730	
金属制品业	97184	97184		97184	
通用设备制造业	97848	97848	56772	41076	
专用设备制造业	98933	98933	7100	91833	
汽车制造业	41336	41336	23566	17770	
铁路、船舶、航空航天等制造业					
电气机械及器材制造业	106915	106915	57168	49747	

11-2 续 3

单位：万元

指标名称	总 计	项目投资	5000万以上	5000万以下	房地产投资
计算机、通信和其他电子设备制造业	58765	58765	52500	6265	
仪器仪表制造业					
其他制造业	40300	40300	10100	30200	
废弃资源综合利用业	18193	18193		18193	
金属制品、机械和设备修理业	26555	26555	16700	9855	
(四)电力、热力、燃气及水的生产和供应业	1074773	1074773	898958	175815	
电力、热力的生产和供应业	840900	840900	763317	77583	
燃气生产和供应业	132882	132882	105013	27869	
水的生产和供应业	100991	100991	30628	70363	
(五)建筑业					
房屋建筑业					
土木工程建筑业					
建筑安装业					
建筑装饰和其他建筑业					
(六)批发和零售业	402444	402444	85001	317443	
批发业	76372	76372	20297	56075	
零售业	326072	326072	64704	261368	
(七)交通运输、仓储和邮政业	888781	888781	517287	371494	
铁路运输业	11773	11773	6932	4841	
道路运输业	273606	273606	135184	138422	
水上运输业					
航空运输业	332	332		332	
管道运输业					
装卸搬运和运输代理业	32563	32563		32563	
仓储业	570507	570507	375171	195336	
邮政业					
(八)住宿和餐饮业	69499	69499	40675	28824	
住宿业	16314	16314		16314	
餐饮业	53185	53185	40675	12510	
(九)信息传输、软件和信息技术服务业	21562	21562	710	20852	
电信、广播电视和卫星传输服务业	15102	15102		15102	
互联网和相关服务业	2000	2000		2000	
软件和信息技术服务业	4460	4460	710	3750	
(十)金融业	4210	4210		4210	
货币金融业	4210	4210		4210	

11-2 续 4

单位:万元

指标名称	总计	项目投资	5000万以上	5000万以下	房地产投资
资本市场业					
保险业					
其他金融业					
(十一)房地产业	2905400	2227438	1884040	343398	677962
房地产业	2905400	2227438	1884040	343398	677962
(十二)租赁和商务服务业	14926	14926	1986	12940	
租赁业					
商务服务业	14926	14926	1986	12940	
(十三)科学研究和技术服务业	21320	21320		21320	
研究与试验发展					
专业技术服务业	14170	14170		14170	
科技交流和推广服务业	7150	7150		7150	
(十四)水利、环境和公共设施管理业	1982871	1982871	1160568	822303	
水利管理业	112027	112027	76989	35038	
生态保护和环境治理业	259151	259151	27493	231658	
公共设施管理业	1611693	1611693	1056086	555607	
(十五)居民服务、修理和其他服务业	30418	30418		30418	
居民服务业	8510	8510		8510	
机动车、电子产品和日用产品修理业	16470	16470		16470	
其他服务业	5438	5438		5438	
(十六)教育	68458	68458	12860	55598	
教育	68458	68458	12860	55598	
(十七)卫生和社会工作	80329	80329	35341	44988	
卫生	40666	40666	14270	26396	
社会工作	39663	39663	21071	18592	
(十八)文化、体育和娱乐业	65255	65255	15960	49295	
新闻和出版业					
广播、电视、电影和影视录音制作业	4500	4500		4500	
文化艺术业	16773	16773	960	15813	
体育	7770	7770		7770	
娱乐业	36212	36212	15000	21212	
(十九)公共管理、社会保障和社会组织	6878	6878	2659	4219	
中国共产党机关					
国家机构	5488	5488	2659	2829	
人民政协和民主党派					

11-2 续 5

单位:万元

指标名称	总 计	项目投资	5000 万以上	5000 万以下	房地产投 资
社会保障					
群众团体、社会团体和其他成员组织					
基层群众自治组织	1390	1390		1390	
(二十)国际组织					
国际组织					
三、本年新增固定资产	10396017	9645511	3620562	6024949	750506
四、项目个数(个)					
1、施工项目个数	2369	2369	386	1983	
其中:本年新开工	2096	2096	249	1847	
3、本年投产项目个数	1997	1997	165	1832	
五、房屋建筑面积(万平方米)					
本年施工房屋面积	30849222	19289137	13951194	5337943	11560085
其中:住宅	21509669	13036738	10924691	2112047	8472931
本年竣工房屋面积	11856737	8624522	4079280	4545242	3232215
其中:住宅	7804765	5319745	3718848	1600897	2485020
本年竣工房屋价值	2377140	1637267	840007	797260	739873
其中:住宅	1620778	1027818	773546	254272	592960
六、本年资金来源合计	11954430	11117754	5648500	5469254	836676
1.上年末结余资金	119723	80739	69090	11649	38984
2.本年资金来源小计	11834707	11037015	5579410	5457605	797692
(1)国家预算资金	228564	228564	113686	114878	
其中:中央预算资金	47129	47129	11130	35999	
(2)国内贷款	256923	243572	190943	52629	13351
(3)债券					
(4)利用外资	9160	9160	7141	2019	
其中:外商直接投资					
(5)自筹资金	11046841	10500212	5237265	5262947	546629
其中:企、事业单位自有资金	8365479	8132608	4183068	3949540	232871
其中:股东投入资金	18305	18305	18305		
其中:借入资金	38086	38086	36086	2000	
(6)其他资金来源	293219	55507	30375	25132	237712
七、各项应付款合计	3601778	3453937	2239827	1214110	147841
其中:工程款	1626040	1544893	1120075	424818	81147

11-3 分县区固定资产投资(按管理渠道划分)

单位:万元

县市区	总计	项目投资	房地产投资
总 计	**15144247**	**14466285**	**677962**
城 区	1995963	1690155	305808
郊 区	2137840	2089438	48402
长治县	1494296	1472478	21818
襄垣县	1977316	1943526	33790
屯留县	738916	669048	69868
平顺县	412410	409610	2800
黎城县	620984	556680	64304
壶关县	628148	563807	64341
长子县	1432405	1417417	14988
武乡县	349858	316548	33310
沁 县	435556	419312	16244
沁源县	1083686	1083686	
潞城市	1706141	1703852	2289
高新区	130728	130728	

11-4 分县区建筑安装投资

单位:万元

县市区	计划总投资	本年完成投资	建筑工程	安装工程	设备工器具购置	其他费用
总计	**36245738**	**15144247**	**10966220**	**560359**	**2503327**	**1114341**
城区	5187539	1995963	1581533	61578	85248	267604
郊区	4134760	2137840	1620464	70603	390616	56157
长治县	2941782	1494296	1355042	2613	107407	29234
襄垣县	7752727	1977316	1095728	163691	522066	195831
屯留县	3290925	738916	399974	63041	203523	72378
平顺县	733521	412410	341156	6890	38242	26122
黎城县	1643427	620984	564165	6194	32426	18199
壶关县	1237236	628148	615157	7895		5096
长子县	3167541	1432405	690176	48024	555918	138287
武乡县	633539	349858	258116	12260	59328	20154
沁县	977920	435556	413184	5907	10227	6238
沁源县	1820803	1083686	1014707	10158	50991	7830
潞城市	2364970	1706141	946691	93842	404645	260963
高新区	359048	130728	70127	7663	42690	10248

11-5 分县区固定资

县(市)区	计划总投资	累计完成投资	本年完成投资	其中：住宅	按构成分：建筑工程	安装工程	设备工器具购置	其他费用
总计	**31577765**	**23531772**	**14466285**	**2042380**	**10416911**	**493587**	**2487812**	**1067975**
城区	4008398	2893649	1690155	1306109	1343195	26746	73535	246679
郊区	3377202	2466189	2089438	162588	1580302	62363	390616	56157
长治县	2854174	2111983	1472478	312209	1335308	900	107358	28912
襄垣县	7432587	5518410	1943526	90231	1067807	159909	519979	195831
屯留县	2036547	1456801	669048	13795	347569	55781	203523	62175
平顺县	600059	512752	409610	46845	338656	6590	38242	26122
黎城县	1203185	946050	556680	240	501481	6194	32426	16579
壶关县	963695	690011	563807	2234	559774			4033
长子县	3123289	2047701	1417417	631	676501	48024	555918	136974
武乡县	521386	339248	316548	11368	238192	10760	57662	9934
沁县	925050	681137	419312	22020	398440	4907	10227	5738
沁源县	1820803	1426838	1083686	5820	1014707	10158	50991	7830
潞城市	2352342	2249162	1703852	68290	944852	93592	404645	260763
高新区	359048	191841	130728		70127	7663	42690	10248

11-5 续

县(市)区	本年实际到位资金合计	上年末结余资金	本年实际到位资金小计	国家预算内资金	其中:中央预算资金	国内贷款
总计	**11117754**	**80739**	**11037015**	**114878**	**47129**	**243572**
城区	1399356	27929	1371427	8353	3230	16136
郊区	2091002	631	2090371	2993		44245
长治县	1233169	140	1233029	4159	6850	7850
襄垣县	1052264	10525	1041739	6660	550	13150
屯留县	417046	6545	410501	7530	4088	63484
平顺县	185200	17450	167750	9727	4894	8211
黎城县	565690	3805	561885	16797	10824	11658
壶关县	563231	896	562335	2400	2400	
长子县	616103	2599	613504	2781		36200
武乡县	296603	3300	293303	11464	550	3341
沁县	347322		347322	35183	9793	3500
沁源县	1082386	900	1081486	5819	3950	35797
潞城市	1139083		1139083			
高新区	129299	6019	123280	1012		

产投资完成情况

单位：万元

本年新增固定资产	本年施工房屋面积㎡		本年竣工房屋面积㎡		本年竣工房屋价值		本年施工项目个数(个)		
	小计	其中：住宅	小计	其中：住宅		其中：住宅	小计	新开项目	全投项目
9645511	**19289137**	**13036738**	**8624522**	**5319745**	**1637267**	**1027818**	**2375**	**2096**	**1997**
910732	9769562	8723001	3449611	3378647	707187	700385	73	52	40
1648646	2349241	973924	1601978	479123	272871	70237	389	372	301
713643	1746582	854591	845678	455311	211456	113205	143	123	118
871746	1376393	935660	365766	215781	45860	24732	282	236	237
227214	370181	209267	125367	24946	23518	6194	113	56	77
350599	381742	337270	280813	272228	38999	38180	106	99	96
397677	204669	6500	95166	2500	29675	375	157	148	125
467112	27223		9393		2908		21	17	16
1107111	562652	5860	449799		52385		199	182	174
194051	249919	137860	176275	106510	11155	5866	103	100	90
344162	295749	114750	141391	8300	24406	3200	152	142	129
661413	167936	62831	146284	62831	18849	7020	262	222	246
1678786	1380650	675224	878088	313568	170680	58424	344	329	332
72619	406638		58913		27318		31	18	16

单位：万元

利用外资	其中：外商直接投资	自筹资金	其中：企、事业单位自有资金	其中：股东投入资金	其中：借入资金	其他资金来源	各项应付款合计	其中：工程款
9160		**10500212**	**8132608**	**18305**	**38086**	**55507**	**3453937**	**1544893**
8960		1290074	1255118	500	530	2230	299194	294206
		2037948	1428752					
		1203736	1013814		7487	10584	254236	254236
		999603	440734	2000	15230	15905	921067	341917
200		339287	195469	4000	70		255242	32803
		126837	28030	3700	5170	22575	225635	193282
		506974	450944					
		556722	505522			3213	4594	390
		568523	563223	5300			816869	377038
		272498	16743		3800	1000	22205	
		303609	109303				75341	34671
		1038060	1020895		5689		1300	1300
		1139083	994708		110		575977	14450
		117258	109353	2805			2277	600

11-6 房地产开发

县(市)区	计划总投资	自开始建设累计完成投资	本年完成投资	按构成			
				建筑工程	安装工程	设备工器具购置	其他费用
总　计	**4667973**	**2795013**	**677962**	**549309**	**66772**	**15515**	**46366**
城　区	1179141	962198	305808	238338	34832	11713	20925
郊　区	757558	439354	48402	40162	8240		
长治县	87608	75497	21818	19734	1713	49	322
襄垣县	320140	220774	33790	27921	3782	2087	
屯留县	1254378	487503	69868	52405	7260		10203
平顺县	133462	12450	2800	2500	300		
黎城县	440242	216800	64304	62684			1620
壶关县	273541	206109	64341	55383	7895		1063
长子县	44252	31525	14988	13675			1313
武乡县	112153	95999	33310	19924	1500	1666	10220
沁　县	52870	34380	16244	14744	1000		500
沁源县							
潞城市	12628	12424	2289	1839	250		200

11-6 续 1

县(市)区	房屋施工面积合计	住宅	户型结构		别墅、高档公寓	办公楼	商业营业用房	其　他	本年新开工面积合计	住宅
			90平米及以下	144平米及以上						
总　计	**11560085**	**8472931**	**2290088**	**1687988**	**34897**	**108051**	**1181105**	**1797998**	**1791029**	**1361683**
城　区	3307030	2518862	1267815	262654		16743	181243	590182	773966	621383
郊　区	2401407	1405981	238196	522785	34897	56939	548712	389775	331236	222363
长治县	379048	292382	57594	6156			70406	16260	27067	14015
襄垣县	1157074	948192	46305	246110		4096	36032	168754		
屯留县	1932528	1485866	415825	507422		800	103380	342482	179394	142143
平顺县	23087	23087	3500							
黎城县	467205	306850	88956	41323		20999	82228	57128	227474	188824
壶关县	1057323	854420	62198	32895		7734	83972	111197	41540	24780
长子县	179509	126675	17580	3748			13051	39783	94959	51309
武乡县	386017	294474	72151	48917		740	35838	54965	79476	66792
沁　县	168672	138910	12541	8246			14459	15303	35917	30074
沁源县										
潞城市	101185	77232	7427	7732			11784	12169		

完成及销售情况

单位：万元、平方米

成分：		按工程用途分：							本年新增固定资产
旧建筑物购置费	土地购置费	住宅	户型结构 90平米及以下	户型结构 144平米及以上	别墅、高档公寓	办公楼	商业营业用房	其他	
924	24075	489227	130600	100342		15385	72602	100748	750506
	11850	223600	78337	50724		5170	27490	49548	227031
		36248	14036	7779		1193	4704	6257	250549
		16042	5322	459			5568	208	16084
		25845	1125	6343		276	681	6988	74131
	6303	49525	9537	15200			8030	12313	8932
		2800							
	620	33332	2478	8811		5815	16948	8209	26448
724	339	50510	9280	2618		2830	3971	7030	75934
	1313	8991	1016	654			1453	4544	12935
200	2950	24884	8093	7361		101	3395	4930	22252
	500	15350	1010				189	705	27110
	200	2100	366	393			173	16	9100

单位：万元

户型结构 90平米及以下	户型结构 144平米及以上	别墅高档公寓	办公楼	商业营业用房	其他	本年新开工面积合计	住宅	户型结构 90平米及以下	户型结构 144平米及以上	别墅、高档公寓	办公楼	商业营业用房	其他
357056	**252151**		**38841**	**130918**	**259587**	**3232215**	**2485020**	**252850**	**684748**	**34897**	**12744**	**191927**	**542524**
140260	101222		2198	46149	104236	949824	672133	108363	145102		12744	94463	170484
111552	43169		28909	30386	49578	1026346	784183	38310	431057	34897		23005	219158
293				11404	1648	97795	93795	23700					4000
						366715	292229	20007	68633			5193	69293
5591	67856			2138	35113	38593	15094	15094				10	23489
80596				22287	16363	125812	101332	12340				6980	17500
1365	13809		7734	5765	3261	347871	301670		2370			30077	16124
3100	3748			7039	36611	45310	37347	5280				6012	1951
12584	22347			3000	9684	93601	80368	26199	21608			9112	4121
1715				2750	3093	84590	68646	2760	8246			11709	4235
						55758	38223	797	7732			5366	12169

11-6 续 2

县(市)区	不可销售面积合计	住宅	户型结构		别墅、高档公寓	办公楼	商业营业用房	其他	本年住宅竣工套数
			90平米及以下	144平米及以上					
总　计	**252738**	**222222**	**10854**	**18480**			**2200**	**28316**	**21357**
城　区	5432	3500						1932	6148
郊　区	187753	187753	10086	10000					6210
长治县									878
襄垣县	36226	30201		8480				6025	2290
屯留县									217
平顺县									
黎城县									971
壶关县	18324						2200	16124	2631
长子县	768	768	768						340
武乡县									796
沁　县	4235							4235	603
沁源县									
潞城市									273

11-6 续 3

县(市)区	本年商品房销售面积	住宅	户型结构		别墅、高档公寓	办公楼	商业营业用房	其他	现房销售面积	住宅
			90平米及以下	144平米及以上						
总　计	**2190447**	**1979114**	**425175**	**294851**		**20800**	**104106**	**86427**	**1202220**	**1053098**
城　区	1147413	1037963	282866	200206		4814	50333	54303	823542	716576
郊　区	220335	204225	55974	24032		15986		124	24606	24606
长治县	111898	101150	24358	1036			10748		14703	14703
襄垣县	23948	22387	232	11082			738	823	4947	4947
屯留县	120805	112490	31583	20227			7090	1225	55196	48171
平顺县										
黎城县	121611	90151	11149	494			13960	17500	92996	68516
壶关县	203591	198500	9524	3585			5091		88737	83646
长子县	8357	8357	627						6345	6345
武乡县	130629	111165	4932	24528			7012	12452	25654	24484
沁　县	66365	61975	2760	6848			4390		65494	61104
沁源县										
潞城市	35495	30751	1170	2813			4744			

单位：万元、平方米

户型结构		别墅、高档公寓	本年房屋竣工价值	住宅	户型结构		别墅、高档公寓	办公楼	商业营业用房	其他
90平米及以下	144平米及以上				90平米及以下	144平米及以上				
3169	**4268**	**118**	**739873**	**592960**	**64250**	**182588**	**16359**	**3508**	**49656**	**93749**
1356	958		217699	156354	28771	36522		3508	23307	34530
530	2649	118	250549	214795	12229	124113	16359		6406	29348
264			16084	15684	5140					400
234	400		74131	58375	4668	13051			1161	14595
217			8931	2126	2126				4	6801
147			26448	21321	2745				2173	2954
	16		74634	66971		450			6303	1360
60			12935	10606	1453				1763	566
314	146		22252	18766	6067	5010			2800	686
38	54		27110	21656	920	2167			4854	600
9	45		9100	6306	131	1275			885	1909

单位：万元、平方米

户型结构		别墅高档公寓	办公楼	商业营业用房	其他	期房销售面积	住宅	户型结构		别墅、高档公寓	办公楼	商业营业用房	其他
90平米及以下	144平米及以上							90平米及以下	144平米及以上				
279130	**211821**		**4814**	**71010**	**73298**	**988227**	**926016**	**146045**	**83030**		**15986**	**33096**	**13129**
224176	186829		4814	47849	54303	323871	321387	58690	13377			2484	
8111	2142					195729	179619	47863	21890		15986		124
						97195	86447	24358	1036			10748	
232						19001	17440		11082			738	823
31583	14817			5800	1225	65609	64319		5410			1290	
7053				6980	17500	28615	21635	4096	494			6980	
	1185			5091		114854	114854	9524	2400				
627						2012	2012						
4588				900	270	104975	86681	344	24528			6112	12182
2760	6848			4390		871	871						
						35495	30751	1170	2813			4744	

11-6 续 4

县(市)区	本年商品房销售额	住宅	户型结构		别墅、高档公寓	办公楼	商业营业用房	其 他	现房销售额	住宅
			90平米及以下	144平米及以上						
总　计	**933308**	**800826**	**149767**	**158968**		**11107**	**105558**	**15817**	**551518**	**449940**
城　区	555728	469040	107917	121975		3307	75124	8257	427844	342247
郊　区	90304	82478	21716	11053		7800		26	6201	6201
长治县	35853	27943	3782	365			7910		2560	2560
襄垣县	8028	7426	72	3677			520	82	1398	1398
屯留县	41063	38476	6649	8862			2469	118	15710	14026
平顺县										
黎城县	37554	25389	3174	282			7440	4725	26714	18499
壶关县	77660	74611	2836	1797			3049		31845	28796
长子县	3164	3164	260						2375	2375
武乡县	42661	35915	1859	7200			4137	2609	8800	7830
沁　县	28268	26205	1151	2831			2063		28071	26008
沁源县										
潞城市	13025	10179	351	926			2846			

11-6 续 5

县(市)区	本年商品住宅销售套数	户型结构		别墅、高档公寓	现房销售套数	户型结构		别墅、高档公寓	期房销售套数	户型结构		别墅、高档公寓
		90平米及以下	144平米及以上			90平米及以下	144平米及以上			90平米及以下	144平米及以上	
总　计	**18055**	**5154**	**1694**	**0**	**9651**	**3355**	**1197**	**0**	**8404**	**1799**	**497**	**0**
城　区	9508	3362	1139	0	6548	2666	1047	0	2960	696	92	0
郊　区	1920	743	133	0	243	100	14	0	1677	643	119	0
长治县	945	274	6	0	116	0	0	0	829	274	6	0
襄垣县	152	3	60		46	3			106		60	
屯留县	1019	402	106		498	402	83		521	0	23	
平顺县												
黎城县	872	133	1		662	85			210	48	1	
壶关县	1760	118	23	0	701	0	8	0	1059	118	15	0
长子县	77	7			56	7			21			
武乡县	963	59	166		236	54	0		727	5	166	
沁　县	554	38	45		545	38	45		9			
沁源县												
潞城市	285	15	15						285	15	15	

单位：万元、平方米

户型结构		别墅高档公寓	办公楼	商业营业用房	其他	期房销售额	住宅	户型结构		别墅、高档公寓	办公楼	商业营业用房	其他
90平米及以下	144平米及以上							90平米及以下	144平米及以上				
96915	**126587**		**3307**	**85101**	**13170**	**381790**	**350886**	**52852**	**32381**		**7800**	**20457**	**2647**
83112	116413		3307	74033	8257	127884	126793	24805	5562			1091	
2026	515					84103	76277	19690	10538		7800		26
						33293	25383	3782	365			7910	
72						6630	6028		3677			520	82
6649	6234			1566	118	25353	24450		2628			903	
1904				3490	4725	10840	6890	1270	282			3950	
	594			3049		45815	45815	2836	1203				
260						789	789						
1741				900	70	33861	28085	118	7200			3237	2539
1151	2831			2063		197	197						
						13025	10179	351	926			2846	

单位：万元、平方米

本年批准预售面积	住宅	户型结构		别墅、高档公寓	办公楼	商业营业用房	其他	本年批准预售住宅套数	户型结构		别墅、高档公寓
		90平米及以下	144平米及以上						90平米及以下	144平米及以上	
1690221	**1420273**	**318951**	**170928**		**14548**	**125340**	**130060**	**13593**	**3999**	**1048**	
876062	730946	188748	73865		6814	75344	62958	7265	2412	470	
348129	265933	108878	30400			27760	54436	2615	1332	166	
104164	102078	311	5200			810	1276	942	6	26	
63774	63774		27219					444		168	
90906	82081	2959	12636			2900	5925	710	34	72	
50260	42526	4344			7734			361	50		
44542	36579	4005				6012	1951	325	45		
67441	56669	2500	21608			9112	1660	512	30	146	
23347	23347	7206						300	90		
21596	16340					3402	1854	119			

11-6 续 6

县(市)区	待售面积	住宅	户型结构		别墅、高档公寓	办公楼	商业营业用房	其 他	待售 1-3 年(含 1 年)	住宅
			90 平米及以下	144 平米及以上						
总 计	**2645762**	**1713371**	**327159**	**340076**	**3150**	**41985**	**354142**	**536264**	**1255840**	**858478**
城 区	1966386	1196807	268633	304379	3150	39033	291895	438651	897608	552037
郊 区	25252	24044	13487	4000			226	982	21200	21200
长治县	4000							4000		
襄垣县	123775	79914	2673	29719		1221	885	41755	73608	72387
屯留县	58677	56355		250		1731	591		58677	56355
平顺县										
黎城县										
壶关县	220473	185341					35132		103362	87844
长子县	58446	50158	9939	330			6012	2276	12448	12123
武乡县	140584	92357	32427				11796	36431	86698	56532
沁 县	5766	5766		1398						
沁源县										
潞城市	42403	22629					7605	12169	2239	

单位：万元、平方米

户型结构		别墅高档公寓	办公楼	商业营业用房	其他	待售3年以上（含3年）	住宅	户型结构		别墅、高档公寓	办公楼	商业营业用房	其他
90平米及以下	144平米及以上							90平米及以下	144平米及以上				
177848	**238538**	**3150**	**10549**	**162592**	**224221**	**11007**	**5790**					**5217**	
155275	207006	3150	7597	137248	200726								
10845	4000												
	27282		1221										
	250		1731	591									
				15518		10832	5615					5217	
3000						175	175						
8728				6996	23170								
				2239									

11-7 房地产开发企业

县(市)区	本年实际到位资金合计	上年末结余资金	本年实际到位资金小计	国内贷款	银行贷款	非银行金融机构贷款	利用外资	外商直接投资	自筹资金	自有资金
总　计	**836676**	**38984**	**797692**	**13351**	**7400**	**5951**			**546629**	**232871**
城　区	395916	1474	394442	6651	800	5851			308268	122935
郊　区	105805	5401	100404	1000	1000				33717	4560
长治县	42436	9535	32901						22289	5218
襄垣县	66295	2359	63936						60387	47000
屯留县	69790	6539	63251	500	400	100			43767	22158
平顺县	131	6	125						125	
黎城县	9844		9844	5200	5200				3632	3632
壶关县	75499	5703	69796						21817	5046
长子县	20358	1595	18763						17817	10292
武乡县	28299	3330	24969						19950	7600
沁　县	16842	1209	15633						12694	2264
沁源县										
潞城市	5461	1833	3628						2166	2166

资金和土地情况

单位：万元、平方米

股东投入资金	借入资金	其他资金来源	定金及预收款	个人按揭贷款	各项应付款合计	工程款	待开发土地面积	土地购置面积	土地成交价款	拆迁补偿费	土地使用权出让金	契税
32967	**77152**	**237712**	**151084**	**81349**	**147841**	**81147**	**438757**	**105264**	**23982**		**23325**	**942**
5080	20565	79523	56868	22655	28262	25896	139706					
	24352	65687	33337	28601	6555	5550	21000					
9109	3000	10612	6798	3814	1798	1641						
	6800	3549	3249	300	16838	15655	209554	6089	547			
	11538	18984	15291	3293	23172	8190	58624					
					2669	2669						
		1012	523	489	57092	20141						
16771		47979	26553	21426								
7	7097	946	681	265			9873	81903	20800		20800	832
2000	3500	5019	4778	241	10741	741		17272	2635		2525	110
	300	2939	1809		404	404						
		1462	1197	265	310	260						

11-8 房地产开发

县(市)区	年初存货	流动资产	应收帐款	存货	固定资产合计	固定资产原价	累计折旧	本年折旧	在建工程	资产	流动负债
总　计	**15861794**	**32866364**	**1033219**	**19965881**	**848149**	**958385**	**302288**	**45552**	**548994**	**37481114**	**31380858**
城　区	8280712	18312105	704355	10710643	536851	711033	224871	33476	96396	20315100	16536558
郊　区	1110352	2736363	10278	1314442	16282	42495	26460	3695	3126	2868738	2428080
长治县	67719	592198	3467	332438	40810	21699	4000	213	23146	695055	548835
襄垣县	1982851	2779208	21753	2332740	14052	21620	7568	597	5366	2831441	2704179
屯留县	2535385	4108769	78635	2689304	31009	16538	6901	1731	294038	4533279	3928662
平顺县	3834	19295	15197	4098	85	246	161	84		59223	58778
黎城县	255	301127		255084	1049	4228	3180	2		359794	196474
壶关县	1406513	2071240	14677	1380929	95075	37754	13635	2386	73000	2169325	2026255
长子县	120260	736432	48978	508065	23398	23551	1129	208	966	2280857	2023001
武乡县	193807	858852	128633	241037	63314	47747	9103	2940	24752	962308	621577
沁　县	44110	151934	4248	55067	22696	25582	2916	47	25844	200478	138802
沁源县	4493	5625	1802	2119	2763	2763			2360	10748	2957
潞城市	111503	193216	1196	139915	765	3129	2364	173		194768	166700

11-8 续

县(市)区	主营业务税金及附加	其他业务利润	销售费用	管理费用	税金	财务费用	利息收入	利息支出
总　计	**286711**	**1144**	**197723**	**287291**	**18124**	**77050**	**3361**	**27986**
城　区	185418	1125	125349	173432	11871	37800	2890	19989
郊　区	31597		39434	27350	349	19399	427	1968
长治县	11045		1255	6096		95	3	14
襄垣县	21505		7700	18283	151	12529	24	571
屯留县	12977	54	7351	23480	4491	1079	−296	421
平顺县				2271		2		2
黎城县	1553		4275	6767		596		
壶关县	7356		5670	9995	464	365	169	2
长子县	761		3044	4289	81	380	21	101
武乡县	7413		2304	8458	693	3474	106	3574
沁　县	5192		783	2171	20	1342	3	1344
沁源县	10		0	263				
潞城市	1884	−35	558	4436	4	−11	14	

投资财务状况

单位：千元

应付账款	非流动负债	负债	所有者权益	实收资本	营业收入	主营业务收入	土地转让收入	商品房屋销售收入	房屋出租收入	其他主营业务收入	营业成本	主营业务成本	营业税金及附加
4060688	**1392011**	**32772869**	**4708245**	**3923229**	**4896615**	**4888215**	**3661**	**4346417**	**67162**	**470975**	**3936632**	**3914133**	**290075**
2211875	1005863	17542421	2772679	2557660	2389199	2385094	3661	2099205	53865	228363	1798606	1797818	185953
85202	12655	2440735	428003	316690	713477	713477		684975	168	28334	677310	677259	31599
126375		548835	146220	148200	210188	210188		208803		1385	188384	178921	11045
609584	22893	2727072	104369	76000	397877	394899		394220	679		318448	315841	21505
511064	155040	4083702	449577	223000	157688	157634		157529		105	126908	126908	13073
58778		58778	445	10000									
17		196474	163320	51020	212032	211569				211569	168411	168411	1553
135096		2026255	143070	143000	589056	588256		581656	5800	800	458960	449370	7356
102472	115500	2138501	142356	102180	13297	13297		13297			14524	14524	761
214810	57060	678637	283671	223880	94797	94797		88074	6384	339	75115	75115	7641
3910		138802	61676	45022	78054	78054		78054			76737	76737	7695
1351		2957	7791	7600	156	156			76	80	10	10	10
154	23000	189700	5068	18977	40794	40794		40604	190		33219	33219	1884

单位：千元、人

资产减值损失	公允价值变动收益	投资收益	营业利润	营业外收入	政府补助	营业外支出	利润总额	应交所得税	应付职工薪酬	应交增值税
15715		**29843**	**403319**	**8504**	**437**	**12025**	**399798**	**118127**	**144440**	**40769**
		29739	101341	6856		2000	106197	57646	85362	16914
			159998	198	187	65	160131	47102	6858	9265
			12014	3		44	11973	961	6582	2994
14714			4699	359		2807	2251	14	7199	3335
1001			-14074	564		4993	-18503	4151	20174	3702
			-2273			9	-2282		1983	
			30470	44		234	30280	1683	573	283
			118294			226	118068	1156	6737	2886
			-3905	12		1166	-5059	5	1748	
			-876	4		368	-1240	2863	3213	1129
		104	-2925	0		104	-3029	1900	1256	93
			-117	3		4	-118		820	
			673	461	250	5	1129	646	1935	168

11-9 房地产

项目编码	数据处理地	归属法人单位组织机构代码	归属法人单位详细名称	项目名称
056293690001	140402000000	056293690	山西宏林房地产开发有限公司	霍州城市棚户改造一期
699144648002	140402001002	699144648	长治市宏润房地产开发有限公司	长子龙盛苑1号住宅楼
701042131002	140402001005	701042131	长治市经济适用房发展中心	圣鑫园保障性住房小区
110813424002	140402002001	110813424	长治市万佳房地产开发有限责任公司	潞城府东花苑商住楼
110758875001	140402002007	110758875	山西森星长安房地产开发有限公司	乐活城市
751539218007	140402003001	751539218	长治市世纪景源房地产开发有限公司	颐龙湾住宅小区D组团
554105875001	140402003003	554105875	山西祥坤房地产开发有限公司	长治县祥和家园
056252813002	140402003003	056252813	长治市美隆房地产开发有限公司	马坊头城中村改造B1区
767146101002	140402003004	767146101	长治市九天房地产开发有限公司	平顺加州假日度假小镇
767146101001	140402003004	767146101	长治市九天房地产开发有限公司	星悦国际
701165094004	140402004001	701165094	长治市昌盛房地产开发有限公司	昌盛金色家园二期
660428125001	140402004001	660428125	长治市鑫兴房地产开发有限公司	桥北英华小区1--2号楼
701165094003	140402004001	701165094	长治市昌盛房地产开发有限公司	壶关金色家园
741085320002	140402004001	741085320	长治市长运房地产开发有限公司	潞城昌运嘉园一期
561333462001	140402004001	561333462	长治市和谐房地产开发有限公司	潞城浅水湾项目
741096003003	140402004002	741096003	长治市乐源房地产开发有限公司	乐苑四区
725915742002	140402004002	725915742	长治市康泰房地产开发有限公司	帝豪天成1期
590861408001	140402006001	590861408	长治市恒康房地产开发有限公司	平顺万通苑商住小区
775182671002	140402006002	775182671	长治市生华房地产开发有限公司	沁县宜和苑住宅小区
070486931001	140402006004	070486931	山西宏锦泰置业有限公司	平顺紫东家园经济适用房二期
668646768004	140402006005	668646768	山西枫林房地产开发有限公司	地质家园
602003591005	140402007002	602003591	山西仁德信房地产开发有限公司	世纪名城住宅小区二期
602003591004	140402007002	602003591	山西仁德信房地产开发有限公司	日新家园一二期
734000616006	140402007005	734000616	山西兆盛房地产开发有限公司	史家庄城中村改造二期AB区
743526185005	140402007006	743526185	长治高新区华苑房地产开发有限公司	潞城金城花园
743526185006	140402007006	743526185	长治高新区华苑房地产开发有限公司	晋中鑫欣佳园项目
743526185007	140402007006	743526185	长治高新区华苑房地产开发有限公司	山西三建东区住宅楼项目
065596781001	140402007006	065596781	长治市万嘉恒业房地产开发有限公司	潞城瑞福苑住宅小区
733994209007	140402007006	733994209	山西宏图永盛房地产开发集团有限公司	水岸春城
056266422001	140402009205	056266422	山西旭恒源房地产开发有限公司	潞洲国际项目
075532052001	140402009214	075532052	山西明鼎房地产开发有限公司	西南关城中村改造
741080300004	140402400001	741080300	长治市广泰房地产开发有限公司	文华东方
054199457002	140411000000	054199457	长治市金港房地产开发有限公司	金港111精英时代城建设项目
725941166001	140411002001	725941166	长治市启越房地产开发有限公司	凯旋花园住宅小区
056269164001	140411002012	056269164	山西广盛源房地产开发有限公司	中钢广盛源现代物流
743526177001	140411100220	743526177	长治市龙宇房地产开发有限公司	富尔顿庄园建设项目

一 览 表

单位：万元

1-本月；计划总投资	1-本月；自开始建设累计完成投资	1-本月；本年完成投资	1-本月；住宅	1-本月；办公楼	1-本月；商业营业用房	1-本月；其他
10699	11160	2510	1999		306	205
2320	1680	1580	1080		260	240
290000	240128	36585	20354			16231
2916	1550	1550	1000		300	250
12506	14560	500	350		100	50
40365	31267	10285	6559	186	745	2795
5874	5974	5974	4484		740	750
50825	52320	7520	4800	810	900	1010
7285	8031	1281	801		290	190
18747	19415					
10415	7440	7440	6392		699	349
10806	1615	1615	950		355	310
13805	14680	850	500			350
52025	31509	31009	27653	900	1456	1000
55544	48650	32050	20600		6075	5375
4316	2460	2460	780		650	1030
30000	32190	2100	1850		250	
4555	1850	1850	1000	100	300	450
1753	890	890	600		290	
31219	23110	9400	6500		1800	1100
11756	11850	11850	7700		1900	2250
16805	17110	350	230		60	60
31849	32350	5580	5580			
190068	84580	41000	34030	984	3403	2583
11680	12040	1740	930	250		560
21636	25150	13840	10080	1090	1060	1610
31633	24350	23650	14350		2131	7169
35308	35508	27408	24858	700	1040	810
93745	96640	1150	850		100	200
13991	13991	1141	840	150	80	71
27980	20650	20650	15900		2200	2550
36715	37500					
18886	2010	2010		1000	1010	
35952	35936	6500	6420			80
99200	500					
12840	6160	4160	4160			

11-9 续 1

项目编码	数据处理地	归属法人单位组织机构代码	归属法人单位详细名称	项目名称
566346334001	140411101213	566346334	长治市金湛房地产开发有限公司	湛上村集中安置改造工程
666614535001	140411102202	666614535	长治市中兴房地产开发有限公司	长治市久曦园住宅小区
666614535004	140411102202	666614535	长治市中兴房地产开发有限公司	长治市泽馨苑住宅小区 B 区工程
666614535003	140411102202	666614535	长治市中兴房地产开发有限公司	长治市泽馨苑住宅小区 A 区工程
666614535002	140411102202	666614535	长治市中兴房地产开发有限公司	长治市久曦园住宅小区二期工程
586170524001	140411102202	586170524	长治市鑫聚源房地产开发有限公司	田园清水湾小区建设项目
666614535006	140411102202	666614535	长治市中兴房地产开发有限公司	泽馨苑小区 D 期工程
666614535007	140411102202	666614535	长治市中兴房地产开发有限公司	泽馨苑小区 E 期工程
666614535005	140411102202	666614535	长治市中兴房地产开发有限公司	长治市泽馨苑住宅小区 C 区工程
681916224001	140411102212	681916224	山西启东房地产开发集团有限公司	关村商贸物流园区
792242314001	140411102212	792242314	山西帝景元房地产开发有限公司	帝景商贸城
739331713004	140411103213	739331713	长治市潞安中义房地产开发有限公司	沁芳苑小区三期工程
739331713005	140411103213	739331713	长治市潞安中义房地产开发有限公司	沁芳盛世东区
739331713006	140411103213	739331713	长治市潞安中义房地产开发有限公司	沁芳盛世西区建设项目
551498431002	140411104202	551498431	长治市华锦城房地产开发有限公司	故县紫金花园商贸城 B 区建设项目
551498431001	140411104202	551498431	长治市华锦城房地产开发有限公司	建设故县紫金花园商贸城一期工程项目
796389292002	140421100001	796389292	长治市恒业房地产开发有限公司	平顺县和园小区建设项目
796389292001	140421100001	796389292	长治市恒业房地产开发有限公司	长治县交通小区住宅楼工程建设项目
07551425X001	140421100001	07551425X	长治山煤凯德世家房地产开发有限公司	凯德世家广场建设项目
110875182007	140421100004	110875182	长治县城乡建设开发公司	长治县经坊小区1号地块经济适用住宅小区4号5号8号9号
110875182008	140421100004	110875182	长治县城乡建设开发公司	长治县保障性住房 2 号地块经济适用房
092635301001	140421100204	092635301	山西东岳房地产开发有限公司	宏源 WJU 盛元陆洲商住楼一期工程
568494373003	140421100208	568494373	长治县金海岸房地产有限公司	金海岸商住楼建设项目
568494373002	140421100208	568494373	长治县金海岸房地产有限公司	金海岸住宅小区 4 号住宅楼
568494373001	140421100208	568494373	长治县金海岸房地产有限公司	长治县金海岸房住宅小区
091033077001	140421101206	091033077	山西潞卓房地产开发有限公司	潞卓兰庭一期工程建设项目
586192344001	140423100001	586192344	山西福星苑房地产开发有限公司	东盛花园
588512882001	140423100224	588512882	山西金之枫房地产开发有限公司	襄垣县小郝沟城中村改造项目
788520502008	140423102001	788520502	山西潞安鸿源房地产开发有限公司	潞安城市花园东区
788520502009	140423102001	788520502	山西潞安鸿源房地产开发有限公司	嘉华苑小区
788520502012	140423102001	788520502	山西潞安鸿源房地产开发有限公司	潞安锦绣香江小区一二期工程
788520502011	140423102001	788520502	山西潞安鸿源房地产开发有限公司	府秀江南小区三四期工程
788520502010	140423102001	788520502	山西潞安鸿源房地产开发有限公司	潞安泽盛苑北区
692211991002	140423102205	692211991	长治市鸿基房地产开发有限公司	襄城今典公寓 3、5、7、8 号楼
692211991003	140423102205	692211991	长治市鸿基房地产开发有限公司	襄城今典 2、4、6 号住宅楼
065551583001	140423401003	065551583	襄垣县格林房地产开发有限公司	格林花园商住楼

单位：万元

1-本月；计划总投资	1-本月；自开始建设累计完成投资	1-本月；本年完成投资	1-本月；住宅	1-本月；办公楼	1-本月；商业营业用房	1-本月；其他
40000	42915	10	10			
19957	20243					
24431	25865					
25963	26245					
25988	25960					
26420	27800	9090	9090			
27228	24165					
27407	27310					
32074	33185					
65583	30643	1052			1052	
73640	20815					
14069	13116	1810		193	211	1406
74216	56976	23550	16414		2409	4727
88709	220	220	154		22	44
5487	300					
19508	18990					
1183	1046	690	484		118	88
13315	11080	4390	4390			
23980	25325	5300			5300	
5540	5540	1440	1440			
9297	4200	3700	3700			
15719	11220	3675	3675			
2855	2770	120	20		50	50
4557	4557	57	37			20
5987	5987	1247	1247			
5175	3772	1199	1049		100	50
12892	12101					
19800	19800					
27511	26272	623	461		20	142
35010	31134	4042	3015		43	984
50221	18107	750	508		151	91
53608	38837	11415	7244	276	467	3428
89798	49036	3773	3430			343
6990	6900					
12623	6900	6600	6600			
11687	11687	6587	4587			2000

11-9 续 2

项目编码	数据处理地	归属法人单位组织机构代码	归属法人单位详细名称	项目名称
060701917701	140424100201	060701917	屯留县宏发房地产开发有限公司	金海园小区
056280187001	140424100201	056280187	屯留县三友房地产开发有限公司	屯留县潞安麟绛佳园住宅小区
689852165002	140424100202	689852165	屯留县圣源房地产开发有限公司	屯留县浩洋国际大酒店
592962907001	140424100202	592962907	屯留县恒鑫房地产开发有限公司	金汇中央小区
110961515001	140424100203	110961515	屯留县城镇建设房地产开发公司	经济适用房
110961515002	140424100203	110961515	屯留县城镇建设房地产开发公司	花园小区住宅楼项目
056273104001	140424100203	056273104	屯留县百顺达房地产开发有限公司	壹號城邦
396084158001	140424100203	396084158	山西丰融房地产开发有限公司	映水兰香住宅小区一期
581249612001	140424100206	581249612	屯留县麟浩房地产开发有限公司	金威家园项目
586198631001	140424100211	586198631	山西万易和房地产开发有限公司	润鼎名府
051979837001	140424100215	051979837	屯留县鹏远房地产开发有限公司	长阳城市花园一期工程
051979837002	140424100215	051979837	屯留县鹏远房地产开发有限公司	长阳城市花园二期
666606308001	140424100215	666606308	长治市中广房地产开发有限公司	屯留县潞安颐龙湾住宅小区项目
739303544002	140424102201	739303544	山西潞安房地产开发有限公司	潞城潞安颐龙湾住宅小区
739303544001	140424102201	739303544	山西潞安房地产开发有限公司	潞安颐龙湾小区
668634812006	140424201206	668634812	山西潞安郭庄房地产开发有限公司	沁源豪庭小区
668634812005	140424201206	668634812	山西潞安郭庄房地产开发有限公司	阳光威尼斯一期
666626931007	140424203202	666626931	屯留县新东方房地产开发有限公司	果岭龙
666626931006	140424203202	666626931	屯留县新东方房地产开发有限公司	绛河畔
666626931005	140424203202	666626931	屯留县新东方房地产开发有限公司	嶷山壹号
666626931004	140424203202	666626931	屯留县新东方房地产开发有限公司	麟绛九号
666626931003	140424203202	666626931	屯留县新东方房地产开发有限公司	泰和御苑
666626931008	140424203202	666626931	屯留县新东方房地产开发有限公司	嶷山国际体育园
734032423001	140424401205	734032423	山西昌汇房地产开发有限公司	景新润园一期工程
734032423002	140424401205	734032423	山西昌汇房地产开发有限公司	景新润园住宅小区二期工程项目
054191957002	140425100200	054191957	山西中江天和置业有限公司	中江紫园建设项目
054191957001	140425100200	054191957	山西中江天和置业有限公司	太行新天地旅游风情小镇
595327765003	140426100002	595327765	黎城同元房地产开发有限公司	同元黎城华府小区二期工程项目
595327765001	140426100002	595327765	黎城同元房地产开发有限公司	同元华府小区(一期)
068033159001	140426100002	068033159	山西鑫润城房地产开发有限公司	黎侯世纪城一期工程建设项目
068033159002	140426100002	068033159	山西鑫润城房地产开发有限公司	润泉黎侯世纪城 C 区一期工程
068033159003	140426100002	068033159	山西鑫润城房地产开发有限公司	润泉黎侯世纪城二期工程建设项目
595327765002	140426100002	595327765	黎城同元房地产开发有限公司	黎侯古城北区一期
754089881015	140427100001	754089881	山西恒信安房地产开发有限公司	福馨家园二期
754089881014	140427100001	754089881	山西恒信安房地产开发有限公司	御龙花园二期
754089881013	140427100001	754089881	山西恒信安房地产开发有限公司	御龙花园一期

单位：万元

1-本月；计划总投资	1-本月；自开始建设累计完成投资	1-本月；本年完成投资	1-本月；住宅	1-本月；办公楼	1-本月；商业营业用房	1-本月；其他
7233	7173	77	77			
93459	36070	4270	1470			2800
6600	6600	1100				1100
12188	11652	200	200			
2230	2230					
2875	350	350	7			343
4931	4931	1111	1051		30	30
65408	23034	22534	14340		3940	4254
22028	10085	10085	9600		380	105
69871	15483					
11932	10969	2300	1300		300	700
21690	7400	2400	2000			400
94552	31156	3400	3400			
46937	31450	1900	1800		100	
180000	181350	3100	2400		700	
18999	11200	8200	5450		2100	650
27996	24313	3550	2650		480	420
7034	6719	605	605			
7296	7296	463	463			
7669	6383	642	642			
8683	8683	317	317			
8697	8747					
500000	24836	1311				1311
7344	7543	103	103			
18726	1850	1850	1650			200
30062	8800	2800	2800			
103400	3650					
7114	7114	7114	5480		1634	
13780	13780					
20567	20567					
21841	20541	20141	18341		1200	600
26940	1000	1000	700		250	50
350000	153798	36049	8811	5815	13864	7559
2970	2870	913	913			
2985	2956	1459	1449		10	
2996	2972	902	902			

11-9 续 3

项目编码	数据处理地	归属法人单位组织机构代码	归属法人单位详细名称	项目名称
396514883001	140427100001	396514883	壶关县欣腾房地产开发有限公司	日月星辰商住楼项目
754089881017	140427100001	754089881	山西恒信安房地产开发有限公司	御龙花园四期项目
754089881016	140427100001	754089881	山西恒信安房地产开发有限公司	御龙花园三期项目
762455335001	140427100202	762455335	壶关县安厦房地产开发有限公司	紫团花园
092623220001	140427100202	092623220	山西智圣房地产开发有限公司	阳光名邸
561348517001	140427100211	561348517	长治市安信达房地产开发有限公司	壶化银座 1 号小区
561348517003	140427100211	561348517	长治市安信达房地产开发有限公司	壶关县南园新区
561348517007	140427100211	561348517	长治市安信达房地产开发有限公司	壶化银座一号 D 区项目
561348517005	140427100211	561348517	长治市安信达房地产开发有限公司	壶化银座一号 B 区项目
561348517006	140427100211	561348517	长治市安信达房地产开发有限公司	壶化银座一号 C 区项目
561348517002	140427100211	561348517	长治市安信达房地产开发有限公司	壶化银座一号二期项目
561348517004	140427100211	561348517	长治市安信达房地产开发有限公司	店上移民搬迁项目
561348517008	140427100211	561348517	长治市安信达房地产开发有限公司	壶化银座一号 A 区项目
662392146004	140427400200	662392146	山西常平房地产开发有限公司	东方 360A 小区
662392146010	140427400200	662392146	山西常平房地产开发有限公司	东方世家
759821699001	140428100200	759821699	长子县鑫华房地产开发有限公司	锦绣佳苑住宅楼
757262790002	140428100200	757262790	长子县龙城房地产开发有限公司	龙兴花园 8、9 楼住宅
796396329001	140428100200	796396329	山西海晋房地产开发有限公司	东华佳苑住宅小区
724632011001	140428100201	724632011	山西卓盛房地产开发有限公司	融汇家园
790209959002	140428100202	790209959	长治市久安房地产开发有限公司	久安佳苑住宅小区二期
57337996X002	140429100003	57337996X	长治市圣达房地产开发有限公司	武乡县景兴花苑住宅小区二期项目
79222276X001	140429100004	79222276X	山西汇宝房地产开发有限公司	汇宝佳苑住宅小区建设项目
566316821002	140429100004	566316821	山西富华垚房地产开发有限公司	武乡县舒香门邸小区商品房二期
566316821001	140429100004	566316821	山西富华垚房地产开发有限公司	舒香门邸小区
087092146001	140429100004	087092146	武乡县名贺房地产开发有限公司	王家峪煤业滨河苑科技人才居住区建设项目一期
746045432001	140429100005	746045432	山西润泉房地产开发有限公司	武乡县裕丰苑小区建设项目
346840605001	140429100005	346840605	武乡县恒茂房地产开发有限公司	金蓉佳苑住宅小区
759810922003	140430100001	759810922	山西君达房地产开发有限公司	西湖苑三期
551455976002	140430100002	551455976	山西嘉全房地产开发有限公司	沁源县太岳帝景住宅小区
788536272001	140430100005	788536272	沁县峰立房地产开发有限公司	华安住宅小区三期
788536272002	140430100005	788536272	沁县峰立房地产开发有限公司	华安苑（南区）工程
325725608001	140430100006	325725608	沁县德欣房地产开发有限公司	相府新城建设项目
080985208001	140430100229	080985208	山西华宇晟房地产开发有限公司	华馨苑小区一期
781045972004	140481001007	781045972	潞城市丰隆房地产开发有限公司	泽福湾小区
66661878X002	140481001010	66661878X	潞城市居泰房地产开发有限公司	沁源县沁颐园小区

单位：万元

1-本月；计划总投资	1-本月；自开始建设累计完成投资	1-本月；本年完成投资	1-本月；住宅	1-本月；办公楼	1-本月；商业营业用房	1-本月；其他
6756	5113	5016	4119		473	424
6830	6092	5181	5096		85	
6944	6163	5182	5077		85	20
7300	7300	20			20	
12994	10447	7349	7349			
3510	3510					
5000	5000	112	112			
5009	5009					
5733	5733					
6083	6083					
7250	7250					
15000	14982	142	142			
17043	16745	10161	7331	2830		
25932	25932					
133206	71952	27904	18020		3298	6586
1274	750					
7008	6331	421	421			
7184	7184	7				7
23035	11509	11509	6219		853	4437
5751	5751	3051	2351		600	100
5362	5362					
9554	9554					
14158	13913	6205	3083	101	887	2134
22320	22300	55	33		16	6
27105	11320	2900	2538		192	170
14640	15000	5600	4700		500	400
19014	18550	18550	14530		1800	2220
3300	3003	675	675			
29330	24430	10130	10130			
1220	1220	12	12			
6591	3117	3117	2773		139	205
2861	1760	1460	1460			
9568	850	850	300		50	500
9129	9129	449	398		35	16
3499	3295	1840	1702		138	

11-10 固定资产投

项目(单位)名称	项目名称	开工时间
沁源县王和镇古寨村民委员会	古寨村新农村建设项目	201506
沁源县瑞平种植专业合作社	苗木培育种植项目	201603
沁源县沁森源种植专业合作社	新建连翘种植项目	201603
沁源县卧龙农林牧有限公司	4500 亩荒山林药兼种项目	201603
山西沁新能源集团股份有限公司选煤厂	环保工程建设项目	201604
长治市圣普科技开发有限公司	新建葡萄种植园区项目	201604
山西沁东农业科技有限公司	农业有机种植项目	201603
山西兆丰源农业开发有限责任公司	羊肚菌种植项目	201605
沁源县新盛种植专业合作社	特色种植项目	201603
沁源县龙秀种植专业合作社	农作物种植养殖项目	201603
沁源县文化旅游产业发展有限公司	灵空山风景区游步道建设项目	201607
沁源县金硕香种植专业合作社	经济作物种植项目	201603
沁源县宏昌商贸有限公司	农贸综合市场建设项目	201603
沁源县旺寅种植专业合作社	农作物种植项目	201603
沁源县泰福通农牧有限公司	金花葵加工销售项目	201506
山西沁源康伟森达源煤业有限公司	6#1# 煤层巷道扩建项目	201604
武乡县荣维种植专业合作社	生态休闲农业园区项目	201601
武乡县蟠龙镇胡恋岭村民委员会	蟠龙镇胡恋岭村易地搬迁建设项目	201609
武乡县丰华源种植有限公司	油用牡丹生态观光产业园项目	201606
武乡县龙达种植有限公司	农业生态示范区建设项目	201603
武乡县鹏程寨养殖专业合作社	新建农家养殖基地建设项目	201608
武乡县绿欣食用菌种植专业合作社	建设 165 座双孢菇大棚种植项目	201603
武乡县金丝维手工艺品专业合作社	新建勒绣苑传统文化产业创业园区项目	201603
武乡县巨成建材有限公司	年产 1.2 亿块煤矸石烧结多孔砖项目	201603
武乡县涌福种养有限公司	惠农服务中心建设项目	201603
武乡县土河坪种植专业合作社	日光温室大棚建设项目	201606
武乡县惠众养殖有限公司	新建狐狸养殖场项目	201601
国网山西省电力公司武乡县供电公司	2016 年 35 千伏及以下农网改造工程	201607
平顺县麦丰农业电子商务有限公司	伍佰伍拾亩蔬菜大棚建设项目	201603
平顺县卫生局	卫生系统建设项目	201603
平顺县杰佳美种植专业合作社	食用菌种植项目	201606
平顺县扶贫开发办公室	青羊镇易地扶贫搬迁	201604
平顺县禾田种植专业合作社	万亩油用牡丹种植项目	201606
平顺县建新种植专业合作社	脱毒马铃薯繁育基地	201604
平顺县交通运输局	农村公路安全生命防护工程(第二批)	201610
平顺县顺鑫矿业有限公司	矿山技改项目	201603
平顺县交通运输局	窄路基路面拓宽改造工程第二批	201610
平顺县新威绿色养殖有限公司	200 亩特种养殖建设项目	201604
平顺县鑫垚种植专业合作社	一千亩矮化核桃基地建设项目	201606
平顺县甜玉种植专业合作社	五千亩甜玉米种植基地建设项目	201605
黎城县东阳关金崖山农业园	肉用萨福克种羊扩建项目	201510
黎城县黎侯镇晋福村民委员会	龙华寺休闲旅游综合开发项目	201606
黎城县西井镇岭头村民委员会	停车场建设项目	201602
黎城利丰盈养殖专业合作社	山羊养殖基地建设项目	201607

资 项 目 名 录

单位：万元

本年全部投产时间	计划总投资	自开始建设累计完成投资	本年完成投资	其中：住宅	本年新增固定资产	本年实际到位资金合计
201605	4990	4990	3890		2580	3890
201609	4996	4996	4996		3500	4996
201608	4500	4500	4500		2900	4500
201609	4800	4800	4800		3300	4800
201607	585	585	585		410	585
201612	2380	2380	2380		1700	2380
201608	4580	4580	4580		2490	4580
201610	4550	4550	4550		2800	4550
201608	4600	4600	4600		3200	4600
201609	4910	4910	4910		3200	4910
201612	3800	3800	3800		3200	3800
201609	4500	4500	4500		3170	4500
201606	1200	1200	1200		800	1200
201609	4820	4820	4820		3200	4820
201605	4900	4900	3500		2600	3500
201612	4700	4700	4700		4200	4700
201606	4500	4500	4500		3970	4500
	619	500	500	488		500
201608	1580	1580	1580		1340	1580
201610	4800	4800	4800		4200	4800
201611	3200	3200	3200		2810	3200
201609	2400	2400	2400		2064	2400
	865	708	708			550
201608	4960	4960	4960		4360	4960
201612	3000	3000	3000		680	1800
201612	2000	2000	2000		1860	1500
201607	2000	2000	2000		1696	2000
201612	1301	1301	1301		1100	1301
201607	2400	2400	2400		2400	1000
201609	819	819	819		819	819
201610	4310	4310	4310		4310	640
201611	3280	3280	3280	3280	3280	3080
201608	3600	3600	3600		3600	200
201609	2500	2700	2700		2500	1200
201611	1569	1569	1569		1569	543
201609	1900	2050	2050		1900	
201611	1524	1524	1524		1524	637
201611	2040	2040	2040		2040	790
201609	3300	3300	3300		3300	3100
201609	4400	4400	4400		4400	600
201602	3012	3012	212		3012	212
201610	4985	4985	4985		4985	4985
201608	562	562	562		562	562
201612	4800	4800	4800		4679	4800

11-10 续 1

项目(单位)名称	项目名称	开工时间
山西路华态能源有限公司	新建 LNG 加气站项目	201604
黎城县石壁底村江乃青养蛇场	蛇场规模化扩建项目	201603
黎城县泽丰农业生态有限公司	现代休闲观光园项目	201605
黎城县建国农机服务专业合作社	农机农业服务开发项目	201605
黎城县上遥镇人民政府	新村建设项目	201605
黎城县西井镇西井村民委员会	新农村建设项目	201607
黎城同安种植专业合作社	南果北种休闲观光采摘项目	201603
黎城县西井镇石壁底村民委员会	新农村建设项目	201606
国网山西省电力公司黎城县供电公司	一百一十千伏变电站增容工程	201603
黎城民生实业有限公司	万头生猪扩建项目	201605
长治市天能贸易有限公司	二万只驯放大雁养殖项目	201603
山西青春玻璃有限公司	一千二百 t/d 浮法玻璃窖炉烟气处理技改项目	201604
黎城县体育服务中心	全民健身活动中心建设项目	201606
山西三元煤业股份有限公司	新建瓦斯发电项目	201604
长治市三强宏业钢结构有限公司	钢结构构件生产基地	201603
长治市霍家工业有限公司	PVC 聚合母液水处理及回收	201604
长治市昌盛商贸有限公司	新建昌盛商贸综合楼二期项目	201602
山西长治郊区三元南耀小常煤业有限公司	安全和环保项目	201502
长治市中村旅游开发有限公司	旅游基础设施建设	201604
长治市郊区神龙选煤厂	新建洗煤项目	201602
长治市郊区老顶山镇关村村民委员会	瓜果花卉农贸市场	201601
长治市国新远东燃气有限公司	新建加气站	201605
长治市丰丰木业有限公司	木器加工车间项目	201605
长治市展盛金属结构有限公司	钢结构材料项目	201604
长治市郊区正昇工贸有限公司	苗木花卉种植项目	201605
长治市瑞德鑫科技有限公司	氧热法新型煤气化炉科技创新工业化试验项目	201604
长治市鑫运宇通商贸有限公司	玻璃工艺品项目	201605
长治市中博盛元工贸有限公司	高档汽车连锁销售 4S 店	201603
长治市天寿苑文化发展有限公司	大天桥公墓项目	201603
长治市鼎瑞汽车销售有限公司	北京汽车销售 4S 店	201603
长治市强力青苗圃种植园	反季节蔬菜种植	201603
长治市郊区堠北庄镇下秦村民委员会	新建爱心养老院建设项目	201606
长治市郊区鹏宇新型建材有限公司	粉煤灰加气砌块生产线技改	201604
长治市郊区老顶山旅游开发区老巴山村民委员会	老巴山村爱国主义教育基地	201608
长治市诚进建材有限公司	500 万立方机制砂	201603
长治市辰腾衡器有限公司	电子皮带秤产品	201607
长治市郊区大辛庄镇梁家庄村村民委员会	村民住宅楼	201607
长治市步云科技有限公司	食用菌种植加工项目	201607
长治市荣威科技有限公司	仓储物流项目	201603
山西诺尔昌泰机械有限公司	活性吸附塔制造项目	201607
长治市千美祥花卉有限公司	花卉苗木种植基地	201607
长治市郊区恩宇种植专业合作社	核桃种植项目	201607
长治市郊区黄碾镇黄北村村民委员会	住宅楼	201609
长治市霍家工业有限公司	新建拆解工业报废旧零件、重型汽车零配件加工及焊接项目	201609

单位：万元

本年全部投产时间	计划总投资	自开始建设累计完成投资	本年完成投资	其中：住宅	本年新增固定资产	本年实际到位资金合计
201609	1300	1300	1300		1300	1300
201606	595	595	595		595	595
201610	4500	4500	4500		4500	4500
201609	3100	3100	3100		3100	3100
201608	4500	4500	4500		4500	4500
201612	4150	4150	4150		4050	4150
201607	3800	3800	3800		3800	3800
201612	4675	4675	4675		4570	4675
201607	3051	3051	3051		3051	3051
201609	3470	3470	3470		3470	3470
201607	3350	3350	3350		3350	3350
201608	3000	3000	3000		3000	3000
	542	200	200			210
201606	4230	4630	4630		4630	4630
201607	4995	4995	4995		4995	4995
201608	3836	4208	4208		4208	4208
201604	4998	4998	4998		4998	4998
201602	4950	5442	497		5442	497
201612	4445	4445	4445		4445	4445
201604	4825	5111	5111		5111	5111
201603	4930	4930	4930		4930	4930
201607	4625	4825	4825		4825	4825
201608	4796	5246	5246		5246	5246
201608	4922	5322	5322		5322	5322
201611	4850	4850	4850		4850	4850
201610	4860	4860	4860		4860	4860
201607	4200	4600	4600		4600	4600
201608	4880	4880	4880		4880	4880
201607	4832	4832	4832		4832	4832
201607	4270	4270	4270		4270	4270
201608	4720	4720	4720		4720	4720
201610	4860	4860	4860		4860	4860
201611	4655	4655	4655		4655	4655
201611	3500	3500	3500		3500	3500
201609	4360	4360	4360		4360	4360
201611	4660	4660	4660		4660	4660
201610	4785	4785	4785	4785	4785	4785
201609	4760	4760	4760		4760	4760
201610	3865	3865	3865		3865	3865
201610	3810	3810	3810		3810	3810
201610	3966	3966	3966		3966	3966
201611	3800	3800	3800		3800	3800
201611	3880	3880	3880	3880	3880	3880
201612	3961	3961	3961		3961	3961

11-10 续 2

项目(单位)名称	项目名称	开工时间
长治市长宁工贸有限公司	水稳搅拌站	201604
长治市洪武工程机械有限公司	新建生产厂房	201608
山西时针科贸有限公司	新建医药库房项目	201607
长治市泽泰橡塑制品有限公司	生产输送带建设项目	201606
长治市郊区漳源水产养殖有限公司	水产养殖	201607
长治市黄碾耐火材料有限公司	新建钢渣煤矸石矿渣无机纤维棉项目	201606
长治市郊区故县办事处王庄居民委员会	排水管网供电供暖设施	201610
长治市郊区大辛庄镇果园村村民委员会	新建村民安置楼	201610
长治市郊区大辛庄镇壁头村村民委员会	新建村民安置楼	201607
长治市郊区老顶山镇庄里村民委员会	废弃石料厂生态恢复建设工程	201604
长治市郊区老顶山镇大天桥村民委员会	东山石料厂生态恢复建设	201604
潞城市宏益兴建材有限公司	新建年产 6 万立方水泥发泡保温板生产线项目	201602
山西太重长兴机械制造有限公司	锚固剂自动化生产	201602
山西潞宝兴海新材料有限公司	新建防腐保温工程项目	201608
山西嘉禾聚醋业有限公司	综合办公楼项目	201602
潞城市店上镇人民政府	新建镇区基础设施建设项目	201608
山西晋牌水泥集团晋川建材有限公司	年产 5 万吨建筑砂浆	201605
潞城市文才核桃种植专业合作社	核桃经济林种植	201606
长治市龙涛防腐保温工程有限公司	新建年产 2 万吨钢结构加工项目	201602
潞城市潞华办事处西村居民委员会	新建小区基础设施建设	201604
上海乡地艺客投资有限公司	自驾车旅游营地	201604
潞城市宏益兴建材有限公司	新建年产 30 万吨矿粉生产线项目	201604
潞城市潞华办事处东南山社区	城中村改造二期	201603
潞城市史回乡松岗预制厂	年产 2 万根水泥电线杆	201604
山西潞安晋安矿业工程有限公司	新建仓储库	201604
潞城市潞华办事处南街社区居民委员会	中华大街拆迁安置小区	201604
长治市永安山防防爆电机修造有限公司	新建矿用电机项目	201603
潞城市卓越水泥有限公司	地面除尘站	201604
山西嘉禾聚醋业有限公司	新建 SZLH 系列颗粒饲料加工生产线成套设备项目	201603
潞城市汕口石膏粉厂	扩建石膏粉加工项目	201606
山西天脊潞安化工有限公司	焦炉气及尾气压缩项目	201606
潞城市微子镇人民政府	微子镇红旗小区住宅楼项目	201606
潞城市利天熔剂有限公司	新建年产 300 万片水泥彩瓦生产线项目	201601
潞城市卓越水泥有限公司	综合办公楼项目	201603
山西潞宝集团晋钢兆丰煤化工有限公司	干熄焦装置地面除尘站	201604
山西建滔潞宝化工有限责任公司	水系统技改项目	201609
潞城市潞华办事处西街社区	安置小区基础设施建设	201604
潞城市潞华办事处古南关社区居民委员会	回迁安置小区	201603
潞城市宏亿工贸有限公司	新建精宏铸造汽车刹车项目	201607
山西隆森旅游开发公司	温泉度假酒店	201604
潞城市兴业煤化有限公司	180 万吨洗煤设备提质增效项目	201607
山西潞安华亿宏通煤化有限公司	洗煤设备提质增效及新建办公楼、职工宿舍楼项目	201607
潞城市潞华办事处古南关社区居民委员会	安置小区基础设施建设	201603
山西潞安焦化有限责任公司	新建一分厂喷射改造安装项目	201605

单位：万元

本年全部投产时间	计划总投资	自开始建设累计完成投资	本年完成投资	其中：住宅	本年新增固定资产	本年实际到位资金合计
201612	3680	3680	3680		3680	3680
201612	3889	3889	3889		3889	3889
201612	3965	3965	3965		3965	3965
201612	3930	3930	3930		3930	3930
201612	3910	3910	3910		3910	3910
	3920	2659	2659			2659
201612	810	810	810		810	810
	3750	3699	3699	3699		3699
	3975	1829	1829	1829		1829
	1890	1792	1792			1792
	2100	1996	1996			1996
201612	3960	3960	3960		3960	3200
201608	4980	5926	5926		5926	4066
201611	3790	3910	3910		3910	1990
201608	4920	5805	5805		5805	4100
201611	3860	3860	3860		3860	2105
201608	4972	4972	4972		4972	2860
201609	4960	4960	4960		4960	4160
201608	4960	5902	5902		5902	3323
201608	3800	4484	4484		4484	2350
201610	4980	4980	4980		4980	1195
201612	3969	3969	3969		3969	2200
201608	4900	5831	5831	1200	5831	2800
201607	4970	4970	4970		4970	4970
201607	4870	4970	4970		4970	2280
201607	3900	3900	3900	2000	3900	1860
201607	4890	4890	4890		4890	4230
201608	4980	4980	4980		4980	2800
201608	4893	5822	5822		5822	3400
201610	3750	3750	3750		3750	3050
201609	4950	4970	4970		4970	3020
201610	2040	2150	2150	850	2150	2000
201612	3870	3870	3870		3870	2648
201607	4970	4970	4970		4000	3550
201607	4950	4970	4970		4970	3450
201612	3860	3860	3860		3860	2375
201608	4300	5074	5074		5074	2700
201608	4850	5771	5771	2495	5771	2850
201611	3900	3960	3960		3960	2105
201607	4850	4850	4850		4850	2950
201611	3860	3860	3860		3860	1970
201611	3930	3930	3930	700	3930	2320
201608	4510	4510	4510		4510	2000
201608	4670	4730	4730		4730	3245

11-10 续 3

项目(单位)名称	项目名称	开工时间
潞城市利天熔剂有限公司	新建年产5万吨组合钢模板项目	201601
潞城市宝通商品砼有限公司	年产10万吨机制砂	201604
潞城市烨阳种植专业合作社	中药材种植	201605
潞城市神农开发有限公司	甜糯玉米深加工	201604
山西潞安晋安矿业工程有限公司	带压瓦斯封孔器生产线	201604
潞城市煜辰熔剂厂	年产15万吨脱硫溶剂	201606
潞城市宏益兴建材有限公司	年产20万吨活性石灰窑节能环保生产	201603
潞城市恒丰园种养殖专业合作社	麝鼠养殖基地	201605
潞城市利天熔剂有限公司	新建年产50万吨矿粉生产线项目	201603
长治市市政管理处	府后西街电缆排管工程	201606
国网电力公司长治分公司	山西长治城东110千伏变电站3号主变扩建工程	201606
中国铁塔股份有限公司长治市分公司	新建通信铁塔项目	201608
长治市忠慧建筑机械租赁有限公司	长治市高新区忠慧育乐园建设项目	201601
屯留县交通运输局	屯留县2016年农村公路完善提质工程	201608
山西省屯留县水利局	水利工程建设项目	201510
山西潞安余吾热电有限责任公司	烟气脱硝项目	201601
屯留县西莲村土金蔬菜种植专业合作社	蔬菜大棚基地建设项目	201508
屯留县渔泽镇崔蒙村村民委员会	村民住宅楼工程建设项目	201603
屯留县五里庄绿源方舟蔬菜种植专业合作社	高效农业蔬菜基地建设项目	201505
山西潞安环保能源开发股份有限公司	常村煤矿购置维简设备项目	
山西潞安煤基合成油有限公司	络合铁脱硫改造项目	201606
山西尔安焦化集团有限责任公司	提标升级改造项目	201508
长治市林禾源农业科技有限公司	岚水河休闲农业田园建设项目	201606
长子县瑞健蔬菜种植专业合作社	新建蔬菜种植园区项目	201606
长子县佳明蔬菜种植有限公司	蔬菜种植园区项目	201609
长子县绿野新能源有限公司	建设年产6万吨有机肥项目	201610
长子县民生农作物种植专业合作社	建设农作物种植示范园区项目	201601
长子县艳峰养殖有限公司	建设年存栏千只肉羊养殖项目	201606
山西能投煤炭物流有限公司	新建仓储基地项目	201603
长子县金盛建材厂	新建综合建材交易市场项目	201604
长子县玉芳养殖专业合作社	建设蛋禽养殖基地项目	201603
长子县神农绿色蔬菜种植专业合作社	建设蔬菜种植园区项目	201601
长子县皇明湖种植专业合作社	建设大棚蔬菜种植园区项目	201604
长子县福园种植专业合作社	新建蔬菜种植园区项目	201605
长子县绿泽园种植有限公司	建设香菇种植园区项目	201606
长子县日新基础设施开发有限公司	长子县环会堂道路工程建设项目	201608
长子县冠品食品有限公司	建设1000万只肉鸭屠宰项目	201604
长子县杨栓堂养殖有限公司	建设10万只标准化羊场项目	201604
长子县新科农业技术开发有限公司	建设大京蔬菜园区项目	201601
山西省长治市潞酒有限公司	新建物流配送中心项目	201604
长子县鑫溢源农业科技开发有限公司	新建年产5万吨生物有机肥项目	201601
长子县连群种植专业合作社	建设大棚蔬菜种植园区项目	201602
长子县正源昌农牧发展有限公司	建设年产3万吨有机肥生产项目	201603
长子县教育科技局	示范幼儿园项目	201507

单位：万元

本年全部投产时间	计划总投资	自开始建设累计完成投资	本年完成投资	其中：住宅	本年新增固定资产	本年实际到位资金合计
201612	3480	3480	3480		3480	3020
201607	4980	4980	4980		4980	1705
201608	4860	4860	4860		4860	4300
201607	4200	4200	4200		4200	2450
201607	4610	4840	4840		4840	3208
201611	4620	4620	4620		4620	4620
201609	4986	4986	4986		4986	4277
201607	4360	4360	4360		4360	1200
201612	3850	3850	3850		3850	3110
201611	1988	1988	1988		1390	1988
201612	2131	2131	2131		1831	2131
201612	4160	4160	4160		4160	4160
201606	4680	5580	5580		5580	5580
201610	807	807	807		560	
201607	776	776	769		538	500
201612	636	636	636		508	300
201604	3520	3520	1001		2100	1001
201606	2184	2184	2184	1500	1520	1000
201604	2560	2560	1015		1710	300
	4698	4698	4698		3288	4000
201610	1200	1200	1200		850	1000
201612	3233	3233	3128		2580	2000
	3710	1298	1298			400
201612	4450	4450	4450		4450	2000
	3670	2740	2740			2000
	1856	1468	1468			1000
201610	3700	3700	3700		3700	2200
201612	2000	2000	2000		2000	2000
201609	4880	4880	4880		4880	2960
201609	4860	4860	4860		4860	3000
201609	2319	2319	2319		2319	2319
201610	4500	4500	4500		4500	3200
201612	4880	4880	4880		4880	2800
201610	4670	4670	4670		4670	2100
201611	967	967	967		967	600
201611	573	573	573		573	
201608	4900	4900	4900		4900	2300
201609	4800	4800	4800		4800	4800
201608	4420	4420	4420		4420	2600
201610	4860	4860	4860		4860	1500
201608	4950	4950	4950		4950	4500
201611	4790	4790	4790		4790	2000
201611	4260	4260	4260		4260	3200
201608	1994	1994	1588		1994	300

11-10 续4

项目(单位)名称	项目名称	开工时间
长治县隆泰洗煤有限责任公司	扩建年入洗200万吨洗煤厂建设项目	201608
长治县西池乡西池村民委员会	新建农村住宅小区建设项目	201602
长治县泰达物贸有限公司	新建年入洗180万吨洗煤厂建设项目	201606
长治县润泰工贸有限公司	LNG-CNG加气站建设项目	201603
长治县长兴源煤炭经销有限公司	洗煤厂扩建项目	201507
长治县西池乡北仙泉村民委员会	新建农村住宅小区建设项目	201605
长治市轩东科技发展有限公司	锚索、焊网等矿用产品扩建项目	201605
长治县苏店镇苏店村民委员会	新建润苏家园村民住宅楼建设项目	201604
长治县众望种植专业合作社	樱桃种植园建设项目	201609
长治县曙翠有限公司	雕塑系列产品项目	201606
长治县智通商砼有限公司	年产50万立方商砼扩建项目	201608
中国石油天然气股份有限公司山西长治销售分公司	新建2.93公里铁路专用线建设项目	201511
长治市莱茵运动休闲有限公司	休闲运动接待中心项目	201607
沁县新绿源农林开发专业合作社	核桃连翘名优经济林基地	201608
沁县山谷香农业开发有限公司	杂粮药材套种基地建设	201604
中央储备粮襄垣直属库开村分库	仓储建设工程	201604
沁县建强畜禽养殖专业合作社	标准化肉鸡养殖基地建设项目	201602
沁县国先肉羊养殖专业合作社	肉羊养殖基地建设项目	201605
沁县鑫隆源畜禽专业合作社	千头肉猪养殖项目	201511
沁县长生蔬菜种植专业合作社	温室大棚蔬菜建设	201603
沁县人力资源和社会保障局	基层就业和社会保障服务设施建设	201603
沁县万有林牧发展有限公司	繁殖牛饲养项目	201604
山西省沁县中等职业学校	新建综合楼及实训楼项目	201609
长治市潞宝金和生农牧开发有限公司	古台肉鸡养殖基地改扩建项目	201603
沁县盛德园肉牛养殖有限公司	标准化肉牛养殖基地建设	201608
山西襄矿集团沁县华安焦化有限公司	污水处理系统项目	201603
沁县农业委员会	第二批3000亩设施蔬菜基地建设	201606
沁县绿地农牧开发有限公司	标准化养羊基地建设项目	201605
沁县农业委员会	设施蔬菜基地建设项目	201603
沁县德义诚食用菌种植专业合作社	食用菌种植基地	201609
襄垣县宝通园绿色农业发展有限公司	关于扩建智能化育苗大棚项目	201609
襄垣县阿波菜园种植专业合作社	新建蔬菜暖棚项目	201603
襄垣县凤凰山蔬菜种植专业合作社	新建设施蔬菜种植基地项目	201603
襄垣县中明种植专业合作社	新建小杂粮种植基地项目	201608
襄垣县利鑫种植专业合作社	新建水果干果种植基地项目	201608
山西山农宝农林牧科技有限公司	新建仁用杏种植加工基地	201511
襄垣县古韩东森农林管护观光开发有限公司	新建南返头苗圃种植基地项目	201603
襄垣县诚鑫农民专业合作社联合社	新建中药材种植基地	201606
襄垣县天宏农业科技有限公司	新建生态观光园项目	201605
襄垣县富民养殖专业合作社	新建生猪养殖项目	201609
长治市绿润园林绿化有限公司	新建苗圃种植基地项目	201604
襄垣鑫海养殖专业合作社	新建蛋鸡养殖基地	201604
襄垣县刘杨兴种植专业合作社	新建东岭农业园区基础设施项目	201609
襄垣县益和祥投资经营有限公司	秋季造林项目建设	201608

单位：万元

本年全部投产时间	计划总投资	自开始建设累计完成投资	本年完成投资	其中：住宅	本年新增固定资产	本年实际到位资金合计
201612	4600	4600	4600		4600	4600
201609	3140	3140	3140	3140	3140	3140
201612	4000	4000	4000		4000	4000
201606	1500	1500	1500		1500	1500
201612	3000	3000	2952		3000	3000
201611	3040	3040	3040	3040	3040	3040
201612	4875	4875	4875		4875	4875
201612	4670	4670	4670	4670	4670	4670
201611	940	940	940		940	940
201612	4800	4800	4800		4800	4800
201612	3890	3890	3890		3890	3890
201612	4881	4881	4841		4841	4841
201612	3960	3960	3960		3960	3260
201612	3900	3900	3900		3900	3900
201607	1500	1500	1500		1500	1500
201607	1750	1750	1750		1750	1750
201610	3100	3100	3100		3100	3100
201610	2100	2100	2100		2100	2100
201606	4000	4000	3000		3000	3000
201607	3000	3000	3000		3000	3000
201607	620	620	620		620	620
201609	4000	4000	4000		4000	4000
	1100	380	380			1100
201609	3000	3000	3000		3000	2000
201612	1800	1800	1800		1800	1800
201610	3882	3882	3882		3882	2622
201609	4500	4500	4500		4500	4100
201608	2800	2800	2800		2800	2800
201607	4500	4500	4500		4500	1800
201612	2600	2600	2600		2600	2600
201612	3280	3280	3280		3280	2500
201608	3000	3000	3000		3000	1900
201611	2950	2950	2950		2950	2100
201610	2450	2450	2450		2450	1800
201611	3900	3900	3900		3900	3000
201607	3800	3800	3150		3800	2500
201609	3180	3180	3180		3180	2650
201610	3980	3980	3980		3980	3000
201611	2800	2800	2800		2800	2000
201612	2360	2360	2360		2360	2000
201612	2820	2820	2820		2820	2000
201609	3860	3860	3860		3860	3000
201612	2060	2060	2060		2060	1500
201610	2600	2600	2600		2600	2200

11-10 续 5

项目(单位)名称	项目名称	开工时间
襄垣县农业综合开发办公室	下良镇高标准农田建设项目	201603
襄垣县永清有限责任公司	污水处理升级改造项目	201510
襄垣县绿源种植专业合作社	新建仁用杏生产基地项目	201606
襄垣县绿洲绿化工程有限公司	新建绿云山庄生态观光园项目	201604
襄垣县绿缘种植专业合作社	新建蔬菜种植基地项目	201606
襄垣县梅园种植专业合作社	新建梅园综合种植园项目	201608
襄垣县红飞种植专业合作社	新建小杂粮种植基地	201604
襄垣县森源种植专业合作社	新建核桃树种植基地项目	201607
沁源县灵空山镇东柏子村民委员会	村级基础设施建设项目	201507
沁源县中峪乡渣滩村民委员会	地质灾害治理项目	201508
沁源县国宏养殖专业合作社	肉猪养殖项目	201603
沁源县金源种植专业合作社	新建万亩杂粮种植项目	201605
沁源县峪鑫养殖有限公司	黑山羊养殖基地建设项目	201603
沁源县卧龙农林牧有限公司	美丽乡村农业生态游建设项目	201603
沁源县新鑫农牧开发有限公司	新建中药材种植黑猪养殖项目	201603
沁源县家园农产品仓储物流有限公司	物流园区建设项目	201601
沁源县灵空山镇柏子村民委员会	村级基础设施建设项目	201507
沁源县益亚兴种植专业合作社	3000 亩荒山治理林药兼种项目	201603
山西新超煤业有限公司	环保工程项目	201603
沁源县绿博园农牧有限公司	经济林种植基地建设项目	201603
沁源县卧龙农林牧有限公司	新建 7 万只蛋鸡养殖厂房建设项目	201605
沁源县鑫地园种植专业合作社	核桃树中药材种植项目	201606
沁源县俊腾手工艺品有限公司	手工艺品制作项目	201603
山西黄土坡煤业集团有限公司	鑫益煤业年入洗 120 万吨洗煤厂建设项目	201608
沁源县庄利源农业开发有限公司	新建肉牛养殖项目	201604
沁源县田园牧歌生态农庄有限公司	人参栽培项目	201601
长治市顺枫源农业开发有限公司	十五万吨有机草料生产基地建设项目	201604
长治市鸿欣瑞工贸有限公司	年加工 1.6 万吨沙棘无废料综合开发项目	201603
沁源县惠鑫种植专业合作社	核桃种植项目	201603
沁源县裕华苑养殖有限公司	百头奶牛养殖基地建设项目	201603
山西太岳磨料有限公司	高档磨料加工项目	201603
沁源县佳利源种植专业合作社	优质核桃苗木繁育基地建设项目	201506
沁源县国泰源环保新型墙体有限公司	年产 1.2 亿块煤矸石烧结多孔砖二期隧道窑建设项目	201604
山西沁新集团新达煤业有限公司	采区排水系统建设工程项目	201607
沁源县家荣养殖专业合作社	鸡养殖基地建设项目	201604
山西省沁源县林业局	森林防火通道工程建设项目	201603
山西黄土坡鑫运煤业有限公司	9+10 号煤层 9102 工作面机械化升级改造项目	201601
沁源县郭道镇伏贵村民委员会	美丽家园建设项目	201603
沁源县王和镇铁水沟村民委员会	美好家园建设项目	201606
沁源县聪子峪乡小聪峪村民委员会	美丽家园建设项目	201601
沁源县天成商品砼有限公司	新建年产石粉 2500 万立方的全封闭式生产线项目	201605
沁源县住房和城乡建设管理局	体育场改造等工程	201609
沁源县七亩园种植有限公司	新建蛋鸡养殖项目	201603
沁源县螺山生态种植有限公司	生态休闲农业观光示范建设项目	201601

单位：万元

本年全部投产时间	计划总投资	自开始建设累计完成投资	本年完成投资	其中：住宅	本年新增固定资产	本年实际到位资金合计
201607	833	833	833		833	833
201608	2421	2421	1321		2421	
201611	4600	4600	4600		4100	3500
201608	800	800	800		800	800
201611	2930	2930	2930		2930	2000
201612	3100	3100	3100		3100	2500
201607	2500	2500	2500		2500	1500
201611	2860	2860	2860		2860	1600
201604	3440	3440	2140		1300	2140
201606	4850	4850	4650		2600	4650
201609	4860	4860	4860		3100	4860
201612	2300	2300	2300		1100	2300
201609	4900	4900	4900		3300	4900
201609	4900	4900	4900		3400	4900
201609	4900	4900	4900		3200	4900
201606	4500	4500	4500		3400	4500
201604	3180	3180	1980		900	1980
201609	4950	4950	4950		3200	4950
201609	2493	2493	2493		1860	2493
201609	4930	4930	4930		3300	4930
201612	4362	4362	4362		3600	4362
201611	3300	3300	3300		2300	3300
201608	2100	2100	2100		1400	2100
201612	3640	3640	3640		2850	3640
201610	4950	4950	4950		3000	4950
201605	1000	1000	1000		600	1000
201609	2000	2000	2000		890	2000
201607	4800	4800	4800		2200	4800
201609	4350	4350	4350		2900	4350
201611	3300	3300	3300		2850	3300
201608	4900	4900	4900		1650	4900
201606	4950	4950	3960		2700	3960
201610	4900	4900	4900		2460	4900
201611	3500	3500	3500		3100	3500
201610	4980	4980	4980		2900	4980
201609	4500	4500	4500		3200	4500
201607	4600	4600	4600		2560	4600
201609	4700	4700	4700		2900	4700
201612	3450	3450	3450		1900	3450
201608	3106	3106	3106		2200	3106
201612	3400	3400	3400		2700	3400
201611	980	980	980		980	980
201607	2000	2000	2000		1160	2000
201607	4980	4980	4980		3600	4980

11-10 续 6

项目(单位)名称	项目名称	开工时间
沁源县华晨农业开发有限公司	农业综合开发项目	201603
沁源县裕和种植专业合作社	野生连翘人工驯化技术产业化示范基地建设项目	201603
沁源县顺和伟业种植专业合作社	1000 亩中药材种植项目	201603
沁源县王和镇王和村民委员会	王和村小城镇建设项目	201506
沁源县沁河镇四元村民委员会	美丽宜居示范村建设项目	201605
沁源县晋龙煤矸再生利用有限公司	年产 120 万吨洗煤项目	201605
沁源县李元镇下庄村村民委员会	集中供热建设项目	201609
沁源县同茂冰葡萄种植专业合作社	千亩冰葡萄种植项目	201604
武乡县民政局	零散烈士集中安葬项目三期工程	201605
山西腾龙煤机修配有限公司	煤矿机械设备修配三期项目	201607
武乡县石盘农业开发区管理委员会	国家农业综合开发小流域综合治理项目	201605
武乡县东胡梅山农业科技有限公司	新建东胡梅山休闲农业示范园区项目	201604
武乡县义安种植专业合作社	油用牡丹种植加工项目	201603
武乡县志刚养殖有限公司	生猪养殖项目	201605
武乡县源兴养殖专业合作社	连元养猪场建设项目	201603
武乡县安泽养殖专业合作社	年出栏 4000 头商品猪养殖项目	201606
武乡县森旺养殖专业合作社	养猪场建设项目	201604
武乡县蟠龙镇西坡村民委员会	移民搬迁工程	201603
武乡县瑞达干果种植专业合作社	万亩中药材种植及深加工基地建设项目	201609
国网山西省电力公司武乡县供电公司	2016 年小城镇电网改造升级工程	201607
平顺县佳宜家庭农场专业合作社	五千亩果树基地建设项目	201603
平顺县开玲种植专业合作社	三万五千亩中小药材种植项目	201605
平顺县瑞博种植专业合作社	四千亩无公害旱地蔬菜基地建设项目	201606
平顺县安泽种植专业合作社	优质马铃薯基地建设项目	201605
平顺县扶贫开发办公室	虹梯关易地扶贫搬迁	201604
平顺县绿源春农业综合开发有限公司	壹万伍仟亩连翘种植项目	201604
平顺县延鑫种植专业合作社	五百亩蔬菜大棚建设项目	201606
平顺县隆盛种植专业合作社	中药材种植基地建设项目	201608
平顺县泰牧养殖场	肉羊场建设项目	201604
平顺县妇幼保健院	新建地下停车场及辅助用房建设项目	201609
平顺县交通运输局	窄路基路面拓宽改造工程	201607
平顺县大众旱地绿色产业开发专业合作社	年产 1000 吨双孢菇种植基地建设	201604
国网山西省电力公司黎城县供电公司	正川至中庄一百一十千伏线路工程项目	201602
黎城县教育科技局	乡镇幼儿园建设工程	201507
黎城华海绿色农林综合开发专业合作社	花果山水帘洞休闲观光农业园项目	201603
黎城县住房保障和城乡建设管理局	黎侯古城一期市政道路工程	201602
黎城县海通水产养殖专业合作社	红鳟鱼养殖基地建设项目	201603
黎城横岭种植专业合作社	特色小米种植加工项目	201605
黎城鼎诚新能源开发有限公司	LNG 加气站	201606
黎城县西井镇岭头村民委员会	旅游服务中心建设项目	201606
黎城县鑫得养殖有限公司	鑫得生猪养殖项目	201607
黎城恩贤种植专业合作社	优质核桃树种植项目	201603
黎城县中医院	中医院门、急诊住院综合楼项目	201608
黎城县清漳生态水产养殖有限公司	清漳生态水产养殖项目	201606

单位：万元

本年全部投产时间	计划总投资	自开始建设累计完成投资	本年完成投资	其中：住宅	本年新增固定资产	本年实际到位资金合计
201609	4980	4980	4980		3260	4980
201609	4500	4500	4500		3160	4500
201606	2500	2500	2500		1300	2500
201605	4900	4900	3700		2560	3700
201612	3560	3650	3650		2900	3650
201609	2400	2400	2400		1500	2400
201611	726	726	726		613	726
201612	1700	1700	1700		800	1700
201609	1625	1625	1625		1395	1625
201610	3500	3500	3500		2900	3500
201606	676	676	676		576	676
201608	4500	4500	4500		4060	4500
201609	3000	3000	3000		2640	3000
201608	2600	2600	2600		2190	2600
201607	3109	3109	3109		2520	3109
201612	900	900	900		790	900
201609	3044	3044	3044		2678	3044
201611	2880	2880	2880	2880	2530	2880
201611	1860	1900	1900		1670	1860
201612	862	862	862		758	862
201608	3500	3500	3500		3500	100
201610	4890	4890	4890		4890	1000
201611	4300	4300	4300		4300	3400
201608	2730	2730	2730		2730	2730
201611	3370	3370	3370	3370	3370	3230
201609	3800	4000	4000		3800	1200
201610	4000	4000	4000		4000	1000
201611	4900	4930	4930		4900	900
201608	3000	3000	3000		3000	
	1520	440	440			100
201609	1484	1484	1484		1484	824
201607	1000	1000	1000		1000	90
	2767	2560	2560			2767
201609	1404	1404	1044		1404	1404
201608	3650	3650	3650		3650	3650
201608	509	509	509		509	509
201608	3540	3540	3540		3540	3540
201612	4950	4950	4950		4810	4950
	1432	1300	1300			1432
201610	737	737	737		737	737
201609	1083	1083	1083		1083	1083
201612	3240	3240	3240		3120	3240
	3000	680	680			710
201610	2280	2280	2280		2280	2280

11-10 续 7

项目(单位)名称	项目名称	开工时间
黎城县浊漳河农业种植专业合作社	一千三百亩优质小杂粮项目	201605
黎城林源鸵鸟养殖有限公司	鸵鸟养殖扩建以及深加工项目	201603
黎城绿翼核桃专业合作社	绿翼农业开发项目	201605
黎城环翠庄园生态农业有限公司	环翠庄园生态农业观光采摘园区项目	201603
黎城安泰运输有限公司	LNG 加气站项目	201602
山西久安御林林业开发有限公司	生态农业园建设	201605
首钢长治钢铁有限公司	信息化规划项目	201506
山西省漳泽水库管理局	修建漳泽水库交通桥	201604
山西鑫万福商贸有限公司	商贸综合楼	201602
长治市潞锦工贸有限公司	救灾物资加工及库房建设	201605
长治市晋鑫煤焦有限责任公司	120 万吨焦化脱硝脱硫回压烟气治理	201604
长治市郊区老顶山旅游开发区小龙脑村民委员会	基础设施建设	201603
长治市福安源商贸有限公司	故南钢材交易仓储项目	201605
长治市晋合缘食品厂	新建生产厂房项目	201605
长治市瑞得工贸有限公司	新建仓储项目	201605
长治市茂益能源有限公司	新建加气站项目	201604
长治漳泽农村商业银行股份有限公司	新建富村支行	201603
长治市郊区兆丰砼业有限公司	新建环保改造设施项目	201604
长治市郊区黄碾镇人民政府	排涝工程项目	201605
长治市金伯乐机动车检测有限公司	机动车检测线项目	201603
山西旭日昶农业开发有限公司	无公害蔬菜种植园	201603
山西苏晋缘园林绿化工程有限公司	名贵花卉种植	201604
长治市郊区丰远绿色农业种植有限公司	生态园建设项目	201603
长治市郊区堠北庄镇下秦村民委员会	新建村民安置楼	201605
长治市新埔木糖有限公司	新建低温灭菌成品车间建设项目	201606
长治市鑫茂牧业有限公司	小龙脑种植养殖项目	201607
长治市郊区新宇牧业有限公司	建红猪厂改扩建项目	201603
长治市郊区佳恒新墙材有限公司	粉煤灰加气砌块生产线技改	201607
长治市郊区大辛庄镇鹿家庄村村民委员会	金港商贸物流	201606
山西潞奥园林工程有限公司	荒山生态恢复治理及特色养殖项目	201609
长治市郊区天育种植合作社	苗木种植	201608
山西衡兴盛机械设备有限公司	动力机械生产项目	201608
长治市华溢食品有限公司	新建食用农品加工项目	201606
长治市星光养殖有限公司	肉鸡养殖项目	201608
长治市郊区肥又美养殖专业合作社	肉羊养殖项目	201608
长治市德盛苑旅游度假村	德盛苑度假疗养中心项目	201610
长治市宏丰二手交易市场有限公司	宏丰二手车交易市场	201604
长治市欣鑫合电子商务有限公司	新建电子商务大厅项目	201607
长治市荣鹏石业有限公司	新型地板生产项目	201607
长治市郊区住房保障和城乡建设管理局	长北新建巷路面改建项目	201610
长治市郊区泽头养殖有限公司	商品猪养殖	201608
长治市郊区黄碾镇坡底村村民委员会	坡底村新农村住宅楼	201606
长治机场有限责任公司	长治机场应急指挥综合楼项目	201511
长治市郊区大辛庄镇陈村村民委员会	新建公墓一期	201607

单位：万元

本年全部投产时间	计　划总投资	自开始建设累计完成投　资	本年完成投　资	其中：住宅	本年新增固定资产	本年实际到位资金合　计
201609	2205	2205	2205		2205	2205
201606	1836	1836	1836		1836	1836
201610	3400	3400	3400		3400	3400
201607	2100	2100	2100		2100	2100
201607	1029	1029	1029		1029	1029
201607	4505	4505	4505		4505	4505
201606	500	500	200		500	200
	1011	930	930			930
201612	2210	2210	2210		2210	2210
201607	4860	4860	4860		4860	4860
201607	4910	5310	5310		5310	5310
201607	2160	2160	2160		2160	2160
201607	4900	5000	5000		5000	5000
201608	1534	1580	1580		1580	1580
201608	4888	5360	5360		5360	5360
201610	4722	4722	4722		4722	4722
201610	4210	4210	4210		4210	4210
201610	4520	4520	4520		4520	4520
201607	4300	4716	4716		4716	4716
201607	4850	4850	4850		4850	4850
201608	4542	4542	4542		4542	4542
201607	4820	4820	4820		4820	4820
201607	4930	4930	4930		4930	4930
201610	4958	4958	4958	4958	4958	4958
201610	3620	3620	3620		3620	3620
	4500	4320	4320			4320
201609	4250	4250	4250		4250	4250
201611	4890	4890	4890		4890	4890
201609	4890	4890	4890	4890	4890	4890
	3760	3710	3710			3710
201610	3830	3830	3830		3830	3830
201610	3750	3750	3750		3750	3750
201610	3880	3880	3880		3880	3880
201611	3985	3985	3985		3985	3985
201611	3950	3950	3950		3950	3950
	3880	2200	2200			2200
201612	3905	3905	3905		3905	3905
201612	3899	3899	3899		3899	3899
201612	3870	3870	3870		3870	3870
	2921	1696	1696			1696
201612	3980	3980	3980		3980	3980
	3860	2875	2875	2875		2875
	3772	999	332			998
	3760	3678	3678			3678

11-10 续 8

项目(单位)名称	项目名称	开工时间
长治市郊区大辛庄镇小神村村民委员会	新建村民安置楼	201607
长治市郊区老顶山镇桥上村民委员会	桥上村民文体活动广场	201605
长治市郊区毛占建材石料有限公司	环保设施技术改造	201608
潞城市辛安泉镇人民政府	新区环境道路建设	201605
山西三建钢结构有限公司	新建年产1万套钢制办公家具生产线	201603
山西潞安民爆器材有限责任公司	新建煤岩体加固填充新型材料项目	201603
山西潞安精蜡化学品有限公司	硬蜡生产线	201606
潞城市同兴洗煤有限公司	洗煤厂提质增效项目	201605
潞城市潞华办事处东街社区居民委员会	棚户区改造基础设施建设	201604
山西潞安焦化有限责任公司	新建储煤塔项目	201608
山西潞宝集团焦化有限公司	综合办公楼扩建项目	201605
潞城市创蓝生物科技有限公司	新建生物燃料项目	201606
山西三建钢结构有限公司	年产10万米通风管生产线	201602
潞城市远翔科技发展有限公司	新建成品库	201507
潞城市潞华办事处山底村村民委员会	安置小区改造基础设施建设	201604
山西潞安焦化有限责任公司	新建技术楼	201604
潞城市三友煤机有限责任公司	新建酿制机械设备研发制造项目	201602
潞城市美味美食品有限责任公司	新建陈醋加工项目	201603
潞城市微子镇人民政府	采煤沉陷区治理整体搬迁	201605
山西潞安焦化有限责任公司	一分厂导烟车项目	201605
山西晋牌水泥集团晋川建材有限公司	建设地面除尘站	201605
山西潞安环能煤化工有限责任公司	新建循环水系统项目	201609
潞城市新丰裕农林牧种养专业合作社	新建中药材种植及核桃经济林项目	201604
山西潞宝集团焦化有限公司	长安路及立交桥建设项目	201606
潞城市宏益兴建材有限公司	新建地面除尘站项目	201603
潞城市金鸿农机专业合作社	农机具购置维修项目	201603
潞城市兴黄富民种植专业合作社	中药材种植基地	201604
潞城市富邦热能材料有限公司	新建年产5万吨秸秆压块产品项目	201604
潞城市鑫光工贸有限公司	机制砂生产线扩建项目	201605
潞城市鑫林煤业有限责任公司	年产30万吨民用型煤生产线项目	201607
山西建滔潞宝化工有限责任公司	循环水系统项目	201605
潞城市丰茂建材厂	新建年产万吨新型粉末涂料生产线项目	201604
长治市永安山防防爆电机修造有限公司	新建煤矿设备大修厂	201603
潞城市洁能燃气有限公司	新建办公楼及附属设施项目	201603
天脊集团精细化工有限公司	新建胺钙过滤试验项目	201603
山西煤炭运销集团三元石窟煤业有限公司	污水处理	201605
潞城市华美科技有限责任公司	新建年产25万吨生态燃料项目	201603
长治市龙涛防腐保温工程有限公司	塑料加工项目	201602
山西煤炭运销集团三元石窟煤矿有限公司	安全设施更新工程	201602
潞城市三友煤机有限责任公司	新建年产8000吨高频焊铝条项目	201602
潞城市宏源水泥制品有限公司	新建年产10万立方米水泥制品项目	201604
潞城市天邦建材有限公司	年产5万吨建筑砂浆生产线	201604
潞城市宏晟建材有限责任公司	新建年产200万片水泥彩瓦生产线项目	201603
山西三建钢结构有限公司	新型保温材料生产线	201603

单位：万元

本年全部投产时间	计划总投资	自开始建设累计完成投资	本年完成投资	其中：住宅	本年新增固定资产	本年实际到位资金合计
	3965	1638	1638	1638		1638
	1550	1420	1420			1420
	2840	2793	2793			2793
201611	2580	2640	2640		2640	1820
201612	3960	3960	3960		3960	3620
201610	4900	4960	4960		4960	2900
201609	4950	4962	4962		4962	3008
201608	4800	4800	4800		4800	2835
201607	4720	4720	4720		4720	2400
201612	3980	3980	3980		3980	2135
201607	4720	4935	4935		4935	2800
201611	3750	3810	3810		3810	2700
201608	4983	5879	5879		5879	3760
201608	4850	5723	5113		5113	3030
201608	3200	3800	3800		3800	1900
201607	4740	4961	4961		4961	2930
201607	4890	4890	4890		4500	4020
201607	3000	3000	3000		3000	1900
201608	2113	2223	2223	950	2223	953
201608	4750	4970	4970		4970	3470
201607	4980	4980	4980		4980	1510
201611	3890	3890	3890		3890	1990
201609	2620	2680	2680		2680	2500
201610	4860	4950	4950		4950	2760
201609	4980	4980	4980		4980	4150
201605	2340	2340	2340		2340	1500
201608	3600	3600	3600		3600	2890
201612	3590	3590	3590		3590	2300
201612	3930	3930	3930		3930	2700
201610	3985	3985	3985		3985	2585
201609	4600	4860	4860		4860	2950
201611	3954	3954	3954		3954	3754
201608	4979	5875	5875		5875	3920
201612	3850	3850	3850	1900	3850	2550
	3890	2090	2090			1590
201608	4790	4917	4917		4917	2832
201609	4980	4980	4980		4980	2780
201608	4983	5879	5879		5879	4170
201607	4850	4930	4930		4930	2795
201612	3280	3280	3280		3280	3060
201612	3260	3260	3260		3260	2280
201609	4969	4969	4969		4969	4160
201612	3980	3980	3980		3980	3700
201608	4970	5914	5914		5914	3920

11-10 续 9

项目(单位)名称	项目名称	开工时间
山西潞安焦化有限责任公司	二分厂脱硫脱硝及余热回收工程	201602
山西际安电气有限公司	工房改扩建项目	201605
长治市城区新民装饰材料储配中心	奥特莱斯家居直销店	201605
长治市北斗视讯科技有限公司	公共服务大数据应用系统	201603
中国联合网络通信有限公司长治市分公司	长治联通二枢纽裙楼项目	201603
山西潞安集团余吾煤业有限责任公司	瓦斯管路改造项目	201601
山西潞安煤基合成油有限公司	引入高压蒸汽项目	201506
屯留县农村公路养护中心	屯留县2016年农村公路建设项目	201607
屯留县教育科技局	幼儿园建设项目	201510
屯留县中鼎路桥机械设备租赁有限公司	50万立方米/年商品混凝土搅拌站项目	201606
屯留县润和汇农业开发有限公司	年出栏500头标准化养牛项目	201607
屯留县和悦天成农业发展有限公司	生猪标准化养殖项目	201606
国网山西省电力公司屯留县供电公司	丰宜—张店35千伏线路工程项目	201510
屯留县农业综合开发办公室	存量资金土地治理项目	201511
长治市建良外加剂有限公司	外加剂生产项目	201505
山西云峰科发废旧物资回收有限公司	新建废旧蓄电池周转回收项目	201604
长子县康源豆制品销售有限公司	新建年产5万吨豆制品项目	201605
长子县肥洋农牧有限公司	新建年出栏2万只良种肉羊扩繁养殖场项目	201604
长子县通达畜禽养殖专业合作社	建设标准化生猪养殖场项目	201602
长子县文物旅游发展中心	伏羲庙文物保护建设项目	201412
长子县鑫民种植专业合作社	玉米种植项目	201608
长治市天坤源农业开发有限公司长子分公司	建设存栏九万只土鸡养殖基地项目	201505
长子县发源干果林种植专业合作社	建设千亩干果经济林种植及深加工项目	201608
长子县鑫振新型环保建材有限公司	年产30万立方蒸压加气块项目	201605
长子县绿澎农牧科技有限公司	新建万头生猪标准化养殖场项目	201604
长子县丹朱缸套有限公司	新建年产20万只钢制汽缸套项目	201603
长子县开泰新型建材有限公司	新建综合建材交易市场项目	201604
长子县四季青种植专业合作社	建设花卉种植园区项目	201604
长治市天坤源农业开发有限公司长子分公司	建设生态园种植示范基地项目	201505
山西省长子县晋科饲料有限公司	新建年产5万吨饲料加工项目	201602
长子县壳中宝林木种植专业合作社	经济林项目	201609
长子县锦绣森源土鸡养殖专业合作社	建设土鸡养殖基地项目	201605
山西万成农牧科技有限公司	建设15万只蛋鸡养殖项目	201604
长治市聚能科技有限公司	新建1万吨软塑彩印包装生产线项目	201605
长子县红旭核桃种植专业合作社	建设核桃经济林	201608
长子县建城商砼有限公司	建设年产30万方商砼项目	201610
长治县城乡统筹振兴试验区	振兴新区卫生院及计划生育服务站建设项目	201508
长治县鼎安钙业有限公司	年产20万吨环保节能型混烧石灰竖窑建设项目	201603
长治县联鑫塑料包装厂	包装厂新建项目	201604
长治县顺意洗煤有限公司	扩建年入洗180万吨洗煤厂项目	201604
长治县金杰洗煤有限公司	扩建年入洗150万吨洗煤厂建设项目	201603
长治县苏店镇西贾村民委员会	村民住宅楼建设项目	201508
长治县北呈联校	北呈村幼儿园建设项目	201602
长治县苏店镇苏店村民委员会	阳光小区建设项目	201506

单位：万元

本年全部投产时间	计划总投资	自开始建设累计完成投资	本年完成投资	其中：住宅	本年新增固定资产	本年实际到位资金合计
201607	4980	4980	4980		4980	3150
201612	4750	4750	4750		4062	4750
201612	4750	4750	4750		3350	4750
201607	3275	3750	3750		3750	3750
201606	515	605	605		605	605
201608	4581	4581	4581		2300	4581
201605	1017	1017	254		177	
201610	1678	1678	1678		1175	
201607	1862	1862	1857		1350	1000
201608	4208	4208	4208		3158	3000
201612	1000	1000	1000		785	550
201610	2325	2325	2325		1620	1800
201606	2163	2163	2157		1500	1000
201609	1215	1215	1200		450	1215
201605	4000	4000	1825		3200	1000
201607	500	500	500		500	500
201611	4850	4850	4850		4850	2600
201610	3000	3000	3000		3000	1500
201608	4800	4800	4800		4800	3000
201609	585	585	540		540	585
201612	3500	3500	3500		3500	1500
	2089	426				
	4860	4496	4496			2100
	2000	1387	1387			600
201610	4500	4500	4500		4500	2500
201609	4900	4900	4900		4900	4000
201609	500	500	500		500	500
201611	3500	3500	3500		3500	3000
	1800	862				
201608	4800	4800	4800		4800	3500
201612	3850	3850	3850		3850	1300
201612	4800	4800	4800		4800	2300
201608	4900	4900	4900		4900	2400
201609	4790	4790	4790		4790	4790
201612	3950	3950	3950		3950	2400
	3000	1270	1270			1500
201609	1002	1002	946		946	946
201608	2300	2300	2300		2300	2300
201612	3700	3700	3700		3700	3700
201609	4700	4700	4700		4700	4700
201612	3900	3900	3900		3900	3900
201612	4300	4300	4175	4045	4175	4175
201607	1015	1015	1015		1015	1015
201611	4800	4800	4553	4553	4553	4553

11–10 续 10

项目(单位)名称	项目名称	开工时间
长治县保顺新型建材有限公司	年产 1.2 亿块煤矸石砖建设项目	201606
山西长治县雄山振义煤业有限公司	新建年产 90 万吨选煤厂建设项目	201605
长治县莎能奶山羊养殖有限公司	新上 150 只奶山羊、年出栏 1000 只肉羊养殖项目	201608
长治县凤山胶带有限公司	年产 30 万平米高强度整体织物带芯扩建项目	201604
沁县政园苗木华卉培育有限公司	花卉育苗种植及交易中心	201603
沁县林业局	农业综合开发核桃基地示范项目	201603
沁县农业委员会	水果标准园建设	201609
沁县第六中学	新校区配套工程	201609
沁县欣然养殖专业合作社	羊场建设项目	201605
沁县新店镇新店村民委员会	集贸文体广场建设	201604
沁县棋缘农林开发专业合作社	标准化肉猪养殖基地建设	201603
沁县兴农乐养殖专业合作社	养猪种植一体化基地建设	201603
沁县梧波畜禽养殖专业合作社	养殖基地建设项目	201605
沁县振兴蔬菜种植专业合作社	蔬菜种植配送加工建设	201609
沁县林业局	重点(引种育苗)工程项目	201601
沁县交通运输局	县乡道路改建工程	201607
长治市潞宝金和生农牧开发有限公司	肉鸡养殖基地改扩建项目	201606
沁县卫生和计划生育局	基层医疗机构基础设施建设	201603
沁县夕阳红敬养休闲有限公司	沁宜老年公寓项目	201603
沁县交通运输局	农村公路安全生命防护工程	201608
沁县农兴乐养牛专业合作社	肉牛育肥建设项目	201603
沁县兴旺畜禽养殖专业合作社	肉牛养殖基地建设项目	201605
山西五岳生态农业发展有限公司	新建五岳山造林绿化项目	201605
襄垣县环宇煤业有限公司	新上环保设施及厂区周边环境治理项目	201603
襄垣县富德洗选煤有限公司	新建办公楼项目	201509
襄垣县晋泉种植专业合作社	新建小杂粮种植基地项目	201603
襄垣县交通运输局	夏正线公路改建工程	201504
襄垣社区管理服务中心	新建社区活动场所项目	201607
襄垣县淑清种植专业合作社	新建苗庄小杂粮加工园区基础设施	201609
襄垣县鸿祥投资经营有限责任公司	新建优质小杂粮生产基地项目	201604
襄垣县新农种植专业合作社	新建玉露香梨种植项目	201603
山西晋襄宁市政工程有限公司	新建沥青拌和站项目	201605
山西大平美固德矿用材料有限公司	新建瓦斯抽放封孔器生产项目	201608
襄垣县楼院苗圃专业合作社	新建国槐北栾等苗圃种植基地项目	201603
襄垣县交通运输局	南韩线南田漳至韩家沟路面改造工程	201607
襄垣县万兴隆林牧有限公司	新建红土坪山庄项目	201606
襄垣县恒祥焦化有限公司	94 万吨每年焦化烟气余热回收及脱硫脱硝工程项目	201603
襄垣县水利局	抗旱应急提水工程	201604
襄垣县古韩东森农林管护观光开发有限公司	新建东山林区森防安保工程	201603
襄垣县古韩东森农林管护观光开发有限公司	新建 2016 年东山万亩荒山造林绿化项目	201604
襄垣县华智种植专业合作社	新建大豆种植基地项目	201603
襄垣县鸿祥投资经营有限责任公司	新建虒亭镇荒山绿化项目	201605
襄垣县鑫焱通养殖专业合作社	新建生猪养殖项目	201609
襄垣县四季盈种植专业合作社	新建小杂粮种植基地项目	201605

单位：万元

本年全部投产时间	计划总投资	自开始建设累计完成投资	本年完成投资	其中：住宅	本年新增固定资产	本年实际到位资金合计
201612	4800	4800	4800		4800	4800
201610	4800	4800	4800		4800	4800
201612	1700	1700	1700		1700	1700
201612	3500	3500	3500		3500	3500
201612	3020	3020	3020		3020	3020
201606	500	500	500		500	105
201612	2650	2650	2650		2650	2650
	1500	270	270			270
201608	700	700	700		700	700
201606	1500	1500	1500		1500	1500
201611	2185	2185	2185		2185	2185
201608	1405	1405	1405		1405	1100
201609	3000	3000	3000		3000	3000
201612	3900	3900	3900		3900	1700
201607	1750	1750	1750		1750	864
201612	2600	2600	2600		2600	2600
201612	4020	4020	4020		4020	4020
201609	1420	1420	1420		1420	1420
201607	1600	1600	1600	1600	1600	1600
201609	752	752	752		752	752
201607	2500	2500	2500		2500	2500
201609	3630	3630	3630		3630	3630
201607	682	682	682		682	682
201612	3900	3900	3900		3900	3500
201608	4850	4850	2350		4850	2000
201611	2980	2980	2980		2980	2000
201606	2992	2992	792		2992	
201611	1390	1390	1390		1390	
201612	2230	2230	2230		2230	2000
201607	1560	1560	1560		1560	1000
201606	3000	3000	3000		2300	2500
201612	2528	2528	2528		2528	2000
201611	2200	2200	2200		2200	2200
201610	2900	2900	2900		2900	1900
	1180	936	936			
201611	4362	4362	4362		4362	3600
201608	1697	1697	1697		1697	1697
201610	712	712	712		712	712
201608	2620	2620	2620		2620	2620
201610	4900	4900	4900		4900	3600
201611	2890	2890	2890		2890	1900
201606	2975	2975	2975		2975	2000
201612	2500	2500	2500		2500	2500
201610	2500	2500	2500		2500	2500

11-10 续 11

项目(单位)名称	项目名称	开工时间
襄垣县华平种植专业合作社	新建核桃树种植基地项目	201606
襄垣县有龙种植专业合作社	新建小杂粮种植加工基地项目	201606
襄垣县文化苑教育园区河道治理项目部	河道治理绿化工程	201604
襄垣县树宏农业机械专业合作社	新建现代绿色采摘园项目	201603
襄垣县古韩东森农林管护观光开发有限公司	新建文王大道古韩段道路两侧通道绿化项目	201610
襄垣县同茂建材有限公司	新建年产 9000 万块煤矸石烧结多孔砖项目	201607
襄垣县绿岸种植专业合作社	新建蔬菜加工园区基础设施	201610
沁源县住房保障和城乡建设管理局	自来水管网铺装工程	201608
山西沁新集团新达煤业有限公司	环保工程建设项目	201603
山西沁源梗阳煤业有限公司	6 号煤二采区矿井建设	201601
沁源县中峪乡中峪村民委员会	移民搬迁项目	201506
沁源县梅红养殖专业合作社	新建鸡养殖项目	201603
山西汾西太岳煤业股份有限公司	二采区新增开拓巷道工程	201603
沁源县李元镇李城村民委员会	美丽家园建设项目	201601
沁源县宇洪纳米耐材科技开发有限公司	中铝畅家岭铝矿北山绿化二期工程建设项目	201606
沁源县昌兴农牧专业合作社	特色经济作物种植项目	201603
沁源县荣伟种植专业合作社	新建连翘侧柏山桃树种植项目	201604
沁源县李元镇李元村民委员会	集中供热建设项目	201609
沁源县第一川种植专业合作社	新建高山特色蔬菜种植及加工项目	201604
沁源县水利局	抗旱应急引水工程	201603
山西省沁源县林业局	防火基础设施建设项目	201603
沁源县宝成生态种植专业合作社	黑木耳种植项目	201505
山西沁能投资发展有限公司	选煤厂 660 万吨年扩建项目	201605
武乡县新特农种植专业合作社	扩建万亩小杂粮种植基地	201606
武乡县蟠龙镇关家垴村民委员会	蟠龙镇关家垴村易地搬迁建设项目	201609
武乡县前进鑫达土豆加工有限公司	年产 1000 吨马铃薯精制淀粉加工项目	201605
武乡县小小家庭农场有限公司	扩建安全食品生态园建设项目	201605
武乡县鼎新脱毒马铃薯种植专业合作社	鼎新脱毒马铃薯育苗基地	201507
山西红星杨旅游发展有限公司	太行板山健身步道工程项目	201603
国网山西省电力公司武乡县供电公司	城镇配电网建设工程	201604
武乡县长潞养殖有限公司	续建年存栏 850 头肉驴养殖二期项目	201603
山西三里湾农业科技有限公司	绿色杂粮种植建设项目	201603
山西紫瑞农牧科技有限公司武乡分公司	新建万头生猪标准化规模养殖场及生态农业建设	201602
武乡县监漳镇人民政府	禄村小流域水土保持综合治理工程	201601
武乡县交通运输局	乡道李祥线东沟至祥良段改建工程	201611
平顺县惠民尖椒农民专业合作社	尖椒种植基地建设项目	201606
平顺县扶贫开发办公室	乡村旅游项目	201608
平顺县水利局	赤壁电站增效扩容改造工程	201611
平顺县教育科技局	农村教师周转宿舍建设项目	201603
平顺县扶贫开发办公室	第一批分布式光伏扶贫项目	201610
平顺县青春硅业有限公司	年产 20 万吨硅矿生产线项目	201609
平顺县扶贫开发办公室	石城镇易地扶贫搬迁	201604
平顺县晟华种植专业合作社	香菇大棚种植项目	201606
平顺县水木田园种植专业合作社	八千六百亩中药材种植建设项目	201605

单位：万元

本年全部投产时间	计　划总投资	自开始建设累计完成投　资	本年完成投　资	其中：住宅	本年新增固定资产	本年实际到位资金合　计
201611	2880	2880	2880		2880	1500
201610	3865	3865	3865		3865	3000
201611	1909	1909	1909		1909	
201612	4200	4200	4200		4200	3500
201612	1650	1650	1650		1650	1000
201612	4800	4800	4800		4800	4000
201612	1840	1840	1840		1840	1400
201612	2660	2660	2660		1700	2660
201607	578	578	578		380	578
201606	4971	4971	4971		2100	4971
201604	4900	4900	3700	3700	1500	3700
201609	4700	4700	4700		2800	4700
201608	4875	4875	4875		2400	4875
201609	3913	3913	3913		3100	3913
201612	3300	3300	3300		1700	3300
201609	4000	4000	4000		2800	4000
201610	4600	4600	4600		3163	4600
201612	1135	1135	1135		680	1135
201610	4900	4900	4900		3100	4900
201609	3377	3719	3719		3300	3719
201608	2002	2002	2002		1800	2002
201606	4970	4970	3870		3100	3870
201612	4960	4960	4960		3100	4960
201612	3200	3200	3200		2800	3200
	749	300	300	300		44
201607	500	500	500		390	500
201608	2828	2828	2828		2560	2828
201603	2300	2300	1500		1000	1500
201605	1000	1000	1000		800	1000
201608	3220	3220	3220		2890	3220
201605	2500	2500	2500		1500	1700
201610	4600	4650	4650		4100	4650
201612	4950	4950	4950		4100	4950
201606	571	571	571		427	571
	1981	760	760			720
201611	4800	4910	4910		4800	500
201612	2950	2950	2950		2500	2000
201612	1215	1215	1215		1215	771
201608	550	550	550	550	550	550
201612	1548	1548	1548		1548	500
201612	4000	4000	4000		3080	3262
201611	3490	3490	3490	3490	3490	3390
201610	4200	4200	4200		4200	1200
201609	3850	3850	3850		3850	2700

11-10 续 12

项目(单位)名称	项目名称	开工时间
平顺县山旺药材种植专业合作社	中药材种植建设项目	201608
平顺县教育科技局	平顺中学操场建设项目	201608
平顺县永安辉业养殖场	肉羊养殖项目	201604
黎城县交通运输局	长邯高速公路靳家街分离立交项目	201603
黎城县黎侯镇晋福村民委员会	西顶山女娲文化休闲旅游综合开发项目	201606
黎城县林业局	中央山林业科普教育基地建设项目	201608
黎城华海绿色农林综合开发专业合作社	绿色生态蔬果采摘园项目	201606
黎城台南山种植专业合作社	农业休闲观光综合开发项目	201606
黎城康森商砼有限公司	三十万立方米商品砼建设项目	201606
黎城盛渊养殖专业合作社	花卉种植综合开发项目	201609
黎城县绿鑫源养殖专业合作社	奶牛雄性犊牛育肥项目	201603
黎城县强业种植专业合作社	金凤山生态植物苑项目	201605
黎城康禾桑果种植专业合作社	桑果基地种植及加工项目	201605
黎城益民生态养殖专业合作社	益民生态养殖基地建设项目	201609
黎城县农欣园家庭农场	采摘观光旅游建设项目	201605
黎城县天赐中药材种植有限公司	中药材育苗基地建设项目	201605
黎城县污水处理中心	污水管网配套工程	201601
黎城鑫农奥利种业有限公司	新建两万亩自研玉米新品种繁育及加工基地建设	201606
黎城县白龙运输有限公司	白龙商务中心建设项目	201602
黎城县丰陆养殖专业合作社	丰陆养殖综合开发项目	201609
长治市禾城农业开发有限公司	青花菜糯玉米草莓复种人工栽培大棚建设	201602
长治市杏林中药饮片有限公司	张祖村中药材标准化种植基地建设项目	201603
山西太行海鸥锯业有限公司	“海鸥创意公社”改扩建项目	201603
长治市郊区西白兔乡人民政府	道路硬化建设	201604
首钢长治钢铁有限公司	工业新区污水排放专用管道	201506
山西天之园农业开发有限公司	蔬菜瓜果花卉基地	201605
长治市郊区国丰养殖专业合作社	蛋鸡养殖项目	201602
长治市郊区马厂镇交漳村村民委员会	交漳村裕民嘉园建设项目	201602
长治市佳洋苗木花卉有限公司	苗木花卉种植	201603
长治市驰钧物资有限公司	新建钢丝网项目	201605
山西长治郊区三元南耀小常煤业有限公司	翻矸石系统技改项目	201603
长治市郊区马厂镇王公庄村村民委员会	王公庄村民住宅楼	201603
长治市佳宁建材有限公司	粉煤灰加气砌块技改	201604
长治市郊区黄碾镇贡村村民委员会	贡村住宅楼	201606
长治市鑫远林酒店管理有限公司	华镁物流仓储项目	201603
长治市神农天顺养老服务有限公司	养老院一期项目	201603
长治市郊区绿水碧天苗木花卉有限公司	绿色采摘基地建设项目	201604
长治市宏业集团农业科技有限公司	有机蔬菜种植	201604
长治市郊区堠北庄镇下秦村民委员会	新建牛羊养殖园	201605
长治市神农天顺养老服务有限公司	养老院二期	201603
长治市韵达快递有限公司	新建仓储库房二期	201606
山西省宏图建设工程有限公司	远通达物流仓储项目	201603
长治市郊区新宇铸墙科技有限公司	脱硫石膏建筑墙板	201608
长治市郊区黄碾镇故北村村民委员会	故北村绿翠公园生态修复项目	201607

单位：万元

本年全部投产时间	计　划总投资	自开始建设累计完成投　资	本年完成投　资	其中：住宅	本年新增固定资产	本年实际到位资金合　计
201611	2000	2000	2000		2000	380
201609	1183	1183	1183		1183	1183
201608	3500	3500	3500		3500	
	1887	1700	1700			1887
201610	4925	4925	4925		4925	4925
	2350	900	900	120		1660
201610	3650	3650	3650		3650	3650
201610	3828	3828	3828		3828	3828
201609	2685	2685	2685		2685	2685
	3055	1600	1600			2000
201607	2560	2560	2560		2560	2560
201612	4820	4820	4820		4680	4820
201609	3075	3075	3075		3075	3075
201612	3130	3130	3130		3090	3130
201610	4600	4600	4600		4600	4600
201611	4076	4076	4076		4076	4076
201612	1568	1568	1568		1400	1568
201609	3000	3000	3000		3000	3000
201605	500	500	500		500	500
	3960	2800	2800			3000
201603	1410	1551	1551		1551	1551
201606	4853	5338	5338		5338	5338
	4600	8	8			8
201606	1960	1960	1960		1960	1960
201605	2018	2018	1518		2018	1518
201607	4535	4535	4535		4535	4535
201603	968	1054	1054		1054	1054
201605	1600	1600	1600	1600	1600	1600
201607	4800	4800	4800		4800	4800
201608	4990	5400	5400		5400	5400
201607	4968	5368	5368		5368	5368
201610	4997	4997	4997	4997	4997	4997
201610	4660	4660	4660		4660	4660
201607	1800	1930	1930	1930	1930	1930
201607	4905	4905	4905		4905	4905
201607	4862	4862	4862	4862	4862	4862
201608	4790	4790	4790		4790	4790
201608	4750	4750	4750		4750	4750
201610	4540	4540	4540		4540	4540
201608	4862	4862	4862		4862	4862
201610	4766	4766	4766		4766	4766
201609	4835	4835	4835		4835	4835
201611	4760	4760	4760		4760	4760
201609	4660	4660	4660		4660	4660

11-10 续 13

项目(单位)名称	项目名称	开工时间
长治市石圪节瑞福莱生物酿造有限责任公司	新建办公大楼项目	201606
山西沐野农乡农业开发有限公司	苗木种植基地	201607
长治市科力机械有限公司	特种液压件生产项目	201607
长治市郊区德良方大药房有限公司	德良方大药房项目	201606
长治市郊区步云生态农业专业合作社	新建生态休闲农业观光园区	201609
长治市郊区国宇禽业专业合作社	肉鸡养殖	201609
长治市宏鑫元商贸有限公司	吉利汽车销售 4S 店	201604
长治市宇宙二手车经纪有限公司	二手车服务中心项目	201604
长治市山河盛世大酒店有限公司	新建贵宾楼项目	201607
长治市康海精工物贸有限公司	液压件生产基地	201607
长治市首联煤炭经销有限公司	新建洗煤厂项目	201605
长治市郊区黄碾镇淹村村民委员会	淹村新农村住宅楼	201607
长治市郊区黄碾镇黄中村村民委员会	黄中村住宅楼项目	201606
长治市郊区大辛庄镇暴河村村民委员会	新建村民安置楼	201606
长治市郊区大辛庄镇西旺村村民委员会	新建维特养老院	201610
长治市郊区交通运输局	县道漳电北寨线改建	201606
长治市诚进建材有限公司	环保设施技术改造	201607
长治市长宁工贸有限公司	回转窑余热利用及环保设施改造	201607
山西中胜格瑞保温建材有限公司	年产 10 万立方米防火保温板	201604
潞城市自强石膏粉厂	扩建石膏粉加工	201604
长治市盛捷汽车运输有限公司	新建维修厂及停车场项目	201604
潞城市润景源养殖有限公司	新建种兔建设繁殖基地	201603
山西煤炭运销集团三元石窟煤业有限公司	文化走廊和文化广场建设	201603
山西潞宝兴海新材料有限公司	清污分流雨污分流废水分类水质处理项目	201605
潞城市福红蔬菜大棚种植专业合作社	新建有机蔬菜大棚种植	201604
长治市利鸿科工贸有限公司	新建废水分类收集分质处理项目	201603
潞城市盛泉种植专业合作社	苗木花卉种植基地	201605
山西潞安焦化有限责任公司	一分厂脱硫脱硝及余热回收工程	201602
潞城市丰茂建材厂	新建年生 15000 根水泥电线杆项目	201603
潞城市厚元猪场	规模化黑猪养殖	201604
潞城市三友煤机有限责任公司	新建年产 5000 台组合碾米机项目	201602
山西中胜格瑞保温建材有限公司	年产 300 万套平开上悬窗项目	201602
山西潞安焦化有限责任公司	新建二分厂配煤炼焦系统改造安装系统	201605
潞城市圆梦机动车驾驶员培训学校	新建办公楼及训练场	201604
山西潞安环能煤化工有限公司	新建储煤塔项目	201604
山西天脊潞安化工有限公司	新建生产过程自动化控制及数据传输系统	201608
潞城市远航机动车驾驶员培训有限公司	新建机动车驾驶员培训基地	201607
山西潞安精蜡化学品有限公司	新建锅炉渣场施工改造项目	201608
山西潞宝集团焦化有限公司	新建年产 40 万立方米混凝土搅拌站项目	201605
潞城市红帚种植专业合作社	中药材种植	201604
潞城市宏晟建材有限责任公司	新建地面除尘站项目	201603
潞城市泓钰节能建材有限公司	综合办公楼研发中心	201603
潞城市安青建材厂	新建 20 万吨石膏粉	201604
长治市利鸿科工贸有限公司	年产 2000 万彩印书刊项目	201603

单位：万元

本年全部投产时间	计划总投资	自开始建设累计完成投资	本年完成投资	其中：住宅	本年新增固定资产	本年实际到位资金合计
201612	800	800	800		800	800
201610	3950	3950	3950		3950	3950
201610	3750	3750	3750		3750	3750
201610	3890	3890	3890		3890	3890
201611	3952	3952	3952		3952	3952
201611	3985	3985	3985		3985	3985
201612	3560	3560	3560		3560	3560
201612	3930	3930	3930		3930	3930
201612	3947	3947	3947		3947	3947
201612	3920	3920	3920		3920	3920
	3890	2870	2870			2870
	3910	2910	2910	2910		2910
	3920	2910	2910	2910		2910
	3790	3572	3572	3572		3572
	3600	3558	3558			3558
	3546	2764	2764			2764
	3240	3108	3108			3108
	3980	3788	3788			3788
201608	4988	5935	5935		5935	4047
201608	4800	4800	4800		4800	2280
201612	3460	3460	3460		3460	2200
201607	4500	4510	4510		4510	3310
201608	4530	4766	4766		4766	2570
201607	4760	4870	4870		4760	2980
201608	4980	4980	4980		4980	3780
201608	4690	4690	4690		4690	3200
201608	4358	5186	5186		4388	2698
201607	4284	4594	4594		4594	2400
201608	4986	5883	5883		5883	3120
201608	4870	4870	4870		4870	3380
201612	3980	3980	3980		3980	3322
201608	4890	5819	5819		5819	3931
201608	4930	4960	4960		4960	2780
201610	3980	3980	3980		3980	2180
201607	4820	4953	4953		4953	2830
201611	3760	3760	3760		3760	1930
201608	2200	2280	2280		2280	2100
201612	3580	3580	3580		3580	1975
201609	4980	4980	4980		4980	2960
201608	4960	4960	4960		4960	4110
201609	4980	4980	4980		4980	3960
201607	4190	4400	4400		4400	2180
201607	4300	4300	4300		4300	2450
201608	4950	4950	4950		4950	3850

11-10 续 14

项目(单位)名称	项目名称	开工时间
潞城市大成化纤有限责任公司	年产 1500 万条塑料编织袋	201503
山西建滔潞宝化工有限责任公司	年产 300 吨循环流化床锅炉烟气脱硫脱硝项目	201603
长治市利鸿科工贸有限公司	新建聚氨酯保温材料生产线项目	201603
潞城市兴旺洗喷煤有限公司	120 万吨洗煤设备提质增效项目	201607
潞城市潞洋石膏建材有限公司	年产 10 万吨石膏粉深加工	201603
潞城市宝通商品砼有限公司	新建预拌砼专项试验检测室项目	201604
潞城市潞洋石膏建材有限公司	新建 20 万吨建筑石膏粉项目	201605
潞城市兴宝钢铁有限责任公司	新建连铸余热综合利用项目	201604
潞城市美味美食品有限责任公司	新建杂粮饼干生产线项目	201604
潞城市天邦建材有限公司	新建年产 7000 吨热镀锌钢跳板生产线项目	201604
潞城市世兴餐饮有限公司	四川大酒店二期	201604
山西潞宝集团天地精煤有限责任公司	新建煤场封闭工程项目	201609
潞城市宝通商品砼有限公司	新建 60 万吨微细矿粉加工生产线项目	201607
山西潞安民爆器材有限责任公司	厂区道路修建	201604
潞城市中宝建材有限公司	10 万吨快硬硫铝酸盐水泥技改项目	201606
山西中胜格瑞保温建材有限公司	新建塑料加工项目	201602
山西南烨立碁光电有限公司	LED 照明、显示屏模组配套产业项目	201603
长治市市政管理处	纬七中道路工程	201610
山西长清成功新能源科技有限公司	新能源电动汽车充电一体机	201605
山西省长治市飞路汽车贸易有限公司	宝沃 4S 店	201604
长治市康庄商贸有限公司	煤矿井下定位系统及全矿井自动化监测监控项目	201506
屯留县邢任核桃种植专业合作社	高效优质核桃种植基地项目	201507
屯留县锦泰工贸有限公司	35 万立方米/年商品混凝土搅拌站项目	201604
屯留县鑫宝农工贸有限公司	年产 1.2 亿块煤矸石烧结多孔砖项目	201504
屯留县五里庄村刘玉雪蔬菜种植专业合作社	高效农业蔬菜基地项目	201608
屯留县畅泽园畜禽养殖有限公司	农业综合养殖开发项目	201605
山西潞安集团余吾煤业有限责任公司	带式输送机等设备购置	
山西潞安煤基合成油有限公司	职工餐厅澡堂联建工程项目	201503
屯留县丰泽源生态农业有限公司	农业示范园项目	201509
抗大一分校屯留管理中心	抗大一分校旧址建设项目	201609
长子县肥洋农牧有限公司	建设万只羔羊育肥项目	201604
长子县农源生态养殖专业合作社	建设 5000 只肉羊养殖示范园区项目	201604
长子县生贵式大棚专业合作社	建设西寺头大棚园区项目	201604
长子县兴河养殖专业合作社	建设存栏万头生猪养殖场项目	201606
长子县开泰新型建材有限公司	新建年 100 万立方商品砼生产项目	201603
长子县瑞农种植专业合作社	新建蔬菜种植园区项目	201607
长子县坤升种植专业合作社	建设蔬菜种植园区项目	201602
长子县鸿洋蔬菜种植专业合作社	建设蔬菜种植园区项目	201601
长子县绿康蔬菜种植专业合作社	蔬菜种植园区项目	201609
长子县新兴绿种植专业合作社	建设连翘生态化种植基地项目	201608
长子县润泽种植专业合作社	建设竹柳种植与培育加工基地项目	201603
长子县金鑫机械电杆有限公司	新建 5 万根砼构件项目	201603
长子县昊德祥种植专业合作社	建设大棚蔬菜种植园区项目	201602
山西能投煤炭物流有限公司	新建年产 6000 万块煤矸石砖生产线项目	201604

单位：万元

本年全部投产时间	计　划总投资	自开始建设累计完成投　资	本年完成投　资	其中：住宅	本年新增固定资产	本年实际到位资金合　计
201606	3890	3890	2468		3500	860
201607	4700	4800	4800		4800	2410
201608	4969	4969	4969		4969	4360
201611	3960	3960	3960		3960	2190
201608	4880	4880	4880		4880	3080
201612	3960	3960	3960	700	3960	2460
201610	3850	3850	3850		3850	3050
201612	3700	3700	3700		3700	2600
201611	3850	3850	3850		3850	2250
201612	3390	3390	3390		3390	2380
201607	4950	4950	4950		4950	3000
201611	3920	3920	3920		3920	2370
201612	3960	3960	3960		3960	2610
201608	4780	4799	4799		4799	2750
201610	3000	3100	3100		3100	2700
201607	4950	4950	4950		4950	4320
201608	1500	1565	1565		1265	1500
201612	1257	1257	1257		700	1257
	2000	1685	1685			1685
201607	1000	1150	1150		1150	1150
201604	4630	4630	1000		685	600
201604	2100	2100	513		359	300
201609	1509	1509	1509		1288	1509
201604	4200	4200	2000		3400	1500
201610	2300	2300	2300		1610	2000
201611	3408	3408	3408		2380	3000
	4828	4828	4828		3370	4828
201605	1794	1794	606	606	1687	
201605	3600	3600	3122		2180	3000
	2950	1900	1900			100
201609	4900	4900	4900		4900	2000
201611	3450	3450	3450		3450	2500
201609	4821	4821	4821		4821	2900
201612	4800	4800	4800		4800	1500
201609	4850	4850	4850		4850	2680
201612	4200	4200	4200		4200	2640
201610	4761	4761	4761		4761	3000
201608	4793	4793	4793		4793	3000
201612	3970	3970	3970		3970	2300
201612	4200	4200	4200		4200	2000
201611	4960	4960	4960		4960	3000
201609	4930	4930	4930		4930	3800
201612	3960	3960	3960		3960	2000
201608	4790	4790	4790		4790	3600

11-10 续 15

项目(单位)名称	项目名称	开工时间
长子县万张蔬菜专业合作社	建设蔬菜种植园区项目	201601
长子县方兴现代农业有限公司	新建蔬菜仓储基地项目	201601
长子县鑫农养殖专业合作社	建设肉牛养殖基地项目	201603
长子县林海家园种养专业合作社	建设千亩干果经济林种植园区及加工项目	201605
长子县民乐蔬菜种植有限公司	建设蔬菜种植园区项目	201601
长子县兴圣种植专业合作社	建设蔬菜种植园区项目	201603
长子县坤士新型环保建材有限公司	建设年产 6000 万片环保页岩洪钢瓦项目	201610
长治县彩亮种植专业合作社	食用菌种植项目	201510
长治县苏店镇南董村民委员会	村民住宅项目	201605
长治县金良源粮食收储有限公司	粮食收纳仓建设项目	201510
长治县嘉禾日丰种植专业合作社	日光温室大棚建设项目	201605
长治县博翔汽车服务有限公司	新建汽车维修服务项目	201511
长治县山河巨能供热有限公司	扩建项目	201603
长治县茗馨种养专业合作社	观光生态园建设项目	201604
长治县银河湾农业专业合作社	小流域综合治理及水上乐园建设项目	201602
长治县苏店镇苏店村民委员会	城中村改造宜景新城小区建设项目	201605
长治县金华恒通禽业有限公司	扩建 10000 立方米沼气项目	201608
长治县惠农肥业有限公司	新增技改产品投入设备项目	201606
长治县绿缘花卉苗木种植专业合作社	苗木花卉基地建设项目	201603
沁县林业局	中幼林抚育工程	201604
沁县沁河源农业开发有限公司	标准化肉猪养殖基地建设项目	201607
沁县瑞达林木开发有限责任公司	万亩荒山综合开发建设	201603
沁县翠碧园林牧开发专业合作社	标准化养羊基地建设项目	201607
沁县长兴林牧开发专业合作社	小米加工厂建设	201605
沁县旭存畜禽养殖专业合作社	肉牛养殖场建设项目	201603
沁县农富园农业种植专业合作社	食用菌标准化种植基地建设项目	201603
沁县鸿顺筑路有限公司	万吨沥青混凝土搅拌站扩建项目	201608
沁县德东农牧开发专业合作社	肉牛养殖建设项目	201604
沁县泰盛畜禽养殖专业合作社	生态羊养殖基地建设项目	201510
沁县新绿林木开发有限公司	中药材种植	201602
沁县瑞景林木开发有限公司	育苗基地建设项目	201604
山西沁州黄农业产业发展有限公司	调理食品项目	201603
沁县教育科技局	幼儿园建设项目	201608
沁县夕阳红敬养休闲有限公司	老年公寓建设项目	201603
沁县青山养羊专业合作社	肉羊养殖基地建设项目	201608
沁县故县镇故县村	故县新村建设项目	201603
沁县芝伟肉猪养殖有限公司	标准化肉猪养殖基地	201607
襄垣县继腾昀种植专业合作社	新建东邯郸蔬菜种植加工园区	201605
襄垣县旺源种植专业合作社	新建小杂粮种植项目	201607
襄垣县鼎发养殖专业合作社	新建 3 万只养鸡项目	201603
襄垣县鑫溢园养殖有限公司	新建生猪养殖项目	201608
襄垣县庄盛种植专业合作社	新建农业生态园项目	201604
襄垣县旺金丰农机专业合作社	新建粮食种收一体化项目	201604
襄垣县振和养殖专业合作社	肉牛养殖项目	201603

单位：万元

本年全部投产时间	计划总投资	自开始建设累计完成投资	本年完成投资	其中：住宅	本年新增固定资产	本年实际到位资金合计
201608	4860	4860	4860		4860	3000
201608	4690	4690	4690		4690	3200
201610	2700	2700	2700		2700	1800
201612	4800	4800	4800		4800	2000
201608	4807	4807	4807		4807	3120
201611	4600	4600	4600		4600	2300
	1300	824	824			600
201609	2058	2058	2015		2015	2015
201609	2300	2300	2300	2283	2300	2300
201608	1025	1025	965		965	965
201609	2000	2000	2000		2000	2000
201612	3500	3500	3480		3480	3480
201612	4200	4200	4200		4200	4200
201612	4700	4700	4700		4700	4700
201611	4900	4900	4900		4900	4900
201612	4900	4900	4900	4900	4900	4900
201612	4900	4900	4900		4900	4900
201612	800	800	800		800	800
201612	3200	3200	3200		3200	3200
201609	810	810	810		810	480
	4900	1650	1650			1650
201609	1750	1750	1750		1200	1750
201612	2000	2000	2000		2000	2000
201607	980	980	980		980	980
201607	950	950	950		950	950
201610	2770	2770	2770		2770	2770
201609	500	500	500		500	500
201607	2594	2594	2594		2594	1810
201607	2249	2249	1889		1889	1889
201612	1500	1500	1500		1500	1500
201611	3100	3100	3100		3100	3100
	3286	500	500			500
	648	350	350			648
201610	2500	2500	2500	2500	2500	1360
201612	2650	2650	2650		2650	2650
	3980	2280	2280			2280
201612	2260	2260	2260		2260	2260
201610	4850	4850	4850		4850	4200
201609	2300	2300	2300		2300	2000
201607	1600	1600	1600		1600	1600
201612	3900	3900	3900		3900	3900
201607	3800	3800	3800		3800	1500
201609	2400	2400	2400		2400	2000
201607	3600	3600	3600		3600	2000

11-10 续16

项目(单位)名称	项目名称	开工时间
襄垣县禾丰种植专业合作社	新建西故县农业园区基础设施	201608
山西省襄垣县自来水公司	旧管网改造工程	201607
襄垣县福欣投资经营有限公司	新建善福乡秋季造林项目	201609
襄垣县润亨种植专业合作社	新建食用油加工项目	201603
襄垣县华峰种植专业合作社	新建百亩菌菇生产基地项目	201604
襄垣县泰恒建材有限公司	新上环保设施及扩建厂房项目	201605
襄垣县白杨种植专业合作社	新建核桃种植基地	201607
襄垣县长乐蔬菜种植专业合作社	新建设施蔬菜基地项目	201603
襄垣县佳兴型煤有限责任公司	年产20万吨秸秆(生物质)型煤项目	201603
襄垣县西南华茂养殖专业合作社	新建5000只羊项目	201604
襄垣县凯盛投资经营有限责任公司	新建2016年王村镇绿化项目	201603
襄垣县治国养殖专业合作社	新建生猪养殖项目	201607
襄垣县兴通城市建设投资管理有限公司	襄垣县滨河西路保障房供电工程	201602
长治市翔鹏种业科技有限公司	新建玉米优种试验示范基地项目	201603
襄垣县春苗种植专业合作社	新建核桃种植基地项目	201603
沁源县灵空山镇下兴居村民委员会	新建基础设施改造提升项目	201605
沁源县龙腾别苑农业开发有限公司	中药材种植	201603
沁源县源头牧业有限公司	养牛项目	201603
沁源县城庄种植专业合作社	中药材小杂粮种植项目	201604
山西沁新集团新达煤业有限公司	9+10#、11#煤层开采建设工程	201603
沁源县映山红种植专业合作社	果树中药材种植基地建设项目	201604
沁源县青源大地种植专业合作社	海棠、油松苗木种植基地建设项目	201603
沁源县新龙园种植专业合作社	中药材小杂粮种植加工基地建设项目	201604
沁源县民丰种植专业合作社	抚苗栽培连翘种植项目	201603
沁源县富峪种植专业合作社	新建千亩经济林项目	201603
沁源县宇洪纳米耐材科技开发有限公司	破碎厂建设项目	201604
沁源县绿福源农业有限公司	千亩中药材栽培项目	201603
沁源县亲绿园农林牧专业合作社	新建金丝柳育种项目	201603
山西沁新集团新达煤业有限公司	地面生活设施建设工程项目	201607
沁源县向峰种植有限公司	自动温控农业大棚示范园区建设项目	201505
沁源县兴运养殖专业合作社	新建万头圈养羊项目	201606
沁源县晨翼养殖专业合作社	新建肉鸡养殖项目	201606
沁源县同昌种植专业合作社	中药材核桃种植项目	201603
沁源县金葵花农林科技有限公司	新建万亩中药材种植项目	201505
沁源县森龙农业科技有限公司	经济作物种植项目	201601
沁源县老西山农业开发有限公司	猪苓种植一期工程项目	201603
沁源县鑫农养殖有限公司	养殖场建设项目	201603
沁源县王和镇前西窑沟村民委员会	前西窑沟村新农村建设项目	201606
山西凤凰台煤业有限公司	资源回采工艺改造项目	201606
沁源县兴茂煤化有限公司	焦炉烟气提标改造项目	201603
沁源县法中乡董家村民委员会	实施小流域治理项目	201609
沁源县沁河镇麻巷村民委员会	基础设施建设项目	201606
沁源县王和镇后军家沟村民委员会	后军家沟村道路建设项目	201507
沁源县鑫华利牧业有限公司	新建肉牛养殖	201504

单位：万元

本年全部投产时间	计划总投资	自开始建设累计完成投资	本年完成投资	其中：住宅	本年新增固定资产	本年实际到位资金合计
201612	2150	2150	2150		2150	1800
201610	3170	3170	3170		3170	
201611	2550	2550	2550		2550	1500
201609	3980	3980	3980		3980	3000
201607	2750	2750	2750		2750	2400
201610	3200	3200	3200		3200	1900
201612	3300	3300	3300		3300	2500
201609	3790	3790	3790		3790	3000
201607	1422	1422	1422		1422	1422
201607	2300	2300	2300		2300	2300
201606	2110	2110	2110		1200	1500
201610	2450	2450	2450		2450	2450
	4526	2541	2541			1000
201609	3300	3300	3300		3300	2000
201610	3100	3100	3100		3100	2500
201610	4900	4900	4900		2400	4900
201608	4500	4500	4500		2900	4500
201608	4990	4990	4990		3500	4990
201610	4960	4960	4960		3400	4960
201609	4950	4950	4950		1650	4950
201610	4980	4980	4980		3300	4980
201608	4500	4500	4500		3100	4500
201610	4965	4965	4965		3400	4965
201609	4800	4800	4800		2800	4800
201608	4750	4750	4750		3100	4750
201606	700	700	700		230	700
201609	4960	4960	4960		3100	4960
201608	4300	4300	4300		2900	4300
201611	2000	2000	2000	520	2000	2000
201605	4600	4600	3600		2400	3600
201610	4850	4850	4850		3400	4850
201612	3800	3800	3800		2900	3800
201609	4900	4900	4900		3400	4900
201603	4900	4900	1800		1100	1800
201609	4900	4900	4900		3400	4900
201608	4800	4800	4800		3400	4800
201609	4000	4000	4000		3100	4000
201610	4500	4500	4500		3600	4500
201612	3680	3680	3680		3100	3680
201606	1190	1190	1190		850	1190
201612	862	862	862		540	862
201612	3800	3800	3800		3000	3800
201605	4500	4500	3500		2280	3500
201604	4000	4000	1200		400	1200

11-10 续 17

项目(单位)名称	项目名称	开工时间
沁源县郭道镇郭道村民委员会	小城镇建设项目一期	201601
沁源县沁河镇北元村民委员会	北元村美丽家园建设项目	201601
沁源县中峪乡蔚村村民委员会	美丽乡村基础设施建设项目	201507
中国移动通信集团上线有限公司沁源县分公司	基站、宽带、传输建设项目	201604
沁源县慧利种植专业合作社	中药材连翘栽培项目	201603
沁源县林溪种植有限公司	中药材种植项目	201605
沁源县中峪乡勇丰养殖专业合作社	皮特蓝优良种猪养殖项目	201604
山西通洲集团安神煤业有限公司	环境保护建设项目	201603
沁源县煤层气(天然气)集输有限公司	李元 LNG 加气站建设项目	201601
沁源县鑫亮种植专业合作社	特异树种植及定植嫁接造林项目	201505
沁源县沁丰薯业有限公司	新建马铃薯淀粉加工项目	201605
沁源县职业高级中学	教学楼实训车间建设项目	201503
山西黄土坡鑫运煤业有限公司	90 万吨年矿井建设配套环保工程项目	201603
沁源县泰岳樱苑农业开发有限公司	新建有机樱桃种植基地项目	201609
沁源县沁河镇四维村民委员会	美丽家园(住宅)建设项目	201604
武乡县净土米业有限公司	新建农副产品深加工项目	201603
武乡县五龙湾农林牧发展有限公司	改扩建特克赛尔种羊培育圈养及羊草料生产加工基地项目	201604
武乡县石北乡小良村民委员会	扶贫移民集中安置项目	201605
武乡县万翔养殖有限公司	扩建年存栏 4500 只羊养殖项目	201604
武乡县紫鑫养殖专业合作社	黑山羊养殖场建设项目	201603
武乡县三鑫苗种植专业合作社	育苗基地建设项目	201608
武乡县东坪家庭农场有限公司	新建肉羊养殖基地建设项目	201603
武乡县飞翔林牧种养有限公司	新建牧养鸡建设项目	201609
武乡县正明石材有限公司	新建年产十万吨消石灰项目	201601
山西同和益升科技有限公司	太阳能屋顶示范项目	201603
武乡县韶斌农林牧发展有限公司	养殖基地年出栏 12000 只羊建设项目	201603
武乡县交通运输局	乡道河石线河不凌至石门段改建工程	201611
平顺县杨赟种植专业合作社	生态林种植建设	201605
平顺县交通运输局	脱贫村交通基础设施工程	201610
平顺县扶贫开发办公室	规模养殖项目	201609
平顺县沁芳源种植专业合作社	大渠村 1800 亩经济林种植建设	201605
平顺县金硕香种植专业合作社	一万两千亩中药材种植建设	201604
中米同福科技股份有限公司	350 亩蔬菜大棚建设项目	201608
平顺县扶贫开发办公室	设施蔬菜项目	201605
平顺县昌秀林木开发有限公司	山桃连翘提质增效建设项目	201604
国网山西省电力公司平顺县供电公司	10KV 线路改造工程	201606
平顺县瑞丰达种植专业合作社	设施蔬菜种植建设项目	201607
平顺县白泉山种植专业合作社	五千亩小杂粮种植建设项目	201604
平顺鑫源矿山有限公司	采矿扩建技改项目	201603
黎城县漳北渠灌溉管理局	观音栈风景区项目	201610
黎城隆兴农机专业合作社	一千亩核桃树种植项目	201603
黎城贵中农林种植专业合作社	农业综合开发项目	201605
黎城黄崖洞镇兴旺养殖场	新建 15 万只蛋鸡标准化养殖项目	201511
黎城槽头兴旺肉牛养殖专业合作社	肉牛养殖项目	201608

单位：万元

本年全部投产时间	计划总投资	自开始建设累计完成投资	本年完成投资	其中：住宅	本年新增固定资产	本年实际到位资金合计
201607	4850	4850	4850		1400	4850
201607	4758	4758	4758		3600	4758
201605	4200	4200	4000		2680	4000
201612	2480	2480	2480		1400	2480
201609	4950	4950	4950		3200	4950
201610	4960	4960	4960		3300	4960
201609	2900	2900	2900		2200	2900
201607	564	564	564		390	564
201604	2000	2000	2000		1100	2000
201604	2800	2800	1600		1500	1600
201611	3000	3000	3000		2600	3000
201608	1500	1500	760		750	760
201609	4535	4535	4535		2460	4535
201612	3000	3000	3000		2150	3000
201612	3900	3900	3900	300	3300	3900
201609	4000	4000	4000		3520	4000
201609	2100	2100	2100		1848	2100
201612	2100	2100	2100	1800	1496	2100
201607	2140	2140	2140		1872	2140
201606	3200	3200	3200		2600	2000
201611	3200	3200	3200		2800	3200
201606	500	500	500		410	500
201612	2800	2800	2800		2560	2800
201607	4800	4800	4800		3480	4800
201609	4800	4800	4800		4120	4800
201606	1943	1943	1943		1550	500
	1958	1350	1350			627
201609	4650	4650	4650		4650	700
201611	2521	2521	2521		2521	
201612	2500	2500	2500		2500	2000
201609	4820	4820	4820		4820	3720
201609	4930	4930	4930		4930	2000
201611	3100	3100	3100		3100	770
201612	2400	2400	2400		2400	700
201608	4400	4400	4400		4400	
201610	1713	1713	1713		1713	1680
201610	2520	2520	2520		2520	1000
201609	4900	4900	4900		4900	1600
201609	2100	2250	2250		2100	
201612	1907	1907	1907		1800	1907
201609	3600	3600	3600		3600	3600
201609	3522	3522	3522		3522	3522
201603	3523	3523	423		2900	423
201612	2350	2350	2350		2250	2350

11-10 续 18

项目(单位)名称	项目名称	开工时间
黎城县同元房地产开发有限公司	黎侯古城文化交流中心项目	201609
黎城县住房保障和城乡建设管理局	黎侯古城二期市政道路工程项目	201602
黎城县森林海农业专业合作社	千亩苗木种植项目	201609
黎城县文化局	新建文化中心项目	201609
黎城县交通运输局	石板—阳火脚线公路完善提质工程	201609
黎城东胜红芳建材有限公司	扩建 15 万吨/年石料加工项目	201607
黎城宝方生态农业园有限公司	黎城壶山温泉山庄农业旅游观光园区项目	201601
黎城金鳟养殖专业合作社	虹鳟鱼养殖基地项目	201602
长治市华丰农牧林开发有限公司	干果经济林建设项目	201602
黎城县住房保障和城乡建设管理局	北坊城中村改造城内路项目	201602
黎城富民养殖专业合作社	富民生猪标准化养殖项目	201605
黎城县隆裕建材有限公司	年产 10 万吨超细钙粉深加工项目	201609
长治市郊区利众养殖专业合作社	肉用羊养殖项目	201603
长治市郊区老顶山旅游开发区瓦窑沟村民委员会	瓦窑沟村美丽乡村基础设施建设项目	201602
长治市郊区程万州农业有限公司	绿色蔬菜种植项目	201603
长治市郊区大辛庄镇张村村民委员会	住宅楼	201603
长治市神农旅游开发集团	百草堂医养生态养生园项目	201604
长治市郊区西白兔乡霍家沟村民委员会	基础设施配套项目	201602
长治市郊区南村煤化有限公司	120 万吨焦化脱硝脱硫回压烟气治理	201604
山西国新天然气利用有限公司晋东南分公司	加气站	201605
长治市通广达商贸有限公司	新建昌盛装饰材料一期	201604
长治市昌盛重型机械有限公司	新建起重机器项目	201605
山西长治郊区三元南耀小常煤业有限公司	中央风井技改项目	201603
长治市长城建材有限公司	新建钢材建材市场	201606
长治市郊区马厂镇泽头村村民委员会	泽头村住宅楼	201604
长治市长弘机动车驾驶员培训有限公司	故北训练场基础建设	201605
长治市金鑫荣农业开发有限公司	蔬菜种植园	201603
长治市郊区老顶山镇涧沟村民委员会	无公害土鸡养殖	201603
长治市郊区大辛庄镇小辛庄村村民委员会	小辛庄万吉小区	201604
长治市郊区市外桃源生态农业有限公司	优质蔬菜	201604
长治市动力纯净水有限公司	纯净水生产项目	201606
李新如医院	中医康复中心二期	201603
长治市郊区艳青农机服务专业合作社	新建仓储库房项目	201606
长治市郊区千亩田园农业体验中心	炎帝农耕文化体验园	201603
长治市宇邦牧业有限公司	家具木门生产	201608
长治市炎鑫环保建材有限公司	年产 1 亿块煤矸石烧结砖项目	201606
长治市郊区老顶山镇关村村村民委员会	关村明俗文化旅游项目	201604
长治市弘展能源有限公司	新建加气站	201607
山西诚鑫玉工程机械有限公司	特种机械制造	201605
长治市郊区黄中金沙滩种植专业合作社	樱桃庄园项目	201606
长治市郊区晋达耐火材料厂	无机纤维保温隔热材料项目	201608
长治市郊区老顶山旅游开发区管理委员会	老顶山国家森林公园基础设施建设	201610
山西潞达变压器有限公司	新建电器设备制造厂项目	201604
长治市飞跃工程机械汽贸城有限公司	一汽丰田汽车 4S 店	201604

单位：万元

本年全部投产时间	计划总投资	自开始建设累计完成投资	本年完成投资	其中：住宅	本年新增固定资产	本年实际到位资金合计
	2915	900	900			990
201608	1828	1828	1828		1828	1828
201612	800	800	800		770	800
	1890	650	650			900
201612	592	592	592		500	592
201609	1800	1800	1800		1800	1800
201606	4500	4500	4500		4500	4500
201609	2800	2800	2800		2800	2800
201606	1539	1539	1539		1539	1539
201605	746	746	746		746	746
201609	3014	3014	3014		3014	3014
	3439	2400	2400			2700
201610	4790	4790	4790		4790	4790
201607	4950	4950	4950		4950	4950
201608	4800	4800	4800		4800	4800
201607	4992	4992	4992	4992	4992	4992
201609	4800	4800	4800		4800	4800
201606	3980	4282	4282		4282	4282
201607	4920	5220	5220		5220	5220
201607	4360	4360	4360		4360	4360
201607	4923	4923	4923		4923	4923
201608	4966	5250	5250		5250	5250
201607	4977	4977	4977		4977	4977
201611	4580	4580	4580		4580	4580
201610	4679	4679	4679	4679	4679	4679
201607	4800	4963	4963		4963	4963
201607	4522	4522	4522		4522	4522
201608	4285	4285	4285		4285	4285
201608	4850	4850	4850	4850	4850	4850
201608	4870	4870	4870		4870	4870
201608	4880	5083	5083		5083	5083
201608	4780	4780	4780		4780	4780
201610	4966	4966	4966		4966	4966
201609	4728	4728	4728		4728	4728
201611	4880	4880	4880		4880	4880
201609	4780	4780	4780		4780	4780
201610	3850	3850	3850		3850	3850
201610	3922	3922	3922		3922	3922
201610	3780	3780	3780		3780	3780
201610	3988	3988	3988		3988	3988
201611	3980	3980	3980		3980	3980
201612	3569	3569	3569		3569	3569
201612	3975	3975	3975		3975	3975
201612	3950	3950	3950		3950	3950

11-10 续19

项目(单位)名称	项目名称	开工时间
长治市华盛达汽车销售服务有限公司	新建汽车展示大厅	201607
山西瑞泽益康健身器械有限公司	健身器生产基地建设项目	201606
长治市郊区黄碾镇故南村村民委员会	新建故南物流信息交易中心	201606
长治市郊区裕昌牧业有限公司	标准化奶牛养殖基地	201609
长治市国新远东燃气有限公司	黄碾镇辛庄村加气站	201607
长治市郊区大辛庄镇梁家庄村村民委员会	新建锦福苑安置楼项目	201606
长治市鑫海汽车销售有限公司	新建长安铃木4S店	201609
长治市郊区交通运输局	太行湖水利风景区旅游线路改建	201606
长治市郊区老顶山镇关村村民委员会	新建村民文体活动公园	201604
长治市郊区交通运输局	西长井至长治东连接线项目	201609
潞城市新安益石膏有限责任公司	新建20万吨石膏粉生产线项目	201607
潞城市天邦建材有限公司	年产20万吨节能型活动石灰	201603
潞城市丰茂建材厂	新建玻璃纤维增强水泥构件项目	201604
哈尔滨工大集团山西华农纳米科技有限公司	新建年产2万吨纳米碳粉肥料项目	201604
潞城市宝源溶剂有限公司	新建30万吨建筑用石料项目	201605
潞城市卓越水泥有限公司	新建水泥窑协同处理城市垃圾项目	201604
山西潞宝兴海新材料有限公司	新建环己酮储存罐项目	201605
潞城市宏晟建材有限责任公司	新建年产5万吨建筑砂浆生产线项目	201603
山西潞宝集团焦化有限公司	焦炉修复改造项目	201604
潞城市福禄寿禽业有限公司	肉鸡加工	201603
潞城市丰茂建材厂	综合办公楼扩建项目	201604
潞城市自强石膏粉厂	新建石膏装饰品生产线项目	201605
潞城市丰茂建材厂	新建年产300万块水泥花砖生产线	201605
潞城市微子镇人民政府	新建镇区基础设施建设项目	201604
山西永腾建材股份有限公司	新建年产10万吨铝塑复合管项目	201603
潞城市金桥食品有限公司	谷物磨制坚果生产	201604
长治市信达通建材有限公司	新建200万片水泥彩瓦生产线项目	201607
潞城市凤凰建材有限公司	年产30万吨建筑石料项目	201604
潞城市宏晟建材有限责任公司	新建年产100千米钢筋混凝土排水管生产线项目	201603
潞城市中矿潞矿石膏实验基地	石膏云母板	201603
潞城市垚盛种植专业合作社	新建中药材种植基地项目	201602
潞城市店上镇常庄村村民委员会	安置小区基础设施建设	201603
潞城市三友煤机有限责任公司	新建年产6000套实木家具生产线项目	201602
潞城市泓钰节能建材有限公司	切割脱模发泡项目	201605
潞城市美味美食品有限责任公司	新建香酥馍片生产线项目	201604
山西西村永平机动车驾驶员培训有限公司	新建标准化考场项目	201604
潞城市兴宝钢铁有限责任公司	新建轧钢加热炉黑体节能项目	201605
潞城市华正种植专业合作社	新建东山扫帚种植基地项目	201604
潞城市星通建材有限公司	新建年产10万立方米水泥彩瓦项目	201604
潞城市鑫糯种植专业合作社	新建林药种植基地	201604
山西潞安精蜡化学品有限公司	新建废水深度除盐项目	201608
潞城市天邦建材有限公司	新建年产万吨无机铝盐防水砂浆项目	201603
潞城市宏晟建材有限责任公司	铝箔保温通风管生产线	201603
潞城市成功工贸有限公司	新建地面除尘站项目	201605

单位：万元

本年全部投产时间	计　划总投资	自开始建设累计完成投　资	本年完成投　资	其中：住宅	本年新增固定资产	本年实际到位资金合　计
201612	3955	3955	3955		3955	3955
201612	3980	3980	3980		3980	3980
	3960	2619	2619			2619
	3960	2567	2567			2567
	3910	2990	2990			2990
	3860	3769	3769	3769		3769
201612	3830	3830	3830		3830	3830
	4469	3125	3125			3125
	3650	3544	3544			3544
	3921	3900	3900			3900
201610	4850	4850	4850		4850	3000
201608	4780	5640	5640		5640	4000
201611	3964	3964	3964		3964	2964
201609	4968	4968	4968		4968	4360
201608	4860	4900	4900		4900	3348
201612	3960	3960	3960		3960	2560
201608	4860	4940	4940		4940	2903
201608	4967	5910	5910		5910	4210
201608	4810	4990	4990		4990	2730
201607	4100	4100	4100	200	4100	2800
201611	3863	3863	3863		3863	3400
201612	3850	3850	3850		3850	2550
201611	3970	3970	3970		3970	3600
	3890	1990	1990			1500
201609	4980	4980	4980		4980	2980
201607	4800	4800	4800		4800	2800
201610	3795	3795	3795		3795	2700
201607	4180	4180	4180		4000	1550
201612	3980	3980	3980		3980	3168
201607	4850	4850	4850		4850	2750
201609	2580	2630	2630		2630	2500
201608	3960	3960	3960		3960	2100
201612	3960	3960	3960		3960	2710
201608	4190	4780	4780		4780	2690
201609	4850	4850	4850		4850	2750
201611	3960	3960	3960		3960	2560
201612	3850	3850	3850		3850	2600
201608	2590	2590	2590		2590	1745
201612	3480	3480	3480		3480	2550
201609	3860	3860	3860		3860	1935
201612	3910	3910	3910		3910	2182
201611	3969	3969	3969		3969	3600
201608	4950	5791	5791		5791	3700
201608	4850	4850	4850		4850	3650

11-10 续 20

项目(单位)名称	项目名称	开工时间
潞城市博友建材有限公司	年产30万吨溶剂石料用石灰岩	201603
山西太重长兴机械制造有限公司	新建年产5000吨架子管项目	201605
潞城市天邦建材有限公司	新建年产1万立方石材加工生产线	201604
山西森源环能科技有限公司	新增涤纶长丝生产线一条	201604
山西潞宝集团焦化有限公司	新世纪广场建设(一期)项目	201603
长治市龙涛防腐保温工程有限公司	火保温板30万平方米防火保温免拆模板项目	201602
山西潞安焦化有限责任公司	新建煤场煤泥水收集拦截系统工程项目	201608
长治市唯美门窗有限公司	LED智能成像玻璃项目	201603
长治市市政管理处	纬十五南路道路工程	201610
长治医学院	临床技能中心	201602
山西奥科航空科技有限公司	农业植保无人机制造项目	201605
长治高新区中心医院	中心医院建设项目	201606
屯留县东河北村鑫鑫玉米种植专业合作社	万亩小杂粮种植基地及小杂粮系列产品深加工项	201507
屯留县沙庄村小东蔬菜种植专业合作社	高效农业蔬菜基地建设项目	201510
山西潞安集团余吾煤业有限责任公司	选煤厂新增2#装车系统	201505
屯留县华诚焦化有限责任公司	焦炉提标升级改造工程项目	201508
屯留县晋威饲料有限公司	年产10万吨饲料项目	201510
屯留县诚路通工贸有限公司	沥青搅拌站建设项目	201609
国网山西省电力公司屯留县供电公司	农网改造升级工程项目	201510
山西潞安环保能源开发股份有限公司	常村煤矿购置安全设备项目	
山西煤层气(天然气)集输有限公司	LNG加气站	201508
国网山西省电力公司屯留县供电公司	2016年城市电网工程	201603
长子县金裕恒商贸有限公司	新建绿色农业种植园区项目	201603
长子县庆福果树种植专业合作社	新建果树种植园区	201605
长子县海顺养殖有限公司	新建万头标准化生猪养殖场项目	201603
长子县交通运输局	县道韩长线路面改建工程	201608
长子县龙盛蔬菜种植专业合作社	建设蔬菜种植园区项目	201604
长治市天坤源农业开发有限公司长子分公司	建设存栏五百只肉羊养殖基地项目	201505
长子县和先尖椒种植专业合作社	建设旱地尖椒种植园区项目	201605
长子县交通运输局	县道岚海线壁村至莫村与上沟至县界段路面改建	201605
山西森岳生物质能有限公司	秸秆综合利用年产1000吨固化成型燃料项目	201607
山西酷尔邦体育健身有限公司	体育健身运动中心	201503
长子县力军蔬菜种植专业合作社	蔬菜种植园区项目	201602
长子县树井种植专业合作社	建设蔬菜种植园区项目	201603
长子县利民城建开发有限公司	环会堂周边基础设施配套项目	201611
长子县惠民养殖专业合作社	建设存栏10万只蛋鸡养殖项目	201604
长子县方兴现代农业有限公司	新建生态餐厅项目	201606
长子县联牧畜禽养殖专业合作社	建设年出栏2万头生猪标准化养殖项目	201605
长子县鑫农养殖专业合作社	肉养养殖基地项目	201604
长子县福瑞昌种植专业合作社	建设果树种植园区项目	201606
长子县旭刚种植专业合作社	建设蔬菜种植园区项目	201601
长治市晶益科技有限公司	建设年产40万平方米人造石英石板材项目	201606
长治县陶清河水泥厂	混凝土搅拌站年产30万立方米扩建技改项目	201606
长治县三星商贸有限公司	新上年入洗120万吨洗煤厂建设项目	201606

单位:万元

本年全部投产时间	计 划总投资	自开始建设累计完成投 资	本年完成投 资	其中:住宅	本年新增固定资产	本年实际到位资金合 计
201607	3980	4050	4050		4050	2367
201612	3760	3760	3760		3760	3620
201611	3970	3970	3970		3970	3700
201607	4850	4850	4850		2857	2857
201609	4320	4783	4783		4783	2920
201608	4966	5859	5859		5859	3590
201611	3590	3640	3640		3640	1975
201609	4000	4006	4006		3706	4006
201612	588	588	588		327	588
201612	1978	1978	1978		1500	1978
	2300	888	888			888
	3885	1012	1012			1012
201605	4540	4540	2000		1385	2000
201604	2760	2760	1650		1150	500
201604	4096	4096	2500		1750	2000
201612	1077	1077	1027		780	200
201605	4760	4760	3010		3350	1500
	2753	547	547			200
201606	1096	1096	1091		760	500
	4894	4894	4894		3255	4894
	1426	325	323			500
201612	899	899	899		710	
201608	995	995	995		995	500
201612	4280	4280	4280		4280	1590
201609	4900	4900	4900		4900	4900
201612	2728	2728	2728		2728	
201612	4700	4700	4700		4700	2680
	719	398	0			
201612	4500	4500	4500		4500	2000
201610	1791	1791	1791		1791	
201609	500	500	500		500	500
201606	3430	3430	1190		3430	600
201611	3950	3950	3950		3950	2700
201612	4800	4800	4800		4800	2000
	3435	2382	2382			800
201609	4850	4850	4850		4850	3000
201610	4760	4760	4760		4760	2420
201612	4600	4600	4600		4600	2600
201611	2000	2000	2000		2000	1800
201611	787	787	787		787	787
201609	4657	4657	4657		4657	3000
201611	2200	2200	2200		2200	2200
201612	3900	3900	3900		3900	3900
201610	3000	3000	3000		3000	3000

11-10 续21

项目(单位)名称	项目名称	开工时间
长治县新起点养殖有限公司	扩建年出栏万头生猪养殖项目	201605
山西紫硕电力科技有限公司	扩建项目	201608
长治市迪渊机动车驾驶员培训有限公司	驾驶学校建设项目	201504
长治市顺枫源农业开发有限公司	20万吨有机草料生产基地建设项目	201604
长治县金鑫建材有限责任公司	扩建技改项目	201607
长治县漳源水产养殖有限公司	农业生态休闲示范园项目	201606
山西长治县雄山沟里煤业有限公司	新建年产120万吨洗煤厂建设项目	201605
长治县龙山矿业开发有限公司	扩建年产50万吨石灰窑建设项目	201606
长治县陶清河水泥厂	石料场年产120万吨改扩建项目	201604
山西国新天然气利用有限公司	郝家庄乡高村LNG加气站项目	201610
长治县溪源加气有限公司	加气站建设项目	201602
沁县定昌镇人民政府	县城街巷道及文庙巷提质改造工程	201609
山西省沁县四海农业开发有限公司	农业综合服务体系建设项目	201605
沁县卫生和计划生育局	村级卫生室建设项目	201604
沁县三羊养殖专业合作社	肉羊养殖基地建设项目	201605
沁县晟旺生猪养殖专业合作社	生猪养殖基地建设	201605
沁县晓江粮油购销有限公司	粮食仓储设施建设	201603
山西康禾农业有限公司	沁州黄糙米生产项目	201602
沁县山上人家农林开发有限公司	种植养殖一体化基地建设	201605
沁县体育服务中心	全民健身活动中心项目	201603
沁县绿苗林木种植专业合作社	绿化苗木中药材套种	201608
山西沁州黄醋业开发股份有限公司	库房建设项目	201604
沁县洋洋畜禽养殖基地	年出栏1000头生态型猪场建设	201609
沁县必赢蛋鸡养殖专业合作社	标准化蛋鸡养殖基地	201606
沁县鑫恒农牧开发有限公司	千亩经济林综合开发示范	201607
沁县水利局	涅河河道治理	201603
沁县畜牧兽医中心	草食畜棚圈建设	201602
沁县沁谷香农业开发有限公司	小杂粮加工建设	201603
襄垣县天下襄种植专业合作社	新建干果经济林项目	201605
襄垣县聚和鑫养殖专业合作社	新建肉鸡养殖场二期项目	201607
襄垣县交通运输局	农村公路完善提质工程	201608
襄垣县教育科技局	新建第二中学配套工程建设项目	201604
襄垣县顺祥农机专业合作社	新建粮食仓储及农机服务项目	201606
襄垣县煜通工贸有限公司	扩建厂房及新上环保安全设施项目	201607
襄垣县永贵养殖专业合作社	新建3000头猪场项目	201607
襄垣县盈收种植专业合作社	新建油用牡丹种植基地项目	201610
襄垣县园林管理中心	城市绿化提档升级工程	201604
襄垣县万华种植专业合作社	新建水果干果种植项目	201608
襄垣县古韩镇崔家庄村村民委员会	基础设施配套(排水工程)建设项目	201605
襄垣县东圣农业科技发展有限公司	新建梅杏嫁接栽培项目	201603
襄垣县秀青种植专业合作社	新建核桃树种植基地项目	201508
襄垣县聚惠丰种植专业合作社	新建蔬菜大棚项目	201603
襄垣县富阳裕泰投资经营有限责任公司	瑞恒焦化至聚氯乙烯厂道路项目	201607
襄垣县绿萌农业发展有限公司	新建农业休闲生态园项目	201606

单位：万元

本年全部投产时间	计划总投资	自开始建设累计完成投资	本年完成投资	其中：住宅	本年新增固定资产	本年实际到位资金合计
201611	4500	4500	4500		4500	4500
201611	1300	1300	1300		1300	1300
201607	4800	4800	4587		4587	4587
201607	1800	1800	1800		1800	1800
201612	3500	3500	3500		3500	3500
201612	4600	4600	4600		4600	4600
201611	4600	4600	4600		4600	4600
201609	4940	4940	4940		4940	4940
201612	3980	3980	3980		3980	3980
201612	2142	2142	2142		2142	2142
201612	3600	3600	3600		3600	3600
201611	702	702	702		702	300
201609	1500	1500	1500		1500	1500
201607	625	625	625		625	310
201611	3600	3600	3600		3600	2910
	3960	1960	1960			1960
201608	2567	2567	2567		2567	2200
201612	3100	3100	3100		3100	3100
201609	3400	3400	3400		3400	3400
201607	800	800	800		800	800
201611	3300	3300	3300		3300	3300
	3140	1100	1100			1100
201612	3600	3600	3600		3600	3600
201612	3900	3900	3900		3900	3900
201611	2800	2800	2800		2800	2800
	2434	2209	2209			1489
201607	3000	3000	3000		3000	2200
201608	1800	1800	1800		1800	1800
201611	3450	3450	3450		3450	2500
201611	3950	3950	3950		3950	3000
201611	1397	1397	1397		1397	
201610	4562	4562	4562		4562	3000
201610	3200	3200	3200		3200	2000
201612	3200	3200	3200		3200	2500
201609	2600	2600	2600		2600	1600
201612	2980	2980	2980		2980	1900
201608	2533	2533	2533		2533	
201612	3200	3200	3200		3200	2500
201611	3327	3327	3327		3327	3000
201606	2500	2500	2500		1600	2000
201604	1200	1200	500		1200	300
201609	4200	4200	4200		4200	3500
201609	1920	1920	1920		1920	
201610	3200	3200	3200		3200	2200

11-10 续 22

项目(单位)名称	项目名称	开工时间
襄垣县旺旺种植专业合作社	新建蔬菜种植基地项目	201603
山西煤炭运销集团三元古韩荆宝煤业有限公司	新建矿区环境整治项目	201607
襄垣县加会养殖专业合作社	新建500只养羊项目	201604
襄垣县勤勇种植专业合作社	新建农业生态园基础设施建设项目	201609
襄垣县强盛养殖专业合作社	新建500头养牛项目	201604
襄垣县增福种植专业合作社	新建粮食晾晒加工项目	201604
山西大平美固德矿用材料有限公司	新建公司周边环境整治项目	201609
襄垣县中医医院	附属配套工程	201310
襄垣县奇艺影视文化有限公司	新建文化综合活动中心项目	201604
襄垣县金珠种植专业合作社	新建3000亩油用牡丹示范基地项目	201606
襄垣县襄丰种植专业合作社	新建蔬菜干果种植基地项目	201604
襄垣县拔爱种植专业合作社	新建核桃树种植项目	201603
襄垣县古韩东森农林管护观光开发有限公司	新建东山林区防火通道建设工程	201603
襄垣县恒鑫养殖专业合作社	新建商品猪养殖基地项目	201612
山西沁源梗阳煤业有限公司	兼并重组矿井整合项目环保设施项目	201603
沁源县庄安农牧专业合作社	新建核桃树种植项目	201605
沁源县李元镇新章村民委员会	集中供热建设项目	201609
沁源县灵空山镇北沟村民委员会	村级基础设施建设项目	201508
沁源县沁河镇城南村民委员会	城南村美丽家园建设项目	201601
沁源县交通运输局	支角至友仁公路改造工程	201508
沁源县兴东种植专业合作社	蔬菜大棚项目	201603
沁源县康信中药材开发有限公司	中药材规范种植基地建设项目	201603
山西通洲集团安神煤业有限公司	调整生产系统技改项目	201601
沁源县宏昌商贸有限公司	综合市场建设项目	201603
沁源县王和镇古寨村民委员会	古寨村古村落建筑群保护项目	201605
山西新超煤业有限公司	一采区10下号11号煤层开采项目	201601
山西长沁新兴煤业有限公司	环保工程项目	201603
沁源县景风乡人民政府	景风乡水毁工程建设项目	201607
山西汾西太岳煤业股份有限公司	年入洗原煤300万吨技改项目	201603
沁源县田园农业开发有限公司	扩建鸡场养殖项目	201607
武乡县厚德朗农种植专业合作社	农生态农业休闲示范园区项目	201603
山西省武乡县给排水公司	污水接入污水处理厂管道工程	201606
武乡县鼎凯养殖专业合作社	扩建年出栏5000只羊养殖项目	201604
武乡县贾豁乡郭村村民委员会	郭村上王堡小流域治理项目	201507
山西百草坡农业生态科技园有限公司	建设千亩有机农业示范基地项目	201604
武乡县广威养殖专业合作社	年存栏15万只蛋鸡养殖项目	201608
武乡县彩云养殖专业合作社	扩建年出栏4000头现代化生态养猪场项目	201604
武乡县龙蟠山绿宝种植专业合作社	新建中药材种植及深加工项目	201603
武乡县汇瑞种植专业合作社	葡萄种植园区二期建设项目	201601
武乡县太行小学	太行小学运动场地建设项目	201607
洛阳旺源建筑劳务分包有限公司	太焦铁路TJZQ-4标1#拌合站	201610
武乡县凤祥养殖有限公司	年出栏22万只肉鸡养殖场建设项目	201609
国网山西省电力公司平顺县供电支公司	十千伏低压线路和配变台区改造工程	201603
平顺县扶贫开发办公室	杏城镇易地扶贫搬迁	201604

单位：万元

本年全部投产时间	计划总投资	自开始建设累计完成投资	本年完成投资	其中：住宅	本年新增固定资产	本年实际到位资金合计
201611	3200	3200	3200		3200	2500
201612	3900	3900	3900		3900	3000
201609	2980	2980	2980		2980	1800
201612	2980	2980	2980		2980	2000
201609	3100	3100	3100		3100	1800
201611	3600	3600	3600		3600	2000
201612	2500	2500	2500		2500	2500
	4374	3630	2310			616
201611	4300	4300	4300		4300	3000
201610	4500	4500	4500		4500	3800
201607	2000	2000	2000		2000	2000
201610	2800	2800	2800		2800	1800
201610	4500	4500	4500		4500	3100
	2800	130	130			130
201608	1546	1546	1546		850	1546
201610	4970	4970	4970		3300	4970
201611	984	984	984		796	984
201604	2480	2480	1080		300	1080
201607	4850	4850	4850		2450	4850
201610	2514	2514	1214		1400	1214
201609	4995	4995	4995		3100	4995
201608	4980	4980	4980		2900	4980
201604	4850	4850	4850		4730	4850
201609	4980	4980	4980		3560	4980
201610	4980	4980	4980		3150	4980
201606	4952	4952	4952		3100	4952
201607	847	847	847		510	847
201610	3000	3000	3000		2200	3000
201608	2573	2573	2573		2000	2573
201612	3300	3300	3300		1500	3300
201609	4800	4800	4800		4326	4800
201610	836	860	860		756	860
201610	2500	2500	2500		2100	2500
201602	2800	2800	1800		1500	1800
201610	2200	2200	2200		1936	2200
201612	2500	2500	2500		2000	2500
201610	2000	2100	2100		1850	2100
201610	1900	1900	1900		1700	1900
201606	2200	2200	2200		2060	1800
201609	728	728	728		620	728
201612	3700	3700	3700		3256	3700
201612	500	500	500		420	500
201606	1239	1239	1239		1239	1239
201611	3450	3450	3450	3450	3450	3210

11-10 续 23

项目(单位)名称	项目名称	开工时间
国网山西省电力公司平顺县供电公司	农网改造升级工程	201609
平顺县石城镇人民政府	石城新农村移民小区建设工程	201604
平顺县春光绿色农产品种植专业合作社	十万亩连翘种植建设项目	201605
平顺百泉润物连翘开发有限公司	三万五千亩中小药材种植项目	201606
平顺县国盛农副产品专业合作社	旱地蔬菜种植项目	201606
平顺县财富农林工程有限公司	核桃花椒提质增效建设项目	201604
平顺县泽圣丰矿业有限公司	扩建项目	201607
平顺县晟丰源种植专业合作社	经济林种植建设项目	201605
平顺县景源生态养殖有限公司	肉羊养殖扩建项目	201604
平顺县交通运输局	北耽车乡东梳村漳河大桥	201610
黎城县长宁川丹悦养殖专业合作社	蛋鸡养殖基地建设项目	201608
长治市华丰农牧林开发有限公司	现代农业示范园建设项目	201603
黎城县西井镇彭庄村民委员会	新农村建设项目	201607
黎城众森农林开发有限公司	农业种植与畜禽养殖综合开发项目	201606
黎城顺达养殖专业合作社	优质肉用兔养殖项目	201601
黎城县交通运输局	龙洞景区旅游公路(杨家庄—龙洞)一期工程	201608
黎城县西井镇洗耳河村民委员会	新农村建设项目	201609
黎城县轿顶山红叶景区有限责任公司	轿顶山游览服务配套建设项目	201606
黎城万达建筑安装有限公司	万达古城快捷酒店项目	201603
山西省黎城县妇幼保健院	业务用房建设项目	201608
黎城道野种植专业合作社	中药材野生抚育保障园(基地)项目	201606
黎城县卫生和计划生育局	村卫生室建设项目	201602
黎城天虫山生猪青饲专业合作社	万头生猪养殖项目	201603
黎城县黄崖洞镇宽章村民委员会	宽章村广场及道路建设项目	201608
黎城县聪慧养殖专业合作社	新建圈养 5000 只山羊项目	201601
黎城县兆丰农业专业合作社	千亩核桃综合开发项目	201606
黎城县交通运输局	农村公路安全生命防护工程	201608
长治市郊区宏鑫元出租汽车有限公司	北京现代汽车 4S 店项目	201602
长治市郊区老顶山镇西长井村民委员会	住宅小区	201605
长治市郊区西白兔乡中村村民委员会	防火隔离及通道建设	201603
长治市立诺燃气有限公司	加气站项目	201604
长治市雁之峰商贸有限公司	煤泥烘干分选项目	201602
长治市郊区交通运输局	曹安线与襄长城际快速路连接线工程	201604
长治市郊区马厂镇故驿村村民委员会	故驿村新苑小区建设项目	201602
长治市郊区西白兔乡西白兔村民委员会	新建加气站	201602
长治市通广达商贸有限公司	新建昌盛装饰材料城二期	201604
长治市荣泰丰仓储有限公司	新建仓储库房项目	201605
山西长信工业有限公司	炼钢蒸汽回收发电项目	201604
山西聚锦垚工贸有限公司	新建商品混凝土搅拌站	201604
山西盘古农牧科技有限公司	无公害蔬菜大棚	201605
长治市新立冶金综合加工厂	年加工 9 千吨彩钢建设项目	201605
长治市进峰糖酒副食有限公司	果品深加工冷链仓储物流建设	201603
神州买卖车(福建)二手车经营有限公司长治分公司	二手车交易中心建设项目	201603
长治市郊区大辛庄镇关村庄村村民委员会	关杜庄八一小区住宅楼	201604

单位：万元

本年全部投产时间	计　划总投资	自开始建设累计完成投　资	本年完成投　资	其中：住宅	本年新增固定资产	本年实际到位资金合　计
	1575	550	550			550
201607	3540	3540	3540	3540	3540	2000
201608	3800	3800	3800		3800	300
201610	4800	4800	4800		4800	1200
201609	3300	3300	3300		3300	700
201608	4800	4800	4800		4800	
201610	3700	4000	4000		4000	1000
201609	3330	3330	3330		3330	780
201605	1000	1000	1000		1000	1000
	897	262	262			300
201612	4300	4300	4300		4125	4300
201610	4890	4890	4890		4890	4890
201612	4835	4835	4835		4800	4835
201612	4760	4760	4760		4600	4760
201606	800	800	800		800	800
	2990	1800	1800			2990
201612	3480	3480	3480		3380	3480
201612	4500	4500	4500		4120	4500
201607	2800	2800	2800		2800	2800
	690	300	300			320
201612	4780	4780	4780		4610	4780
	810	790	790			810
201610	3370	3370	3370		3370	3370
201612	1750	1750	1750		1710	1750
201607	900	900	900		900	900
201610	3000	3000	3000		3000	3000
201609	2915	2915	2915		2915	2915
201604	4880	4880	4880		4880	4880
201607	4486	4486	4486	4486	4486	4486
	3870	2270	2270			2270
201607	4000	4330	4330		4330	4330
201605	4670	4989	4989		4989	4989
201606	3959	3989	3989		3989	3989
201605	3000	3000	3000	3000	3000	3000
201606	2963	3173	3173		3173	3173
201608	4988	5478	5478		5478	5478
201608	4915	5315	5315		5315	5315
201610	4623	4623	4623		4623	4623
201610	4780	4780	4780		4780	4780
201610	4350	4350	4350		4350	4350
201607	4850	4993	4993		4993	4993
201608	4865	4865	4865		4865	4865
201608	4378	4378	4378		4378	4378
201607	4871	4871	4871	4871	4871	4871

11-10 续 24

项目(单位)名称	项目名称	开工时间
山西七四四五机械有限公司	天然气储备母站一期项目	201605
长治市鑫源宏环能商贸有限公司	新建镀锌钢钉加工项目	201606
山西晋海冶金集团有限公司长治分公司	关村加气站	201603
长治市郊区堠北庄镇针漳村民委员会	村民住宅楼项目	201606
山西仕途通汽车销售有限公司	汽车综合服务项目建设	201603
长治市郊区宾花食用菌种植专业合作社	食用菌生产加工	201607
长治市飞扬报废汽车回收拆解有限公司郊区分公司	新建报废汽车回收拆解基地项目	201607
山西省长治市郊区老顶山镇南天桥村民委员会	南天桥桃花园观光种植项目	201604
长治市郊区堠北庄镇下秦村民委员会	村民安置楼	201607
长治市永强新型环保建筑材料有限公司	环保砖生产项目	201605
长治市郊区黄北预制厂	新建高强度排水管生产线项目	201606
长治市益康大药房连锁有限公司郊区八店	黄碾大药房项目	201608
长治市永固办公设备有限公司	生产车间扩建工程	201604
山西华盛建业建材有限公司	住宅产业化生产线项目	201604
山西省长治市郑瑞石化有限公司	第七加油站建设项目	201604
山西开山能源设备有限公司	新建生产厂房项目	201608
长治市神马科技有限公司	煤矿用液压动钻机生产	201605
长治市郊区黄碾镇故县村村民委员会	新农村住宅楼建设项目	201605
长治市鑫运宇通商贸有限公司	新建花卉园林苗木生产基地	201606
长治市国新远东燃气有限公司	黄碾黄南村加气站	201606
长治市郊区大辛庄镇鹿家庄村村民委员会	新建村民安置楼	201609
山西新宇万豪门业有限公司	智能防盗门生产建设项目	201610
长治市郊区交通运输局	县道故漳漳电线改建项目	201606
长治市郊区嘉宏建材有限公司	扩建嘉宏环保砖厂二期	201605
长治市郊区交通运输局	桥上至平长线道路改建	201609
山西潞安焦化有限责任公司	新建一分厂配煤炼焦系统改造安装项目	201605
长治市利鸿科工贸有限公司	颗料饲料生产设备制造项目	201603
山西三建钢结构有限公司	新建塑钢型材生产线	201603
潞城市大成化纤有限责任公司	生产车间和成品库	201604
潞城市恒丰园种养殖专业合作社	苗木花卉基地	201605
潞城市孔岩永盛种养殖有限公司	肉羊养殖及经济林种植	201505
山西太重长兴机械制有限公司	万吨钢结构生产线	201602
山西潞安焦化有限责任公司	新建二分厂 1 万平米焦化储存场项目	201603
潞城市晋享建材有限责任公司	新建年产 30 万吨矿渣超细粉项目	201607
潞城市神头岭种植专业合作社	新建小杂粮种植基地项目	201602
潞城市天邦建材有限公司	新上年产 9000 万块煤矸石烧结砖项目	201603
潞城市新丰益恒矿业有限公司	新建矿山道路建设项目	201607
山西卓明能源有限公司	新建加气站工程项目	201605
泰山石膏股份有限公司潞城分公司	轻钢龙骨生产线	201603
哈尔滨工大集团山西华农纳米科技有限公司	综合办公楼扩建项目	201603
潞城市顺丰工贸有限公司	洗煤设备提质增效项目	201607
潞城市兴宝钢铁有限责任公司	新建球团竖炉烟气脱硫治理	201509
山西潞安晋安矿业工程有限公司	新建液料生产线及原料库	201605
潞城市天邦建材有限公司	年产 60 万立方混凝土生产线	201604

单位：万元

本年全部投产时间	计划总投资	自开始建设累计完成投资	本年完成投资	其中：住宅	本年新增固定资产	本年实际到位资金合计
201611	4780	4780	4780		4780	4780
201608	4880	5183	5183		4880	5183
201611	4600	4600	4600		4600	4600
201610	4928	4928	4928	4928	4928	4928
201609	4650	4650	4650		4650	4650
201611	4860	4860	4860		4860	4860
201609	4960	4960	4960		4960	4960
201610	2600	2600	2600		2600	2600
201610	3868	3868	3868	3868	3868	3868
201610	3820	3820	3820		3820	3820
201610	3950	3950	3950		3950	3950
201611	3920	3920	3920		3920	3920
201611	3780	3780	3780		3780	3780
201612	3965	3965	3965		3965	3965
201612	3905	3905	3905		3905	3905
201612	3865	3865	3865		3865	3865
201612	3720	3720	3720		3720	3720
	3855	2670	2670	2670		2670
	3950	2639	2639			2639
	3950	2189	2189			2189
	3890	3728	3728	3728		3728
	4880	3769	3769			3769
	3823	2711	2711			2711
	2245	2087	2087			2087
	3978	3952	3952			3952
201608	4860	4960	4960		4960	3100
201608	4990	4990	4990		4990	4360
201608	4970	5914	5914		5914	3900
201610	4920	4920	4920		4920	2890
201607	4520	4520	4520		4520	2000
201605	3250	3250	1388		2500	1100
201608	4996	5895	5895		5895	3720
201608	4650	4990	4990		4990	2960
201612	3960	3960	3960		3960	2960
201609	2530	2580	2580		2580	2300
201607	4963	4963	4963		4963	3675
	3600	2800	2800			1800
201610	4710	4940	4940		4940	2970
201607	4700	4700	4700		4700	3000
201609	4973	4973	4973		4973	4230
201611	3880	3920	3920		3920	2210
201607	3850	4142	3850		3850	2050
201608	4790	4920	4920		4920	2480
201609	4983	4983	4983		4983	3600

11-10 续 25

项目(单位)名称	项目名称	开工时间
潞城市丰茂建材厂	年产 3000 万平米石膏板	201603
山西太重长兴机械制造有限公司	新建年产 5000 吨铝型材电机壳项目	201604
潞城市宏晟建材有限责任公司	新建 12000 根水泥电线杆项目	201603
潞城市潞发锯业有限公司	合金锯片生产	201604
潞城市新宏宝洗煤有限公司	洗煤设备提质增效项目	201604
潞城市店上镇宋村村民委员会	新建安置小区项目	201606
潞城市潞华办事处三官阁社区	新建福阁苑小区项目	201604
潞城市潞华办事处东街社区	新建东府苑小区项目	201604
山西天脊潞安化工有限公司	新建 300 吨循环流化床锅炉烟气脱硫脱硝工程	201603
潞城市潞华办事处南关社区居民委员会	钢材批发物流基地	201603
山西潞宝集团晋钢兆丰煤化工有限公司	年产 270 吨焦化烟气脱硫脱硝项目	201603
山西天脊潞安化工有限公司	新建 3000m3 轻油储存罐工程项目	201606
潞城市宏益兴建材有限公司	新建年产 5 万吨组合钢模板	201602
潞城市天邦建材有限公司	年产 50 万吨机制砂生产线	201604
山西潞安防爆电机有限公司	皮带输送机制造	201603
潞城市利达公交有限公司	修理厂房及停车场项目	201604
潞城市鑫星煤业有限公司	洗煤设备提质增效	201604
潞城市新砚魁建材有限公司	新建 30 万吨建筑用石料项目	201605
山西潞宝兴海新材料有限公司	甲苯精制脱肟塔项目	201605
山西永腾建材股份有限公司	新建地面除尘站项目	201604
潞城市文奇建材有限公司	扩建石膏粉加工项目	201605
长治市利鸿科工贸有限公司	综合办公楼建设项目	201603
长治市宜家农牧产品加工专业合作社	无土栽培食用菌项目	201605
长治市市政管理处	纬十一东路道路工程	201610
长治市城市交通项目管理中心	城市公共自行车(购置)项目	
山西融江贸易有限公司	世纪名城地下超市项目	201506
山西兴旺煤化集团有限责任公司	煤化工咨询服务中心办公楼	201204
屯留县天意农业开发有限公司	年出栏 4000 头生猪标准化养殖项目	201509
山西德铭煤机有限公司	工矿设备超市建设项目	201505
屯留县唯丰小杂粮种植专业合作社	谷子加工基地项目	201606
山西潞安煤基合成油有限公司	原水管线改造工程项目	201503
山西瑞康源禽业有限公司	粪便处理综合利用工程	201606
屯留县润昊工贸有限公司	建筑废弃物回收再利用项目	201610
屯留县麟绛镇东脑村村民委员会	新光住宅小区项目	201603
山西潞安大成工贸有限责任公司	不锈钢加强筋螺旋焊管项目	201603
屯留县农村公路养护管理中心	2016 年农村公路安全生命防护工程项目	201610
长子县忠诚种植专业合作社	建设蔬菜种植园区项目	201604
长子县绿鑫茂种植专业合作社	建设交里蔬菜园区项目	201602
长治市华星液压机械有限公司	新建年产 10 万套综采液压支柱项目	201605
长子县宏田养殖有限公司	建设 10 万只肉兔养殖项目	201604
长子县山河种植专业合作社	建设蔬菜种植园区项目	201603
长子县东昌连翘种植专业合作社	建设万亩中药材种植园区项目	201604
长子县绿森源种植专业合作社	新建蔬菜种植园区项目	201605
长子县金利养猪专业合作社	建设 5000 头猪场养殖示范园区项目	201607

单位：万元

本年全部投产时间	计划总投资	自开始建设累计完成投资	本年完成投资	其中：住宅	本年新增固定资产	本年实际到位资金合计
201608	4950	5841	5841		5841	3250
201612	3570	3570	3570		3570	3120
201609	4978	4978	4978		4978	4160
201607	3900	3900	3900		3900	2883
201607	4870	4978	4978		4978	3540
201610	4960	4990	4990	4990	4990	2990
201612	3790	3790	3790	3500	3790	2600
201611	3580	3580	3580	3000	3580	2250
201607	4697	4707	4707		4697	2683
201607	4600	4600	4600	965	4600	2500
201607	4900	4950	4950		4950	3800
201610	4850	4990	4990		4990	2785
201612	3680	3680	3680		3680	3120
201609	4993	4993	4993		4993	3760
201608	4920	5854	5854		5854	2546
201610	3980	3980	3980		3980	2180
201608	4860	4861	4861		4861	2930
201608	4630	4870	4870		4870	3010
201607	4860	4980	4980		4980	2690
201609	4880	4880	4880		4880	2980
201608	4750	4750	4750		4750	3550
201609	4970	4970	4970		4970	4472
201612	4500	4500	4500		3415	4500
201612	1720	1720	1720		750	1720
	1519	1519	1519		1519	1519
201608	4247	4840	3546		4840	3546
201605	4726	5226	2086		5200	2086
201604	2800	2800	1167		815	500
201604	4600	4600	1300		910	1300
201612	4181	4181	4181		3340	2000
201605	2018	2018	693		1482	
201612	600	600	600		475	400
	2828	500	500			300
	4506	3451	3451	2400		3000
201607	3000	3000	3000		2160	2000
	1215	200	200			
201611	4200	4200	4200		4200	2800
201608	4715	4715	4715		4715	4715
201611	4900	4900	4900		4900	3000
201610	4800	4800	4800		4800	2300
201612	3500	3500	3500		3500	2400
201610	3107	3107	3107		3107	1600
201612	4560	4560	4560		4560	2400
201612	3950	3950	3950		3950	2100

11-10 续 26

项目(单位)名称	项目名称	开工时间
长子县顶顶山食品有限公司	建设农产品深加工基地项目	201608
长子县和顺蔬菜种植专业合作社	建设蔬菜种植园区项目	201603
山西省长治市潞酒有限公司	新建文化苑配套设施项目	201602
长子县安孝蔬菜种植专业合作社	建设蔬菜种植园区项目	201608
长子县鑫利源养殖专业合作社	存栏 5000 头牛场建设项目	201604
长子县建明养殖专业合作社	建设年出栏 5000 头牛场养殖示范园区项目	201603
长子县大地蔬菜开发有限公司	建设蔬菜种植园区项目	201601
长子县云丰农业有限责任公司	建设蔬菜种植试验基地项目	201604
长子县恒祥养殖专业合作社	建设年存栏 10000 头生猪养殖	201605
长子县宏峰养殖有限公司	建设万头猪场扩规项目	201604
长子县泽坤农业发展有限公司	建设蔬菜种植园区项目	201608
长治市现代科海农业开发有限公司	新建年产 2 万吨新型环保包装项目	201607
长子县交通运输局	县道古杜线改建工程	201606
长治县鑫瑞海种植专业合作社	农业生态休闲示范园建设项目	201604
长治县苏店镇苏店村民委员会	新建鑫福家苑村民安置楼项目	201205
长治县凯通选煤有限公司	扩建年入洗 150 万吨选煤建设项目	201605
长治县新鑫养殖有限责任公司	新建 2000 吨玉米筒仓	201607
长治县南岭山种植专业合作社	经济作物及生态林种植建设项目	201606
长治县志晟养殖有限公司	年存栏 7 万只蛋鸡养殖场	201606
长治县韩店镇经坊村民委员会	道路改造建设项目	201606
长治县韩店镇柳林村民委员会	街道改造建设项目	201603
长治县柳兴农业专业合作社	蔬菜食用菌大棚建设项目	201608
长治市芸生粮业有限公司	年产 1250 吨活性粮粉生产线技改项目	201604
长治县国华种养殖专业合作社	休闲观光、生态农业开发建设项目	201602
山西晋潞盛商贸有限公司	新建年储存运输煤炭 20 万吨集散中心	201609
长治县艺峰景观绿化有限公司	绿色庄园建设项目	201503
沁县蓝野农林开发专业合作社	经济林基地建设	201603
沁县巨保养牛专业合作社	肉牛育肥建设项目	201604
山西沁园春矿泉水有限公司	污水处理	201603
山西沁州绿农林牧有限公司	蔬菜恒温保鲜库建设项目	201603
沁县鹰台山畜禽养殖专业合作社	标准化养猪建设项目	201605
沁县青松牧业专业合作社	肉羊养殖基地建设	201605
山西沁园春矿泉水有限公司	道路桥梁工程项目	201604
沁县牛寺乡人民政府	扶贫移民搬迁项目	201603
沁县庆德农业开发专业合作社	有机蔬菜种植建设	201609
沁县教育科技局	中小学校舍安全改造工程	201603
沁县中源箐英林牧发展有限公司	紫岑山生态庄园二期	201603
沁县鹏飞林牧开发中心	九龙山生态经济林种植项目	201604
沁县瓮城山旅游开发有限公司	瓮城山旅游开发(一)期项目	201608
沁县交通运输局	农村公路建设及安保工程	201605
山西襄矿集团沁县华安焦化有限公司	焦炉脱硝及废热废气回收利用	201605
沁县瑞景林木开发有限公司	核桃标准示范基地建设	201603
沁县益源有机蔬菜发展有限公司	蔬菜流通设施建设	201605
襄垣县绿之源苗木种植专业合作社	新建西营镇造林绿化工程	201605

单位：万元

本年全部投产时间	计划总投资	自开始建设累计完成投资	本年完成投资	其中：住宅	本年新增固定资产	本年实际到位资金合计
201612	4180	4180	4180		4180	2360
201611	4700	4700	4700		4700	2200
201609	4930	4930	4930		4930	4930
	3910	2916	2916			1200
201609	4950	4950	4950		4950	3600
201612	4800	4800	4800		4800	3200
201609	4830	4830	4830		4830	3200
201611	4800	4800	4800		4800	2600
201611	4200	4200	4200		4200	2000
201608	4700	4700	4700		4700	2600
201612	3000	3000	3000		3000	1800
201612	4900	4900	4900		4900	2000
201611	1678	1678	1678		1678	
201612	4800	4800	4800		4800	4800
201612	4650	4650	4560	4560	4650	4560
201611	4700	4700	4700		4700	4700
201612	4700	4700	4700		4700	4700
201612	2300	2300	2300		2300	2300
201611	900	900	900		900	900
201609	1560	1560	1560		1560	1560
201609	1200	1200	1200		1200	1200
201612	3900	3900	3900		3900	3900
201607	1150	1150	1150		1150	1150
201611	4600	4600	4600		4600	4600
201612	2800	2800	2800		2800	2800
201612	3500	3500	3423		3423	3423
201606	600	600	600		600	600
201607	2000	2000	2000		2000	1000
	4454	3563	3563			3563
201608	2390	2390	2390		2390	1300
201611	3800	3800	3800		3800	3400
201612	3600	3600	3600		3600	3600
201611	3971	3971	3971		3971	3700
	4600	2950	2950	2950		2000
201612	3500	3500	3500		3500	3500
201607	2507	2507	2507		2507	2507
201609	2800	2800	2800		2800	2800
201607	3500	3500	3500		3500	3500
201612	4950	4950	4950		4950	3950
201608	1300	1300	1300		1300	1300
201612	4800	4800	4800		4800	2360
201610	2650	2650	2650		2650	2650
201611	1616	1616	1616		1616	1616
201607	2943	2943	2943		2943	1500

11-10 续27

项目(单位)名称	项目名称	开工时间
长治市道客机动车检测有限公司	新建机动车检测项目	201605
襄垣县合兴种植专业合作社	新建蔬菜种植基地项目	201603
襄垣县利信投资经营有限责任公司	西营镇2016年秋季造林绿化工程	201608
襄垣县颉恒养殖专业合作社	新建肉羊养殖项目	201603
襄垣县红沙土种植专业合作社	新建暖棚蔬菜生产基地项目	201603
襄垣县农乐农机专业合作社	新建中药材、小杂粮种收、加工一体化项目	201605
襄垣县丰丰养殖专业合作社	新建标准化生猪养殖基地项目	201510
襄垣县柏木山种植专业合作社	新建水果种植基地项目	201604
襄垣县峰辉养殖有限公司	新建土鸡饲养项目	201610
襄垣县瑞峰农机专业合作社	新建粮食种收一体化项目	201605
襄垣县文华苑教育园区建设办公室	电化教研中心和艺术中心项目	201210
襄垣县源达物流仓储有限公司	新建物流配送中心建设项目	201605
山西襄垣七一大雁沟煤业有限公司	新建办公楼职工公寓项目	201606
襄垣县弘业种植专业合作社	新建中药材加工基地项目	201606
襄垣县鑫兴农机专业合作社	新建双孢菇大棚项目	201607
襄垣县振利兴养殖专业合作社	生物肥生产加工项目	201606
襄垣县古韩东森农林管护观光开发有限公司	新建千亩油籽牡丹种植基地项目	201606
襄垣县祥泰种植专业合作社	新建设施蔬菜种植项目	201604
山西景宝山庄圣德园娱乐有限公司	新建圣德园度假村项目	201604
襄垣县富云蜂业养殖专业合作社	新建养殖蜜蜂项目	201607
襄垣县于潮种植专业合作社	新建东邯郸农业园区基础设施	201608
壶关县中医院	壶关县中医院门诊楼建设项目	201603
沁源县海俊种植专业合作社	中药材种植育苗项目	201603
沁源县住房保障和城乡建设管理局	公安现役消防站建设项目	201603
沁源县沁河缘农林牧开发有限公司	新建现代农业生态示范园区二期项目	201605
沁源县广林种植专业合作社	新建中药材种植基地建设项目	201603
沁源县老山种植有限公司	新建中药材中华家参种植项目	201603
沁源县勇恒农牧专业合作社	核桃树中药材种植项目	201606
国网山西省电力公司沁源县供电公司	城镇配电网建设改造工程	201605
沁源县李元镇马森村民委员会	集中供热建设项目	201609
山西通洲煤焦集团股份有限公司兴盛洗煤分公司	350万吨年重介洗煤项目环保设备设施建设项目	201603
沁源县巧媳妇文化专业合作社	苦荞种植基地建设项目	201604
沁源县交通运输局	棉上新庄段家庄公路工程	201606
沁源县兴茂煤化有限公司	80万吨年焦化环保设备设施建设项目	201604
沁源县海柱养殖专业合作社	羊养殖基地建设项目	201603
沁源县瑞泰源农业开发有限公司	养殖与生态牧场农业观光旅游一体化建设项目	201606
沁源县翔宇种植有限公司	文冠果栽培及深加工项目	201605
沁源县为民种植专业合作社	绿化生态种植建设项目	201506
沁源县李政种植专业合作社	苗木种植基地建设项目	201604
沁源县景凤乡人民政府	景凤乡2016年危房改造项目	201605
长治市沁泽商品砼有限公司	年产30万立方商品砼上产线二期项目	201605
沁源县义鑫鑫薯业有限公司	新建马铃薯加工厂项目	201603
沁源县众合兴种植专业合作社	5000亩荒山治理林药兼种项目	201604
沁源县法中乡桑凹村民委员会	实施小流域治理项目	201609

单位：万元

本年全部投产时间	计　划总投资	自开始建设累计完成投　资	本年完成投　资	其中：住宅	本年新增固定资产	本年实际到位资金合　计
201611	3950	3950	3950		3950	3000
201608	2500	2500	2500		2500	2500
201611	3350	3350	3350		3350	1800
201609	2400	2400	2400		2400	1800
201610	2900	2900	2900		2900	2100
201610	3130	3130	3130		3130	2500
201605	3850	3850	1590		3850	380
201610	4900	4900	4900		4900	4300
201612	1600	1600	1600		1600	1000
201610	1850	1850	1850		1850	1350
201608	4160	4160	840		4160	
201611	3983	3983	3983		3983	3000
201612	3450	3450	3450	900	3450	2500
201611	2860	2860	2860		2860	1500
201612	2970	2970	2970		2970	2500
201612	2764	2764	2764		2764	2000
201612	3680	3680	3680		3680	3000
201611	3500	3500	3500		3500	3000
201610	4210	4210	4210		4210	3000
201612	2100	2100	2100		2100	1500
201612	2280	2280	2280		2280	2000
201607	2813	2813	2813		2813	2813
201608	2530	2530	2530		1700	2530
201610	2262	2262	2262		940	2262
201611	3300	3300	3300		2900	3300
201609	4900	4900	4900		3100	4900
201608	4800	4800	4800		2600	4800
201611	3200	3200	3200		2500	3200
201606	1006	1006	1006		650	1006
201611	867	867	867		694	867
201608	1039	1039	1039		470	1039
201610	4980	4980	4980		3300	4980
	3580	150	150			150
201609	4130	4130	4130		2980	4130
201610	4950	4950	4950		3400	4950
201612	3100	3100	3100		1800	3100
201612	3400	3400	3400		1800	3400
201606	4920	4920	3940		3200	3940
201610	4930	4930	4930		3400	4930
201609	600	600	600	400	400	600
201610	4200	4200	4200		2620	4200
201610	4950	4950	4950		186	4950
201610	4950	4950	4950		3100	4950
201612	1003	1003	1003		590	1003

11-10 续 28

项目(单位)名称	项目名称	开工时间
沁源县教育科技局	莲花池幼儿园建设项目	201603
沁源县兴盛丰林农牧有限公司	中药材种植羊养殖项目	201601
沁源县沁河镇城东村民委员会	美丽家园建设项目	201601
沁源县交通运输局	完善提质工程	201606
沁源县法中乡支角村民委员会	实施小流域治理项目	201609
沁源县沁河镇城西村民委员会	美丽家园建设项目	201601
沁源县郭道镇棉上村民委员会	文化旅游观光项目	201605
沁源县沁林种植有限公司	5000 亩林药兼种项目	201605
沁源县凌志种植专业合作社	中药材种植项目	201605
沁源县浩兴农业科技开发有限公司	黑山羊育种项目	201603
沁源县王和镇南坪村民委员会	南坪村新农村建设项目	201505
山西康伟集团南山煤业有限公司	230 轨道巷维护改造工程项目	201604
国网山西省电力公司沁源县供电公司	农网改造升级工程	201601
沁源县康力优农种植有限公司	中药材苦参连翘种植项目	201603
沁源县峪兴养殖专业合作社	养牛项目	201603
沁源县森太种植有限公司	杨树柳桃油桃枣树种植项目	201505
沁源县城南坤泰乳业有限公司	奶牛养殖厂建设项目	201605
沁源县灵空山镇人民政府	小城镇建设项目	201506
山西沁新能源集团股份有限公司	新源煤矿建设配套高效选煤项目	201604
山西沁新集团新达煤业有限公司	地面生产设施建设工程项目	201605
沁源县住房和城乡建设管理局	郭道镇和川大桥桥梁工程	201609
沁源县官滩乡琴峪村民委员会	美丽宜居示范村建设项目	201606
武乡县后垴和众种植专业合作社	油用牡丹产业生态循环经济示范园区项目	201605
武乡县恒信利通种植专业合作社	建设中药材建设基地项目	201604
武乡县良源农业开发有限公司	香菇培育种植基地建设项目	201607
武乡县大象呈泰生物科技有限公司	畜禽无害化处理建设项目	201607
武乡县蟠龙镇小西沟村民委员会	移民搬迁工程	201601
武乡县洪水镇北反头村民委员会	洪水镇北反头村采煤沉陷区治理工程	201608
武乡县晋蕾爱果农业科技有限公司	红色之爱特色水果种植基地建设项目	201604
武乡县宇阳养殖专业合作社	生态牧养鸡项目	201608
山西新村煤业有限公司	封闭式储煤场项目	201605
武乡县康绿源食用菌种植专业合作社	食用菌种植及深加工项目	201605
洛阳旺源建筑劳务分包有限公司	太焦铁路 TJZQ—4 标 2# 拌合站	201610
武乡县宏芳种植专业合作社	万亩小杂粮种植及生加工基地建设项目	201608
平顺县东寺头乡人民政府	东寺头新农村移民小区	201604
山西东盛源农业科技开发有限公司	旱地蔬菜种植建设项目	201605
平顺县益升民源种植专业合作社	万亩优质经济林种植基地建设项目	201606
国网山西省电力公司平顺县供电公司	中心村电网改造升级工程	201610
平顺县温布理种养殖有限公司	北流滩村 1500 亩经济林种植建设	201605
平顺县豪特种植专业合作社	1.5 万亩经济林	201606
平顺县水利局	农村饮水安全工程	201611
平顺县振农种养专业合作社	一万五千亩有机农作物种植建设项目	201604
平顺县交通运输局	中南铁路平顺火车站连接线工程	201601
平顺县扶贫开发办公室	设施蔬菜项目	201610

单位：万元

本年全部投产时间	计　划总投资	自开始建设累计完成投　资	本年完成投　资	其中：住宅	本年新增固定资产	本年实际到位资金合　计
201609	1718	1718	1718		1350	1718
201608	3000	3000	3000		1800	3000
201607	4520	4520	4520		2630	4520
201610	2130	2130	2130		1800	2130
201612	1486	1486	1486		980	1486
201608	4622	4622	4622		3300	4622
201611	3200	3200	3200		3100	3200
201610	4900	4900	4900		3200	4900
201609	2320	2320	2320		1500	2320
201608	3000	3000	3000		2600	3000
201605	4500	4500	3200		2800	3200
201609	3100	3100	3100		1600	3100
201605	1153	1153	1153		420	1153
201609	4900	4900	4900		3100	4900
201609	4990	4990	4990		3180	4990
201606	4950	4950	3830		3250	3830
201610	4900	4900	4900		4268	4900
201605	4900	4900	3700		2400	3700
201612	3800	3800	3800		2850	3800
201611	3500	3500	3500		2800	3500
	1360	300	300			300
201612	3400	3400	3400		2100	3400
201607	2200	2200	2200		1860	2200
201608	1500	1500	1500		1260	1500
201612	3000	3000	3000		2613	3000
201610	1240	1240	1240		1090	1240
201610	2290	2300	2300	2300	1840	2290
	4650	3600	3600	3600		600
201608	2000	2000	2000		1472	2000
201612	2508	2508	2508		2006	2508
201606	919	919	919		600	919
201609	1200	1200	1200		1056	1200
201612	3730	3730	3730		3280	3730
	2140	1040	1040			1100
201609	4200	4200	4200	4200	4200	300
201609	3400	3400	3400		3400	400
201609	4900	4900	4900		4900	600
201612	2484	2500	2500		2209	2500
201609	4600	4600	4600		4600	2800
201611	3880	3900	3900		3900	900
201612	788	788	788		788	788
201609	3300	3300	3300		3300	50
201609	734	734	734		734	600
201612	2602	2602	2602		2600	600

11-10 续 29

项目(单位)名称	项目名称	开工时间
平顺县利顺种养有限公司	十万五千亩经济林种植项目	201606
山西海瑞岩建材有限公司	二十万方商品砼项目	201606
黎城三皇农业特色农庄有限公司	黎城现代休闲养生体验园项目	201602
黎城兴民生态农业专业合作社	800 有机中药材培育、种植项目	201606
黎城平凤土豆种植专业合作社	一千一百亩脱毒马铃薯种植项目	201607
黎城漳河滩种植专业合作社	优质瓜果蔬菜种植项目	201605
黎城县万通供热有限公司	集中供热扩容管网工程	201610
黎城县住房保障和城乡建设管理局	广北路北延道路排水工程	201601
黎城县水利局	龙王庙小流域水土保持综合治理工程	201603
黎城县普济中药材种植专业合作社	三千亩中药材基地建设项目	201603
黎城县兴利种植专业合作社	优种核桃树种植项目	201604
黎城县景欣生态农业科技有限公司	原生态农业建设项目	201607
黎城县林业局	白龙闾森林消防驻守基地建设项目	201606
黎城恒泰利丰生态养殖有限公司	梅花鹿生态养殖项目	201605
黎城县民政局	古城社区老年人日间照料中心及救灾物资储备库项目	201608
山西华驰物流有限责任公司	煤炭储存集运项目	201605
黎城丰达矿业有限公司	年产 10 万吨硅矿及半成品项目	201606
黎城欣欣向荣种植专业合作社	育苗基地建设项目	201604
黎城县交通运输局	农村公路完善提质工程	201607
长治市飞扬二手车交易市场有限公司	新建飞扬汽车服务中心	201602
长治市郊区马厂镇漳移村村民委员会	漳移村村民住宅楼	201601
长治市小申电子商务有限公司	“光网郊区”建设项目	201602
山西省长治市郊区老顶山镇河头村民委员会	住宅楼	201605
长治市宏源开泰农业开发有限公司	梦想小镇科技馆	201602
长治市恒鑫装潢有限公司	农贸物流园	201601
长治市郊区崔漳药材种植专业合作社	中药材标准化种植基地	201603
长治市民政福利液化气供应站	嶂头石油液化气储配站	201603
长治市杨裕保洁服务有限公司	新建培训中心项目	201604
长治市韵达快递有限公司	新建仓储库房项目	201604
山西长信工业有限公司	烧结机电除尘设备升级	201604
山西鸿烨科技有限公司	矿用防爆开关扩建	201603
长治市郊区昌山墙体材料厂	粉煤灰加气砌块技术改造项目	201605
长治市晋安洗煤有限公司	环保系统及脱水泥煤技术项目	201605
山西晋煤天成煤层气开发有限公司长治分公司	加气站	201603
长治市郊区老顶山镇金口村民委员会	综合农贸市场	201603
长治市兴隆园艺绿化工程有限公司	优质苗木花卉	201604
长治市郊区田润种植专业合作社	有机蔬菜种植	201606
长治市庆丰生态农业有限公司	现代设施农业生产基地	201605
潞安矿务局石圪节煤矿电线电缆厂	电力电缆生产线	201608
长治市郊区堠北庄镇针漳村民委员会	新建仓储库房项目	201606
长治市川江汽贸服务有限公司	北京福田伽图汽车销售 4S 店	201603
山西太行德钰物资有限公司	渣蜡加工	201608
长治市郊区黄碾镇黄中村村民委员会	柳树林公园生态修复项目	201607
长治市鑫茂牧业有限公司	双桥庄农家乐采摘综合旅游项目	201603

单位：万元

本年全部投产时间	计 划总投资	自开始建设累计完成投 资	本年完成投 资	其中：住宅	本年新增固定资产	本年实际到位资金合 计
201609	4300	4300	4300		4300	1000
201610	2192	2192	2192		2192	2192
201607	1500	1500	1500		1500	1500
201609	2015	2015	2015		2015	2015
201610	2755	2755	2755		2755	2755
201612	4650	4650	4650		4550	4650
	2809	1250	1250			1700
201607	624	624	624		624	624
201612	1143	1143	1143		1100	1143
201610	4000	4000	4000		4000	4000
201612	3500	3500	3500		3400	3500
201612	4000	4000	4000		3900	4000
201612	1250	1250	1250	120	1150	1250
201610	3594	3594	3594		3594	3594
	800	450	450			580
201610	4950	4950	4950		4950	4950
201609	842	842	842		842	842
201612	3500	3500	3500		3400	3500
201609	1573	1573	1573		1573	1573
201604	4930	4930	4930		4930	4930
201605	4870	4870	4870	4870	4870	4870
201606	2000	2000	2000		2000	2000
201606	2998	2998	2998	2998	2998	2998
201610	3990	3990	3990		3990	3990
201603	4960	4960	4960		4960	4960
201606	4988	5478	5478		5478	5478
201606	4950	4950	4950		4950	4950
201608	4988	5438	5438		5438	5438
201608	4828	5228	5228		5228	5228
201610	4303	4303	4303		4303	4303
201610	4499	4499	4499		4499	4499
201610	4350	4350	4350		4350	4350
201607	4100	4486	4486		4486	4486
201608	4955	4955	4955		4955	4955
201608	4635	4635	4635		4635	4635
201608	4850	4850	4850		4850	4850
201608	4750	4750	4750		4750	4750
201611	4910	4910	4910		4910	4910
201612	1520	1520	1520		1520	1520
201610	4965	4965	4965		4965	4965
201610	4755	4755	4755		4755	4755
201611	4530	4530	4530		4530	4530
201609	4880	4880	4880		4880	4880
201610	3860	3860	3860		3860	3860

11-10 续30

项目(单位)名称	项目名称	开工时间
长治市驰钧物资有限公司	新建钢丝网二期项目	201607
山西潞安华亿实业有限公司	输送带加工生产线项目	201605
长治市郊区寒山园林绿化工程有限公司	新建苗木花卉基地	201605
长治市郊区黄南宜翔绿色生态专业合作社	生态休闲农业观光园区项目	201608
长治市飞跃工程机械汽贸城有限公司	进口大众专营4S店	201604
长治高新区三永食品有限公司	新建食品厂项目	201604
长治市郊区堠北庄镇针漳村民委员会	新建物流中心项目	201608
长治市郊区阳光乙炔气厂	新建生产厂房	201607
长治市郊区大辛庄镇鹿家庄村村民委员会	鹿家庄沁芳农贸市场	201607
长治市梦之祥再生资源回收利用有限公司晋路分公司	新建报废汽车回收拆解基地项目	201606
长治市郊区黄碾镇史家庄村村民委员会	史家庄新农村住宅楼	201606
长治市国新远东燃气有限公司	黄碾魏村加气站	201605
长治市郊区大辛庄镇大辛庄村村民委员会	新建幸福小区安置楼项目	201607
长治市郊区潞安汽修厂	新建野马牌汽车专营店	201609
长治市郊区交通运输局	乡道台上线改建工程	201606
长治市昌泰商品砼有限公司	搅拌站扩建项目	201604
长治市郊区交通运输局	壶口至南天桥改建项目	201609
潞城市汕口石膏粉厂	新建石膏装饰制品生产线项目	201605
潞城市汇宝建材加工厂	新建环保除尘站项目	201606
潞城市神牧养殖有限公司	新建生猪养殖场项目	201606
潞城市和通石灰厂	扩建10万吨石灰制造项目	201608
山西潞宝兴海新材料有限公司	新建液氨装车站项目	201608
潞城市丰茂建材厂	新建地面除尘站	201603
山西潞宝兴海新材料有限公司	新建双氧水储存罐项目	201605
潞城市远翔科技发展有限公司	科技研发中心	201603
山西潞安焦化有限责任公司	新建煤焦化、煤焦气化研究分析试验平台	201608
潞城市文奇建材有限公司	新建环保除尘站项目	201606
潞城市庆祥种植专业合作社	苗木花卉生产基地	201503
山西潞安防爆电机有限公司	新建年产3500台智能动力中心用组合开关项目	201603
山西太重长兴机械制造有限公司	新建智能型矿用隔爆电气项目	201602
潞城市辛安泉飞祥苗木花卉基地	苗木花卉基地项目	201604
山西潞安精蜡化学品有限公司	新建原料仓库系统循环项目	201605
潞城市雨田实业有限公司垂阳加油站	加油站改扩建项目	201607
潞城市汇宝石膏建材厂	扩建石膏粉加工	201604
潞城市金泽洗煤有限公司	120万吨洗煤设备提质增效项目	201607
潞城市潞华办事处东街社区居民委员会	新建综合服务中心二期建设项目	201604
山西新能源环保发电投资有限公司	发电厂供气系统改造	201509
潞城市泰山石膏建材有限公司	新增环保除尘项目	201606
山西潞宝集团晋钢兆丰煤化工有限公司	化产二期管道工程	201605
潞城市潞华办事处北街社区居民委员会	城中村改造	201603
山西潞宝集团	配煤炼焦系统	201507
潞城市潞华办事处西贾村民委员会	安置小区基础设施建设	201603
山西潞安焦化有限责任公司	液水塔冷却系统工程	201604
潞城市永安气体有限公司	新建10万吨丙烷气体	201603

单位：万元

本年全部投产时间	计　划总投资	自开始建设累计完成投　资	本年完成投　资	其中：住宅	本年新增固定资产	本年实际到位资金合　计
201610	3799	3799	3799		3799	3799
	3850	2030	2030			2030
201610	3860	3860	3860		3860	3860
201611	3850	3850	3850		3850	3850
201611	3988	3988	3988		3988	3988
201612	3870	3870	3870		3870	3870
201612	3965	3965	3965		3965	3965
201612	3977	3977	3977		3977	3977
201612	3870	3870	3870		3870	3870
	3930	2910	2910			2910
	3650	2059	2059	2059		2059
	3920	2672	2672			2672
	3730	3615	3615	3615		3615
201612	3900	3900	3900		3900	3900
	3771	2778	2778			2778
	3155	3007	3007			3007
	3972	3955	3955			3955
201612	3860	3860	3860		3860	2660
201612	3700	3700	3700		3700	2600
201610	500	560	560		560	400
201610	3850	3850	3850		3850	2650
201611	3530	3730	3730		3730	2160
201608	4970	5864	5864		5864	3780
201608	4230	4805	4805		4805	3250
201608	4600	5428	5428		5428	3025
201612	3980	3980	3980		3980	2320
201612	3700	3700	3700		3700	2500
201605	2600	2622	1180		2622	900
201607	4920	4920	4920		4920	3960
201608	4986	5933	5933		5933	3360
201611	3750	3790	3790		3790	2935
201610	4970	4980	4980		4980	2930
201610	3720	3720	3720		3720	2620
201608	4630	4630	4630		4630	2780
201611	3980	3980	3980		3980	2345
201612	3600	3600	3600		3600	2600
201605	4960	4960	4257		4960	3500
201610	3980	3980	3980		3980	2180
201608	4760	4880	4880		4880	2890
201607	4600	4600	4600	2500	4500	2600
201604	4520	4520	3293		4000	1992
201607	3600	3600	3600		3600	2355
201607	4890	4890	4890		4890	2753
201607	4600	4600	4600		4600	2900

11-10 续31

项目(单位)名称	项目名称	开工时间
潞城市卓越水泥有限公司	新建窑体废气余热回收利用项目	201606
潞城市明柳环保建材有限公司	新建20万吨石膏粉	201603
潞城市宏益兴建材有限公司	新建年产100千米钢筋混泥土排水管生产线项目	201603
山西潞宝兴海新材料有限公司	甲苯精制脱酮塔项目	201605
潞城市东明矿业有限公司	新建30万吨建筑用石料项目	201607
山西潞宝集团焦化有限公司	年产70万吨焦化烟气脱硫脱硝项目	201603
潞城市丰茂建材厂	年产5万吨建筑砂浆生产线项目	201602
潞城市阿波罗特种型煤有限公司	节能环保型煤	201604
山西嘉禾聚醋业有限公司	年产3万吨豆制品生产线	201602
潞城市厚元猪场	生猪规模化养殖扩建	201602
长治市利鸿科工贸有限公司	综合办公楼建设项目	201603
潞城市潞华办事处东南山社区居民委员会	城中村改造基础设施建设	201603
山西潞宝兴海新材料有限公司	新建消防设施项目	201608
山西天脊潞安化工有限公司	油品汽车装车站及操作室	201606
长治市市政管理处	市医院人行过街天桥	201610
长治市市政管理处	客运西站人行过街天桥	201610
长治市城市交通项目管理中心	城南停车场建设项目	201606
山西福万达工业新材料有限公司	LED空气净化路灯生产基地项目	201508
山西才智建筑设计研究院集团有限公司	建筑科研中心项目	201505
屯留县红峰鑫建材有限公司	50万立方米/年商品混凝土搅拌站项目	201606
山西省屯留县水利局	新增粮食产能水利工程	201602
山西省屯留县水利局	抗旱应急提水工程项目	201510
山西潞安煤基合成油有限公司	无芳溶剂油项目	201412
长治市麟源煤业有限责任公司	焦炉提标升级改造工程	201511
屯留县八泉晋农中药材种植专业合作社	万亩中药材种植基地及千吨青翘加工基地二期	201607
山西兴旺煤化集团有限责任公司	捣鼓焦炉提标升级改造项目	201609
山西省屯留县水利局	国家水土保持重点建设工程	201604
山西尔安源汇玻璃科技有限公司	年产12万吨玻璃微珠项目	201604
山西新易达物流有限公司	建设时600T自动配煤生产线项目	201606
长子县机动车驾驶员培训学校(有限公司)	建设机动车驾驶员培训学校丹朱分校项目	201606
长子县瑞丰源种植专业合作社	建设蔬菜种植园区项目	201603
长子县固本种植专业合作社	建设千亩果树种植园区项目	201605
长子县曙光蔬菜种植专业合作社	建设辣椒种植示范基地项目	201608
长子县骏博盛腾煤业有限公司	新建年7万吨煤矸石选矸生产线项目	201608
长子县平丰养殖专业合作社	种猪养殖项目	201605
长子县交通运输局	农村公路改建工程	201606
长子县丹力源建材有限公司	新建年产3000万块免蒸免烧加气块项目	201605
长子县惠泽垣种植专业合作社	蔬菜种植园区项目	201608
山西新易达物流有限公司	建设移动装车式装车系统项目	201606
长治市现代科海农业开发有限公司	新建农产品物流配送中心项目	201605
长子县震益种植专业合作社	建设绿色有机蔬菜种植园区项目	201601
长子县利来农贸科技有限公司	建设花菇反季节种植加工基地项目	201607
长子县瑞祥建筑材料有限公司	新建新型环保砖项目	201608
山西能投煤炭物流有限公司	新建农产品仓储中心项目	201603

单位:万元

本年全部投产时间	计　划总投资	自开始建设累计完成投　资	本年完成投　资	其中:住宅	本年新增固定资产	本年实际到位资金合　计
201612	3945	3945	3945		3945	2545
201607	4620	4620	4620		4600	2820
201610	3960	3960	3960		3960	3500
201607	4870	4895	4895		4890	3210
201611	3890	3920	3920		3920	2025
201607	4600	4995	4995		4600	3380
201609	4987	4987	4987		4987	3970
201607	4950	4950	4950		4900	2855
201608	4968	5862	5862		5862	4360
201607	4500	4500	4500		4500	4500
201608	4970	4970	4970		4970	3770
201606	4950	4950	4950		4500	3724
201612	3750	3750	3750		3750	1925
201609	4830	4950	4950		4950	2750
201612	500	500	500		300	500
201612	500	500	500		300	500
	3764	500	500			500
201604	3100	3508	2908		3500	2908
	3653	3092	1701			1701
201612	4150	4150	4150		3320	3000
201610	625	625	625		625	500
201610	1788	1788	1778		1350	1788
201605	2093	2093	619		1433	
201612	2800	2800	2735		2188	1500
201612	2400	2400	2400		1920	1000
201612	3035	3035	3035		2428	2000
201611	1143	1143	1143		800	
201608	2825	2825	2825		1977	2000
201607	1200	1200	1200		1200	1200
201611	3060	3060	3060		3060	3060
201610	4543	4543	4543		4543	2000
201612	4750	4750	4750		4750	2500
201612	3700	3700	3700		3700	2000
201611	1300	1300	1300		1300	1300
201612	3700	3700	3700		3700	2000
201610	845	845	845		845	
201609	1000	1000	1000		1000	1000
201612	3800	3800	3800		3800	1800
201608	3000	3000	3000		3000	3000
201611	4890	4890	4890		4890	2800
201610	3700	3700	3700		3700	3200
201612	4500	4500	4500		4500	2000
201612	4900	4900	4900		4900	2500
201609	4650	4650	4650		4650	2600

11-10 续 32

项目(单位)名称	项目名称	开工时间
山西鑫宝聚物资有限公司	新建年产 15 万吨煤矸石选矸生产线项目	201610
长子县冠品食品有限公司	建设肉鸭副产品加工项目	201604
长子县生枝养殖专业合作社	建设年存栏 10 万只蛋鸡养殖基地项目	201603
长子县红霸薯业专业合作社	建设红薯种植园区项目	201608
长子县大地蔬菜开发有限公司	建设蔬菜深加工项目	201603
长治县韩店镇南王庄村民委员会	道路改造建设项目	201608
山西红诗玉家具有限公司	扩建项目	201604
长治县天康科技有限公司	新上万吨香菇建设项目	201511
长治县增鑫洗煤有限责任公司	扩建年入洗 150 万吨洗煤厂建设项目	201604
长治县飞龙洗煤有限公司	新上年入洗 120 万吨洗煤厂建设项目	201603
长治县新兴建材有限公司	年产 1.3 亿块煤矸石砖建设项目	201606
长治县韩店镇韩店村民委员会	新建新建路东侧二层门市部工程	201606
长治县平安汽车综合性能检测站有限公司	汽车综合性能检测站建设项目	201603
长治县恒发燃气有限公司	LNG 液化天然气站建设项目	201604
山西焱垚鑫陶业有限公司	扩建年产 20 万个陶瓷产品建设项目	201603
长治县东和乡人民政府	崔家山村滑坡地灾搬迁工程建设项目	201603
长治县红都生态种植专业合作社	连栋温室大棚建设项目	201601
沁县故县镇人民政府	连家沟乡村道路工程	201606
沁县春秋鑫盛农林开发有限公司	小米加工改扩建提质项目	201603
沁县小型农田水利重点县项目部	小型农田水利工程	201603
沁县吴阁老土特产有限公司	杂粮贮存加工设施	201603
沁县源达果蔬保鲜有限公司	恒温保鲜配套基础设施建设	201604
沁县牛寺乡人民政府	公路改造工程项目	201606
山西北方水城小米开发有限公司	小米加工厂建设	201604
沁县林业局	油用牡丹产业发展工程	201609
沁州绿农牧有限公司	蔬菜良种繁育基地建设	201604
沁县华林峪乡旅游开发有限公司	华林峪乡村旅游建设	201603
山西襄矿集团恒通新能源有限公司	深冷液化系统项目	201609
沁县美亚太污水处理有限公司	污水处理厂提标改造工程	201601
沁县小型农田水利重点县项目部	小型农田水利工程建设	201602
长治市潞宝金和生农牧开发有限公司	山曲肉鸡养殖基地改扩建项目	201603
沁县交通运输局	农村公路建设及安保工程	201601
沁县鹏胜养殖有限公司	肉鸡养殖项目	201601
山西襄矿集团沁县华安焦化有限公司	技改项目	201606
沁县故县镇人民政府	石沟村至故县镇乡村道路工程	201606
襄垣县同和泰贸易有限公司	新建铝土矿废渣加工项目	201605
襄垣县树华种植专业合作社	新建核桃树种植项目	201606
长治市申鲁木塑板有限公司	新建 PVC 木塑板生产项目	201604
山西鑫标煤制品加工有限公司	新建年产 35 万吨纯净型生产线项目	201603
襄垣县漳江煤层气(天然气)集输有限公司	新建 208 国道夏店段 LNG 加气站项目	201609
襄垣县兴堡绿苑园林工程有限公司	新建 3000 亩油籽牡丹种植项目	201603
山西鼎恒能源有限公司	新建侯堡镇闫村 LNG 加气站项目	201605
襄垣县占斌养殖专业合作社	新建生猪养殖项目	201608
襄垣县上马山庄农业观光园	新建酒庄餐饮项目	201606

单位：万元

本年全部投产时间	计划总投资	自开始建设累计完成投资	本年完成投资	其中：住宅	本年新增固定资产	本年实际到位资金合计
	700	340	340			700
201608	4900	4900	4900		4900	2400
201610	3850	3850	3850		3850	2000
201612	3900	3900	3900		3900	2000
201611	4950	4950	4950		4950	2800
201611	1200	1200	1200		1200	1200
201609	4000	4000	4000		4000	4000
201609	4900	4900	4890		4890	4890
201612	3800	3800	3800		3800	3800
201607	4980	4980	4980		4980	4980
201612	4900	4900	4900		4900	4900
201612	1500	1500	1500		1500	1500
201607	1000	1000	1000		1000	1000
201612	4900	4900	4900		4900	4900
201609	4900	4900	4900		4900	4900
201609	2680	2680	2680	2680	2680	2680
201612	3900	3900	3900		3900	3900
201608	560	560	560		560	560
201608	1600	1600	1600		1600	1600
201611	2131	2131	2131		2131	1920
201609	1000	1000	1000		1000	700
201611	2900	2900	2900		2900	2000
201609	769	769	769		769	769
201608	2300	2300	2300		2300	2300
	4800	3600	3600			3600
201609	933	933	933		933	933
201612	3912	3912	3912		3912	1950
201612	3900	3900	3900		3900	2050
201608	1024	1024	1024		1024	1024
201607	2766	2766	2766		2766	2766
201609	3000	3000	3000		3000	1800
201607	3315	3315	3315		3315	3315
201604	800	800	800		800	800
201608	2390	2390	2390		2390	1320
201608	500	500	500		500	500
201608	1000	1000	1000		1000	1000
201610	2915	2915	2915		2915	2500
201608	3850	3850	3850		3850	3850
201607	3000	3000	3000		3000	3000
201612	1200	1200	1200		1200	440
201605	2500	2500	2500		1000	1500
201611	3900	3900	3900		3900	3200
201611	2600	2600	2600		2600	2600
201611	4489	4489	4489		4489	3500

11-10 续33

项目(单位)名称	项目名称	开工时间
襄垣县教育科技局	新建第二中学校体育场建设项目	201603
襄垣县交通运输局	史返线史属至返头段路面改造工程	201607
襄垣县红彤彤种植专业合作社	新建小杂粮种植项目	201606
襄垣县兴堡绿苑园林工程有限公司	新建荒山绿化项目	201603
襄垣县农哈哈种植专业合作社	新建干果经济林项目	201605
襄垣县好运来农机专业合作社	新建粮食种收一体化项目	201605
襄垣县华鑫胜种植专业合作社	新建蔬菜种植加工园区项目	201605
襄垣县农友农机服务专业合作社	新建万亩玉米农机服务项目	201511
襄垣县盛华园林专业合作社	新建郝村苗木培育园区基础设施	201609
襄垣县鸿钰洗选煤有限公司	新上环保设施及厂区周边环境整治项目	201606
襄垣县昕民种猪专业合作社	新建种猪培育园区	201609
襄垣县腾达种植专业合作社	新建小杂粮种植基地项目	201606
襄垣县西云昌养殖专业合作社	扩建养鸡场项目	201605
襄垣县源莎核桃种植专业合作社	新建核桃树种植基地项目	201606
襄垣县中太种植专业合作社	新建小杂粮种植基地项目	201603
襄垣县河礁养殖专业合作社	新建鸡鸭养殖项目	201606
襄垣县恒垣建材有限公司	新上环保设施和安全设施项目	201606
襄垣县绿宝种植专业和合作社	新建设施蔬菜生产基地项目	201604
襄垣县德源小杂粮加工专业合作社	新建小杂粮加工包装项目	201605
襄垣县兴堡绿苑园林工程有限公司	道路绿化工程项目	201611
襄垣县巨丰种植专业合作社	新建小杂粮加工园区基础设施	201610
襄垣县刘常胜种植专业合作社	新建蔬菜加工园区基础设施	201610
襄垣县东河种植专业合作社社	新建水果干果种植项目	201608
襄垣县鑫源种植专业合作社	新建大棚蔬菜种植项目	201610
襄垣县雪亮农机专业合作社	新建粮食种收一体化项目	201610
襄垣县东湖公园	提档升级工程建设项目	201603
襄垣县鹏程种植专业合作社	新建中药材种植基地项目	201605
襄垣县阳丰种植专业合作社	新建油籽牡丹种植基地项目	201605
襄垣县中森林牧专业合作社	新建生态林干果林种植项目	201607
沁源县虬园种植有限公司	新建育苗中药材套种项目	201603
沁源县安定种植专业合作社	花椒、核桃种植项目	201505
沁源县李元镇贤友村村民委员会	集中供热建设项目	201609
沁源县沁河镇城北村民委员会	美丽家园建设项目	201601
沁源县兴茂煤化有限公司	80万吨年焦炉烟气脱硫除尘对标改造项目	201604
沁源县交通运输局	路面拓宽改造工程	201606
沁源县黄土地种植专业合作社	绿色产品种植项目	201504
沁源县交通运输局	关子岭-王和段县乡公路改造工程	201609
山西飞耀农业开发有限公司	培植培育铁皮石斛(二期)项目	201603
沁源县昶兴种植专业合作社	中药材种植及园林育苗项目	201603
沁源县红星种植专业合作社	新建错季菜地领养种植项目	201604
沁源县国静农机专业合作社	农机服务中心建设项目	201603
沁源县万达生态农林发展有限公司	种植项目(二期)	201506
沁源县聚宝盆种植专业合作社	油牡丹种植项目	201605
沁源县茂盛源绿色种植专业合作社	文冠果和优质连翘经济林种植基地建设项目	201506

单位:万元

本年全部投产时间	计划总投资	自开始建设累计完成投资	本年完成投资	其中:住宅	本年新增固定资产	本年实际到位资金合计
201608	1598	1598	1598		1598	
	2821	1664	1664			
201611	2900	2900	2900		2900	1800
201609	3953	3953	3953		3953	3200
201608	3450	3450	3450		3450	1500
201609	2400	2400	2400		2400	2400
201610	3580	3580	3580		3580	2900
201608	3650	3650	3500		3650	3000
201612	2450	2450	2450		2450	2000
201612	3800	3800	3800		3800	3200
201612	1980	1980	1980		1980	1500
201609	2200	2200	2200		2200	1500
201612	2700	2700	2700		2700	2000
201611	2930	2930	2930		2930	1500
201609	2200	2200	2200		2200	1500
201612	2430	2430	2430		2430	1500
201611	2950	2950	2950		2950	2400
201607	1350	1350	1350		1350	1000
201611	2800	2800	2800		2800	1500
201612	1850	1850	1850		1850	1500
201612	1930	1930	1930		1930	1500
201612	1835	1835	1835		1835	1500
201612	2900	2900	2900		2900	2000
	1700	1000	1000			800
201612	1180	1180	1180		1180	850
201612	2815	2815	2815		2815	647
201611	2350	2350	2350		2350	1700
201609	3960	3960	3960		3960	3000
201609	2560	2560	2560		2560	1300
201608	4700	4700	4700		2700	4700
201606	4980	4980	3930		3400	3930
201612	1085	1085	1085		660	1085
201607	4540	4540	4540		2560	4540
201608	1190	1190	1190		460	1190
201610	717	717	717		330	717
201604	4500	4500	3200		3200	3200
	935	380	380			380
201608	4998	4998	4998		3400	4998
201609	4500	4500	4500		3050	4500
201612	2000	2000	2000		1100	2000
201610	4960	4960	4960		2800	4960
201605	4500	4500	3500		3100	3500
201610	4500	4500	4500		2900	4500
201606	4960	4960	3920		3600	3920

11-10 续 34

项目(单位)名称	项目名称	开工时间
武乡县大象惠农养殖有限公司	高标准笼养肉鸡园区建设项目	201604
武乡县月红养殖专业合作社	扩建年出栏 1.5 万头育肥猪项目	201606
山西省武乡县水利局	涅河县城段排水管道接缝漏水修复工程	201607
武乡县山地养殖专业合作社	肉羊养殖项目	201602
武乡县弘强生态农业开发有限公司	新建年产 500 吨小杂粮加工项目	201605
武乡县粮食局故城粮站	粮库粮食收纳仓建设项目	201605
武乡县金谷上林苑家庭农场有限公司	现代农业示范园区二期建设项目	201607
武乡县永祥湖养殖有限公司	扩建年存栏 2000 只种湖羊养殖项目	201606
武乡县济农养殖专业合作社	新建年出栏 900 头育肥肉驴基地建设项目	201606
山西省武乡县水利局	广志水库配套附属项目	201604
武乡县祥泰和农牧种养有限公司	扩建年存栏 5000 只羊养殖项目	201604
洛阳旺源建筑劳务分包有限公司	太焦铁路 TJZO—4 标 3# 拌合站	201610
平顺县扶贫开发办公室	龙溪镇易地扶贫搬迁	201604
平顺县漳河红种植专业合作社	万亩柿子树种植建设	201604
平顺县裕丰绿色农业开发有限公司	二百亩食用菌种植建设项目	201603
平顺县春园种植有限公司	核桃山桃提质增效建设项目	201604
平顺县龙溪镇人民政府	新城新农村移民小区建设	201606
平顺县民盛种植专业合作社	连翘种植项目	201606
平顺县雲峰生态园林开发有限公司	五百亩经济林种植建设项目	201605
平顺县天脊凤种养专业合作社	中药材示范基地建设项目	201604
平顺县水利局	虹梯关小流域治理	201604
平顺县铎丰种植专业合作社	旱地蔬菜种植基地	201604
平顺县思源农牧开发有限公司	肉牛养殖项目	201604
平顺县庆华种植专业合作社	干果经济林种植项目	201605
黎城县黎侯镇东下庄村民委员会	两万只土鸡散养项目	201607
山西潞安西仵硅业有限公司	年产 15 万吨硅粉制粉项目	201606
黎城丰鑫生态园产业有限公司	生态种植养殖一体化项目	201606
黎城何氏养殖专业合作社	何氏基地改扩建项目	201605
黎城路惠种植专业合作社	优质中药材种植项目	201606
黎城县鑫鸿农场	鑫鸿农场建设项目	201607
黎城康泰商贸有限公司	三十万立方米商品砼生产线项目	201605
黎城大山种植专业合作社	连翘种植基地项目	201606
黎城县公安局	公安局业务技术用房	201503
黎城宏鑫汽运有限公司	道路货物运输项目	201608
黎城利民农林综合开发有限公司	中药材(党参)种植项目	201607
黎城华太煤气化有限公司	60 万吨/年焦化烟气脱硫工程	201605
黎城文红扶贫攻坚造林专业合作社	三千亩连翘种植项目	201603
黎城县西井中心校	西井幼儿园建设项目	201601
黎城太行钢铁有限公司	大气污染治理环保设施升级改造项目	201605
黎城县白龙运输有限公司	新型道路货物运输项目	201606
黎城县昌隆运输有限责任公司	昌隆大酒店项目	201603
黎城县交通运输局	白岩寺环形公路项目	201605
山西洪洋海鸥废弃电器电子产品回收处理有限公司	废家电回收处理升级改造项目	201602
长治市永飞养殖有限公司	肉牛养殖	201603

单位：万元

本年全部投产时间	计　划总投资	自开始建设累计完成投　资	本年完成投　资	其中：住宅	本年新增固定资产	本年实际到位资金合　计
201611	4800	4800	4800		4220	4500
201612	2599	2599	2599		2280	2599
201609	854	854	854		730	854
201606	1050	1050	1050		860	300
201609	800	800	800		690	800
201609	500	500	500		450	500
201612	3357	3357	3357		2954	3357
201612	3000	3000	3000		2760	3000
201612	2150	2150	2150		1892	2150
201609	3475	3475	3475		2030	3475
201611	3050	3050	3050		2680	3050
201612	3650	3650	3650		3212	3650
201611	3400	3400	3400	3400	3400	3210
201608	3800	3800	3800		3800	500
201609	2540	2540	2540		2540	700
201608	4000	4000	4000		4000	
201608	3725	3725	3725	3725	3725	3725
201610	4900	4900	4900		4900	
201607	1000	1000	1000		1000	200
201608	4600	4600	4600		4600	4600
201607	1143	1143	1143		1143	839
201609	3200	3460	3460		3200	3200
201608	3500	3500	3500		3500	
201608	2960	2960	2960		2960	1400
201612	4960	4960	4960		4810	4960
	4950	2900	2900			4950
201612	4740	4740	4740		4630	4740
201609	3000	3000	3000		3000	3000
201612	4569	4569	4569		4550	4569
201612	2980	2980	2980		2910	2980
201608	1920	1920	1920		1920	1920
201612	4780	4780	4780		4700	4780
201610	1247	1247	567		1247	567
201612	4930	4930	4930		4830	4930
201612	3902	3902	3902		3800	3902
201607	1800	1800	1800		1800	1800
201611	3380	3380	3380		3380	3380
201611	670	670	670		670	670
201608	3000	3000	3000		3000	3000
201608	4500	4500	4500		4500	4500
201606	900	900	900		900	900
201610	507	507	507		507	507
201608	600	600	600		600	600
201605	4800	5239	5239		5239	5239

11-10 续 35

项目(单位)名称	项目名称	开工时间
山西东明光伏科技有限公司	新建综合办公楼	201604
中铁航空港集团第三工程有限公司	长北基地铁建南路棚户区改造建设项目	201510
长治市郊区大辛庄镇漳泽村民委员会	村民危房安置楼	201602
山西水投漳泽水务有限公司	漳泽湖自驾车营地项目	201602
首钢长治钢铁有限公司	9 号高炉煤气脱硫项目	201504
长治市国新远东燃气有限公司	郊区故南加气站	201602
长治市郊区荣苑牧业开发有限公司	肉羊肉驴养殖项目	201604
长治市郊区康达源牧业有限公司	优质肉猪养殖	201603
山西长信工业有限公司	高炉喷煤系统升级	201604
山西盘古农牧业科技有限公司	绿色采摘园	201606
长治市金阿花农业科技有限公司	玫瑰园种植	201604
山西暖熔保温材料有限公司	保温板生产项目	201605
长治市雨之林农业科技有限公司	热带水果种植	201603
山西省长治市第一汽车运输有限公司	休闲观光设施农业	201603
长治市郊区常盛农业开发有限公司	苗木花卉基地建设	201604
李新如医院	中医康复中心	201603
长治市郊区长北富信建材厂	粉煤灰加气砌块生产线技改	201604
山西民乐食品有限公司	食品加工生产线项目	201608
长治市明航三峡食品有限公司	新建生产厂房项目	201606
长治市川江汽贸服务有限公司	江铃福特汽车销售 4S 店	201603
长治市郊区大辛庄镇大辛庄村村民委员会	维特住宅小区	201608
长治市郊区南华百姓大药房有限公司	黄碾旗舰店项目	201607
长治市金伯乐众成汽车销售服务有限公司	金伯乐众成 4S 店项目	201604
长治市江南家具装饰有限公司	现代家具生产项目	201606
山西长治郊区三元南耀小常煤业有限公司	生活污水处理站工程	201603
长治市郊区三通环保建材有限公司	新建三通洗煤厂	201606
长治市郊区黄碾镇黄南村村民委员会	新建黄碾集贸市场项目	201608
长治市郊区西白兔窑上村民委员会	废旧电池回收综合利用	201609
长治市润阳汽车销售有限公司	润阳铃木汽车 4S 店项目	201604
长治市建忠汽运有限公司	新建商贸园区项目	201608
长治市鸿鑫杰汽车销售有限公司	新建汽车展示大厅	201608
长治市郊区天蓝地绿生态农业园有限公司	"开心农场"建设项目	201607
长治市郊区黄中金沙滩种植专业合作社	特种养殖项目	201606
长治市郊区黄碾镇东旺村村民委员会	东旺新农村住宅楼	201606
长治市郊区黄碾镇黄南村村民委员会	黄南村住宅楼建设	201606
长治市郊区大辛庄镇小辛庄村村民委员会	新建北晟苑安置楼	201607
长治市弘展工贸有限公司	新建砼浆生产线	201609
长治市郊区交通运输局	郊区乡道合成厂水库线改建	201606
长治市郊区老顶山镇壶口村民委员会	新建村民文化娱乐活动公园项目	201605
长治市郊区交通运输局	朝阳至太行东街改建	201609
山西天脊潞安化工有限公司	重油储存罐工程	201606
山西潞宝兴海新材料有限公司	新建浓硫酸储存罐项目	201608
山西潞安焦化有限责任公司	新建焦炉煤气加热改造项目	201608
哈尔滨工大集团山西华农纳米科技有限公司	环已酮氧化釜	201604

单位：万元

本年全部投产时间	计　划总投资	自开始建设累计完成投　资	本年完成投　资	其中：住宅	本年新增固定资产	本年实际到位资金合　计
201607	3200	3200	3200		3200	3200
	4280	2270	2210	2210		2210
201606	4752	4752	4752	4752	4752	4752
201603	1560	1560	1560		1560	1560
201602	1059	1059	139		1059	139
201604	4579	4779	4779		4779	4779
201607	4995	4995	4995		4995	4995
201608	4311	4800	4800		4800	4800
201610	4674	4674	4674		4674	4674
201611	4500	4500	4500		4500	4500
201610	4820	4820	4820		4820	4820
201608	4900	4900	4900		4900	4900
201608	4728	4728	4728		4728	4728
201607	4635	4635	4635		4635	4635
201607	4800	4800	4800		4800	4800
201607	4886	4886	4886		4886	4886
201611	4790	4790	4790		4760	4790
201612	1150	1150	1150		1150	1150
201610	4896	4896	4896		4896	4896
201609	4780	4780	4780		4297	4780
201610	4830	4830	4830	4830	4830	4830
201609	4570	4570	4570		4570	4570
201610	3680	3680	3680		3680	3680
201610	3900	3900	3900		3900	3900
201610	3356	3356	3356		3356	3356
201610	3570	3570	3570		3570	3570
201611	3880	3880	3880		3880	3880
201612	3682	3682	3682		3682	3682
201612	3980	3980	3980		3980	3980
201612	3985	3985	3985		3985	3985
201612	3989	3989	3989		3989	3989
201612	3910	3910	3910		3910	3910
	3888	2580	2580			2580
	3980	2891	2891	2891		2891
	3905	2926	2926	2926		2926
	3780	3687	3687	3687		3687
201612	3810	3810	3810		3810	3810
	3926	2547	2547			2547
	3840	3722	3722			3722
	3962	3907	3907			3907
201609	4930	4950	4950		4950	2835
201611	3560	3760	3760		3760	2355
201611	3720	3720	3720		3720	2110
201608	4977	5922	5922		5922	4020

11-10 续 36

项目(单位)名称	项目名称	开工时间
山西煤炭运销集团三元石窟煤矿有限公司	矸石绿化工程	201601
潞城市新惠智煤业有限责任公司	洗煤厂提质增效项目	201604
潞城市利天溶剂有限公司	年产 40 万立方米混凝土砌块	201603
潞城市潞华办事处史坊村村民委员会	安置小区基础设施建设	201603
潞城市海兴洗喷煤公司	新建 LNG 加气站	201605
山西建滔潞宝化工有限责任公司	新建防腐保温工程项目	201609
潞城市潞华办事处白鹤观社区居民委员会	鑫华蔬菜市场二期	201603
潞城市万得鑫工贸有限公司	新建石渣微粉生产加工项目	201605
潞城市利天熔剂有限公司	新建石灰熔剂储存塔项目	201603
长治市信达通建材有限公司	年产 30 万灰渣混凝土空心隔墙板	201602
山西潞安环能煤化工有限责任公司	新建消防设施项目	201609
潞城市亿兴建材有限公司	新建年产 10 万吨商品砼(二期)	201605
潞城市丰茂建材厂	新建年产 5000 吨混凝土速凝剂生产线	201603
潞城市潞华办事处瓦窑头社区	安置小区改造基础设施建设	201604
潞城市鑫光工贸有限公司	年产 5000 吨石料生产线	201603
潞城市潞华办事处北街社区居民委员会	回迁安置	201604
山西三建钢结构有限公司	新建年产 3 万套太阳能照明系列灯具项目	201602
潞城市兴安种植专业合作社	中药材种植示范基地	201604
长治市国新远东燃气有限公司	翟店 LNG 加气站工程	201603
潞城市店上镇曹家沟村民委员会	康乐小区建设	201604
潞城市潞华办事处瓦窑头社区居民委员会	新建城中村改造二期建设项目	201603
潞城市玮升溶剂厂	年产 15 万吨脱硫溶剂	201606
国网山西省电力公司潞城市供电所	长治 2015 年 10 千伏主干线路重过载改造工程	201606
山西潞安民爆器材有限责任公司	成品库建设项目	201604
潞城市泰山石膏建材有限公司	新建石膏粉生产线	201506
潞城市绿野旅游开发有限公司	新建潞水湾水上乐园	201603
山西天脊潞安化工有限公司	新建循环水处理系统项目	201606
山西天脊潞安化工有限公司	新建液氨储存罐工程	201603
潞城市友好新型建材有限公司	新建 9000 万吨岩质页岩煤矸石烧结砖项目	201607
潞城市瑞泰砖业有限公司	新建 6000 万块水泥彩砖项目	201607
长治市沐泰环保科技发展有限公司	年产 5000 万吨金属钙项目	201605
潞城市锦义新型环保建材有限公司	新建 6000 万块水泥装饰皂烧砖项目	201606
潞城市三友煤机有限责任公司	年产 3500 台智能开关	201603
山西太重长兴机械制造有限公司	新建年产 5000 吨不锈钢板材生产线	201604
山西潞宝集团焦化有限公司	新建循环水系统项目	201609
潞城市新鑫种植专业合作社	新建蔬菜大棚种植	201604
山西潞宝集团晋钢兆丰煤化工有限公司	马江沟住宅楼	201508
长治市华杰光电科技有限公司	LED 户外表贴全彩显示屏	201603
长治市城区新民装饰材料储配中心	新民物流仓储园区项目	201607
山西海斯澳体育制品股份有限公司	不锈钢体育健身器材及康复器械项目	201605
长治市钜星锻压机械设备制造有限公司	数控智能水平下调式大型船用三辊卷板机研发项	201608
山西潞安环保能源开发股份有限公司	常村矿污水站提标改造工程	201601
山西潞安大成工贸有限责任公司	综合余热节能制热水项目	201604
屯留县中医院	住院综合楼建设项目	201510

单位：万元

本年全部投产时间	计划总投资	自开始建设累计完成投资	本年完成投资	其中：住宅	本年新增固定资产	本年实际到位资金合计
201607	4380	4525	4525		4525	2294
201608	4960	4960	4960		4960	3340
201609	4860	4860	4860		4860	3670
201608	3900	4641	4641		4641	2300
201610	4500	4810	4810		4810	2990
201612	3850	3850	3850		3850	2210
201608	4100	4100	4100	370	4100	2950
201610	3785	3785	3785		3785	2700
201609	4870	4870	4870		4870	4460
201606	4900	4900	4900		4000	3455
201612	3820	3820	3820		3820	2276
201607	4970	4980	4980		4980	3278
201611	3980	3980	3980		3980	3680
201607	4700	4700	2195		2000	2195
201607	4800	4800	4800		4800	2500
201607	4750	4750	4750	2500	4750	3000
201612	3880	3880	3880		3880	2960
201608	3600	3600	3600		3600	2870
201608	4831	5748	5748		5748	2831
201608	4860	4896	4896	4500	4896	2783
201609	4960	4960	4960	2200	4960	2960
201611	4850	4850	4850		4850	4850
201610	1562	1562	1562		1562	1562
201608	4890	4890	4890		4890	2348
201607	4960	4960	4865		4900	3160
201610	4500	4500	4500		4500	1485
201609	4720	4925	4925		4925	3240
201607	4930	4980	4980		4800	3245
201611	3930	3930	3930		3930	2280
201610	3860	3860	3860		3860	2660
201610	3850	3850	3850		3850	2850
201610	3800	3800	3800		3800	2800
201609	4980	4980	4980		4980	4276
201612	3798	3798	3798		3798	3360
201612	3880	3880	3880		3880	2320
201607	4960	4960	4960		4960	1200
201607	4590	4590	3360	1050	4500	2830
201608	4680	4700	4700		4400	4680
201612	4800	4800	4800		3262	4800
201607	1080	1080	1080		1080	1080
201612	800	847	847		847	847
201607	1514	1514	1514		1055	1514
201607	1020	1020	1020		685	500
	2414	1350	1145			915

11-10 续37

项目(单位)名称	项目名称	开工时间
国网山西省电力公司屯留县供电公司	110千伏变电站主变扩建工程	201508
山西瑞康源禽业有限公司	10万套蛋种鸡标准化养殖场扩建项目	201606
长治市仁福新能源有限公司	LNG/L-CNG加气站项目	201606
屯留县吾元镇西村村民委员会	新农村(住宅)建设项目	201605
屯留县康庄华欣机械厂	机械配件加工项目	201505
屯留县[illegible]杰畜禽养殖有限公司	年存栏5000头标准化猪场	201506
屯留县太行龙门农业开发有限公司	年出栏3000头养猪基地建设项目	201606
长子县水利局	雍河河道治理工程	201603
长子县阳光农业科技有限公司	新建蔬果种植园区项目	201601
长子县彩云种植专业合作社	建设双孢菇种植园区	201608
长子县启明种植专业合作社	建设年产1000吨双孢菇项目	201511
山西省长治市潞酒有限公司	新建展销中心项目	201604
长子县小蚯蚓专业合作社	建设草坊大棚园区项目	201601
长子县绿利干果林种植专业合作社	核桃种植园项目	201609
长子县碧云种植专业合作社	建设百亩核桃园区种植项目	201605
长子县韭丰蔬菜种植专业合作社	建设千亩韭菜种植园区项目	201604
长子县方兴现代农业有限公司	新建物流配送中心项目	201604
长子县兴红玉米种植专业合作社	建设玉米种植园区及深加工项目	201603
山西能投煤炭物流有限公司	新建电子商务信息平台项目	201605
长子县百蔬园农业开发有限公司	建设赵庄蔬菜种植园区项目	201601
长子县康衍养殖专业合作社	存栏5000头生猪养殖项目	201604
长子县慈林镇人民政府	慈林镇东马户村东部3号煤层采空区治理项目	201509
长子县近丰蔬菜种植专业合作社	新建蔬菜种植园区项目	201606
长子县东峪东升种植专业合作社	建设生态农业种植园区项目	201607
山西路桥建设集团有限公司	新建年产50万立方商品砼项目	201601
长子县惠民农业科技开发有限公司	建设蔬菜新品种育苗园区项目	201607
长子县肥洋农牧有限公司	新建畜禽饲料加工生产线项目	201607
长子县金英种植专业合作社	新建蔬菜种植园区项目	201606
长治县裕盛丰农业专业合作社	农业休闲设施建设项目	201607
长治县晋辉现代农业专业合作社	生态休闲山庄	201604
长治县韩店镇寺庄村民委员会	古建文化修复建设项目	201603
长治县韩店镇韩川村民委员会	韩川小区建设项目	201603
长治县八仙岭农业有限公司	天河农场综合工程建设项目	201605
长治县西火镇人民政府	西源村地质灾害治理搬迁工程建设项目	201603
长治县郝家庄乡高河村民委员会	村民住宅楼	201608
长治县韩店镇鲍村村民委员会	通村公路改造项目	201606
长治县广宇养殖有限公司	年存栏30万只蛋鸡养殖场	201605
长治县吉安燃气有限公司	LNG-CNG汽车加气站工程项目	201506
长治县阿力诗诺农业专业种植合作社	日光蔬菜大棚建设一期项目	201603
长治县红都生态种植专业合作社	日光蔬菜温室大棚建设项目	201602
长治市潞宝金和生农牧开发有限公司	樊村肉鸡养殖基地扩建项目	201603
山西海德昇农业开发有限公司	南池养牛基地	201606
山西才智集体农业科技有限公司	农业科技园建设项目	201604
山西沁园春矿泉水有限公司	成品仓库及附属工程建设	201604

单位：万元

本年全部投产时间	计划总投资	自开始建设累计完成投资	本年完成投资	其中：住宅	本年新增固定资产	本年实际到位资金合计
201606	1568	1568	1565		1095	1000
201612	1968	1968	1968		1570	1000
201612	1204	1204	1204		840	1000
201608	4580	4580	4580	2500	4000	3000
201604	4200	4200	1200		2830	1200
201605	4600	4600	2000		3450	1000
	3460	1860	1860			1000
201608	1753	1753	1753		1753	1185
201607	500	500	500		500	500
201612	3800	3800	3800		3800	2000
201607	500	500	360		500	360
201610	4770	4770	4770		4770	2000
201608	4920	4920	4920		4920	3000
	3650	3357	3357			1500
201609	3800	3800	3800		3800	3800
201612	4600	4600	4600		4600	2480
201610	4940	4940	4940		4940	2600
201611	4900	4900	4900		4900	2100
201609	4220	4220	4220		4220	3000
201607	4543	4543	4543		4543	3160
201609	4950	4950	4950		4950	3400
201603	1471	1471	1445		1471	1445
201611	4600	4600	4600		4600	2000
201612	3900	3900	3900		3900	2320
201608	4980	4980	4980		4980	4000
201612	4500	4500	4500		4500	2530
201612	4900	4900	4900		4900	3000
201612	4300	4300	4300		4300	3000
201612	4900	4900	4900		4900	4900
201612	4980	4980	4980		4980	4980
201609	850	850	850		850	850
201612	3500	3500	3500	3500	3500	3500
201612	4600	4600	4600		4600	4600
201607	1490	1490	1490	1490	1490	1490
201612	4800	4800	4800	4800	4800	4800
201610	1500	1500	1500		1500	1500
201609	4000	4000	4000		4000	4000
201612	2079	2079	2029		2029	2029
201612	3800	3800	3800		3800	3800
201612	3850	3850	3850		3850	3850
201610	2500	2500	2500		2500	1300
201611	3700	3700	3700		3700	3090
201611	4000	4000	4000		4000	4000
201608	4712	4712	4712		4712	4712

11-10 续 38

项目(单位)名称	项目名称	开工时间
沁县紫瑞蔬菜种植有限公司	食用菌蔬菜种植基地建设	201603
沁县晋泉韩家庄农场	生态养猪改扩建项目	201606
山西沁园春矿泉水有限公司	变电站及线路工程建设	201604
沁县康庄畜禽养殖合作社	养牛基地建设项目	201602
沁县晋汾高粱开发有限公司	高粱仓储基地建设项目	201605
沁县涣溪水产养殖专业合作社	徐阳水库养殖场建设项目	201605
沁县佰佳汇商贸有限公司	购物广场建设	201604
沁县茂源养猪专业合作社	标准化养猪场建设项目	201606
沁县金兆花卉种植有限公司	花卉苗木基地建设	201604
沁县大金益生猪养殖专业合作社	标准化肉猪养殖基地建设项目	201604
沁县第六中学	校园扩建项目	201603
沁县林业局	防火道路建设项目	201603
沁县卫生和计划生育局	购置医疗设备项目	201607
沁县阳坡沟林牧发展有限公司	肉牛养殖基地建设项目	201606
襄垣县芳振农机专业合作社	新建粮食种收一体化项目	201605
襄垣县漳源种植专业合作社	新建蔬菜大棚项目	201510
襄垣县振北种植专业合作社	新建中药材基地项目	201609
襄垣县津圭种植专业合作社	新建西山千亩红富士种植基地项目	201603
襄垣县绿翔种植专业合作社	新建小杂粮种植基地项目	201607
襄垣县广基矿业有限公司	新上安全环保设施项目	201607
襄垣县麦香春食品有限公司	新建农副产品加工产业园区	201609
襄垣县绿乡种植专业合作社	新建小杂粮种植基地	201604
襄垣县新绿园种植专业合作社	新建暖棚香瓜种植基地项目	201603
襄垣县弘盛农业园林开发有限公司	新建高效农业生态园项目	201509
襄垣县富阳裕泰投资经营有限责任公司	聚氯乙烯厂厂区北路工程项目	201607
襄垣县绿丰养殖专业合作社	新建肉羊养殖场	201608
襄垣县金沙滩种植专业合作社	新建绿色蔬菜种植基地项目	201603
襄垣县兴堡绿苑园林工程有限公司	东山生态绿化工程	201603
襄垣县碧波种植专业合作社	新建松树、柏树等苗圃种植基地项目	201603
襄垣县方丽种植专业合作社	新建核桃树种植基地项目	201605
襄垣县福欣投资经营有限责任公司	新建善福乡造林绿化工程	201603
襄垣县祺欣农业科技有限公司	新建1500亩油籽牡丹种植项目	201604
襄垣县古韩东森农林管护观光开发有限公司	新建古韩东山森林资源管护项目	201608
襄垣县富阳裕泰投资经营有限责任公司	聚氯乙烯南路工程项目	201607
襄垣县明洋种植专业合作社	新建绿色生态农业采摘科技园项目	201508
襄垣县丰满园种植专业合作社	新建水果经济林种植项目	201603
壶关县龙泉镇秦庄村民委员会	建设药王山公园项目	201603
中国联合网络通信有限公司沁源县分公司	移动通信、宽带网络建设项目	201604
沁源县犁农种植专业合作社	苗木种植基地建设项目	201603
山西康伟集团孟子峪煤业有限公司	下组煤瓦斯抽放系统改造项目	201603
沁源县富农种植专业合作社	尖椒小米土豆种植项目	201506
山西马军峪煤焦有限公司	903采区开拓工程等项目	201603
山西沁新能源集团股份有限公司焦化分公司	环保工程建设项目	201604
沁源县宇洪纳米耐材科技开发有限公司	中铝畅家岭铝矿北山绿化一期工程建设项目	201604

单位:万元

本年全部投产时间	计划总投资	自开始建设累计完成投资	本年完成投资	其中:住宅	本年新增固定资产	本年实际到位资金合计
201610	3390	3390	3390		3390	3390
201608	3500	3500	3500		3500	3500
201608	4379	4379	4379		4379	3159
201609	2500	2500	2500		2500	2500
201608	700	700	700		700	700
201608	2900	2900	2900		2900	2900
201612	2542	2542	2542		2542	2542
201610	2900	2900	2900		2900	2900
201610	500	500	500		500	500
201608	1780	1780	1780		1780	570
	3620	2520	2520			2520
201609	3130	3130	3130		3130	3130
201612	1230	1230	1230		1230	1230
201612	3900	3900	3900		3900	3900
201610	2320	2320	2320		2320	1800
201605	4200	4200	1800		4200	500
201612	2000	2000	2000		2000	1500
201608	3000	3000	3000		3000	2000
201610	3200	3200	3200		3200	2500
201612	2350	2350	2350		2350	1900
201612	2260	2260	2260		2260	1600
201610	3790	3790	3790		3790	3400
201609	2800	2800	2800		2800	2100
201604	4850	4850	640		4850	300
201609	2690	2690	2690		2690	
201612	1860	1860	1860		1860	1500
201611	2920	2920	2920		2920	2100
201606	2500	2500	2500		2500	1500
201610	2600	2600	2600		2600	1600
201611	2600	2600	2600		2600	1600
201606	3000	3000	3000		2000	2300
201606	664	664	664		420	664
	4760	2300	2300			1500
201609	1776	1776	1776		1776	
201605	1850	1850	1000		1850	1000
201609	2550	2550	2550		2550	1200
201607	2800	2800	2800		2800	2800
201612	1462	1462	1462		960	1462
201610	4930	4930	4930		3200	4930
201608	4863	4863	4863		2530	4863
201606	4950	4950	3930		2800	3930
201609	4979	4979	4979		2780	4979
201608	1233	1233	1233		680	1233
201610	4300	4300	4300		2900	4300

11-10 续39

项目(单位)名称	项目名称	开工时间
山西通洲集团安达煤业有限公司	建设环保项目	201604
山西沁新能源集团股份有限公司沁新煤矿	环保工程建设项目	201603
山西长沁新兴煤业有限公司	一采区10下号11号煤层开采项目	201601
沁源县新元养殖专业合作社	绿色黑毛猪养殖基地建设项目	201607
沁源县联鸿新能源有限公司	新建王和镇2万千瓦分布式光伏发电35KV输电	201604
沁源县晋莲中药材种植有限公司	新建中药材种植项目	201603
沁源县新苑养殖专业合作社	养牛项目	201507
沁源县联众菇业有限公司	反季节香菇种植项目	201606
沁源县李家园种植专业合作社	核桃树槐树杨树中药材种植项目	201603
沁源县王陶乡王陶村民委员会	小城镇建设项目	201506
沁源县宇航经济庄园养殖有限公司	新建野猪养殖基地项目	201607
山西沁新能源集团股份有限公司沁新煤矿	1#或2#与9+10#煤层配采建设工程	201601
长治市新康源农业开发有限公司	中药材种植项目	201603
沁源县王和镇王凤村民委员会	王凤村新农村建设项目	201605
沁源县农福种植专业合作社	优质苗木中药材种植基地建设项目	201607
山西沁新能源集团股份有限公司	年产4万吨宝珠砂绿色环保铸造材料建设项目	201603
沁源县李元镇留神峪村民委员会	集中供热建设项目	201609
沁源县阳盛种植专业合作社	中药材种植项目	201506
沁源县法中乡法中村民委员会	实施小流域治理项目	201609
山西沁新能源集团股份有限公司新源煤矿	9+10#煤层和2#煤层配采建设工程	201604
沁源县李元镇马森村民委员会	人居环境改善项目	201507
沁源县郭道镇棉上村民委员会	美丽家园建设项目	201603
沁源县李元镇韩家沟村民委员会	集中供热建设项目	201609
沁源县经绿苑种植专业合作社	苗木种植基地建设项目	201603
沁源县团金光远种植专业合作社	中药材种植项目	201603
沁源县沁河镇河西村民委员会	美丽乡村建设项目	201601
沁源县增荣果品专业合作社	苹果树、核桃、桃树、杏树种植项目	201504
中国电信股份有限公司沁源分公司	基站建设、传输配套及数据设备安装建设项目	201604
沁源县顺康养殖专业合作社	新建千亩经济林和中药材种植项目	201603
山西马军峪曙光煤业有限公司	矿井生产系统技术改造项目	201603
沁源县沁河镇南石渠村民委员会	基础设施建设项目	201605
沁源县田丰种植专业合作社	新建千亩苗木种植栽培和小杂粮种植项目	201603
沁源县双实种植专业合作社	蔬菜小杂粮种植项目	201505
沁源县法中乡马西村民委员会	实施小流域治理项目	201609
沁源县灵秀农业开发有限公司	中药材种植农产品种植加工观光旅游建设项目	201603
沁源县裕强种植专业合作社	苗木种植基地建设项目	201505
武乡县顺成养殖专业合作社	五里坡养猪场建设项目	201604
武乡县灵梓种植有限公司	食用菌中药材种植基地及配套工程项目	201603
武乡县鑫忠种植专业合作社	中药材规范化种植及加工建设项目	201607
武乡县四丰养殖有限公司	窑上坡养猪场建设项目	201604
武乡县弘晟生物质能源开发有限公司	新增生物质颗粒成型加工项目	201603
武乡县强岭沟养殖有限公司	新建年存栏9万只蛋鸡养殖项目	201601
武乡县水龙湾种植专业合作社	绿色蔬菜种植基地建设项目	201604
武乡县商务中心	电子商务进农村综合示范项目	201604

单位：万元

本年全部投产时间	计划总投资	自开始建设累计完成投资	本年完成投资	其中：住宅	本年新增固定资产	本年实际到位资金合计
201607	690	690	690		310	690
201607	604	604	604		420	604
201606	3537	3537	3537		2400	3537
201611	4800	4800	4800		3200	4800
201606	910	910	910		680	910
201608	4600	4600	4600		3400	4600
201605	4900	4900	3350		2320	3350
201611	3490	3490	3490		2600	3490
201609	4850	4850	4850		3200	4850
201605	4990	4990	3890		2420	3890
201611	3500	3500	3500		2700	3500
201604	4848	4848	4848		3200	4848
201608	4800	4800	4800		3000	4800
201610	4800	4800	4800		3600	4800
201611	3380	3380	3380		2400	3380
201608	4900	4900	4900		2850	4900
201611	513	513	513		386	513
201604	4800	4800	2400		1400	2400
201612	1028	1028	1028		710	1028
201609	4850	4850	4850		2100	4850
201603	2651	2651	260		1800	260
201609	4800	4800	4800		2200	4800
201611	849	849	849		560	849
201609	4900	4900	4900		2800	4900
201607	4980	4980	4980		3300	4980
201607	4833	4833	4833		1350	4833
201606	4950	4950	3950		3190	3950
201612	1595	1595	1595		1050	1595
201609	4780	4780	4780		3500	4780
201606	4960	4960	4960		2900	4960
201612	2600	2600	2600		1700	2600
201609	4800	4800	4800		3000	4800
201604	3000	3000	2000		1600	2000
201612	1162	1162	1162		780	1162
201609	4900	4900	4900		2800	4900
201606	4900	4900	3720		2500	3720
201608	1800	1800	1800		1540	1800
201606	2910	2910	2910		2700	1200
201612	2900	2900	2900		2280	2000
201611	1253	1253	1253		1100	1253
201605	3000	3000	3000		1800	3000
201605	600	600	600		450	600
201607	2500	2500	2500		2280	2500
201612	4500	4500	4500		3600	4500

11-10 续40

项目(单位)名称	项目名称	开工时间
武乡县恒森农林牧种养开发有限公司	新建日光温室大棚项目	201606
武乡兴源钙业有限公司	竖罐炼钙新技术项目	201604
武乡县大山禽业有限公司	3000吨恒温蛋库建设项目	201604
洛阳旺源建筑劳务分包有限公司	太焦铁路TJZQ—4标4#拌合站	201610
平顺县国土资源局	黄土岸边崩塌地质灾害治理项目	201608
平顺县住房保障和城乡建设管理局	兴华街及彩凤大道10KV电缆排管工程	201508
平顺县交通运输局	农村公里完善提质工程	201609
平顺县好日子农林专业合作社	石榴花椒经济林种植	201604
平顺县扶贫开发办公室	东寺头易地扶贫搬迁	201604
平顺县交通运输局	农村公路安全生命防护工程	201607
平顺县交通运输局	董坐岭至王家岭段公里改造工程	201608
平顺县守信种植专业合作社	三千亩马铃薯种植建设项目	201604
平顺县海红农产品种植专业合作社	二万亩矮化核桃种植基地	201606
平顺县光合蔬菜种植专业合作社	大棚蔬菜种植基地建设项目	201606
平顺县荣国种养有限公司	两千亩油用牡丹种植项目	201605
平顺县扶贫开发办公室	中五井易地扶贫搬迁	201604
黎城县辰鑫建筑工程有限公司	建筑商品砼项目	201606
黎城县绿鑫源养殖专业合作社	獭兔养殖扩建项目	201605
黎城县交通运输局	白岩寺旅游公路项目	201607
黎城县长福煤气焦化有限公司	烟气余热回收及脱硫脱硝项目	201602
国网山西省电力公司黎城县供电公司	东阳关35千伏变电站扩建项目	201603
黎城建军农机专业合作社	小杂粮种植加工项目	201601
黎城县垃圾处理中心	垃圾场生活垃圾渗滤液处置系统项目	201602
黎城县隆旺龙泉农机专业合作社	千亩优质小米生产基地建设项目	201601
国网山西省电力公司黎城县供电公司	三十五千伏及以下项目	201603
黎城安泰运输有限公司	汽车运输项目(LEG汽车购置及停车场建设)	201601
黎城巾帼众勤祥瑞种植专业合作社	中药材种植综合开发项目	201606
黎城县水利局	龙洞水源保护工程	201610
黎城县海涛养殖专业合作社	万只土鸡散养项目	201607
黎城县第二中学校	学校餐厅工程建设项目	201603
黎城县食为天种植加工专业合作社	种植及粮油加工建设项目	201603
黎城县森宝矿业有限公司	森宝矿业改扩建工程	201608
黎城县交通运输局	漳河古文化景区旅游公路(程家山-赵店桥)工程	201607
黎城县冠民牧业有限公司	原生态蛋鸡养殖项目	201606
长治市永芳泡沫复合板有限公司	新型系列保温材料建设项目	201602
山西南耀集团昌晋苑焦化有限公司	130万吨焦化烟气治理	201604
长治市郊区蓝普电子商务创业孵化基地	蓝普电子商务创业孵化基地项目	201602
长治市郊区西白兔乡漳村村民委员会	新建加气站	201602
长治市鑫利源商贸有限公司	钢材仓储物流市场项目	201604
山西长信工业有限公司	用电线路暨电缆沟升级技术改造项目	201604
长治市霍家工业有限公司	PVC污水处理三期工程	201604
长治市江南家具装饰有限公司	红木家具生产项目	201603
长治市郊区荣苑农牧开发有限公司	特色水果种植项目	201604
长治市郊区奇源种植专业合作社	蔬菜种植基地项目	201604

单位:万元

本年全部投产时间	计　划总投资	自开始建设累计完成投　资	本年完成投　资	其中:住宅	本年新增固定资产	本年实际到位资金合　计
201607	1500	1500	1500		1180	1500
201609	4600	4600	4600		4040	4000
201607	3075	3075	3075		2640	3000
201612	3800	3800	3800		3344	3800
	708	350	350			
201610	2202	2202	1400		2202	260
201610	1068	1068	1068		1068	835
201609	3300	3300	3300		3300	50
201608	3550	3550	3550	3550	3550	3550
201610	3389	3389	3389		3389	1524
201609	807	807	807		807	751
201608	3850	3850	3850		3850	1100
201610	4600	4600	4600		4600	800
201609	4800	4800	4800		4800	800
201609	3700	3700	3700		3700	1500
201611	3460	3460	3460	3460	3460	3330
201609	2650	2650	2650		2650	2650
201612	4120	4120	4120		4000	4120
201612	2471	2471	2471		2400	2471
201606	1860	1860	1860		1860	1860
201610	749	749	749		749	749
201609	3950	3950	3950		3950	3950
201609	550	550	550		550	550
201609	4500	4500	4500		4500	4500
201607	1156	1156	1156		1156	1156
201606	4950	4950	4950		4950	4950
201610	3938	3938	3938		3938	3938
201612	905	905	905		900	905
	4200	3900	3900			4200
	626	600	600			626
201606	3810	3810	3810		3810	3810
201612	4960	4960	4960		4890	4960
201612	2954	2954	2954		2890	2954
201612	4680	4680	4680		4600	4680
201604	3500	3633	3633		3633	3633
201607	4952	5352	5352		5352	5352
201612	2000	2000	2000		2000	2000
	2200	1458	1458			1458
201608	4880	4998	4998		4998	4998
201607	4703	4703	4703		4703	4703
201608	3464	3782	3782		3782	3782
201607	4999	4999	4999		4999	4999
201608	4975	5455	5455		5455	5455
201609	4962	4962	4962		4962	4962

11-10 续 41

项目(单位)名称	项目名称	开工时间
长治市郊区马厂镇上韩村村民委员会	上韩村住宅楼	201603
长治市惠农三元猪生产专业合作社	利用发酵床出栏优质商品猪	201603
长治市金阿花农业科技有限公司	油用牡丹种植基地	201604
长治市路路通汽车销售服务有限公司	众泰大迈汽车销售 4S 店	201603
山西国新天然气利用有限公司晋东南分公司	南垂加气站	201603
长治市鼎瑞汽车销售有限公司	花园休闲娱乐中心	201603
长治市郊区大辛庄镇小辛庄村村民委员会	小辛庄万吉小区住宅楼二期	201604
长治市昌盛钢结构工程有限公司	新建钢结构材料	201606
山西祥福春食品有限公司	豆制品加工项目	201603
长治市鑫宇鹏商贸有限公司	鑫宇鹏商贸超市	201603
长治市郊区存英种植专业合作社	现代设施农业种植	201603
长治市博洋天盛汽车销售服务有限公司	潍柴英致汽车 4S 店项目	201603
长治市郊区大辛庄镇暴河村村民委员会	村民住宅楼	201606
长治市郊区金任苗木种植专业合作社	新建编织柳条制品及种植基地项目	201607
长治市郊区老顶山镇南垂村民委员会	南垂古镇旅游项目	201604
山西诺尔昌泰机械有限公司	机械制造项目	201606
山西长治郊区三元南耀小常煤业有限公司	矿井水处理站工程	201603
长治市郊区聚丰建材有限公司	年产 5 千万块煤矸石烧结砖	201607
长治市荣康医药连锁有限公司郊区第十六店	黄碾大药房	201608
长治市郊区西白兔霍家沟村民委员会	村村通重新修整道路	201609
长治市晋泰恒利工贸有限公司	建筑垃圾处理再利用项目	201604
长治市福星物流有限公司	新建物流中心项目	201608
长治市科龙锅炉有限公司	新建生产厂房项目	201607
长治市中诚砼浆有限公司	新建砼浆生产线	201608
长治市郊区味思源食品有限公司	新建食品生产线项目	201606
长治市安铁熔剂有限公司	新建活性石灰制造项目	201609
长治市郊区黄碾镇西沟村村民委员会	西沟村新农村住宅楼	201608
长治市宝中商砼有限公司	新建砼浆生产线	201610
长治市泽熙影业有限公司	华龙汽车影院	201606
山西长治市郊区老顶山镇河头村民委员会	废弃石料厂生态恢复建设工程	201604
山西华盛建业建材有限公司	环保设施技术改造	201607
长治市郊区交通运输局	南垂庄里线改建项目	201609
潞城市元通运输有限公司	新建 LNG 加气站	201604
山西太重长兴机械制造有限公司	新建年产 3000 台机电一体化螺旋榨油机生产线	201603
山西潞宝集团焦化有限公司	集团公司绿化项目	201603
山西潞宝兴海新材料有限公司	新建氨储罐项目	201605
潞城市宝通商品砼有限公司	年产 5 万吨建筑砂浆	201604
山西潞宝集团晋钢兆丰煤化工有限公司	加热控制系统建设项目	201605
潞城市瑞通化工有限公司	年产 10 万吨乙炔气	201604
潞城市东平建材厂	扩建石膏粉加工项目	201607
潞城市兴宝钢铁有限责任公司	生产冲渣水余热综合利用项目	201603
山西潞宝集团焦化有限公司	年产 20 万吨煤焦油改造项目	201605
潞城市浩泰建材有限公司	新建 10 万吨精细机制砂项目	201606
潞城市拜源超熔剂厂	年产 10 万吨活性石灰技改项目	201605

单位：万元

本年全部投产时间	计划总投资	自开始建设累计完成投资	本年完成投资	其中：住宅	本年新增固定资产	本年实际到位资金合计
201610	4866	4866	4866	4866	4866	4866
201610	4650	4650	4650		4650	4650
201610	4658	4658	4658		4658	4658
201607	4286	4286	4286		4286	4286
201607	4361	4361	4361		4361	4361
201608	4672	4672	4672		4672	4672
201608	4816	4816	4816	4816	4816	4816
201608	4832	5232	5232		5232	5232
201611	4845	4845	4845		4845	4845
201611	1300	1300	1300		1300	1300
201609	4665	4665	4665		4665	4665
201610	4705	4705	4705		4180	4705
201609	4670	4670	4670	4670	4670	4670
201609	4760	4760	4760		4760	4760
201610	1750	1750	1750		1750	1750
201610	3810	3810	3810		3810	3810
201610	3595	3595	3595		3595	3595
201610	3900	3900	3900		3900	3900
201611	3880	3880	3880		3880	3880
201612	573	573	573		573	573
201612	3891	3891	3891		3891	3891
201612	3922	3922	3922		3922	3922
201612	3885	3885	3885		3885	3885
201612	3810	3810	3810		3810	3810
	3860	1520	1520			1520
	3890	2698	2698			2698
	3975	2997	2997	2997		2997
201612	3850	3850	3850		3850	3850
	3980	200	200			200
	2380	2172	2172			2172
	3155	3002	3002			3002
	1868	1831	1831			1831
201607	3000	3100	3100		3100	2635
201612	3950	3950	3950		3950	3250
201609	4860	4940	4940		4940	3100
201608	4930	4930	4930		4930	2870
201608	4972	4972	4972		4972	4252
201608	4780	4990	4990		4990	2836
201607	4100	4100	4100		4000	2800
201610	4880	4880	4880		4880	3700
201612	3600	3600	3600		3600	2400
201607	4560	4715	4715		4715	3040
201610	3869	3869	3869		3869	2600
201609	1800	1830	1830		1830	1720

11-10 续 42

项目(单位)名称	项目名称	开工时间
潞城市宏建熔剂厂	新建 10 万吨矿渣微粉生产线项目	201608
天脊集团精细化工有限公司	扩建硝钙结晶器项目	201609
潞城市黄池供销合作社	综合开发高粱种植	201604
潞城市兴宝钢铁有限责任公司	新建矿渣尾矿废弃物综合开发利用项目	201606
潞城市宏益兴建材有限公司	新建年产 20 万立方米无机泡沫保温板生产线项目	201602
山西潞宝兴海新材料有限公司	合成氨甲烷化炉项目	201605
潞城市利天熔剂有限公司	地面除尘站	201603
潞城市桥西养殖专业合作社	新建山羊养殖厂项目	201606
潞城市店上镇河湃村村民委员会	佳苑小区基础设施改造项目	201607
长治市利鸿科工贸有限公司	新建年产 10 件汽车制动毂项目	201603
潞城市宏益兴建材有限公司	年产 2 万根水泥电线杆项目	201603
潞城市田野种植专业合作社	大棚水果种植	201606
潞城市潞华办事处西南山社区居民委员会	西南社区棚户区改造二期工程	201604
潞城市溢昌工贸有限责任公司	新建矿用支护架生产线项目	201607
潞城市中大金属制品有限公司	金属钙线钙丝深加工项目	201604
长治市利鸿科工贸有限公司	新建年产 20 万平方米铝单板项目	201603
潞城市瑞兴冶金溶剂有限公司	年产 20 万吨活动石灰	201605
潞城市宏益兴建材有限公司	综合办公楼扩建项目	201601
潞城市幸福山庄养植专业合作社	旱地西红柿	201604
山西天脊潞安化工有限公司	排水防洪系统	201603
潞城市辛安泉镇人民政府	潞河地质灾害治理搬迁小区项目	201608
潞城市丰茂建材厂	新建年产 10 万吨机制砂生产线	201602
潞城市泰宁建材有限公司	新建硅酸钠速凝剂项目	201606
潞城市宏益兴建材有限公司	新建年产 5 万吨建筑砂浆生产线	201603
长治市龙涛防腐保温工程有限公司	年产 3 万吨涤纶长丝生产线	201602
山西潞安民爆器材有限责任公司	新建废水排放三级防控体系项目	201608
山西潞宝集团汽车运输有限公司	新建 LNG 加气站项目	201605
山西潞宝集团焦化有限公司	消防设施建设	201604
潞城市溢昌工贸有限责任公司	新建矿用皮带机械生产线项目	201607
长治市华光半导体科技有限公司	4 亿支贴片式封装 LED 灯珠项目	201602
国网电力公司长治分公司	长治南垂 220 千伏变电站配套 110 千伏接续线工	201605
西门子大型特种电机(山西)有限公司	新建电机绝缘生产线项目	201505
中国铁塔股份有限公司长治市分公司	新建通信铁塔工程项目	201605
山西煤层气(天然气)集输有限公司	LNG-CNG 合建站工程	201509
山西瑞康源禽业有限公司	新增孵化设备及有机肥料处理项目	201510
山西煤层气(天然气)集输有限公司	LNG 加气站项目	201508
屯留县富民蔬菜种植专业合作社	优质无公害蔬菜种植基地项目	201610
长治市胖妞食品有限公司	年产 15000 吨豆芽生产线项目	201604
屯留县长临飞源畜禽养殖专业合作社	10 万只标准化蛋鸡场扩建项目	201607
屯留县上村镇王庄村村民委员会	新农村建设项目	201509
屯留县农业委员会	谷物种植基地建设项目	201510
山西潞安祥瑞焦化有限公司	焦炉提标升级改造工程	201511
屯留县天蓬畜禽养殖有限公司	规模化畜禽养殖大型沼气工程	201605
长子县华茂林木种植专业合作社	新建苗木花草培育基地项目	201606

单位：万元

本年全部投产时间	计划总投资	自开始建设累计完成投资	本年完成投资	其中：住宅	本年新增固定资产	本年实际到位资金合计
201610	3795	3795	3795		3795	2665
	3860	2960	2960			1760
201610	4960	4960	4960		4960	2940
201612	3950	3950	3950		3950	2500
201609	4956	4956	4956		4956	4180
201607	4760	4816	4816		4816	2983
201608	4960	5852	5852		5852	3877
201611	850	850	850		850	780
201611	3730	3830	3830		3830	2580
201607	4980	5340	5340		5340	4800
201608	4977	5922	5922		5922	3720
201609	3150	3150	3150		3150	1850
201610	3950	3950	3950	3950	3950	2150
201610	4800	4800	4800		4800	2800
201607	4690	4810	4810		4600	1500
201612	3460	3460	3460		3460	3120
201608	4850	4850	4850		4850	2700
201611	3769	3769	3769		3769	3700
201609	4970	4970	4970		4970	3100
201607	4360	4460	4460		4460	2500
	1500	1200	1200	670		1200
201607	4900	4900	4900		4900	4360
201611	4850	4850	4850		4850	3210
201609	4972	4972	4972		4972	3800
201608	4960	5852	5852		5852	4610
201612	3690	3690	3690		3690	2135
201610	4950	4970	4970		4970	2815
201608	4870	4936	4936		4936	3148
201610	4920	4920	4920		4920	2820
201608	3882	3882	3882		3582	3882
201612	4886	4886	4886		4386	4886
201604	1707	1707	1307		1700	1307
201606	4800	4800	4800		4800	4800
201606	1931	1931	1886		1300	1000
201606	2000	2000	1995		1395	1000
201608	1620	1620	1612		1115	1000
	1215	325	325			150
201608	4985	4985	4985		3036	4000
	1083	730	730			300
201606	4500	4500	2000		2385	2000
201607	1800	1800	1788		712	1527
201612	2100	2100	2050		1435	1000
201610	520	520	520		364	400
201611	3500	3500	3500		3500	3500

11-10 续 43

项目(单位)名称	项目名称	开工时间
山西能投煤炭物流有限公司	新建物流配送中心项目	201603
长子县皇明田园种植专业合作社	建设400亩经济林种植园区项目	201603
山西紫丹商贸有限公司	机动车综合性能检测项目	201605
长子县鑫绿源农业开发有限公司	新建农产品仓储中心项目	201601
山西省长治市潞酒有限公司	新建仓储基地项目	201604
长子县光辉种植专业合作社	苗圃种植基地项目	201608
长子县永恒养殖有限公司	建设出栏2万只肉羊养殖项目	201604
长子县利来农作物种植专业合作社	建设蔬菜种植园区项目	201603
长子县伟源蔬菜种植专业合作社	建设千亩设施蔬菜园区项目	201604
长子县双赢养殖专业合作社	建设5000头生猪养殖示范园区项目	201606
长子县录秀云苗木种植专业合作社	建设千亩连翘种植基地项目	201603
长子县东红种植专业合作社	建设果树种植园区项目	201605
长子县机动车驾驶员培训学校(有限公司)	建设机动车驾驶员培训学校项目	201603
长子县方兴现代农业有限公司	新建采摘观光通道项目	201605
长子县飞龙畜禽养殖专业合作社	建设存栏5000头生猪养殖项目	201609
长子县精卫湖农牧科技专业合作社	建设万头猪场扩规项目	201604
长子县新拓养殖有限公司	建设万头生猪标准化养殖场项目	201604
长子县永胜种植专业合作社	新建蔬菜种植园区项目	201607
长子县垚鑫蔬菜种植专业合作社	建设日光大棚园区项目	201608
长子县星星蛋鸡养殖专业合作社	新建10万只蛋鸡标准化养殖场项目	201603
长治县天禾源种养殖专业合作社	蔬菜大棚	201601
长治县天禾源种养殖专业合作社	黑猪养殖基地建设项目	201603
长治县潞能升华工贸有限公司	扩建年入洗150万吨洗煤厂	201606
长治县鸿浩养殖专业合作社	肉驴养殖项目	201602
长治县宏军熔剂有限公司	新上年产3万吨环保石灰窑建设项目	201603
长治县韩店镇南沟村民委员会	新建村民住宅楼二期工程	201604
长治县东盛兴贸易有限公司	扩建年产180万吨洗煤厂扩建	201601
长治县森鼎煤业有限公司	扩建年入洗200万吨洗煤厂建设项目	201607
山西潞安集团司马煤业有限公司	储煤场封闭工程建设项目	201505
长治县天佑新能源有限公司	LNG-CNG加气站建设项目	201602
长治县洋鑫种植专业合作社	日光蔬菜大棚建设项目	201601
长治县利民秸秆再利用专业合作社	年产万吨秸秆生物质养料二期工程	201610
沁县文化局	青少年活动中心综合训练馆项目	201604
山西沁园春矿泉水有限公司	职工食堂及附属工程	201605
沁县教育科技局	幼儿园改扩建工程	201605
沁县阳城牛养殖专业合作社	北城村养牛基地	201607
沁县北神山农牧开发专业合作社	母牛肉牛育肥基地建设	201603
山西省沁县黑珍珠牧业有限公司	生态旅游建设项目	201604
沁县交通局运输局	农村公路改建	201608
沁县农业委员会	美丽宜居示范村建设	201609
沁县新绿源农林开发专业合作社	生态综合治理项目	201603
沁县沁林科技发展有限公司	高标准核桃科技示范项目	201608
山西襄矿集团沁县华安焦化有限公司	办公宿舍楼建筑装饰工程	201609
沁县海森源农业产业转化有限公司	景村养殖基地建设项目	201601
沁县钰泽商贸有限公司	商贸综合市场建设	201603

单位：万元

本年全部投产时间	计划总投资	自开始建设累计完成投资	本年完成投资	其中：住宅	本年新增固定资产	本年实际到位资金合计
201610	4740	4740	4740		4740	3000
201612	4800	4800	4800		4800	2200
201610	583	583	583		583	583
201609	1600	1600	1600		1600	1600
201609	4620	4620	4620		4620	4620
201612	3700	3700	3700		3700	1500
201609	4900	4900	4900		4900	2800
201609	4990	4990	4990		4990	3000
201611	4500	4500	4500		4500	1500
201612	3720	3720	3720		3720	1500
201612	4800	4800	4800		4800	1800
201612	4400	4400	4400		4400	2360
201610	4260	4260	4260		4260	4260
201609	4830	4830	4830		4830	3200
	3980	3095	3095			2100
201610	4500	4500	4500		4500	3300
201609	4900	4900	4900		4900	2500
201612	3900	3900	3900		3900	3200
201612	4200	4200	4200		4200	2000
201609	4800	4800	4800		4800	3500
201612	4200	4200	4200		4200	4200
201610	500	500	500		500	500
201609	4500	4500	4500		4500	4500
201611	2000	2000	2000		2000	2000
201607	500	500	500		500	500
201611	3414	3414	3414	3414	3414	3414
201609	4900	4900	4900		4900	4900
201612	4980	4980	4980		4980	4980
201611	3860	3860	3760		3760	3760
201611	4800	4800	4800		4800	4800
201612	2900	2900	2900		2900	2900
201612	1200	1200	1200		1200	1200
201612	3100	3100	3100		3100	3100
201609	4768	4768	4768		4768	4768
201610	840	840	840		840	840
201612	2900	2900	2900		2900	2210
201609	3000	3000	3000		3000	3000
201608	3500	3500	3500		3500	3500
201611	4950	4950	4950		4950	4950
	3880	200	200			200
201607	1520	1520	1520		1520	1520
201612	1800	1800	1800		1800	1800
201612	3932	3932	3932		3932	1970
201608	3185	3185	3185		3185	2050
201611	3500	3500	3500		3500	3500

11-10 续 44

项目(单位)名称	项目名称	开工时间
沁县启成种植专业合作社	北泉中药材种植基地建设项目	201604
沁县农安乐粮食收购有限公司	粮食仓储设施建设项目	201605
沁县格瑞蔬菜种植专业合作社	有机蔬菜种植配送建设项目	201604
山西阜昕农业开发有限公司	农资物流基地建设项目	201606
沁县南苑生猪养殖专业合作社	生态养猪场建设	201604
襄垣县交通运输局	后田线后村到田家坡路面大中修工程	201607
襄垣县鸿祥投资经营有限责任公司	新建现代化育苗基地项目	201604
襄垣县前进发达农机专业合作社	新建粮食种收一体化项目	201606
襄垣县旭州种植专业合作社	新建小杂粮种植基地项目	201608
襄垣县永丰种植专业合作社	新建设施蔬菜种植基地项目	201605
山西天下襄农业科技开发有限公司	新建现代农业科技推广培训中心项目	201603
襄垣县东盛养殖专业合作社	新建存栏 3000 头猪养殖项目	201607
襄垣县威盛达商贸有限公司	新建箱包加工项目	201606
山西天鸿源农业科技有限公司	新建农业生态文化旅游观光园项目	201603
襄垣县阳光种植专业合作社	新建核桃种植项目	201607
襄垣县新康园种植专业合作社	新建蔬菜种植加工项目	201510
襄垣县上马乡司马村村民委员会	司马特色小镇(一期)建设工程项目	201605
襄垣县古韩镇大郝沟村村民委员会	新建大郝沟村新村一期建设项目	201509
襄垣县众城养殖专业合作社	新建生猪养殖项目	201603
襄垣县胜丰种植专业合作社	新建小杂粮种植基地项目	201605
襄垣县鼎鑫农业机械专业合作社	新建农机服务项目	201509
襄垣县树红种植专业合作社	新建小杂粮种植基地项目	201606
襄垣县玉峰种植专业合作社	新建小杂粮种植基地项目	201603
襄垣县五丰种植专业合作社	新建优质矮核桃种植基地项目	201604
襄垣县古韩镇张家庄村村民委员会	新建张家庄村新村一期建设项目	201510
襄垣县源春种植专业合作社	新建干果经济林项目	201605
襄垣县文化苑教育园区河道治理项目部	河道综合治理三期工程(逗号岛)整形绿化项目	201603
襄垣县丰美佳种植专业合作社	新建小杂粮种植基地项目	201606
山西大平美固德矿用材料有限公司	新建易拉罐生产项目	201608
襄垣县振峰种植专业合作社	新建粮食、蔬菜种植基地项目	201605
襄垣县阳光种植专业合作社	新建中药材种植项目	201607
襄垣县古韩东森农林管护观光开发有限公司	新建观光道路等林区管护基础设施建设项目	201604
襄垣县上马山庄农业观光园	新建禁山造林绿化项目	201605
襄垣县庆丰园种植专业合作社	新建小杂粮加工园区基础设施	201610
襄垣县奇英种植专业合作社	新建小杂粮种植基地项目	201603
襄垣县交通运输局	南桥线高家岩至桥上段路面改造工程	201607
襄垣县书荣种植专业合作社	新建农业生态园基础设施建设项目	201609
襄垣县市政工程管理处	市政设施改造工程	201604
襄垣县喜农种植专业合作社	新建小杂粮种植基地项目	201603
襄垣县兴梅林苗木种植专业合作社	新建苗木种植基地项目	201607
襄垣县亚梁中药材种植专业合作社	新建农业种植园项目	201604
襄垣县福欣投资经营有限公司	新建现代农业科技推广培训中心项目	201607
襄垣县绿康达农业科技有限公司	新建菌菇种植加工基地项目	201603
襄垣县贞纯食品有限公司	新建芝麻酱等加工项目	201604
襄垣添伊建材有限责任公司	新上环保设施及厂区周边环境整治项目	201604

单位：万元

本年全部投产时间	计　划总投资	自开始建设累计完成投　资	本年完成投　资	其中：住宅	本年新增固定资产	本年实际到位资金合　计
201608	2900	2900	2900		2900	2900
201612	2830	2830	2830		2830	2830
201607	3600	3600	3600		3600	3600
	4000	2200	2200			2200
201610	3200	3200	3200		3200	3200
	749	699	699			
201608	2790	2790	2790		2790	2300
201610	2480	2480	2480		2480	2480
201610	2200	2200	2200		2200	2200
201611	3000	3000	3000		3000	2600
201612	3650	3650	3650		3650	3100
201611	2800	2800	2800		2800	2000
201610	4826	4826	4826		4826	3000
201610	4900	4900	4900		4900	3500
201611	2650	2650	2650		2650	2000
201606	3460	3460	2660		3460	2000
	3860	2975	2975			1500
201608	4700	4700	4550	4550	4700	3500
201607	3300	3300	3300		3300	1500
201612	2890	2890	2890		2890	2300
201604	980	980	480		980	480
201609	2210	2210	2210		2210	1500
201610	3100	3100	3100		3100	1900
201607	1650	1650	1650		1650	1000
201608	4800	4800	4600	4600	4800	4000
201611	3500	3500	3500		3500	2600
201610	674	674	674		674	500
201609	2300	2300	2300		2300	2000
201612	4200	4200	4200		4200	4200
201611	3200	3200	3200		3200	2000
201611	2800	2800	2800		2800	2300
201607	1980	1980	1980		1980	1300
201606	643	643	643		450	643
201612	1950	1950	1950		1950	1600
201610	3200	3200	3200		3200	2600
	2423	1484	1484			
201612	2950	2950	2950		2950	2000
201609	3240	3240	3240		3240	360
201611	2910	2910	2910		2910	2000
201610	3000	3000	3000		3000	2500
201608	4200	4200	4200		4200	3000
201609	2600	2600	2600		2600	2000
201611	3500	3500	3500		3300	2700
201607	1500	1500	1500		1500	1500
201612	3700	3700	3700		3700	3000

11-10 续 45

项目(单位)名称	项目名称	开工时间
襄垣县晋源春养殖专业合作社	新建5000只羊场项目	201606
长治市海盛矿业有限公司	新建有轨矿用巷道项目	201603
襄垣县辰祥养殖专业合作社	扩建肉鸡养殖场项目	201605
襄垣县阳丰种植专业合作社	新建食用菌设施蔬菜种植园项目植园项目	201609
襄垣县佳泰满新能源有限公司	新建夏店镇夏店村LNG加气站项目	201610
襄垣县古韩镇西河底村村民委员会	新建西河底村新村一期建设项目	201510
襄垣县鲲鹏农产品加工专业合作社	新建小杂粮种植基地项目	201605
襄垣县兴堡投资经营有限公司	新建生活垃圾填埋场项目	201604
山西潞安煤基清洁能源有限责任公司	高硫煤一体化专用铁路工程	201308
长治县丽都明珠文化发展有限公司	西园子生态农业休闲体验园工程项目	201604
山西七四四五机械有限公司	双燃料重卡改装基地项目	201407
山西沁源梗阳煤业有限公司	二采区建设项目	201606
山西潞安天诗合成蜡有限公司	6万吨/年特种合成蜡项目	201607
襄垣县互通科技园有限公司	新建互通科技园项目	201504
长治市城区常青办事处长子门村民委员会	城中村改造二期	201604
长治市城区南关集体资产管理委员会	红星美凯龙集群广场项目	201403
山西七一煤化集团有限公司	矿井兼并重组整合扩能项目	201403
平顺县西沟矿业有限公司	基建开拓工程项目主要建设内容	201611
长治市鑫双玉物资有限公司	新建鑫双玉钢材市场项目	201604
山西林盛果业有限公司	富阳园绿盈休闲农业观光园项目二期工程	201609
长治市郊区住房保障和城乡建设管理局	长襄城际连接线郊区段项目	201503
长治市国谐置业有限公司	长治市轴承厂棚户区改造一期工程	201604
长治市霍家工业有限公司	年产8万吨聚笨硫醚一期生产线	201608
山西郭氏食品工业有限公司	新建年产1万吨牛羊肉方便面食系列产品项目	201608
山西汾西太岳煤业股份有限公司	通风系统改造项目	201604
长治市麦迪克置业有限公司	新建综合商务大厦项目	201603
山西煤层气(天然气)集输有限公司	天然气综合利用工程项目	201603
沁县段柳乡长胜村民委员会	沁县段柳乡长胜新村建设	201601
武乡县东正建材有限公司	年产20万吨脱硫石膏粉及年产3000万平方米纸	201608
长治市郊区环境保护局	长治市郊区浊漳河南源黄碾段人工湿地水质净化	201602
沁源县住房保障和城乡建设管理局	县城公租房小区(一期)	201405
沁源县煤层气(天然气)集输有限公司	新建县城城市燃气管网项目	201607
山西中德铝业有限公司	二十万吨节能铝型材项目	201502
山西潞安煤基清洁能源有限责任公司	潞安煤基180项目村庄搬迁回迁楼东河湾和谐小	201601
中联煤层气有限责任公司	柿庄北区块年产10亿方产能建设项目	201203
山西七四四五机械有限公司	天然气站用装备生产制造基地	201505
山西通洲煤焦集团股份有限公司	一期144万吨/年焦化项目	201405
山西潞安太行润滑油有限公司	10万吨/年润滑油建设项目	201605
壶关县诚燚兴建材有限公司	新建年产480万块琉璃瓦生产线建设项目	201602
长治市城区华东集体资产管理委员会(村委会)	城中村改造	201401
长治市城区南关集体资产管理委员会	城中村改造二期建设项目	201603
山西崧宇科技有限公司	新建MEMS传感器及LED照明光源项目	201103
山西东明光伏科技有限公司	年产100MW单晶硅改扩建项目	201605
山西金之枫房地产开发有限公司	小郝沟城中村改造配套基础设施项目	201603
山西辛安泉供水工程有限公司	山西省辛安泉供水改扩建工程	201303

单位：万元

本年全部投产时间	计划总投资	自开始建设累计完成投资	本年完成投资	其中：住宅	本年新增固定资产	本年实际到位资金合计
201610	3900	3900	3900		3900	3000
201607	1500	1500	1500		1500	1500
201609	4200	4200	4200		4200	3500
201612	3300	3300	3300		3300	2500
201612	2200	2200	2200		2200	1800
201608	4800	4800	4650	4650	4800	3500
201611	3200	3200	3200		3200	2500
201609	4567	4567	4567		4567	3357
	128887	128497	6932			
	48000	28000	28000			23900
201612	25000	25000	3283		25000	3283
201612	12089	12089	12089		9800	12089
	12000	8500	8500			4300
201611	10000	10000	4000		2300	4000
	47069	19792	19792	19792		16500
	150000	131639	53783			45000
201612	59072	59072	25790		7464	1650
	5269	2600	2600			2600
	18890	20	20			20
	15000	2710	2710			3000
201608	38900	38900	17584		17584	17584
	123263	17300	17300	17300		18300
	36000	15761	15761			15761
	18000	12313	12313			12000
	27765	14100	14100			14100
	8000	4620	4620			4620
	5850	558	558			100
	8880	5100	5100			5100
	7550	5500	5500			5300
	5412	3600	3600			3600
	9307	8582	1810	900		1810
201612	18560	18560	18560		13640	18560
	204162	122975	21111			22000
	17970	16552	16552	16552		3600
	409889	67438	5875			1500
201612	19850	19850	7965		19850	7965
	162863	108970	34070			34070
	9800	3326	3326			1000
201611	18500	18500	18500		18500	18500
201607	105114	106047	24400	24400	79500	10592
	108220	46658	46658	46658		45510
	25000	11085				
201612	18860	18860	18860		18860	18860
	13490	11690	11690			11700
	184433	131138	52500			

11-10 续46

项目(单位)名称	项目名称	开工时间
壶关县益康苑农牧产品有限公司	新建年产10000吨豆制品生产线项目	201602
长治县五凤楼旅游开发有限公司	五凤楼景区旅游开发扩建工程	201605
长治市霍家工业有限公司	年产1.5万吨酮法水合肼技改项目	201609
山西振东制药股份有限公司	抗肿瘤药物拉洛他赛脂质体系列产品创新研制和	201603
山西南耀集团小常矿业有限公司	工作面巷道支护改造	201607
山西明源能源集团有限公司	焦化厂维修改造工程项目	201607
山西潞安煤基合成油有限公司	封闭式储煤场建设项目	201404
长治市郊区西白兔乡霍家沟村民委员会	新建漳泽化工园区霍西物流通道建设	201607
山西天华新瑞材料科技有限公司	锂离子电池用煤基负极材料产业化项目	201611
襄垣县教育局	第四中学校建设工程	201205
长治县南呈地道文化旅游开发有限公司	新建地道文化建设	201608
长治市华瑞电子科技有限公司	新增40条LED单色表贴显示屏生产线项目	201602
中云芯材料有限公司	新建20万吨高性能冷轧硅钢项目	201306
山西潞安煤基清洁能源有限责任公司	潞安煤基180项目村庄搬迁回迁楼东河湾幸福小区	201601
首钢长治钢铁有限公司	瑞达工业园区焦化项目	201406
山西七四四五机械有限公司	天然气非管网绿色生态物流项目	201504
山西恒泰制药有限公司	GMP建设工程项目	201608
长子县金畅饮品有限公司	年产30万桶纯净水生产线	201604
山西天聚源明泰农业开发有限公司	环保秸秆板生产项目	201610
长治市城区华东集体资产管理委员会(村委会)	城中村改造三期	201601
长治市城区延安南路办事处李家庄村民委员会	城中村改造	201303
山西青春玻璃有限公司	浮法玻璃炉窖纯氧燃烧工艺技改项目	201602
长治县陶金河农业种植专业合作社	休闲农业旅游观光建设	201608
山西潞宝兴海新材料有限公司	新建年产20万吨合成新材料(已内酰胺)	201204
大唐平顺新能源有限公司	虹梯关风电场二期工程	201609
山西禾能发电有限公司	新建二期工程秸秆储料库项目	201604
长治县东山绿化有限公司	生态修复利用工程	201607
山西潞安郭庄煤业有限责任公司	矿井回采工作面工程	201601
山西潞安环保能源开发股份有限公司	五阳煤矿东周进风井项目	201507
山西南耀集团小常矿业有限公司	封闭煤仓技改项目	201608
襄垣县鸿达煤化有限公司	320万吨/年炭化室高度6.3米捣固焦化项目	201403
山西潞安煤基合成油有限公司	甲烷-二氧化碳重整项目	201503
长子县绿野新能源有限公司	建设大型沼气项目	201611
长治县路康顺采暖设备有限公司	新上年产5000台太阳能空气能取暖炉建设项目	201609
襄垣县教育局	职中学校建设工程	201205
山西安得瑞防护设备有限公司	金融服务中心项目	201506
长治市华瑞电子科技有限公司	新建30条SMT项目	201603
长治市郊区霍家精细化工有限公司	年产1500吨吡蚜酮生产线二期工程项目	201604
山西潞安煤基清洁能源有限责任公司	潞安煤基180项目村庄搬迁回迁楼东河湾平安小区	201601
首钢长治钢铁有限公司	4#5#烧结环冷机余热发电项目	201302
长治县西山煤业有限责任公司	矿井延深开采下组煤项目	201603
山西路桥第一工程有限责任公司	岚水河河道整治工程项目	201605
山西炎黄照明科技有限公司	新型远程荧光薄膜玻璃LED灯芯项目	201603
长治县天佑新能源有限公司	天然气居民入户	201607
长治市城区柏后集体资产管理委员会	城中村改造二期工程	201401

单位：万元

本年全部投产时间	计划总投资	自开始建设累计完成投资	本年完成投资	其中：住宅	本年新增固定资产	本年实际到位资金合计
201611	19450	19450	19450		19450	19450
	49955	49900	49900			36230
201612	19800	19800	19800		19800	19800
201608	45000	45000	45000		45000	45000
201612	7860	7860	7860		7860	7860
201612	8600	8600	8600		7400	8600
201608	17500	17500	10337		17500	
201611	8961	8961	8961		8961	8961
	16246	2900	2900			1000
201608	12340	12340	1020		12340	
201612	21000	21000	21000		21000	21000
201609	7100	7100	7100		7100	7100
	338459	200631	53200			
	17988	16827	16827	16827		3900
	230387	126061	68406			68406
201612	19500	19500	8902		19500	8902
	5500	3000	3000			3000
201612	6800	6800	6800		6800	4600
	134000	900	900			900
201612	65400	65400	65400	65400	45000	43000
201605	130553	131294	10774	10774	98470	2743
201608	8600	8600	8600		8600	8600
	10500	1100	1100			1200
	340000	338104	2348			2348
	26083	25983	25983			21000
201610	15360	15360	15360		15360	5000
	23500	16090	16090			12090
	11043	6220	6220			3000
	8685	3883	2843			2843
201612	8740	8740	8740		8740	8740
	400000	85330	44330			
201607	6000	6000	2465		6000	
	9644	1920	1920			2100
	15000	8940	8940			8890
201608	13942	13942	1412		13942	
	9920	7780	4080			4105
201612	15000	15000	15000		4000	15000
201610	21000	21000	21000		21000	21000
	15022	14817	14817	14817		5400
201606	9700	9700	3700		9700	3700
	36679	7979	7979			8000
201612	17189	17189	17189		13750	10000
	9700	4800	4800			4800
	35000	16400	16400			14400
	148268	142604	55609	55609		51500

11-10 续47

项目(单位)名称	项目名称	开工时间
长治市城区延安南路办事处李家庄村民委员会	城中村改造三期	201603
山西潞奥园林工程有限公司	新建大型水上乐园和海豚馆项目	201603
晋城宏圣万隆工程管理有限公司	新建建材加工基地	201603
山西潞宝兴海新材料有限公司	年产40万吨硫磺制酸项目	201404
山西唯思可达文化旅游开发有限公司	新建沁县南湖文化旅游园项目	201207
山西禾能发电有限公司	新建二期工程秸秆配送中心项目	201604
长治县旺顺养殖有限公司	生态养殖规模园区建设项目	201606
黎城太行钢铁有限公司	年产一百五十万吨钢材技术改造项目	201601
山西潞安环保能源开发股份有限公司	新建曲庄风井项目	201504
山西南耀集团小常矿业有限公司	煤矿大型设备监测改造	201608
长治市郊区堠北庄镇米家庄村民委员会	米家庄村龙港新城建设项目	201603
武乡县大山禽业有限公司	现代农业循环经济园区项目	201607
山西三里湾农业科技有限公司	十万亩绿色杂粮种植加工基地建设项目	201605
黎城聚英科技工业材料有限公司	年产10000吨镁合金及镁深加工项目	201610
襄垣县住房保障和城乡建设管理局	开元西街西延工程	201309
山西益佳养殖有限公司	生态种植养殖园区建设项目	201604
长治市华瑞电子科技有限公司	小间距封装器件项目	201606
山西潞州新世纪广场有限公司	新建潞州新世纪商贸综合体项目	201503
襄垣县漳江煤层气(天然气)集输有限公司	襄垣县天然气城市管网工程	201604
长治市房屋建筑工程公司	新建沁县城南沁馨家园(保障性住房)棚户区改造安置住房项目	201509
山西长治县雄山煤炭有限公司	第五矿环保设施改造建设项目	201603
山西赵庄金光发电有限公司	晋煤长子赵庄2×66万千瓦低热值煤发电新建项目	201508
长治县枫林农业开发有限公司	崔家山生态创意农场	201605
沁源县联鸿新能源有限公司	新建王和镇2万千瓦分布式发电项目	201507
长治市城区柏后集体资产管理委员会	城中村改造三期工程	201501
长治市城区东街办事处北石槽村民委员会	城中村改造二期	201403
国药控股山西长治有限公司	物流配送中心项目	201408
山西富森饲料有限公司	新建年10万吨颗粒饲料和年10万吨中草药添加剂开发加工项目	201601
山西潞宝兴海新材料有限公司	年产10万吨环己酮	201403
山西黎城生态农业科技产业园有限公司	新建生态农业产业化一体项目	201305
山西禾能发电有限公司	新建电子网络秸秆回收体系项目	201605
长治市鸿基房地产开发有限公司	襄城金典公寓楼配套基础设施项目	201601
中国石油天然气股份有限公司	沁水煤层气田沁南夏店区块年产3亿方产能建设项目	201207
山西潞安环保能源开发股份有限公司	新建路村风井项目	201504
山西南耀集团小常矿业有限公司	动筛车间项目	201604
襄垣县和信发电有限公司	中国华电集团公司襄垣2×60万千瓦低热值煤发电项目	201509
山西七一能源有限公司	合成气制30万吨/年聚丙烯项目工程	201310
壶关县上善若水旅游开发管理有限公司	建设“常平小街”项目	201605
长治市城区惠丰养老院	惠丰养老院扩建养老院建设	201607
襄垣县住房保障和城乡建设管理局	和美苑保障性住房工程	201205
长治县陶清河水泥洗煤有限公司	扩建年产180万吨洗煤厂	201603
长治市华瑞电子科技有限公司	华瑞电子200条封装线项目	201604
长子县丹源燃气有限公司	新建下霍加气站	201603
长治市晋宁化工有限公司	年产1000吨丙硫菌唑中间体和年产3000吨吡唑醚菌酯中间体产品项目	201604
长治市公共交通总公司	公交车辆购置	

单位：万元

本年全部投产时间	计　划总投资	自开始建设累计完成投　资	本年完成投　资	其中：住宅	本年新增固定资产	本年实际到位资金合　计
201610	38532	39442	39442	39442	29582	35000
201608	15000	15000	15000		15000	15000
201610	5000	5000	5000		5000	2800
201606	39264	42459	5076		42459	5076
	58000	51220	7850			
201610	18860	18860	18860		18860	2700
201612	9800	9800	9800		9800	8616
201611	20900	20900	20900		20900	21000
	90377	4490	3740			2020
201612	6900	6900	6900		6900	6900
201607	6150	6150	6150	6150	6150	6150
	37527	17800	17800			16800
	38700	16700	16700			17700
	10233	2340	2340			2400
	11030	7400	4300			
201612	8500	8500	8500		4200	8500
201612	19000	19000	19000		5500	19000
	154208	82009	33132			33132
201607	6704	6704	6704		6704	873
	50720	15670	14970	14970		5500
201609	9800	9800	9800		9800	9800
	595000	328262	149722	631		22646
	45000	23080	23080		23080	24000
201604	17120	17120	3640		12000	3640
201610	83787	84057	36688	36688	62840	20500
	160137	135120	54171	54171		47500
	10000	7633	3005			
201610	19000	19000	19000		19000	3000
201606	49000	51700	12850		51700	12850
	122434	81323	20900			21000
201610	14780	14780	14780		14780	2000
	11687	9500	9500			7000
201606	101816	107197	13200		107197	8150
	75962	4870	3820			3140
	8956	7560	7560			7560
	510000	85943	69158			
	1045598	519776	318196			233050
201611	19500	19500	19500		19500	19500
	30000	8571	8571			2900
	21501	21260	3650	3650		1155
201612	7600	7600	7600		7600	7600
201612	18500	18500	18500		4900	18500
201612	9100	9100	9100		50	5460
201612	35000	35000	35000		35000	35000
	10220	10220	10220		10220	10220

11-10 续48

项目(单位)名称	项目名称	开工时间
山西长治联盛西掌煤业有限公司	延伸开采下组煤项目	201605
长治市万吉康馨养老服务有限公司	万吉康馨老年生态养生社区	201606
襄垣县隆维新能源有限公司	襄垣县北底乡 20MW 分布式光伏发电项目	201602
山西布劳恩电梯股份有限公司	大高度电梯生产线项目	201606
长治市城区柏后集体资产管理委员会	城中村改造四期	201604
长治市城区东街办事处北石槽村民委员会	城中村改造三期工程	201606
山西马刨泉旅游开发有限公司	新建大雄山生态文化旅游度假区	201207
长治市潞卓商贸有限公司	新建潞卓现代农业产业融合发展项目	201603
山西潞宝兴海新材料有限公司	年产 10 万吨双氧水项目	201403
黎城县永胜种植专业合作社	永胜农业开发项目	201608
长治县金龙洗煤有限公司	扩建年入洗 200 万吨洗煤厂建设项目	201607
黎城县峪兴农业生态有限公司	浊漳河游览服务配套建设项目	201609
中国石油天然气股份有限公司	沁水煤层气沁南夏店区块年 1 亿方产能建设项目	201607
山西潞安环保能源开发股份有限公司	新建瓦斯抽采系统项目	201504
山西南耀集团小常矿业有限公司	井下爆破材料库项目	201606
长治市神通防爆电机修造有限公司	超高效电机修造项目	201606
山西三元煤业股份有限公司	新建副立井项目	201603
长子县惠通市政工程有限公司	长子县丹朱大街道路工程	201607
襄垣县住房保障和城乡建设管理局	和美苑保障性住房二期项目	201311
山西铱格斯曼航空科技有限公司	多功能聚酯复合薄膜材料	201206
襄垣县富阳裕泰投资经营有限责任公司	新建霍村新区工程	201503
长子县鑫利源生物有机肥有限公司	年产 5 万吨生物有机肥加工项目	201605
长治县晨煜物流有限公司	新建年入洗 160 万吨洗煤厂建设项目	201611
山西省烟草公司长治市公司	卷烟物流配送中心	201611
山西潞宝集团	新建居民搬迁安置小区项目	201606
长治市通广达商贸有限公司	新建昌盛装饰材料城一期项目	201608
山西欧亚神龙湾旅游开发有限责任公司	神龙湾旅游景区开发	201509
潞城市蔚佳领生态农业开发有限公司	生态观光示范农业园	201405
长治市城区屈家庄集体资产管理委员会(村委会)	屈家庄城中村改造建设项目	201508
长治市城区五马办事处北董村村民委员会	城中村改造工程	201402
山西太行山农产品物流有限公司	银河湾农业三产融合开发建设项目	201601
沁源县閒园农林牧有限公司	生态观光园建设项目	201605
山西潞宝兴海新材料有限公司	新建氨肟化装置项目	201604
山西长治联盛首阳山煤业有限公司	上下组煤层配采项目	201603
长治县昌顺洗煤有限公司	扩建年入洗 200 万吨洗煤厂建设项目	201607
长治市郊区西望煤化有限公司	新建西望洗煤厂	201605
壶关县南关实业有限公司	建设南关装饰城项目	201605
山西潞安环保能源开发股份有限公司	北栗风井	201505
山西南耀集团小常矿业有限公司	中央变电所改造	201607
长治县西火镇十泉岭村民委员会	十泉岭古迹修复一期项目	201610
长治市郊区西白兔乡漳村村民委员会	漳村村民住宅楼(一期)建设项目	201603
长子县利民城建开发有限公司	县城地下综合管廊工程	201605
襄垣县住房保障和城乡建设管理局	新建富南大道工程	201308
山西铱格斯曼航空科技有限公司	新建充气帐篷项目	201206
襄垣县富阳裕泰投资经营有限责任公司	富阳工业区纬 2 路东延西延道路建设	201603

单位:万元

本年全部投产时间	计划总投资	自开始建设累计完成投资	本年完成投资	其中:住宅	本年新增固定资产	本年实际到位资金合计
201609	12829	12829	12829		12829	12000
	110000	12500	12500			500
201612	19803	19803	19803		19803	18000
	18000	12355	12355			12355
201612	32186	32186	32186	32186	18414	30186
	120660	37070	37070	37070		34500
201606	166330	166330	63220		63220	63300
	155000	145000	145000			106482
201606	36000	39150	3771		39150	3771
	7972	2060	2060			2100
	9500	3500	3500			3500
	9925	2300	2300			2400
	36800	6700	6700			500
201610	24134	28651	26651		17323	25991
	9120	6886	6886			6886
	12000	10030	10030			10030
201611	17721	17721	17721		17721	17721
201612	28325	28325	28325		28325	6500
	28798	15550	4850	4850		
	143440	50900				
201611	10080	10080	4880	4880	10080	
201611	18000	18000	18000		18000	9000
	9300	1900	1900		1900	1900
	20000	8637	8637			8637
	22000	7370	7370			7370
	18300	627	627			627
	117260	49109	36359			17250
	22064	15856	7940		610	1410
201612	75408	75408	56869	56869	60461	47300
201606	96931	98058	17655	17655	73543	17680
201608	62639	62639	62639		62639	38493
201612	8800	8800	8800		4500	8800
201612	35000	35000	35000		35000	35000
201609	11303	11303	11303		11303	6632
	7500	3500	3500			3500
	18280	9650	9650			9650
201611	19650	19650	19650		17900	19650
	57745	52137	47237			7610
	8530	8054	8054			8054
	17000	6600	6600			6650
	7785	6605	6605	6525		6605
201612	91750	91750	91750		91750	28700
	42230	23220	11200			3198
	60239	27925				
	10688	8530	8530			2000

11-10 续 49

项目(单位)名称	项目名称	开工时间
黎城三晋绿农可再生资源开发有限公司	建设年产 1520 万立方大型秸秆沼气提纯项目	201603
潞城市潞华办事处东南山社区居民委员会	东南山社区城中村改造建设项目	201605
长治市九鼎汽车配件有限公司	南关厂区家属院棚户区改造	201604
山西襄垣金星煤业有限公司	矿井兼并重组新建项目	201602
沁源县晶鑫新能源有限公司	晶鑫 20MW 地面分布式光伏发电项目	201609
屯留县隆兴泉农业开发有限公司	石泉绿色生态度假农庄建设(二期)	201605
长治市市政管理处	府后西街道路工程	201606
长治市城区桃园集体资产管理委员会	城中村改造二期工程	201404
长治市城区五马办事处北董村村民委员会	城中村改造三期工程	201502
山西晨洋光伏科技有限公司	高效电池生产线及分布式电站升级	201607
长治市骐邦贸易发展有限公司	长治市高新区科技大厦建设项目	201503
山西潞宝兴海新材料有限公司	新建硫氨装置项目	201605
山西长治联盛太义掌煤业有限公司	3#15# 煤层配采项目	201601
山西潞安集团余吾煤业有限责任公司	矿井回采工作面项目	201601
长治县金华恒通禽业有限公司	年存栏 50 万只蛋鸡养殖场	201604
山西省电力公司	城市 10KV 配电网建设改造工程	201607
山西潞安环保能源开发股份有限公司	常村矿 3 号煤层加 470 米水平接替项目	201403
黎城县昌隆运输有限责任公司	道路货物运输项目	201604
长治市晋安洗煤有限公司	新建晋安洗煤厂二期项目	201604
长治市郊区西白兔乡南村村民委员会	南村村民生活污水和企业污水处理中心项目	201604
长子县日新基础设施开发有限公司	市民广场周边环境整治工程	201608
长治市体育局	长治市体育运动学校新建搬迁建设项目	201609
襄垣县住房保障和城乡建设管理局	县城至侯堡快速通道工程	201306
黎城太行山中药材科技开发有限公司	新建二十万亩中药材基地项目	201503
襄垣县兴堡投资经营有限公司	东周村搬迁二期新村建设项目	201506
长治县绿油油种养殖专业合作社	新建会里村生态休闲农庄项目	201510
沁源县泰岳田园农业开发有限公司	5 万头香草猪养殖及 1000 亩菊苣草种植项目	201605
山西太行药业股份有限公司	综合制剂车间技改项目	201303
山西襄矿石板沟煤业有限公司	年 120 万吨技改矿井建设	201601
沁源县众鑫新能源有限公司	众鑫 20MW 地面分布式光伏发电项目	201609
山西省长子县鸠安电子商务有限公司	物流信息平台建设	201603
长治市市政管理处	北二环道路工程	201610
长治市城区桃园集体资产管理委员会	城中村改造三期工程	201504
长治市红太阳电器有限公司	新建黄碾家电物流商贸中心	201605
霍州煤电集团沁安煤电有限责任公司	中峪矿井主立井建设工程	200908
黎城洗耳河民俗文化发展有限公司	谷堆坪村生态旅游度假观光建设项目	201607
山西潞宝兴海新材料有限公司	新建尼龙 6 单体结片装置及仓库项目	201604
山西长信工业有限公司	烧结机脱硝脱二噁英项目	201609
山西潞安羿神能源有限责任公司	环保搬迁安置小区项目	201409
长治市炎农农业科技有限公司	现代农业产业融合发展项目	201608
山西高河能源有限公司	酒村风井工程项目	201503
山西潞安环保能源开发股份有限公司	常村煤矿瓦斯抽采钻孔工程	201511
黎城县教育局	古城中学建设项目	201608
屯留县老爷山旅游开发有限公司	上党战役纪念馆建设项目	201304
长治县韩店镇韩店村民委员会	新建黎都水岸等八个村民住宅小区	201605

单位：万元

本年全部投产时间	计 划 总投资	自开始建设累计完成投 资	本年完成投 资	其中：住宅	本年新增固定资产	本年实际到位资金合 计
	26000	8300	8300			8500
	80526	29100	29100	27100		20000
	33226	20090	20090	20090		17520
	45464	18300	18300			10980
	17120	9340	9340			9340
	5950	3266	3266	329		2369
201612	7700	7700	7700		7700	6941
201609	116105	117783	37125	37125	88330	28500
201607	65277	69486	22887	22887	52115	3201
	9600	4360	4360			4360
201611	5270	5386	1986		1986	1986
201612	32000	32000	32000		32000	32000
201608	5687	5687	5687		5687	5687
201612	11712	11712	11712		9360	6000
201612	7500	7500	7500		7500	7500
	11959	9500	9500			9900
201607	211639	215498	36745		24986	36812
201610	16000	16000	16000		16000	16000
201612	17810	17810	17810		17810	17810
201610	7640	7640	7640		7640	7640
	26765	22916	22916			2000
	48576	5008	5008			5010
	39820	36120	12000			1681
	133750	35250	18250			18250
201607	26396	26396	7196	7196	26396	4500
201610	5000	5000	4900		4900	4900
	14500	8990	8990			8990
201607	19800	19800	1800		1260	2190
	81420	34550	34550			32050
	18280	9300	9300			9300
201609	12000	12000	12000		12000	5000
	18198	9910	9910			9205
	125680	108267	54815	54815		47250
	16880	9880	9880			9880
	351133	98006	10609			10609
	17530	150	150			155
201612	38000	38000	38000		38000	38000
201612	7070	7070	7070		7070	7070
	17951	8634	3879	3800		3900
	43200	29200	29200			29320
	31867	28240	22010			22010
201609	13385	13386	13385		13385	10000
	9892	1120	1120			1200
	8769	7460	960			960
	69230	2900	2900	2900		3000

11-10 续 50

项目(单位)名称	项目名称	开工时间
山西平顺石城王家庄园旅游开发有限公司	王家庄村旅游建设项目	201603
中国共产党长治市纪律检查委员会	长治市党纪教育基地建设项目	201605
襄垣县住房保障和城乡建设管理局	新建北关安置区一期用房项目	201502
沁源县道原福食用油有限公司	改扩建火麻油、黑豆油等10个品种压榨油项目	201605
襄垣县永惠投资经营有限责任公司	古韩片区棚户区改造新建东北阳城东新区安置用房项目	201504
山西恒昌元科技有限公司	年产1.5亿只多相镍锰锂离子电池项目	201309
长治同康医院	长治胡大一心血管病医疗中心项目	201605
山西太行药业股份有限公司	中药提取技改项目	201302
山西襄矿西故县煤业有限公司	年产90万吨兼并重组整合矿井项目	201502
长治市郊区铜辉工程机械维修有限公司	工程机械租售维修基地项目	201603
山西省长子县轩阳物流有限公司	新建物流园区项目	201509
长治市市政管理处	经六路道路工程	201610
长治市城区桃园集体资产管理委员会	城中村改造四期工程	201606
壶关县绿城科技养殖有限公司	“生态谷”农业综合开发基地建设项目	201506
山西富阳园科贸有限公司	焦炉煤气制每年6000万标立方米液化天然气项目	201404
山西潞宝集团晋钢兆丰煤化工有限公司	新建全封闭式煤场项目	201605
山西中信高科信息工程有限公司	新建中信科技软件园项目	201203
山西长信工业有限公司	高炉TRT余压发电项目	201609
山西瑞恒化工有限公司	年产180万吨电石渣制水泥项目	201604
山西平顺虹梯关通天峡景区有限公司	通天峡景区扩建项目	201406
山西漳泽电力股份有限公司漳泽发电分公司	漳泽发电厂2*100万千瓦上大压小改扩建工程	201307
山西潞安环保能源开发股份有限公司	常村煤矿地面瓦斯抽采井工程	201606
长治市浩润食品有限公司	新建蒲公英速冻水饺加工项目	201603
屯留县老爷山旅游开发有限公司	老爷山旅游区开发项目二期工程	201605
长治县韩店镇韩店村民委员会	韩店村城中村改造配套工程	201609
武乡县金象养殖专业合作社	生猪养殖项目	201602
长治市水利局	主城区应急备用水源工程项目	201406
襄垣县交通运输局	新建县城至下良快速通道项目	201306
山西潞安金源煤层气开发有限责任公司	煤层气开发利用项目	201212
襄垣县王桥工业园区元和投资经营有限责任公司	襄垣县王桥工业园区襄王大道建设项目	201603
长子县丰首农业科技有限公司	建设千亩经济生态林	201607
长治市三河一渠综合治理建设工程有限公司	市区“三河一渠”综合治理工程	201407
山西长治维特衡器有限公司	天空之城文化创意园项目	201510
山西襄矿上良煤业有限公司	年产120万吨兼并重组整合矿井项目	201501
长治市朗空光伏发电有限公司	农业大棚分布式光伏发电	201609
山西鑫瑞兴电子科技有限公司	世纪城写字楼项目	201501
长治市市政管理处	太行南路道路工程	201610
长治市城区新华集体资产管理委员会	城区新华城中村改造建设	201506
山西振东道地连翘开发有限公司	五十万亩中药材种植基地建设项目	201503
山西襄矿泓通煤化工有限公司	每年20万吨乙二醇项目建设	201207
潞宝金和生食品有限责任公司	新建肉鸡产业化项目	201209
襄垣县春江农业发展有限公司	新建现代农业经济园区建设项目	201509
山西康宝生物制品股份有限公司	口服慢性阻塞性肺疾病疫苗项目	201507
长治县天下都城隍旅游开发有限公司	天下都城隍文化旅游景区一期工程	201605
山西晋煤集团赵庄煤业有限责任公司	新建南苏风井工程	201202

单位：万元

本年全部投产时间	计划总投资	自开始建设累计完成投资	本年完成投资	其中：住宅	本年新增固定资产	本年实际到位资金合计
201610	9300	9300	9300		9300	9300
	5185	4300	4300			5185
	11360	11059	3559	3559		387
	12000	9100	9100		8200	9100
	36000	17600	7100	2800		100
201612	50000	50000	7410		50000	2610
	20000	14050	14050			14500
	18800	16400	2950			2000
201604	29858	29858	15033		29858	15205
201610	16700	16700	16700		16700	16700
201606	19300	21129	4855		21129	2000
	27929	9045	9045			8957
	118060	37269	37269	37269		35500
201609	180000	180000	114789		114789	114000
201603	28300	28300	2840		2840	100
	20000	7850	7850			7850
	70000	13590	710			710
201612	8260	8260	8260		8260	8260
	40500	23825	23825			10877
	34000	33750	4750			3500
	823920	271910	88558			88558
201609	8259	8259	8259		8259	6200
201610	19000	19000	19000		19000	3000
	11305	1800	1800			1800
	21500	2100	2100			2110
201609	8000	8100	8100		7128	8100
	15448	12450	3183			
	13832	13380	3230			
	502264	437072	49057			50000
	21069	19400	19400			14400
201612	5000	5000	5000		5000	1500
201610	89000	89000	26524		66750	8142
	30000	21785	21175			21185
201607	32826	32826	15626		29404	2622
	8960	3064	3064			2000
201611	15655	15655	7597		12231	7600
	9643	7455	7455			7362
	87976	73673	48585	48585		47500
201612	23989	23989	11689		12000	1800
	455000	370597	84010			21720
201609	88100	88100	9524		9524	5753
201611	7028	7028	6378	400	1000	4000
201611	16000	16062	14574		10210	14004
	47000	37000	37000			35140
	71045	68755	24100			24100

11-10续51

项目(单位)名称	项目名称	开工时间
长治市太行紫团饮业有限公司	扩建百素珍农产品冷链物流中心	201509
山西潞安环保能源开发股份有限公司	王庄煤矿+540米水平81、91采区开拓大巷项目	201601
山西唯思可达天然饮业有限公司	冬虫夏草灵芝饮料生产线项目	201309
东宝能投资(北京)有限公司	新建山西省长子区块煤层气开发项目	201601
长治县郝家庄乡安城村民委员会	村民住宅楼	201607
长治市陶清湖农业开发有限公司	现代农业生态农庄建设项目	201410
长治市城区住房保障和城乡建设管理局	背街小巷道路硬化改造工程	201609
襄垣县交通运输局	红官线路面改造工程	201607
山西大峡谷永兴物资仓储有限公司	建设物流仓储项目	201604
襄垣县王桥工业园区元和投资经营有限责任公司	王桥工业园区循环道路建设	201609
黎城县轿顶山红叶景区有限责任公司	四方山景区旅游综合配套建设项目	201605
长治机场有限责任公司	长治机场改航站区改扩建工程	201506
山西澳瑞特健康产业股份有限公司	体育器材检测中心综合楼	201605
山西潞安环能上庄煤业有限公司	90万吨技改项目	201203
山西田也冷链物流有限公司	建设立体保鲜库工程项目	201605
沁源县浩兴新型能源有限公司	煤制品加工项目	201606
潞城市水利局	辛安泉泉水出露区生态工程	201401
长治市城区常青办事处紫坊村民委员会	紫坊村城中村改造一期	201604
壶关县坤源建材有限公司	新建年产30万吨环保石料项目	201607
沁县华阳供热有限公司	县城集中供热	201408
长治县荫城铁府醋业有限公司	年产2万吨山西陈醋二期项目	201608
长子县富康菌业种植专业合作社	双孢菇种植基地	201603
山西康宝生物制品股份有限公司	血液制品建设项目	201608
晋能长治热电有限公司	烟气污染物高效脱除改造工程	201503
山西晋煤集团赵庄煤业有限责任公司	支架设备采购项目	
长治市太行紫团饮业有限公司	新建食用菌产业化开发项目	201606
山西潞安环保能源开发股份有限公司	王庄煤矿8108放顶煤工作面项目	201601
潞城市兴宝钢铁有限责任公司	新建15兆瓦分布式余热余气发电项目	201604
襄垣县诚丰电力有限公司	县城二线供热项目热源改造工程	201607
长治县苏店镇西申家庄村民委员会	西申家庄新村建设项目二期工程	201501
长治市中镁科技有限公司	镁合金研发加工项目	201606
长治市公安局城区分局	业务技侦用房	201601
平顺县住房保障和城乡建设管理局	紫东家园经济适用住房(二期)项目	201409
山西多维牧业有限公司	新建利用农作物秸秆养羊示范项目	201410
山西嘉润宝润滑油有限公司	日产40吨润滑油二期扩建	201605
黎城县太行红山洗耳河景区管理有限公司	洗耳河景区旅游综合配套建设项目	201605
山西晓利能源有限公司	120万吨年洗煤厂项目	201605
山西潞安矿业(集团)有限责任公司	古城矿井	201505
山西潞安常平集团有限公司	建设钢铁焦化项目	201611
黎城县弘基钙业有限公司	年产20万吨超细钙粉深加工项目	201508
长治市碧海蓝天建筑垃圾处理有限公司	建筑垃圾处理再利用	201606
山西省长子县人民医院	门诊楼及地下车库建设项目	201612
长治市城区常青办事处紫坊村民委员会	城中村改造二期工程	201605
黎城县水洋鑫源物流有限公司	300万吨物流建设项目	201603
山西乾源宏业投资有限责任公司	长治县郝家庄乡24个行政村城乡一体化项目住宅区建设	201205

单位：万元

本年全部投产时间	计　划总投资	自开始建设累计完成投　资	本年完成投　资	其中：住宅	本年新增固定资产	本年实际到位资金合　计
201604	9502	9502	660		9502	751
	66540	46170	46170			32000
	30082	17510	4000			
	143307	6470	6470			100
	35000	28000	28000	28000		28120
201612	25000	25000	24325		24325	24325
201612	7300	7300	7300		4700	1200
	7941	1720	1720			
201611	19650	19650	19650		19650	19650
	35385	15300	15300			10130
	15000	9600	9600			9700
	36825	2016				
201610	6287	6287	6287		6287	6287
	53242	24536				
201611	19880	19880	19880		19880	19885
	15000	10100	10100			10100
	10364	924				
	116319	51152	51152	51152		41500
	15000	11935	11935			12000
201610	24345	24345	3965		3965	530
201612	8000	8000	8000		8000	8000
201612	7450	7450	7450		7450	4000
	15000	3523	3523			2416
	14725	13062	8562			8572
	13583	13583	13583		13583	13583
	181000	58431	58431			58433
	25120	17626	17626			10500
	28000	18255	18255			18255
	7800	7020	7020			7020
201604	74588	74588	19000	19000	19000	19000
	8000	3400	3400			3500
	7499	2659	2659			2660
	31219	16710	4700	4700		3500
	135763	40100	19200			12300
	9600	6800	6800			6900
	15000	9500	9500			9600
	12000	9600	9600		8200	9600
	827720	594707	163040			102393
	12000	10446	10446			11000
201606	7613	7613	3013		3000	3326
	18200	1220	1220			1220
	7832	220	220			
	102989	39131	39131	39131		37500
	15552	15400	15400			16000
	850729	457313	207734	207734		95940

11-10 续 52

项目(单位)名称	项目名称	开工时间
山西沁园春矿泉水有限公司	新建瓶装矿泉水项目	201111
长治县明禾农业科技有限公司	观光生态园建设	201608
山西中池联华科技开发有限公司	新建 LED 照明项目	201104
晋能长治热电有限公司	新建供热管道项目	201607
沁源县永和水电站有限公司	永和水电站工程	201203
长治市城区五马办事处马坊头村村民委员会	美隆广场商业综合体项目	201405
山西潞安环保能源开发股份有限公司	王庄煤矿 8110 放顶煤工作面项目	201601
山西博源超市有限公司	新建博源超市城北店项目	201503
山西霍尔辛赫煤业有限责任公司	新建中部进回风井项目	201405
长治县八义镇八义村民委员会	新建"新义"村民住宅小区	201603
长治市康庄供热有限公司	康庄工业园集中供热工程	201608
长治市城区人民政府延安南路街道办事处	延安南路街道办事处南片区棚户区改造	201604
平顺县住房保障和城乡建设管理局	农民安居工程项目	201603
平顺县西沟龙鼎加固材料科技有限公司	年产 6 万吨加固材料建设项目	201307
山西特卡尔兄弟农业开发有限公司	新建西沟生态循环农业项目	201602
壶关县一棵心种植专业合作社	建设休闲观光及中药材种植项目	201605
漳泽电力平顺新能源有限公司	新建龙溪镇 30 兆瓦光伏发电	201509
山西潞安矿业(集团)有限责任公司	李村矿井铁路专用线工程项目	201411
山西马堡煤业有限公司	15 号煤层采煤方法变更设计项目	201605
长治市金凤凰文化创意有限公司	新建琚寨村文化旅游景点建设项目	201606
壶关县喜洋洋养殖专业合作社	新增年出栏肉羊 5000 余只养殖场	201510
长子县给排水中心	长子县县城配水管网改扩建工程	201511
长治市城区新民集体资产管理委员会	城区新民城中村改造项目	201507
山西康伟集团孟子峪煤业有限公司	9+10# 巷道改造及地面生产设施建设项目	201604
山西乾源宏业投资有限责任公司	郝家庄 24 个行政村城乡一体化公共基础设施建设	201205
山西南耀集团昌晋苑焦化有限公司	煤气化替代焦炉煤气综合利用提纯清洁气项目	201603
长治县金益恒工贸有限公司	新建年入洗煤 182 万吨洗煤厂建设项目	201604
长治市奇正科技有限公司	年产 5000 套电表箱建设项目	201607
襄垣县泰瑞达供热有限公司	热电联产二线集中供热工程	201607
长治高速公路有限责任公司	青兰高速公路(山西境)黎城-长治段)改扩建工程	201407
长治市城区五马办事处马坊头村村民委员会	城中村改造工程	201403
山西漳山发电有限责任公司	2*300MW+1*600MW 机组供热改造	201507
长治市郊区南村煤化有限公司	利用年产 120 万吨焦化产生余热发电项目	201604
长治市惠诚热力有限公司	漳山热源集中供热管网工程	201602
屯留县麟绛镇东街村民委员会	竹溪园小区东街村民住宅楼	201603
山西红钢农副产品加工有限公司	新建农副产品加工综合开发项目	201606
长治市城区人民政府延安南路街道办事处	延安南路街道办事处东片区棚户区改造	201604
长子县住房保障和城乡建设管理局	慈林大街延伸改造	201609
长治市禾木兴隆商贸有限公司	有福生活大厦综合楼	201601
长子县远东燃气有限公司	CNG 燃气加气站建设项目	201408
长治县兴牧养殖专业合作社	生态休闲农业观光园建设项目	201604
太重榆液长治液压有限公司	高性能液压产品自主化产业基地项目	201603
山西潞安华亿实业有限公司	年产 60 万长米胶带项目	201211
山西沁新能源集团股份有限公司	提高资源回收新工艺应用项目	201605
长子远景汇合风电有限公司	99MW 风电项目	201611

单位：万元

本年全部投产时间	计　划总投资	自开始建设累计完成投　资	本年完成投　资	其中：住宅	本年新增固定资产	本年实际到位资金合　计
	100000	85917	10420			4000
201612	9880	9880	9880		9880	9880
	44700	20202	700			300
	12670	4200	4200			4203
201609	36431	41861	6908		5000	6908
	181510	143552	53580			49900
	25638	20168	20168			11000
	7300	7180	2530			2650
201606	36472	40119	9113		40119	4660
201612	7500	7500	7500	7500	7500	7500
	25258	8343	8343			5000
	48856	37283	37283	37283		25500
201612	6130	6130	6130	6130	6130	3500
201607	26968	27915	5135		20000	
	9450	400	400			400
201611	19800	19800	19800	2234	19798	19800
201606	25544	27131	13631		20399	6270
	89869	11597				
	24024	13243	13243			14243
	45000	37000	37000			37250
201605	5950	5950	1389		5950	1389
201606	5200	5200	5105		5200	5005
201612	78332	78332	55167	55167	54451	48983
201612	9800	9800	9800		9800	9800
	318804	308804	79530			50024
201612	32100	32100	32100		32100	32100
	11000	6200	6200			6500
201612	8700	8700	8700		8700	8700
	30058	20000	20000			9500
	345265	329707	34000			34000
	186760	127913	52298	52298		49500
201611	18292	18292	14992		18292	14992
201610	19600	19600	19600		19600	19600
201610	38332	38332	38332		38332	38332
	15406	1730	1730	350		300
	155500	14691	14691			15000
	47736	39084	39084	39084		28100
	35274	24150	24150			7500
	14999	7912	7912			8300
201606	45407	50157	16477		50157	3300
	46000	21000	21000			16000
	44990	14712	14712			14990
201605	16100	16100	4905		3433	4905
201612	12000	12000	12000		8100	12000
	78498	1930	1930			15700

11–10 续 53

项目(单位)名称	项目名称	开工时间
山西金晋加农业开发有限公司	农业综合开发建设项目	201605
沁县水利局	沁县西汤水库工程	201506
长治市城区常青办事处附城村民委员会	附城城中村改造二期建设	201604
长治市康维尔输送带有限公司	特种运输带生产项目	201606
壶关县太行山大峡谷饮业有限公司	太行山大峡谷山泉水生产项目	201605
沁源县南石农林牧综合发展有限公司	自驾游营地项目	201606
壶关县大象农牧发展有限公司	建设 2 个年出栏 200 万只肉鸡产业化项目	201604
长治市郊区住房保障和城乡建设管理局	长治市郊区果园经济适用房	201506
黎城县红石公园杨岐山管理处	杨岐山景区旅游综合配套建设项目	201605
长治市霍家工业有限公司	年产 4 万吨合成橡胶项目	201601
长治市城区五马办事处马坊头村村民委员会	城中村改造四期	201604
山西漳山发电有限责任公司	2×300MW 和 1×600MW 机组供热改造工程	201604
屯留县住房保障和城乡建设管理局	馨悦小区经济适用房和棚户区改造项目	201303
壶关县太行山大峡谷九龙洞旅游开发有限公司	新建九龙洞景区项目	201507
屯留县麟绛镇西街村村民委员会	西街物流园项目一期工程	201309
长治市八仙岭旅游开发有限公司	八仙岭文化旅游景点整合开发项目	201609
长治市城区人民政府延安南路街道办事处	延安南路街道办事处北片区棚户区改造	201604
山西省武乡县水利局	武乡县东干线供水工程	201611
山西豪歌商贸有限公司	建设 80 万吨石料边角来料加工项目	201601
长子县远东燃气有限公司	新建宋村加气站项目	201601
山西潞安煤基清洁能源有限责任公司	高硫煤清洁利用油化电热一体化示范项目	201304
襄垣县颐昌农业科技有限公司	新建农业生态观光科技园项目	201509
长治市潞安漳村恒达工贸有限公司	矿用配及钢网生产项目	201609
山西新超煤业有限公司	提高资源回收新工艺应用项目	201603
山西潞光发电有限公司	长子高河 2×66 万千瓦低热值煤发电项目	201512
黎城县鑫腾飞农业有限公司	红石滩现代生态农业观光园开发项目	201508
长治市城区常青办事处长子门村民委员会	长子门村城中村改造建设	201604
长治市城区建华集体资产管理委员会	建华城中村改造建设项目	201507
长治市久豪科技有限公司	电动汽车充电站和充电桩产品项目	201603
山西天利源生物科技开发有限公司	新建年养殖屠宰加工 30 万只商品鹅项目	201609
山西马军峪常信煤业有限公司	常信煤业 120 万吨扩建	201107
山西林盛果业有限公司	扩建“晋襄林盛”黄梨种植基地	201603
长治市郊区住房保障和城乡建设管理局	金果园公租房和廉租房	201506
山西景阳能源集团有限公司	景阳红豆杉种植基地	201310
长治市霍家工业有限公司	重型生化水回收及处理中心建设项目	201604
长治市城区五马办事处中山头村村民委员会	五马街道办事处中山头村城中村改造一期	201604
山西漳山发电有限责任公司	一期 2×300MW 机组超低排放改造工程	201605
屯留县明辰新能有限责任公司	发电机组循环水供热项目	201602
山西煤层气(天然气)集输有限公司	襄垣液化调峰储备集散中心项目	201604
屯留县麟绛镇西街村村民委员会	麟绛镇西街城中村建设项目	201309
屯留县吾龙湾农业开发有限公司	农业综合利用与产业一体化项目	201604
长治市城区人民政府延安南路街道办事处	延安南路街道办事处西片区棚户区改造	201604
沁源县交通运输局	沁源县花坡旅游公路建设项目	201607
长治县桦龙种植专业合作社	农业科技观光休闲体验园建设项目	201603
山西中德铝业有限公司	年产 100 万台套汽车轻量化零部件产业项目	201505

单位：万元

本年全部投产时间	计划总投资	自开始建设累计完成投资	本年完成投资	其中：住宅	本年新增固定资产	本年实际到位资金合计
201610	6500	6500	6500		6500	6100
	5598	4630	2500			2500
	94378	48796	48796	48796		39000
	12500	12081	12081			12081
201612	19200	19200	19200		19200	19200
	15000	9900	9900		5200	9900
201611	17000	17000	17000		17000	18500
	15869	709	550	550		550
	18000	9800	9800			9900
201612	36450	36450	36450		36450	36450
201612	34217	34217	34217	34217	18379	25500
201611	16000	16000	16000		16000	16000
	27563	3580				
201612	190000	190000	142410		142410	140410
	19000	18710	3465			
	46000	14500	14500			14700
	47611	39870	39870	39870		28500
	32337	4800	4800			5000
201611	18500	18500	18500		17970	18500
201609	12000	12000	12000		12000	2500
	2367000	2283650	228686			63500
201608	18000	18000	9500		18000	5000
201612	12800	12800	12800		12800	12800
201612	12500	12500	12500		9600	12500
	520000	334705	182585			19250
201609	9500	9500	4800		4800	4800
	107074	47502	47502	47502		40500
201611	69005	73604	50088	50088	50088	45682
201608	10000	11008	11008		10980	11008
	19000	9200	9200			9200
201612	98351	98351	15762		9127	15762
	49600	9100	9100			9500
	6592	1097				
	50000	36990	10688		7560	10691
201611	14700	14700	14700		14700	14700
	91657	38022	38022	38022		36500
	9800	8261	8261			8261
	12546	7528	7528			3994
	40287	37731	37731			15000
	65890	54350	9700	2310		
	9041	3660	3660			2000
	46999	38714	38714	38714		27500
	27302	1300	1300			
201612	14000	14000	14000		14000	14000
201606	36200	38192	11381		28644	6750

职工人数劳动工资

资料整理人员

靳慧霞　　李　璐　　孙　毅　　靳　明

王世诚　　程　帅

12

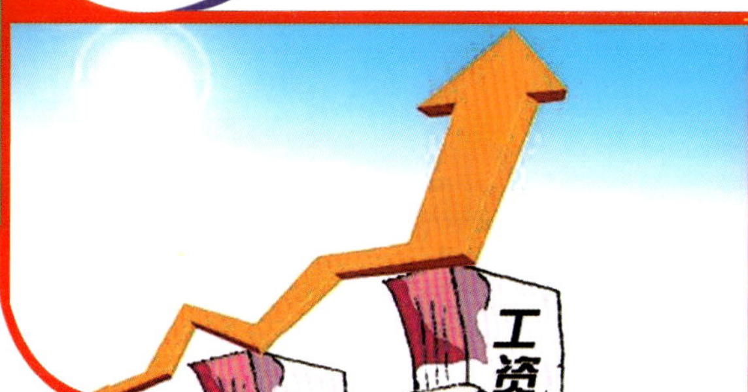

12-1　城镇非私营单位从业人数与工资的增长速度

指 标 名 称	单 位	2015年	2016年	比上年增长(%)
从业人员年末人数	人	427080	425665	-0.33
在岗职工年末人数	人	412837	409061	-0.91
从业人员平均人数	人	431081	421111	-2.31
在岗职工平均人数	人	416242	405623	-2.55
从业人员工资总额	万元	2088960	2091674	0.13
在岗职工工资总额	万元	2058857	2058101	-0.04
从业人员平均工资	元	48459	49670	2.50
在岗职工平均工资	元	49463	50739	2.58

12-2 城镇非私营单位

项　　目	单位数(个)	年末			
		单位从业人员	# 女性	# 非全日制	1.在岗职工
总　　计	**4106**	**425665**	**142819**	**2907**	**401128**
一、按执行会计标准类别分组					
1.企业	1085	280489	72714	2644	263408
2.事业	1821	99721	54026	248	94000
3.机关	1150	42693	14355	15	40988
4.民间非营利组织	9	251	178		243
5.其他	41	2511	1546		2489
二、按国民经济行业分组(GB/T 4754-2011)					
(一)农、林、牧、渔业	60	1369	368		1326
农业	12	431	173		392
林业	34	708	127		704
畜牧业	5	69	13		69
渔业					
农、林、牧、渔服务业	9	161	55		161
(二)采矿业	89	124803	19007		124124
煤炭开采和洗选业	83	123002	18931		122339
石油和天然气开采业					
黑色金属矿采选业	6	1801	76		1785
有色金属矿采选业					
非金属矿采选业					
开采辅助活动					
其他采矿业					
(三)制造业	161	67562	21640	374	63613
农副食品加工业	10	2042	889	22	1945
食品制造业	3	729	524		729
酒、饮料和精制茶制造业	3	416	126		416
烟草制品业					
纺织业	1	8	7		8
纺织服装、服饰业	2	679	439		679
皮革、毛皮、羽毛及其制品和制鞋业					
木材加工和木、竹、藤、棕、草制品业	1	16	8		16
家具制造业	1	43	10		43
造纸和纸制品业	2	112	27		108
印刷和记录媒介复制业	7	340	227		338
文教、工美、体育和娱乐用品制造业	3	745	322		745
石油加工、炼焦和核燃料加工业	13	11817	3027		11723
化学原料和化学制品制造业	23	16530	4915	25	15390
医药制造业	7	3743	1856		3712
化学纤维制造业					
橡胶和塑料制品业	5	1069	514		1063
非金属矿物制品业	21	4278	1092		4102

分 行 业 从 业 人 员 和 工 资 情 况

人 数（ 人 ）			平均人数(人)				
2.劳务派遣人员	在岗劳务合计	3.其他从业人员	单位从业人员	1.在岗职工	2.劳务派遣人员	在岗劳务合计	3.其他从业人员
7933	**409061**	**16604**	**421111**	**397478**	**8145**	**405623**	**15488**
7245	270653	9836	276197	260056	7393	267449	8748
374	94374	5347	99477	93701	438	94139	5338
314	41302	1391	42670	40984	314	41298	1372
	243	8	251	243		243	8
	2489	22	2516	2494		2494	22
29	1355	14	1368	1325	29	1354	14
29	421	10	434	395	29	424	10
	704	4	704	700		700	4
	69		69	69		69	
	161		161	161		161	
250	124374	429	122907	122048	275	122323	584
244	122583	419	121462	120638	254	120892	570
6	1791	10	1445	1410	21	1431	14
3037	66650	912	68101	64389	2885	67274	827
	1945	97	2002	1913	12	1925	77
	729		668	668		668	
	416		413	413		413	
	8		8	8		8	
	679		678	678		678	
	16		16	16		16	
	43		43	43		43	
	108	4	105	101		101	4
	338	2	339	337		337	2
	745		750	750		750	
84	11807	10	11806	11712	84	11796	10
777	16167	363	16798	15779	732	16511	287
	3712	31	3777	3746		3746	31
	1063	6	1117	1111		1111	6
174	4276	2	4360	4187	163	4350	10

12-2 续 1

项　　目	单位数(个)	年　末			
		单位从业人员	#女性	#非全日制	1.在岗职工
黑色金属冶炼和压延加工业	2	7973	2129		7973
有色金属冶炼和压延加工业	2	371	25		371
金属制品业	7	866	146	68	693
通用设备制造业	7	3592	1532	197	2908
专用设备制造业	27	4133	1576		3751
汽车制造业	6	1783	447		1764
铁路、船舶、航空航天和其他运输设备制造业	2	3830	1047	62	3677
电气机械和器材制造业	5	2433	753		1445
计算机、通信和其他电子设备制造业	1	14	2		14
仪器仪表制造业					
其他制造业					
废弃资源综合利用业					
金属制品、机械和设备修理业					
(四)电力、热力、燃气及水生产和供应业	44	11709	4026		11566
电力、热力生产和供应业	27	9093	2830		8981
燃气生产和供应业	2	610	295		589
水的生产和供应业	15	2006	901		1996
(五)建筑业	75	15966	3153	96	15053
房屋建筑业	35	8817	1857	39	8338
土木工程建筑业	26	6502	1242	57	6080
建筑安装业	9	254	21		242
建筑装饰和其他建筑业	5	393	33		393
(六)批发和零售业	247	9570	3832	25	9421
批发业	120	5267	1885	14	5207
零售业	127	4303	1947	11	4214
(七)交通运输、仓储和邮政业	77	12741	3543	140	11730
铁路运输业	6	646	81	19	596
道路运输业	54	9275	3069	114	9092
水上运输业					
航空运输业	1	288	78		288
管道运输业					
装卸搬运和运输代理业	3	110	46		110
仓储业	11	782	253	7	741
邮政业	2	1640	16		903
(八)住宿和餐饮业	27	2102	1296		2018
住宿业	23	1772	1113		1688
餐饮业	4	330	183		330
(九)信息传输、软件和信息技术服务业	16	3053	1692		2621
电信、广播电视和卫星传输服务	14	3036	1687		2604
互联网和相关服务					
软件和信息技术服务业	2	17	5		17
(十)金融业	187	20223	10108	1990	11423
货币金融服务	140	11453	5422	190	9695

人数（人）			平均人数(人)				
2.劳务派遣人员	在岗劳务合计	3.其他从业人员	单位从业人员	1.在岗职工	2.劳务派遣人员	在岗劳务合计	3.其他从业人员
	7973		8635	8613	22	8635	
	371		368	368		368	
93	786	80	862	690	91	781	81
482	3390	202	3457	2855	400	3255	202
350	4101	32	3995	3615	348	3963	32
1	1765	18	1632	1611	1	1612	20
91	3768	62	3775	3621	92	3713	62
985	2430	3	2483	1540	940	2480	3
	14		14	14		14	
102	11668	41	11518	11377	101	11478	40
102	9083	10	8933	8823	101	8924	9
	589	21	612	591		591	21
	1996	10	1973	1963		1963	10
480	15533	433	14735	13616	660	14276	459
236	8574	243	8895	8348	253	8601	294
244	6324	178	5191	4631	407	5038	153
	242	12	254	242		242	12
	393		395	395		395	
43	9464	106	9474	9292	75	9367	107
	5207	60	5169	5107		5107	62
43	4257	46	4305	4185	75	4260	45
755	12485	256	12635	11616	768	12384	251
17	613	33	631	580	17	597	34
1	9093	182	9199	9002	21	9023	176
	288		286	286		286	
	110		110	110		110	
	741	41	781	740		740	41
737	1640		1628	898	730	1628	
51	2069	33	2078	1993	51	2044	34
51	1739	33	1746	1661	51	1712	34
	330		332	332		332	
400	3021	32	3066	2614	420	3034	32
400	3004	32	3049	2597	420	3017	32
	17		17	17		17	
1557	12980	7243	19108	11440	1604	13044	6064
1298	10993	460	11529	9751	1331	11082	447

12-2 续 2

项目	单位数（个）	年末			
		单位从业人员	#女性	#非全日制	1.在岗职工
资本市场服务	1	59	29		59
保险业	44	8592	4595	1800	1551
其他金融业	2	119	62		118
(十一)房地产业	108	3292	1386	1	3248
其中:1.房地产开发经营	77	2200	794	1	2156
2.物业管理	9	475	267		475
3.房地产中介服务	2	36	17		36
(十二)租赁和商务服务业	117	9324	2246		8721
租赁业	3	38	22		38
商务服务业	114	9286	2224		8683
(十三)科学研究和技术服务业	141	4152	1286	21	3965
研究和试验发展	13	259	110		259
专业技术服务业	94	3184	869	18	3008
科技推广和应用服务业	34	709	307	3	698
(十四)水利、环境和公共设施管理业	126	11283	5302	79	9246
水利管理业	59	1557	561		1539
生态保护和环境治理业	10	713	258		709
公共设施管理业	57	9013	4483	79	6998
(十五)居民服务、修理和其他服务业	3	73	27		73
居民服务业	3	73	27		73
机动车、电子产品和日用产品修理业					
其他服务业					
(十六)教育	730	50013	30400	160	47376
其中:1.初等教育	362	18242	12432		17119
2.中等教育	248	22111	12462	67	21240
3.高等教育	10	2945	1396	67	2787
(十七)卫生和社会工作	270	22276	13766		21326
卫生	245	22021	13650		21072
社会工作	25	255	116		254
(十八)文化、体育和娱乐业	129	4230	2192		4135
新闻和出版业	12	476	242		454
广播、电视、电影和影视录音制作业	24	1077	506		1076
文化艺术业	87	2549	1394		2487
体育	4	45	10		35
娱乐业	2	83	40		83
(十九)公共管理、社会保障和社会组织	1499	51924	17549	21	50143
中国共产党机关	141	1985	613		1966
国家机构	1203	47946	16021	21	46229
人民政协、民主党派	17	326	102		326
社会保障	33	620	348		619
群众团体、社会团体和其他成员组织	105	1047	465		1003

人数（人）			平均人数(人)				
2.劳务派遣人员	在岗劳务合计	3.其他从业人员	单位从业人员	1.在岗职工	2.劳务派遣人员	在岗劳务合计	3.其他从业人员
	59		59	59		59	
259	1810	6782	7404	1516	273	1789	5615
	118	1	116	114		114	2
8	3256	36	3260	3208	8	3216	44
8	2164	36	2200	2148	8	2156	44
	475		445	445		445	
	36		36	36		36	
539	9260	64	9246	8667	523	9190	56
	38		39	39		39	
539	9222	64	9207	8628	523	9151	56
127	4092	60	4116	3931	125	4056	60
	259		259	259		259	
127	3135	49	3147	2973	125	3098	49
	698	11	710	699		699	11
71	9317	1966	11277	9240	71	9311	1966
	1539	18	1559	1541		1541	18
	709	4	713	709		709	4
71	7069	1944	9005	6990	71	7061	1944
	73		73	73		73	
	73		73	73		73	
182	47558	2455	49903	47274	182	47456	2447
47	17166	1076	18250	17129	47	17176	1074
23	21263	848	21938	21067	23	21090	848
	2787	158	2945	2789		2789	156
33	21359	917	22173	21225	33	21258	915
33	21105	916	21918	20971	33	21004	914
	254	1	255	254		254	1
3	4138	92	4189	4094	3	4097	92
	454	22	485	463		463	22
	1076	1	1074	1073		1073	1
3	2490	59	2502	2440	3	2443	59
	35	10	45	35		35	10
	83		83	83		83	
266	50409	1515	51884	50056	332	50388	1496
	1966	19	1976	1957		1957	19
263	46492	1454	47913	46149	329	46478	1435
	326		326	326		326	
	619	1	620	619		619	1
3	1006	41	1049	1005	3	1008	41

12-2 续 3

项目	工资总额				
	从业人员工资总额	1.在岗职工工资总额	基本工资	绩效工资	工资性津贴和补贴
总计	**20916744**	**20300355**	**12006910**	**5899667**	**1960326**
一、按执行会计标准类别分组					
1.企业	13705307	13188937	8231472	4042527	764164
2.事业	4919832	4849434	2599988	1543698	531756
3.机关	2223320	2194330	1119347	307864	663341
4.民间非营利组织	4255	4135	3948	174	13
5.其他	64030	63519	52155	5404	1052
二、按国民经济行业分组(GB/T 4754-2011)					
(一)农、林、牧、渔业	55589	54839	32412	15683	3751
农业	13139	12480	7055	2702	696
林业	31512	31421	19260	10057	1730
畜牧业	1996	1996	1620	350	26
渔业					
农、林、牧、渔服务业	8942	8942	4477	2574	1299
(二)采矿业	7203111	7169043	4494449	2108352	497625
煤炭开采和洗选业	7145681	7112711	4444645	2104452	496433
石油和天然气开采业					
黑色金属矿采选业	57430	56332	49804	3900	1192
有色金属矿采选业					
非金属矿采选业					
开采辅助活动					
其他采矿业					
(三)制造业	2646422	2519615	1692888	672967	131139
农副食品加工业	64922	59521	55088	3415	
食品制造业	21002	21002	15910	4171	854
酒、饮料和精制茶制造业	10735	10735	8727	2008	
烟草制品业					
纺织业	114	114	114		
纺织服装、服饰业	23136	23136	19558		3578
皮革、毛皮、羽毛及其制品和制鞋业					
木材加工和木、竹、藤、棕、草制品业	194	194	194		
家具制造业	1061	1061	1061		
造纸和纸制品业	2870	2755	2335	240	
印刷和记录媒介复制业	6799	6780	6520	260	
文教、工美、体育和娱乐用品制造业	20296	20296	5695	12738	1863
石油加工、炼焦和核燃料加工业	392049	389027	302949	65836	9441
化学原料和化学制品制造业	640322	615244	402804	176342	28930
医药制造业	196136	195440	153551	34817	7026
化学纤维制造业					
橡胶和塑料制品业	41135	40934	31415	4437	4879
非金属矿物制品业	138004	129875	86293	27146	15830

（千元）				平均工资（元）				
其他工资	2.劳务派遣人员工资总额	在岗劳务合计	3.其他从业人员工资总额	从业人员平均工资	1.在岗职工平均工资	2.劳务派遣人员平均工资	在岗劳务合计	3.其他从业人员平均工资
433452	**280652**	**20581007**	**335737**	**49670**	**51073**	**34457**	**50739**	**21677**
150774	267978	13456915	248392	49621	50716	36248	50316	28394
173992	7946	4857380	62452	49457	51754	18142	51598	11700
103778	4728	2199058	24262	52105	53541	15057	53249	17684
		4135	120	16952	17016		17016	15000
4908		63519	511	25449	25469		25469	23227
2993	563	55402	187	40635	41388	19414	40917	13357
2027	563	13043	96	30274	31595	19414	30762	9600
374		31421	91	44761	44887		44887	22750
		1996		28928	28928		28928	
592		8942		55540	55540		55540	
68617	10593	7179636	23475	58606	58740	38520	58694	40197
67181	9970	7122681	23000	58831	58959	39252	58918	40351
1436	623	56955	475	39744	39952	29667	39801	33929
22621	101446	2621061	25361	38860	39131	35163	38961	30666
1018	970	60491	4431	32429	31114	80833	31424	57545
67		21002		31440	31440		31440	
		10735		25993	25993		25993	
		114		14250	14250		14250	
		23136		34124	34124		34124	
		194		12125	12125		12125	
		1061		24674	24674		24674	
180		2755	115	27333	27277		27277	28750
		6780	19	20056	20119		20119	9500
		20296		27061	27061		27061	
10801	2742	391769	280	33208	33216	32643	33212	28000
7168	16052	631296	9026	38119	38991	21929	38235	31449
46		195440	696	51929	52173		52173	22452
203		40934	201	36826	36844		36844	33500
606	7275	137150	854	31652	31019	44632	31529	85400

12-2 续 4

项　　目	工　资　总　额				
	从业人员工资总额	1.在岗职工工资总额	基本工资	绩效工资	工资性津贴和补贴
黑色金属冶炼和压延加工业	325066	324444	120210	165877	38357
有色金属冶炼和压延加工业	16321	16321	16236		33
金属制品业	38743	31947	26013	802	3269
通用设备制造业	134172	117114	61474	50274	5366
专用设备制造业	161011	146661	93507	50220	2918
汽车制造业	69703	69060	55676	7083	6301
铁路、船舶、航空航天和其他运输设备制造业	247296	242756	184310	58099	120
电气机械和器材制造业	94975	54838	43008	9082	2374
计算机、通信和其他电子设备制造业	360	360	240	120	
仪器仪表制造业					
其他制造业					
废弃资源综合利用业					
金属制品、机械和设备修理业					
(四)电力、热力、燃气及水生产和供应业	804997	800641	314339	430686	50440
电力、热力生产和供应业	713190	709611	254669	407144	42735
燃气生产和供应业	26617	26188	11142	9598	5448
水的生产和供应业	65190	64842	48528	13944	2257
(五)建筑业	639121	589227	441437	113407	20369
房屋建筑业	386582	362414	292202	50466	15420
土木工程建筑业	234558	209058	132152	62550	4949
建筑安装业	5975	5749	5719	30	
建筑装饰和其他建筑业	12006	12006	11364	361	
(六)批发和零售业	366476	358862	223767	127223	5848
批发业	248821	245629	153035	88011	3653
零售业	117655	113233	70732	39212	2195
(七)交通运输、仓储和邮政业	422836	395920	265646	97166	22475
铁路运输业	28348	24795	10854	7489	3208
道路运输业	306312	302020	205272	81778	14410
水上运输业					
航空运输业	18234	18234	12303		208
管道运输业					
装卸搬运和运输代理业	2672	2672	1783	334	394
仓储业	23329	22618	17293	2605	1775
邮政业	43941	25581	18141	4960	2480
(八)住宿和餐饮业	56382	52507	41019	8796	2387
住宿业	48877	45002	33514	8796	2387
餐饮业	7505	7505	7505		
(九)信息传输、软件和信息技术服务业	188867	172659	63085	107790	1667
电信、广播电视和卫星传输服务	188220	172012	62703	107579	1653
互联网和相关服务					
软件和信息技术服务业	647	647	382	211	14
(十)金融业	1057594	828255	386972	395900	33952
货币金融服务	807065	736459	332025	367891	25512

（千元）				平均工资（元）				
其他工资	2.劳务派遣人员工资总额	在岗劳务合计	3.其他从业人员工资总额	从业人员平均工资	1.在岗职工平均工资	2.劳务派遣人员平均工资	在岗劳务合计	3.其他从业人员平均工资
	622	325066		37645	37669	28273	37645	
52		16321		44351	44351		44351	
1863	4176	36123	2620	44945	46300	45890	46252	32346
	14444	131558	2614	38812	41021	36110	40417	12941
16	13069	159730	1281	40303	40570	37555	40305	40031
	100	69160	543	42710	42868	100000	42903	27150
227	2090	244846	2450	65509	67041	22717	65943	39516
374	39906	94744	231	38250	35609	42453	38203	77000
		360		25714	25714		25714	
5176	3319	803960	1037	69890	70374	32861	70044	25925
5063	3319	712930	260	79838	80427	32861	79889	28889
		26188	429	43492	44311		44311	20429
113		64842	348	33041	33032		33032	34800
14014	35260	624487	14634	43374	43275	53424	43744	31882
4326	13513	375927	10655	43461	43413	53411	43707	36241
9407	21747	230805	3753	45186	45143	53432	45813	24529
		5749	226	23524	23756		23756	18833
281		12006		30395	30395		30395	
2024	2710	361572	4904	38682	38621	36133	38601	45832
930		245629	3192	48137	48097		48097	51484
1094	2710	115943	1712	27330	27057	36133	27217	38044
10633	20501	416421	6415	33465	34084	26694	33626	25558
3244	1577	26372	1976	44926	42750	92765	44174	58118
560	564	302584	3728	33298	33550	26857	33535	21182
5723		18234		63755	63755		63755	
161		2672		24291	24291		24291	
945		22618	711	29871	30565		30565	17341
	18360	43941		26991	28487	25151	26991	
305	3308	55815	567	27133	26346	64863	27307	16676
305	3308	48310	567	27994	27093	64863	28218	16676
		7505		22605	22605		22605	
117	15556	188215	652	61600	66052	37038	62035	20375
77	15556	187568	652	61732	66235	37038	62170	20375
40		647		38059	38059		38059	
11431	68225	896480	161114	55348	72400	42534	68727	26569
11031	60416	796875	10190	70003	75527	45391	71907	22796

12–2 续 5

项　　目	工资总额				
	从业人员工资总额	1.在岗职工工资总额	基本工资	绩效工资	工资性津贴和补贴
资本市场服务	10465	10465	7325	3140	
保险业	232742	74112	42315	23010	8387
其他金融业	7322	7219	5307	1859	53
（十一）房地产业	104485	103009	87992	12299	2071
其中：1.房地产开发经营	79156	77680	66819	8950	1563
2.物业管理	11126	11126	9848	989	231
3.房地产中介服务	1066	1066	381	551	75
（十二）租赁和商务服务业	296363	288797	227320	25401	21640
租赁业	1185	1185	1008		177
商务服务业	295178	287612	226312	25401	21463
（十三）科学研究和技术服务业	201710	196195	134801	41877	13800
研究和试验发展	17732	17732	9086	5608	866
专业技术服务业	148255	142867	106701	24789	8727
科技推广和应用服务业	35723	35596	19014	11480	4207
（十四）水利、环境和公共设施管理业	267127	250838	153899	63760	11190
水利管理业	73116	72820	37806	26254	4094
生态保护和环境治理业	18403	18332	13291	3325	1572
公共设施管理业	175608	159686	102802	34181	5524
（十五）居民服务、修理和其他服务业	2788	2788	767	581	122
居民服务业	2788	2788	767	581	122
机动车、电子产品和日用产品修理业					
其他服务业					
（十六）教育	2769851	2737747	1487991	892409	266675
其中：1.初等教育	1030453	1019681	541078	320148	135072
2.中等教育	1282694	1271444	703316	419932	102830
3.高等教育	199679	195522	93981	84773	7020
（十七）卫生和社会工作	963260	947088	499759	326283	80492
卫生	950626	934477	492926	322421	79288
社会工作	12634	12611	6833	3862	1204
（十八）文化、体育和娱乐业	172802	168818	104676	43426	18087
新闻和出版业	23533	23208	11086	6518	5400
广播、电视、电影和影视录音制作业	45759	45737	28054	14572	2843
文化艺术业	98023	94526	62425	21403	8642
体育	2207	2067	1035	453	552
娱乐业	3280	3280	2076	480	650
（十九）公共管理、社会保障和社会组织	2696963	2663507	1353691	415661	776596
中国共产党机关	125323	124793	58566	13473	46323
国家机构	2458611	2426564	1236592	386291	696125
人民政协、民主党派	22226	22226	11049	1805	8949
社会保障	32703	32689	17156	9201	5332
群众团体、社会团体和其他成员组织	58100	57235	30328	4891	19867

（千元）				平均工资(元)				
其他工资	2.劳务派遣人员工资总额	在岗劳务合计	3.其他从业人员工资总额	从业人员平均工资	1.在岗职工平均工资	2.劳务派遣人员平均工资	在岗劳务合计	3.其他从业人员平均工资
		10465		177373	177373		177373	
400	7809	81921	150821	31435	48887	28604	45792	26860
		7219	103	63121	63325		63325	51500
647	191	103200	1285	32051	32110	23875	32090	29205
348	191	77871	1285	35980	36164	23875	36118	29205
58		11126		25002	25002		25002	
59		1066		29611	29611		29611	
14436	6010	294807	1556	32053	33321	11491	32079	27786
		1185		30385	30385		30385	
14436	6010	293622	1556	32060	33335	11491	32086	27786
5717	3506	199701	2009	49006	49910	28048	49236	33483
2172		17732		68463	68463		68463	
2650	3506	146373	1882	47110	48055	28048	47248	38408
895		35596	127	50314	50924		50924	11545
21989	357	251195	15932	23688	27147	5028	26978	8104
4666		72820	296	46899	47255		47255	16444
144		18332	71	25811	25856		25856	17750
17179	357	160043	15565	19501	22845	5028	22666	8007
1318		2788		38192	38192		38192	
1318		2788		38192	38192		38192	
90672	1666	2739413	30438	55505	57912	9154	57725	12439
23383	252	1019933	10520	56463	59530	5362	59381	9795
45366	405	1271849	10845	58469	60352	17609	60306	12789
9748		195522	4157	67803	70105		70105	26647
40554	1455	948543	14717	43443	44621	44091	44621	16084
39842	1455	935932	14694	43372	44560	44091	44560	16077
712		12611	23	49545	49650		49650	23000
2629	54	168872	3930	41251	41235	18000	41218	42717
204		23208	325	48522	50125		50125	14773
268		45737	22	42606	42625		42625	22000
2056	54	94580	3443	39178	38740	18000	38715	58356
27		2067	140	49044	59057		59057	14000
74		3280		39518	39518		39518	
117559	5932	2669439	27524	51981	53211	17867	52978	18398
6431		124793	530	63423	63768		63768	27895
107556	5916	2432480	26131	51314	52581	17982	52336	18210
423		22226		68178	68178		68178	
1000		32689	14	52747	52809		52809	14000
2149	16	57251	849	55386	56950	5333	56797	20707

12-3 城镇非私营国有单位

项　　目	单位数(个)	年末 单位从业人员	#女性	#非全日制	1.在岗职工
总　计	3126	169394	75741	446	160548
一、按隶属关系分组					
1.中央	88	10122	3229	62	9666
2.省、自治区、直辖市	103	19196	7102	74	18021
3.地区	485	35707	14865	175	35226
4.县及县级以下	2436	103854	50349	135	97127
5.其他	14	515	196		508
二、按执行会计标准类别分组					
1.企业	293	31783	9757	183	29927
其中:地方	261	23681	7335	121	22130
2.事业	1683	94957	51674	248	89547
其中:地方	1655	94553	51536	248	89169
3.机关	1145	42376	14111	15	40796
其中:地方	1118	40964	13580	15	39509
4.民间非营利组织					
5.其他	5	278	199		278
三、按国民经济行业分组(GB/T 4754-2011)					
(一)农、林、牧、渔业	59	1166	279		1123
农业	11	228	84		189
林业	34	708	127		704
畜牧业	5	69	13		69
渔业					
农、林、牧、渔服务业	9	161	55		161
(二)采矿业	2	73	8		73
煤炭开采和洗选业	2	73	8		73
石油和天然气开采业					
黑色金属矿采选业					
有色金属矿采选业					
非金属矿采选业					
开采辅助活动					
其他采矿业					
(三)制造业	16	5096	1490	62	4852
农副食品加工业	2	40	7		40
食品制造业					
酒、饮料和精制茶制造业					
烟草制品业					
纺织业					
纺织服装、服饰业					
皮革、毛皮、羽毛及其制品和制鞋业					
木材加工和木、竹、藤、棕、草制品业					
家具制造业					
造纸和纸制品业					
印刷和记录媒介复制业	3	180	123		178
文教、工美、体育和娱乐用品制造业					

分行业从业人员和工资情况

人 数（人）			平均人数(人)				
2.劳务派遣人员	在岗劳务合计	3.其他从业人员	单位从业人员	1.在岗职工	2.劳务派遣人员	在岗劳务合计	3.其他从业人员
1870	162418	6976	168805	159911	1966	161877	6928
327	9993	129	10000	9540	331	9871	129
956	18977	219	19050	17782	1051	18833	217
94	35320	387	35662	35200	94	35294	368
490	97617	6237	103578	96881	487	97368	6210
3	511	4	515	508	3	511	4
1237	31164	619	31369	29501	1269	30770	599
1025	23155	526	23389	21831	1052	22883	506
373	89920	5037	94806	89341	437	89778	5028
353	89522	5031	94401	88962	417	89379	5022
260	41056	1320	42353	40792	260	41052	1301
165	39674	1290	40941	39504	166	39670	1271
	278		277	277		277	
29	1152	14	1164	1121	29	1150	14
29	218	10	230	191	29	220	10
	704	4	704	700		700	4
	69		69	69		69	
	161		161	161		161	
	73		101	101		101	
	73		101	101		101	
176	5028	68	5044	4800	175	4975	69
	40		40	40		40	
	178	2	179	177		177	2

12-3 续 1

项　　目	单位数(个)	年末 单位从业人员	#女性	#非全日制	1.在岗职工
石油加工、炼焦和核燃料加工业					
化学原料和化学制品制造业	2	40	12		40
医药制造业					
化学纤维制造业					
橡胶和塑料制品业					
非金属矿物制品业	3	408	108		322
黑色金属冶炼和压延加工业					
有色金属冶炼和压延加工业					
金属制品业	1	37	7		37
通用设备制造业	1	143	56		143
专用设备制造业	2	111	43		111
汽车制造业	1	377	97		374
铁路、船舶、航空航天和其他运输设备制造业	1	3760	1037	62	3607
电气机械和器材制造业					
计算机、通信和其他电子设备制造业					
仪器仪表制造业					
其他制造业					
废弃资源综合利用业					
金属制品、机械和设备修理业					
(四)电力、热力、燃气及水生产和供应业	24	5158	1884		5138
电力、热力生产和供应业	8	2910	848		2900
燃气生产和供应业	1	242	135		242
水的生产和供应业	15	2006	901		1996
(五)建筑业	14	5079	1457		4992
房屋建筑业	5	4415	1337		4328
土木工程建筑业	8	654	118		654
建筑安装业	1	10	2		10
建筑装饰和其他建筑业					
(六)批发和零售业	91	2539	805		2487
批发业	60	1919	552		1883
零售业	31	620	253		604
(七)交通运输、仓储和邮政业	26	7495	1762	121	6541
铁路运输业	1	21	7		21
道路运输业	15	5159	1519	114	4983
水上运输业					
航空运输业					
管道运输业					
装卸搬运和运输代理业					
仓储业	9	705	236	7	664
邮政业	1	1610			873
(八)住宿和餐饮业	14	1114	551		1112
住宿业	11	984	531		982
餐饮业	3	130	20		130
(九)信息传输、软件和信息技术服务业	8	321	136		254
电信、广播电视和卫星传输服务	7	310	134		243

人数（人）			平均人数(人)				
2.劳务派遣人员	在岗劳务合计	3.其他从业人员	单位从业人员	1.在岗职工	2.劳务派遣人员	在岗劳务合计	3.其他从业人员
	40		40	40		40	
84	406	2	405	321	82	403	2
	37		37	37		37	
	143		145	145		145	
	111		111	111		111	
1	375	2	382	378	1	379	3
91	3698	62	3705	3551	92	3643	62
	5138	20	5007	4988		4988	19
	2900	10	2792	2783		2783	9
	242		242	242		242	
	1996	10	1973	1963		1963	10
60	5052	27	5082	4995	60	5055	27
60	4388	27	4443	4356	60	4416	27
	654		629	629		629	
	10		10	10		10	
	2487	52	2476	2425		2425	51
	1883	36	1858	1823		1823	35
	604	16	618	602		602	16
737	7278	217	7470	6539	730	7269	201
	21		21	21		21	
	4983	176	5147	4987		4987	160
	664	41	704	663		663	41
737	1610		1598	868	730	1598	
1	1113	1	1087	1084	1	1085	2
1	983	1	957	954	1	955	2
	130		130	130		130	
54	308	13	324	257	54	311	13
54	297	13	313	246	54	300	13

12-3 续 2

项目	单位数（个）	单位从业人员	#女性	#非全日制	1.在岗职工
互联网和相关服务					
软件和信息技术服务业	1	11	2		11
（十）金融业	65	1598	764		1391
货币金融服务	43	1081	502		958
资本市场服务					
保险业	22	517	262		433
其他金融业					
（十一）房地产业	28	672	301		653
其中：1.房地产开发经营	12	323	141		304
2.物业管理	4	94	36		94
3.房地产中介服务	2	36	17		36
（十二）租赁和商务服务业	81	5890	1022		5889
租赁业	2	14	5		14
商务服务业	79	5876	1017		5875
（十三）科学研究和技术服务业	129	3326	1017	3	3159
研究和试验发展	12	236	96		236
专业技术服务业	83	2381	614		2225
科技推广和应用服务业	34	709	307	3	698
（十四）水利、环境和公共设施管理业	119	10452	4904	79	8545
水利管理业	57	1485	529		1467
生态保护和环境治理业	10	713	258		709
公共设施管理业	52	8254	4117	79	6369
（十五）居民服务、修理和其他服务业	2	64	27		64
居民服务业	2	64	27		64
机动车、电子产品和日用产品修理业					
其他服务业					
（十六）教育	655	45446	28362	160	42840
其中：1.初等教育	341	17311	11944		16188
2.中等教育	228	20572	11483	67	19719
3.高等教育	9	2941	1392	67	2783
（十七）卫生和社会工作	174	18784	11869		18145
卫生	149	18529	11753		17891
社会工作	25	255	116		254
（十八）文化、体育和娱乐业	120	3197	1554		3147
新闻和出版业	11	467	236		445
广播、电视、电影和影视录音制作业	24	1077	506		1076
文化艺术业	79	1525	762		1508
体育	4	45	10		35
娱乐业	2	83	40		83
（十九）公共管理、社会保障和社会组织	1499	51924	17549	21	50143
中国共产党机关	141	1985	613		1966
国家机构	1203	47946	16021	21	46229
人民政协、民主党派	17	326	102		326
社会保障	33	620	348		619
群众团体、社会团体和其他成员组织	105	1047	465		1003

（表头“年末”跨列于单位从业人员等列之上）

人 数（人）			平均人数(人)				
2.劳务派遣人员	在岗劳务合计	3.其他从业人员	单位从业人员	1.在岗职工	2.劳务派遣人员	在岗劳务合计	3.其他从业人员
	11		11	11		11	
186	1577	21	1598	1351	226	1577	21
102	1060	21	1082	923	138	1061	21
84	517		516	428	88	516	
	653	19	669	652		652	17
	304	19	323	306		306	17
	94		94	94		94	
	36		36	36		36	
	5889	1	5767	5766		5766	1
	14		14	14		14	
	5875	1	5753	5752		5752	1
127	3286	40	3334	3170	125	3295	39
	236		236	236		236	
127	2352	29	2388	2235	125	2360	28
	698	11	710	699		699	11
17	8562	1890	10462	8555	17	8572	1890
	1467	18	1490	1472		1472	18
	709	4	713	709		709	4
17	6386	1868	8259	6374	17	6391	1868
	64		64	64		64	
	64		64	64		64	
182	43022	2424	45365	42767	182	42949	2416
47	16235	1076	17321	16200	47	16247	1074
23	19742	830	20390	19537	23	19560	830
	2783	158	2941	2785		2785	156
32	18177	607	18702	18065	32	18097	605
32	17923	606	18447	17811	32	17843	604
	254	1	255	254		254	1
3	3150	47	3205	3155	3	3158	47
	445	22	476	454		454	22
	1076	1	1074	1073		1073	1
3	1511	14	1527	1510	3	1513	14
	35	10	45	35		35	10
	83		83	83		83	
266	50409	1515	51884	50056	332	50388	1496
	1966	19	1976	1957		1957	19
263	46492	1454	47913	46149	329	46478	1435
	326		326	326		326	
	619	1	620	619		619	1
3	1006	41	1049	1005	3	1008	41

12-3 续 3

项　　目	工　资　总　额				
	从业人员工资总额	1.在岗职工工资总额	基本工资	绩效工资	工资性津贴和补贴
总　计	8430012	8286728	4437566	2292841	1265612
一、按隶属关系分组					
1.中央	826857	813406	340206	390705	78455
2.省、自治区、直辖市	964278	933412	511996	261822	138133
3.地区	1678907	1668898	995323	420081	178031
4.县及县级以下	4934610	4846026	2578914	1214595	865808
5.其他	25360	24986	11127	5638	5185
二、按执行会计标准类别分组					
1.企业	1455960	1407415	814988	493503	82488
其中:地方	738578	701055	528482	122149	34205
2.事业	4746973	4680111	2501938	1490390	519795
其中:地方	4723550	4657309	2490820	1482555	516766
3.机关	2215156	2187279	1114014	306158	663329
其中:地方	2138702	2112633	1076066	297187	636186
4.民间非营利组织					
5.其他	11923	11923	6626	2790	
三、按国民经济行业分组(GB/T 4754-2011)					
(一)农、林、牧、渔业	48237	47487	28484	14701	3310
农业	5787	5128	3127	1720	255
林业	31512	31421	19260	10057	1730
畜牧业	1996	1996	1620	350	26
渔业					
农、林、牧、渔服务业	8942	8942	4477	2574	1299
(二)采矿业	6286	6286	4597	1235	
煤炭开采和洗选业	6286	6286	4597	1235	
石油和天然气开采业					
黑色金属矿采选业					
有色金属矿采选业					
非金属矿采选业					
开采辅助活动					
其他采矿业					
(三)制造业	304441	297626	213580	71369	12616
农副食品加工业	833	833	833		
食品制造业					
酒、饮料和精制茶制造业					
烟草制品业					
纺织业					
纺织服装、服饰业					
皮革、毛皮、羽毛及其制品和制鞋业					
木材加工和木、竹、藤、棕、草制品业					
家具制造业					
造纸和纸制品业					
印刷和记录媒介复制业	3572	3553	3553		
文教、工美、体育和娱乐用品制造业					

（千元）				平均工资（元）				
其他工资	2.劳务派遣人员工资总额	在岗劳务合计	3.其他从业人员工资总额	从业人员平均工资	1.在岗职工平均工资	2.劳务派遣人员平均工资	在岗劳务合计	3.其他从业人员平均工资
290709	45534	8332262	97750	49939	51821	23161	51473	14109
4040	7619	821025	5832	82686	85263	23018	83175	45209
21461	25546	958958	5320	50618	52492	24306	50919	24516
75463	2546	1671444	7463	47078	47412	27085	47358	20280
186709	9569	4855595	79015	47641	50020	19649	49868	12724
3036	254	25240	120	49243	49185	84667	49393	30000
16436	33041	1440456	15504	46414	47707	26037	46814	25883
16219	27252	728307	10271	31578	32113	25905	31827	20298
167988	7930	4688041	58932	50070	52385	18146	52218	11721
167168	7436	4664745	58805	50037	52352	17832	52191	11709
103778	4563	2191842	23314	52302	53620	17550	53392	17920
103194	3227	2115860	22842	52239	53479	19440	53337	17972
2507		11923		43043	43043		43043	
992	563	48050	187	41441	42361	19414	41783	13357
26	563	5691	96	25161	26848	19414	25868	9600
374		31421	91	44761	44887		44887	22750
		1996		28928	28928		28928	
592		8942		55540	55540		55540	
454		6286		62238	62238		62238	
454		6286		62238	62238		62238	
61	4206	301832	2609	60357	62005	24034	60670	37812
		833		20825	20825		20825	
		3553	19	19955	20073		20073	9500

12-3 续 4

项目	工资总额				
	从业人员工资总额	1.在岗职工工资总额	基本工资	绩效工资	工资性津贴和补贴
石油加工、炼焦和核燃料加工业					
化学原料和化学制品制造业	1496	1496	1022	389	24
医药制造业					
化学纤维制造业					
橡胶和塑料制品业					
非金属矿物制品业	16051	13961	2149	4387	7425
黑色金属冶炼和压延加工业					
有色金属冶炼和压延加工业					
金属制品业	510	510	510		
通用设备制造业	4783	4783	1813	2803	167
专用设备制造业	2460	2460	1190	1270	
汽车制造业	30866	30700	20000	5700	5000
铁路、船舶、航空航天和其他运输设备制造业	243870	239330	182510	56820	
电气机械和器材制造业					
计算机、通信和其他电子设备制造业					
仪器仪表制造业					
其他制造业					
废弃资源综合利用业					
金属制品、机械和设备修理业					
(四)电力、热力、燃气及水生产和供应业	391757	391149	108544	246203	35972
电力、热力生产和供应业	321447	321187	54896	232259	33715
燃气生产和供应业	5120	5120	5120		
水的生产和供应业	65190	64842	48528	13944	2257
(五)建筑业	224781	219898	157475	48680	13341
房屋建筑业	202364	197481	143337	40858	13286
土木工程建筑业	22199	22199	13920	7822	55
建筑安装业	218	218	218		
建筑装饰和其他建筑业					
(六)批发和零售业	121307	118523	55011	61472	1154
批发业	110907	108268	45659	60774	1109
零售业	10400	10255	9352	698	45
(七)交通运输、仓储和邮政业	240170	217927	138010	65788	13019
铁路运输业	947	947	550	325	72
道路运输业	174785	171613	104323	58178	8947
水上运输业					
航空运输业					
管道运输业					
装卸搬运和运输代理业					
仓储业	21278	20567	15777	2325	1520
邮政业	43160	24800	17360	4960	2480
(八)住宿和餐饮业	29053	28991	19584	7123	2157
住宿业	26434	26372	16965	7123	2157
餐饮业	2619	2619	2619		
(九)信息传输、软件和信息技术服务业	12568	11470	5834	4112	1407
电信、广播电视和卫星传输服务	11975	10877	5506	3901	1393

（千元）				平 均 工 资（元）				
其他工资	2.劳务派遣人员工资总额	在岗劳务合计	3.其他从业人员工资总额	从业人员平均工资	1.在岗职工平均工资	2.劳务派遣人员平均工资	在岗劳务合计	3.其他从业人员平均工资
61		1496		37400	37400		37400	
	2016	15977	74	39632	43492	24585	39645	37000
		510		13784	13784		13784	
		4783		32986	32986		32986	
		2460		22162	22162		22162	
	100	30800	66	80801	81217	100000	81266	22000
	2090	241420	2450	65822	67398	22717	66270	39516
430		391149	608	78242	78418		78418	32000
317		321187	260	115131	115410		115410	28889
		5120		21157	21157		21157	
113		64842	348	33041	33032		33032	34800
402	3224	223122	1659	44231	44024	53733	44139	61444
	3224	200705	1659	45547	45335	53733	45450	61444
402		22199		35293	35293		35293	
		218		21800	21800		21800	
886		118523	2784	48993	48875		48875	54588
726		108268	2639	59692	59390		59390	75400
160		10255	145	16828	17035		17035	9063
1110	18360	236287	3883	32151	33327	25151	32506	19318
		947		45095	45095		45095	
165		171613	3172	33959	34412		34412	19825
945		20567	711	30224	31021		31021	17341
	18360	43160		27009	28571	25151	27009	
127	26	29017	36	26728	26744	26000	26744	18000
127	26	26398	36	27622	27644	26000	27642	18000
		2619		20146	20146		20146	
117	837	12307	261	38790	44630	15500	39572	20077
77	837	11714	261	38259	44215	15500	39047	20077

12-3 续 5

项目	工资总额				
	从业人员工资总额	1.在岗职工工资总额	基本工资	绩效工资	工资性津贴和补贴
互联网和相关服务					
软件和信息技术服务业	593	593	328	211	14
(十)金融业	88123	82230	36068	34776	10677
货币金融服务	65828	61691	32226	25632	3124
资本市场服务					
保险业	22295	20539	3842	9144	7553
其他金融业					
(十一)房地产业	20360	20091	15570	3798	482
其中:1.房地产开发经营	9458	9189	7546	1438	205
2.物业管理	1259	1259	1259		
3.房地产中介服务	1066	1066	381	551	75
(十二)租赁和商务服务业	174720	174708	129156	15224	16081
租赁业	570	570	393		177
商务服务业	174150	174138	128763	15224	15904
(十三)科学研究和技术服务业	169807	165288	106327	39650	13800
研究和试验发展	17288	17288	8642	5608	866
专业技术服务业	116796	112404	78671	22562	8727
科技推广和应用服务业	35723	35596	19014	11480	4207
(十四)水利、环境和公共设施管理业	251821	236842	147091	61011	9760
水利管理业	70599	70303	36931	24612	4094
生态保护和环境治理业	18403	18332	13291	3325	1572
公共设施管理业	162819	148207	96869	33074	4094
(十五)居民服务、修理和其他服务业	2698	2698	677	581	122
居民服务业	2698	2698	677	581	122
机动车、电子产品和日用产品修理业					
其他服务业					
(十六)教育	2649308	2617855	1399770	866902	263101
其中:1.初等教育	986016	975244	515804	305478	132299
2.中等教育	1245134	1234196	672269	415168	102263
3.高等教育	199539	195382	93946	84668	7020
(十七)卫生和社会工作	847840	835204	431852	292394	74086
卫生	835206	822593	425019	288532	72882
社会工作	12634	12611	6833	3862	1204
(十八)文化、体育和娱乐业	149772	148948	86245	42161	17931
新闻和出版业	23120	22795	10903	6320	5386
广播、电视、电影和影视录音制作业	45759	45737	28054	14572	2843
文化艺术业	75406	75069	44177	20336	8500
体育	2207	2067	1035	453	552
娱乐业	3280	3280	2076	480	650
(十九)公共管理、社会保障和社会组织	2696963	2663507	1353691	415661	776596
中国共产党机关	125323	124793	58566	13473	46323
国家机构	2458611	2426564	1236592	386291	696125
人民政协、民主党派	22226	22226	11049	1805	8949
社会保障	32703	32689	17156	9201	5332
群众团体、社会团体和其他成员组织	58100	57235	30328	4891	19867

（千元）				平 均 工 资（元）				
其他工资	2.劳务派遣人员工资总额	在岗劳务合计	3.其他从业人员工资总额	从业人员平均工资	1.在岗职工平均工资	2.劳务派遣人员平均工资	在岗劳务合计	3.其他从业人员平均工资
40		593		53909	53909		53909	
709	5529	87759	364	55146	60866	24465	55649	17333
709	3773	65464	364	60839	66837	27341	61700	17333
	1756	22295		43207	47988	19955	43207	
241		20091	269	30433	30814		30814	15824
		9189	269	29282	30029		30029	15824
		1259		13394	13394		13394	
59		1066		29611	29611		29611	
14247		174708	12	30297	30300		30300	12000
		570		40714	40714		40714	
14247		174138	12	30271	30274		30274	12000
5511	3506	168794	1013	50932	52141	28048	51227	25974
2172		17288		73254	73254		73254	
2444	3506	115910	886	48910	50293	28048	49114	31643
895		35596	127	50314	50924		50924	11545
18980	192	237034	14787	24070	27685	11294	27652	7824
4666		70303	296	47382	47760		47760	16444
144		18332	71	25811	25856		25856	17750
14170	192	148399	14420	19714	23252	11294	23220	7719
1318		2698		42156	42156		42156	
1318		2698		42156	42156		42156	
88082	1666	2619521	29787	58400	61212	9154	60991	12329
21663	252	975496	10520	56926	60200	5362	60042	9795
44496	405	1234601	10533	61066	63172	17609	63119	12690
9748		195382	4157	67847	70155		70155	26647
36872	1439	836643	11197	45334	46233	44969	46231	18507
36160	1439	824032	11174	45276	46185	44969	46182	18500
712		12611	23	49545	49650		49650	23000
2611	54	149002	770	46731	47210	18000	47182	16383
186		22795	325	48571	50209		50209	14773
268		45737	22	42606	42625		42625	22000
2056	54	75123	283	49382	49715	18000	49652	20214
27		2067	140	49044	59057		59057	14000
74		3280		39518	39518		39518	
117559	5932	2669439	27524	51981	53211	17867	52978	18398
6431		124793	530	63423	63768		63768	27895
107556	5916	2432480	26131	51314	52581	17982	52336	18210
423		22226		68178	68178		68178	
1000		32689	14	52747	52809		52809	14000
2149	16	57251	849	55386	56950	5333	56797	20707

12-4 城镇非私营集体单位

指标名称	单位数(个)	年末人数			
		单位从业人员	#女性	#非全日制	1.在岗职工
总　计	**256**	**11816**	**5462**	**191**	**10157**
一、按执行会计标准类别分组					
1.企业	159	8387	3876	191	7039
2.事业	97	3429	1586		3118
3.机关					
4.民间非营利组织					
5.其他					
二、按国民经济行业分组(GB/T 4754-2011)					
(一)农、林、牧、渔业					
农业					
林业					
畜牧业					
渔业					
农、林、牧、渔服务业					
(二)采矿业	2	178	16		160
煤炭开采和洗选业	2	178	16		160
石油和天然气开采业					
黑色金属矿采选业					
有色金属矿采选业					
非金属矿采选业					
开采辅助活动					
其他采矿业					
(三)制造业	11	338	136		329
农副食品加工业	1	10	8		10
食品制造业	1	12	2		12
酒、饮料和精制茶制造业					
烟草制品业					
纺织业					
纺织服装、服饰业	1	5	4		5
皮革、毛皮、羽毛及其制品和制鞋业					
木材加工和木、竹、藤、棕、草制品业	1	16	8		16
家具制造业					
造纸和纸制品业	1	7	3		7
印刷和记录媒介复制业	1	48	31		48
文教、工美、体育和娱乐用品制造业	1	13	11		13
石油加工、炼焦和核燃料加工业					
化学原料和化学制品制造业					
医药制造业					
化学纤维制造业					
橡胶和塑料制品业					
非金属矿物制品业					

分行业从业人员和工资情况

（人）			平均人数(人)				
2.劳务派遣人员	在岗劳务合计	3.其他从业人员	单位从业人员	1.在岗职工	2.劳务派遣人员	在岗劳务合计	3.其他从业人员
866	**11023**	**793**	**11637**	**10011**	**870**	**10881**	**756**
865	7904	483	8301	6986	869	7855	446
1	3119	310	3336	3025	1	3026	310
10	170	8	103	85	10	95	8
10	170	8	103	85	10	95	8
	329	9	343	334		334	9
	10		10	10		10	
	12		12	12		12	
	5		5	5		5	
	16		16	16		16	
	7		7	7		7	
	48		48	48		48	
	13		13	13		13	

12-4 续 1

指标名称	单位数（个）	年末人数			
		单位从业人员	#女性	#非全日制	1.在岗职工
黑色金属冶炼和压延加工业					
有色金属冶炼和压延加工业					
金属制品业	2	138	35		129
通用设备制造业					
专用设备制造业	1	64	22		64
汽车制造业					
铁路、船舶、航空航天和其他运输设备制造业					
电气机械和器材制造业	1	25	12		25
计算机、通信和其他电子设备制造业					
仪器仪表制造业					
其他制造业					
废弃资源综合利用业					
金属制品、机械和设备修理业					
（四）电力、热力、燃气及水生产和供应业	1	171	75		171
电力、热力生产和供应业	1	171	75		171
燃气生产和供应业					
水的生产和供应业					
（五）建筑业	6	1141	306	66	920
房屋建筑业	5	782	63	19	608
土木工程建筑业	1	359	243	47	312
建筑安装业					
建筑装饰和其他建筑业					
（六）批发和零售业	82	1552	667		1550
批发业	28	951	510		951
零售业	54	601	157		599
（七）交通运输、仓储和邮政业	3	97	33		97
铁路运输业					
道路运输业	2	47	7		47
水上运输业					
航空运输业					
管道运输业					
装卸搬运和运输代理业	1	50	26		50
仓储业					
邮政业					
（八）住宿和餐饮业	5	43	29		43
住宿业	5	43	29		43
餐饮业					
（九）信息传输、软件和信息技术服务业					
电信、广播电视和卫星传输服务					
互联网和相关服务					
软件和信息技术服务业					
（十）金融业	31	4299	2314	125	3205

（人）			平均人数(人)				
2.劳务派遣人员	在岗劳务合计	3.其他从业人员	单位从业人员	1.在岗职工	2.劳务派遣人员	在岗劳务合计	3.其他从业人员
	129	9	143	134		134	9
	64		64	64		64	
	25		25	25		25	
	171		105	105		105	
	171		105	105		105	
	920	221	1115	917	4	921	194
	608	174	745	594	4	598	147
	312	47	370	323		323	47
	1550	2	1493	1491		1491	2
	951		907	907		907	
	599	2	586	584		584	2
	97		97	97		97	
	47		47	47		47	
	50		50	50		50	
	43		44	44		44	
	43		44	44		44	
855	4060	239	4366	3282	855	4137	229

12-4 续 2

指标名称	单位数（个）	年末人数			
		单位从业人员	#女性	#非全日制	1.在岗职工
货币金融服务	31	4299	2314	125	3205
资本市场服务					
保险业					
其他金融业					
（十一）房地产业	8	321	189		317
其中：1.房地产开发经营	2	18	6		14
2.物业管理					
3.房地产中介服务					
（十二）租赁和商务服务业	22	553	206		553
租赁业					
商务服务业	22	553	206		553
（十三）科学研究和技术服务业					
研究和试验发展					
专业技术服务业					
科技推广和应用服务业					
（十四）水利、环境和公共设施管理业	1	10	5		10
水利管理业	1	10	5		10
生态保护和环境治理业					
公共设施管理业					
（十五）居民服务、修理和其他服务业					
居民服务业					
机动车、电子产品和日用产品修理业					
其他服务业					
（十六）教育	1	15	2		15
其中：1.初等教育					
2.中等教育	1	15	2		15
3.高等教育					
（十七）卫生和社会工作	76	2735	1363		2424
卫生	76	2735	1363		2424
社会工作					
（十八）文化、体育和娱乐业	7	363	121		363
新闻和出版业	1	9	6		9
广播、电视、电影和影视录音制作业					
文化艺术业	6	354	115		354
体育					
娱乐业					
（十九）公共管理、社会保障和社会组织					
中国共产党机关					
国家机构					
人民政协、民主党派					
社会保障					
群众团体、社会团体和其他成员组织					

（人）			平均人数(人)				
2.劳务派遣人员	在岗劳务合计	3.其他从业人员	单位从业人员	1.在岗职工	2.劳务派遣人员	在岗劳务合计	3.其他从业人员
855	4060	239	4366	3282	855	4137	229
	317	4	322	318		318	4
	14	4	18	14		14	4
	553		553	553		553	
	553		553	553		553	
	10		10	10		10	
	10		10	10		10	
	15		15	15		15	
	15		15	15		15	
1	2425	310	2714	2403	1	2404	310
1	2425	310	2714	2403	1	2404	310
	363		357	357		357	
	9		9	9		9	
	354		348	348		348	

12-4 续 3

指标名称	从业人员工资总额	1.在岗职工工资总额	基本工资	绩效工资	工资性津贴和补贴
	工资总额				
总　计	**561776**	**511600**	**223664**	**253221**	**18228**
一、按执行会计标准类别分组					
1.企业	453695	407055	160221	222337	10109
2.事业	108081	104545	63443	30884	8119
3.机关					
4.民间非营利组织					
5.其他					
二、按国民经济行业分组(GB/T 4754-2011)					
(一)农、林、牧、渔业					
农业					
林业					
畜牧业					
渔业					
农、林、牧、渔服务业					
(二)采矿业	3983	3344	3040	264	15
煤炭开采和洗选业	3983	3344	3040	264	15
石油和天然气开采业					
黑色金属矿采选业					
有色金属矿采选业					
非金属矿采选业					
开采辅助活动					
其他采矿业					
(三)制造业	8841	8758	7264	1083	37
农副食品加工业	40	40	40		
食品制造业	271	271	271		
酒、饮料和精制茶制造业					
烟草制品业					
纺织业					
纺织服装、服饰业	9	9	9		
皮革、毛皮、羽毛及其制品和制鞋业					
木材加工和木、竹、藤、棕、草制品业	194	194	194		
家具制造业					
造纸和纸制品业	88	88	88		
印刷和记录媒介复制业	1459	1459	1459		
文教、工美、体育和娱乐用品制造业	195	195	195		
石油加工、炼焦和核燃料加工业					
化学原料和化学制品制造业					
医药制造业					
化学纤维制造业					
橡胶和塑料制品业					
非金属矿物制品业					

（千元）				平均工资（元）				
其他工资	2.劳务派遣人员工资总额	在岗劳务合计	3.其他从业人员工资总额	从业人员平均工资	1.在岗职工平均工资	2.劳务派遣人员平均工资	在岗劳务合计	3.其他从业人员平均工资
16487	**36617**	**548217**	**13559**	**48275**	**51104**	**42089**	**50383**	**17935**
14388	36601	443656	10039	54655	58267	42119	56481	22509
2099	16	104561	3520	32398	34560	16000	34554	11355
25	250	3594	389	38670	39341	25000	37832	48625
25	250	3594	389	38670	39341	25000	37832	48625
374		8758	83	25776	26222		26222	9222
		40		4000	4000		4000	
		271		22583	22583		22583	
		9		1800	1800		1800	
		194		12125	12125		12125	
		88		12571	12571		12571	
		1459		30396	30396		30396	
		195		15000	15000		15000	

12-4 续 4

指标名称	工资总额				
	从业人员工资总额	1.在岗职工工资总额	基本工资	绩效工资	工资性津贴和补贴
黑色金属冶炼和压延加工业					
有色金属冶炼和压延加工业					
金属制品业	2576	2493	2493		
通用设备制造业					
专用设备制造业	2853	2853	2387	466	
汽车制造业					
铁路、船舶、航空航天和其他运输设备制造业					
电气机械和器材制造业	1156	1156	128	617	37
计算机、通信和其他电子设备制造业					
仪器仪表制造业					
其他制造业					
废弃资源综合利用业					
金属制品、机械和设备修理业					
（四）电力、热力、燃气及水生产和供应业	2414	2414	2414		
电力、热力生产和供应业	2414	2414	2414		
燃气生产和供应业					
水的生产和供应业					
（五）建筑业	33760	28820	21880	3587	116
房屋建筑业	22207	18355	15253	25	57
土木工程建筑业	11553	10465	6627	3562	59
建筑安装业					
建筑装饰和其他建筑业					
（六）批发和零售业	31055	31052	17472	11776	1610
批发业	26165	26165	12915	11640	1610
零售业	4890	4887	4557	136	
（七）交通运输、仓储和邮政业	2873	2873	1984	334	394
铁路运输业					
道路运输业	1150	1150	1150		
水上运输业					
航空运输业					
管道运输业					
装卸搬运和运输代理业	1723	1723	834	334	394
仓储业					
邮政业					
（八）住宿和餐饮业	916	916	916		
住宿业	916	916	916		
餐饮业					
（九）信息传输、软件和信息技术服务业					
电信、广播电视和卫星传输服务					
互联网和相关服务					
软件和信息技术服务业					
（十）金融业	356315	315398	93179	204639	7258

（千元）				平均工资（元）				
其他工资	2.劳务派遣人员工资总额	在岗劳务合计	3.其他从业人员工资总额	从业人员平均工资	1.在岗职工平均工资	2.劳务派遣人员平均工资	在岗劳务合计	3.其他从业人员平均工资
		2493	83	18014	18604		18604	9222
		2853		44578	44578		44578	
374		1156		46240	46240		46240	
		2414		22990	22990		22990	
		2414		22990	22990		22990	
3237	85	28905	4855	30278	31429	21250	31384	25026
3020	85	18440	3767	29808	30901	21250	30836	25626
217		10465	1088	31224	32399		32399	23149
194		31052	3	20800	20826		20826	1500
		26165		28848	28848		28848	
194		4887	3	8345	8368		8368	1500
161		2873		29619	29619		29619	
		1150		24468	24468		24468	
161		1723		34460	34460		34460	
		916		20818	20818		20818	
		916		20818	20818		20818	
10322	36266	351664	4651	81611	96099	42416	85005	20310

12-4 续 5

指标名称	工资总额				
	从业人员工资总额	1.在岗职工工资总额	基本工资	绩效工资	工资性津贴和补贴
货币金融服务	356315	315398	93179	204639	7258
资本市场服务					
保险业					
其他金融业					
(十一)房地产业	3990	3932	3932		
其中:1.房地产开发经营	202	144	144		
2.物业管理					
3.房地产中介服务					
(十二)租赁和商务服务业	22443	22443	16258	2657	3339
租赁业					
商务服务业	22443	22443	16258	2657	3339
(十三)科学研究和技术服务业					
研究和试验发展					
专业技术服务业					
科技推广和应用服务业					
(十四)水利、环境和公共设施管理业	61	61	61		
水利管理业	61	61	61		
生态保护和环境治理业					
公共设施管理业					
(十五)居民服务、修理和其他服务业					
居民服务业					
机动车、电子产品和日用产品修理业					
其他服务业					
(十六)教育	372	372	226	69	32
其中:1.初等教育					
2.中等教育	372	372	226	69	32
3.高等教育					
(十七)卫生和社会工作	85999	82463	47655	27604	5282
卫生	85999	82463	47655	27604	5282
社会工作					
(十八)文化、体育和娱乐业	8754	8754	7383	1208	145
新闻和出版业	413	413	183	198	14
广播、电视、电影和影视录音制作业					
文化艺术业	8341	8341	7200	1010	131
体育					
娱乐业					
(十九)公共管理、社会保障和社会组织					
中国共产党机关					
国家机构					
人民政协、民主党派					
社会保障					
群众团体、社会团体和其他成员组织					

（千元）				平均工资（元）				
其他工资	2.劳务派遣人员工资总额	在岗劳务合计	3.其他从业人员工资总额	从业人员平均工资	1.在岗职工平均工资	2.劳务派遣人员平均工资	在岗劳务合计	3.其他从业人员平均工资
10322	36266	351664	4651	81611	96099	42416	85005	20310
		3932	58	12391	12365		12365	14500
		144	58	11222	10286		10286	14500
189		22443		40584	40584		40584	
189		22443		40584	40584		40584	
		61		6100	6100		6100	
		61		6100	6100		6100	
45		372		24800	24800		24800	
45		372		24800	24800		24800	
1922	16	82479	3520	31687	34317	16000	34309	11355
1922	16	82479	3520	31687	34317	16000	34309	11355
18		8754		24521	24521		24521	
18		413		45889	45889		45889	
		8341		23968	23968		23968	

12-5 城镇非私营其他单位分行业

项目	单位数（个）	年末人数(人)			
		单位从业人员	#女性	#非全日制	1.在岗职工
总计	**724**	**244455**	**61616**	**2270**	**230423**
一、按登记注册类型分组					
（一）内资	707	234095	59092	2270	220202
1.股份合作	7	707	323	24	510
2.联营	1	30	25		30
其中:国有联营					
集体联营					
3.有限责任公司	493	195427	44807	391	189189
其中:国有独资	26	56216	12676	10	54914
4.股份有限公司	116	34174	11571	1855	26746
5.其他	90	3757	2366		3727
（二）港、澳、台商投资	8	1539	433		1490
（三）外商投资	9	8821	2091		8731
二、按执行会计标准类别分组					
1.企业	633	240319	59081	2270	226442
2.事业	41	1335	766		1335
3.机关	5	317	244		192
4.民间非营利组织	9	251	178		243
5.其他	36	2233	1347		2211
三、按国民经济行业分组(GB/T 4754-2011)					
（一）农、林、牧、渔业	1	203	89		203
农业	1	203	89		203
林业					
畜牧业					
渔业					
农、林、牧、渔服务业					
（二）采矿业	85	124552	18983		123891
煤炭开采和洗选业	79	122751	18907		122106
石油和天然气开采业					
黑色金属矿采选业	6	1801	76		1785
有色金属矿采选业					
非金属矿采选业					
开采辅助活动					
其他采矿业					
（三）制造业	134	62128	20014	312	58432
农副食品加工业	7	1992	874	22	1895
食品制造业	2	717	522		717
酒、饮料和精制茶制造业	3	416	126		416
烟草制品业					
纺织业	1	8	7		8
纺织服装、服饰业	1	674	435		674
皮革、毛皮、羽毛及其制品和制鞋业					
木材加工和木、竹、藤、棕、草制品业					
家具制造业	1	43	10		43
造纸和纸制品业	1	105	24		101

从业人员和工资情况

			平均人数(人)				
2.劳务派遣人员	在岗劳务合计	3.其他从业人员	单位从业人员	1.在岗职工	2.劳务派遣人员	在岗劳务合计	3.其他从业人员
5197	**235620**	**8835**	**240669**	**227556**	**5309**	**232865**	**7804**
5079	225281	8814	230239	217276	5180	222456	7783
133	643	64	708	514	133	647	61
	30		30	30		30	
4505	193694	1733	192782	186368	4542	190910	1872
1229	56143	73	55668	54280	1347	55627	41
441	27187	6987	32957	26632	505	27137	5820
	3727	30	3762	3732		3732	30
28	1518	21	1600	1541	38	1579	21
90	8821		8830	8739	91	8830	
5143	231585	8734	236527	223569	5255	228824	7703
	1335		1335	1335		1335	
54	246	71	317	192	54	246	71
	243	8	251	243		243	8
	2211	22	2239	2217		2217	22
	203		204	204		204	
	203		204	204		204	
240	124131	421	122703	121862	265	122127	576
234	122340	411	121258	120452	244	120696	562
6	1791	10	1445	1410	21	1431	14
2861	61293	835	62714	59255	2710	61965	749
	1895	97	1952	1863	12	1875	77
	717		656	656		656	
	416		413	413		413	
	8		8	8		8	
	674		673	673		673	
	43		43	43		43	
	101	4	98	94		94	4

12-5 续 1

项目	单位数（个）	年末人数(人) 单位从业人员	# 女性	# 非全日制	1.在岗职工
印刷和记录媒介复制业	3	112	73		112
文教、工美、体育和娱乐用品制造业	2	732	311		732
石油加工、炼焦和核燃料加工业	13	11817	3027		11723
化学原料和化学制品制造业	21	16490	4903	25	15350
医药制造业	7	3743	1856		3712
化学纤维制造业					
橡胶和塑料制品业	5	1069	514		1063
非金属矿物制品业	18	3870	984		3780
黑色金属冶炼和压延加工业	2	7973	2129		7973
有色金属冶炼和压延加工业	2	371	25		371
金属制品业	4	691	104	68	527
通用设备制造业	6	3449	1476	197	2765
专用设备制造业	24	3958	1511		3576
汽车制造业	5	1406	350		1390
铁路、船舶、航空航天和其他运输设备制造业	1	70	10		70
电气机械和器材制造业	4	2408	741		1420
计算机、通信和其他电子设备制造业	1	14	2		14
仪器仪表制造业					
其他制造业					
废弃资源综合利用业					
金属制品、机械和设备修理业					
（四）电力、热力、燃气及水生产和供应业	19	6380	2067		6257
电力、热力生产和供应业	18	6012	1907		5910
燃气生产和供应业	1	368	160		347
水的生产和供应业					
（五）建筑业	55	9746	1390	30	9141
房屋建筑业	25	3620	457	20	3402
土木工程建筑业	17	5489	881	10	5114
建筑安装业	8	244	19		232
建筑装饰和其他建筑业	5	393	33		393
（六）批发和零售业	74	5479	2360	25	5384
批发业	32	2397	823	14	2373
零售业	42	3082	1537	11	3011
（七）交通运输、仓储和邮政业	48	5149	1748	19	5092
铁路运输业	5	625	74	19	575
道路运输业	37	4069	1543		4062
水上运输业					
航空运输业	1	288	78		288
管道运输业					
装卸搬运和运输代理业	2	60	20		60
仓储业	2	77	17		77
邮政业	1	30	16		30
（八）住宿和餐饮业	8	945	716		863
住宿业	7	745	553		663
餐饮业	1	200	163		200
（九）信息传输、软件和信息技术服务业	8	2732	1556		2367

			平均人数(人)				
2.劳务派遣人员	在岗劳务合计	3.其他从业人员	单位从业人员	1.在岗职工	2.劳务派遣人员	在岗劳务合计	3.其他从业人员
	112		112	112		112	
	732		737	737		737	
84	11807	10	11806	11712	84	11796	10
777	16127	363	16758	15739	732	16471	287
	3712	31	3777	3746		3746	31
	1063	6	1117	1111		1111	6
90	3870		3955	3866	81	3947	8
	7973		8635	8613	22	8635	
	371		368	368		368	
93	620	71	682	519	91	610	72
482	3247	202	3312	2710	400	3110	202
350	3926	32	3820	3440	348	3788	32
	1390	16	1250	1233		1233	17
	70		70	70		70	
985	2405	3	2458	1515	940	2455	3
	14		14	14		14	
102	6359	21	6406	6284	101	6385	21
102	6012		6036	5935	101	6036	
	347	21	370	349		349	21
420	9561	185	8538	7704	596	8300	238
176	3578	42	3707	3398	189	3587	120
244	5358	131	4192	3679	407	4086	106
	232	12	244	232		232	12
	393		395	395		395	
43	5427	52	5505	5376	75	5451	54
	2373	24	2404	2377		2377	27
43	3054	28	3101	2999	75	3074	27
18	5110	39	5068	4980	38	5018	50
17	592	33	610	559	17	576	34
1	4063	6	4005	3968	21	3989	16
	288		286	286		286	
	60		60	60		60	
	77		77	77		77	
	30		30	30		30	
50	913	32	947	865	50	915	32
50	713	32	745	663	50	713	32
	200		202	202		202	
346	2713	19	2742	2357	366	2723	19

12-5 续 2

项　　目	单位数(个)	年末人数 单位从业人员	#女性	#非全日制	1.在岗职工
电信、广播电视和卫星传输服务	7	2726	1553		2361
互联网和相关服务					
软件和信息技术服务业	1	6	3		6
(十)金融业	91	14326	7030	1865	6827
货币金融服务	66	6073	2606	65	5532
资本市场服务	1	59	29		59
保险业	22	8075	4333	1800	1118
其他金融业	2	119	62		118
(十一)房地产业	72	2299	896	1	2278
其中:1.房地产开发经营	63	1859	647	1	1838
2.物业管理	5	381	231		381
3.房地产中介服务					
(十二)租赁和商务服务业	14	2881	1018		2279
租赁业	1	24	17		24
商务服务业	13	2857	1001		2255
(十三)科学研究和技术服务业	12	826	269	18	806
研究和试验发展	1	23	14		23
专业技术服务业	11	803	255	18	783
科技推广和应用服务业					
(十四)水利、环境和公共设施管理业	6	821	393		691
水利管理业	1	62	27		62
生态保护和环境治理业					
公共设施管理业	5	759	366		629
(十五)居民服务、修理和其他服务业	1	9			9
居民服务业	1	9			9
机动车、电子产品和日用产品修理业					
其他服务业					
(十六)教育	74	4552	2036		4521
其中:1.初等教育	21	931	488		931
2.中等教育	19	1524	977		1506
3.高等教育	1	4	4		4
(十七)卫生和社会工作	20	757	534		757
卫生	20	757	534		757
社会工作					
(十八)文化、体育和娱乐业	2	670	517		625
新闻和出版业					
广播、电视、电影和影视录音制作业					
文化艺术业	2	670	517		625
体育					
娱乐业					
(十九)公共管理、社会保障和社会组织					
中国共产党机关					
国家机构					
人民政协、民主党派					
社会保障					
群众团体、社会团体和其他成员组织					

（人）			平均人数(人)				
2.劳务派遣人员	在岗劳务合计	3.其他从业人员	单位从业人员	1.在岗职工	2.劳务派遣人员	在岗劳务合计	3.其他从业人员
346	2707	19	2736	2351	366	2717	19
	6		6	6		6	
516	7343	6983	13144	6807	523	7330	5814
341	5873	200	6081	5546	338	5884	197
	59		59	59		59	
175	1293	6782	6888	1088	185	1273	5615
	118	1	116	114		114	2
8	2286	13	2269	2238	8	2246	23
8	1846	13	1859	1828	8	1836	23
	381		351	351		351	
539	2818	63	2926	2348	523	2871	55
	24		25	25		25	
539	2794	63	2901	2323	523	2846	55
	806	20	782	761		761	21
	23		23	23		23	
	783	20	759	738		738	21
54	745	76	805	675	54	729	76
	62		59	59		59	
54	683	76	746	616	54	670	76
	9		9	9		9	
	9		9	9		9	
	4521	31	4523	4492		4492	31
	931		929	929		929	
	1506	18	1533	1515		1515	18
	4		4	4		4	
	757		757	757		757	
	757		757	757		757	
	625	45	627	582		582	45
	625	45	627	582		582	45

12-5 续 3

项　　目	工资总额				
	从业人员工资总额	1.在岗职工工资总额	基本工资	绩效工资	工资性津贴和补贴
总　计	**11924956**	**11502027**	**7345680**	**3353605**	**676486**
一、按登记注册类型分组					
(一)内资	11397617	10983410	7074659	3155346	627755
1.股份合作	43444	35612	17610	16291	1711
2.联营	468	468	468		
其中:国有联营					
集体联营					
3.有限责任公司	9635669	9410842	6154291	2578567	570348
其中:国有独资	3328132	3265093	1888634	1109920	266426
4.股份有限公司	1599340	1418423	818771	534777	51166
5.其他	118696	118065	83519	25711	4530
(二)港、澳、台商投资	79563	74783	42828	17942	13407
(三)外商投资	447776	443834	228193	180317	35324
二、按执行会计标准类别分组					
1.企业	11795652	11374467	7256263	3326687	671567
2.事业	64778	64778	34607	22424	3842
3.机关	8164	7051	5333	1706	12
4.民间非营利组织	4255	4135	3948	174	13
5.其他	52107	51596	45529	2614	1052
三、按国民经济行业分组(GB/T 4754-2011)					
(一)农、林、牧、渔业	7352	7352	3928	982	441
农业	7352	7352	3928	982	441
林业					
畜牧业					
渔业					
农、林、牧、渔服务业					
(二)采矿业	7192842	7159413	4486812	2106853	497610
煤炭开采和洗选业	7135412	7103081	4437008	2102953	496418
石油和天然气开采业					
黑色金属矿采选业	57430	56332	49804	3900	1192
有色金属矿采选业					
非金属矿采选业					
开采辅助活动					
其他采矿业					
(三)制造业	2333140	2213231	1472044	600515	118486
农副食品加工业	64049	58648	54215	3415	
食品制造业	20731	20731	15639	4171	854
酒、饮料和精制茶制造业	10735	10735	8727	2008	
烟草制品业					
纺织业	114	114	114		
纺织服装、服饰业	23127	23127	19549		3578
皮革、毛皮、羽毛及其制品和制鞋业					
木材加工和木、竹、藤、棕、草制品业					
家具制造业	1061	1061	1061		
造纸和纸制品业	2782	2667	2247	240	

（千元）				平均工资（元）				
其他工资	2.劳务派遣人员工资总额	在岗劳务合计	3.其他从业人员工资总额	从业人员平均工资	1.在岗职工平均工资	2.劳务派遣人员平均工资	在岗劳务合计	3.其他从业人员平均工资
126256	**198501**	**11700528**	**224428**	**49549**	**50546**	**37390**	**50246**	**28758**
125650	190208	11173618	223999	49503	50550	36720	50228	28781
	5759	41371	2073	61362	69284	43301	63943	33984
		468		15600	15600		15600	
107636	158857	9569699	65970	49982	50496	34975	50127	35240
113	61653	3326746	1386	59785	60153	45771	59805	33805
13709	25592	1444015	155325	48528	53260	50677	53212	26688
4305		118065	631	31551	31636		31636	21033
606	4351	79134	429	49727	48529	114500	50117	20429
	3942	447776		50711	50788	43319	50711	
119950	198336	11572803	222849	49870	50877	37742	50575	28930
3905		64778		48523	48523		48523	
	165	7216	948	25754	36724	3056	29333	13352
		4135	120	16952	17016		17016	15000
2401		51596	511	23272	23273		23273	23227
2001		7352		36039	36039		36039	
2001		7352		36039	36039		36039	
68138	10343	7169756	23086	58620	58750	39030	58707	40080
66702	9720	7112801	22611	58845	58970	39836	58932	40233
1436	623	56955	475	39744	39952	29667	39801	33929
22186	97240	2310471	22669	37203	37351	35882	37287	30266
1018	970	59618	4431	32812	31480	80833	31796	57545
67		20731		31602	31602		31602	
		10735		25993	25993		25993	
		114		14250	14250		14250	
		23127		34364	34364		34364	
		1061		24674	24674		24674	
180		2667	115	28388	28372		28372	28750

12-5 续 4

项目	工资总额				
	从业人员工资总额	1.在岗职工工资总额	基本工资	绩效工资	工资性津贴和补贴
印刷和记录媒介复制业	1768	1768	1508	260	
文教、工美、体育和娱乐用品制造业	20101	20101	5500	12738	1863
石油加工、炼焦和核燃料加工业	392049	389027	302949	65836	9441
化学原料和化学制品制造业	638826	613748	401782	175953	28906
医药制造业	196136	195440	153551	34817	7026
化学纤维制造业					
橡胶和塑料制品业	41135	40934	31415	4437	4879
非金属矿物制品业	121953	115914	84144	22759	8405
黑色金属冶炼和压延加工业	325066	324444	120210	165877	38357
有色金属冶炼和压延加工业	16321	16321	16236		33
金属制品业	35657	28944	23010	802	3269
通用设备制造业	129389	112331	59661	47471	5199
专用设备制造业	155698	141348	89930	48484	2918
汽车制造业	38837	38360	35676	1383	1301
铁路、船舶、航空航天和其他运输设备制造业	3426	3426	1800	1279	120
电气机械和器材制造业	93819	53682	42880	8465	2337
计算机、通信和其他电子设备制造业	360	360	240	120	
仪器仪表制造业					
其他制造业					
废弃资源综合利用业					
金属制品、机械和设备修理业					
(四)电力、热力、燃气及水生产和供应业	410826	407078	203381	184483	14468
电力、热力生产和供应业	389329	386010	197359	174885	9020
燃气生产和供应业	21497	21068	6022	9598	5448
水的生产和供应业					
(五)建筑业	380580	340509	262082	61140	6912
房屋建筑业	162011	146578	133612	9583	2077
土木工程建筑业	200806	176394	111605	51166	4835
建筑安装业	5757	5531	5501	30	
建筑装饰和其他建筑业	12006	12006	11364	361	
(六)批发和零售业	214114	209287	151284	53975	3084
批发业	111749	111196	94461	15597	934
零售业	102365	98091	56823	38378	2150
(七)交通运输、仓储和邮政业	179793	175120	125652	31044	9062
铁路运输业	27401	23848	10304	7164	3136
道路运输业	130377	129257	99799	23600	5463
水上运输业					
航空运输业	18234	18234	12303		208
管道运输业					
装卸搬运和运输代理业	949	949	949		
仓储业	2051	2051	1516	280	255
邮政业	781	781	781		
(八)住宿和餐饮业	26413	22600	20519	1673	230
住宿业	21527	17714	15633	1673	230
餐饮业	4886	4886	4886		
(九)信息传输、软件和信息技术服务业	176299	161189	57251	103678	260

（千元）				平均工资（元）				
其他工资	2.劳务派遣人员工资总额	在岗劳务合计	3.其他从业人员工资总额	从业人员平均工资	1.在岗职工平均工资	2.劳务派遣人员平均工资	在岗劳务合计	3.其他从业人员平均工资
		1768		15786	15786		15786	
		20101		27274	27274		27274	
10801	2742	391769	280	33208	33216	32643	33212	28000
7107	16052	629800	9026	38121	38995	21929	38237	31449
46		195440	696	51929	52173		52173	22452
203		40934	201	36826	36844		36844	33500
606	5259	121173	780	30835	29983	64926	30700	97500
	622	325066		37645	37669	28273	37645	
52		16321		44351	44351		44351	
1863	4176	33120	2537	52283	55769	45890	54295	35236
	14444	126775	2614	39067	41451	36110	40764	12941
16	13069	154417	1281	40759	41090	37555	40765	40031
		38360	477	31070	31111		31111	28059
227		3426		48943	48943		48943	
	39906	93588	231	38169	35434	42453	38121	77000
		360		25714	25714		25714	
4746	3319	410397	429	64131	64780	32861	64275	20429
4746	3319	389329		64501	65040	32861	64501	
		21068	429	58100	60367		60367	20429
10375	31951	372460	8120	44575	44199	53609	44875	34118
1306	10204	156782	5229	43704	43137	53989	43708	43575
8788	21747	198141	2665	47902	47946	53432	48493	25142
		5531	226	23594	23841		23841	18833
281		12006		30395	30395		30395	
944	2710	211997	2117	38894	38930	36133	38891	39204
204		111196	553	46485	46780		46780	20481
740	2710	100801	1564	33010	32708	36133	32791	57926
9362	2141	177261	2532	35476	35165	56342	35325	50640
3244	1577	25425	1976	44920	42662	92765	44141	58118
395	564	129821	556	32554	32575	26857	32545	34750
5723		18234		63755	63755		63755	
		949		15817	15817		15817	
		2051		26636	26636		26636	
		781		26033	26033		26033	
178	3282	25882	531	27891	26127	65640	28286	16594
178	3282	20996	531	28895	26718	65640	29447	16594
		4886		24188	24188		24188	
	14719	175908	391	64296	68387	40216	64601	20579

12-5 续 5

项目	从业人员工资总额	1.在岗职工工资总额	基本工资	绩效工资	工资性津贴和补贴
电信、广播电视和卫星传输服务	176245	161135	57197	103678	260
互联网和相关服务					
软件和信息技术服务业	54	54	54		
(十)金融业	613156	430627	257725	156485	16017
货币金融服务	384922	359370	206620	137620	15130
资本市场服务	10465	10465	7325	3140	
保险业	210447	53573	38473	13866	834
其他金融业	7322	7219	5307	1859	53
(十一)房地产业	80135	78986	68490	8501	1589
其中:1.房地产开发经营	69496	68347	59129	7512	1358
2.物业管理	9867	9867	8589	989	231
3.房地产中介服务					
(十二)租赁和商务服务业	99200	91646	81906	7520	2220
租赁业	615	615	615		
商务服务业	98585	91031	81291	7520	2220
(十三)科学研究和技术服务业	31903	30907	28474	2227	
研究和试验发展	444	444	444		
专业技术服务业	31459	30463	28030	2227	
科技推广和应用服务业					
(十四)水利、环境和公共设施管理业	15245	13935	6747	2749	1430
水利管理业	2456	2456	814	1642	
生态保护和环境治理业					
公共设施管理业	12789	11479	5933	1107	1430
(十五)居民服务、修理和其他服务业	90	90	90		
居民服务业	90	90	90		
机动车、电子产品和日用产品修理业					
其他服务业					
(十六)教育	120171	119520	87995	25438	3542
其中:1.初等教育	44437	44437	25274	14670	2773
2.中等教育	37188	36876	30821	4695	535
3.高等教育	140	140	35	105	
(十七)卫生和社会工作	29421	29421	20252	6285	1124
卫生	29421	29421	20252	6285	1124
社会工作					
(十八)文化、体育和娱乐业	14276	11116	11048	57	11
新闻和出版业					
广播、电视、电影和影视录音制作业					
文化艺术业	14276	11116	11048	57	11
体育					
娱乐业					
(十九)公共管理、社会保障和社会组织					
中国共产党机关					
国家机构					
人民政协、民主党派					
社会保障					
群众团体、社会团体和其他成员组织					

注：表头中"从业人员工资总额"至"工资性津贴和补贴"各列同属"工资总额"栏。

（千元）				平均工资(元)				
其他工资	2.劳务派遣人员工资总额	在岗劳务合计	3.其他从业人员工资总额	从业人员平均工资	1.在岗职工平均工资	2.劳务派遣人员平均工资	在岗劳务合计	3.其他从业人员平均工资
	14719	175854	391	64417	68539	40216	64724	20579
		54		9000	9000		9000	
400	26430	457057	156099	46649	63262	50535	62354	26849
	20377	379747	5175	63299	64798	60287	64539	26269
		10465		177373	177373		177373	
400	6053	59626	150821	30553	49240	32719	46839	26860
		7219	103	63121	63325		63325	51500
406	191	79177	958	35317	35293	23875	35252	41652
348	191	68538	958	37384	37389	23875	37330	41652
58		9867		28111	28111		28111	
	6010	97656	1544	33903	39032	11491	34015	28073
		615		24600	24600		24600	
	6010	97041	1544	33983	39187	11491	34097	28073
206		30907	996	40797	40614		40614	47429
		444		19304	19304		19304	
206		30463	996	41448	41278		41278	47429
3009	165	14100	1145	18938	20644	3056	19342	15066
		2456		41627	41627		41627	
3009	165	11644	1145	17143	18635	3056	17379	15066
		90		10000	10000		10000	
		90		10000	10000		10000	
2545		119520	651	26569	26607		26607	21000
1720		44437		47833	47833		47833	
825		36876	312	24258	24341		24341	17333
		140		35000	35000		35000	
1760		29421		38865	38865		38865	
1760		29421		38865	38865		38865	
		11116	3160	22769	19100		19100	70222
		11116	3160	22769	19100		19100	70222

12-6 城镇非私营企业单位分行业

项目	单位数(个)	年末人数			
		单位从业人员	#女性	#非全日制	1.在岗职工
合计	**1085**	**280489**	**72714**	**2644**	**263408**
其中:国有控股	551	194137	49233	323	183472
集体控股	232	21885	7396	429	18800
二、按国民经济行业分组(GB/T 4754-2011)					
(一)农、林、牧、渔业	12	227	59		217
农业	3	52	27		42
林业	8	135	23		135
畜牧业	1	40	9		40
渔业					
农、林、牧、渔服务业					
(二)采矿业	89	124803	19007		124124
煤炭开采和洗选业	83	123002	18931		122339
石油和天然气开采业					
黑色金属矿采选业	6	1801	76		1785
有色金属矿采选业					
非金属矿采选业					
开采辅助活动					
其他采矿业					
(三)制造业	159	67488	21625	374	63539
农副食品加工业	10	2042	889	22	1945
食品制造业	3	729	524		729
酒、饮料和精制茶制造业	3	416	126		416
烟草制品业					
纺织业	1	8	7		8
纺织服装、服饰业	2	679	439		679
皮革、毛皮、羽毛及其制品和制鞋业					
木材加工和木、竹、藤、棕、草制品业	1	16	8		16
家具制造业	1	43	10		43
造纸和纸制品业	2	112	27		108
印刷和记录媒介复制业	7	340	227		338
文教、工美、体育和娱乐用品制造业	3	745	322		745
石油加工、炼焦和核燃料加工业	13	11817	3027		11723
化学原料和化学制品制造业	22	16515	4910	25	15375
医药制造业	7	3743	1856		3712
化学纤维制造业					
橡胶和塑料制品业	5	1069	514		1063
非金属矿物制品业	21	4278	1092		4102
黑色金属冶炼和压延加工业	2	7973	2129		7973
有色金属冶炼和压延加工业	2	371	25		371
金属制品业	7	866	146	68	693

从业人员和工资情况

（人）			平均人数（人）				
2.劳务派遣人员	在岗劳务合计	3.其他从业人员	单位从业人员	1.在岗职工	2.劳务派遣人员	在岗劳务合计	3.其他从业人员
7245	**270653**	**9836**	**276197**	**260056**	**7393**	**267449**	**8748**
5185	188657	5480	193049	183117	5329	188446	4603
1494	20294	1591	21438	18472	1417	19889	1549
	217	10	223	213		213	10
	42	10	52	42		42	10
	135		131	131		131	
	40		40	40		40	
250	124374	429	122907	122048	275	122323	584
244	122583	419	121462	120638	254	120892	570
6	1791	10	1445	1410	21	1431	14
3037	66576	912	68027	64315	2885	67200	827
	1945	97	2002	1913	12	1925	77
	729		668	668		668	
	416		413	413		413	
	8		8	8		8	
	679		678	678		678	
	16		16	16		16	
	43		43	43		43	
	108	4	105	101		101	4
	338	2	339	337		337	2
	745		750	750		750	
84	11807	10	11806	11712	84	11796	10
777	16152	363	16783	15764	732	16496	287
	3712	31	3777	3746		3746	31
	1063	6	1117	1111		1111	6
174	4276	2	4360	4187	163	4350	10
	7973		8635	8613	22	8635	
	371		368	368		368	
93	786	80	862	690	91	781	81

12-6 续 1

项目	单位数(个)	年末人数			
		单位从业人员	#女性	#非全日制	1.在岗职工
通用设备制造业	7	3592	1532	197	2908
专用设备制造业	27	4133	1576		3751
汽车制造业	5	1724	437		1705
铁路、船舶、航空航天和其他运输设备制造业	2	3830	1047	62	3677
电气机械和器材制造业	5	2433	753		1445
计算机、通信和其他电子设备制造业	1	14	2		14
仪器仪表制造业					
其他制造业					
废弃资源综合利用业					
金属制品、机械和设备修理业					
(四)电力、热力、燃气及水生产和供应业	40	11431	3902		11288
电力、热力生产和供应业	25	8901	2752		8789
燃气生产和供应业	2	610	295		589
水的生产和供应业	13	1920	855		1910
(五)建筑业	74	15947	3149	96	15034
房屋建筑业	35	8817	1857	39	8338
土木工程建筑业	25	6483	1238	57	6061
建筑安装业	9	254	21		242
建筑装饰和其他建筑业	5	393	33		393
(六)批发和零售业	245	9556	3826	25	9407
批发业	118	5253	1879	14	5193
零售业	127	4303	1947	11	4214
(七)交通运输、仓储和邮政业	65	9522	2911	140	8512
铁路运输业	2	575	52	19	525
道路运输业	48	6302	2525	114	6120
水上运输业					
航空运输业	1	288	78		288
管道运输业					
装卸搬运和运输代理业	3	110	46		110
仓储业	9	607	194	7	566
邮政业	2	1640	16		903
(八)住宿和餐饮业	27	2102	1296		2018
住宿业	23	1772	1113		1688
餐饮业	4	330	183		330
(九)信息传输、软件和信息技术服务业	10	2785	1593		2366
电信、广播电视和卫星传输服务	9	2779	1590		2360
互联网和相关服务					
软件和信息技术服务业	1	6	3		6
(十)金融业	165	19706	9944	1990	10940
货币金融服务	118	10936	5258	190	9212
资本市场服务	1	59	29		59

（人）			平均人数（人）				
2.劳务派遣人员	在岗劳务合计	3.其他从业人员	单位从业人员	1.在岗职工	2.劳务派遣人员	在岗劳务合计	3.其他从业人员
482	3390	202	3457	2855	400	3255	202
350	4101	32	3995	3615	348	3963	32
1	1706	18	1573	1552	1	1553	20
91	3768	62	3775	3621	92	3713	62
985	2430	3	2483	1540	940	2480	3
	14		14	14		14	
102	11390	41	11306	11165	101	11266	40
102	8891	10	8807	8697	101	8798	9
	589	21	612	591		591	21
	1910	10	1887	1877		1877	10
480	15514	433	14716	13597	660	14257	459
236	8574	243	8895	8348	253	8601	294
244	6305	178	5172	4612	407	5019	153
	242	12	254	242		242	12
	393		395	395		395	
43	9450	106	9460	9278	75	9353	107
	5193	60	5155	5093		5093	62
43	4257	46	4305	4185	75	4260	45
755	9267	255	9416	8398	768	9166	250
17	542	33	560	509	17	526	34
1	6121	181	6226	6030	21	6051	175
	288		286	286		286	
	110		110	110		110	
	566	41	606	565		565	41
737	1640		1628	898	730	1628	
51	2069	33	2078	1993	51	2044	34
51	1739	33	1746	1661	51	1712	34
	330		332	332		332	
400	2766	19	2795	2356	420	2776	19
400	2760	19	2789	2350	420	2770	19
	6		6	6		6	
1537	12477	7229	18592	10958	1584	12542	6050
1278	10490	446	11013	9269	1311	10580	433
	59		59	59		59	

12-6 续 2

项目	单位数（个）	年末人数 单位从业人员	#女性	#非全日制	1.在岗职工
保险业	44	8592	4595	1800	1551
其他金融业	2	119	62		118
（十一）房地产业	102	3097	1278	1	3053
其中：1.房地产开发经营	77	2200	794	1	2156
2.物业管理	8	449	255		449
3.房地产中介服务	1	24	11		24
（十二）租赁和商务服务业	32	7920	1731		7318
租赁业	1	7	2		7
商务服务业	31	7913	1729		7311
（十三）科学研究和技术服务业	19	1272	427	18	1236
研究和试验发展	3	51	22		51
专业技术服务业	16	1221	405	18	1185
科技推广和应用服务业					
（十四）水利、环境和公共设施管理业	15	960	407		955
水利管理业	8	186	74		186
生态保护和环境治理业	2	110	72		110
公共设施管理业	5	664	261		659
（十五）居民服务、修理和其他服务业	1	9			9
居民服务业					
机动车、电子产品和日用产品修理业	1	9			9
其他服务业					
（十六）教育	13	2199	606		2057
其中：1.初等教育					
2.中等教育	2	312	170		267
3.高等教育					
（十七）卫生和社会工作	8	714	466		629
卫生	7	711	464		626
社会工作	1	3	2		3
（十八）文化、体育和娱乐业	9	751	487		706
新闻和出版业					
广播、电视、电影和影视录音制作业	6	109	37		109
文化艺术业	3	642	450		597
体育					
娱乐业					
（十九）公共管理、社会保障和社会组织					
中国共产党机关					
国家机构					
人民政协、民主党派					
社会保障					
群众团体、社会团体和其他成员组织					

(人)			平均人数(人)				
2.劳务派遣人员	在岗劳务合计	3.其他从业人员	单位从业人员	1.在岗职工	2.劳务派遣人员	在岗劳务合计	3.其他从业人员
259	1810	6782	7404	1516	273	1789	5615
	118	1	116	114		114	2
8	3061	36	3068	3016	8	3024	44
8	2164	36	2200	2148	8	2156	44
	449		419	419		419	
	24		24	24		24	
539	7857	63	7839	7261	523	7784	55
	7		7	7		7	
539	7850	63	7832	7254	523	7777	55
	1236	36	1229	1193		1193	36
	51		51	51		51	
	1185	36	1178	1142		1142	36
	955	5	944	939		939	5
	186		183	183		183	
	110		110	110		110	
	659	5	651	646		646	5
	9		9	9		9	
	9		9	9		9	
23	2080	119	2168	2026	23	2049	119
	267	45	313	268		268	45
20	649	65	710	626	20	646	64
20	646	65	707	623	20	643	64
	3		3	3		3	
	706	45	710	665		665	45
	109		109	109		109	
	597	45	601	556		556	45

12-6 续 3

项　目	工　资　总　额				
	从业人员工资总额	1.在岗职工工资总额	基本工资	绩效工资	工资性津贴和补贴
合　计	**13705307**	**13188937**	**8231472**	**4042527**	**764164**
其中:国有控股	10215480	9906779	5907188	3256849	637815
集体控股	1015174	921648	572366	316209	17946
二、按国民经济行业分组(GB/T 4754-2011)					
(一)农、林、牧、渔业	6871	6775	4175	2015	585
农业	1157	1061	586	421	54
林业	4850	4850	2725	1594	531
畜牧业	864	864	864		
渔业					
农、林、牧、渔服务业					
(二)采矿业	7203111	7169043	4494449	2108352	497625
煤炭开采和洗选业	7145681	7112711	4444645	2104452	496433
石油和天然气开采业					
黑色金属矿采选业	57430	56332	49804	3900	1192
有色金属矿采选业					
非金属矿采选业					
开采辅助活动					
其他采矿业					
(三)制造业	2643744	2516937	1691158	672133	131086
农副食品加工业	64922	59521	55088	3415	
食品制造业	21002	21002	15910	4171	854
酒、饮料和精制茶制造业	10735	10735	8727	2008	
烟草制品业					
纺织业	114	114	114		
纺织服装、服饰业	23136	23136	19558		3578
皮革、毛皮、羽毛及其制品和制鞋业					
木材加工和木、竹、藤、棕、草制品业	194	194	194		
家具制造业	1061	1061	1061		
造纸和纸制品业	2870	2755	2335	240	
印刷和记录媒介复制业	6799	6780	6520	260	
文教、工美、体育和娱乐用品制造业	20296	20296	5695	12738	1863
石油加工、炼焦和核燃料加工业	392049	389027	302949	65836	9441
化学原料和化学制品制造业	639399	614321	402355	175953	28906
医药制造业	196136	195440	153551	34817	7026
化学纤维制造业					
橡胶和塑料制品业	41135	40934	31415	4437	4879
非金属矿物制品业	138004	129875	86293	27146	15830
黑色金属冶炼和压延加工业	325066	324444	120210	165877	38357
有色金属冶炼和压延加工业	16321	16321	16236		33
金属制品业	38743	31947	26013	802	3269

（千元）				平均工资（元）				
其他工资	2.劳务派遣人员工资总额	在岗劳务合计	3.其他从业人员工资总额	从业人员平均工资	1.在岗职工平均工资	2.劳务派遣人员平均工资	在岗劳务合计	3.其他从业人员平均工资
150774	**267978**	**13456915**	**248392**	**49621**	**50716**	**36248**	**50316**	**28394**
104927	172137	10078916	136564	52917	54101	32302	53484	29668
15127	63598	985246	29928	47354	49894	44882	49537	19321
		6775	96	30812	31808		31808	9600
		1061	96	22250	25262		25262	9600
		4850		37023	37023		37023	
		864		21600	21600		21600	
68617	10593	7179636	23475	58606	58740	38520	58694	40197
67181	9970	7122681	23000	58831	58959	39252	58918	40351
1436	623	56955	475	39744	39952	29667	39801	33929
22560	101446	2618383	25361	38863	39135	35163	38964	30666
1018	970	60491	4431	32429	31114	80833	31424	57545
67		21002		31440	31440		31440	
		10735		25993	25993		25993	
		114		14250	14250		14250	
		23136		34124	34124		34124	
		194		12125	12125		12125	
		1061		24674	24674		24674	
180		2755	115	27333	27277		27277	28750
		6780	19	20056	20119		20119	9500
		20296		27061	27061		27061	
10801	2742	391769	280	33208	33216	32643	33212	28000
7107	16052	630373	9026	38098	38970	21929	38214	31449
46		195440	696	51929	52173		52173	22452
203		40934	201	36826	36844		36844	33500
606	7275	137150	854	31652	31019	44632	31529	85400
	622	325066		37645	37669	28273	37645	
52		16321		44351	44351		44351	
1863	4176	36123	2620	44945	46300	45890	46252	32346

12-6 续 4

项　目	工资总额				
	从业人员工资总额	1.在岗职工工资总额	基本工资	绩效工资	工资性津贴和补贴
通用设备制造业	134172	117114	61474	50274	5366
专用设备制造业	161011	146661	93507	50220	2918
汽车制造业	67948	67305	54395	6638	6272
铁路、船舶、航空航天和其他运输设备制造业	247296	242756	184310	58099	120
电气机械和器材制造业	94975	54838	43008	9082	2374
计算机、通信和其他电子设备制造业	360	360	240	120	
仪器仪表制造业					
其他制造业					
废弃资源综合利用业					
金属制品、机械和设备修理业					
(四)电力、热力、燃气及水生产和供应业	798860	794504	309682	429714	50314
电力、热力生产和供应业	709452	705873	251616	406808	42703
燃气生产和供应业	26617	26188	11142	9598	5448
水的生产和供应业	62791	62443	46924	13308	2163
(五)建筑业	638559	588665	440875	113407	20369
房屋建筑业	386582	362414	292202	50466	15420
土木工程建筑业	233996	208496	131590	62550	4949
建筑安装业	5975	5749	5719	30	
建筑装饰和其他建筑业	12006	12006	11364	361	
(六)批发和零售业	366287	358673	223578	127223	5848
批发业	248632	245440	152846	88011	3653
零售业	117655	113233	70732	39212	2195
(七)交通运输、仓储和邮政业	307851	280955	208795	49617	12075
铁路运输业	26620	23067	9523	7164	3136
道路运输业	200136	195864	154175	35831	5463
水上运输业					
航空运输业	18234	18234	12303		208
管道运输业					
装卸搬运和运输代理业	2672	2672	1783	334	394
仓储业	16248	15537	12870	1328	394
邮政业	43941	25581	18141	4960	2480
(八)住宿和餐饮业	56382	52507	41019	8796	2387
住宿业	48877	45002	33514	8796	2387
餐饮业	7505	7505	7505		
(九)信息传输、软件和信息技术服务业	178835	162888	57709	104859	320
电信、广播电视和卫星传输服务	178781	162834	57655	104859	320
互联网和相关服务					
软件和信息技术服务业	54	54	54		
(十)金融业	1022864	794172	367802	383371	32060
货币金融服务	772335	702376	312855	355362	23620
资本市场服务	10465	10465	7325	3140	

（千元）				平均工资（元）				
其他工资	2.劳务派遣人员工资总额	在岗劳务合计	3.其他从业人员工资总额	从业人员平均工资	1.在岗职工平均工资	2.劳务派遣人员平均工资	在岗劳务合计	3.其他从业人员平均工资
	14444	131558	2614	38812	41021	36110	40417	12941
16	13069	159730	1281	40303	40570	37555	40305	40031
	100	67405	543	43196	43367	100000	43403	27150
227	2090	244846	2450	65509	67041	22717	65943	39516
374	39906	94744	231	38250	35609	42453	38203	77000
		360		25714	25714		25714	
4794	3319	797823	1037	70658	71160	32861	70817	25925
4746	3319	709192	260	80555	81163	32861	80608	28889
		26188	429	43492	44311		44311	20429
48		62443	348	33276	33267		33267	34800
14014	35260	623925	14634	43392	43294	53424	43763	31882
4326	13513	375927	10655	43461	43413	53411	43707	36241
9407	21747	230243	3753	45243	45207	53432	45874	24529
		5749	226	23524	23756		23756	18833
281		12006		30395	30395		30395	
2024	2710	361383	4904	38720	38658	36133	38638	45832
930		245440	3192	48231	48192		48192	51484
1094	2710	115943	1712	27330	27057	36133	27217	38044
10468	20501	301456	6395	32694	33455	26694	32889	25580
3244	1577	24644	1976	47536	45318	92765	46852	58118
395	564	196428	3708	32145	32482	26857	32462	21189
5723		18234		63755	63755		63755	
161		2672		24291	24291		24291	
945		15537	711	26812	27499		27499	17341
	18360	43941		26991	28487	25151	26991	
305	3308	55815	567	27133	26346	64863	27307	16676
305	3308	48310	567	27994	27093	64863	28218	16676
		7505		22605	22605		22605	
	15556	178444	391	63984	69138	37038	64281	20579
	15556	178390	391	64102	69291	37038	64401	20579
		54		9000	9000		9000	
10939	67830	862002	160862	55016	72474	42822	68729	26589
10539	60021	762397	9938	70129	75777	45783	72060	22952
		10465		177373	177373		177373	

12-6 续 5

项目	工资总额				
	从业人员工资总额	1.在岗职工工资总额	基本工资	绩效工资	工资性津贴和补贴
保险业	232742	74112	42315	23010	8387
其他金融业	7322	7219	5307	1859	53
(十一)房地产业	95900	94424	81898	10209	1852
其中:1.房地产开发经营	79156	77680	66819	8950	1563
2.物业管理	10886	10886	9608	989	231
3.房地产中介服务	470	470	83	270	58
(十二)租赁和商务服务业	220766	213212	186425	11532	2899
租赁业	160	160	160		
商务服务业	220606	213052	186265	11532	2899
(十三)科学研究和技术服务业	54983	53375	46945	5226	266
研究和试验发展	2833	2833	1415	1112	258
专业技术服务业	52150	50542	45530	4114	8
科技推广和应用服务业					
(十四)水利、环境和公共设施管理业	21363	21166	12087	3902	1993
水利管理业	6811	6811	3451	2928	257
生态保护和环境治理业	2547	2547	2229		318
公共设施管理业	12005	11808	6407	974	1418
(十五)居民服务、修理和其他服务业	90	90	90		
居民服务业					
机动车、电子产品和日用产品修理业	90	90	90		
其他服务业					
(十六)教育	43581	42131	36360	5518	143
其中:1.初等教育					
2.中等教育	9138	8596	8576		20
3.高等教育					
(十七)卫生和社会工作	28686	26006	15788	6016	4202
卫生	28632	25952	15734	6016	4202
社会工作	54	54	54		
(十八)文化、体育和娱乐业	16574	13414	12637	637	140
新闻和出版业					
广播、电视、电影和影视录音制作业	2954	2954	2728	167	59
文化艺术业	13620	10460	9909	470	81
体育					
娱乐业					
(十九)公共管理、社会保障和社会组织					
中国共产党机关					
国家机构					
人民政协、民主党派					
社会保障					
群众团体、社会团体和其他成员组织					

（千元）				平均工资（元）				
其他工资	2.劳务派遣人员工资总额	在岗劳务合计	3.其他从业人员工资总额	从业人员平均工资	1.在岗职工平均工资	2.劳务派遣人员平均工资	在岗劳务合计	3.其他从业人员平均工资
400	7809	81921	150821	31435	48887	28604	45792	26860
		7219	103	63121	63325		63325	51500
465	191	94615	1285	31258	31308	23875	31288	29205
348	191	77871	1285	35980	36164	23875	36118	29205
58		10886		25981	25981		25981	
59		470		19583	19583		19583	
12356	6010	219222	1544	28163	29364	11491	28163	28073
		160		22857	22857		22857	
12356	6010	219062	1544	28167	29370	11491	28168	28073
938		53375	1608	44738	44740		44740	44667
48		2833		55549	55549		55549	
890		50542	1608	44270	44257		44257	44667
3184		21166	197	22630	22541		22541	39400
175		6811		37219	37219		37219	
		2547		23155	23155		23155	
3009		11808	197	18441	18279		18279	39400
		90		10000	10000		10000	
		90		10000	10000		10000	
110	78	42209	1372	20102	20795	3391	20600	11529
		8596	542	29195	32075		32075	12044
	1176	27182	1504	40403	41543	58800	42077	23500
	1176	27128	1504	40498	41657	58800	42190	23500
		54		18000	18000		18000	
		13414	3160	23344	20171		20171	70222
		2954		27101	27101		27101	
		10460	3160	22662	18813		18813	70222

12-7 劳动力资源平衡表

单位:万人

指标名称	单位	2016年	2015年
年末劳动力资源总数	**万人**	**260**	**259**
年末劳动力配置	—		
从业人员	万人	181	180
按经济类型分	—		
1.国有经济	万人	18	18
2.集体经济	万人	91	92
3.私营经济	万人	28	27
4.个体经济	万人	21	20
5.联营经济	万人		
6.股份制经济	万人	3	3
7.外商投资经济	万人	1	1
8.港、澳、台投资经济	万人		
9.其他经济	万人	19	19
按国民经济行业分	—		
1、农、林、牧、渔业	万人	70	70
2、采矿业	万人	14	14
3、制造业	万人	14	14
4、电力、燃气及水的生产和供应业	万人	1	1
5、建筑业	万人	14	14
6、交通运输、仓储和邮政业	万人	11	11
7、信息传输、计算机服务和软件业	万人	4	4

12–7 续

单位:万人

指标名称	单位	2016年	2015年
8、批发和零售业	万人	21	20
9、住宿和餐饮业	万人	6	6
10、金融业	万人	2	2
11、房地产业	万人	1	1
12、租赁和商务服务业	万人	2	3
13、科学研究、技术服务和地质勘查业	万人	2	1
14、水利、环境和公共设施管理业	万人	1	1
15、居民服务和其他服务业	万人	2	3
16、教育	万人	5	5
17、卫生、社会保障和社会福利业	万人	3	2
18、文化、体育和娱乐业	万人	2	2
19、公共管理和社会组织	万人	6	6
20.其他行业	万人		
按三次产业分	—		
1.第一产业	万人	70	70
2.第二产业	万人	43	43
3.第三产业	万人	68	67
二、城镇登记失业人员	万人	1	1
三、16岁以上在校学生	万人	16	16
四、其他劳动者	万人	62	62
#家务劳动者	万人	31	31

12-8 分县区城镇非私营单位

	城 区	郊 区	长治县	襄垣县	屯留县
从业人员年末人数	110371	35750	37611	71576	30061
国有经济	68782	8836	9586	9939	9006
集体经济	1020	1731	794	1181	736
其他经济	40569	25183	27231	60456	20319
在岗职工年末人数	102526	34737	36696	71115	28339
国有经济	68018	8464	8915	9629	7539
集体经济	1012	1607	639	1153	668
其他经济	33496	24666	27142	60333	20132
从业人员工资总额	516201	172377	197394	372381	161378
国有经济	354806	45837	47247	48789	41883
集体经济	2600	7818	5202	6327	4934
其他经济	158796	118722	144945	317265	114560
在岗职工工资总额	498367	170070	195246	371499	158905
国有经济	352900	45244	46328	48265	40053
集体经济	2577	7555	4856	6291	4775
其他经济	142891	117272	144062	316943	114077
从业人员平均工资	47861	47664	53660	52326	55097
国有经济	51768	51775	49484	49382	46771
集体经济	26099	44882	66434	55550	67043
其他经济	41438	46430	54789	52748	58452
在岗职工平均工资	49267	48311	54503	52538	57645
国有经济	52055	53341	52159	50428	53489
集体经济	26081	46435	75057	56626	71484
其他经济	44138	46733	54789	52799	58772

劳动工资主要指标

单位:人、万元、元

平顺县	黎城县	壶关县	长子县	武乡县	沁县	沁源县	潞城市
9079	7719	14886	28477	15772	6418	27850	29610
7273	5072	8004	11197	7568	5167	9169	9795
1019	294	1215	1463	903	334	1050	76
787	2353	5667	15817	7301	917	17631	19739
7736	7679	14579	27676	15570	6300	26318	29305
6185	5035	8002	10693	7559	5081	7746	9552
774	294	1215	1376	903	312	994	76
777	2350	5362	15607	7108	907	17578	19677
39572	37338	61245	172281	75965	33274	126320	123590
34215	24829	40700	49554	39689	28013	39913	47527
3248	2810	4963	7656	3967	2246	4187	220
2110	9699	15582	115071	32309	3014	82220	75843
38385	37177	60441	170591	74952	33017	124155	122934
33302	24773	40698	48771	39671	27890	38260	47072
3021	2810	4963	7474	3967	2199	4115	220
2062	9595	14780	114346	31314	2928	81780	75641
44458	48153	41908	60078	48746	52023	45898	41452
47620	48723	50881	44455	52257	54649	43750	48691
34148	95565	39048	52582	47912	67254	40609	28947
27576	41027	29158	71593	45118	32202	47340	37963
50807	48282	42137	61122	48838	52575	47884	41654
54611	48968	50891	45738	52302	55338	49689	49456
42788	95565	39048	54234	47912	70478	42201	28947
27458	40880	29118	72056	45160	31550	47400	37974

12-9 分县区城镇非私营国有经济单位

县市区	年末人数(人)			
	单位从业人员	#女性	1、在岗职工	2、其他从业人员
总 计	**169394**	**75741**	**162418**	**6976**
城 区	68782	28095	68018	764
郊 区	8836	4473	8464	372
长治县	9586	4492	8915	671
襄垣县	9939	5221	9629	310
屯留县	9006	3988	7539	1467
平顺县	7273	3623	6185	1088
黎城县	5072	2445	5035	37
壶关县	8004	3796	8002	2
长子县	11197	4873	10693	504
武乡县	7568	3559	7559	9
沁 县	5167	2685	5081	86
沁源县	9169	3732	7746	1423
潞城市	9795	4759	9552	243
中央单位	**10122**	**3229**	**9993**	**129**
城 区	8762	2757	8679	83
郊 区	59	27	59	
长治县	120	42	120	
襄垣县	341	113	341	
屯留县	104	31	104	
平顺县	46	15	38	8
黎城县	92	47	85	7
壶关县	79	34	79	
长子县	133	35	130	3
武乡县	100	31	93	7
沁 县	35	11	35	
沁源县	147	47	126	21
潞城市	104	39	104	

从业人员和劳动报酬

平均人数(人)			劳动报酬和生活费(万元)		
单位从业人员	1、在岗职工	2、其他从业人员	从业人员工资总额	1、在岗职工工资总额	2、其他从业人员工资总额
168805	**161877**	**6928**	**843001**	**833226**	**9775**
68537	67794	743	354806	352900	1906
8853	8482	371	45837	45244	593
9548	8882	666	47247	46328	919
9880	9571	309	48789	48265	525
8955	7488	1467	41883	40053	1831
7185	6098	1087	34215	33302	913
5096	5059	37	24829	24773	56
7999	7997	2	40700	40698	2
11147	10663	484	49554	48771	783
7595	7585	10	39689	39671	18
5126	5040	86	28013	27890	123
9123	7700	1423	39913	38260	1653
9761	9518	243	47527	47072	455
10000	**9871**	**129**	**82686**	**82103**	**583**
8702	8619	83	75394	74898	496
59	59		283	283	
120	120		584	584	
276	276		1591	1591	
104	104		524	524	
46	38	8	274	256	18
95	88	7	503	492	11
80	80		287	287	
133	130	3	734	718	16
100	93	7	700	691	9
35	35		9	9	
146	125	21	994	960	33
104	104		810	810	

12-9 续 1

县市区	年末人数(人)			
	单位从业人员	# 女性	1、在岗职工	2、其他从业人员
省属单位	**19196**	**7102**	**18977**	**219**
城　区	16057	6047	15901	156
郊　区	626	219	626	
长治县	297	95	293	4
襄垣县	355	98	348	7
屯留县	221	62	173	48
平顺县	193	71	193	
黎城县	111	50	111	
壶关县	74	11	74	
长子县	130	46	130	
武乡县	512	188	510	2
沁　县				
沁源县	172	63	170	2
潞城市	448	152	448	
市属单位	**35707**	**14865**	**35320**	**387**
城　区	35152	14668	34771	381
郊　区	232	79	228	4
长治县				
襄垣县				
屯留县	47	8	47	
平顺县				
黎城县				
壶关县	21	7	21	
长子县				
武乡县	63	8	63	
沁　县	134	65	132	2
沁源县	43	29	43	
潞城市	15	1	15	

平均人数(人)			劳动报酬和生活费(万元)		
单位从业人员	1、在岗职工	2、其他从业人员	从业人员工资总额	1、在岗职工工资总额	2、其他从业人员工资总额
19050	**18833**	**217**	**96428**	**95896**	**532**
15907	15753	154	78601	78188	414
631	631		5348	5348	
297	293	4	1664	1654	10
355	348	7	1534	1511	23
221	173	48	1207	1134	73
193	193		862	862	
111	111		574	574	
74	74		488	488	
127	127		811	811	
512	510	2	2508	2500	7
172	170	2	762	758	5
450	450		2069	2069	
35662	**35294**	**368**	**167891**	**167144**	**746**
35107	34745	362	165291	164551	740
232	228	4	1003	1001	2
47	47		129	129	
21	21		116	116	
63	63		381	381	
134	132	2	761	757	4
43	43		149	149	
15	15		60	60	

12-9 续 2

县市区	年末人数(人)			
	单位从业人员	# 女性	1、在岗职工	2、其他从业人员
县级县以下	**103854**	**50349**	**97617**	**6237**
城 区	8811	4623	8667	144
郊 区	7919	4148	7551	368
长治县	9169	4355	8502	667
襄垣县	9243	5010	8940	303
屯留县	8119	3691	6704	1415
平顺县	7034	3537	5954	1080
黎城县	4869	2348	4839	30
壶关县	7830	3744	7828	2
长子县	10934	4792	10433	501
武乡县	6893	3332	6893	
沁 县	4998	2609	4914	84
沁源县	8807	3593	7407	1400
潞城市	9228	4567	8985	243
企　业	**31783**	**9757**	**31164**	**619**
城 区	24887	7066	24534	353
郊 区	468	199	414	54
长治县	323	143	320	3
襄垣县	1093	494	1072	21
屯留县	831	226	683	148
平顺县	715	273	698	17
黎城县	121	46	114	7
壶关县	341	119	339	2
长子县	610	272	602	8
武乡县	651	272	649	2
沁 县	197	74	197	
沁源县	510	211	506	4
潞城市	1036	362	1036	

平均人数(人)			劳动报酬和生活费(万元)		
单位从业人员	1、在岗职工	2、其他从业人员	从业人员工资总额	1、在岗职工工资总额	2、其他从业人员工资总额
103578	**97368**	**6210**	**493461**	**485560**	**7902**
8821	8677	144	35519	35263	256
7931	7564	367	39202	38612	590
9131	8469	662	44999	44090	909
9249	8947	302	45663	45162	501
8068	6653	1415	37488	35742	1746
6946	5867	1079	33079	32184	895
4890	4860	30	23752	23707	45
7824	7822	2	39809	39807	2
10887	10406	481	48009	47242	767
6920	6919	1	36100	36099	1
4957	4873	84	27243	27124	119
8762	7362	1400	38009	36394	1615
9192	8949	243	44589	44134	455
31369	**30770**	**599**	**145596**	**144046**	**1550**
24678	24344	334	126642	125596	1046
469	416	53	1420	1359	61
323	320	3	769	765	4
1028	1007	21	2794	2774	20
780	632	148	2480	2143	337
621	605	16	1470	1442	28
124	117	7	351	339	11
345	343	2	595	593	2
595	587	8	1559	1532	27
677	674	3	2599	2591	9
197	197		243	243	
510	506	4	1556	1551	5
1022	1022		3118	3118	

12-9 续 3

县市区	年末人数(人)			
	单位从业人员	# 女性	1、在岗职工	2、其他从业人员
事　　业	**94957**	**51674**	**89920**	**5037**
城　区	34592	17544	34202	390
郊　区	4997	2945	4732	265
长治县	5541	2998	4974	567
襄垣县	5659	3560	5415	244
屯留县	5462	2913	4299	1163
平顺县	4233	2637	3174	1059
黎城县	2954	1708	2924	30
壶关县	5068	2894	5068	
长子县	7330	3540	7153	177
武乡县	4902	2679	4902	
沁　县	3380	2145	3324	56
沁源县	5396	2694	4553	843
潞城市	5443	3417	5200	243
机　　关	**42376**	**14111**	**41056**	**1320**
城　区	9099	3347	9078	21
郊　区	3357	1323	3304	53
长治县	3722	1351	3621	101
襄垣县	3187	1167	3142	45
屯留县	2713	849	2557	156
平顺县	2325	713	2313	12
黎城县	1997	691	1997	
壶关县	2595	783	2595	
长子县	3257	1061	2938	319
武乡县	1965	561	1958	7
沁　县	1580	458	1550	30
沁源县	3263	827	2687	576
潞城市	3316	980	3316	

平均人数(人)			劳动报酬和生活费(万元)		
单位从业人员	1、在岗职工	2、其他从业人员	从业人员工资总额	1、在岗职工工资总额	2、其他从业人员工资总额
94806	**89778**	**5028**	**474697**	**468804**	**5893**
34553	34165	388	177370	176531	839
4995	4730	265	25919	25469	451
5533	4972	561	30171	29488	683
5665	5422	243	29770	29352	418
5462	4299	1163	25899	24692	1207
4238	3179	1059	19648	18785	863
2966	2936	30	13496	13451	45
5011	5011		26837	26837	
7350	7173	177	31567	31366	200
4903	4903		25881	25881	
3339	3283	56	18728	18655	74
5349	4506	843	23619	22960	659
5442	5199	243	25794	25339	455
42353	**41052**	**1301**	**221516**	**219184**	**2331**
9103	9082	21	49835	49813	22
3375	3322	53	18478	18397	81
3692	3590	102	16307	16075	232
3187	3142	45	16225	16139	87
2713	2557	156	13505	13218	287
2326	2314	12	13096	13075	21
2006	2006		10983	10983	
2643	2643		13268	13268	
3202	2903	299	16428	15872	555
1965	1958	7	11053	11043	9
1580	1550	30	8985	8935	50
3264	2688	576	14738	13750	989
3297	3297		18615	18615	

12-10 分县区城镇非私营集体经济

县市区	年末人数(人)			
	单位从业人员	#女性	1、在岗职工	2、其他从业人员
总　计	**11816**	**5462**	**11023**	**793**
城　区	1020	568	1012	8
郊　区	1731	984	1607	124
长治县	794	337	639	155
襄垣县	1181	650	1153	28
屯留县	736	379	668	68
平顺县	1019	382	774	245
黎城县	294	128	294	
壶关县	1215	498	1215	
长子县	1463	694	1376	87
武乡县	903	343	903	
沁　县	334	166	312	22
沁源县	1050	305	994	56
潞城市	76	28	76	
企　业	**8387**	**3876**	**7904**	**483**
城　区	690	304	690	
郊　区	1441	813	1317	124
长治县	681	292	526	155
襄垣县	1049	625	1021	28
屯留县	500	280	471	29
平顺县	451	182	435	16
黎城县	294	128	294	
壶关县	554	230	554	
长子县	1020	435	953	67
武乡县	494	203	494	
沁　县	301	141	279	22
沁源县	868	223	826	42
潞城市	44	20	44	
事　业	**3429**	**1586**	**3119**	**310**
城　区	330	264	322	8
郊　区	290	171	290	
长治县	113	45	113	
襄垣县	132	25	132	
屯留县	236	99	197	39
平顺县	568	200	339	229
黎城县				
壶关县	661	268	661	
长子县	443	259	423	20
武乡县	409	140	409	
沁　县	33	25	33	
沁源县	182	82	168	14
潞城市	32	8	32	

单位从业人员和劳动报酬

平均人数(人)			劳动报酬和生活费(万元)		
单位从业人员	1、在岗职工	2、其他从业人员	从业人员工资总额	1、在岗职工工资总额	2、其他从业人员工资总额
11637	**10881**	**756**	**56178**	**54822**	**1356**
996	988	8	2600	2577	23
1742	1627	115	7818	7555	264
783	647	136	5202	4856	346
1139	1111	28	6327	6291	36
736	668	68	4934	4775	159
951	706	245	3248	3021	227
294	294		2810	2810	
1271	1271		4963	4963	
1456	1378	78	7656	7474	183
828	828		3967	3967	
334	312	22	2246	2199	47
1031	975	56	4187	4115	72
76	76		220	220	
8301	**7855**	**446**	**45370**	**44366**	**1004**
676	676		1829	1829	
1452	1337	115	6451	6187	264
676	540	136	4775	4429	346
1007	979	28	5912	5876	36
500	471	29	3945	3862	83
449	433	16	1982	1929	53
294	294		2810	2810	
622	622		3559	3559	
1013	955	58	5837	5711	126
419	419		2921	2921	
301	279	22	2062	2015	47
848	806	42	3234	3185	49
44	44		53	53	
3336	**3026**	**310**	**10808**	**10456**	**352**
320	312	8	770	748	23
290	290		1368	1368	
107	107		427	427	
132	132		415	415	
236	197	39	989	913	76
502	273	229	1266	1092	173
649	649		1404	1404	
443	423	20	1819	1762	56
409	409		1046	1046	
33	33		184	184	
183	169	14	953	930	23
32	32		167	167	

12-11 分县区城镇非私营其他经济单位

县市区	年末人数(人)			
	单位从业人员	#女性	1、在岗职工	2、其他从业人员
总 计	**244455**	**61616**	**235620**	**8835**
城 区	40569	16255	33496	7073
郊 区	25183	7018	24666	517
长治县	27231	4921	27142	89
襄垣县	60456	13374	60333	123
屯留县	20319	5455	20132	187
平顺县	787	73	777	10
黎城县	2353	1000	2350	3
壶关县	5667	2022	5362	305
长子县	15817	2457	15607	210
武乡县	7301	1298	7108	193
沁 县	917	526	907	10
沁源县	17631	1648	17578	53
潞城市	19739	5413	19677	62

12-12 分县区城镇非私营企业经济单位

县市区	年末人数(人)			
	单位从业人员	#女性	1、在岗职工	2、其他从业人员
总 计	**280489**	**72714**	**270653**	**9836**
城 区	65637	23389	58211	7426
郊 区	26748	7836	26061	687
长治县	27645	4945	27398	247
襄垣县	62330	14289	62180	150
屯留县	21126	5630	20833	293
平顺县	1953	528	1910	43
黎城县	1554	466	1544	10
壶关县	6147	2098	5840	307
长子县	17447	3164	17162	285
武乡县	8411	1768	8216	195
沁 县	1178	568	1146	32
沁源县	19009	2082	18910	99
潞城市	20819	5795	20757	62

从业人员和劳动报酬

平均人数(人)			劳动报酬和生活费(万元)		
单位从业人员	1、在岗职工	2、其他从业人员	从业人员工资总额	1、在岗职工工资总额	2、其他从业人员工资总额
240669	**232865**	**7804**	**1192496**	**1170053**	**22443**
38321	32374	5947	158796	142891	15905
25570	25094	476	118722	117272	1450
26455	26294	161	144945	144062	883
60147	60028	119	317265	316943	321
19599	19410	189	114560	114077	483
765	751	14	2110	2062	48
2364	2347	17	9699	9595	104
5344	5076	268	15582	14780	802
16073	15869	204	115071	114346	725
7161	6934	227	32309	31314	995
936	928	8	3014	2928	86
17368	17253	115	82220	81780	440
19978	19919	59	75843	75641	201

从业人员和劳动报酬

平均人数(人)			从业人员工资总额(万元)		
单位从业人员	1、在岗职工	2、其他从业人员	单位从业人员	1、在岗职工工资总额	2、其他从业人员
276197	**267449**	**8748**	**1370531**	**1345692**	**24839**
63168	56887	6281	286032	269081	16951
27146	26510	636	125512	123749	1763
26868	26568	300	149099	147866	1233
61914	61768	146	325507	325180	326
20355	20060	295	119737	118929	808
1835	1789	46	5562	5433	129
1568	1544	24	6913	6798	116
5896	5626	270	19007	18203	804
17681	17411	270	122468	121589	879
8222	7992	230	37704	36701	1003
1186	1156	30	4608	4474	134
18726	18565	161	87009	86515	494
21044	20985	59	79014	78813	201

12-13 城镇私营单位分行业就业人员平均工资

单位:元

行业	2015年	2016年	比上年增长(%)
总计	**27569**	**28017**	**1.6**
农、林、牧、渔业	20795	22605	8.7
采矿业	36974	35945	-2.8
制造业	29618	27173	-8.3
电力、煤气及水的生产供应业	29256	35264	20.5
建筑业	31460	35554	13
批发与零售业	25327	26861	6.1
交通运输、仓储和邮政业	24214	22879	-5.5
住宿和餐饮业	20154	20386	1.2
信息传输、计算机服务和软件业	25826	24412	-5.5
金融业	27919	41650	49.2
房地产业	30017	33101	10.3
租赁和商务服务业	17480	15256	-12.7
科学研究、技术服务和地质勘查业	26400	33222	25.8
水利、环境和公共设施管理业	25697	21916	-14.7
居民服务业和其他服务业	18337	15354	-16.3
教育	26087	28881	10.7
卫生、社会保障和社会福利业	29489	34865	18.2
文化、体育与娱乐业	26525	28902	9

能　　源

资料整理人员

鲍明敏　　王宇菲　　和成功　　杨啸天

赵秀丽

13

13-1 规模以上企业能源产品生产、销售与库存表

产品名称	计量单位	年初产成品库存量	产品产量		销售量	
			本年	上年同期	本年	上年同期
原煤	吨	9093854.34	108543418.76	118717335.20	87393578.93	90471206.10
无烟煤	吨	1497439.90	19874050.00	20558741.44	20413430.00	20148159.87
炼焦烟煤	吨	574807.64	14381901.00	16079178.63	12015311.74	12688896.21
一般烟煤	吨	7021606.80	74287467.76	82079415.13	54964837.19	57634150.02
褐煤	吨					
洗煤	吨	1587232.63	62020163.11	54788405.34	61289897.82	56305357.20
其中:洗精煤	吨	807724.35	37837001.13	31801520.55	37443624.56	32212475.63
煤制品	吨					
原油	吨					
其中:页岩油	吨					
天然气	万立方米					
常规天然气	万立方米					
非常规天然气	万立方米					
煤层气	万立方米					
页岩气	万立方米					
致密砂岩气	万立方米					
煤制天然气	万立方米					
液化天然气	吨					
原油加工量	吨					
汽油	吨					
煤油	吨					
柴油	吨					
润滑油	吨					
燃料油	吨					
石脑油	吨					
溶剂油	吨					
石蜡	吨	1844.00	86286.00	75718.00	87698.00	77360.32
液化石油气	吨					

13–1 续 1

产品名称	计量单位	年初产成品库存量	产品产量		销售量	
			本年	上年同期	本年	上年同期
石油焦	吨					
石油沥青	吨					
炼厂干气	吨					
其他石油制品	吨	1056.00	30421.00	25100.00	30891.00	55740.00
焦炭	吨	1398528.38	13782067.89	13725204.29	14104835.04	13412873.11
发电量	万千瓦小时		2715929.36	2781165.74	2448933.97	2499510.40
火力发电量	万千瓦小时		2665849.10	2748473.17	2399637.38	2467342.05
燃煤发电量	万千瓦小时		2593602.66	2682203.69	2349893.80	2442172.95
其中:煤矸石发电量	万千瓦小时		168255.00	186318.00	157767.00	172822.00
燃油发电量	万千瓦小时					
燃气发电量	万千瓦小时		12066.00	15789.00	7806.00	11154.00
其中:煤层气发电量	万千瓦小时					
余热、余压、余气发电量	万千瓦小时		37004.51	33935.40	21853.87	
垃圾焚烧发电量	万千瓦小时					
生物质发电量	万千瓦小时		23175.93	10211.28	20083.71	9111.08
其中:沼气发电量	万千瓦小时					
水力发电量	万千瓦小时					
其中:抽水蓄能发电量	万千瓦小时					
核能发电量	万千瓦小时					
风力发电量	万千瓦小时		39315.51	23969.22	38559.37	23502.09
太阳能发电量	万千瓦小时		10764.75	8723.35	10737.22	8666.26
潮汐能发电量	万千瓦小时					
地热能发电量	万千瓦小时					
其他发电量	万千瓦小时					
煤气	万立方米		320939.04	318221.64	97803.41	76118.83
生物乙醇	吨					
生物柴油	吨					

13–1 续 2

产品名称	计量单位	销售量		企业自用及其他		期末产成品库存量	
		销往省外					
		本年	上年同期	本年	上年同期	本年	上年同期
原煤	吨	31874767.47	33639520.18	23274659.17	27421529.49	7014598.30	10169989.53
无烟煤	吨	10721636.67	10242692.95	38726.16	32422.75	919333.74	2107762.10
炼焦烟煤	吨	2070269.15	2514981.62	2704723.90	4372264.56	282254.30	574807.64
一般烟煤	吨	19082861.65	20881845.61	20531209.11	23016842.18	5813010.26	7487419.71
褐煤	吨						
洗煤	吨	22208773.82	22339555.72	703595.12	686980.52	1636049.60	1553192.91
其中:洗精煤	吨	9834139.82	10137919.82	403885.00	682361.00	819262.72	800170.04
煤制品	吨						
原油	吨						
其中:页岩油	吨						
天然气	万立方米						
常规天然气	万立方米						
非常规天然气	万立方米						
煤层气	万立方米						
页岩气	万立方米						
致密砂岩气	万立方米						
煤制天然气	万立方米						
液化天然气	吨						
原油加工量	吨						
汽油	吨						
煤油	吨						
柴油	吨						
润滑油	吨						
燃料油	吨						
石脑油	吨						
溶剂油	吨						
石蜡	吨	87698.00	77360.32			432.00	1844.00
液化石油气	吨						

13-1 续 3

产品名称	计量单位	销售量		企业自用及其他		期末产成品库存量	
		销往省外					
		本年	上年同期	本年	上年同期	本年	上年同期
石油焦	吨						
石油沥青	吨						
炼厂干气	吨						
其他石油制品	吨	30891.00	55740.00			586.00	1056.00
焦炭	吨	10891366.50	10008973.13		95314.34	1075861.28	1625742.25
发电量	万千瓦小时			288864.10	281772.02		
火力发电量	万千瓦小时			288080.43	281247.80		
燃煤发电量	万千瓦小时			243708.86	240030.75		
其中:煤矸石发电量	万千瓦小时			10488.00	13496.00		
燃油发电量	万千瓦小时						
燃气发电量	万千瓦小时			4260.00	4635.00		
其中:煤层气发电量	万千瓦小时						
余热、余压、余气发电量	万千瓦小时			37004.51	33935.40		
垃圾焚烧发电量	万千瓦小时						
生物质发电量	万千瓦小时			3107.06	1216.86		
其中:沼气发电量	万千瓦小时						
水力发电量	万千瓦小时						
其中:抽水蓄能发电量	万千瓦小时						
核能发电量	万千瓦小时						
风力发电量	万千瓦小时			756.14	467.13		
太阳能发电量	万千瓦小时			27.53	57.09		
潮汐能发电量	万千瓦小时						
地热能发电量	万千瓦小时						
其他发电量	万千瓦小时						
煤气	万立方米	21524.00	743.00	223135.63	242102.81		
生物乙醇	吨						
生物柴油	吨						

13-2　分县区规模以上企业原煤生产、销售与库存表

单位:吨

县市区	年初产成品库存量	产品产量		销售量	
		本年	上年同期	本年	上年同期
城　区					
郊　区	13600.00	4062735.00	4458391.00	2812287.00	3416926.00
长治县	3345053.61	24373096.36	25774434.11	19886912.90	19498089.32
襄垣县	3269326.89	32387960.30	38406159.42	20687064.13	24572553.07
屯留县	194463.56	10906942.10	12745284.00	6592787.35	6585060.87
平顺县					
黎城县					
壶关县					
长子县	1497439.90	19874050.00	20558741.44	20413430.00	20148159.87
武乡县	318441.67	5390590.00	4507197.00	5606701.82	4337256.19
沁　县					
沁源县	447568.71	11007031.00	11679668.23	10856580.73	11329465.78
潞城市	7960.00	541014.00	587460.00	537815.00	583695.00

13-2 续

单位:吨

县市区	销售量		企业自用及其他		期末产成品库存量	
	销往省外					
	本年	上年同期	本年	上年同期	本年	上年同期
城　区						
郊　区	584144.00	841718.00	1245739.00	1037226.00	18309.00	13600.00
长治县	6016010.74	4880805.80	5299584.22	4939328.37	2573233.85	3508407.93
襄垣县	7238858.50	9045332.88	12157678.99	13701674.03	2812556.07	3309362.13
屯留县	5825797.80	5996698.95	4343998.56	5925962.58	164619.75	418023.29
平顺县						
黎城县						
壶关县						
长子县	10721636.67	10242692.95	38726.16	32422.75	919333.74	2107762.18
武乡县	1312186.77	1148502.78	6429.90	17746.76	95869.95	356776.74
沁　县						
沁源县	176132.99	1483768.82	180784.34	1764849.00	421234.94	448097.26
潞城市			1718.00	2320.00	9441.00	7960.00

13-3 分县区规模以上企业洗煤生产、销售与库存表

单位:吨

县市区	年初产成品库存量	产品产量		销售量	
		本年	上年同期	本年	上年同期
城 区					
郊 区	132650	16006599.44	12377510	16037235.44	13275483
长治县	523589.67	8977490.86	8493622.78	9082215.63	8425284.79
襄垣县	515920.97	17840692.57	15690754.26	17422195.91	15777470.59
屯留县	292580	4324691.35	5286556.6	4399411.55	5313989.68
平顺县					
黎城县					
壶关县					
长子县	11636.57	2038505.98	1105046.43	2030896.4	1128675.77
武乡县	12247.42	3589638.39	3303732.77	3579987.37	3940799.77
沁 县					
沁源县	86608	6937105.58	6341429.5	6434058.58	6423594.6
潞城市	12000	2305438.94	2189753	2303896.94	2020059

13-3 续

单位:吨

县市区	销售量		企业自用及其他		期末产成品库存量	
	销往省外					
	本年	上年同期	本年	上年同期	本年	上年同期
城 区						
郊 区	842866	1266718			102014	132650
长治县	5362008.75	4360141.9	62.48	178.16	440849.42	485797.37
襄垣县	9317812.14	8108783.58	299647.64	4441.36	634869.79	531920.97
屯留县	3435565.95	4677090.7			217859.8	292580
平顺县						
黎城县						
壶关县						
长子县	1138770.4	898607.77			19246.15	11636.57
武乡县	1559379	2346228.77			21898.44	
沁 县						
沁源县	339755.58	448835	403885	484328	185770	86608
潞城市	212616	233150		198033	13542	12000

13-4 分县区规模以上企业焦炭生产、销售与库存表

单位:吨

县市区	年初产成品库存量	产品产量		销售量	
		本年	上年同期	本年	上年同期
城　区					
郊　区	28260.00	1785233.00	1897473.00	1812204.00	1866267.00
长治县					
襄垣县	80276.00	2263665.49	1902518.95	2228129.75	1877464.52
屯留县	972148.12	2361482.90	2617319.00	2534737.59	2504197.79
平顺县					
黎城县	9228.00	570034.00	520678.00	547447.00	522365.00
壶关县			95314.34		
长子县					
武乡县					
沁　县	35972.26	457209.00	362124.00	466961.20	393740.80
沁源县	85458.00	1273019.00	1558717.00	1295207.00	1623937.00
潞城市	187186.00	5071424.50	4771060.00	5220148.50	4624901.00

13-4 续

单位:吨

县市区	销售量		企业自用及其他		期末产成品库存量	
	销往省外					
	本年	上年同期	本年	上年同期	本年	上年同期
城　区						
郊　区	1056807.00	1072144.00			1389.00	38206.00
长治县						
襄垣县	2228129.75	1877464.52			115811.74	103119.78
屯留县	1707524.61	2011204.21			798893.48	1057730.21
平顺县						
黎城县	455950.00	183350.00			31815.00	9228.00
壶关县				95314.34		
长子县						
武乡县						
沁　县	466961.20	393740.80			26220.06	35972.26
沁源县	646128.00	691624.00			63270.00	194300.00
潞城市	4329865.94	3779445.60			38462.00	187186.00

13-5 分县区规模以上企业发

县市区	年初产成品库存量	产品产量		销售量	
		本年	上年同期	本年	上年同期
城 区					
郊 区		1206942.39	1300155.62	1078567.84	1149847.94
长治县					
襄垣县		231399.88	249372.75	218630.59	238248.80
屯留县		93055.00	118457.00	80445.00	103075.00
平顺县		7373.36	5720.24	7373.36	5720.24
黎城县		5492.75	6786.35	4545.22	4439.26
壶关县			1429.80		
长子县		9193.17	2570.37	7791.82	2570.37
武乡县		451200.17	428498.82	407674.38	387700.81
沁 县					
沁源县		71411.15	58282.98	70655.01	57815.85
潞城市		639861.49	609891.81	573250.75	550092.13

电量生产、销售与库存情况

单位:万千瓦时

销售量		企业自用及其他		期末产成品库存量	
销往省外					
本年	上年同期	本年	上年同期	本年	上年同期
		150228.42	150307.68		
		12784.13	11240.63		
		12610.00	15382.00		
		947.53	2347.09		
			1429.80		
		1401.35			
		43525.79	40798.01		
		756.14	467.13		
		66610.74	59799.68		

13-6 限额以上经销企业主要能

商品名称	年初商品库存量	商品购进量			
		本年		上年同期	
		1-本月	购自省外	1-本月	购自省外
原煤	1770634.77	13076029.08	1016813.30	18831458.84	6219082.12
洗精煤(用于炼焦)	10008.25	585705.86		389469.28	
其他洗煤	63317.00	4261310.28	1088908.00	5994870.50	3079602.00
煤制品	47308.24	856402.90		169364.04	
焦炭	6507.00	1259667.00	316384.00	828297.09	264102.26
液化天然气					
原油					
汽油	9108.58	343775.15	333638.84	265214.78	251014.05
煤油	73.27	733.30	728.30	329.85	254.85
柴油	20532.73	284487.07	261073.81	322473.81	285986.80
燃料油					
液化石油气		252.00	252.00	202.00	202.00
石脑油					
润滑油	266.00	10968.68	1648.00	5458.00	1725.00
溶剂油					
石油焦					
石油沥青					

源产品购进、销售与库存表

单位:吨

商品销售量				损耗量及其他		期末商品库存量	
本年		上年同期		本年	上年同期	本年	上年同期
1-本月	销往省外	1-本月	销往省外				
11930187.34	7600785.88	19188738.12	11980248.46	834496.00		2037825.93	1550843.53
595417.64	272070.47	380739.54	306663.32			285.47	9997.25
4297476.91	3071850.00	6073279.47	4981346.97	1723.52		25426.85	25709.00
769486.79	100298.23	167577.72	87074.00			134224.35	11376.32
1261238.00	923590.00	823304.09	645124.60			4936.00	6507.00
335563.40	51437.62	268147.88	15.00	224.00	31.00	17135.33	5520.31
766.30		256.58				40.27	73.27
289717.01	188.00	320852.71	328.78	171.00	31.00	15155.79	15876.10
220.00		172.00				30.00	30.00
10664.87	76.00	2833.00	65.00			569.81	2850.00

13-7 分县区限额以上经销企业

县市区	年初商品库存量	商品购进量			
		本年		上年同期	
		1-本月	购自省外	1-本月	购自省外
城　区	587793	6195843	1005805	5175604	769460
郊　区	92582.42	58354.70		251752.57	14837.00
长治县	122465.65	2383621.31		2413083.81	
襄垣县	481405.60	1129193.11		7227251.55	5413144.05
屯留县					
平顺县					
黎城县	320455.00	2183283.00		1865586.00	
壶关县					
长子县	123152.00	79999.00		607902.76	
武乡县	162.79	416855.60		569743.16	
沁　县	794.42	377506.90		217029.14	
沁源县	244.00			48504.00	13729.48
潞城市	41580.00	251372.00	11008.00	455001.61	7912.00

原煤购进销售与库存情况表

单位：吨

商品销售量				损耗量及其他		期末商品库存量	
本年		上年同期		本年	上年同期	本年	上年同期
1-本月	销往省外	1-本月	销往省外				
5955306	4123822	5320804	3343742	3000		811030	587793
85939.92	3000.00	285656.17	28346.00			64997.20	111662.90
2349535.03	1003928.65	2416913.39	881580.79			156551.93	126981.27
494672.15	35340.00	7371492.03	5621442.85	831496.00		284429.86	298692.60
2174184.00	1965234.00	1889816.00	1677316.00			329554.00	250455.00
90620.00	57727.00	610333.57	68473.00			112531.00	127734.06
417018.39	411734.00	571464.98	319934.00				890.46
103809.67		212218.90				274491.62	4810.24
		48260.00	39413.48			244.00	244.00
259102.00		461778.61				3996.00	41580.00

13-8 分县区限额以上经销企业

县市区	年初商品库存量	商品购进量			
		本年		上年同期	
		1-本月	购自省外	1-本月	购自省外
城 区					
郊 区					
长治县	11.00	742472.00		740739.00	
襄垣县	69613.25	3639213.14	889741.00	5396411.78	3079602.00
屯留县		231172.00			
平顺县					
黎城县					
壶关县					
长子县					
武乡县					
沁 县	1690.00			14041.00	
沁源县	2011.00	234159.00	199167.00	233148.00	
潞城市					

洗煤购进销售与库存情况表

单位:吨

商品销售量				损耗量及其他		期末商品库存量	
本年		上年同期		本年	上年同期	本年	上年同期
1-本月	销往省外	1-本月	销往省外				
742472.00	742472.00	740739.00	740739.00				
3683401.55	2566457.47	5462892.04	4395672.32	1723.52		23701.32	32005.25
231172.00							
1690.00		12351.00					1690.00
234159.00	34991.00	238036.97	151598.97			2011.00	2011.00

13-9 分县区限额以上经销企业

县市区	年初商品库存量	商品购进量			
		本年		上年同期	
		1-本月	购自省外	1-本月	购自省外
城 区					
郊 区	5623.00	144731.00		97268.00	
长治县					
襄垣县	884.00	414949.00		134185.00	131705.00
屯留县		252176.00		255026.00	
平顺县					
黎城县					
壶关县					
长子县					
武乡县					
沁 县					
沁源县		26384.00	26384.00	6500.00	
潞城市		421427.00	290000.00	335318.09	132397.26

焦炭购进销售与库存情况表

单位:吨

商品销售量				损耗量及其他		期末商品库存量	
本年		上年同期		本年	上年同期	本年	上年同期
1-本月	销往省外	1-本月	销往省外				
146302.00		92275.00				4052.00	5623.00
414949.00	414949.00	134185.00	131705.00			884.00	884.00
252176.00	204104.00	255026.00	224242.00				
26384.00		6500.00	6500.00				
421427.00	304537.00	335318.09	282677.60				

13-10 分行业产

指标	上年同期		
	综合能源消费量（吨标准煤）	工业总产值（万元）	产值单耗（吨标准煤/万元）
全部工业企业	18238731	14354016	1.27
轻工业	66287	970768	0.07
重工业	18172444	13383249	1.36
一、按工业行业门类分			
（一）采矿业	5966588	7518804	0.79
06.煤炭开采和洗选业	5934569	6947804	0.85
07.石油和天然气开采业			
08.黑色金属矿采选业	27952	558542	0.05
09.有色金属矿采选业			
10.非金属矿采选业	4067	12459	0.33
11.开采辅助活动			
12.其他采矿业			
（二）制造业	7293387	5991107	1.22
13.农副食品加工业	12172	163740	0.07
14.食品制造业	17109	287120	0.06
15.酒、饮料和精制茶制造业	4286	18124	0.24
16.烟草制品业			
17.纺织业			
18.纺织服装、服饰业	128	8768	0.01
19.皮革、毛皮、羽毛及其制品和制鞋业			
20.木材加工和木、竹、藤、棕、草制品业			
21.家具制造业			
22.造纸和纸制品业	3640	2808	1.30
23.印刷和记录媒介复制业			
24.文教、工美、体育和娱乐用品制造业	1419	20526	0.07
25.石油加工、炼焦和核燃料加工业	2662437	1428402	1.86
26.化学原料和化学制品制造业	1589030	688790	2.31
27.医药制造业	15733	362132	0.04
28.化学纤维制造业			
29.橡胶和塑料制品业	11112	62126	0.18
30.非金属矿物制品业	436682	223150	1.96
31.黑色金属冶炼和压延加工业	2468509	1690544	1.46
32.有色金属冶炼和压延加工业	41346	21168	1.95
33.金属制品业	3223	47733	0.07
34.通用设备制造业	3917	201912	0.02
35.专用设备制造业	3363	69873	0.05
36.汽车制造业	3615	26736	0.14
37.铁路、船舶、航空航天和其他运输设备制造业			
38.电气机械和器材制造业	12360	609053	0.02
39.计算机、通信和其他电子设备制造业	3263	55372	0.06

值　能　耗　表

本期			同比增长(%)		
综合能源消费量（吨标准煤）	工业总产值（万元）	产值单耗（吨标准煤/万元）	综合能源消费量	工业总产值	产值单耗
17943926	15342155	1.17	-1.62	6.88	-7.95
74414	1129625	0.07	12.26	16.36	-3.53
17869512	14212530	1.26	-1.67	6.20	-7.40
6138930	8464608	0.73	2.89	12.58	-8.61
6108395	7831900	0.78	2.93	12.72	-8.69
29684	629894	0.05	6.20	12.77	-5.83
851	2814	0.30	-79.07	-77.41	-7.35
6954116	6099855	1.14	-4.65	1.82	-6.35
12575	196510	0.06	3.30	20.01	-13.92
22492	346625	0.06	31.47	20.72	8.90
1102	7884	0.14	-74.28	-56.50	-40.88
148	9165	0.02	15.77	4.52	10.76
4652	3300	1.41	27.82	17.51	8.77
1441	18802	0.08	1.51	-8.40	10.82
2816795	1524569	1.85	5.80	6.73	-0.88
1611655	699953	2.30	1.42	1.62	-0.19
17387	436562	0.04	10.51	20.55	-8.33
10793	57019	0.19	-2.86	-8.22	5.84
365591	296333	1.23	-16.28	32.80	-36.96
2004114	1278172	1.57	-18.81	-24.39	7.38
53591	34099	1.57	29.61	61.09	-19.54
2907	52289	0.06	-9.79	9.54	-17.65
4754	200449	0.02	21.37	-0.72	22.26
2977	91695	0.03	-11.47	31.23	-32.54
3659	95530	0.04	1.21	257.31	-71.67
13707	636722	0.02	10.90	4.54	6.08
3728	112010	0.03	14.22	102.29	-43.54

13-10 续

指　　标	上年同期		
	综合能源消费量（吨标准煤）	工业总产值（万元）	产值单耗（吨标准煤/万元）
40.仪器仪表制造业			
41.其他制造业	41	3031	0.01
42.废弃资源综合利用业			
43.金属制品、机械和设备修理业			
（三）电力、热力、燃气及水生产和供应业	4978756	844105	5.90
44.电力、热力生产和供应业	4959375	817569	6.07
45.燃气生产和供应业	9794	15913	0.62
46.水的生产和供应业	9586	10624	0.90
二、分部门			
总计	18238731	14354016	1.27
煤炭	5934569	6947804	0.85
石油石化	620506	74051	8.38
冶金	4538393	3603437	1.26
有色	41346	21168	1.95
建材	441202	280285	1.57
化工	1593801	706294	2.26
轻工	44967	536939	0.08
烟草			
纺织	128	8768	0.01
医药	15733	362132	0.04
机械	23255	907573	0.03
电子	3263	55372	0.06
电力	4948680	771085	6.42
其他	32887	79108	0.42
三、特殊分组			
高耗能行业	12157381	4869623	2.50
四、分能源消费量(吨标准煤)			
5000 吨以下	932794	3009378	0.31
5000 吨以上	17305937	11344638	1.53
1 万以上	17182363	10797520	1.59
5 万以上	15790457	8422662	1.87
10 万以上	14295514	6948594	2.06
15 万以上	13172921	5712283	2.31
五、按企业登记注册类型分			
国有企业	31669	45268	0.70
集体企业	40311	100493	0.40
股份合作企业			
股份制企业	17047646	13256657	1.29
外商及港澳台商投资企业	590019	666103	0.89
其他经济类型企业	529085	285494	1.85

本期			同比增长(%)		
综合能源消费量（吨标准煤）	工业总产值（万元）	产值单耗（吨标准煤/万元）	综合能源消费量	工业总产值	产值单耗
48	2169	0.02	18.13	-28.46	65.12
4850881	777692	6.24	-2.57	-7.87	5.75
4831375	740676	6.52	-2.58	-9.41	7.53
9781	25222	0.39	-0.13	58.50	-36.99
9724	11793	0.82	1.43	11.01	-8.63
17943926	15342155	1.17	-1.62	6.88	-7.95
6108395	7831900	0.78	2.93	12.72	-8.69
730055	101200	7.21	17.65	36.66	-13.91
4120537	3331435	1.24	-9.21	-7.55	-1.79
53591	34099	1.57	29.61	61.09	-19.54
366941	348038	1.05	-16.83	24.17	-33.02
1616656	717063	2.25	1.43	1.52	-0.09
48055	613030	0.08	6.87	14.17	-6.40
148	9165	0.02	15.77	4.52	10.76
17387	436562	0.04	10.51	20.55	-8.33
25097	1024396	0.02	7.92	12.87	-4.39
3728	112010	0.03	14.22	102.29	-43.54
4817556	682324	7.06	-2.65	-11.51	10.01
35781	100934	0.35	8.80	27.59	-14.73
11683121	4573803	2.55	-3.90	-6.07	2.31
204147	2946608	0.07	-78.11	-2.09	-77.65
17739780	12395547	1.43	2.51	9.26	-6.18
17576990	11663532	1.51	2.30	8.02	-5.30
16052361	8931109	1.80	1.66	6.04	-4.13
14514712	7284150	1.99	1.53	4.83	-3.14
13332798	5965257	2.24	1.21	4.43	-3.08
62847	61826	1.02	98.45	36.58	45.30
90008	154084	0.58	123.28	53.33	45.63
16450031	14114221	1.17	-3.51	6.47	-9.37
596538	697966	0.85	1.10	4.78	-3.51
744502	314059	2.37	40.72	10.01	27.92

13-11 工业企业能源购进、

能源名称	计量单位	年初库存量	购进量	其中:购自省外
原煤	吨	1086822.13	65540771.09	1923910.93
无烟煤	吨		3028.00	
炼焦烟煤	吨	109750.81	19106906.30	544815.83
一般烟煤	吨	977071.32	46430836.79	1379095.10
褐煤	吨			
洗精煤(用于炼焦)	吨	607505.15	18155590.66	3196455.05
其他洗煤	吨	30489.62	1950134.17	
煤制品	吨	7611.00	336435.16	
焦炭	吨	14354.64	1663064.29	759336.00
其他焦化产品	吨	1.10	4532.00	
焦炉煤气	万立方米		45602.81	2480.00
高炉煤气	万立方米		33076.00	
转炉煤气	万立方米			
发生炉煤气	万立方米		40.88	
天然气	万立方米		899.88	
液化天然气	吨			
煤层气	万立方米		584.84	
原油	吨			
汽油	吨	70.03	8478.23	75.97
煤油	吨	4.21	38.28	
柴油	吨	1633.70	32344.50	199.54
燃料油	吨	108.91	515.00	
液化石油气	吨		57.71	
炼厂干气	吨			
石脑油	吨			
润滑油	吨	23.10	45.42	
石蜡	吨	33.00	306.67	306.67
溶剂油	吨			
石油焦	吨			
石油沥青	吨			
其他石油制品	吨		2559.00	
热力	百万千焦		793099.94	
电力	万千瓦时		890783.69	
煤矸石(用于燃料)	吨		1274711.83	
城市生活垃圾(用于燃料)	吨			
生物燃料	吨		92424.00	
余热余压	百万千焦			
工业废料(用于燃料)	吨			
其他燃料	吨标准煤			
能源合计	吨标准煤			

消费与库存情况

消费量					期末库存量
合计	1.工业生产消费	用于原材料	2.非工业生产消费	合计中:运输工具消费	
88833536.98	88797971.63		35565.35	2025.00	1012419.17
26266.46	14234.46		12032.00		
20520167.40	20516167.40		4000.00		75424.71
68287103.12	68267569.77		19533.35	2025.00	936994.46
18345340.69	18345340.69				799593.12
2262191.14	2225175.14	571705.00	37016.00		18134.27
340551.16	340551.16				3495.00
1633291.31	1633291.31	35887.00			44127.82
4532.00	4532.00				
116753.60	114271.96	2720.00	2481.64		
46323.07	46323.07				
40.88	40.88				
899.88	888.98	89.47	10.90		
584.84	531.34		53.50		
8641.13	8353.77	32.21	287.36	5872.34	65.50
38.49	30.49		8.00	26.71	
32619.04	32210.58	340.64	408.46	15853.71	1396.70
479.73	479.73				95.18
57.71	57.31		0.40		
45.42	45.42				23.10
314.67	314.67				25.00
2559.00	2559.00				
2426386.94	2388125.60		38261.34		
1153906.34	1128475.18		25431.16	3212.07	
2879596.21	2879596.21				
94567.58	94567.58				523.44
7790381.00	7790381.00				
89547250.86	89437125.41		110125.45		

13-12 工业企业能源购进、

能源名称	计量单位	工业生产消费量	加工转换投入合计	火力发电	供　热
原煤	吨	88391946.37	87375224.33	9816599.50	736086.41
无烟煤	吨				
炼焦烟煤	吨	20514064.40	20509464.40		
一般烟煤	吨	67877881.97	66865759.93	9816599.50	736086.41
褐煤	吨				
洗精煤(用于炼焦)	吨	18345340.69	18345340.69		
其他洗煤	吨	2144898.91	1005805.73	970301.73	35504.00
煤制品	吨	333525.00			
焦炭	吨	1309368.00			
其他焦化产品	吨				
焦炉煤气	万立方米	88486.66	13814.20	13814.20	
高炉煤气	万立方米	46323.07	5707.00	5707.00	
转炉煤气	万立方米				
发生炉煤气	万立方米				
天然气	万立方米	439.00	439.00		439.00
液化天然气	吨				
煤层气	万立方米				
原油	吨				
汽油	吨	5622.47			
煤油	吨	18.44			
柴油	吨	19498.47	1139.06	1130.08	8.98
燃料油	吨	479.73			
液化石油气	吨	53.71			
炼厂干气	吨				
石脑油	吨				
润滑油	吨				
石蜡	吨				
溶剂油	吨				
石油焦	吨				
石油沥青	吨				
其他石油制品	吨				
热力	百万千焦	1633287.00			
电力	万千瓦时	705710.38			
煤矸石(用于燃料)	吨	2879596.21	2879596.21	2796755.21	82841.00
城市生活垃圾(用于燃料)	吨				
生物燃料	吨	94567.58	94567.58	94567.58	
余热余压	百万千焦	7790381.00	7662418.00	7662418.00	
工业废料(用于燃料)	吨				
其他燃料	吨标准煤				
能源合计	吨标准煤	88015744.26	83303756.16	8453678.76	536217.00

消费与库存附表情况

消费量						能源加工转换产出	回收利用
原煤入洗	炼　焦	炼油及煤制油	制　气	天然气液化	煤制品加工		
76169853.42		652685.00					
20509464.40							
55660389.02		652685.00					
	18345340.69					37837001.13	
						24183162.59	
						13782067.89	
						555116.01	
						238717.67	
							78618.07
							3603.30
						86286.00	
						30421.00	
						13511012.76	
						2665849.10	
						1008694.38	
							11705585.46
56708762.86	17082949.54	522148.00				70995916.02	497283.05

13-13 工业企业能源购进、消费

指标名称	原煤(吨)	无烟煤(吨)	炼焦烟煤(吨)	一般烟煤(吨)
全部工业企业	88833536.98	26266.46	20520167.40	68287103.12
轻工业	55283.98	3028.00		52255.98
重工业	88778253.00	23238.46	20520167.40	68234847.14
一、按工业行业门类分				
(一)采矿业	74478911.44	23238.46	18436201.40	56019471.58
06.煤炭开采和洗选业	74477121.44	23238.46	18436201.40	56017681.58
07.石油和天然气开采业				
08.黑色金属矿采选业	1790.00			1790.00
09.有色金属矿采选业				
10.非金属矿采选业				
11.其他采矿业				
(二)制造业	3801554.67	3028.00	2083966.00	1714560.67
13.农副食品加工业	9343.52			9343.52
14.食品制造业	17249.00			17249.00
15.饮料制造业	1072.80			1072.80
16.烟草制品业				
17.纺织业				
18.纺织服装、鞋、帽制造业				
19.皮革、毛皮、羽毛(绒)等				
20.木材加工及木、竹、藤等				
21.家具制造业				
22.造纸及纸制品业	5500.00			5500.00
23.印刷业和记录媒介的复制				
24.文教体育用品制造业	415.00			415.00
25.石油加工炼焦及核燃料加工业	3147901.00		2083966.00	1063935.00
26.化学原料及化学制品制造业	199387.51			199387.51
27.医药制造业	17564.86	3028.00		14536.86
28.化学纤维制造业				
29.橡胶制品业	1526.50			1526.50
30.塑料制品业	350952.88			350952.88
31.非金属矿物制品业	24299.00			24299.00
32.黑色金属冶炼及压延加工业	23909.00			23909.00
33.有色金属冶炼及压延加工业				
34.金属制品业	1800.00			1800.00
35.通用设备制造业	633.60			633.60
36.专用设备制造业				
37.交通运输设备制造业				
38.电气机械及器材制造业				
39.通信设备、计算机及其他				

与库存情况（分品种能源消费）

褐煤(吨)	洗精煤(吨)	其它洗煤(吨)	煤制品(吨)	焦炭(吨)	其它焦化产品(吨)
	18345340.69	2262191.14	340551.16	1633291.31	4532.00
				34.00	
	18345340.69	2262191.14	340551.16	1633257.31	4532.00
	1587891.92	299710.12			
	1587891.92	299710.12			
	16757448.77	1384056.23	340551.16	1633291.31	4532.00
				34.00	
	16757448.77				
		1249669.00		35479.00	
			7026.16	408.00	4532.00
		134387.23	333525.00	1597370.31	

13-13 续 1

指标名称	原煤(吨)	无烟煤(吨)	炼焦烟煤(吨)	一般烟煤(吨)
40.仪器仪表及文化、办公用				
41.工艺品及其他制造业				
42.废弃资源和废旧材料回收				
(三)电力、燃气及水的生产和供应业	10553010.87			10553010.87
43.电力、热力的生产和供应业	10552686.07			10552686.07
44.燃气生产和供应业				
45.水的生产和供应业	324.80			324.80
二、分部门				
总计	88833536.98	26266.46	20520167.40	68287103.12
煤炭	74477121.44	23238.46	18436201.40	56017681.58
石油石化	1063935.00			1063935.00
冶金	2109665.00		2083966.00	25699.00
有色				
建材	11574.00			11574.00
化工	189832.39			189832.39
轻工	395614.82			395614.82
烟草				
纺织				
医药	17564.86	3028.00		14536.86
机械	633.60			633.60
电子				
电力	10484334.77			10484334.77
其他	68676.10			68676.10
三、特殊分组				
高耗能行业	13948182.58		2083966.00	11864216.58
四、分能源消费量(吨标准煤)				
5000 吨以下	176813.65	3798.00	903.00	172112.65
5000 吨以上	88656723.33	22468.46	20519264.40	68114990.47
1 万以上	87506508.99	20604.00	20419020.40	67066884.59
5 万以上	70950971.95		16333612.34	54617359.61
10 万以上	57190785.01		14314023.34	42876761.67
15 万以上	48816426.35		9591658.15	39224768.20
五、按企业登记注册类型分				
国有企业	516727.86		491058.06	25669.80
集体企业	1909572.00			1909572.00
股份合作企业				
股份制企业	76787745.78	26266.46	17889981.34	58871497.98
外商及港澳台商投资企业	2989900.34		959528.00	2030372.34
其他经济类型企业	6629591.00		1179600.00	5449991.00

褐煤(吨)	洗精煤(吨)	其它洗煤(吨)	煤制品(吨)	焦炭(吨)	其它焦化产品(吨)
		578424.79			
		578424.79			
	18345340.69	2262191.14	340551.16	1633291.31	4532.00
	1587891.92	299710.12			
	16757448.77				
		54111.00	42147.00	253597.00	
		1249669.00		35479.00	
			7026.16	442.00	4532.00
		578424.79			
	16757448.77	1962481.02	333525.00	1632849.31	
				442.00	
	18345340.69	2262191.14	340551.16	1632849.31	4532.00
	18345340.69	2262191.14	333525.00	1632849.31	4532.00
	16451301.65	2261094.44	333525.00	1632849.31	4532.00
	14366087.76	2261031.96	333525.00	1545930.31	
	11078876.17	2261031.96	333525.00	1450930.31	
	16235309.94	2262191.14	340551.16	1633291.31	4532.00
	2110030.75				

13-13 续 2

指标名称	焦炉煤气（万立方米）	高炉煤气（万立方米）	转炉煤气（万立方米）
全部工业企业	116753.60	46323.07	
轻工业			
重工业	116753.60	46323.07	
一、按工业行业门类分			
（一）采矿业	11758.51		
06.煤炭开采和洗选业	11378.51		
07.石油和天然气开采业			
08.黑色金属矿采选业	380.00		
09.有色金属矿采选业			
10.非金属矿采选业			
11.其他采矿业			
（二）制造业	104995.09	46323.07	
13.农副食品加工业			
14.食品制造业			
15.饮料制造业			
16.烟草制品业			
17.纺织业			
18.纺织服装、鞋、帽制造业			
19.皮革、毛皮、羽毛(绒)等			
20.木材加工及木、竹、藤等			
21.家具制造业			
22.造纸及纸制品业			
23.印刷业和记录媒介的复制			
24.文教体育用品制造业			
25.石油加工炼焦及核燃料加工业	62989.79	33076.00	
26.化学原料及化学制品制造业	10677.00		
27.医药制造业			
28.化学纤维制造业			
29.橡胶制品业			
30.塑料制品业	8579.00		
31.非金属矿物制品业	16606.00	13247.07	
32.黑色金属冶炼及压延加工业	5625.00		
33.有色金属冶炼及压延加工业	351.00		
34.金属制品业			
35.通用设备制造业			
36.专用设备制造业	167.30		
37.交通运输设备制造业			
38.电气机械及器材制造业			
39.通信设备、计算机及其他			

发生炉煤气（万立方米）	天然气(气态）（万立方米）	液化天然气（液态）(吨）	煤层气(煤田）（万立方米）	原油(吨）	汽油(吨）
40.88	899.88		584.84		8641.13
40.88	36.12		530.34		444.76
	863.76		54.50		8196.37
			47.30		5404.31
			47.30		5322.92
					81.39
40.88	460.88		536.34		2824.48
	36.12				99.37
			522.00		72.36
40.88					9.00
					20.37
					35.58
					872.74
					309.83
			8.34		160.07
	277.93				56.43
	19.00				159.55
					420.00
					4.78
					14.05
					316.06
	2.00		6.00		173.46
	125.83				43.39
					40.40

13–13 续 3

指标名称	焦炉煤气（万立方米）	高炉煤气（万立方米）	转炉煤气（万立方米）
40.仪器仪表及文化、办公用			
41.工艺品及其他制造业			
42.废弃资源和废旧材料回收			
（三）电力、燃气及水的生产和供应业			
43.电力、热力的生产和供应业			
44.燃气生产和供应业			
45.水的生产和供应业			
二、分部门			
总计	116753.60	46323.07	
煤炭	11378.51		
石油石化			
冶金	68994.79	33076.00	
有色	351.00		
建材		13247.07	
化工	10677.00		
轻工	8579.00		
烟草			
纺织			
医药			
机械	167.30		
电子			
电力			
其他			
三、特殊分组			
高耗能行业	96248.79	46323.07	
四、分能源消费量（吨标准煤）			
5000 吨以下	524.30		
5000 吨以上	116229.30	46323.07	
1 万以上	116229.30	46323.07	
5 万以上	103465.74	46323.07	
10 万以上	88557.23	7540.07	
15 万以上	65504.05	7540.07	
五、按企业登记注册类型分			
国有企业			
集体企业			
股份合作企业			
股份制企业	111643.40	46323.07	
外商及港澳台商投资企业	5110.20		
其他经济类型企业			

发生炉煤气（万立方米）	天然气(气态）（万立方米）	液化天然气（液态)(吨）	煤层气(煤田）（万立方米）	原油(吨）	汽油(吨）
					17.04
	439.00				346.01
	439.00				277.04
					38.00
					30.97
40.88	899.88		584.84		8641.13
			47.30		5322.92
					16.80
					942.11
					14.05
					5.00
	277.93				253.58
40.88	55.12		522.00		724.21
					20.37
			8.34		160.07
	127.83		6.00		282.39
					234.51
	439.00				111.50
	439.00				1898.44
40.88	880.88		7.20		2221.36
	19.00		577.64		6419.77
	19.00		47.30		6064.55
	19.00				5441.66
					4731.57
					2912.34
					75.99
					103.00
40.88	655.88		584.84		7919.98
	244.00				403.56
					138.60

13-13 续 4

指标名称	煤油(吨)	柴油(吨)	燃料油(吨)
全部工业企业	38.49	32619.04	479.73
轻工业		249.27	
重工业	38.49	32369.77	479.73
一、按工业行业门类分			
(一)采矿业	37.45	16818.76	
06.煤炭开采和洗选业	37.45	13040.56	
07.石油和天然气开采业			
08.黑色金属矿采选业		3377.90	
09.有色金属矿采选业			
10.非金属矿采选业		400.30	
11.其他采矿业			
(二)制造业	1.04	13539.83	
13.农副食品加工业		34.57	
14.食品制造业		75.75	
15.饮料制造业		8.00	
16.烟草制品业			
17.纺织业			
18.纺织服装、鞋、帽制造业		5.80	
19.皮革、毛皮、羽毛(绒)等			
20.木材加工及木、竹、藤等			
21.家具制造业			
22.造纸及纸制品业		26.00	
23.印刷业和记录媒介的复制			
24.文教体育用品制造业		43.27	
25.石油加工炼焦及核燃料加工业		3443.07	
26.化学原料及化学制品制造业		2294.38	
27.医药制造业		45.33	
28.化学纤维制造业			
29.橡胶制品业		35.39	
30.塑料制品业		3005.05	
31.非金属矿物制品业		3876.24	
32.黑色金属冶炼及压延加工业		193.92	
33.有色金属冶炼及压延加工业		20.21	
34.金属制品业	1.04	229.92	
35.通用设备制造业		106.93	
36.专用设备制造业		93.96	
37.交通运输设备制造业			
38.电气机械及器材制造业			
39.通信设备、计算机及其他			

液化石油气(吨)	炼厂干气(吨)	石脑油(吨)	润滑油(吨)	石蜡(吨)	溶剂油(吨)
57.71			45.42	314.67	
4.00					
53.71			45.42	314.67	
53.71			42.99		
53.71			35.34		
			7.65		
4.00			2.43	314.67	
4.00					
			2.43		
				314.67	

13-13 续 5

指标名称	煤油(吨)	柴油(吨)	燃料油(吨)
40.仪器仪表及文化、办公用		2.04	
41.工艺品及其他制造业			
42.废弃资源和废旧材料回收			
(三)电力、燃气及水的生产和供应业		2259.62	479.73
43.电力、热力的生产和供应业		2248.11	479.73
44.燃气生产和供应业		3.00	
45.水的生产和供应业		8.51	
二、分部门			
总计	38.49	32619.04	479.73
煤炭	37.45	13040.56	
石油石化		63.00	
冶金		6951.89	
有色		20.21	
建材		864.54	
化工		1836.65	
轻工	1.04	3902.76	
烟草			
纺织		5.80	
医药		45.33	
机械		210.53	
电子			
电力		2238.10	479.73
其他		21.52	
三、特殊分组			
高耗能行业		12075.93	479.73
四、分能源消费量(吨标准煤)			
5000 吨以下	9.84	7783.25	
5000 吨以上	28.65	24835.79	479.73
1 万以上	18.44	24043.89	479.73
5 万以上	18.44	17692.96	479.73
10 万以上	17.70	15889.52	479.73
15 万以上	17.70	12615.33	479.73
五、按企业登记注册类型分			
国有企业		537.69	
集体企业		141.00	
股份合作企业			
股份制企业	38.49	30024.68	479.73
外商及港澳台商投资企业		1562.64	
其他经济类型企业		353.03	

液化石油气(吨)	炼厂干气(吨)	石脑油(吨)	润滑油(吨)	石蜡(吨)	溶剂油(吨)
57.71			45.42	314.67	
53.71			35.34		
			7.65		
4.00			2.43		
				314.67	
4.00			37.77	314.67	
53.71			7.65		
53.71			7.65		
53.71					
57.71			45.42	314.67	

13-13 续 6

指标名称	石油焦(吨)	石油沥青(吨)	其它石油制品(吨)	热力(百万千焦)
全部工业企业			2559.00	2426386.94
轻工业				27090.09
重工业			2559.00	2399296.85
一、按工业行业门类分				
(一)采矿业				1680459.00
06.煤炭开采和洗选业				1680459.00
07.石油和天然气开采业				
08.黑色金属矿采选业				
09.有色金属矿采选业				
10.非金属矿采选业				
11.其他采矿业				
(二)制造业			2559.00	741502.00
13.农副食品加工业				1136.00
14.食品制造业				
15.饮料制造业				2202.93
16.烟草制品业				
17.纺织业				
18.纺织服装、鞋、帽制造业				
19.皮革、毛皮、羽毛(绒)等				
20.木材加工及木、竹、藤等				
21.家具制造业				
22.造纸及纸制品业				
23.印刷业和记录媒介的复制				
24.文教体育用品制造业				23281.00
25.石油加工炼焦及核燃料加工业				
26.化学原料及化学制品制造业			2559.00	692393.91
27.医药制造业				470.16
28.化学纤维制造业				
29.橡胶制品业				
30.塑料制品业				
31.非金属矿物制品业				
32.黑色金属冶炼及压延加工业				
33.有色金属冶炼及压延加工业				
34.金属制品业				
35.通用设备制造业				
36.专用设备制造业				
37.交通运输设备制造业				
38.电气机械及器材制造业				22018.00
39.通信设备、计算机及其他				

电力(万千瓦时)	煤矸石用于燃料(吨)	城市垃圾用于燃料(吨)	生物质废料用于燃料(吨)	余热余压(百万千焦)	其它工业废料用于燃料(吨)	其他燃料(吨标准煤)
1153906.34	2879596.21		94567.58	7790381.00		
21827.90						
1132078.44	2879596.21		94567.58	7790381.00		
302138.41	1008694.38			3327449.00		
283610.94	1008694.38			3327449.00		
18305.79						
221.68						
604353.90				4462932.00		
4425.33						
3771.12						
202.30						
89.05						
570.00						
206.00						
119230.19				127963.00		
253812.09						
3146.10						
5008.87						
43934.56				846229.00		
158229.00				3488740.00		
3327.12						
702.65						
2361.69						
1604.39						
841.89						
2875.25						

13-13 续 7

指标名称	石油焦(吨)	石油沥青(吨)	其它石油制品(吨)	热力(百万千焦)
40.仪器仪表及文化、办公用				
41.工艺品及其他制造业				
42.废弃资源和废旧材料回收				
(三)电力、燃气及水的生产和供应业				2800.00
43.电力、热力的生产和供应业				
44.燃气生产和供应业				2800.00
45.水的生产和供应业				
二、分部门				
总计			2559.00	2426386.94
煤炭				1680459.00
石油石化				
冶金				
有色				
建材				
化工			2559.00	692393.91
轻工				26619.93
烟草				
纺织				
医药				470.16
机械				22018.00
电子				
电力				
其他				2800.00
三、特殊分组				
高耗能行业			2559.00	692393.91
四、分能源消费量(吨标准煤)				
5000 吨以下				195359.03
5000 吨以上			2559.00	2231027.91
1 万以上				1834159.91
5 万以上				1633287.00
10 万以上				1633287.00
15 万以上				1633287.00
五、按企业登记注册类型分				
国有企业				
集体企业				
股份合作企业				
股份制企业			2559.00	2423586.94
外商及港澳台商投资企业				2800.00
其他经济类型企业				

电力(万千瓦时)	煤矸石用于燃料(吨)	城市垃圾用于燃料(吨)	生物质废料用于燃料(吨)	余热余压(百万千焦)	其它工业废料用于燃料(吨)	其他燃料(吨标准煤)
16.30						
236292.21	1870901.83		94567.58			
220756.21	1870901.83		94567.58			
7860.00						
7676.00						
1153906.34	2879596.21		94567.58	7790381.00		
283610.94	1008694.38			3327449.00		
35078.00						
105785.10				127963.00		
702.65						
21726.68						
258036.56						
55790.50				846229.00		
89.05						
3146.10						
5364.73						
216095.02	1870901.83		94567.58			
20197.19						
756057.26	1870901.83		94567.58	3616703.00		
96148.95						
1057757.39	2879596.21		94567.58	7790381.00		
1017013.32	2879596.21		94567.58	7790381.00		
848587.86	2879596.21		71208.31	7790381.00		
681141.89	2879596.21			7374217.00		
613246.94	2298383.64			6944152.00		
10081.38						
806.00						
1043981.42	2879596.21		94567.58	7360316.00		
95451.95				430065.00		
3585.59						

物　　价

资料整理人员

马亚琴　　赵　琴　　王　刚　　张慧敏

郭　晶

14

14-1 工业生产者出厂价格完整指数

（以去年同期为100）

分组名称	指　数
煤炭开采和洗选业	111.5
黑色金属矿采选业	88.6
农副食品加工业	93.1
食品制造业	100.0
酒、饮料和精制茶制造业	97.2
印刷和记录媒介复制业	100.0
文教、工美、体育和娱乐用品制造业	98.9
石油加工、炼焦和核燃料加工业	113.3
化学原料和化学制品制造业	93.6
医药制造业	100.4
橡胶和塑料制品业	94.3
非金属矿物制品业	105.4
黑色金属冶炼和压延加工业	98.0
有色金属冶炼和压延加工业	114.3
金属制品业	104.2
通用设备制造业	99.3
专用设备制造业	97.0
汽车制造业	99.8
电气机械和器材制造业	99.8
电力、热力生产和供应业	93.9
燃气生产和供应业	95.9
水的生产和供应业	100.0

14-2 工业生产者购进价格指数

项目名称	指数
总指数	104.3
1.燃料、动力类	109.7
2.黑色金属材料类	98.1
(1)钢材	100.7
(2)其它	94.6
3.有色金属材料及电线类	111.6
4.化工原料类	103.8
5.木材及纸浆类	99.9
6.建筑材料及非金属类	95.9
7.其它工业原材料及半成品类	97.6
8.农副产品类	100.3
9.纺织原料类	

14-3 工业生产者出厂价格指数

项目名称	指数
总指数	103.3
(一)按轻重工业分	
(1)轻工业	96.9
1、以农产品为原料	94.9
2、以非农产品为原料	99.6
(2)重工业	103.7
1、采掘	113.5
2、原料	104.0
3、加工	97.9
(二)按生产生活资料分	
(1)生产资料	103.8
1、采掘	113.5
2、原料	104.0
3、加工	97.7
(2)生活资料	98.0
1、食品	98.0
2、衣着	
3、一般日用品	97.3
4、耐用消费品	98.9

14-4　商品零售价格指数

商品零售价格指数(以上年同期为100)

项目名称	指数	项目名称	指数
商品零售价格指数	100.3	鸡　　蛋	93.6
一、食品	102.5	其他蛋及制品	100.0
1.粮食	98.9	10.奶类	96.9
大　　米	100.1	鲜　　奶	95.4
面　　粉	98.4	酸　　奶	98.4
其他粮食	96.9	奶　　粉	98.0
粮食制品	99.6	其他奶制品	99.9
2.薯类	115.1	11.干鲜瓜果类	96.1
薯　　类	115.1	鲜 瓜 果	94.3
3.豆类	99.6	坚　　果	103.5
干　　豆	92.7	瓜果制品	87.3
豆 制 品	102.1	12.糖果糕点类	102.8
4.食用油	96.4	食　　糖	99.0
食用植物油	95.8	糖　　果	102.7
食用动物油	139.8	糕　　点	103.9
5.菜	111.5	其他糖果糕点	99.2
鲜　　菜	111.9	13.调味品	103.0
干菜及菜制品	106.1	食 用 盐	100.0
6.畜肉类	111.7	酱　　油	106.8
猪　　肉	120.9	食　　醋	101.6
牛　　肉	98.8	调 味 酱	98.9
羊　　肉	96.9	味　　精	112.7
畜肉副产品	114.8	其他调味品	104.8
其他畜肉及制品	103.9	14.其他食品类	102.6
7.禽肉类	99.7	方便食品	104.0
鸡	100.6	淀粉及制品	103.2
鸭	83.8	膨化食品	98.1
其他禽肉及制品	98.7	15.在外餐饮	99.8
8.水产品	101.5	正　　餐	99.5
淡 水 鱼	99.0	快　　餐	100.0
海 水 鱼	102.4	地方小吃	100.0
虾 蟹 类	105.3	其他在外餐饮	101.9
其他水产品及制品	102.2	二、饮料、烟酒	101.8
9.蛋类	94.1	1.茶及饮料	101.4

14-4 续 1

项目名称	指数	项目名称	指数
茶　　叶	100.0	婴幼服装	100.0
固体咖啡	100.0	儿童上衣	104.7
其他固体饮料	99.8	儿童裤子	95.3
饮 用 水	101.4	儿童裙子	96.8
果汁饮料	101.7	2.鞋帽袜	99.1
其他液体饮料	102.4	(1)鞋	99.0
2.烟草	106.3	男　　鞋	99.7
烟　　草	106.3	女　　鞋	98.7
3.酒类	93.8	童　　鞋	98.1
白　　酒	95.1	(2)袜子	101.2
葡 萄 酒	101.5	袜　　子	101.2
啤　　酒	83.6	(3)帽子	99.6
其他酒类	100.0	帽　　子	99.6
三、服装、鞋帽	98.8	3.其他衣着配件	99.0
1.服装	98.7	其他衣着配件	99.0
(1)男士服装	99.1	四、纺织品	100.0
男式西服	100.6	1.服装材料	100.0
男式冬衣	99.8	服装材料	100.0
男式夹克衫	94.5	2.床上用品	100.0
男式毛线衣	93.9	被　　子	100.0
男式运动装	93.9	床单被套	100.0
男式衬衫T恤	101.5	其他床上用品	100.0
男式裤子	107.9	五、家用电器及音像器材	99.7
男式内衣	100.0	1.家庭设备	99.1
(2)女士服装	97.9	洗 衣 机	100.0
女式外套	102.2	电冰箱(柜)	95.6
女式冬衣	96.2	抽油烟机	100.0
女式毛线衣	95.1	空 调 器	100.0
女式运动装	88.6	热 水 器	99.2
女式衬衫T恤	100.0	炉具灶具	100.0
女式裤子	100.0	微 波 炉	100.0
女式裙子	100.8	厨房小家电	100.0
女式内衣	100.0	生活小家电	100.1
(3)儿童服装	100.1	其他大型家用器具	100.0

14–4 续 2

项目名称	指数	项目名称	指数
2.文娱用耐用消费品	101.0	其他护理用品	101.9
电 视 机	101.5	其他日用杂品	101.1
照 相 机	100.3	八、体育娱乐用品	101.0
音　　响	100.0	1.体育户外用品	105.6
其他文娱耐用消费品	99.4	体育户外用品	105.6
3.专业音像器材	100.4	2.娱乐用品	100.4
专业音响器材	100.7	乐　　器	100.8
专业声像器材	100.0	游戏用品和玩具	100.5
六、文化办公用品	98.5	园艺花卉及用品	101.2
纸张文具	102.1	宠物及用品	100.0
台式计算机	100.0	其他文化娱乐用品	100.1
笔记本平板	93.6	九、交通、通信用品	97.0
电脑附件	100.0	1.交通运输机械	96.8
打印复印机	98.6	小型汽车	95.2
教学设备	103.3	大中型客车	100.4
七、日用品	100.7	交通工具零配件	94.3
1.日用百货	100.6	2.通信器材	97.6
电动自行车	100.0	固定电话机	101.5
自 行 车	100.0	移动电话机	96.7
雨　　具	107.0	其他通信器材	100.0
护理器具	99.5	十、家具	101.0
清洁用纸	100.3	柜	101.8
化妆器具	100.0	床	103.6
2.厨具餐具茶具	101.4	桌	100.4
厨　　具	101.0	椅	97.7
餐　　具	100.0	沙　　发	100.6
茶　　具	103.9	其他家具	97.7
3.清洗用品	100.0	十一、化妆品	101.3
清洗用品	100.0	清洁化妆品	102.9
4.其他日用品	101.1	护肤化妆品	100.0
灯　　具	101.2	彩妆化妆品	107.4
箱　　包	101.1	清洁类护理用品	98.8
母婴用品	100.0	护发美发用品	100.0
眼　　镜	101.9	十二、金银饰品	105.3

14-4 续 3

项目名称	指数	项目名称	指数
金 饰 品	115.6	书报杂志	101.6
银 饰 品	98.2	3.计算机办公软件	100.0
铂金饰品	90.2	计算机办公软件	100.0
十三、中西药品及医疗保健用品	105.8	十五、燃料	98.5
1.医疗卫生器具	99.2	1.煤炭及制品	104.9
医疗卫生器具	99.2	原 煤	117.7
2.中药	104.2	煤 制 品	98.8
中 药 材	102.4	2.石油及制品	96.8
中 成 药	105.0	管道燃气	100.0
3.西药	105.1	液化石油气	100.0
抗微生物药	98.2	汽 油	95.4
消化系统用药	102.3	柴 油	95.7
呼吸系统用药	103.7	十六、建筑材料及五金电料	99.2
解热镇痛药	104.9	1.建筑装璜材料	99.2
抗肿瘤药	99.8	木 地 板	100.0
激素及影响内分泌药	109.2	瓷 砖	100.0
心血管系统用药	109.1	水 泥	99.2
血液系统用药	99.8	涂 料	100.0
治疗精神障碍药	100.1	板 材	98.9
神经系统用药	105.9	管 材	100.0
消毒防腐及创伤外科用药	158.1	厨卫设备	100.0
泌尿系统用药	101.8	门 窗	95.5
维生素、矿物质类药	101.5	其他住房装潢材料	99.8
调节水、电解质及酸碱平衡药	101.1	2.五金水暖	99.2
4.保健器具及用品	113.3	家用手工工具	99.5
保健器具	100.0	配电附件	96.7
滋补保健品	115.9	水暖器材	101.7
十四、书报杂志及电子出版物	101.3		
1.教材及参考书	101.3		
工 具 书	103.7		
教 材	99.6		
参考资料	105.4		
其他教育用品	93.4		
2.书报杂志	101.6		

14-5 居民消费价格指数

（以上年同期为100）

项目名称	指数
居民消费价格总指数	100.9
非食品烟酒价格指数	100.3
食品(原口径)指数	102.5
非食品(原口径)指数	100.4
服务价格指数	101.0
工业品价格指数	99.6
鲜活食品价格指数	106.0
消费品价格指数	100.9
能源价格指数	98.1
非食品价格指数	100.4
扣除食品和能源价格指数	100.5
扣除鲜菜鲜果价格指数	100.8
扣除自有住房价格指数	101.1
居住(扣自有住房)价格指数	99.8
一、食品烟酒	102.5
1.食品	103.3
(1)粮食	98.9
大米	100.1
面粉	98.4
其他粮食	96.9
粮食制品	99.6
(2)薯类	115.1
薯类	115.1
(3)豆类	99.6
干豆	92.7
豆制品	102.1
(4)食用油	96.4
食用植物油	95.8
食用动物油	139.8
(5)菜	111.5
鲜菜	111.9
干菜及菜制品	106.1
(6)畜肉类	111.7
猪肉	120.9
牛肉	98.8
羊肉	96.9
畜肉副产品	114.8
其他畜肉及制品	103.9
(7)禽肉类	99.7
鸡	100.6
鸭	83.8
其他禽肉及制品	98.7
(8)水产品	101.5
淡水鱼	99.0
海水鱼	102.4
虾蟹类	105.3
其他水产品及制品	102.2
(9)蛋类	94.1
鸡蛋	93.6
其他蛋及制品	100.0
(10)奶类	96.9
鲜奶	95.4
酸奶	98.4
奶粉	98.0
其他奶制品	99.9
(11)干鲜瓜果类	96.1
鲜瓜果	94.3
坚果	103.5
瓜果制品	87.3
(12)糖果糕点类	102.8
食糖	99.0
糖果	102.7
糕点	103.9
其他糖果糕点	99.2
(13)调味品	103.0
食用盐	100.0
酱油	106.8
食醋	101.6
调味酱	98.9
味精	112.7
其他调味品	104.8
(14)其他食品类	102.6
方便食品	104.0
淀粉及制品	103.2
膨化食品	98.1
2.茶及饮料	101.4
茶叶	100.0
固体咖啡	100.0
其他固体饮料	99.8
饮用水	101.4
果汁饮料	101.7
其他液体饮料	102.4
3.烟酒	101.9
(1)烟草	106.3
烟草	106.3
(2)酒类	93.8
白酒	95.1
葡萄酒	101.5
啤酒	83.6
其他酒类	100.0
4.在外餐饮	99.8
正餐	99.5
快餐	100.0
地方小吃	100.0
其他在外餐饮	101.9
二、衣着	98.8

14-5 续 1

项目名称	指数	项目名称	指数
1.服装	98.7	水　　泥	99.2
(1)男式服装	99.1	涂　　料	100.0
男式西服	100.6	板　　材	98.9
男式冬衣	99.8	管　　材	100.0
男式夹克衫	94.5	厨卫设备	100.0
男式毛线衣	93.9	门　　窗	95.5
男式运动装	93.9	其他住房装潢材料	99.8
男式衬衫T恤	101.5	(2)物业管理费	100.0
男式裤子	107.9	物业管理费	100.0
男式内衣	100.0	(3)住房装潢维修	100.0
(2)女式服装	97.9	装潢维修费	100.0
女式外套	102.2	其他住房费用	100.0
女式冬衣	96.2	3.水电燃料	99.9
女式毛线衣	95.1	(1)水	100.0
女式运动装	88.6	水	100.0
女式衬衫T恤	100.0	(2)电	100.0
女式裤子	100.0	电	100.0
女式裙子	100.8	(3)燃气	100.0
女式内衣	100.0	管道燃气	100.0
(3)儿童服装	100.1	液化石油气	100.0
婴幼服装	100.0	(4)取暖费	100.0
儿童上衣	104.7	取 暖 费	100.0
儿童裤子	95.3	(5)其他燃料	98.8
儿童裙子	96.8	其他燃料	98.8
2.服装材料	100.0	4.自有住房	100.0
服装材料	100.0	自有住房	100.0
3.其他衣着及配件	100.1	四、生活用品及服务	100.3
袜　　子	101.2	1.家具及室内装饰品	100.9
帽　　子	99.6	(1)家具	101.0
其他衣着配件	99.0	柜	101.8
4.衣着加工服务费	99.2	床	103.6
衣着洗涤保养	98.1	桌	100.4
衣着加工	101.6	椅	97.7
5.鞋类	99.1	沙　　发	100.6
(1)鞋	99.0	其他家具	97.7
男　　鞋	99.7	(2)室内装饰品	100.2
女　　鞋	98.7	灯　　具	101.2
童　　鞋	98.1	其他室内装饰品	98.4
(2)鞋类加工服务	106.6	2.家用器具	99.1
鞋类加工服务	106.6	(1)大型家用器具	98.9
三、居住	99.9	洗 衣 机	100.0
1.租赁房房租	100.0	电冰箱(柜)	95.6
公房房租	100.0	抽油烟机	100.0
私房房租	100.0	空 调 器	100.0
2.住房保养维修及管理	99.6	热 水 器	99.2
(1)住房装潢材料	99.2	炉具灶具	100.0
木 地 板	100.0	微 波 炉	100.0
瓷　　砖	100.0	其他大型家用器具	100.0

14–5 续 2

项目名称	指数	项目名称	指数
(2)小家电	100.1	(2)交通工具用燃料	95.4
厨房小家电	100.0	汽　油	95.4
生活小家电	100.1	柴　油	95.7
3.家用纺织品	100.1	其他车用能源	100.0
(1)床上用品	100.0	(3)交通工具使用和维修	103.3
被　子	100.0	停 车 费	114.4
床单被套	100.0	车辆使用费	115.1
其他床上用品	100.0	交通工具零配件	94.3
(2)窗帘门帘	100.0	车辆修理与保养	101.4
窗帘门帘	100.0	(4)交通费	104.1
(3)其他家用纺织品	101.6	市内公共交通	100.0
其他家用纺织品	101.6	出租汽车	100.0
4.家庭日用杂品	100.3	飞 机 票	106.9
(1)洗涤卫生用品	100.1	火 车 票	100.0
清洗用品	100.0	长途汽车	102.5
清洁用具	100.0	其他交通费	123.5
清洁用纸	100.3	2.通信	97.5
(2)厨具餐具茶具	101.4	(1)通信工具	97.0
厨　具	101.0	固定电话机	101.5
餐　具	100.0	移动电话机	96.7
茶　具	103.9	通信工具零配件	100.0
(3)家用手工工具	99.5	(2)通信服务	97.6
家用手工工具	99.5	固定电话费	100.0
(4)其他家庭日用杂品	100.0	移动通信费	100.0
配电附件	96.7	上 网 费	88.3
雨　具	107.0	其他通信服务	100.0
其他日用杂品	101.1	(3)邮递服务	99.1
5.个人护理用品	101.4	邮政邮寄	100.0
(1)化妆品	102.1	快递服务	98.7
清洁化妆品	102.9	六、教育文化和娱乐	103.3
护肤化妆品	100.0	1.教育	103.8
彩妆化妆品	107.4	(1)教育用品	101.3
化妆器具	100.0	工 具 书	103.7
(2)其他护理用品类	99.7	教　材	99.6
清洁类护理用品	98.8	参考资料	105.4
护发美发用品	100.0	其他教育用品	93.4
护理器具	99.5	(2)教育服务	103.9
其他护理用品	101.9	学前教育	100.0
6.家庭服务	103.0	小学初中教育	100.0
家政服务	105.3	高中中职教育	100.0
家庭维修服务	100.4	高等教育	104.2
五、交通和通信	97.8	课外教育	108.5
1.交通	98.0	专业技能培训	110.9
(1)交通工具	96.1	2.文化娱乐	102.5
小型汽车	95.2	(1)文娱耐用消费品	99.0
电动自行车	100.0	电 视 机	101.5
自 行 车	100.0	照 相 机	100.3
其他交通工具	100.0	台式计算机	100.0

14-5 续 3

项目名称	指数	项目名称	指数
笔记本平板	93.6	(1)综合医疗类	100.0
乐　　器	100.8	一般医疗服务	100.0
音　　响	100.0	一般治疗操作	100.0
其他文娱耐用消费品	99.4	护　　理	100.0
(2)其他文娱用品	101.5	其他综合医疗服务	100.0
书报杂志	101.6	(2)诊断类	100.0
纸张文具	102.1	病理学诊断	100.0
体育户外用品	105.6	实验室诊断	100.0
游戏用品和玩具	100.5	影像学诊断	100.0
园艺花卉及用品	101.2	临床诊断	100.0
宠物及用品	100.0	(3)治疗类	100.0
其他文化娱乐用品	100.1	临床手术治疗	100.0
(3)文化娱乐服务	101.9	临床非手术治疗	100.0
电 影 票	100.0	(4)康复类	100.0
景点门票	111.4	康复医疗	100.0
有线电视	100.0	(5)中医医疗服务类	100.0
健身活动	100.0	中医治疗	100.0
其他文娱服务	98.1	(6)其他医疗服务	100.0
(4)旅游	106.3	其他医疗服务	100.0
旅行社收费	104.9	八、其他用品和服务	101.1
其他旅游	117.7	1.其他用品类	102.7
七、医疗保健	102.7	(1)首饰手表	104.3
1.药品及医疗器具	105.8	金 饰 品	115.6
(1)中药	104.2	银 饰 品	98.2
中 药 材	102.4	铂金饰品	90.2
中 成 药	105.0	手　　表	97.1
(2)西药	105.1	(2)其他杂项用品	101.0
抗微生物药	98.2	箱　　包	101.1
消化系统用药	102.3	母婴用品	100.0
呼吸系统用药	103.7	眼　　镜	101.9
解热镇痛药	104.9	2.其他服务类	99.7
抗肿瘤药	99.8	(1)旅馆住宿	97.3
激素及影响内分泌药	109.2	宾馆住宿	96.4
心血管系统用药	109.1	其他住宿	98.6
血液系统用药	99.8	(2)美容美发洗浴	99.6
治疗精神障碍药	100.1	美　　容	98.7
神经系统用药	105.9	美　　发	99.9
消毒防腐及创伤外科用药	158.1	洗　　浴	100.0
泌尿系统用药	101.8	(3)养老服务	100.0
维生素、矿物质类药	101.5	养老服务	100.0
调节水、电解质及酸碱平衡药	101.1	(4)金融保险	100.0
(3)滋补保健品	115.9	金融服务	100.0
滋补保健品	115.9	车辆保险	100.0
(4)医疗卫生器具	99.2	旅行保险	100.0
医疗卫生器具	99.2	其他保险	100.0
(5)保健器具	100.0	(5)其他服务类	100.0
保健器具	100.0	中介服务	100.0
2.医疗服务	100.0	其他服务	100.0

人民生活

资料整理人员

沈俊萍	程　妙	王　臻	马耀萌
何锦芳	张　浩	徐韶辉	杨健超
肖　将	黄　琼	郭丽励	郝雅慧

15

15-1 城镇居民收入情况

单位:元、%

项　目	金　额	增　幅
城镇居民人均可支配收入	**28094**	**6.4**
其中:工资性收入	16455	6.7
经营净收入	3422	7.1
财产净收入	424	15.8
转移净收入	7793	5.0

15-2 城镇居民消费性支出

单位:元、%

项　目	金　额	增　幅	消费构成
城镇居民人均生活消费性支出	**15724**	**9.1**	**100**
其中:食品烟酒	4031	5.3	25.64
衣着	1691	2.3	10.75
居住	1531	16.6	9.74
生产用品及服务	955	3.0	6.07
交通通信	3722	16.2	23.67
教育文化娱乐	1855	10.2	11.80
医疗保健	1484	8.5	9.44
其他用品和服务	455	4.1	2.89

15-3 农村居民收入情况

单位:元、%

项目	金额	增减
农村居民人均可支配收入	**11863**	**6.9**
其中:工资性收入	5180	6.1
经营净收入	4464	5.9
财产净收入	187	12.7
转移净收入	2032	11.0

15-4 农村居民消费性支出情况

单位:元、%

项目	金额	增幅	消费构成
农村居民人均生活消费性支出	**9025**	**5.9**	**100.00**
其中:食品烟酒	3213	3.3	35.60
衣着	740	1.2	8.20
居住	1320	6.5	14.63
生产用品及服务	545	1.7	6.04
交通通信	1267	12.3	14.04
教育文化娱乐	929	12.2	10.29
医疗保健	836	6.9	9.26
其他用品和服务	175	2.9	1.94

15-5 分县区城镇、农村常住居民人均可支配收入

单位:元、%

县市区	城镇居民		农村居民	
	金　额	增　幅	金　额	增　幅
全　市	**28094**	**6.4**	**11863**	**6.9**
城　区	30136	6.7		
郊　区	35086	7.0	16240	6.9
长治县	28346	6.3	14941	6.0
襄垣县	31686	7.3	13641	7.1
屯留县	23884	5.6	13672	6.7
平顺县	20675	6.0	5494	8.7
黎城县	16956	6.3	7790	6.3
壶关县	20620	6.7	5243	8.5
长子县	26193	7.5	12574	6.9
武乡县	21058	5.9	5950	9.0
沁　县	17489	7.1	5650	8.1
沁源县	30438	6.8	12745	7.1
潞城市	25785	6.1	12199	6.4